本书受到中国人民大学国家发展与战略研究院智库丛书出版资助

中国经济外交蓝皮书（2019）
China Economic Diplomacy Blue Book

总第二辑

纷争年代的大国经济博弈

Great Powers' Economic Game in the Age of Disputes

李 巍 主编
张玉环 宋亦明 副主编

中国社会科学出版社

图书在版编目(CIP)数据

纷争年代的大国经济博弈：中国经济外交蓝皮书.2019：总第二辑／李巍主编.—北京：中国社会科学出版社，2019.7
ISBN 978-7-5203-4209-4

Ⅰ.①纷…　Ⅱ.①李…　Ⅲ.①对外经济关系—研究报告—中国—2019　Ⅳ.①F125

中国版本图书馆 CIP 数据核字（2019）第 053399 号

出 版 人	赵剑英
责任编辑	喻　苗
特约编辑	郭　枭
责任校对	赵雪姣
责任印制	王　超

出　　版	中国社会科学出版社
社　　址	北京鼓楼西大街甲 158 号
邮　　编	100720
网　　址	http://www.csspw.cn
发 行 部	010-84083685
门 市 部	010-84029450
经　　销	新华书店及其他书店

印　　刷	北京明恒达印务有限公司
装　　订	廊坊市广阳区广增装订厂
版　　次	2019 年 7 月第 1 版
印　　次	2019 年 7 月第 1 次印刷

开　　本	710×1000　1/16
印　　张	39.75
插　　页	2
字　　数	536 千字
定　　价	198.00 元

凡购买中国社会科学出版社图书，如有质量问题请与本社营销中心联系调换
电话：010-84083683
版权所有　侵权必究

中国经济外交蓝皮书(2019)
编委会

主　　编　李　巍

副 主 编　张玉环　宋亦明

项目组成员
　　　　　孙　忆　罗仪馥　吴　娜　苏　晗
　　　　　艾雪颖　向恬君仪　孙　妍　张梦琨
　　　　　赵　莉　安怡宁　黄泽群　王　丽

目 录

第一部分 中国经济外交 2018 年年度报告：自由秩序的危机与中国的选择 ……………………………………………………（1）
- 一 全球贸易体系遭遇危机 ……………………………………（3）
- 二 中美经贸摩擦持续升温 ……………………………………（7）
- 三 化解"一带一路"外交频遇风险 …………………………（11）
- 四 继续推动全球和区域经济治理 ……………………………（16）
- 五 双边经济外交成就与挫折并存 ……………………………（25）
- 六 自贸区外交持续推进 ………………………………………（31）
- 七 2019 年中国经济外交展望 ………………………………（38）
- 八 结语 …………………………………………………………（42）

第二部分 中国经济外交专题报告 ……………………………（43）
- 专题报告一 打造中国—东盟经济共同体：应对国际经济环境变化 ……………………………………………（45）
- 专题报告二 美国外资审查制度的变迁及其对中国的影响 ………（85）

第三部分 中国经济外交月度报告 ……………………………（119）
- 一 澜湄合作开启新篇章（一月报告）………………………（121）
- 二 英国首相访华打造中英"黄金时代"升级版（二月报告）………………………………………………（133）

三　中国经济外交新团队（三月报告）……………………（145）

　　四　美国强力制裁中兴（四月报告）…………………………（159）

　　五　中美举行两轮经贸谈判（五月报告）……………………（172）

　　六　七国集团遭遇史上最大分裂（六月报告）………………（186）

　　七　全球贸易格局新变化（七月报告）………………………（198）

　　八　中马"一带一路"合作出现新变化（八月报告）…………（218）

　　九　中非合作迈入新时代（九月报告）………………………（239）

　　十　CPTPP生效在即（十月报告）……………………………（261）

　　十一　中国举办首届进口博览会（十一月报告）……………（283）

　　十二　中美贸易暂"休战"（十二月报告）……………………（304）

第四部分　中国经济外交重要事件……………………………（323）

　　一　中国双边经济外交…………………………………………（325）

　　二　中国区域经济外交…………………………………………（476）

　　三　中国全球经济外交…………………………………………（498）

第五部分　中国经济外交相关事件……………………………（513）

第六部分　中国经济外交相关文献……………………………（541）

　　一　重要讲话……………………………………………………（543）

　　二　重要署名文章………………………………………………（547）

　　三　部委文件及公告……………………………………………（550）

　　四　国际重要协议、文件、声明、公报…………………………（554）

第七部分　中国经济外交相关学术文献………………………（559）

第八部分　中美经贸摩擦大事记……………………………（587）

第九部分　中国经济外交相关数据……………………………（599）

主编后记………………………………………………………（628）

第一部分

中国经济外交 2018 年年度报告：自由秩序的危机与中国的选择

自由秩序的危机与中国的选择

2018 年，中国的经济外交遭遇了异常严峻的挑战。一方面，在特朗普政府保护主义和单边主义政策冲击下，自由开放的国际经济秩序遭遇重大挫折，全球多边贸易机制面临崩溃，中美贸易摩擦也全面升级，对中国经济产生重大影响；另一方面，受多种因素叠加影响，"一带一路"建设也在多个国家遭遇风险，不少项目出现这样或那样的困难。在此背景下，中国展现出较强的韧性，在全球、区域和双边多个层次通过积极开展经济外交活动阐释自身对全球化和多边主义的理解，同时不断进行调试，以审慎和灵活的态度来应对中美贸易摩擦，并积极参与 WTO 改革，力争将自身损失降到最低程度。应对中美贸易摩擦和继续推动"一带一路"建设构成 2018 年中国经济外交的两条主线。

第一部分　中国经济外交2018年年度报告：自由秩序的危机与中国的选择

◇ 一　全球贸易体系遭遇危机

2018年，在美国总统特朗普的关税"大棒"下，贸易保护主义在全球范围内不断蔓延和发酵，以WTO为核心的多边自由贸易体系遭遇危机。特朗普政府先后对进口太阳能电池板和洗衣机实施惩罚性措施，对进口钢铁和铝产品分别加征25%和10%的关税，中美两国出现规模空前的贸易摩擦，国际社会对美国贸易保护主义反应激烈，纷纷实施贸易报复措施。当前的全球经济治理平台在应对美国贸易保护主义方面出现"失灵"状态，WTO争端解决机制濒临瘫痪，改革面临重重阻碍，国际贸易体系碎片化特征愈加明显，无论是G7（七国集团）还是G20（二十国集团）都无法弥合美国同共同反对贸易保护主义的其他国家之间的分歧，全球贸易体系面临着自20世纪70年代以来最大规模的危机和重组。

（一）世界贸易组织濒临瘫痪

作为第二次世界大战以来美国亲手打造的国际贸易机构，GATT/WTO承担了贸易谈判、贸易监督以及争端解决三大职能，通过GATT八轮关税减让谈判维护了多边贸易自由化体制，为促进世界经济增长和贸易繁荣奠定了坚实基础。如今，美国挑起全球范围内"关税战"使贸易保护主义不断蔓延，根据WTO统计，2018年5月中旬至10月中旬，G20成员共实施40项新贸易限制措施，受影响贸易额达4810亿美元，创2012年有G20贸易记录以来新高。3/4的新贸易限制措施是提高进口关税，而大部分是对美国钢铝关税实施的贸易报复措施。特朗普还多次威胁美国将退出WTO，并阻止WTO争端解决机制上诉机构成员甄选程序，美国以实际行动冲击了以WTO为核心的自由、开放的全球贸易体系，使WTO争端解决机制面临停摆威胁。

在WTO三大职能中，多哈回合谈判自2001年启动以来长期停滞不前，到2013年才达成"巴厘一揽子协定"，随后又陷入停滞状态。WTO的贸易政策审议报告缺乏必要的强制约束力，无法减少贸易争端隐患，审议机制的作用大打折扣，贸易政策审议沦为"走过场"。唯一发挥作用的即争端解决机制，然而当前WTO面临上诉机构瘫痪危机，WTO争端解决机制上诉机构大法官七个席位中仅剩三个，这是审理案件所需法官数量的最低要求，到2019年12月，另有两位法官的任期即将届满。美国一直通过行使否决权阻挠上诉机构大法官甄选程序，阻止新法官任命，大大削弱了上诉机构运营能力。如果争端解决机制停摆，那么WTO将走向瘫痪。特朗普政府加征关税举措直接违背了WTO的最惠国待遇等原则，阻碍争端解决上诉机构大法官甄选又将WTO推入"绝境"，WTO改革迫在眉睫。

（二）世界贸易组织改革面临阻碍

在多哈回合谈判停滞不前、争端解决机制上诉机构濒临瘫痪之际，WTO改革势在必行。当前，欧盟等经济体已着手推动WTO改革，欧盟于2018年9月发布了关于WTO现代化的概念文件，美、欧、日则先后举行了4次贸易部长会议讨论推动WTO改革，加拿大召集12国贸易部长开会商议WTO改革，中国和欧盟建立WTO改革联合工作小组，并联合加拿大、印度等国向WTO提交关于争端解决上诉程序改革的联合提案，此外，G20贸易部长阿根廷会议就WTO改革达成共识。然而，WTO改革面临的阻力也不容忽视。

特朗普政府以退为进，施压WTO改革向维护美国利益的方向靠拢，这成为当前WTO改革的最大阻力。在特朗普政府看来，美国遭受到WTO的不公正对待，美国贸易代表莱特希泽曾在2017年阿根廷举行的WTO第11次部长级会议上阐释了美国对WTO的不满，包括：一是WTO的重点职能正在由贸易谈判转变为贸易诉讼，成员国倾向于认为通过诉讼可以获得在谈判桌上无法得到的利益；二是太多较富裕成员国以发展中国家的身份享受不公平的豁免；三是成员国不遵守WTO规则，WTO应该解决由此带来的长期产能过剩以及国有企业等问题。特朗普频频释放退出信号，以施压WTO朝有利于美国利益的方向改革。

然而，目前美国仅出台WTO改革立场文件，对其他国家提出的改革方案则提出批评意见。恢复争端解决机制是WTO改革的当务之急，欧盟的WTO现代化概念文件、中欧等向WTO提交的两份联合提案详细阐释了争端解决机制改革方案，然而这些方案均遭到了美方反对。2018年12月举行的WTO总理事会对两份联合提案进行了讨论，一份回应美国对争端解决机制的关切，包括效率低下等；一份提出给予争端解决机制更多资源。然而，美国驻WTO大使谢伊却表示，提案未能回应美国担忧的问题，无法确保WTO规则得到遵守。可以预见，如果WTO改革谈判无法满足美国的诉求和利益，退出WTO可能成为特朗普政府"退出"外交的又一典型案例，这对WTO改革并无裨益。

（三）国际贸易体系碎片化特征越发明显

在美国"退出"外交背景下，全球经济治理存在领导缺失现象，国际贸易体系碎片化特征也越发明显。美、欧、日均通过大型自由贸易协定谈判推动区域和跨区域经济合作，为主导国际贸易规则制定权奠定基础。

2018年，日本主导推动《全面且进步的跨太平洋伙伴关系协定》

（CPTPP）正式生效，这是迄今规模最大的自由贸易区。CPTPP保留了95%的TPP条款，是最具进步意义的自贸协定，对日本争取亚太经济秩序主导权及经贸规则制定权有积极意义。日本和欧盟签署经济伙伴关系协定（EPA），建立起当今世界规模最大的自由贸易区，协定不仅大幅削减关税，还广泛消除非关税壁垒，例如在机动车产品方面采用统一的安全和环保标准、在医疗器械上采用质量管理体系国际标准，加强日欧双边标准和技术规定的相互认可。这对维护欧盟和日本的经济利益，保护双方的价值和标准，捍卫双方在国际经济规则方面的领导地位意义重大。

美国则先后同韩国、墨西哥和加拿大完成FTA重谈，尤其是同墨、加推出全新的《美国—墨西哥—加拿大协定》（USMCA），继承了TPP的衣钵，体现了美国以高标准自由贸易协定引领国际贸易规则发展方向的雄心，将成为美国以后进行FTA谈判的范本。此外，美国还计划同欧盟、日本、英国、菲律宾等开展双边贸易谈判。美欧提出双方将建设"零关税、零壁垒、非汽车产品零补贴"自由贸易区，美日也表示同意就美日双边贸易协定开启谈判。

可以看出，多边自由贸易体系危机重重，区域和双边自贸协定却如火如荼地发展，国际贸易格局出现新变化。此外，除WTO无力应对美国的贸易保护主义以外，作为解决全球经济问题的重要机制，G7和G20也心有余而力不足。在2018年6月举行的G7峰会中，虽然发布了联合公报，强调反对贸易保护主义，但是由于美国与其盟友在贸易、关税等诸多问题上无法达成共识，特朗普最终未签署公报。另外，由于美国反对，在阿根廷布宜诺斯艾利斯举行的G20领导人峰会最终发布的公报并未提及"贸易保护主义"一词。国际贸易体系在应对贸易保护主义方面"失灵"，将拖累国际贸易增长，并为全球经济增长带来下行风险。上述国际经济环境，构成了2018年中国经济外交的总体背景。

◇ 二 中美经贸摩擦持续升温

2018年,中美经贸关系出现转折,特朗普政府正式发动对华"贸易战",双边经贸摩擦愈演愈烈,从"关税战"逐渐向"投资战"和"技术战"蔓延,中美经贸博弈更多的是高新技术和经济发展模式之争,体现出国际格局中守成大国对政治经济影响力日益增长的新兴大国的阻击和遏制。在此背景下,中美经济外交主要围绕解决双边经贸摩擦展开,四次经贸磋商未能提出有效解决方案,2018年年末G20元首会晤发挥关键作用,重启中美经贸磋商,为"贸易战"按下"暂停键",但未来中美经贸关系的走向仍然充满诸多不确定性。

(一)中美"贸易战"不断升级

2018年,特朗普政府对包括中国在内的贸易伙伴国实施的保护措施驶入正轨,中美经过三轮"关税战",双边贸易摩擦逐渐蔓延至投资和技术领域,愈演愈烈。

第一,中美"关税战"不断升级。2018年伊始,特朗普政府开始对洗衣机和光伏产品加征关税,中国产品受到波及,但中方并未作出回应。中美第一轮"关税战"开始于美国的"钢铝关税",3月美国宣布分别对进口钢铁和铝产品征收25%和10%的关税,随后中国对自美进口的7类128项产品加征关税,共涉及美国对华约30亿美元的出口。中美第二轮"关税战"围绕美国对华"301"调查展开。依据美国贸易代表办公室(USTR)发布的对华知识产权"301"调查结果,特朗普政府决定将对价值500亿美元中国商品加征关税,涉及中国生产的信息通信设备、机器人与机械等高科技产品,目标直指《中国制造2025》。美国分两批对价值340亿美元、160亿美元的中国产品加征25%关税,中国则对同等规模美国商品加征关税。美国2000亿美元加征关税措施掀起中美第三轮"关税战"高潮。9月,美国宣布分两个阶段对2000亿美元中国商品加征关税,9月24日起加征关税税率为10%,2019年1月1日起将税率调高至25%。对此,中国决定对约600亿美元美国商品加征5%或10%关税。至此,美国对中国商品加征关税规模已达2500多亿美元,大约为2017年中国对美输出商品总规模的一半,特朗普甚至威胁将加征关税规模升级至全部5000亿美元。

第二,中美"投资战"暗流涌动。在中美贸易摩擦不断升级的背景下,特朗普政府对华投资保护主义也日益抬头。近一年来,作为主导外资安全审查的核心机构,美国外国投资委员会(CFIUS)不仅以"国家安全"为由一再阻挠中国投资,还经过立法改革强化了自身权能。2018年,不少中国企业对美投资纷纷折戟而归,失败原因多是未能通过CFIUS外资审查,领域主要涉及高端制造、互联网金融、新材料等高新科技领域,如中国重汽收购UQM科技、蚂蚁金服收购速汇金、新纶科技收购阿克伦等均未能成功。不仅如此,美国还加速完成了外资审查制度改革,即实施《2018年外国投资风险审查现代化法案》(FIRRMA),该法案被包含在2019财年《国防授权法案》(NDAA)中,于2018年8月13日由总统特朗普签署成为正式法律。虽然FIRRMA将对所有外国投资同等有效,但鉴于近年来中国对美投资的与日俱增,特别是在投资科技类和金融服务类产业方面增长迅速,其针对中国的意味明显。实际上,美国政府对中国在关键技术和个人数据信息等领域的投资关切已久,此次美国外资审查体制改革将CFIUS过往的审查实践进一步法律化和规范化,以便更有力地限制中国企业通过并购美高新技术企业获取敏感技术,保护美国国家安全。

FIRRMA生效后,中国对美投资将面临更多阻力。新法案首先细化和

第一部分 中国经济外交2018年年度报告：自由秩序的危机与中国的选择

补充了对涉及关键技术和关键基础设施投资的审查规定，将房地产、关键技术以及个人数据和信息相关投资纳入审查范围，从而进一步扩大了受管辖交易（Covered Transaction）范围；其次还通过改革审查程序，为CFIUS开展审查工作提供了更多的便利、CFIUS时间与资金；此外还专门作出对中国投资的审查要求，要求美国商务部每两年向国会和CFIUS提交中国在美直接投资报告，甚至指示CFIUS建立与盟国和伙伴监管机构的信息共享机制。由于美国并未在法案中就核心概念、判定标准、评估方法等关键问题作出足够明晰的规定，中立性与透明度的欠缺将为审查过程带来较大的自由裁量权，从而使得CFIUS可以较为轻易地对特定投资施加管制，这将为中国企业赴美开展投资并购带来巨大风险。

特朗普政府加强对华投资保护主义，对中国赴美投资乃至中国外部投资环境施加了负面影响。2017年，中国对美直接投资大幅下降为290亿美元，中国在美新增的收购交易额较前一年更是锐减90%，2018年上半年，中企在美完成的收购和绿地投资仅为18亿美元，同比下降92%，为7年来最低。美国投资保护政策还加剧了全球投资保护主义风潮，除美国外，澳大利亚、英国、法国、德国、日本等发达经济体也效仿美国以"国家安全"为由加大对中国投资的限制，欧盟内部也在拟定新法以协调对外国投资在欧投资的审查。美国及其盟友加紧外资审查可能使得国际投资环境呈现恶化趋势，对中国企业"走出去"提出更多挑战。

第三，中美"技术战"日趋明显。随着中国加大科研开发和中高端制造业支持力度，中国企业在全球价值链上的地位逐渐攀升，将在科技领域成为美国的有力竞争者。特朗普政府将矛头指向高科技领域，旨在遏制中国自主创新能力、维护美在高科技领域的优势地位，中美"技术战"逐渐突出。一方面，特朗普政府继续在知识产权领域向中国施压，对华知识产权"301"调查针对《中国制造2025》，体现出美国遏制中国高端制造业的意图和决心。另一方面，特朗普政府采取多种措施制裁中国高科技企业。继4月制裁中兴后,美国出台规定禁止电信公司利用联邦补助购买华为等中国制造商生产的电信设备,8月将44家中国企业列入出口管制清单,10月将福建晋华集成电路有限公司纳入禁售清单。同时,美国对出口管制体系进行立法改革,并于11月出台针对关键新兴和基础技术相关产品的出口管制框架,涵盖生物技术、芯片等14个前沿科技类别。美国通过对华实施技术封锁,加大了中国进口美国高科技产品的阻力,旨在全面封杀中国企业获取美国先进科技的可能途径。此外,美国对中美科研人员的往来也设置壁垒,还采取非常手段,要求加拿大当局拘捕中国高科技企业华为公司的一位重要高管。中美科技交流在资本、技术和人员等方面的收紧都标志着双边科技关系竞争性和冲突性在急剧上升,成为双边经贸摩擦的重要内容。

(二)中美经贸磋商一波三折

伴随中美贸易摩擦风险升级,两国为解决双边贸易问题展开多轮经贸磋商,在磋商过程中,特朗普政府展现出其贸易谈判的进攻、强势、讹诈和反复策略,为两国贸易谈判平添波折。

第一,中美通过前两轮经贸磋商达成联合声明。2018年5月中上旬,国务院副总理刘鹤率领的中国经贸谈判代表团同美国财政部长姆努钦牵头的谈判代表团分别在北京和华盛顿举行两轮磋商,双方发表联合声明同意削减对华贸易赤字、中国将进一步完善知识产权保护体系、改善双边投资关系,中美联合声明的发布为阴云笼罩的双边经贸关系带来转机。

第二,美国单边撕毁协议导致双边磋商停滞不前。虽然第二轮中美经贸磋商传递出积极信号,但特朗普政府依然采取高压策略,坚持中国削减2000亿美元赤字及停止《中国制造2025》等主张,否则全面贸易战不可避免。在第三轮经贸磋商结束后不久,特朗普政府即单方面撕毁协议,宣布将对500亿美元"含有重要工业技术"的中国商品加征25%的关税。中美"关税战"硝烟四起，双方经贸磋商在中断将近两个月后再度重启，8月22—23日，中国商务部副部长兼国际贸易谈判副代表王受文率中方代表团赴华盛顿同美进行第四轮经贸磋商，美方代表团由美国财政部副部长马尔帕斯率领。降级后的中美经贸谈判并未达成任何成果，在一定程度上对美方失去信任的中国也取消了原定于9月27—28日在华盛顿举行的第五轮经贸磋商。

第三，元首外交推动经贸磋商重启。在中美经贸磋商止步不前的情况下，元首经济外交发挥作用，中美"贸易战"暂时休战。11月1日，国家主席习近平应约同特朗普总统通电话，强调两国经济团队要加强接触，就双方关切问题开展磋商，推动中美经贸问题达成一个双方都能接受的方案。在元首外交助推下，中美双方经贸谈判取得一定成果，12月1日，两国元首在G20布宜诺斯艾利斯峰会举行期间进行会晤，双方达成停止加征新关税的共识，为双边贸易摩擦降温。不过，美国并未放弃其威胁和讹诈"大棒"，白宫发布的声明称，中美需在90天内完成强制技术转移、知识产权保护、非关税壁垒等方面的谈判，否则关税将由10%提高到25%。可以预见，中美经贸谈判在未来还有多场"硬仗"要打。

◇◇ 三 化解"一带一路"外交频遇风险

2018年，"一带一路"建设承接上一年发展势头，在政策沟通、设施联通、贸易畅通、资金融通与民心相通五大方面取得一定成就。在这一年间，中国共与30余个国家或国际组织新签了"一带一路"合作备忘录，截至2018年年底，中国已累计同122个国家、29个国际组织签署了170份政府间共建"一带一路"合作文件。在"朋友圈"不断扩大的同时，中国与沿线国家的经济合作也取得实质性进展：2018年，中国与"一带一路"沿线国家的贸易额达1.3万亿美元，同比增长16.3%；中国企业在"一带一路"沿线国家非金融领域的投资额超过150亿美元，同比增长率也高达8.9%；此外，过去一年间中国在"一带一路"沿线的63个国家对外承包工程完成营业额893.3亿美元，占同期总额的52%。不过，随着中国"一带一路"建设的扩大与深化，一系列风险与难题逐渐凸显出来。

（一）政府违约风险

2018年，政府违约风险成为"一带一路"建设面临的突出阻碍。"一带一路"沿线国家政府更迭导致已签约项目"搁浅"或协议失效，中方企业遭受损失，也疏远了中国与东道国之间的政治与经济关系，马来西亚与巴基斯坦即为典型。2018年5月，马来西亚大选结束，马哈蒂尔取代纳吉布成为新一届总理，"希望联盟"取代了执政长达61年的"国民阵线"成为新的执政联盟。新政府彻底否定了纳吉布政府的一系列内外经济政策与政绩，并计划砍掉"不必要"的基础设施项目。此外，新政府对"一带一路"持怀疑态度，马哈蒂尔曾多次表示对马来西亚当局大开国门欢迎中国投资者的做法表示不满，公开声明要严厉审查中国投资者。8月21日，马哈蒂尔正式宣布取消三个由中资支持的项目，"一带一路"项目实施受阻不仅使双方蒙受经济上的损失，也打击了中方企业对马投资的信心，使两国的经济合作热度大幅下降。

无独有偶，作为中国最主要、也是此前被认为最稳定的"一带一路"合作伙伴国——巴基斯坦也发生了类似状况。7月26日，伊姆兰·汗宣称其领导的正义运动党击败谢里夫派赢得大选；8月17日，伊姆兰·汗当选为新一届政府总理。在对中巴经济走廊（CPEC）的表态上，正义运动党在作为反对党时就公开针对项目是否真正能为巴基斯坦带来利益提出

第一部分　中国经济外交2018年年度报告：自由秩序的危机与中国的选择 13

质疑。此外，伊姆兰·汗曾明确表示他对中巴经济走廊的态度与谢里夫派"存在分歧"，并称包括中巴经济走廊在内的一些项目涉嫌腐败。伊姆兰·汗成立一个九人委员会重审中巴经济走廊项目，委员会成员达乌德等表示应搁置项目，至少应延长项目时间框架。新政府中还有官员表示，上届政府对中国让步太多，中资企业获得了很多税收减免，从而让巴基斯坦企业处于劣势。简言之，巴基斯坦新政府上台以来，中巴经济走廊的发展前景开始处于一个较为不确定的状态。"一带一路"沿线不乏国内政治动荡的国家，政府更迭带来的政策变迁对"一带一路"建设及对华关系的负面影响不可忽视。

（二）沿线国家债务风险

一直以来，西方国家对"一带一路"倡议充满质疑声音，美国等国认为中国在"一带一路"沿线实施的大型基础设施建设项目偏离了包括透明性、债务可持续性与社会和环境责任准则的一致性在内的商业标准，可能加剧一些国家的腐败问题、降低国家治理质量。2018年，斯里兰卡汉班托塔港的经营权问题重回国际舆论视野，"一带一路"相关国家的债务问题引发世界关注。2018年10月4日美国副总统彭斯在哈德逊研究所发表的演讲中专门提到中国对斯里兰卡的投资，指责中国利用"债务陷阱外交"获得汉班托塔港的经营权。对中国来说，一方面中国面临"一带一路"沿线国家政府债务问题对项目本身的冲击，另一方面还需应对西方国家对"一带一路"建设中"债务陷阱"的指责。

西方国家夸大了"一带一路"倡议对沿线国家债务问题产生的推动作用，或者说是利用"债务陷阱"这一工具分化"一带一路"沿线国家同中国的关系，对在国际社会中影响力不断增强的中国进行打压和遏制。当前，发达经济体和新兴经济体都面临严峻的债务问题。根据国际金融协会（IIF）的统计，2018年一季度全球债务规模增长至247万亿美元，创下历史新高，增幅创两年来新高，占全球GDP比重达到318%。"一带一路"沿线国家多为新兴经济体和发展中国家，国内债务高企，以斯里兰卡为例，截至2018年6月，斯里兰卡外债存量高达534.87亿美元，而斯里兰卡2017年全年GDP仅为817.7亿美元，利息支出即占GDP比重的1.22%。在全球经济放缓、大宗商品价格下跌、美联储加息和美元走强的国际经济背景下，政府收入难以偿还日益见涨的债务利息，因此存在爆发债务危机的风险。

不过，从根源上看，债务问题主要是由"一带一路"沿线国家经济发展模式导致的，不少国家是债务驱动型经济增长国家，通过大规模举借外债，弥补本国储蓄不足，刺激生产与消费，最终提振经济增长。首先，由于国际债务多以外币计价，因此维持本国货币币值的稳定是控制债务成本的关键；但是斯里兰卡等后发国家往往不具备完善的国内金融制度，无法避免其汇率受国际资本环境的影响。其次，债务驱动型经济增长意味着将本国经济发展的稳定性寄托于国际资金链的稳定性，但是国际资本市场充斥着大量的国际游资，这些短期热钱在经济繁荣期可以推动经济增长，但在经济衰落期也可以放大该国的经济问题，增加新兴经济体的经济波动风险。

对中国来说，面对债务规模庞大的"一带一路"合作伙伴国，需要采取措施提升伙伴国资金转化能力，在维护中国企业经济利益的同时，切实促进伙伴国经济增长，助力"一带一路"行稳致远。

（三）地缘政治风险

"一带一路"倡议涵盖范围广泛，涉及较多发展中国家，部分国家存在国内政治和安全危机为"一带一路"建设带来隐患，此外，沿线地缘政治经济关系复杂多变，不乏大国争夺资源、扩展全球影响力的焦点地区。2018年，"一带一路"沿线地缘政治风险主要表现在以下方面。

一方面，"一带一路"沿线国家频频发生新的政治和安全危机，增加项目建设的地缘政治风险。南亚、非洲和中东等地区面临的恐怖主义袭击和治安风险加剧，制约"一带一路"在该地区的拓展和深化。2018年11月，中国驻巴基斯坦卡拉奇领事馆遭到巴基斯坦俾路支省的分离组织——"俾路支解放军"的恐怖袭击，此次恐袭直接针对中巴合作，这也意味着"一带一路"的标志性项目——中巴经济走廊的建设遇到的安全风险在不断增加。此外，7月以来，南非北开普省金伯利市因对地方政府施政不满举行示威游行，引发严重骚乱，多家华人商铺遭到哄抢。恐袭、治安等安全风险升级，不仅威胁到中方企业和人员的生命财产安全，还会对"一带一路"建设形成制约。

另一方面，"一带一路"沿线地缘政治竞争风险愈加突出。"一带一路"倡议触及一些区域性大国的传统势力范围，包括美国、印度、欧盟等在内的大国（地区）出于自身战略利益考虑，对"一带一路"相关地区提出本国的计划构想，以此应对和遏制全球影响力不断增长的中国。2018年，美国的"印太战略"和"新非洲战略"逐渐明晰。特朗普政府致力于构建"自由开放的印太地区"，在军事和经济方面"双管齐下"，5月将美军"太平洋司令部"改名为"印太司令部"，6月国防部部长马蒂斯在香格里拉峰会演讲首次全面公开阐述印太战略，深化同盟关系，7月国务卿蓬佩奥在美国商会发表的演讲中表示，将对印太地区投资1.13亿美元，用于新技术、能源和基础设施建设，11月副总统彭斯在亚太经合组织（APEC）工商领导人峰会的演讲中宣布美国将对印太地区提供600亿美元基础设施建设援助，并且强调经济合作的透明度和规则，针对"一带一路"之意不言自明。在非洲地区，特朗普政府提出"新非洲战略"，12月白宫国家安全顾问博尔顿在传统基金会发表讲话时提出，宣布美国将设立"繁荣非洲"项目，鼓励非洲选择高质量、透明、包容和可持续的外资项目，以此抗衡中国和俄罗斯在非洲扩展经济和政治影响力。

此外，印度对于中国与巴基斯坦的"一带一路"合作始终持警惕态度，以维持其在南亚地区的核心地位。欧洲也积极在"一带一路"沿线地区发挥影响，9月欧盟通过《连接欧洲和亚洲——对欧盟战略的设想》，将从2021年及之后的共同预算中拨出额外资金，联合民间贷款与开发银行，提供资金支持，并成立一支600亿欧元基金，为投资项目提供托底保障，该设想显示出欧盟在亚欧地区发挥影响力的意图和决心，如何化解同"一带一路"的竞争、加强二者对接将是中欧未来的共同任务。

毫无疑问，随着"一带一路"建设的深入推进，中国需要投入更多的经济外交资源来为"一带一路"建设保驾护航，化解外部风险的影响。

◇ 四 继续推动全球和区域经济治理

2018年，全球经济治理处于相对低潮，面对单边主义的勃兴，以及大国之间的矛盾加剧，全球经济治理除了一些例行的年度会议之外，几乎乏善可陈。相比之下，区域经济治理也呈现高度失衡，只有部分地区取得一些进展。

（一）中国与全球经济治理

在贸易保护主义和单边主义蔓延之际，中国以负责任大国姿态继续积极参与全球经济治理，在维护多边主义、自由贸易、开放型世界经济，促进全球经济复苏和发展等方面提出中国的政策主张。

第一,中国推出深化改革、扩大开放的具体政策,邀请世界各国分享中国市场红利。在单边主义和保护主义愈演愈烈之际,2018年中国以实际行动推进改革开放,为维护多边主义和自由贸易作出了贡献。一是放宽市场准入,在金融业和汽车制造业方面,放宽银行、保险、证券行业外资持股比例限制,扩大外资银行的业务范围,逐步取消专用车、新能源汽车、商务车等外资股比限制。二是创造更有吸引力的投资环境,2018年中国在全面落实准入前国民待遇加负面清单管理制度上更进一步,最新版负面清单共推出22项开放措施,减少15条特别管理措施至48条,有效改善了投资环境。三是加强知识产权保护,2018年中国重新组建国家知识产权局,深化知识产权国际合作,还通过推进《外商投资法》立法,加强对外商投资企业的产权保护。四是主动扩大进口,2018年中国先后取消部分药品进口关税,实际进口的全部抗癌药实现零关税,降低汽车整车及零部件进口关税,降低部分进口日用消费品的最惠国税率,涉及1449个税目。

最为突出的是,中国在2018年首次举办国际进口博览会,吸引了156个国家、3个地区和13个国际组织参加,220多家世界500强和行业龙头企业参展,按一年计累计意向成交额达到578.3亿美元。中国国际进口博览会是中国开展全球经济外交的具体举措之一,是中国推动更高水平开放、推动建设开放型世界经济、推动构建人类命运共同体的重要体现。国家主席习近平在开幕式上发表的演讲中进一步提到,中国将继续采取措施激发进口潜力、持续放宽市场准入、营造国际一流营商环境、打造对外开放新高地、推动多边和双边合作深入发展。中国采取深化改革、扩大开放的举措不仅能满足国内民众需求,还将同世界分享庞大的中国市场,为维护自由贸易和多边贸易体制、共建创新包容的开放型世界经济打开新局面。

第二,中国携手发达经济体和发展中国家推进WTO改革,彰显出中国维护全球化和多边贸易体制的坚定决心。2018年,特朗普政府贸易保护政策直接冲击了以 WTO 为核心的多边自由贸易体系，中国在国际货币基金组织、世界银行、WTO、G20 等多个全球经济治理平台持续发出维护多边主义和自由贸易的声音，成为经济全球化的坚定捍卫者和积极推动者。

在国际货币基金组织和世界银行的春秋季年会上，中国人民银行行长易纲表示，当前贸易争端为金融市场和资本流动带来了巨大不确定性，各方应坚持多边主义，维护以规则为基础的多边贸易体系，同时，中国将进一步推动改革，扩大开放，应对未来挑战。

在世贸组织改革问题上，中国积极推动世贸组织改革，维护多边自由贸易体系。一方面，中国商务部发布《中国关于世贸组织改革的立场文件》，提出世贸组织改革的三个基本原则和五点主张，包括维护非歧视和开放等世贸组织最重要的核心价值、保障发展中成员的发展利益等；另一方面，中国、欧盟会同加拿大、印度等成员向世贸组织提交了关于争端解决上诉程序改革的两份联合提案，并在世贸组织总理事会会议上就此发表联合声明，表明中国坚定维护以规则为基础的多边贸易体制的态度和决心。

在 G20 领导人峰会上，中国国家主席习近平强调中国赞成对世界贸易组织进行必要改革，关键是要维护开放、包容、非歧视等世界贸易组织核心价值和基本原则，保障发展中国家发展权益和政策空间，坚持各方广泛协商，循序推进。中国作为负责任的大国，在提出 WTO 改革方案的同时还加强国内结构性改革，推进改革开放，为维护自由贸易、开放市场贡献中国力量。

第三，中国提出协调全球宏观政策的新理念，推动世界各国走向互利合作和共同繁荣之路。2018 年，世界经济增长呈现分化趋势，美国经济"一枝独秀"，新兴市场国家却危机重重。中国作为世界第二大经济体和最大的发展中国家，致力于持续推动世界经济复苏和增长，中国在金砖机制、G20 等全球经济治理平台中发挥影响力，以深化各国经贸合作、增进全球凝聚力、助力世界经济增长。

继在2017年金砖国家领导人厦门会晤中中国提出"金砖+"合作理念后，2018年在金砖国家领导人会晤十周年之际，中国继续为金砖合作机制注入新动力。习近平在金砖国家领导人约翰内斯堡会议上提出，金砖国家要建设新工业革命伙伴关系，中方将实施10期人力资源开发合作项目，共同规划新工业革命合作蓝图，加速新旧动能转换和经济结构转型升级，提升发展中国家竞争力。中国充分利用金砖机制，不仅为金砖成员国未来合作规划蓝图，还为广大新兴经济体和发展中国家提供经济转型和增长的方案。

在G20布宜诺斯艾利斯峰会上，中国继续为G20建设和世界经济发展提出新理念。习近平主席在《登高望远，牢牢把握世界经济正确方向》的讲话中提出要坚持开放合作，维护多边贸易体制；坚持伙伴精神，加强宏观政策协调；坚持创新引领，挖掘经济增长动力；坚持普惠共赢，促进全球包容发展。该讲话体现出世界经济发展的基本导向，即开放、协调、创新、包容，通过维护自由、开放且基于规则的多边贸易体系，协调各国宏观经济政策，鼓励创新引领新技术发展和应用，把发展问题置于全球宏观政策协调的突出位置等，推动世界经济健康稳定发展，这也成为中国完善全球经济治理的重要思想贡献。

第四，中国继续积极应对气候变化，力推卡托维兹气候大会通过《巴黎协定》实施细则。《联合国气候变化框架公约》第二十四届缔约方大会于12月2日至15日在波兰卡托维兹举办。在会议期间，与会各国必须讨论并最终确定《巴黎协定》的工作方案以及透明度实施细则，加之10月初政府间气候变化专门委员会发布的特别报告将全球升温控制在1.5摄氏度的努力很有可能失败，因而此次会议被视为一场"必须赢得的竞赛"。会议期内，与会各国围绕发展中国家的减排责任、发达国家的援助金额、透明度实施细则等若干技术性问题进行了谈判。虽然谈判过程一度陷入僵局，但中国气候变化事务特别代表解振华在谈判最后时刻协调各方达成采取具有灵活性和建设性的谈判思路，最终达成了执行《巴黎协定》的"强有力"的指导纲要。中国在此次会议期间积极推动细则达成，被认为发挥了"定海神针"般的作用。

美国宣布退出《巴黎协定》后，中美合作领导全球气候治理的合作暂时搁浅，全球气候合作面临"领导力赤字"等潜在挑战。2018年以来，面对美国退群对气候治理的负面冲击，中国仍然在积极地承担气候治理领导责任，继续在不同机制下推进气候治理进程：一方面，中国继续在能源领域积极推动能源生产与消费革命，在气候领域采取积极的行动方案，通过自身行动来降低温室气体排放。另一方面，中国还将更多气候治理要素及气候外交资源配置于联合国气候变化框架公约内的气候合作，重视并不断完善"基础四国"等气候外交协调及治理机制，取得了多项积极成效。

（二）中国与区域经济治理

2018年，中国继续在区域经济治理层面发挥作用，深化同亚太、中亚、非洲和拉美地区的经济合作。在贸易保护主义和逆全球化浪潮抬头的背景下，中国开展区域经济治理主要围绕以下两方面付诸行动，一是推出进一步改革开放的举措，为区域乃至全球经济体提供分享中国市场红利的机遇；二是围绕"一带一路"倡议及相关区域经济合作机制，提出加强战略对接、促进中国同各地区经济合作的具体举措。

第一，亚太区域经济合作稳步推进。2018年，中国主导和参与的亚太区域合作机制如期进行，中国在博鳌亚洲论坛、东亚地区经济合作机制以及次区域经济合作机制中提出新的改革开放举措或是区域经济合作理念和建议：

具体来看，一是中国在博鳌亚洲论坛推出改革开放新举措。当前，世界正在经历新一轮大发展大变革大调整，反全球化思潮和保护主义情绪升温，加剧了世界经济中的风险和不确定性。习近平主席在2018年中国第一场主场经济外交博鳌论坛讲话中指出，"开放带来进步，封闭必然落后"，指出中国将继续深化改革和扩大开放，同世界分享中国改革开放的红利，具体包括大幅度放宽市场准入、创造更有吸引力的投资环境、加强知识产权保护和主动扩大进口等措施。在中美贸易摩擦"初现"的背景下，习近平主席提出将进一步自主开放中国经济，降低汽车进口关税，放宽对汽车业的投资管制，为中美贸易的紧张局势降温，同时表明中方反对贸易保护主义和构建开放型世界经济的立场，借此机会表明中方支持多边主义，积极构建人类命运共同体。

二是东亚地区经济合作稳中有进，更广范围的亚太经贸合作有所突破。东亚是中国参与区域治理的最核心区域，而东盟"10+1"、东盟"10+3"和东亚峰会是东亚国家为推进东亚经济一体化而建立的具有开放性和非约束性特点的合作机制，东亚国家希望以此提高东亚作为一个整体在世界经济中的竞争力。中国积极参与东亚及亚太区域经济合作机制，为推动亚太区域一体化贡献力量。

2018年11月，中国国务院总理李克强在新加坡先后出席第21次中国—东盟（"10+1"）领导人会议、第二次RCEP领导人会议、第21次东盟与中日韩（"10+3"）领导人会议和第13届东亚峰会。为推动中国东盟关系提质升级，李克强总理在中国—东盟领导人会议上提出加强战略规划、深化经贸合作、培育创新亮点、夯实人文基础、拓展安全合作五点建议；为充分发挥"10+3"合作作为东亚合作主渠道的作用，李克强在东盟与中日韩领导人会议上提出推动东亚经济共同体建设、加快自贸区建设、强化金融安全、开拓创新合作、促进包容发展和拉紧人文纽带等建议；此外，在东亚峰会上，李克强总理提出坚持多边主义、维护自由贸易、加快区域经济一体化进程、推动地区可持续发展合作和开展政治安全对话合作，以此开创东亚和平发展的美好未来。同月，习近平主席在巴布亚新几内亚出席 APEC 第二十六届领导人非正式会议，他再次表明中国坚定维护多边贸易体制的态度，并为世界经济发展提出了开放、发展、包容、创新、规则导向的治理方案，提供了亚太地区未来阶段的发展蓝图。

三是中国引领澜湄合作取得新进展。在众多中国参与的亚太次区域合作机制中，2018 年澜湄合作机制取得较大成果。1 月中旬，李克强总理在柬埔寨金边出席澜湄合作第二次领导人会议，成员国发表了《澜湄合作五年行动计划》等文件，深化澜湄国家务实合作，标志着澜湄合作逐渐由培育期迈入成长期。此次会议打开了 2018 年澜湄合作的新局面，中国在其中依旧发挥主导性作用，其他成员国也表现出更高的参与热情，这使得澜湄合作机制在 2018 年取得诸多成果。

在澜湄合作专项基金方面，该基金效用逐渐凸显，影响力不断扩大。继 2017 年 12 月与柬埔寨签署首批项目协议后，2018 年 1—4 月，中国又分别与缅甸、老挝、越南签署了澜湄合作专项基金项目协议，目前中国已通过专项基金为上述四国约 44 个项目提供了援助。在经贸和人文交流方面，澜湄合作先后通过举办首届"澜湄周"、澜湄合作媒体峰会与澜湄合作博览会（昆明澜湄展），有效增进澜湄国家的经贸合作、人文交流与民心相通。在对外交往方面，澜湄合作机制取得新突破，邀请其他东盟国家智库代表或国际组织代表参加澜湄水资源合作论坛等活动，吸纳其他国家或国际组织相关专业领域意见，同时也扩大了澜湄合作机制在世界范围内的影响力。

此外，澜湄合作六国积极谋划未来发展方向。2018 年 12 月澜湄合作第四次外长会议在老挝举行，六国一致同意打造澜湄流域经济发展带、建立产能合作联盟、实施"绿色澜湄计划"等新的合作举措，既寻求开拓环保等新兴合作领域，又旨在加强在既有的经贸产能等方面的合作，澜湄合作在横向拓宽的同时也不断纵向深化。

第一部分　中国经济外交2018年年度报告：自由秩序的危机与中国的选择

第二，中亚区域经济合作深入发展。2018年，中国同中亚国家继续深化在上海合作组织框架下的经济合作。6月9—10日，中国举办了上海合作组织青岛峰会，这是该年度中国举办的第二场高规格主场多边外交活动，取得了多项重要成果。成员国领导人签署、批准、见证了《上海合作组织成员国元首理事会青岛宣言》《〈上海合作组织成员国长期睦邻友好合作条约〉实施纲要（2018—2022年）》等23份合作文件，不仅涵盖政治、安全、经济、人文等多个领域，而且合作成果的数量为历届峰会之最。此外，各成员国还承诺为贸易投资创造有利条件、共同推动贸易便利化、促进电子商务合作、发展服务业和服务贸易、继续支持中小微企业发展并推动交通运输、能源、农业等领域合作。

总的来看，此次峰会有两大特点。其一，此次峰会是上合组织"扩员"后八国领导人共同参加的第一次元首峰会，具有"承前启后"的重要意义。印度与巴基斯坦正式加入后，上合组织已经包括有8个正式成员以及阿富汗、白俄罗斯、伊朗、蒙古国4个观察员国，人口接近世界的一半，国内生产总值占到全球的1/5，已成为全球最具影响的地区性经济与安全合作组织之一。此次峰会期间，中国国家主席习近平先后主持仅由成员国参加的小范围会议以及由成员国、观察员国以及其他国际组织共同参加的大范围会议，力求推动上合组织在"扩员"后始终在凝聚共识、促进战略互信、加强互联互通、构建欧亚命运共同体方面发挥重要作用。

其二，此次峰会再度倡议建设人类命运共同体，力求将上合组织打造为"欧亚大陆腹地的安全稳定器"以及"欧亚经贸务实合作的加速器"。习近平主席在主持大范围会议时发表题为"弘扬'上海精神'　构建命运共同体"的讲话，强调各成员国要继续在"上海精神"指引下，齐心协力构建上海合作组织命运共同体，推动建设新型国际关系，携手迈向持久和平、普遍安全、共同繁荣、开放包容、清洁美丽的世界。与会各国领导人一致主张上海合作组织要坚持弘扬"上海精神"，推进经贸、金融、农业、互联互通、人文等全方位合作。

第三，非洲区域经济合作迈入新阶段。近年来，中国与非洲国家经济合作日益密切，2018年召开的中非合作论坛领导人北京峰会为深化中非务实合作打下坚实基础。习近平在中非合作论坛北京峰会开幕式上发表题为"携手共命运 同心促发展"的主旨讲话，明确未来三年和今后一段时间中非重点实施的"八大行动"，具体为：实施产业促进行动，实施设施联通行动，实施贸易便利行动，实施绿色发展行动，实施能力建设行动，实施健康卫生行动，实施人文交流行动和实施和平安全行动。为推动"八大行动"顺利实施，中国愿以政府援助、金融机构和企业投融资等多种方式，向非洲提供600亿美元支持。

会议通过了《关于构建更加紧密的中非命运共同体的北京宣言》（以下简称《北京宣言》）和《中非合作论坛—北京行动计划（2019—2021年）》（以下简称《行动计划》），并宣布在农业、产业对接、基础设施建设、能源资源、海洋经济、旅游、投资、贸易和金融九个领域展开经贸合作。《北京宣言》重申中非共识，并明确接下来双方将在国家治理、气候变化、国际机制、应对恐怖主义等领域展开深入广泛的合作。《行动计划》对双边政治合作、经济合作、社会发展合作、人文合作、和平安全合作与国际合作六大领域作出规定，指导下一阶段中非关系发展。此次中非合作论坛北京峰会将推动中非传统友好关系迈上新台阶，指明中非关系未来发展方向，促进中非经贸合作转型升级，助力中非合作更加协调均衡发展，并将进一步促进南南合作发展。

第四，拉美区域经济合作空间广阔。2018年，中国除深化东亚和亚太区域经济合作、中亚和非洲区域经济合作以外，还继续借助中国—拉共体论坛推动同拉美之间的经贸合作。中国—拉共体论坛成立于2014年，于2015年在北京召开首届中拉论坛部长级会议，不仅是深化中拉全面合作伙伴关系的主要渠道，也日益成为中国开展特色大国外交、参与区域经济治理的重要平台。时隔三年，2018年1月中拉论坛第二届部长级会议在智利圣地亚哥举行，外交部部长王毅等出席会议。会议通过了《圣地亚哥宣言》《中国与拉美和加勒比国家合作（优先领域）共同行动计划（2019—2021）》，还专门通过并发表了《"一带一路"特别声明》。王毅在开幕式发表致辞时提到中方深化中拉经贸合作的多项建议，包括中方将积极参与拉美地区交通运输、基础设施、能源等硬件建设和互联互通，将促进同地区各国贸易和投资便利化，将支持拉美建成自主多元的工业体系，将"一带一路"科技创新行动计划对接拉美，搭建中拉"网上丝绸之路"和"数字丝绸之路"，等等。中拉将以共建"一带一路"为新契机，深化双方互利合作，拓展中拉合作新空间，树立南南合作新典范。

◇◇ 五 双边经济外交成就与挫折并存

2018年，中美经贸摩擦升级导致两国经济外交曲折向前，除美国外，中国与其他主要经济体的双边经济外交均有一定收获：中欧经济关系持续深入，中日经济外交重新热络，中俄经济合作挖掘新增长点，同时，中国还与世界主要经济体携手应对世界经济中的单边主义和保护主义行为，捍卫自由贸易和经济全球化。

（一）中欧经济外交

第一，中国欧盟经济外交有新亮点。2018年，单边主义和保护主义加剧、多边贸易体制均遭受严重冲击，中国和欧盟作为世界主要经济体坚定维护多边主义和开放型世界经济，并以此为原则展开双边经济活动。一方面，中欧继续加强经贸领域合作。双方主要围绕贸易、投资、产能等领域合作的相关问题进行探讨，深化双边共识。7月，国务院总理李克强同欧洲理事会主席图斯克、欧盟委员会主席容克共同主持第二十次中国欧盟领导人会晤，双方对中欧投资协定谈判的相关问题进行探讨，并交换了协定清单出价，表示将继续推动谈判取得更大进展，并在此基础上将中欧自贸区问题提上议事日程。同时，双方表示将继续致力于打造开放型世界经济，提高贸易投资自由化便利化，推动更加开放、平衡、包容和普惠的全球化。另一方面，中欧共同维护多边主义，联手推动WTO改革。10月，李克强总理出席第十二届亚欧首脑会议期间，再次表达维护多边主义和自由贸易的坚定决心。截至2018年10月，中欧已建立了WTO改革联合工作组，并同加拿大、印度等国一道向WTO提交两份关于争端解决上诉程序改革的联合提案，联手推动WTO改革。中国和欧盟在WTO争端解决机制改革议题上的共同立场为双方联手捍卫WTO提供基础，WTO改革将成为2019年中欧经济外交的重点内容之一。

第二，中英经济外交成果显著。2018年，中国和英国在"脱欧"背景下共同打造中英"黄金时代"升级版。一方面，中英通过首脑会晤访问深化双方经贸合作。1月英国首相特蕾莎·梅首次访华，访问北京、上海和武汉三座城市，深化同中国在科技、金融和教育领域的合作，并同李克强总理举行会晤。10月，李克强总理赴布鲁塞尔出席亚欧首脑会议期间会见特蕾莎·梅。双方在会谈中，同意加强双方在"一带一路"、核电、高铁、金融等领域合作，加快"沪伦通"准备工作并适时审视启动时间安排，推动双方互利合作再上新台阶。另一方面，中英通过经济对话机制推动双边关系升级。中英利用总理年度会晤机制、中英战略对话机制、中英经济财金对话机制和高级人文交流机制四大对话机制等深化两国关系发展，并对未来两国经贸领域深入合作的方向与路径作出规划。中英两国就深化贸易、投资、货币金融领域合作进行交流和讨论，并达成多项共识，包括推动贸易投资便利化，促进双向投资，扩大服务贸易，积极推动英国脱欧后双方商谈高水平自贸协定；深化"一带一路"倡议下的国际合作，支持双方企业共同开拓第三方市场；推进核电、金融、创新、知识产权保护等领域合作，拓展人工智能、绿色能源、数字经济等新产业、新业态合作，打造新动能合作增长点等。

第三，中德经济外交进展与挑战并存。首先，德国总理顺利访华。5月24日，中国国家主席习近平在北京和正式访华的德国总理默克尔举行会谈。习近平强调，双方可以在未来产业领域开展更多合作，共同开拓第三方市场。默克尔表示，德国愿扩大德中贸易投资合作，密切在G20等多边框架内的合作。其次，中德开展多项高层对话，取得积极成果。7月9日，第五轮中德政府磋商在德国柏林展开，双方就贸易、能源、科技创新、金融等议题深入交换意见，发表联合声明并签署了农业、化工、通信、汽车、自动驾驶等领域20多项双边合作文件。11月13日，第四轮中德外交与安全战略对话在北京举行。双方表示共同维护全球多边体制，德国表示愿与中方加快《中欧投资协定》谈判。另外，德方在多次中德领导人会晤中显示出对"一带一路"倡议的积极态度。再次，中德在全球经济治理、货币、科技、能源等领域加强合作。具体体现在：中德多次就全球经济形势交换意见，共同维护多边主义和自由贸易；德国联邦银行将人民币纳入其外汇储备；中德科技创新合作继续深化，中德共同举办第九届中德经济技术合作论坛与第五届中德创新大会；中德就能源合作多次交换意见，中方出席了第四届柏林能源转型对话。

但是，2018年，中德投资关系遭遇风波，中企对德投资受德政府阻碍，使双边经贸往来蒙上阴影。7月，中国国家电网收购德国高压电网运营商50Hertz失败。同月，德国政府首次利用《外来投资法》，阻止中国的烟台台海集团收购德国的莱菲尔德金属旋压机制造公司，给中德投资关系带来障碍。德国针对中国的投资保护主义将成为中德经济合作的负面因素。

第四，中法双边经济外交取得明显进展。首先，中法首脑会谈成果丰硕，奠定年度双边经济外交的合作基调。1月9日，中国国家主席习近平在北京同正式访华的法国总统马克龙举行会谈，签署了农业、核能、航空、金融和商业等领域的双边合作文件。双方均愿推动"一带一路"框架下的双边合作，密切高层对话，扩大双向贸易和投资，强化传统和新兴领域合作。其次，中法高层经济对话顺利开展。9月14日，中法经贸混委会第25次会议在北京召开，双方均表示愿推进全方位务实合作。11月8日，中法第三方市场合作指导委员会第二次会议在北京召开，双方签署了中法第三方市场合作新一轮示范项目清单。12月7日，第六次中法高级别经济财金对话在巴黎举行，达成68项互利共赢成果。再次，经贸、能源、科技等领域合作不断深化。中法签署了中法关于在银色经济领域合作的谅解备忘录和《关于成立中法企业家委员会的谅解备忘录》，鼓励两国企业双向投资和交流；中法就能源合作、能源创新和能源转型有关问题多次深入交流，中法领导人等均特别关注中法核能合作，第三代核电合作取得突破性进展；中法关注航空航天领域合作并多次就科技创新合作、创新驱动发展等交换意见。但是，贸易不平衡持续阻碍中法双边经贸合作。法国对中贸易仍处于逆差状态，且鉴于法国在对中出口高技术产品方面的保守态度，中法贸易结构难以进一步优化。

第五，中国中东欧经济外交机遇与挑战并存。2018年，中国和中东欧继续在"16+1合作"框架下推进经贸合作。"16+1合作"框架建立6年来，中国与中东欧国家各领域合作蓬勃发展，尤其是在互联互通上取得了众多成果，例如确立了20多个机制化交流平台，规划了匈塞铁路、"中欧陆海快线""三海港区合作"等重大项目，推出了200多项合作举措。7月在保加利亚首都索非亚举办的第七次中国—中东欧国家领导人会议，国务院总理李克强为"16+1合作"未来发展进一步指明了方向，提出维护多边贸易体制、挖掘园区建设、拓宽金融合作渠道、提升地方合作水平和拉紧人文交流纽带等建议。10月,第四次中国—中东欧国家地方领导人会议在保加利亚首都索非亚举行,双方将凭借地方优势互补的潜能,不断挖掘具有鲜明特色的地方合作。不过,2018年中国和中东欧"16+1合作"也遇到一些挑战,主要是欧盟内部及其重要的成员国尚对"16+1合作"存在一定质疑,认为中国通过该机制给予中东欧国家的政策、资金优惠是对欧盟释放的"特洛伊木马",有意"分裂欧洲"。因此,部分欧盟国家通过各种相关的欧盟准则和法律,对中国企业、资本予以各种限制和制约。比如,欧盟对匈塞项目的采购、国家补贴以及竞争法等问题进行审查,致使匈塞铁路匈牙利段的建设进展较为缓慢。面对此类质疑,无论是中国政府还是企业都需要谨慎应对,以确保"16+1合作"乃至中欧合作顺利进行。

(二) 中日经济外交

2018年,中日关系全面回暖,双边经济外交取得重要进展。4月,中日经济高层对话时隔八年重新启动;5月,国务院总理李克强访日;10月,日本首相安倍晋三访华。这成为2018年中日经济外交的三大重点事件。中日通过重启经济对话机制、首脑互访等经济外交活动改善双边关系,为两国经贸关系深入发展提供机遇。

第一,中日通过经济对话机制加强双边经贸合作。中日经济高层对话是两国政府间经济领域最高级别的交流机制,此前曾停滞了八年,如今的重启正寓示着中日关系的改善。2018年第四次中日经济高层对话由中国国务委员兼外交部部长王毅与日本外务大臣河野太郎共同主持,双方重点讨论了宏观经济政策、经济合作与交流、第三方市场合作、东亚经济一体化与多边合作等议题。此外,第七次中日财长对话于8月在北京举行,双方财政部、央行及金融监管高级官员针对中日宏观经济形势及结构性改革、多边制度框架下的财金合作等议题进行了深入讨论，也在金融监管合作等方面达成了多项共识。两国在宏观经济政策和多边制度参与方面的协调彰显出两国寻求务实改善双边关系的努力。

第二，中日恢复首脑互访寻求合作新机遇。5月，国务院总理李克强赴日出席第七次中日韩领导人会议并正式访问日本，这是中国总理时隔8年再次正式访问日本；10月，日本首相安倍晋三率团对中国进行为期三天的正式访问，这是日本首相时隔7年首次到访中国。中日恢复首脑互访，意味着两国关系在历经波折后正在重返正常发展轨道，双方以此为契机达成诸多合作协议，例如签署中日企业开展第三方市场合作的备忘录、同意建立跨部门的"中日创新合作机制"、签署中日双边本币互换协议以及在日本建立人民币清算安排的合作备忘录等，中日经贸合作有望进一步深化。

第三，第三方市场合作成为2018年中日经济合作的突出亮点。第三方市场合作是中国首创的国际合作新模式，即将中国的优势产能、发达国家的先进技术和广大发展中国家的发展需求有效对接，实现"1＋1＋1＞3"的效果。对于中日而言，中国的价格、效率优势与日本的工程、技术优势可以有机结合，挖掘第三方市场的潜能，使经济合作的利益最大化。此外，由于中日第三方市场合作是在"一带一路"框架下进行的，这也标志着日本对参与中国"一带一路"建设的意愿有所加强，两国关系在经济合作的大背景下有所升温。

总体上看，中日关系回暖是在贸易保护主义与单边主义抬头、全球经济形势变化难测的背景之下出现的结果；但两国在争夺地区及全球经贸规则制定权和主导权上仍存在较大的角力，因此当前这种关系转暖的时效可能终究有限，中国需继续慎重考量对日的经济外交关系。

（三）中俄经济外交

2018年，中俄继续保持了紧密的经济合作关系，两国经济外交开展频繁，取得了多项重要成果。一方面，中俄加快欧亚经济联盟与"一带一路"的战略对接，成效渐显。在2018年5月上海合作组织青岛峰会期间，国家主席习近平、国务院总理李克强先后与俄罗斯总统普京举行会晤，两国领导人就在"一带一路"与欧亚经济联盟发展战略对接的基础上开展经贸、投资等合作加以探讨。在2018年9月第四届东方经济论坛召开期间，习近平同普京强调要继续推进欧亚经济联盟和"一带一路"的对接合作。中俄总理第二十三次定期会晤期间，李克强总理与俄罗斯总理梅德韦杰夫再次重申加强战略对接，双方更是签署了涵盖能源、金融、农业、航天等多项双边合作文件。

另一方面，中俄在地方经济合作实现重要突破，在能源、投资等其他领域的经济外交合作也稳中有进。2018年是中俄地方合作交流年，两国地方经济合作也是该年度双方经济外交的一大亮点。两国先后举办了中俄地方合作交流年开幕式、地方政府间合作委员会第二次会议、中俄地方领导人对话会等一系列外交活动，力求完善合作机制和平台、加强规划对接、明确重点合作项目。农业部、商务部也就中国东北与俄罗斯远东地区加强经济合作与俄罗斯相关部门保持密切的沟通，讨论、签署了《中国东北地区和俄罗斯远东及贝加尔地区农业发展规划》等一系列地方经济合作文件。此外，科技合作分委会、经贸合作分委会、投资合作委员会、能源合作委员会等悉数成立，中俄两国在此基础上达成了多项共识，达成了多项合作成果。

◇◇ 六 自贸区外交持续推进

2018年，中国自由贸易协定（FTA）网络加速拓展，FTA谈判持续有效推进。与2017年相比，2018年中国侧重推动正在谈判的自贸协定：

截至当年11月，中国仅与新加坡签署了自贸协定升级议定书；而处于谈判阶段的14个自贸协定中，有11个FTA有进展，其中，中国与挪威继续进行自贸谈判，与秘鲁、韩国、新西兰、巴基斯坦进行现有FTA升级谈判，与毛里求斯、巴勒斯坦、巴拿马、摩尔多瓦结束FTA联合可行性研究后正式启动自贸谈判，同时中国继续推动"区域全面经济伙伴关系协定"（RCEP）、中日韩FTA的自贸谈判；此外，在正在研究的自贸协定中，中国与蒙古国的自贸协定以及中国与瑞士的自贸协定升级也有一定推进。

总体而言，2018年中国在构建自贸协定网络的过程中，在伙伴选择上更加重视自贸伙伴的多元化，在规则制定上也正在向更高水平迈进，自贸区外交整体呈现出比较积极的态势。

（一）中国自贸网络拓宽伙伴广度

2018年，中国启动了与毛里求斯、巴勒斯坦、巴拿马、摩尔多瓦等国的FTA谈判。此前，中国的FTA对象国大多位于亚洲地区，从未与非洲国家商签过自贸协定，与中东地区的海合会、以色列的自贸协定谈判未有新进展，与美洲、欧洲国家签订的自贸协定数量相对较少。如今中国与这四个国家启动了FTA谈判，意味着中国的自贸网络正在向非洲、中东、中美洲、东南欧进行拓展和巩固。

从谈判进程上看，中国启动的新FTA谈判的一个突出特点就是"快"。其中，谈判进程最快的中国—毛里求斯自贸协定，于2017年12月启动谈判，2018年4月进行首轮FTA谈判，经过四轮正式谈判和多轮会见磋商后于2018年9月正式结束谈判，自贸谈判磋商时长还不足十个月。其他的自贸协定，如中国与巴拿马、巴勒斯坦等国的自贸协定，都是2017年11月才启动联合可行性研究，研究很快结束并都得出了积极的结论，加快了中国与这些国家投入谈判的速度，也有利于中国自贸网络的快速扩张。

值得注意的是，中国新选择的FTA伙伴国，有许多位于"一带一路"经济建设带上，如正在谈判的斯里兰卡、以色列、巴勒斯坦、摩尔多瓦等以及正在进行FTA可行性研究的尼泊尔、孟加拉国、蒙古国等；亦包含了有意愿参加中国"一带一路"建设的国家，如毛里求斯、巴拿马等。这体现出中国自贸区战略布局与"一带一路"建设较高的契合度。与这些国家签订自贸协定，不仅能深化彼此间经贸往来，强化双边互惠互利合作；从更深层意义来看，中国自贸区建设与"一带一路"倡议的联动将更好地体现中国经济外交战略的整体性和连贯性，同时也能在相当程度上节省政策实施、谈判协商的成本，使中国的经济外交活动事半功倍。

中国正在研究的自贸协定还包括哥伦比亚、斐济、巴布亚新几内亚、加拿大等国，这些国家大多位于大洋洲或美洲，是中国潜在的FTA伙伴国，对中国自贸区战略的全球化布局有重要意义。特别是中加FTA对中国FTA全球战略布局意义重大，虽然加拿大加入了具有"毒丸条款"的美加墨协定，但中国仍然是加拿大实现贸易多样化的一个理想的FTA伙伴国。如果中国能同加拿大缔结FTA，无疑将使中国的FTA网络更加多元化，更有利于中国应对贸易保护主义与单边主义，加速贸易自由化进程。

（二）中国自贸网络注重规则深度

中国在建设自贸网络的过程中，不仅重视制度的数量，也十分重视制度的质量，即注重利用自贸谈判使贸易规则向更高标准、更高水平逐步迈进。

中国与新加坡正式签署FTA升级版议定书，这是2018年大国贸易摩擦背景下中国在自贸区建设上取得的最为重要的一项实质性成果，同时也是中国继与东盟、智利的自贸协定升级后达成的第三个升级版高水平双边自贸协定。升级后的中国—新加坡FTA在贸易传统议题和新兴议题上都有新突破，包括中国首次在自贸协定中就"建立海关单一窗口"进行约束性承诺，首次对外承诺就商品价格的估价方法及标准作出约束性预裁定决定等。特别是中新双方全面升级了投资章节，涵盖了全面的投资者与国家间争端解决机制等内容，体现了中国在国际投资缔约实践的最新发展。从结果上看，中国—新加坡FTA升级版中的共识和规则已经在一定程度上代表了中国目前所签署的双边自贸协定的最高水平，也有望成为未来中国与其他国家签订FTA的模板。

除了与新加坡签订了升级版的自贸协定以外，中国还与秘鲁、新西兰正在进行FTA升级谈判，与韩国、巴基斯坦也正在进行FTA第二阶段的谈判。与巴基斯坦的FTA第二阶段谈判仍相对关注以边界措施为核心的传统贸易政策的进一步深化，而与新西兰、韩国的FTA升级则有意识地涉及服务贸易、投资等新兴贸易议题，反映出中国逐步适应并实施新一代高标准贸易规则的决心。

在区域层面，中国大力推动RCEP、中日韩FTA谈判，争取把握亚太地区高标准贸易规则的制定权和主导权。目前RCEP规则领域已经完成了七个章节，另外三个章节也基本接近结束，各方在货物、服务、投资等市场准入领域已经进入出要价谈判的冲刺阶段，有望在2019年尽早达成一个现代、全面、高质量、互惠的自贸协定。相比之下，中日韩FTA谈判较为低迷，仅在3月时进行了一轮谈判，日本首相安倍晋三访华时双方也未就中日韩FTA发表明显的立场态度，但中国对中日韩FTA仍然高度重视。对中国而言，RCEP和中日韩FTA是中国正在进行的经济体量最大的FTA谈判，也是中国推进更高水平对外开放的重要举措。若RCEP和中日韩FTA能顺利谈成，中国将不仅能实现自身实施更高水平贸易规则的抱负，还能在地区贸易一体化进程中占据更加主动、有利的地位，进一步融入世界经济,进而寻求在全球贸易体系中的中心地位。

若从实质性签署协议的角度上看,2018年中国自贸区外交较之于2017年的确放慢了些许;但总体而言,2018年中国自贸区战略的实施可称得上是"质"与"量"并重,在伙伴选择上突出战略布局考量,在规则制定上注重高标准规则升级,中国自贸区外交越发成熟。

表1 中国自贸协定进展情况

名称	当前状态	2018年进展
已签协议的自贸区(16个)		
中国—格鲁吉亚	已生效(2017年5月签署自贸协议)	1月1日自贸协定生效
中国—新加坡自贸协定升级谈判	已签协议(2015年11月启动谈判;2016年1月首轮谈判)	4月16—18日第6轮谈判;7月4—6日第7轮谈判;11月5日谈判结束;11月12日签署议定书
中国—马尔代夫	已签协议(2017年12月签署自贸协议)	—
中国—智利升级	已签协议(2017年11月签署升级议定书)	—
中国—东盟("10+1")升级	已生效(2015年11月签署升级议定书)	—
中国—澳大利亚	已生效(2015年6月签署自贸协议)	—
中国—韩国	正在升级(2015年6月签署自贸协议)	—
中国—瑞士	已生效(2013年5月签署自贸协议)	—
中国—冰岛	已生效(2013年4月签署自贸协议)	—
中国—哥斯达黎加	已生效(2010年4月签署自贸协议)	—
中国—秘鲁	正在升级(2009年4月签署自贸协议)	—
中国—新加坡	正在升级(2008年10月签署自贸协议)	—

续表

名称	当前状态	2018 年进展
中国—新西兰	正在升级（2008 年 4 月签署自贸协议）	—
中国—智利	已升级（2005 年 11 月签署自贸协议）	—
中国—巴基斯坦	正在升级（2006 年 11 月签署自贸协议）	—
中国—东盟	已升级（2002 年 11 月签署自贸协议）	—
正在谈判的自贸区（14 个）		
中国—毛里求斯	谈判结束（2017 年 12 月启动谈判；2018 年 4 月首轮谈判）	4 月 2—3 日第 1 轮谈判；6 月 24—26 日第 2 轮谈判；9 月 2 日谈判结束
中国—秘鲁自贸协定升级	谈判中（2018 年 11 月启动谈判）	11 月 17 日启动谈判
中国—巴勒斯坦	谈判中（2018 年 10 月启动谈判）	10 月 23 日启动谈判
中国—巴拿马	谈判中（2018 年 6 月启动谈判；2018 年 7 月首轮谈判）	7 月 9—13 日第 1 轮谈判；8 月 20—24 日第 2 轮谈判；10 月 9—13 日第 3 轮谈判；11 月 19—24 日第 4 轮谈判
中国—摩尔多瓦	谈判中（2017 年 12 月启动谈判；2018 年 3 月首轮谈判）	3 月 5—6 日第 1 轮谈判
中国—韩国自贸协定第二阶段谈判	谈判中（2017 年 12 月启动谈判；2018 年 3 月首轮谈判）	3 月 22 日第 1 次谈判；7 月 13 日第 2 次谈判
中国—新西兰自贸协定升级谈判	谈判中（2016 年 11 月启动谈判；2017 年 4 月首轮谈判）	6 月 11—14 日第 4 轮谈判；9 月 10—13 日第 5 轮谈判；11 月 28—30 日第 6 轮谈判
《区域全面经济伙伴关系协定》（RCEP）	谈判中（2012 年 11 月启动谈判；2013 年 5 月首轮谈判）	2 月 5—9 日第 21 轮谈判；3 月 3 日部长会议；4 月 28 日—5 月 8 日第 22 轮谈判；6 月 30 日—7 月 1 日第 5 次部长级会间会；7 月 22—27 日第 23 轮谈判；10 月 13 日第 6 次部长级会间会；10 月 19—27 日第 24 轮谈判；11 月 12 日部长级筹备会议；11 月 14 日第 2 次领导人会议
中日韩	谈判中（2012 年 11 月启动谈判；2013 年 3 月首轮谈判）	3 月 23 日第 13 轮谈判；12 月 7 日第 14 轮谈判
中国—巴基斯坦自贸协定第二阶段谈判	谈判中（2011 年 3 月首轮谈判）	2 月 7—8 日第 9 次会议；4 月 2 日第 10 次会议

第一部分　中国经济外交2018年年度报告：自由秩序的危机与中国的选择

续表

名称	当前状态	2018年进展
中国—挪威	谈判中（2008年9月启动暨首轮谈判，2010年后中止；2017年4月恢复谈判）	5月14—16日第11轮谈判；9月25—28日第12轮谈判
中国—斯里兰卡	谈判中（2014年9月启动谈判；2014年9月首轮谈判）	—
中国—以色列	谈判中（2016年3月启动谈判；2016年9月首轮谈判）	—
中国—海合会	谈判中（2004年7月启动谈判；2005年4月首轮谈判；2009年起海合会中止谈判；2016年1月恢复谈判）	—
正在研究的自贸区（8个）		
中国—蒙古国	研究中（2017年5月启动自贸联合可行性研究）	9月26—27日联合可行性研究第1次会议
中国—瑞士自贸协定升级	研究中（2017年1月启动自贸区升级联合研究）	3月27日自贸区升级联合研究第2次会议
中国—哥伦比亚	研究中（2012年5月启动自贸联合可行性研究）	—
中国—斐济	研究中（2015年11月启动自贸联合可行性研究）	—
中国—尼泊尔	研究中（2016年3月启动自贸联合可行性研究）	—
中国—巴布亚新几内亚	研究中（2016年7月启动自贸联合可行性研究）	—
中国—加拿大	研究中（2016年9月启动自贸联合可行性研究）	—
中国—孟加拉国	研究中（2016年10月启动自贸联合可行性研究）	—

注：本报告涉及的自贸协议是经济外交意义上的，主要指国家行为体层面的经济往来。港澳台地区同属于一个中国，不适用经济外交的概念，故不将《内地与港澳更紧密经贸关系安排》列入考察范围。

资料来源：笔者根据中国自由贸易区服务网（http://fta.mofcom.gov.cn/index.shtml）公布的信息整理而成。

七 2019年中国经济外交展望

回顾2018年，世界经济增长呈分化态势，贸易保护主义不断升级，中国经济外交遭遇重大挑战，不过中国依然为维护开放型世界经济、捍卫自由贸易、促进世界经济增长作出努力，取得一定成果。展望2019年，中国将继续全面开展双边、区域、全球经济外交，继续做世界经济增长的贡献者、全球经济治理的引领者和国际经贸秩序改革的倡导者。

第一，中美经贸谈判将是2019年中美经济外交的重点内容，不过在美国转变对华战略的大背景下，中美经贸摩擦恐常态化和长期化。关于中美经贸关系走向众说纷纭，一些观点认为中美经贸摩擦可能导致中美"脱钩"甚至"新冷战"，还有观点期待通过美国政府更迭来解决双边贸易争端。从目前来看，中美经贸关系存在结构性矛盾，中美在高新技术领域的竞争将日渐激烈，在经济发展模式上的分歧也难以在短时间内解决。随着美国对华接触战略走向终结，出台新的竞争战略，中美经贸摩擦有可能常态化，特朗普政府在"竞选逻辑"驱动下，还会继续利用"贸易牌"，这使得中美经贸摩擦的解决可能旷日持久。

不过，在"一荣俱荣、一损俱损"的全球化背景下，中美经济利益高度融合，合作空间依然广阔。贸易摩擦对双方经济尤其是中国股市、汇市等形成冲击，中美仍需要通过谈判管控双方分歧、拓展合作领域，这对稳定国内经济发展以及全球经济平稳发展具有重要意义。

目前，中美经贸分歧也是欧盟和日本等其他发达经济体对中国的关切所在，同时还是新一轮国际贸易规则谈判以及WTO改革的重要内容。中国抓住谈判机遇推动双方达成共识，不仅有助于解决中美经贸摩擦，更有利于应对多边贸易规则制定压力，为掌握新一轮国际贸易规则制定

第一部分　中国经济外交2018年年度报告：自由秩序的危机与中国的选择

权奠定基础。这一切最根本的仍然是立足国内、修炼内功，进一步深化改革开放，进行经济结构战略调整和转型升级，以自身发展应对国际经济变局。

第二，在中美关系难以实质性转圜、国际多边经济秩序面临变革的大背景下，同美国以外的主要经济体建设性地开展双边经济外交尤为重要。欧盟及欧洲主要国家很有可能是2019年中国推动双边经济外交的优先方向。当前欧洲国家与美国在汽车关税等问题上分歧明显，而在维护全球贸易开放等方面与中国具有广泛的共识与利益基础，由此美欧、中欧经济关系进入了"重新定位"的时期。2019年，中国将与法国、德国，以及进入"后脱欧时代"的英国开展更多外交合作，不仅继续依托中英财金对话、中英经贸联合委员会、中法高级别经济财金对话、中德总理定期会晤机制等加快与上述国家的服务贸易、投资准入、本币互换等谈判，更为重要的是动员其与中国一同抵御贸易保护主义浪潮并共同推动世界贸易组织改革。

中日经济外交在2019年有可能迎来"小阳春"，两国将继续开展经济高层对话与财长对话就RCEP谈判、亚太自由贸易区建设、国际经济秩序变革、促进亚投行与亚开行合作等议题进行更为广泛深入的磋商，进而实现两国经济合作从"破冰"到"融冰"的转变。

中俄经济外交将会稳中有进，两国将继续依托元首与总理定期会晤机制，就俄罗斯远东地区与中国东北地区经济合作、西伯利亚天然气管道通气运营、中俄西线天然气管道谈判、俄罗斯亚马尔液化天然气第三期建设、加强"一带一路"与"冰上丝绸之路"战略对接等议题进行磋商，预计两国还会在投资、航空等其他领域取得更多成果。

第三，"一带一路"外交既要解决"带路"本身的财政困难，又要应对其他国家的质疑和挑战。"一带一路"国际合作是中国重建世界秩序的新实践，目前"一带一路"建设主要面临两方面难题：从内部看，随着

"一带一路"规模的扩大，中国需要向国际社会提供更多的公共产品，财政负担也将日益增大；从外部看，现有秩序的既得利益者（以美国为首的发达国家）与"一带一路"倡议的直接受益者（沿线发展中国家）都对"一带一路"存在一定的疑惧心理，并采取相关的阻挠行动。因此，未来中国的"带路"外交应该适当放缓"横扩"的速度，更多地追求"纵深"发展。

具体而言，中国首先应该将更多的资源与精力放在"一带一路"沿线的关键区域，特别是对中国具有重要地缘政治价值的东南亚与中亚地区，进一步加强与这些国家或地区的经济外交，而非一味寻求扩大"一带一路"规模。地处中国周边的东南亚和中亚是"一带一路"境外起点，"一带一路"建设在这些地区的成功实践将有效回击其他国家对于中国实力崛起的疑虑与阻挠，也能对今后中国与其他国家开展"带路"合作形成良好的示范效应。

此外，在项目实施方面，中方应该更加注重"一带一路"项目质量的精进，其次才是数量的增长。这些项目今后将成为中国的代名词，也是"一带一路"最直观的宣传载体。中国在回应他国对"一带一路"的质疑时，从根本上看还是要凭借项目效果说话。

进一步加强第三方市场合作，增加"一带一路"倡议的利益攸关方也是一项重要任务。以2018年中国与法国、加拿大、日本、新加坡等国签署第三方市场合作文件与开展具体项目合作的实践为基础，2019年，中国可以寻求与英国等发达国家，以及一些新兴经济体在"一带一路"沿线地区开展第三方市场合作，以互补的优势共同开拓新的市场，实现三方共赢。

第四，中国将继续为全球与区域经济治理作出贡献。在全球层面，一是中国继续推动新一轮高水平开放，让发展成果和改革红利惠及全球。2019年中国将举行第二届中国国际进口博览会，通过扩大进口，让世界各国共享中国经济增长的机遇、挖掘中国市场的发展潜力，为世界经济增长增添动力。二是中国将继续联合欧盟等经济体推动 WTO 改革，维护以 WTO 为核心的多边自由贸易体系。2019 年，WTO 争端解决上诉机构面临严峻的停摆危机，中欧等将继续联手推动争端解决机制改革以确保 WTO 正常运行。三是中国将继续在全球经济治理机制中发挥影响力。中国将在 G20 大阪峰会、金砖巴西峰会、IMF 和世行年会等多边场合为推动新兴经济体和发展中国家及世界经济平稳增长贡献力量。在区域层面外，中国还将继续利用东盟"10+1"和"10+3"、APEC、东亚峰会、中国—中东欧"16+1 合作"、上海合作组织、中非合作论坛、中拉论坛等机制深化中国同各地区之间的经贸合作，促进经济互联互通及区域经济合作深入发展。

第五，在单边主义和保护主义浪潮盛行之际，中国将继续构建以自身为核心的自贸协定网络。在区域层面，可重点期待中国在推动建立地区贸易新规则、新秩序上的努力。一方面，发挥大国经济优势，助推 RCEP 谈判进程。RCEP 已进入最后的关键阶段，谈判任务完成度接近 80%，只差"临门一脚"，各方纷纷表示要在 2019 年达成协议。中国作为成员国中最大的经济体，更应着力推动 RCEP 的谈判进程，使 RCEP 成为一个重要平台，帮助中国不断将区域贸易推向新高度。另一方面，加强地区大国联合，协调各方规则需求。中日韩自贸区是中国与日本、韩国两大发达国家维护基于规则的自由贸易体制的重要制度表现。2019 年，中国应当继续着力协调三国谈判进程，力争使中日韩自贸区与 RCEP 两大地区经贸制度形成联动作用，助力中国争取区域经贸规则制定权。

在双边层面，中国与多个自贸伙伴或潜在自贸对象的互动值得高度关注。一方面，中国应当注重与韩国、新西兰、秘鲁、巴基斯坦等国探讨规则升级或深化的空间，与中国在区域层面上的规则意图形成配合，在 2019 年实现新突破。其中，韩国、新西兰是可以重点期待的对象，因为这两个发达国家不仅实施着较高水平的自贸规则，还与中国同为RCEP或中日韩FTA的谈判成员，能帮助中国明确对自身最优的规则底线。另一方面，中国也应加快自贸伙伴网络在美洲、中东、南亚地区的扩张速度，可以重点聚焦中国与加拿大、巴拿马等国的自贸研究或谈判进程。

◇ 八　结语

2018年，在特朗普政府保护主义政策冲击下，自由开放的国际经济体系遭遇重大挫折。在此背景下，中国通过开展经济外交活动积极在国际多双边场合阐释对全球化和多边主义的理解，并以实际行动维护多边主义和自由贸易体系，通过进一步深化改革、扩大开放，同国际社会分享中国市场红利，中国同其他国家的经贸往来日益密切，互利合作不断深化。中国还与欧盟等经济体联手推动WTO改革，共同维护以WTO为核心的多边贸易体系。展望2019年，全球经济体系仍然充满诸多不确定性，西方发达经济体主导国际经贸规则变革升级的趋势也日趋明显，中国面临的外部环境风险不容忽视。在这一背景下，中国的经济外交需要保持充分的战略定力、战略耐心和战略远见，稳妥应对国际经济格局新变化。

第二部分

中国经济外交专题报告

专题报告一　打造中国—东盟经济共同体：应对国际经济环境变化[*]

【摘要】 自1997年中国与东盟开启官方高层对话以来，双方的经济合作取得了重要成就。但随着世界经济形势的剧变，既有合作框架难以满足中国与东盟进一步合作的需求；另一方面，当前深化中国与东盟的经济合作在政治、经济和区域制度建设等方面又面临多重障碍。在此背景下，李克强总理在2017年东亚合作系列会议上强调推进建设东亚经济共同体具有重要意义。而作为东亚经济共同体的基础之一，中国—东盟经济共同体的建设可以成为中国破解当前世界经济不利局面与双方经济合作难题的良策，对于中国与东盟的对外经济辐射与对内经济发展均有重要的战略意义。中国可以从以下两大方面推进中国—东盟经济共同体建设：双边层面的举措是对新加坡、泰国、马来西亚和越南等国的经济合作采取先行先试策略；多边层面的政策建议包括加快落定中国—东盟自贸区升级版，加强双方金融制度建设以及推广人民币在东南亚地区的使用，开拓在跨境电商与信息技术等合作新领域，将澜湄合作经验推广至整个东南亚地区等。

【关键词】 中国—东盟经济共同体　制度建设　贸易　投资　金融

---

[*] 本文系中国人民大学国家发展与战略研究院2018年国家高端智库课题"中国—东亚经济共同体和中国—东盟经济共同体研究"的成果。作者为李巍、安怡宁。

2017年以来的全球经济形势波诡云谲。在特朗普对外经济政策中的保护主义、本土主义倾向日益凸显的背景下,各国之间以贸易保护、投资管制为主要表现的经济"冷战"也在2018年达到白热化阶段。作为美国最大的贸易伙伴,中国在此次由美国主导的"逆全球化"浪潮中首当其冲——中美经济上的"脱钩"使中国在对外贸易、国际投资与产业升级等方面将面临更大的竞争压力与风险。[1] 一方面,2017年中国对美出口额约占中国总出口的18%,美国大幅度提高自中国进口商品的关税将使中国的出口面临极大阻力,由此还可能导致在加工制造领域对华投资的外企陆续撤资,在此背景下,扩大甚至只是维持中国原有的产能与对外贸易体量都将举步维艰;另一方面,美国对中国企业对美的投资实施严格管控,中国对美直接投资也将面临一些阻碍,未来相关产业的"国际化与转型升级之路"将如何继续走下去,对中国政府与企业而言都是一大难题。总而言之,当前中国所处的国际经济环境的新特征表现为,原本自由贸易与国际投资的引领者美国开始关上了面向中国的大门,中国的对外经济合作出现了一大片空白地带。对此,如何在对外开放中开拓美国以外的发展空间或合作伙伴成为中国应对当前世界经济形势变化首先需要解决的问题。

无论从地理位置、经济联系,还是战略意义看,东盟都是中国开拓新发展空间的首选。作为当前世界上发展势头最为强劲的国家集合体之一,东盟就如同中国的"战略后院",对内是补给中国经济增长动力的重要来源,对外则是中国辐射亚太地区乃至全球经济的"桥头堡"。深化中国与东盟的经济关系在一定程度上可以减弱中美经济"脱钩"对

---

[1] 关于特朗普对外经济政策与当前中美经贸关系的新变化对中国的冲击,请参见李巍、张玉环《"特朗普经济学"与中美经贸关系》,《现代国际关系》2017年第2期,第8—14页;王悠、陈定定《中美经济与战略"脱钩"的趋势及影响》,《现代国际关系》2018年第7期,第31页。

中国经济造成的冲击。基于此，本报告主要探讨创建中国—东盟经济共同体的实践基础与现实意义，以及在创建过程中可能遇到的困难与应对之策。

◇ 一　中国东盟经济合作的历史进程

中国与东盟的经济联系与合作经历了一个逐步扩大与深化的过程。改革开放初期，调整东南亚国家的关系是中国政府外交布局的"优先考虑"。[①] 这种政策的侧重性有效促进了中国与东盟的经贸往来：1978年，中国与东盟[②]的贸易额仅为8.6亿美元，到1990年已迅速增加至68.8亿美元[③]，增长了近7倍。正是在此背景下，1991年7月，时任中国国务委员兼外交部部长钱其琛受邀出席第24届东盟外长会议开幕式。由于持续近16年的柬埔寨问题几近尘埃落定，本届东盟外长会议所关注的核心议题开始由助力柬埔寨恢复和平转向东南亚地区经济发展，由此开启了以东盟为中心的东亚经济合作的序幕。

1997年，中国与东盟建立了"10+1"对话机制，中国与东盟经济合作进入制度化、规范化阶段，中国主导构建了诸多合作经济机制，促进双边贸易和投资发展。2013年以来，随着"一带一路"建设的推进，中国与东盟在经济合作模式上展开探索，形成中南半岛经济走廊、境外经贸合作园区等创新成果。

---

① 董振瑞：《改革开放与邓小平的东南亚外交战略》，《中国青年政治学院学报》2012年第1期，第84页。
② 此时的东盟成员国仅包括印度尼西亚、马来西亚、菲律宾、新加坡、泰国和文莱，其余四国依次于1995年（越南）、1997年（老挝、缅甸）和1999年（柬埔寨）才正式加入东盟。
③ 详细数据请参见 UNCTADstat.

（一）1997—2015 年：中国—东盟经济合作的制度化建设阶段

这一时期中国与东盟经济合作的典型特征是构建了一系列合作机制，双边关系进入制度化的发展阶段：1996 年中国成为东盟的全面对话伙伴国；从 1997 年亚洲金融危机开始，中国—东盟关系进入中国主动塑造阶段；1997 年 12 月东盟国家正式邀请中日韩三国领导人参加地区领导人会议，诞生了"10+3"和"10+1"东亚合作机制。此外，次区域合作机制的构建也同步推进，完善了中国与东盟经济合作的总体架构。

一方面，中国与东盟构建了"10+1"领导人会议机制、中国—东盟自贸区等区域合作机制。

首先，中国与东盟建立"10+1"领导人会议机制，这一机制是中国与东盟最早建立的双边合作机制。为了应对亚洲金融危机，1997 年 12 月，东盟 10 国领导人正式邀请中日韩参加东亚地区领导人会议，诞生了"10+3"东亚合作机制和"10+1"领导人会议机制。

表 1　　　　　　　历届中国—东盟领导人会议及中国参会概况

时间	地点	中方出席者	会议内容简介
1997 年 12 月 16 日 首次会议	马来西亚 吉隆坡	江泽民	会议发表了《中华人民共和国与东盟国家首脑会晤联合声明》，确立了中国与东盟面向 21 世纪的睦邻互信伙伴关系
1998 年 12 月 16 日 第二次会议	越南 河内	胡锦涛	双方同意通过全面对话合作框架，开辟多种合作渠道，通过平等友好协商，进一步推进睦邻互信伙伴关系的发展
1999 年 11 月 28 日 第三次会议	菲律宾 马尼拉	朱镕基	朱镕基在会上提出了中方加强与东盟睦邻互信伙伴关系的主张和具体建议，表示中国将继续深化与东盟各国在各个领域的对话与合作；东盟各国高度评价中国在亚洲金融危机中给予东盟国家的支持和援助

续表

时间	地点	中方出席者	会议内容简介
2000年11月25日 第四次会议	新加坡	朱镕基	朱镕基在会上积极评价中国与东盟双边关系，并就今后一段时间内双方在政治、人力资源开发、加强湄公河流域基础设施建设、高新技术、农业、贸易与投资等方面的合作提出了具体建议
2001年11月6日 第五次会议	文莱 斯里巴加湾市	朱镕基	双方一致同意在10年内建立中国—东盟自由贸易区
2002年11月4日 第六次会议	柬埔寨 金边	朱镕基	双方签署了《中国—东盟全面经济合作框架协议》，决定到2010年建成中国—东盟自由贸易区；中国和东盟秘书处签署了《农业合作谅解备忘录》；中国与东盟各国外长及外长代表还签署了《南海各方行为宣言》
2003年10月8日 第七次会议	印度尼西亚 巴厘岛	温家宝	中国政府宣布加入《东南亚友好合作条约》，并与东盟签署了《中国—东盟面向和平与繁荣的战略伙伴关系联合宣言》，确立了中国与东盟的战略伙伴关系
2004年11月29日 第八次会议	老挝 万象	温家宝	会议发表了《落实中国—东盟面向和平与繁荣的战略伙伴关系联合宣言的行动计划》；双方签署了《中国与东盟全面经济合作框架协议货物贸易协议》和《中国—东盟争端解决机制协议》等文件
2005年12月12日 第九次会议	马来西亚 吉隆坡	温家宝	会议决定将交通、能源、文化、旅游和公共卫生列为双方新的五大重点合作领域
2007年1月14日 第十次会议	菲律宾 宿务	温家宝	双方签署了《中国—东盟自贸区服务贸易协议》、《落实中国—东盟面向共同发展的信息通信领域伙伴关系北京宣言的行动计划》等合作文件
2007年11月20日 第十一次会议	新加坡	温家宝	温家宝在会上发表题为"扩大合作 互利共赢"的讲话
2009年10月24日 第十二次会议	泰国 华欣	温家宝	双方回顾总结了一年多来共同应对国际金融危机等挑战的历程，表达了同舟共济、共谋发展的意愿，就全面深化合作达成广泛共识
2010年10月29日 第十三次会议	越南 河内	温家宝	会议通过并发表了落实中国与东盟面向和平与繁荣的战略伙伴关系联合宣言的第二个五年行动计划以及《中国和东盟领导人关于可持续发展的联合声明》
2011年11月18日 第十四次会议	印度尼西亚 巴厘岛	温家宝	会议就纪念对话关系20周年发表联合声明

续表

时间	地点	中方出席者	会议内容简介
2012年11月19日 第十五次会议	柬埔寨 金边	温家宝	会议发表了《纪念〈南海各方行为宣言〉签署十周年联合声明》
2013年10月9日 第十六次会议	文莱 斯里巴加湾市	李克强	会议发表了《纪念中国—东盟建立战略伙伴关系10周年联合声明》
2014年11月13日 第十七次会议	缅甸 内比都	李克强	双方同意落实好"2+7合作框架",扩大双向贸易投资规模,推进地区互联互通,积极推动商签"东盟国家—中国睦邻友好合作条约",进一步提升东盟—中国战略伙伴关系
2015年11月21日 第十八次会议	马来西亚 吉隆坡	李克强	中方提出推进中国与东盟双边关系发展的六点建议,强调推动"一带一路"倡议同区域国家发展战略对接
2016年9月7日 第十九次会议	老挝 万象	李克强	会议发表《第19次中国—东盟领导人会议暨中国—东盟建立对话关系25周年纪念峰会联合声明》,同意通过执行《落实中国—东盟面向和平与繁荣的战略伙伴关系联合宣言行动计划(2016—2020)》进一步促进中国—东盟战略伙伴关系,以实现互利发展
2017年11月30日 第二十次会议	菲律宾 马尼拉	李克强	会议通过《中国—东盟关于进一步深化基础设施互联互通合作的联合声明》、《中国—东盟关于全面加强有效反腐败合作联合声明》、《中国—东盟旅游合作联合声明》和《未来十年南海海岸和海洋环保宣言(2017—2027)》等成果文件

资料来源:笔者根据相关政府官网及新闻报道整理。

其次,建立中国—东盟自由贸易区。2000年11月在新加坡举办的第四次"10+3"东亚领导人会议期间,时任中国国务院总理朱镕基倡议建设中国—东盟自由贸易区,得到东盟国家领导人响应。经过两年磋商,2002年11月中国与东盟签署《中国—东盟全面经济合作框架协议》,启动了自贸区建设进程,决定在2010年建成中国—东盟自贸区。随后,中国与东盟就货物贸易、争端解决机制、服务贸易、投资协议展开谈判,并分别于2004年11月签署《中国—东盟自由贸易区货物贸易协议》和《中国—东盟自由贸易区争端解决机制协议》,2007年1月签署《中国—东盟自由贸易区服务贸易协议》,2009年8月签署《中国—东盟自贸区投资协议》。2010年1月,中国—东盟自贸区如期全面建成。

按照《中国—东盟自由贸易区货物贸易协议》规定的商品减税时间表，第一类正常产品的降税安排为：中国和东盟六国：2005年40%的产品将税率降至5%以下，2007年60%的产品将税率降至5%以下，2010年100%的产品将税率降至零；越、老、柬、缅四国：2009年40%的产品将税率降至5%以下；2013年40%的产品将税率降至零；2015年100%的产品将税率降至零。第二类正常产品在关税降至5%之前与第一类正常产品同时降税，但降至5%后可保持至2012年再降至零。同时协议还规定了敏感产品的降税计划，其中，对于一般敏感产品，中国和东盟六国在2012年削减到20%以下，2018年削减到5%以下；越、老、柬、缅四国则在2015年削减到20%以下，2020年削减到5%以下；对于高度敏感产品，中国和东盟六国计划在2015年削减到50%以下，越、老、柬、缅四国则于2018年削减到50%以下。

中国—东盟自由贸易区的建立促进了双边贸易发展和投资额增长。如表2所示，2010年中国—东盟自贸区正式建成以来，中国与东盟的贸易额总体呈增长趋势，在大规模削减的初始阶段，贸易额的同比增长率曾一度高达30%以上。从中国与东盟的双向投资来看，近年来中国对东盟的直接投资明显比东盟国家对中国的投资更具有活力（如表3所示），前者增长趋势较为稳定，投资流量在2016年已突破百亿美元；而后者则在50亿—80亿美元波动，近三年一直呈负增长趋势。

表2　　　　中国与东盟双边贸易情况（2008—2017年）

年份	中国对东盟出口金额（亿美元）	中国向东盟进口金额（亿美元）	贸易额（亿美元）	双边贸易额同比增长率（%）
2010	1382.07	1545.69	2927.76	37.45
2011	1700.83	1927.71	3628.54	23.94
2012	2042.72	1958.21	4000.93	10.26
2013	2440.70	1995.41	4436.11	10.88

续表

年份	中国对东盟出口金额（亿美元）	中国向东盟进口金额（亿美元）	贸易额（亿美元）	双边贸易额同比增长率（%）
2014	2717.92	2083.32	4801.25	8.23
2015	2774.86	1946.77	4721.60	-1.66
2016	2559.88	1962.20	4522.08	-4.23
2017	2791.20	2357.00	5148.20	13.85

资料来源：中国商务部网站。

表3　中国与东盟双向直接投资情况（2010—2017年）

年份	东盟对中国直接投资 流量（亿美元）	同比增长率（%）	中国对东盟直接投资 流量（亿美元）	同比增长率（%）
2010	54.28	20.69	34.89	29.32
2011	67.14	23.69	71.85	105.93
2012	63.05	-6.09	79.68	10.90
2013	85.43	35.50	63.27	-20.49
2014	65.10	-23.80	62.55	-1.14
2015	78.60	20.74	66.20	5.84
2016	67.30	-14.38	112.76	70.33
2017	52.10	-22.59	112.95	0.17

资料来源：中国商务部网站，ASEANstats.与UNCTAD Bilateral FDI Statistics。

除此之外，中国和东盟的战略关系获得发展。2003年10月，在第七次中国—东盟领导人会议上，中国加入《东南亚友好合作条约》，并同东盟签署了《中国—东盟面向和平与繁荣的战略伙伴关系联合宣言》，作为区域外大国率先与东盟建立了战略伙伴关系；同月，中国同东盟有关国家的"早期收获"计划开始实施。2004年11月，在第八次中国—东盟领导人会议上，中国还同东盟签署了落实战略伙伴关系的《落实中国—东盟面向共同发展的信息通信领域伙伴关系北京宣言的行动计划》，对双方2005年到2010年各领域的合作进行了全面规划，建立起全面的合作机制。2005年12月，在第九次中国—东盟领导人会议上,东盟宣布中国成为其东部增长区发展伙伴。

另一方面,中国与东盟国家参与构建了大湄公河次区域合作机制、中国—新加坡自由贸易区等次区域合作机制。大湄公河次区域合作机制于1992年由亚洲开发银行发起,得到澜沧江—湄公河流域内中国、柬埔寨、老挝、缅甸、泰国和越南六国的共同响应。其宗旨是加强次区域地区各国之间的联系,提高本区域的整体竞争力,促进本区域经济的发展。

中国—新加坡自由贸易区谈判启动于2006年8月,于2008年9月圆满结束。中国与新加坡经贸关系密切,2004年,中新双边贸易额在中国与东盟双边贸易额中占比为25.2%,到2008年时这一比例达到45.8%。同时,新加坡是东盟十国中唯一的发达国家,经济实力强。中国率先与新加坡建立高水平的FTA,从而促进经济效益增长,有益于在中国与东盟的合作中形成样板效应。《中国—新加坡自由贸易协定》主要涉及货物贸易与服务贸易领域的关税减让,2015年11月6日,中新两国领导人一致同意将中新关系定位为与时俱进的全方位合作伙伴关系,并启动中新自由贸易协定升级谈判。2018年11月12日,中新两国签订中新自贸协定升级议定书,对原协定的原产地规则、海关程序与贸易便利化、贸易救济、服务贸易、投资、经济合作六个议题领域进行修改升级,同时新增了双方在电子商务、竞争政策和环境三大领域达成的共识与相关规则。

(二) 2013年至今:中国—东盟经济合作的模式创新阶段

加强区域与次区域合作是中国推进与东盟全面战略伙伴关系的重要内容。中国—东盟区域与次区域合作除了构建制度化机制外,还在治理模式方面进行积极探索。在推进"一带一路"建设的背景下,中国与东盟经济合作模式与海上丝绸之路的建设深度对接,发展出区域合作与次区域合作的多种模式。

首先，从"一轴两翼"发展到中南半岛经济走廊。2006年7月举办的首届"环北部湾经济合作论坛"上，"一轴两翼"经济圈构想首次被提出，"一轴"即南宁—新加坡经济走廊，"两翼"即湄公河流域经济走廊和泛北部湾经济圈。实际上，南宁—新加坡经济走廊与澜沧江—湄公河经济走廊构成中国政府在"一带一路"建设中提出的中南半岛经济走廊。2016年5月26日，第九届泛北部湾经济合作论坛暨中国—中南半岛经济走廊发展论坛上发布了《中国—中南半岛经济走廊建设倡议书》。这一经济走廊是以贸易通道为经络和经贸合作区为节点构成的跨境经济发展区域，是中国与东盟扩大合作领域，提升合作层次的重要载体。

其次，从边境经济合作区发展为跨境经济合作区。中国沿边对外开放开发最早的经济合作模式是边境经济合作区，其是设在中国境内的沿边重要口岸与边境城市毗邻地区。随着形势发展变化，我国原有的沿边开放措施已经与边境地区扩大开放、加快发展的需要不相适应。在这种背景下，边境经济合作区向跨境经济合作区演变就成为必然发展趋势。2013年中越两国签署了《关于建设中越跨境经济合作区的谅解备忘录》。此后中国和老挝就建设中老磨憨—磨丁经济合作区建设总体方案达成协议，中国与缅甸政府达成《中缅边境经济合作区谅解备忘录》，探索边境经济融合发展的新模式。

再次，境外经贸合作园区是中外经贸合作模式的一种创新，这种模式始于新加坡在中国设立的苏州工业园。随着中国企业"走出去"的步伐加快，特别是"一带一路"倡议提出后，中国对外投资呈现集群式投资的特点，而广大发展中国家因为基础设施缺乏、投资环境较差，中国企业风险增加。中国将本国设立经济特区和中外经贸合作园区的经验移植到国外，设立境外经贸合作园，帮助发展中国家改善投资环境。[①] 2013年10

---

① 全毅、尹竹：《中国—东盟区域、次区域合作机制与合作模式创新》，《东南亚研究》2017年第6期，第15—36页。

月中越两国决定在北仑河两岸建设中国东兴—越南芒街跨境经济合作区，开展跨境经济合作；中国和老挝于2015年8月就边境口岸云南磨憨—老挝磨丁建设中老磨憨—磨丁经济合作区建设总体方案达成协议；2017年5月中国与缅甸政府达成《中缅边境经济合作区谅解备忘录》，探索边境经济融合发展的新模式。

最后，创建澜沧江—湄公河合作机制。大湄公河次区域合作机制的局限性和中国周边外交出现的经济投入成本和政治收益高度不对称的状况使中国意识到，中国需要转变"经济导向"思维，平衡好周边国家对中国的经济和政治安全诉求，确立更高的全方位目标，将"命运共同体"理念植根于区域合作之中。2014年11月，李克强总理在第十七次中国—东盟领导人会议上倡议建立澜沧江—湄公河合作机制，得到湄公河流域各国积极响应。2015年11月，澜湄合作首次外长会议在云南西双版纳景洪市举行，会议发表了《澜湄合作概念文件》和《联合新闻公报》宣布启动澜湄合作进程。

◇◇ 二　推动中国—东盟经济共同体建设的意义与基础

2018年5月，中国国务院总理李克强在出席中国—东盟建立战略伙伴关系15周年庆祝活动启动仪式时强调，中国始终把东盟作为周边外交优先方向，也呼吁东盟与中国共同抓住当前的机遇，深化双方互利合作，建设更为紧密的命运共同体。[1] 经济是中国—东盟命运共同体的核心支柱

---

[1] 《李克强出席中国—东盟建立战略伙伴关系15周年庆祝活动启动仪式并发表主旨讲话》，人民网，2018年5月8日，http://cpc.people.com.cn/n1/2018/0508/c64094-29970232.html。

之一，先行打造中国—东盟经济共同体可以为命运共同体的构建提供坚实的共同利益基础与实践经验。推动中国—东盟经济共同体建设有利于深化两大行为体在贸易、投资和货币金融领域的合作，从而增进双方获益。同时，由于中国与东盟地缘位置临近、美国保护主义盛行等因素，中国与东盟合作对彼此都具有独特的战略意义。而现阶段双方着手构建中国—东盟经济共同体也具备某些有利条件，即中国与东盟在贸易、投资与货币金融领域已经具有一定的合作经验或实践基础。

（一）中国—东盟经济共同体建设的战略性意义

前文提及，中国对于东盟而言，或者东盟对于中国来说，都是最重要的经济合作伙伴之一，双方在彼此的对内对外发展战略中都发挥着不可替代的作用。具体而言，东盟是中国扩大对外经济影响力的试验场，是中国经济从东亚走向全球的重要跳板；反过来，资金与技术实力相对雄厚、市场庞大的中国可以为东盟国家经济发展创造巨大动力。

1. 东盟：中国对外经济辐射的"桥头堡"

近年来，中国的整体发展战略逐渐转向积极参与国际体系并寻求有所作为，"一带一路"倡议作为中国提出并主导推进的地区合作平台体现了中国积极参与全球治理的努力。但与此同时，作为崛起国的中国与守成国美国陷入结构性矛盾，美国以中美间存在巨额贸易逆差为由对华发起贸易战。可以说，推进"一带一路"倡议与中美贸易摩擦是当前中国经济外交中所面临的两大重要议题，而东盟在这一格局中对中国有重要意义。

首先，东盟在推进"一带一路"建设的过程中地位重要。2018年9月，中国国家信息中心在夏季达沃斯论坛上发表的《"一带一路"大数据报告（2018）》显示，2016—2018年"一带一路"国别合作度总体得分排名前十的国家中，东盟国家占据了六个（越南、泰国、马来西亚、新加坡、印度尼西亚和柬埔寨），依次位列第五至十位①，这表明东盟总体上与中国在经济合作上拥有较高的契合度，而且具有成为中国与"一带一路"沿线国家合作样本的潜力。"一带一路"最初是围绕邻近周边国家提出的，服务于中国的周边外交政策调整以及内陆、沿边地区的对外开放。东南亚是中国周边外交的优先发展方向和"一带一路"涵盖的重要区域之一，东盟则是中国的重要战略合作伙伴与"一带一路"建设的重要参与者，发展中国与东盟各国的友好关系，深化双方经济合作对"一带一路"倡议的顺利推行有重要意义。目前，"一带一路"倡议在东盟国家中的部分项目面临困境，如马来西亚总理马哈蒂尔称由于国债问题，马来西亚将取消东铁和天然气管道建设计划。加强中国与东盟的经济合作或将有利于解决这些问题：通过增加中国与东盟国家的沟通，推进中国东盟经济共同体的建设，扩大双方共同利益，增进政治互信，从而有利于"一带一路"倡议在东盟的顺利推进。

其次，与东盟的经济合作有利于缓解中国在中美贸易战中面临的压力。2018年9月24日，美国宣布开始对2000亿美元中国输美产品加征10%的关税，这对中国部分外向型企业形成冲击，企业会面临成本增加、减产、调整重组等诸多挑战，一些中国企业和工厂有意转移到东南亚国家，利用当地价格相对低廉的生产要素，降低产品成本，以缓解贸易战带来的压力。同时，中国可进一步在高技术产品领域开拓东盟市场，以此扩大中国产品销路，减小美国对部分中国高科技产品加征关税带来的冲击，同时也有利于中国的优势技术向东盟国家转移，实现双赢。

2. 中国：东盟经济发展必须搭乘的"便车"

2015年11月，习近平在访问新加坡与越南时提出，中国愿意把自身

---

① 详情请参见国家信息中心《"一带一路"大数据报告（2018）》，商务印书馆2018年版。

发展同周边国家发展更紧密地结合起来，欢迎周边国家搭乘中国发展"快车""便车"，让中国发展成果更多惠及周边。① 中国拥有广阔的消费市场、相对雄厚的资金实力与较高的技术水平，以及较为成熟且具有借鉴价值的经济建设经验，对于大部分东盟国家而言正是"搭便车"的优先选择，也是目前无法为世界上其他国家所取代的一个选择。

美国的单边主义经济政策不仅对中国经济发展造成冲击，也给东盟各国带来不利影响。具体而言，美国的贸易保护政策可能会破坏东南亚的发展理念、产业结构和在华企业利益。从宏观理念看，特朗普政府推行单边主义与东南亚获得发展所依托的多边合作、贸易自由化和经济一体化这三驾"理念的马车"相悖，这可能会破坏东盟的合力发展理念，引发东盟内部的不团结。

从产业链角度来看，中国、美国和东盟国家都已深度参与到全球产业链中。在部分领域的产业链中，东盟国家位于中国的上游：中国从东盟国家进口零件进行加工组装或进口原料以发展生产。因此，美国对中国部分出口产品加征关税可能会使中国减少从东盟国家进口产品的需求，进而波及东南亚国家的利益。此外，第一批被加征关税的340亿美元中国产品中，价值59%的产品由在华外资企业生产，其中包括东盟在华企业。

与此同时，中国主导推进的"一带一路"倡议能够为东盟经济发展提供契机。中国—东盟"一带一路"项目建设逐渐形成"系统化工程""跨国产业园区""优势产业合作""多元化创新"与"战略对接"等新平台，推动双边在商品贸易、基础设施建设、工程承包、金融服务、产能合作、人才培养等领域的深度合作，进而推动了中国—东盟经济"绝对"

---

① 《习近平：欢迎周边国家搭乘中国发展"快车"、"便车"》，新华网，2015年11月7日，http://www.xinhuanet.com/world/2015-11/07/c_1117070255.htm，检索日期：2018年9月24日。

与"相对"收益的同步增加。① 推进中国东盟经济共同体建设,合作促进"一带一路"倡议中的项目落实,有利于东盟应对当今的国际形势,获得经济增长的新动力。

(二) 构建中国—东盟经济共同体的实践基础

从中国与东盟对于彼此的重要战略意义来看,构建中国—东盟经济共同体是互利共赢、顺应当前国际经济发展趋势的理性之举。而另一方面,现阶段是构建中国—东盟经济共同体的最佳时期,主要体现在目前中国与东盟在贸易、投资与货币金融领域合作的深度与广度正在突破历史新高,双方的经济联系日益深化,在这些领域的合作经验也成为推动中国—东盟经济共同体建设的有利条件与实践基础。

1. 中国与东盟的双边贸易关系日益密切

自2002年11月签署《中国与东盟全面经济合作框架协议》以来,中国与东盟双边贸易额急剧上升。同时,随着《服务贸易协议》不断落实,中国与东盟在服务贸易领域的合作发展迅速。截至2018年,中国是东盟第一大贸易伙伴,东盟是中国第三大贸易伙伴。可以预见到,推动中国—东盟经济共同体建设有助于进一步降低贸易壁垒,提升贸易自由化水平,促进双边贸易额增长。

首先,东盟是中国最重要的出口市场之一。2017年中国对东盟的出口额为2791亿美元,占中国总出口额的12.33%。② 其中,越南、新加坡和马来西亚是中国主要的出口对象国,2016年中国对这些国家的出口额依次为620.41亿美元、474.47亿美元、394.26亿美元。中国对东盟的出

---

① 谷合强:《"一带一路"与中国—东盟经贸关系的发展》,《东南亚研究》2018年第1期,第115—133页。

② 详细数据请参见中国商务部网站信息。

口以工业制成品、机械与运输设备为主,以上述三个国家为例,2016年中国对越南出口工业制成品的比重最高,为36.93%;相比较之下,中国对新加坡和马来西亚的出口则以机械与运输设备的比重最为突出,分别为52.2%与22.77%。

表4　2016年中国对越南、新加坡与马来西亚的出口商品种类及其比重

(单位:%)

商品种类	越南	新加坡	马来西亚
粮食及活动物	5.62	1.65	6.31
饮料及烟叶	0.09	0.20	0.25
除燃料外的非食用未加工材料	0.95	0.24	0.60
矿物燃料、润滑油及有关物质	1.66	10.18	2.75
动物及植物油、脂肪及蜡	0.02	0.03	0.02
未列明的化学及有关产品	7.14	3.83	8.84
主要按材料分类的制成品	36.93	13.54	21.48
机械和运输设备	33.64	52.20	36.76
杂项制成品	12.08	18.03	22.77
未列入其他分类的货物及交易	1.86	0.11	0.21

资料来源:UN Comtrade。

其次,东盟也是中国主要的进口来源地,尤其是在能源、农产品等领域。在东盟十国中,马来西亚、泰国与越南是中国主要的进口来源国,2016年三国对中国的出口额在中国自东盟的进口总额中占比依次为25%、20%与19%。中国从东盟进口的产品以初级产品为主,部分国家的工业制成品也占据了较大比重。初级产品主要包括石油、天然气等能源与农产品。

以能源为例，文莱、菲律宾、印度尼西亚和马来西亚都是产油大国，印度尼西亚的石油蕴藏量为 51 亿桶，越南的石油储量仅次于印度尼西亚，马来西亚居第三位，已探明石油储量为 34 亿桶。但由于政治、经济、安全、资金、技术等方面的原因，许多资源尚未开发。近年来，随着中国与东盟经贸往来密切，双边能源贸易呈迅速上升趋势。而且东南亚还拥有丰富的天然气储量，中国从东盟国家进口了大量的天然气：2009 年，中国从印度尼西亚进口天然气仅 7 亿立方米，到 2015 年上升到 39 亿立方米；从 2009 年到 2015 年，中国从马来西亚进口天然气量从 9 亿立方米增长到 44 亿立方米。① 发展能源贸易有利于东盟各国增加收益，也使中国能够依托东南亚天然气这一清洁能源，保障我国的能源安全。

而在农业领域，中国是东盟国家农产品的主要出口对象国。以越南为例，目前中国是越南第三大水产品出口市场，仅次于美国和欧盟，而且在美欧等国对进口越南农产品的管制条件日益严苛的背景下，中国有望成为越南最大的出口市场。此外，越南的木薯、咖啡、荔枝等农产品也大量销往中国。中国自越南进口初级产品，在某些具体产业（如水产业）已逐渐演变为净进口国，有助于中国将有关生产要素与资源转移至更高水平的产业，促进中国国内产业结构的转型升级；而中国则可以为越南农业发展提供稳定而庞大的市场，这是一个各取所需与互利的过程。

2. 中国与东盟的双向投资逐渐扩大

进入 21 世纪后，中国与东盟双边投资活动日益活跃。中国加紧对东盟地区的投资，以期利用东盟地区的优势区位获益，促进中国经济发展。研究表明，与欧盟、金砖国家、美国、日本相比，东盟吸引 FDI（对外直接投资）更具优势，这主要体现在产业发展潜力、区位条件和投资环境三

---

① 杨宏恩、孙汶：《中国与东盟贸易的依存、竞争、互补与因果关系研究》，《管理学刊》2016 年第 5 期，第 6—14 页。

个方面。① 总体而言，东盟具有的优势包括劳动力价格低，开办企业需要的时间短、费用低，基础设施体系完善，通胀率和失业率均维持在可接受的水平等，这些优势吸引着中国企业对东盟各国进行投资，并实现获益。

与此同时，双边投资合作对东盟经济发展大有裨益。东盟对华直接投资，最初主要是利用中国的廉价劳动力和优惠的外商直接投资政策，就地生产，转口外销，属于降低生产成本型和市场占有型直接投资。目前，东盟对华投资已经突破上述基本的直接投资模式，逐渐转向投资目的和投资模式的多样化阶段。② 深化投资领域合作有利于东盟企业使用中国的优势区位条件生产，增加经济收益，同时能够接近中国庞大的国内市场，拓宽产品销路，并能使东盟投资模式多样化。

在既有的投资合作基础上，推进中国东盟经济共同体建设，降低双方投资壁垒，将有利于投资规模的进一步扩大、投资领域拓宽、投资形式多样化。同时，中国可通过对东盟投资而使用当地优势区位条件，增加经济收益。东盟则通过对华投资，搭乘中国经济腾飞的快车。

3. 中国与东盟的货币金融合作初显成效

目前中国与东盟的金融合作主要包括两方面内容：一是金融政策和金融机构的建设；二是货币方面，主要内容是加强区域内的汇率安排和推动货币一体化建设。③ 这两大举措一方面有利于提高区域货币金融领域的治理水平，加强对金融运行的监管，更有力地预防和应对金融危机；另一方面则推进了人民币国际化的进程。

2008 年金融危机暴露出东盟经济发展中的诸多问题，其中各国间缺

---

① 杨达诚：《东盟国家引进 FDI 的区位优势与投资环境研究》，对外经济贸易大学，博士学位论文，2017 年。
② 刘志雄：《东盟对华投资现状及投资效应的实证研究》，《东南亚纵横》2011 年第 10 期，第 26—31 页。
③ 张家寿：《中国—东盟区域金融合作及其对区域经济发展的促进》，《改革与战略》2005 年第 4 期，第 7—9 页。

乏金融合作的问题尤其突出。同时，近年来世界其他地区金融一体化的进展，对东盟各国产生深刻的启迪和示范效应。东亚地区开展金融合作首先面临的问题是模式的选择：中国与东盟金融合作模式，日本主导的东亚金融合作模式和东盟十国主导的金融合作模式。研究表明，中国经济增长快速，经济体量大，成为东亚地区重要的进出口目的地；而且，中国与东亚各国的制度联系密切，并与东盟建成自由贸易区，具备比日本、韩国更多的合作优势。[①] 从而使中国与东盟金融合作模式成为东亚地区金融一体化中最为可行的方案，这也为推进中国—东盟经济共同体的建设提供又一动因与宝贵经验。

此外，中国还与东盟国家开展双边货币互换合作。中国与东盟国家开展人民币互换业务开始于2000年举行的东盟与中日韩"10＋3"财长会议签署的《清迈倡议》。此后，中国先后与日本、韩国、菲律宾等国签订双边货币互换协议。这一协议有利于扩大人民币使用范围，促进人民币的计价、支付、结算、价值储备等经济职能从国内外溢到地区层面，同时逐步培养中国香港、新加坡人民币离岸市场的形成和发展，为人民币国际化创造有利条件。

◇ 三 中国东盟经济合作的问题与困难

自1991年中国与东盟开启对话进程以来，双方在建设合作机制、增进政治互信、促进经济发展等方面卓有成就，双方关系定位实现由对话伙伴到战略伙伴的跃升。但另一方面，中国与东盟的经济合作仍面临着诸多方面的问题和风险，需要予以重视和妥善应对。

[①] 屠年松、朱雁春：《全球金融危机后中国与东盟金融合作再思考》，《经济问题探索》2010年第9期，第115—119页。

（一）政治风险

中国与东盟深化经济合作可能面临的政治风险体现在多边、双边与国内三个层次。多边层次包括世界主要大国在东南亚的地缘政治竞争对中国与东盟的合作形成压力；双边层次则指中国与东盟成员国之间关系发展的不确定性，其中南海争端与国家之间本身的政治互信不足是导致中国与这些国家间的关系时有恶化的主要因素；国内层次的风险表现为东盟某些成员国国内政治局势的不稳定性。

1. 多边层次：大国地缘政治竞争"挤压"中国与东盟合作空间

东南亚地处连接太平洋与印度洋的交通枢纽处，是世界上主要大国利益与矛盾交会之地。① 美国、日本、印度等大国对东南亚主导权的竞夺使该地区的地缘政治呈现复杂局面，而东盟的大国平衡政策则加剧了这种复杂性，使中国与东盟双边经济合作的深化受到一定的阻碍。目前，东盟已与中国、日本、韩国、美国、俄罗斯、印度、澳大利亚、新西兰、加拿大、欧盟共10个国家或组织建立了对话伙伴关系，谋求以一方牵制另一方，平衡与各个对话伙伴国的关系。②

第一，中美竞争。中美在东南亚的竞争焦点是地区规则的制定权，同时也在安全领域展开竞争。从奥巴马政府时期的"重返亚太"战略到中途受阻的TPP，再到特朗普政府提出的"印太战略"，美国一直试图在亚太地区构建一个将中国排除在外的地区性机制，主导构建地区规则，对冲中国近年来在东南亚日益扩大的地区影响力。

---

① 全毅、尹竹：《中国—东盟区域、次区域合作机制与合作模式创新》，《东南亚研究》2017年第6期，第15—36页。

② 徐步、杨帆：《中国—东盟关系：新的启航》，《国际问题研究》2016年第1期，第35—48页。

2017年11月,特朗普政府公布的首份《国家安全战略》正式提出的"自由而开放的印太战略"思想,"印太"战略被认为是"重返亚太"战略的延续与扩大,具体而言,是依靠区域盟友平衡中国日益增强的影响力,并意图提供与中国"一带一路"倡议相竞争的替代方案。[①]

同时,通过一系列在安全上捆绑东南亚国家的策略,美国一方面深化了与东盟的利益关联,扩大美国在该地区的影响力,另一方面也增强了东盟国家在军事安全上与中国抗衡的底气与决心,并以此离间中国与东盟的关系。

第二,中日竞争。中日在东南亚地区的竞争焦点是经贸领域。出于对中国在东南亚影响力拓展的担心,日本发展对东盟的关系紧跟中国的步伐。换言之,中国对东盟的政策是主动性的,而日本却是反应性的。在中国2003年签署《东南亚友好合作条约》两个月后,日本主办了日本—东盟纪念峰会,表示要建立双方的特殊关系。2004年7月,日本正式签署《东南亚友好合作条约》。[②] 近年来,日本加强了与东南亚国家的全面合作,特别是加大了安全合作、军事合作的力度,推行所谓的价值观外交,增强了在这一地区的影响力。[③]

此外,日本是东盟最主要的官方发展援助来源国。日本对东南亚的援助以基础设施和民生项目为主,2012年的援助金额为41.84亿美元(其中包括9.15亿美元的无偿赠款与32.69亿美元的优惠贷款),其中优惠贷

---

① 关于特朗普政府"印太"战略的解读,详细可参见王鹏《"对冲"与"楔子":美国"印太"战略的内生逻辑——新古典现实主义的视角》,《当代亚太》2018年第3期,第4—52页;刘胜湘、辛田《均势制衡与特朗普政府"印太"战略论析》,《当代亚太》2018年第3期,第53—89页;徐金金《特朗普政府的"印太战略"》,《美国研究》2018年第1期,第70—82页。

② 刘若楠:《大国安全竞争与东南亚国家的地区战略转变》,《世界经济与政治》2017年第4期,第60—82页。

③ 贺圣达:《东南亚地区战略格局与中国—东盟关系》,《东南亚南亚研究》2014年第1期,第1—10页。

款的金额约为1997年的3.57倍①,说明日本并未因为东南亚国家经济水平有所提高而缩小对该地区的援助力度。日本的援助在促进东盟国家经济与社会发展的同时,也增进了日本与东盟的经济联系,增强了东南亚国家对日本的政治信任,以及民众对日本的好感,这在一定程度上制约了中国影响力的发挥。对于中国寻求扩大本国在东南亚地区的影响力与领导力,日本一直持有警惕心理。在中国主导成立澜湄合作机制前后,日本采取了一系列应对举措。

第三,中印竞争。中印在东南亚地区的竞争包含多个领域,但竞争强度低于中国与美国或日本的竞争。2014年,刚上任印度总理的莫迪在第12届印度—东盟峰会上提出"东向行动"政策(act east policy),该政策的基本目标是,把东南亚作为其从印度洋走向太平洋的重要地区,以增强印度的世界影响力。在具体行动上,近年来印度采取了拉拢东盟国家的多项举措,包括启动加拉丹多模式交通运输项目,其中最重要的举动为斥巨资修建印缅泰三边高速公路;邀请东盟国家参观印度的阅兵;在南海有争议的海域与越南合作勘探开采石油等,在扩大印度在东南亚地区经济与政治影响力的同时,稀释中国在该地区的既有优势。

2. 双边层次:中国与东盟成员国政治互信不足

政治互信对中国与东盟经济合作的重要性是明显的。2013年,中国国家主席习近平在印度尼西亚国会的发言中曾强调,构建中国—东盟命运共同体必须首先巩固中国与东盟国家的政治和战略互信。② 政治互信不足是目前横亘于中国与东南亚国家之间的一道坚固的障碍。

中国与菲律宾、越南、马来西亚与印度尼西亚等国存在领海争议,这是

---

① 张博文:《日本对东南亚国家的援助:分析与评价》,《国际经济合作》2014年第4期,第38—42页。
② 《习近平:携手建设中国—东盟命运共同体——在印度尼西亚国会的演讲》,人民网,2013年10月4日,http://cpc.people.com.cn/n/2013/1004/c64094-23104126-2.html。

中国与东盟成员国政治互信不足的缘由之一，可能为中国东盟的双边经济合作带来负外部性。2011—2015 年中菲两国关系由于黄岩岛之争而急剧恶化，期间中国收回了对菲律宾一个铁路项目的融资贷款、强化对菲律宾香蕉等农产品的进口检查，双方的经贸关系迅速趋冷。2014 年中越对南海西沙群岛所属权的意见分歧在越南国内引发"反华"浪潮，中企在其中蒙受了巨大损失，极大地打击了两国政府与企业开展进一步合作的信心与意愿。

在西方媒体的大力渲染下，南海争端中的国在东盟民众中被描述成"侵略""好斗"的大国①，这一方面反映了中国经济与军事实力的崛起在无形之中对东南亚这些周边小国造成压力，这也是该地区"中国威胁论"盛行的根源之一；另一方面也凸显了中国与东盟国家在官方与民间层面都存在沟通不足的情况，这直接导致双方在政治上缺乏互信，易于曲解对方某些经济行为背后的政治意图，这种疑虑在东盟国家对中国的态度中更为突出。虽然自 2015 年以来，中国与东盟国家基于南海争端的直接冲突有所减少，双方的政治互信也呈现逐渐提升的趋势，但引发政治互疑的某些根源（即南海争端、中国实力的相对增长以及域外大国的介入）始终是客观存在着的，因此，如何增进中国与东盟国家的政治互信依然是值得重视和有待解决的问题。

3. 国内层次：东盟某些成员国政治局势不稳定

东盟的部分成员国（如缅甸、柬埔寨、马来西亚等）的国内政治局势都不同程度地存在不稳定的情况，主要表现为政权的非正常更迭，或政权更迭后政策的急剧变化。其中，柬埔寨执政党人民党与反对党救国党长期存在恶性竞争，尽管洪森及其领导的人民党在 2018 年 7 月的大选中继续胜出，但面对西方国家的质疑与制裁，以及国内反对派的阻挠，新一届政府将如何巩固政权及其可能产生的消极影响，存在着诸多的不确定性。

---

① [新加坡] 马凯硕、[新加坡] 孙合记：《东盟奇迹》，翟崑、王丽娜译，北京大学出版社 2017 年版，第 103—104 页。

缅甸面临的国内政治形势更加严峻，缅北反政府势力频繁冲击国家政权，若开邦地区的民族冲突也时常激化为武力冲突，爆发于2016年年末的缅北冲突曾冲击105码贸易区，炸毁当地桥梁并迫使当地居民撤离家园，一度中断缅甸的边境贸易。这些国家都存在政权非正常更迭，并导致其对外经济合作突然中止的风险。

再以在2018年5月刚刚完成大选及政府换届的马来西亚为例。尽管此次马来西亚的政权过渡总体上较为平稳顺利，但马哈蒂尔上台后，为了应对沉重的国债负担，同时清算上任总理纳吉布政治腐败的"遗产"，大马政府的对外经济政策发生了较大变化，其中最为突出的是中止外国投建的"不必要"的基础设施项目，波及中国、新加坡等国与马来西亚的经济合作。马来西亚的此次政权更迭及对外经济政策的转向直接导致中国在该国的"一带一路"建设受阻，这种案例虽然不具备普遍性，但考虑到大部分东南亚国家的国内政治与马来西亚存在共同特征——国家权力较为集中、政治腐败相对严重等，中国应以马来西亚为前车之鉴，在开展与东盟的经济合作时也特别留意各国的国内政治局势的走向。

（二）经济风险

东盟各国政治体制、经济发展水平差距较大，导致各国利益诉求不尽相同，新加坡、菲律宾等经济较为发达的国家主张推进经济自由化，降低壁垒以发挥本国优势；而老挝、柬埔寨等经济相对落后的国家则寻求保护本国产业，减小他国优势产业的冲击。东盟内部的利益分歧阻碍了中国与作为整体的东盟的经济合作进程。但中国深化与东盟经济合作最主要的经济风险在于双方的贸易、投资关系与东南亚的金融环境上。就贸易而言，中国与东盟国家出口结构相似，中国对东盟的贸易顺差也在逐步扩大；从投资来看，中国企业对外投资的经验不足，对东南亚的投资面临来自日本、韩国等发达国家企业的激烈竞争，这对于中国企业而言是一个较大的挑战；金融领域的问题主要是除个别国家外，东南亚的金融市场总体上欠发达，相关国家的金融制度建设也不完善。

1. 贸易领域：出口结构趋同，贸易失衡加剧

首先，中国与东盟存在贸易领域产业竞争问题。中国与多数东盟国家均为发展中国家，在产业结构、技术水平等方面具有趋同性，双方现阶段的优势产业都以劳动力密集型加工制造业为主，目标市场都集中在欧美、日本、韩国等地。研究显示，中国与泰国、菲律宾、马来西亚、印度尼西亚等国的出口相似指数都在 0.8—1 之间（越接近 1，说明贸易结构越趋同）。[1] 这意味着中国与东盟在国际贸易领域比较优势相似，相互竞争性强，共同利益少，合作空间小。

其次，中国与东盟存在贸易失衡问题。商务部亚洲司数据显示，中国对东盟的贸易自 20 世纪 90 年代开始出现逐年扩大的贸易逆差，逆差额从 1994 年的 2000 万美元，增长到 2011 年的 226.88 亿美元。但从 2012 年开始情况发生变化，双边贸易中中国开始实现对东盟的贸易顺差且不断扩大，2015 年顺差额达到 828 亿美元的新高峰后开始有所回落（详见图 1）。

2012 年之前，中国对东盟的贸易逆差一方面缓解了中国与东盟间的贸易摩擦，有利于中国与东盟的长期合作，另一方面也对中国农产品、服务业等领域带来冲击。2012 年以来，中国对东盟由贸易逆差转变为顺差。从具体行业来看，中国仅在中高技术制造业保持顺差，东盟国家在初级行业、低技术制造业和服务业几乎是持续顺差，但目前机电、装备制造等高级制造业产品属于东盟国家进口的敏感商品行列。[2] 此外，尽管从全行业

---

[1] 魏民：《打造中国—东盟自贸区"升级版"：问题与方向》，《国际问题研究》2015 年第 2 期，第 127—140 页。
[2] 李南：《中国与东盟双边贸易的平衡问题研究——以投入产出分析的视角》，《南洋问题研究》2018 年第 2 期，第 62—74 页。

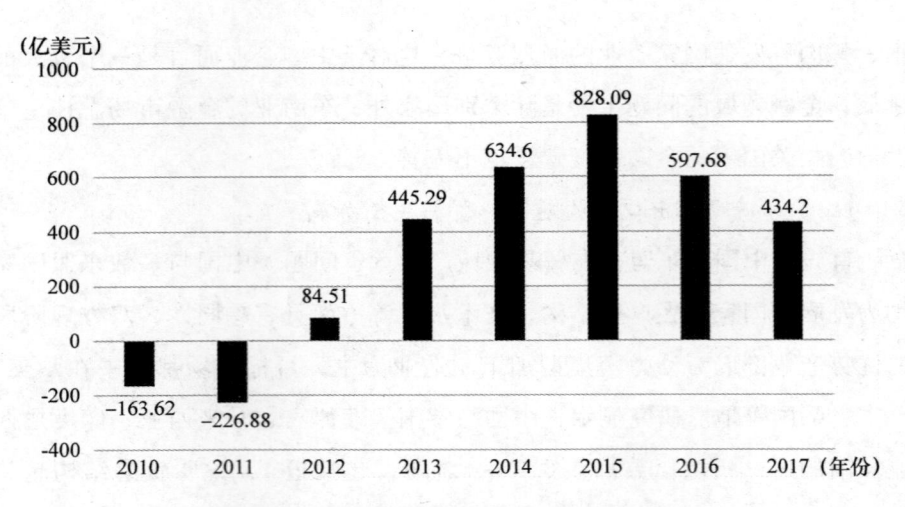

图1　2010—2017年中国对东盟的贸易差额（出口减进口）
资料来源：中国商务部网站。

数据（亿美元）：
- 2010：−163.62
- 2011：−226.88
- 2012：84.51
- 2013：445.29
- 2014：634.6
- 2015：828.09
- 2016：597.68
- 2017：434.2

来看，东盟对华出口贸易额总体呈上升趋势，东盟国家绝对获益增加，但贸易逆差的存在意味着东盟与中国相比相对获益少。从地缘政治的角度来看，东盟或将因此担心中国经济实力进一步增长，对东盟构成更大的挑战与威胁。

最后，中国对东盟存在大量贸易逆差会使东盟国内民众利益受损，从而激发经济民族主义。以印度尼西亚为例，其国内民族主义思想占上风，部分民众将中国—东盟自贸协定视为对印度尼西亚经济的威胁，认为中国和印度尼西亚之间存在不平等交换，抱怨印度尼西亚过分依赖少数出口市场和未加工出口产品。对此，印度尼西亚近年来采取重要措施进行工业化，目的是鼓励对自然资源进行加工，禁止未加工矿产品的出口，引导国内和国际资本投资于矿产品加工和提炼等下游行业。[①] 总之，中国与东盟的贸易失衡问题可能使东盟出于自身利益的考虑，降低与中国开展经济合

[①] 魏民：《打造中国—东盟自贸区"升级版"：问题与方向》，《国际问题研究》2015年第2期，第127—140页。

作的积极性。

2. 投资领域：外来投资竞争激烈，中企对外投资经验不足

中国是东盟外来投资的"后来者"，目前在与其他国家对东盟的投资竞争中不占优势。东亚和欧美的主要发达国家或地区，包括日本、韩国、新加坡、美国、欧盟等都是东盟国家的主要投资来源地。与中国相比，它们更早进入工业化阶段，也更早实现由跨国投资对象到投资来源的身份转变，在跨国投资（或向包括越南在内的东南亚国家转移劳动密集型产业）上积累了更为丰富的经验。这些国家或地区的企业早在20世纪80—90年代就已陆续"进军"东盟吸收外资的几大主要领域，先行一步占据当地的物质、人力资源与市场，并在当地优先形成品牌效应，为来自这些国家或地区的后续投资者创造了优势。而中国在21世纪初才开始真正成规模地开展对东盟的投资，作为后来者的中国企业，在投资时不仅要克服初出国门的"不适感"，还要面对在当地已具有较大影响力的同行竞争者的"挤压"，因此在东南亚地区立足可能更为艰难。

除了第三国投资方的竞争带来的压力外，中国企业自身对外投资经验不足也是中国在投资领域开展与东盟合作可能遇阻的原因之一。此前中企在东南亚遇阻的诸多项目，如中泰"大米换高铁协议"落实困难、缅甸密松大坝项目搁浅、马哈蒂尔宣布取消东铁和输气管道项目等，虽然各有其特定缘由，但也存在一些共同原因，如中方企业对投资对象国的经济环境与政治局势变化的预判不足或不准。

中国企业对外投资经验不足还体现在未能及时且正确应对东道国民众对于中国通过投资进行"经济殖民"的质疑。中国政府与企业在与东南亚国家的交往中存在两个错误的假设，一是认为发展中国家都不计其他考量地追求发展致富；二是认为中国未曾殖民过其他国家，因而中国进军东南亚理应获得这些国家的欢迎。但事实上，东盟各国仍保有朝贡贸易的历史印象，以及中国是否"恢复"该制度的疑虑。同时，中国企业的对外

投资相对忽视与东道国非华语社群的交流,中方意图缺乏透明化;中国一些企业投资项目与当地社会契合度较低,对扩大当地就业和改善民生效果不够明显,以及个别企业社会责任意识不强等因素在当地造成了不同程度的负面影响。① 这些问题导致东盟国家对中国投资多持有怀疑态度,对投资自由化与发展双边友好关系形成阻碍。

中国企业对东盟国家投资失败的案例,不仅使企业本身蒙受经济效益上的损失,也动摇了其他相关企业进一步开展对东盟投资的信心,进而影响中国与东盟投资合作的扩大与深化。

3. 金融领域:金融市场较为脆弱,配套机制有待完善

首先,中国与东盟经济合作中缺失汇率协调机制,主要计价货币仍是美元,区内经济发展受美元波动影响大。20世纪80年代以来,东亚地区纷纷采取盯住美元的汇率制度,由于缺乏区域间汇率政策协调,在国际游资冲击下最终爆发了1997年东南亚金融危机。② 危机后,东亚国家虽然对本国的汇率制度进行了更具灵活性的改革,但由于东盟国家普遍存在汇率的"浮动恐惧"现象,各国在实际运行中又恢复了盯住美元的汇率制度。东亚经济发展的历史和现实表明,盯住美元汇率制导致各国汇率不稳定,进而影响一国经济发展和国家间经贸往来,从而制约了东亚经济的长远发展,并可能引发新的金融危机。

其次,中国与东盟国家缺失共同金融市场与货币结算体系。中国东盟自由贸易区自建立以来虽然得到了迅速发展,已经成为与欧盟和北美自由贸易区并立的区域经济一体化组织,但是该区域内部一直没有形成统一的共同金融市场,区域内部的货币结算体系依然处于缺失的状态,在跨境贸易人民币结算、银行间清算、配套金融服务等方面还有很长的路要走。由

---

① 谷合强:《"一带一路"与中国—东盟经贸关系的发展》,《东南亚研究》2018年第1期,第115—133页。
② 杨帆:《东亚汇率协调机制研究》,天津财经大学,硕士学位论文,2010年。

于 RCEP 成员国之间缺乏政治互信,特别是成员间因历史认知、现实领土领海争议而造成的隔阂,近年来有增无减,已经极大地影响到了政治互信。这些非经济因素已直接影响到中国—东盟区域经济一体化的发展。

此外,中国与东盟金融合作还存在现有地区金融合作机制功能重叠、地区监督机制有效性差、区域货币互换机制不完善等问题。一些域外因素也干扰和制约双边金融合作的发展:世界经济整体呈低迷状态,发达国家多采用量化宽松政策促进本国经济复苏,从而导致东盟国家汇率波动性增大;美国为保持本国在东南亚地区的影响力,不断干预东亚地区经济一体化的趋势;中国国际金融话语权薄弱,难以有力地主导地区金融合作的进程。[①]

(三) 区域制度建设困境

部分东盟国家强烈的民族主义情绪使中国与东盟经济合作中的主权让渡变得十分困难,同时与该区域有关的主要行为体在利益偏好和战略诉求上存在差异,统一、有效的制度和机制难以建立。美国、中国、东盟、日本作为决定区域发展的四个主要行为体,出于争夺地区领导权的需要,在区域合作制度的选择上具有不同考量:美国希望保持本国对东亚经济整合的介入,防止被排除在外;中国主张防止域外大国干扰东亚合作进程;日本运用域外大国制衡中国,并推动中日韩三方合作;东盟则运用域外大国力量制衡中国和日本,保持自身主导地位。这些大国分别与东盟组建各种形式的地区合作机制(如表 5 所示),各方极力通过各种方式推动自己及偏好的区域机制在制度竞争中胜出,这导致东亚地区的经济地区主义不是像欧洲那样,在一个单一的制度框架下,以一种递进的方式,从低水平向

---

① 文学、武政文:《中国与东盟国家金融合作的现实问题及对策思考——基于国际金融话语权视角》,《新金融》2014 年第 4 期,第 25—29 页。

高水平发展，而是多种区域经济合作机制并存，而任何一种制度框架和合作水平都得不到质量上的提升。①

表5　　东南亚主要的地区合作机制概况

机制名称	成立时间	成员
东盟（ASEAN）	1967 年	马来西亚、新加坡等十国
亚太经济合作组织（APEC）	1989 年	21 个成员国，3 个观察员
"东盟10＋3"机制	2001 年	东盟十国，中日韩
东盟—中国峰会	2005 年	东盟十国，中国
东盟—日本峰会	2005 年	东盟十国，日本
东盟—韩国峰会	2005 年	东盟十国，韩国
东亚峰会（EAS）	2005 年	13 个成员国（东盟十国与中日韩），5 个观察员
东盟自由贸易区（AFTA）	2002 年	东盟十国
中国—东盟自由贸易区（CAFTA）	2010 年	东盟十国，中国
韩国—东盟自由贸易区	2005 年	东盟十国，韩国
东盟—澳大利亚—新西兰自由贸易区	2009 年	东盟十国，澳大利亚，新西兰
日本—东盟一体化基金（JAIF）	2006 年	东盟十国，日本
欧盟—东盟区域性对话机制	2015 年	东盟，欧盟

资料来源：笔者根据相关网站信息及新闻报道整理。

东南亚地区的"制度过剩"问题会导致东亚地区在经济整合的过程中，缺乏有力的制度推动和有效的区域治理。过剩的制度之间相互竞争，使大范围的共识难以达成，阻碍了该地区的经济合作与经济地区主义进程。此外，机制建设的滞后性还导致合作缺乏制度化推进和保障，项目实施进程中存在执行力和有效监督不足的问题；各国出现观点和利益分歧时，缺乏有力的争端解决机制。

---

① 李巍：《东亚经济地区主义的终结？——制度过剩与经济整合的困境》，《当代亚太》2011 年第 4 期，第 6—32 页。

四 推动中国—东盟经济共同体建设的若干建议

面对特朗普政府大规模提高自中国进口商品的关税，同时对中资企业对美投资进行严苛管制的不利局面，中国必须尽快开拓新的出口与投资市场，避免国内产能的过度积压，确保经济的稳步增长。在此背景下推进中国—东盟经济共同体建设，既是中国在中美贸易摩擦中"自救"的有效措施，也是中国在当前错综复杂的世界经济形势中重新建立以中国为中心的经济格局的新尝试与新机遇。为推进中国—东盟经济共同体建设，双方应加快中国—东盟自贸区升级版谈判，打造高水平自贸区，必要时，中国可以率先与新加坡、泰国和马来西亚等国单独签订高水平的自贸区。同时，东南亚作为"一带一路"倡议的重点地区，中国应与东盟国家合力建设"一带一路"倡议的各项目，促进双方共同发展。最后，中国与东盟在金融领域存在巨大合作潜力，应加快推动中国—东盟的金融合作，强化双边金融合作纽带，将该地区打造成为人民币国际化的示范区。

（一）双边层面：先行先试深化与关键国家的经济合作

中国可在必要时抓住重点国家进行先行先试，并且适度区别对待，以产生竞争性压力。在不少问题上，东盟十国并非铁板一块。不仅如此，东盟十国经济发展水平不一样，在对外经济合作中有着不同的诉求。因此，我们不能要求按照统一的节奏和统一的标准来发展与东盟国家的经济合作关系。

1. 发挥"国际金融中心"新加坡的样板作用

中国可着重发展与新加坡的双边关系。新加坡是东盟中唯一的发达国家，2017年新加坡人均GDP位列东盟各国首位，其经济实力毋庸置疑。新加坡同样与中国合作历史悠久，从苏州工业园区建设到（重庆）战略性互联互通示范项目的启动、再到新加坡发展战略与"一带一路"倡议的深度对接，中新经贸关系不断迈向历史新高。新加坡在东盟中具有重要地位，它是东南亚的经济枢纽，同时与美国、日本保持良好关系，因而一直在地区内扮演协调员的角色。[①] 同时，新加坡具有扼马六甲海峡咽喉的重要地理位置，以及作为国际金融中心及全球最大的人民币离岸结算中心之一的经济地位，这使中国推动与新加坡的双边关系不断发展不仅是有益的，更是必要的。

2. 利用"亚洲小虎"马、泰两国的地理与发展优势

马来西亚和泰国也可作为重点合作对象。马来西亚、泰国与中国经贸关系密切：2008—2015年，马来西亚与中国双边贸易额在东盟各国中居于首位，从534.69亿美元增长到972.9亿美元，2016年以来，马来西亚与中国双边贸易额居第二位，中泰贸易水平仅次于马来西亚，从2008年双边贸易额仅412.53亿美元增长到2017年的802.9亿美元。马来西亚、泰国、印度尼西亚和菲律宾四国为东盟十国中的中等收入国家，其中泰国和马来西亚是中国构建海上丝绸之路的两个节点，在为船舶和人员提供补给和后勤服务，保障周边航道安全，为各国提供安全和便捷的海上通道方面具有重要作用。

马来西亚与泰国距离中国较近，无论从陆上还是海上都可与中国直接连通；地理上的密切关联以及共同面临的安全问题决定了中国与马来西亚、泰国在诸多安全问题上有着巨大的合作空间，如湄公河共同执法、打击贩毒等；此外，两国政治体制都相对温和，都与中国有密切的经贸联系。上述因素使中国与新加坡、马来西亚、泰国加强合作不仅有助于增加

---

① 厉伟、赵儒南：《中国与新加坡的政府间合作及经贸关系》，《现代国际关系》2017年第9期，第51—57页。

本国经济收益，而且能够作为双边经贸合作的成功样板对推进中国—东盟经济共同体建设发挥正外部性，此外，对推进"一带一路"建设也有积极意义。

3. 把握新兴工业国越南处于经济增长强劲期的机遇

加强与越南的经济合作。2016年，越南首次超越马来西亚成为中国在"一带一路"沿线国家中的最大贸易伙伴，双边贸易额接近千亿美元①，中越经贸关系在近几年内迅速深化。河内是海上丝绸之路主要航线上的第一个国际节点城市②，越南也因此成为中国通过21世纪海上丝绸之路辐射东南亚、南亚，直至非洲与欧洲的起点国家，也是中国—东盟合作的重要战略支点。此外，两国政府正在积极推进的"一带一路"与"两廊一圈"国家战略对接也可以在中国与东南亚国家（甚至"一带一路"所有沿线国家）的合作中形成良好的示范效应。

中国扩大与越南的经济合作可以首先从研究启动中越自贸协定谈判入手，在原有双边贸易体量的基础上，凭借两国庞大的市场与对外开放的政策优势，深度挖掘中越在贸易领域深化合作的巨大潜力。其次，通过政策鼓励扩大中企对越南的直接投资，在继续发挥中国在加工制造业领域对越投资的优势与潜力的同时，适当增加基础设施建设、能源开发类投资的比重以及逐渐开拓中国在高新技术产业里对越南的投资，通过改善中国对越南的投资结构来增强中国与其他投资来源国进行竞争的能力。再次，两国可以扩大政府高层沟通渠道，创建中越财金对话会、产能合作对话机制以及中越投资促进委员会等由两国主要经济部门主导的

---

① 国家信息中心"一带一路"大数据中心：《"一带一路"大数据报告（2017）》，商务印书馆2017年版，第65页。

② 21世纪海上丝绸之路的主要航线为：泉州—福州—广州—海口—北海—河内—吉隆坡—雅加达—科伦坡—加尔各答—内罗毕—雅典—威尼斯。详见《21世纪海上丝绸之路线路图》，新华网，2017年10月30日，http：//silkroad. news. cn/2017/1030/66893. shtml。

对话机制，增强双方在政府层面的沟通与互信，为经济合作的深化创建良好的政治环境。

（二）多边层面：以贸易、投资、金融为根基，开拓合作新领域与新方式

截至2018年，中国与东盟的经济合作在贸易、投资与金融三大传统领域已取得一定的成果，但要最终建成中国—东盟经济共同体，这三大领域的合作还有待深化。具体而言，在贸易与投资领域，双方应该加快中国—东盟自贸区升级版的谈判与落实进程，以此推进贸易自由化与便利化，同时增强双方的投资合作；在货币与金融领域，除了加强相关制度建设之外，中国可以将东南亚作为推进人民币国际化的试验田，以此为基础促进中国与东盟的金融一体化；此外，双方还可以寻求开拓在跨境电商与信息技术产业等新领域的合作；在合作方式的选择上，中国可以在中南半岛以外的东南亚地区适度推广澜湄合作模式。

1. 尽快完成中国—东盟自贸区升级版的谈判

首先，大力推进中国与东盟之间的贸易自由化和便利化。货物贸易领域，中国—东盟自贸区在2010年实现了90%以上的零关税，但企业利用优惠政策的水平仅为20%左右，主要原因在于自贸区实行的原产地规则使很多商品没有享受到减免关税的待遇。同时，关税减免程度虽然高，但未涉及敏感产品。因此，自贸区升级版应进一步规范原产地规则的使用，加快形成原产国认定机制，保证自贸区内真正实现零关税，并签署针对敏感商品的减免税规定，对未来的关税减让与取消进行规定。服务贸易领域，现有规则对其重视程度不够，市场准入程度较低，采用肯定列表形式的承诺减让表也使资格认证的灵活性不足。因而，应该借鉴北美自由贸易区实行的更加透明的否定方式的承诺减让表，从而提高自贸区的自由化水平。

其次，加强双方投资领域的合作。投资协议对成员国投资者采取准入后国民待遇，即投资准入环节中各成员国可以依据国内法律进行自由规定，给实施投资政策创造机会。中国应向国际经贸规则靠拢，不断加大自由开放的力度，借鉴东盟其他自贸区实行的外资准入前国民待遇，给自贸区内各国提供更多的投资优惠待遇。随着中国经济实力增强，中国企业对外投资的意愿和实力也空前加大，产业合作将成为中国—东盟经贸合作新的发展方向。"升级版"建设要与各自产业结构的调整升级相结合，形成错位竞争，实现互利共赢。① 中国同东盟开展国际产能合作既服务于中国国内经济转型升级，也契合东盟国家发展需要，有利于把东盟后发优势转化为经济增长的动力。②

2. 加强金融制度建设，推广人民币在东南亚地区的使用

中国与东盟在金融领域的合作相对薄弱，因此也应该成为下一步建立中国—东盟经济共同体建设的重点领域之一。一方面，双方应深化金融合作，推进亚洲货币稳定体系、投融资体系和信用体系建设。中国与东盟国家应尽快建立健全人民币与东盟国家货币的汇价，建立货币互换机制，构建中国—东盟货币交易市场，扩大人民币在"一带一路"的使用范围。同时，应推动亚洲债券市场的开放和发展，加快构建开发性金融机构并促其健康运作：共同推进亚洲基础设施投资银行筹建，扩大金砖国家开发银行服务对象和范围，并推动建立上海合作组织开发银行和中国—东盟海洋合作开发银行。此外，中国可以引导中国金融机构赴东南亚国家设立分支机构，反之亦然，甚至鼓励双方金融机构互相参股或设立合资银行，拓宽

---

① 魏民：《打造中国—东盟自贸区"升级版"：问题与方向》，《国际问题研究》2015年第2期，第127—140页。

② 徐步、杨帆：《中国—东盟关系：新的启航》，《国际问题研究》2016年第1期，第35—48页。

中国与东盟资金融通的渠道。

另一方面，加强金融监管合作，建立亚洲区域性高效监管协调机制也是一项重点工程。这要求完善风险应对和危机处置制度安排，加强征信管理部门、征信机构和评级机构之间的跨境交流与合作，充分发挥丝路基金以及各国主权基金作用、引导商业性股权投资基金和社会资金共同参与"一带一路"重点项目建设。① 从中长期来看，中国还可以与东盟联合完善金融危机救助机制，具体而言包括推动设立紧急融资的协调管理机构，在危机时期充当成员国的最后贷款人，在平时则发挥协调各国宏观经济政策、监督各国国际收支状况的职能作用。

此外，中国还应主动加强与东盟的货币合作。"周边化—区域化—国际化"是人民币通往国际货币的现实路径。人民币区域化是指人民币在中国（含港澳台地区）及周边国家或地区实现计价、交易、流通、储备等职能，最终形成一个自由使用人民币的区域。人民币区域化是人民币国际化在空间领域的一个短期目标，是人民币国际化的一个阶段。

亚洲金融危机中中国的良好声誉，使得人民币逐渐被东南亚地区所认可。目前，人民币在越南、缅甸、泰国等已被普遍作为支付和结算货币，马来西亚、印度尼西亚、菲律宾、新加坡等已经开始逐步接受人民币存款业务。此外，中国已同东盟多国签订货币互换协议，为区域内扩大使用人民币结算提供资金来源。人民币债券的流通也增强了人民币在东南亚的流通能力和使用人民币的便利性。

推进中国—东盟经济共同体建设要重点促进人民币地区化，降低区内国家对美元的依赖，增强经济发展稳定性，也使东南亚成为人民币国际化的试验田。首先，中国与东盟应加强贸易合作，继续完善跨境支付清算体系。随着对外贸易的扩大，安全、稳定、高效的人民币跨境支付清算体系

---

① 张家寿：《中国与东盟合作参与"一带一路"建设的金融支撑体系构建》，《东南亚纵横》2015年第10期，第42—46页。

成为现实的迫切需求，这一体系为使用人民币完成对外贸易结算提供更多便利，纵向推动了人民币区域化的发展。

其次，中国与东盟应加大货币互换，促进人民币离岸市场发展。在资本项目未完全放开及人民币未成为国际货币之前，加大货币互换金额、设立离岸金融市场可以增加人民币供给，使人民币在境外一定程度上实现计价、交易结算等国际货币职能，推动人民币区域化发展。

再次，中国应建立人民币回流机制，以便给人民币更高的流动性。就目前的情况，在境外流通的人民币已经初具规模，建立境外人民币回流机制能够使得中国与周边国家的金融合作保持良好的循环和持续，同时不仅需要对人民币汇率制度进行完善，还要继续发展以人民币结算的股票、债券等金融市场。最后，中国应完善金融市场，建立风险防范机制。人民币区域化的一个基本要求就是人民币币值稳定，这就需要建立风险防范机制，提高对宏观调控和资本跨境流动的监管能力，避免境外风险对国内经济产生影响。[1]

最后，可以逐渐拓宽中国企业使用人民币对东盟进行投资的渠道。2011年中国央行颁布《境外直接投资人民币结算试点管理办法》[2]，正式启动境外直接投资以人民币结算，极大地便利了境内机构开展境外投资，也标志着资本项下的人民币国际化向前迈出了一大步。但该管理办法规定企业累计汇出的前期费用不得超过其投资总额的15%，中国企业使用人民币对外投资实际上还是受到较大限制的，尤其在当前中国对东盟基础设施投建的项目数量及规模与日俱增的背景之下。基于此，中国应该以东盟为试验场，一方面与各国政府就人民币投资展开磋商，签署政府间投资协

---

[1] 刘华：《人民币在东南亚的区域化进程研究》，云南师范大学，硕士学位论文，2016年。

[2] 《央行发布境外直接投资人民币结算试点管理办法》，中国新闻网，2011年1月13日，http://www.chinanews.com/fortune/2011/01—13/2786697.shtml。

议;另一方面也可以适当放开政策限制,逐步放松中企用人民币进行投资结算的额度限制,扩大人民币"走出去"的规模。

3. 开拓跨境电商与信息技术产业等新领域的合作

除了传统的、且发展相对成熟的贸易、投资领域外,在筹备与构建中国—东盟经济共同体的过程还应注重开拓新的合作领域,如跨境电商与信息技术产业等,进一步加强中国与东盟国家的经济合作,也使中国—东盟经济共同体成为一个多层次、宽领域且内涵丰富的经济合作平台。

跨境电商与信息技术产业有望成为中国与东盟之间合作的新行业。2018年8月,马来西亚总理马哈蒂尔在访华时曾提到,大马将大力欢迎中国在跨境电商等与科技、互联网相关的产业与该国开展合作。这种偏好在东盟国家中具有一定的普遍性,未来中国与东盟国家在这些领域的合作将掀起一番热潮。东南亚是世界上互联网发展最快的地区,加快中国与东盟的跨境电商平台建设已成为政商两界的共识和当务之急,阿里巴巴、腾讯、苏宁等多家中国企业已开始布局中国与东盟的跨境电商业务。另一类积极开拓东南亚市场的是中国手机厂商。由于整个东南亚手机市场加在一起体量十分诱人,中国的厂商们正计划抓住东南亚通信网络从2G转向3G带来的移动互联网机会。①

4. 将澜湄合作模式适度推广到其他国家

2014年11月,李克强总理在第17次中国—东盟领导人会议上倡议建立澜沧江—湄公河合作机制,得到湄公河流域各国积极响应。2015年11月,澜湄合作首次外长会议宣布启动澜湄合作进程。各方就澜湄合作未来方向和机制架构等达成广泛共识,确立"3+5合作框架":加强政治安全、经济和可持续发展、社会人文三大重点领域合作,现阶段重点在互联互通、产能、跨境经济、水资源和农业减贫五个优先方向开展合作;合作

---

① 吴崇伯:《"一带一路"框架下中国与东盟产能合作研究》,《南洋问题研究》2016年第3期,第71—81页。

目标是深化次区域国家间互信和睦邻友好,推动经济增长和可持续发展,促进水资源合作,将澜沧江—湄公河流域六国建成一个平等互利、团结合作、发展共赢的澜湄国家命运共同体。

澜湄合作机制的第一个特点是涵盖领域多。它不仅包括政治、经济、文化、社会等常规合作领域,更将水资源合作也涵盖其中:因为澜沧江—湄公河流域经常发生旱涝灾害,泰方几年前建议流域六国就水资源开发与治理问题进行合作。澜湄合作中,中方兼顾上下游利益,支持下游民众改善民生,运用合理有效的措施来满足和适应有关方的需求,也根据各方旱涝不等的情况采取比较合适的措施。中方还愿意帮助下游地区加强水利工程建设。随着合作的不断深化发展,澜湄合作将更"接地气",将涉及更多、更全面的领域。① 这一特点表明,将合作方关心的议题纳入地区合作框架中有利于合作机制受到各方接纳、增强机制的合法性和有效性,同时也将切实提高合作各方的国内社会福利。

澜湄合作机制的另一个特点是中国主导推进合作进程,并提供公共物品。面对中国的不断发展强大,东盟各国既想通过搭"中国便车"来发展本国经济,但对中国又抱有不同程度的戒备和担心。因此,中国作为次区域内的大国,需要在能力范围内肩负起国际责任和义务,同时还要将次区域国家对中国的政治、经济和安全等各类诉求进行妥善处理,深化与湄公河地区国家的利益融合。出于这一考虑,中国提出澜湄合作机制,并推进这一合作机制落实:一方面,中国给予其他成员国适当的帮助,并加强经济合作、促进各成员国利益融合,从而换取他国对中国的支持和认可,扩大本国的国际影响力。另一方面,中国主动提供公共物品,与其他成员国共同解决区域公共问题,如水资源问题,做到同舟共济、权责共担。根据卢光盛构建的"利益—责任—规范"三位一体的

---

① 卢光盛、别梦婕:《澜湄合作机制:一个"高阶的"次区域主义》,《亚太经济》2017年第2期,第43—49页。

周边命运共同体理论框架①,可以认为,中国提供"利益"并承担"责任"正是澜湄合作机制获得一定成功的重要原因。

综上,澜湄合作机制中体现的次区域合作模式主要有两个特点:一是将成员国关注的领域纳入合作机制中;二是地区大国应承担提供公共物品、制定区域合作制度、促进各国共同发展的责任。需要注意的是,澜湄合作机制的顺利开展是以已有二十多年历史的大湄公河次区域经济合作机制为基础,在推广澜湄合作模式时需注意这一前提条件。

---

① 卢光盛:《"命运共同体"视角下的周边外交理论探索和实践创新——以澜湄合作为例》,《国际展望》2018年第1期,第14—30页。

专题报告二 美国外资审查制度的变迁及其对中国的影响[*]

【摘要】 特朗普上台以来,为了贯彻其"美国优先"的理念,采取了一系列经济民族主义的政策措施。除了在贸易领域大搞所谓强调"对等开放"的保护主义之外,在投资领域美国也以所谓国家安全为由强化了对外资的安全审查。特朗普政府在执政第二年完成了旨在进一步加强外国投资委员会(CFIUS)相关执法功能的立法程序,这构成了美国外资准入制度的一次重大变革。在近年来中国企业投资美国特别是投资科技类和金融服务类产业日益增多的背景下,CFIUS日趋严格的国家安全审查机制正在成为中国对美投资的最大障碍。随着中国经济的成长,中美经贸关系的互补性正在减弱,竞争性正在逐渐增强,美国正在兴起的投资壁垒和关税壁垒就是对这种经贸格局变化的反映,它对双边经贸关系的发展施加了负面影响,从而进一步削弱了经贸关系作为中美关系"压舱石"的地位。在中美经贸摩擦日益长期化的背景下,中国政府与企业都需要充分研究美国安全审查机制的变化,以及美国投资保护主义兴起的原因,精心准备应对措施,确保中国的投资利益和投资安全都能得到有效保障。

---

[*] 本文受到中国人民大学国际关系学院2018年度"建设世界一流学科(政治学)"科研项目的支持。作者为李巍、赵莉。

【关键词】 中国对美投资 外国投资委员会（CFIUS） 国家安全审查 投资保护主义 战略竞争

冷战结束以来，中美经贸关系普遍被认为是中美关系的"压舱石"。但最近几年，随着中国经济的快速增长，中美经贸关系悄然从过去的合作互补走向更加明显的竞争状态，甚至成为双边关系的"问题"来源。从奥巴马政府在"重返亚太"和"亚太再平衡"政策组合下开始推动排除中国在外的《跨太平洋伙伴关系协定》（TPP）谈判开始，美国对华经济战略就已经开始了从"接触"向"防范"的转向。

特朗普上任后，美国多次在官方文件中公开明确地将中国定义为"战略竞争对手"，在保护主义和本土主义思想的引领下，美国对华经贸政策彻底完成了这一重大转向。2017年11月美国明确否定中国"市场经济地位"，中美经贸关系开始急转直下。从2018年3月22日美国公布针对中国知识产权问题而发起的"301"调查结果，到4月17日宣布对中兴通讯实施出口管制，再到7月6日美国打响中美"关税战"的第一枪①，中美经贸摩擦愈演愈烈。2018年8月13日，美国完成了针对外国投资委员会（CFIUS）的立法改革程序，大大强化了针对中国对美投资的安全审查，双方"战火"进一步蔓延，投资领域正悄然成为美国在经济上防范中国的"新边疆"。

对此，中国需要审时度势，对特朗普政府正在推行的投资保护主义保持高度警惕，评估可能的负面影响，采取正确的对策，维护中国在美投资利益，降低其对中国经济发展和中美经贸关系的不利影响。

---

① 美国太平洋时间2018年7月6日00：01（北京时间6日12：01）起美国开始对第一批清单上价值340亿美元中国产品加征25%的关税。作为反击，中国也于同日12：01开始对同等规模美国商品加征关税。

一 美国外资政策的演进过程与制度设计

在美国早期经济建设和走向繁荣的过程中,外国资本的流入对于美国在提供就业、增加税收、技术研发和扩大出口等诸多方面均作出了重大贡献。[①] 尤其是在19世纪下半叶,欧洲曾是美国展开第二次工业革命的重要资本和技术来源。然而,随着美国逐渐实现经济崛起,其相对开放的外资准入政策也开始发生一些变化。一方面,外来投资可能导致美国技术及知识产权的外泄,另一方面外资涌入也可能对美国国内关键行业形成控制,这两方面都有可能对美国国家安全造成威胁。因此,从20世纪早期开始,美国在继续积极吸引外资来创造就业和拉动增长的同时,又开始动用外资监管程序来消除国家安全风险,希望在自由开放的投资环境与美国国家安全之间寻求一种恰当的平衡。

(一) 美国外资政策的历史演进

伴随着美国对国家安全威胁和经济发展需要的综合评估,美国整体的外资政策始终在吸引外资与监管外资之间徘徊。一方面,历届政府都采取过各种措施吸引外资,比如发布积极友好的外资政策声明、优化营商环境、提供优惠补贴、为投资者提供政策指导、加强与潜在投资者的联系;[②] 另一

---

① Franklin L. Lavin, "Role of Foreign Investment in U. S. Economic Growth", Washington, D. C. : Peterson Institute for International Economics, March 7, 2007. 转引自孙哲、石岩《美国外资监管政治:机制变革及特点分析(1973—2013)》,《美国研究》2014年第3期,第39—40页。

② 除克林顿政府外,美国自里根执政以来的国家首脑均在任期内发布了积极友好的政策声明,而克林顿政府即便未发表此类声明,也在任期内试图推进多边投资协议以促进外资自由流动。有关自里根至奥巴马执政期间历届政府的外资促进措施,参见葛顺奇、王璐瑶《美国对FDI监管政策的变化与措施》,《国际经济合作》2013年第4期,第8—10页。

方面，美国又逐步形成了一套以美国外国投资委员会（CFIUS）为核心的外资监管体制，以应对潜在的安全风险。① 因此，美国外资政策的历史演进主要体现在对外资的监管部分，尤其是美国外资审查制度的建立和强化，而这一制度变迁过程大致可划分为三个阶段。

第一，萌芽时期（1917—1973年）。美国对外资的监管发端于第一次世界大战时期。早在19世纪末20世纪初，美国就开始通过发行铁路债券等方式吸收和利用外资，给养国内工业，起初美国在外资问题上始终奉行无干涉主义，既无限制和歧视，也无补贴和优惠。直到一战期间，德国公司在美进行了大量直接投资，特别是在化学和制药产业的投资，鉴于这些产业在作战方面的重要性，美国国内开始担忧外资引发的国家安全风险。在此背景下，国会于1917年通过了《与敌贸易法》（Trading with the Enemy Act，TWEA），授予总统在战争期间或国际紧急状态下处理与敌国的贸易关系，以及没收和征用外商在美资产的权力。② 第一次世界大战后，国会又相继通过几部法律，对部分特殊产业设置了外资准入限制，如无线电广播、通信、航运、海运和石油领域。③ 第二次世界大战结束后，美国企业依靠资金及技术优势在世界范围内大举开展海外并购，而当时很少有外国企业有实力在美国进行大规模投资，因此在这一时期，美国国内绝大多数产业领域均对外资开放，监管也相对宽松。

---

① 美国的外资监管体制包括三个部分，一是针对特定行业的外资准入限制，二是对外资进入作出特殊规定的联邦和地方法案，如联邦能源法案（1965年）和琼斯法案（1936年）等，三是以CFIUS为首的外资监管部门对特定交易进行的安全审查。详见林乐、胡婷《从FIRRMA看美国外资安全审查的新趋势》，《国际经济合作》2018年第8期，第12页。

② Hasnat Baban, "US National Security and Foreign Direct Investment", *Thunderbird International Business Review*, Vol. 57, No. 3, 2015, p. 186.

③ 具体包括1920年《海运法》、1926年《商业航空法》和《航空公司法》、1927年《无线电法》及1934年《通信法》等，详见郑雅芳《美国外资并购安全审查制度研究》，中国政法大学出版社2015年版，第16—19页。

第二，成型时期（1973—2001年）。美国外资监管制度的正式建设始于20世纪70年代，当时欧佩克（OPEC）国家将通过提高油价赚得的美元大量投资于美国资产，这随即在美国公众和媒体中引发了强烈疑虑，美国国内舆论纷纷将这些投资渲染为由外国政府操纵的旨在攻击美国经济的政治行动。来自选民的抵触情绪通过国会进一步传递到了政策层面，国会议员开始纷纷提出议案，要求对外资进行严格监管。① 比如1974年《外国投资研究法》（Foreign Investment Study Act）和1976年《国际投资调查法》（International Investment Survey Act）。② 行政部门也对此作出回应，1975年福特总统通过11858行政令设立了CFIUS这一跨部门委员会，专门负责外资监管。但初期的CFIUS并不活跃，在1975到1980年间仅召开了十次会议③，只是一个"几乎没有执行权的纸老虎"④。在诞生后的十多年里，它的实际功能在于调查和分析，审查和批准功能并不明显，财政部为实际主导方，其他部门的参与并不深入，而且在实践中较少严格执行审查法案。⑤

---

① Judith Miller, "Foreign Investment in the U. S. Economy Arouses Congressional Concern: The Buying of America", *The Progressive*, May 1974, pp. 42 – 44; Mina Gerowin, "U. S. Regulation of Foreign Direct Investment: Current Development and the Congressional Response", *Virginia Journal of International Law*, Vol. 15, No. 3, 1975, pp. 647 – 651. 转引自吴其胜《美国外资安全审查的政治化及其应对》，《美国问题研究》2013年第2期，第132页。

② 这两部方案的主要内容是要求总统以及商务部、财政部等行政部门搜集关于外国在美投资的信息并向国会汇报，一方面旨在加强对外资活动的监测与追踪，另一方面也意在深化国会在外资议题上的参与。

③ Patrick Griffin, "CFIUS in the Age of Chinese Investment", *Fordham Law Review*, Vol. 85, No. 4 (March 2017), p. 1762.

④ Paul Connell, Tian Huang, "An Empirical Analysis of CFIUS: Examining Foreign Investment Regulation in the United States", *Yale Journal of International Law*, Vol. 39, No. 1 (Winter 2014), p. 136.

⑤ 翟东升、夏青：《美国投资保护主义的国际政治经济学分析——以CFIUS改革为案例》，《教学与研究》2009年第11期，第59页。

20世纪80—90年代,伴随着新的外来投资浪潮,国会相继出台两部重要法案,对CFIUS的运作机制进行了完善,这标志着美国外资审查制度的逐步成型。20世纪80年代的美国还在为走出经济滞胀而挣扎,而当时的日本正经历着制造业的强势崛起以及国际贸易和对外投资的迅速增长,一跃成为美国重要的经济竞争对手。[1] 随着日本投资的大量涌入,以及由此形成的"购买美国"的狂潮,美国国内的排日情绪和对CFIUS的改革呼声甚嚣尘上。1986年日本富士通计划收购美国军用电脑芯片供应商仙通半导体一案,被视为对美国国防工业独立性的重大威胁,这直接促成了1988年的《埃克森—佛罗里奥修正案》(The "Exon-Florio" Provision)的出台[2],该法授权美国总统中止或禁止任何威胁美国国家安全的外国收购、并购或接管从事州际贸易的美国公司的行为。里根总统随即通过12661行政令将此权授予CFIUS,这意味着CFIUS不再只是一个调研机构,而是开始掌握执行审查的实权。[3] 这是美国外资审查制度的一次重大强化。1990年中国航空技术进出口总公司计划收购美国航空制造商MAMCO一案则直接促成了1992年的《伯德修正案》(The "Byrd Amendment"),该法主要是将具有外国政府背景的外国企业纳入CFIUS审查范围。[4]

第三,成熟时期(2001—2017年)。在《伯德修正案》之后,随着"泡沫经济"的破灭,日本经济陷入长期低迷,导致其对美投资萎靡不

---

[1] 关于20世纪80年代日本对美投资,可参见林进成《略论80年代日本对美国的直接投资》,《亚太经济》1991年第2期,第21—25页;参见陈继勇《论80年代以来日本对美国直接投资的发展及特点》,《日本学刊》1992年第2期,第19—32页。

[2] Amy S. Josselyn, "National Security at All Costs: Why the CFIUS review Process May Have Overeached Its Purpose", *George Mason Law Review*, Vol. 21, No. 5, 2014, p. 1351.

[3] James K. Jackson, "The Committee on Foreign Investment in the United States (CFIUS)", *CRS Report for Congress*, RL33388, July 3, 2018, pp. 5–6.

[4] Ibid., p. 8.

振,与此同时,美国在信息革命中抢占先机,大国自信重新恢复,美国外资监管经历了一个相对松缓期。然而,2001年"9·11"恐怖袭击使国家安全一跃成为美国国内的首要关切,而2006年左右来自中国和海湾国家的大额并购更是在美掀起了新一轮强化外资监管的呼声。[①] 公众和国会纷纷批评CFIUS在保障美国利益方面的失职,尽管当时布什政府仍希望维持开放友好的外资政策,但在舆论压力下还是作出妥协,具体体现为2007年《外国投资与国家安全法》(Foreign Investment and National Security Act,简称FINSA)的出台。[②] 该法案对外资审查规则、范围和程序作了更细致的修订,扩展了国家安全的范畴,强化了国会对委员会的监督,标志着美国外资审查制度逐渐迈向成熟。

总体而言,随着周期性的外资涌入浪潮和重大并购案件的出现,美国国会借助国内社会的巨大反弹力量,先后通过一系列法案收紧外资管制和加强自身对CFIUS日常运作的介入。随着CFIUS机构权限不断扩展,美国外资安全审查也日趋严厉(见表1)。

表1　　CFIUS主要相关法案与行政条例(1975—2016年)

行政令/法案	主要内容
1975年11858号行政令	成立CFIUS; 授权CFIUS:分析外资在美发展趋势,为外国政府在美投资提供指导与咨询,审查外资对美国国家利益的影响,为与外资相关的新条例法规的出台提供建议
1988年《埃克森—佛洛里奥修正案》;12661号行政令	扩大总统阻止交易的权力; 总统授权CFIUS负责执行外资安全审查,并向总统提供建议; 建立起自愿申报体系和正式审查程序; CFIUS人员规模扩至12名成员

[①] 争议最大的两件案件分别是2005年中南海收购美国石油公司优尼科(UNOCAL)和2006年阿联酋迪拜港口世界(DPW)收购英国航运公司(P&O)在美国六个港口的运营权。

[②] 吴其胜:《美国外资安全审查的政治化及其应对》,《美国问题研究》2013年第2期,第136页。

续表

行政令/法案	主要内容
1992年《伯德修正案》	授权CFIUS对具有外国政府背景的企业进行强制审查；增加总统向国会汇报的义务
2007年《外国投资与国家安全法》；2008年《关于外国人收购、兼并和接管的条例》（FINSA实施细则）；2008年13456号行政令	CFIUS规模扩至16个联邦机构，细分各部门职责；强调财政部的领导地位，授权财政部长为每一项被审查案件制定领导机构，并要求其向国会提交年度报告；授权委员会任何成员对任何一项外国投资交易单边启动审查；常青条款：总统或CFIUS可以对一项已经被审查或调查过的交易重启审查；国家情报总监向CFIUS提供分析报告；国家安全局局长必须审查和分析所有申报的交易案；新增审查重点：国土安全因素，外国政府背景，反恐合作情况

资料来源：根据孙哲、石岩《美国外资监管政治：机制变革及特点分析（1973—2013）》（《美国研究》2014年第3期，第45—46页）提供的资料整理制作。

（二）美国外资安全审查的制度设计：CFIUS

CFIUS是美国对外国投资进行国家安全审查的具体执行机构，由16个行政部门的代表组成，其中由财政部长担任委员会主席。[①] 历经数次立法改革，如今的CFIUS机构权能日趋强大，并逐步从最初的一个调研咨询机构扩张为如今掌控外资进入的"守门人"。

随着FINSA等一系列法案的出台，CFIUS的审查程序日趋细致。CFIUS采用逐案审查方式，包括一个非正式协商阶段和三个正式阶段（包括审查期、调查期和总统决策期）。在交易各方提交正式的自愿申报前，皆为非正式阶段，各方可以事先与CFIUS进行协商，或者先提交一份申报草案。非正式阶段无时间期限，这一方面为企业争取到了更多与CFIUS成员接触的机会，使其尽早为可能经受的质询做好准备，另一方面也给了CFI-

---

[①] 有投票权的CFIUS成员包括美国财政部、司法部、国土安全部、商务部、国防部、国务院、能源部、美国贸易代表办公室及科学技术政策办公室的负责人。此外，一些白宫机构担任CFIUS观察员，包括管理与预算办公室、经济顾问委员会、国家安全委员会、国家经济委员会和国土安全委员会。美国国家情报总监和劳工部部长为无表决权成员。

US更充裕的时间进行风险评估，以免在正式阶段被迫延期。①

一般而言，正式的审查程序在交易各方提交联合自愿申报时启动。首先，由常务主席根据法规确定申报信息是否完整，如果信息完整，案件将进入审查期，由常务主席把申报分发给所有委员会成员，成员将致力于识别并解决交易可能带来的任何国家安全风险，只要有至少一位成员认定交易存在风险且无法消除，案件就会进入调查期。其次，调查期内委员会将对案件进行更加全面深入的调查，必要时可以通过与交易各方协商缓解协议（mitigation agreements）② 以解决潜在风险。假如风险仍未解决，委员会将把案件提交总统决策，并且可以向总统提出暂缓或终止交易的建议。最后，总统需要在15天内自主决定是否批准该项交易。此外，交易各方可以在审查期和调查期的任何节点主动放弃交易或重新提交申请，或通过与CFIUS达成缓解协议而获得放行（见图1）。

CFIUS的审查对象被定义为"受管辖的交易"（covered transaction），即"任何将导致外国人控制美国州际商业的兼并、收购或接管行为"③，审查内容主要是评估外来投资对美国国家安全可能造成的影响。然而，"国家安全"这一关键概念目前仍未在法律上得到明确定义，委员会对此拥有较大自由裁量权，但考虑因素一般包括美国核心基础设施、关键技术、"特别关注国"④、外国政府的支持、外国人遵守美国法律的历史记

---

① James K. Jackson, "The Committee on Foreign Investment in the United States (CFIUS)", *CRS Report for Congress*, RL33388, July 3, 2018, pp. 11-12.

② "缓解协议"是指CFIUS成员与交易方通过谈判达成的以消除引起外资审查委员会成员产生国家安全顾虑的商业安排，比如对特定资产或业务进行剥离。这一实践自20世纪80年代末就开始被CFIUS采用，但直到2007年才被FINSA以法律形式固定。

③ James K. Jackson, "The Committee on Foreign Investment in the United States (CFIUS)", *CRS Report for Congress*, RL33388, July 3, 2018, p. 14.

④ 2018年FIRRMA（《外国投资风险审查现代化法案》）法案在前言部分将此类国家描述为"明确宣称以收购可能影响美国在国家安全相关领域地位的关键技术或关键基础设施为战略目标的国家"。

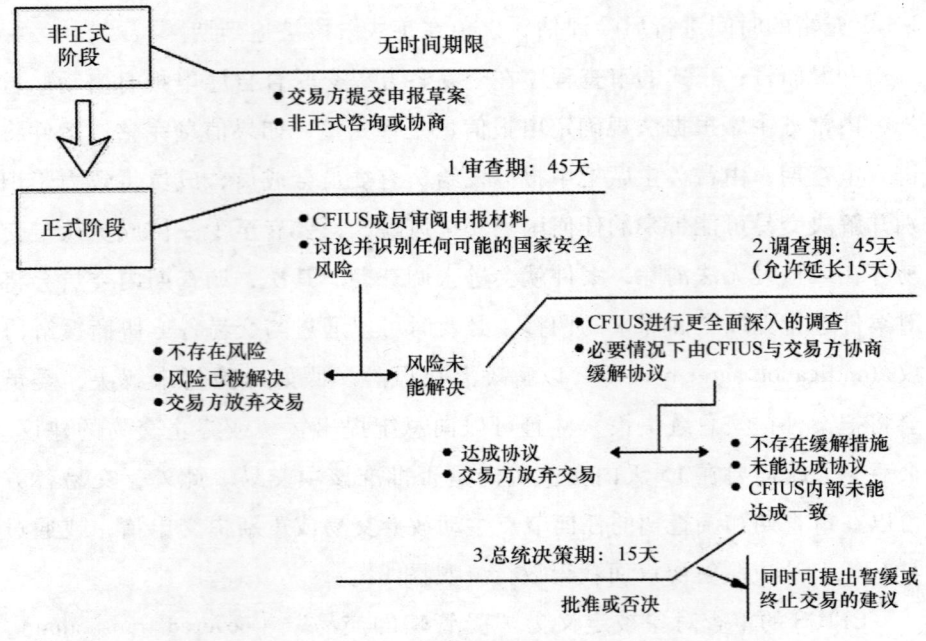

图1　CFIUS审查程序

资料来源：美国财政部官网。

录、网络安全风险等。① 从实践来看，CFIUS的审查重点除了包括信息安全、国防、电信、航空航天、交通运输、军事用品、能源等传统上被认为与国家安全相关的领域，还包括新近发展的高新技术领域，如人工智能、量子计算机、半导体等。

在美国利用外资的历史中，CFIUS的确在平衡经济福利与安全风险方面发挥了重要作用。演变至今，CFIUS的运作已经拥有一套细致完整的法律基础，但鉴于"国家安全"等核心概念依旧模糊，中立性与透明度的欠缺成为CFIUS机制的显著特征，这为外国投资并购带来巨大风险。

---

① 关于CFIUS安全审查考虑因素的详细内容，可见CFIUS向美国会递交的2015年度报告（2017年9月公开发布），"CFIUS 2015 Annual Report to Congress"，https://www.treasury.gov/resource-center/international/foreign-investment/Documents/Unclassified%20CFIUS%20Annual%20Report%20-%20（report%20period%20CY%202015）.pdf。

◇◇ 二 特朗普政府的外资准入政策

特朗普政府的外资准入政策沿袭了美国历来的矛盾心态,一方面要吸引外资刺激就业与经济增长,另一方面又担忧外资会为美国国家安全及科技优势带来挑战。自特朗普上任以来,美国一方面出台了史上最大规模减税法案,积极推动外资流入;另一方面又对CFIUS进行了立法改革,全面加强外资监管。

这种混合性政策主张看似混乱无章,实则不然。在"美国优先"和"让美国再次伟大"理念的指导下,特朗普政府逐渐形成了一套对内奉行新自由主义,即强调减少国家管制、激发市场活力、减少国家福利,对外实行保护主义和本土主义,强调美国本土经济利益的"特朗普经济学"。[1] 减轻税负,旨在增强制造业投资吸引力,振兴国内就业与经济增长;而收紧外资管制,旨在限制竞争对手对美国敏感行业的投资,维护美国核心竞争力,二者实质上共同服务于"美国优先"的执政理念。

(一) 积极推动外资流入

尽管美国国内关于外资准入政策的争论从未间断,但总体而言,美国始终还是将吸收外资作为发展国内经济的工作重点,这使美国的FDI流入量多年来稳居世界第一。根据联合国贸易和发展会议(UNCTAD)《世界投资报告2018》所提供的数据,美国在2015和2016年均吸收了全球约24%的FDI,尽管在2017年世界投资形势低迷的情况下,也还是以19.26%的占比保持首位。

---

[1] 李巍、张玉环:《"特朗普经济学"与中美经贸关系》,《现代国际关系》2017年第2期,第10—11页。

特朗普政府延续了历届政府积极推动外资流入的政策导向。自20世纪90年代以来，美国的传统制造业不断外包给新兴经济体，国内制造业逐渐凋敝，失业人口增加，过去作为美国民主制度的根基、以中产阶级为主体的扁平橄榄形社会结构正在坍塌，这为民粹主义的兴起以及特朗普的胜选提供了温床。① 因此，特朗普经济政策的首要目标就是振兴国内经济和增加就业，为吸引制造业回流，特朗普多次对外国企业在美投资活动表态欢迎，并鼓励州政府对外资予以优惠补贴。② 富士康在威斯康星州投资案被视为响应"美国制造"政策的范例，曾受到特朗普政府的高度重视。③

减税作为降低企业经营成本的最佳手段，成为特朗普政府优化国内投资环境、吸引外资流入、振兴国内制造业的主要政策选项。2017年12月22日，经特朗普总统签署，《减税和就业法案》（Tax Cuts and Job Act）完成立法程序。此次税改为30年来美国施行的最大规模减税，其中涉及国际投资的部分主要是把公司所得税永久性地从35%降至21%，降幅高达40%，且在法案通过后立即实施，这将直接降低在美企业税负。虽然税负并非驱动国际投资的唯一因素，但一直是削弱美国外资吸引力的短板。④

---

① 李巍、张玉环：《"特朗普经济学"与中美经贸关系》，《现代国际关系》2017年第2期，第8页。

② 2018年1月26日晚，特朗普在达沃斯世界经济论坛发表特别致辞时，多次提到美国欢迎海外投资振兴经济，还表示欢迎优秀移民人才，声称"美国向生意人敞开大门"，且将为此提供保障：低税率、廉价能源、减少繁文缛节和规定。

③ 2018年6月28日，特朗普亲自出席了富士康在美国威斯康星州新工厂的动工奠基仪式，对此，特朗普还连发数条推特，称赞富士康的新厂为"世界第八大奇迹"，称其将为当地带来约1.5万个工作机会。据外媒消息，这个工厂是由当地州政府以40亿美元的高昂补贴换来的。具体来说，这40亿美元补贴包括：28.5亿美元税收减免（因投资和创造就业）；1.5亿美元销售税减免；7.64亿美元政府奖励；1.34亿美元用于改善工厂附近道路；等等。

④ 根据世界经济论坛发布的《2017年高管意见调查》，税率和税收征管在企业在美经营面临的负面因素中位列前两位；世界银行《2018年营商环境报告》也显示，美国营商环境总体水平在190个经济体中位列第六，但税收负担指标却落至第36位。

在美国的市场规模、制度水平及创新资源本就极具优势的条件下,特朗普的税改举措有望大幅增加美国对外资的吸引力。

特朗普减税的核心目的是推动外资流入,中国作为全球对外投资大国,自然也是税改政策的目标对象之一。近年来,中国企业赴美投资,对各州就业、税收和经济发展贡献不小。美中关系全国委员会与荣鼎咨询在2018年4月发布的报告显示,中资在美直接雇用的员工总人数在2017年年底达到139600人,这一数据还只统计了中方投资人持有50%以上股权的美国公司直接雇用的全职雇员人数。截至2017年年底,中资持有少数股份(10%至50%)的美国公司还另外提供了10000人的就业机会,与2016年底相比,这一数字大幅增长,主要归功于中国海航集团收购了希尔顿酒店25%的股权。[1] 因此,无论是总统还是州政府都十分欢迎中国企业家前往美国建立工厂,以创造更多就业岗位。此次税改将有助于吸引更多中国企业选择投资美国,尤其是汽车零配件、装备制造等面向美国市场的制造型企业。相比于高科技产业和服务业,尽管中低端制造业对成本更加敏感,由于可以带动就业和出口,受到的审查限制也相对更少,但近年来中国企业对美投资越来越多地涉及先进制造、金融业或高科技产业,随着CFIUS安全审查的日趋严格,减税对于吸引中国资本的效果相对有限。

(二) 全面加强外资监管

尽管特朗普推出大规模减税法案来吸引外资,但这并不意味着美国就此对外资敞开大门,关于外资并购可能损害国家安全和引发技术外泄的担忧仍旧存在,尤其是来自中国的投资并购。虽然特朗普曾多次表态欢迎中国企业

---

[1] 报告全文参见 National Committee on U. S. —China Relations and Rhodium Group, "New Neighbors: 2018 Update_ Chinese Investment in the United States by Congressional District," April 2018, p. 6, http://www.ncuscr.org/fdi。

赴美投资，但近年来中国在产业升级与科技创新上展示出的强劲发展势头与坚定决心，对美国的科技创新霸权和高端产业垄断形成了压力。美国得克萨斯州参议院共和党党鞭约翰·科宁（John Cornyn）就曾多次公开谴责中国政府利用投资手段"吸空"美国先进技术、侵蚀美国国家安全，呼吁 CFIUS 加强对中国投资的审查。① 随着中国在美科技投资的日益增多，美国迫切需要保护自身的知识产权和尖端技术不被他国借助投资美国业务而轻易获取。于是，美国在 2018 年加速完成了旨在加强外资监管的新立法。②

新法案为《外国投资风险审查现代化法案》（Foreign Investment Risk Review Modernization Act，简称 FIRRMA），该法案于 2018 年 7 月 26 日以 359 票赞成、54 票反对的结果在美国众议院获得通过，并于 8 月 1 日以 87 票赞成、10 票反对的结果获得参议院批准，最终于 8 月 13 日由特朗普签署生效。③ FIRRMA 是 CFIUS 历经的第四次立法改革，旨在加强 CFIUS 权能以限制特定外资，主要包含以下几点核心内容。④

---

① Robert Delaney, "China Using 'Tentacles' to Erode US Security, Senator Warns, Urging Passage of Bill Boosting Scrutiny of Deals", *South China Morning Post*, February 14, 2018, http://www.scmp.com/news/china/policies-politics/article/2133263/china-using-tentacles-erode-us-security-senator-warns.

② 2018 年 8 月 23 日特朗普在白宫就新法案举行圆桌讨论时，与会议员及官员就曾多次点名中国，直接称该法案是为了应对来自中国的威胁。除了对中国对美投资的担忧，此次立法改革还部分归因于 CFIUS 审查效率的长期低下，尤其在特朗普上台后，重要岗位空缺、预算缩减等原因导致了许多日常工作的滞后。

③ 该议案由约翰·科宁和加利福尼亚州民主党参议员黛安·费恩斯坦（Dianne Feinstein）于 2017 年 11 月 8 日共同提出。继草案提出后，参众两院就法案文本进行了多次磋商与修订，期间特朗普曾于 2018 年 6 月 26 日在白宫发表声明，对 FIRRMA 表示支持。FIRRMA 被列在《2019 财年国防授权法案》（NDAA）的第 17 章（从第 1701 条到第 1733 条）。

④ 关于 FIRRMA 的更多细节，参见美国财政部官网，FIRRMA Legislation, https://home.treasury.gov/sites/default/files/2018-08/The-Foreign-Investment-Risk-Review-Modernization-Act-of-2018-FIRRMA_0.pdf；Summary of FIRRMA's Key Provisions, https://www.treasury.gov/resource-center/international/Documents/Summary-of-FIRRMA.pdf。

首先，扩大了 CFIUS 的管辖范围。在以往的实践中，股权比例少于 10% 的被动投资不会受到 CFIUS 的审查，但根据新法案，即使投资者持股不超过 10%，但只要可能获得美国企业的非公开技术信息、董事会成员或观察员权利以及涉及关键技术①、关键基础设施②或美国公民敏感数据③，就属于受审范围。④ 此外还包括靠近港口等敏感军事区的房地产投资、外国投资人就其投资的美国业务享有的权利变更以及某些旨在规避 CFIUS 审查的交易。

其次，增强了 CFIUS 的审查权力。一是授权 CFIUS 建立某种机制来识别属于其管辖范围但没有提交简短通知或正式通知的交易。二是授予 CFIUS 中止交易权和豁免权，在审查期或调查期内即可暂停交易而无须获得总统指令，还可自行决定免除对某些交易的审查。三是授权 CFIUS 对缓解协议的履行情况进行持续监督，以保证切实消除国家安全风险，而对于已经自愿放弃的交易，CFIUS 同样有权对交易方实施缓解协议，以确保放弃交易的行为实质有效。

最后，修订了 CFIUS 的审查程序。一是允许交易双方在提交正式材料前，先提交一份涵盖交易基本信息的简易申请。二是规定任何由外国政府

---

① 在 FIRRMA 推出之前，"关键技术"一词被定义为包括《美国防务目录》(United States Munitions List)、《商品管制清单》(Commerce Control List) 内的项目、若干关于核武的材料，以及特定制剂和毒素的法规（《美国联邦法规》第 31 章第 800.209 条）所涵盖的项目。FIRRMA 法案将其定义扩宽以包括新兴与基础技术，如量子计算机、人工智能、机器人、生物科技等。此外，还新设立一个跨部门出口管控程序来界定"新兴和基础技术"。

② FIRRMA 将"关键基础设施"定义为任何对美国国家安全至关重要的实体或虚拟资产或系统，如电信、医疗、市政工程、交通、金融服务及为美国政府提供服务等领域。

③ 敏感数据指诸如医疗行业、保险行业等涉及的大规模个人可识别信息。

④ 值得注意的是，FIRRMA 从管辖范围中排除了外国人以投资基金方式参与的投资，当外国人是美国投资基金的有限合伙人或顾问委员会的成员时，只要该基金是由美国人管理并且外国有限合伙人无法控制该基金，就不属 CFIUS 管辖交易。

控制的投资者对美国公司超过25%以上股权的投资，均须强制申报。三是延长审查时限，审查期从30天延长至45天，其后的45天调查期维持不变但允许在特殊情况下额外延长15天。四是授权CFIUS对提交书面通知的交易收取不超过交易价值的1%或30万美元的申报费用。

总之，经过这一轮的改革，CFIUS在审查外国投资时所覆盖的审查范围更广、所拥有的审查权力更大，所确立的审查程序更复杂，这意味着美国的外资审查变得更加严厉。尽管这一改革对所有外国投资同等有效，但由于近年来中国赴美投资快速增长，特别是在投资科技类和金融服务类产业方面增长迅速，新法案针对中国的意图十分明显。这显示出美国的外资政策超越了以往对经济福利与安全风险的单纯考量，而是纳入了更多的大国战略博弈因素。

三 中国对美投资的特点和障碍

在中国企业大举"走出去"的浪潮下，中国的对美投资经历了十多年的长足发展，并成为中美经贸关系中继贸易和金融外的第三根支柱。然而，随着特朗普政府内外经济政策的重新调整，中国对美投资在近一两年里也出现了新的动向。

（一）中国对美投资的特点

美国相对优越的投资环境近年来吸引了大批中国企业赴美进行并购和投资活动，投资行业持续多元化，美国多年来稳居中国企业对外投资并购十大目的地榜首。然而，自2017年以来，受到中美经贸摩擦以及双方政策调整的冲击，中国对美投资呈现出显著下滑之势。

第一，中国对美投资在过去十年迅速增长，但总体规模仍然相对有限。从1980年到2000年，中美投资合作主要是美国向中国的单向投资。进入21世纪，中国对美投资逐渐兴起，并在过去十多年内迅速增长。据中国国家统计局统计，2008—2016年，中国对美投资总体呈上升趋势，流量和存量均在短时间内达到较高水平，其中流量年均增速高达64%（见表2、表3）。2016年，美国稳居中国对发达经济体投资流量的首位，总流量达到169.81亿美元，较上年增长112%，创中国对美直接投资历史新高，占流量总额的8.7%，大幅领先位居第二的欧盟（99.94亿美元，占比5.1%）。

表2　　2008—2016年中国对美直接投资流量及占比　（单位：亿美元）

年份	中国对美直接投资流量	中国对世界直接投资流量	中国对美投资流量占对外投资流量总额百分比（%）	年增速（%）
2008	4.62	559.07	0.8	—
2009	9.09	565.29	1.6	97
2010	13.08	688.11	1.9	44
2011	18.11	746.54	2.4	38
2012	40.48	878.04	4.6	123
2013	38.73	1078.44	3.6	-4
2014	75.96	1231.20	6.2	96
2015	80.29	1456.67	5.5	6
2016	169.81	1961.49	8.7	112

资料来源：中国国家统计局。

表3　　2008—2016年中国对美直接投资存量及占比　（单位：亿美元）

年份	中国对美直接投资存量	中国对世界直接投资存量	中国对美投资存量占对外投资存量总额百分比（%）	年增速（%）
2008	23.90	1839.71	1.3	—
2009	33.38	2457.55	1.4	40

续表

年份	中国对美直接投资存量	中国对世界直接投资存量	中国对美投资存量占对外投资存量总额百分比（%）	年增速（%）
2010	48.74	3172.11	1.5	46
2011	89.93	4247.81	2.1	85
2012	170.80	5319.41	3.2	90
2013	219.00	6604.78	3.3	28
2014	380.11	8826.42	4.3	74
2015	408.02	10978.65	3.7	7
2016	605.80	13573.90	4.5	48

资料来源：中国国家统计局。

虽然美国是中国对外投资的主要目的地，但由于起步较晚，经济发展阶段不同，中国并非美国最主要的投资来源地。与欧盟、加拿大、日本等经济体相比，中国对美直接投资在美国吸收外资总规模中的占比相对有限。据美国经济分析局统计，2016年中国对美直接投资流量仅占美国吸收外资流量总量的2.26%，而欧盟、加拿大和日本却分别达到了56.87%、11.36%、7.32%；投资存量上的落后差距更为明显，截至2016年底，中国对美直接投资存量只占到美国吸收外资存量总量的0.74%，甚至不足日本的1/10。[1]

第二，中国对美投资涉及领域广泛，制造业比重最大，近年来向高科技及高端服务业集中。在行业分布上，中国对美投资几乎覆盖了国民经济所有行业类别，其中制造业占比最大。2016年，中国对美投资流量在10亿美元以上的行业有6个，其中前三位分别为制造业、信息传输/软件和信息技术服务业、房地产业。从存量行业分布情况看，截至2016年年底，

---

[1] U.S. Bureau of Economic Analysis, "New Foreign Direct Investment in the United States in 2016", July 11, 2018, https://www.bea.gov/data/intl-trade-investment/new-foreign-direct-investment-united-states.

存量超过百亿美元的行业有两个,制造业以151.82亿美元高居榜首,金融业则以104.92亿美元位居第二。① 近年来,中国企业越来越青睐于收购美国的科技创新型企业,尤其是在软件、医药、互联网金融、商业服务等领域,而这一趋势在2014年后愈加明显,针对这些行业的投资额在过去4年内年均高达90亿美元(见表4)。②

表4　　　　　　　　2016年中国对美国直接投资的主要行业

行业	流量(亿美元)	比重(%)	存量(亿美元)	比重(%)
制造业	59.95	35.3	151.82	25.1
金融业	-35.48	-20.9	104.92	17.3
租赁和商务服务业	16.30	9.6	69.51	11.5
房地产业	23.26	13.7	57.19	9.4
信息运输/软件和信息技术服务业	49.32	29.0	54.46	9.0
批发和零售业	9.58	5.6	40.18	6.6
采矿业	5.06	3.0	30.82	5.1
科学研究和技术服务业	12.22	7.2	30.25	5.0
文化/体育和娱乐业	18.66	11.0	23.54	3.9
其他	10.94	6.5	43.11	7.1
合计	169.81	100.0	605.80	100.0

资料来源:参见商务部、国家统计局、国家外汇管理局《2016年度中国对外直接投资统计公报》,中国统计出版社2017年版。

第三,2017年以来,中国对美投资呈现锐减趋势,主要原因是受到了中美双方政策的冲击。美中关系全国委员会与荣鼎咨询2018年4月发

---

① 商务部、国家统计局、国家外汇管理局:《2016年度中国对外直接投资统计公报》,中国统计出版社2017年版,第35页。

② 竺彩华:《中国对美直接投资:新发展、新机遇和新挑战》,《国际经济合作》2018年第2期,第52页。

布的《双行道：2018 中美直接投资趋势》报告称，中国对美直接投资在 2016 年达到近 460 亿美元①，2017 年锐减至 290 亿美元，年降幅超过 1/3（35%），而且 2017 年投资额中还有很大部分来自 2016 年宣布签订但在 2017 年才交割完毕的交易，若只计算 2017 年新披露的交易，投资减少将更为明显。② 这种下降趋势一直持续到 2018 年，2018 年前 5 个月中国企业在美并购与绿地投资总额仅 18 亿美元，同比锐减 92%，是 2010 年来的最低水平；而且，万达、安邦和海航等中国企业在北京的去杠杆化压力下抛售了 96 亿美元的美国资产，将这些资产剥离计算在内，截至 2018 年 5 月，中国对美直接投资净额为负 78 亿美元。交易数量从自 2014 年每半年平均 85 起下降到 2017 年下半年的 69 起，以及 2018 上半年的 39 起，创下六年内最低纪录。

政策变化而非商业因素是导致中国对美投资锐减的主要原因。从中方来看，中国政府于 2016 年年底非正式收紧对"非理性"海外投资的管控，来抑制大规模资本外流导致的外汇储备下降；2017 年 5 月，为降低金融风险并减少杠杆，中国监管层开始审查大型私企对外投资活动；2017 年 8 月，中国官方发布《关于进一步引导和规范境外投资方向的指导意见》，明确了六类投资受鼓励、五类被限制、五类被禁止。从美方来看，特朗普政府威胁援引"301"调查挑起与中国的贸易摩擦，而国会两党也达成共识来加强 CFIUS 安全审查的法律授权，估计 2017 年至少有 80 亿美元的交易由于 CFIUS 问题而被撤，这些都加剧了中国企业对赴美投资的负面预期。在中美关系日趋恶化的背景下，预计未来短期内中国对美投资水平仍将处于低迷。

---

① 该数据由荣鼎咨询统计得出，由于计算方法差异或其他因素，与中美官方统计数据均存在出入。

② 报告全文参见 Thilo Hanemann, Daniel H. Rosen and Cassie Gao, "Two-Way Street: 2018 Update US-China Direct Investment Trends", April 2018, p. 27, http://www.ncuscr.org/fdi.

（二）近年来中国对美投资遭遇的障碍

随着中国对美投资规模的不断扩大和中国企业并购美国企业的愈加活跃，中国企业投资美国面临的阻力也在与日俱增。除了市场准入壁垒、高劳动力成本、意识形态与文化冲突外，来自CFIUS的安全审查已经成为中国企业投资美国的最大障碍。

近年来，中国日益成为美国国家安全审查的重点对象。CFIUS的2015年度报告显示，中国在2015年连续第四年成为CFIUS审查最多的国家。美国历史上共发生过5次由总统亲自否决一项外资交易的情况，而这5起案件全部与中国相关。[1] 自2017年特朗普上任至2018年7月底，CFIUS频频以国家安全为由阻碍中国并购美国企业，共有十多项投资交易因此流产，并且主要集中在半导体、信息通信、金融服务、大数据、新材料等新兴高科技领域，例如，2017年6月TCL收购诺华达无线通讯（Novatel Wireless），2018年1月蚂蚁金服收购速汇金（Money Gram），2018年5月新纶科技收购阿克伦聚合物体系（Akron Polymer System），等等（见表5）。

表5　　　　　　　近年来CFIUS对中国投资的审查情况

年份	CFIUS审查案件总数（件）	中国作为交易方的案件数（件）	比例（%）
2013	97	21	21.65
2014	147	24	16.33

---

[1] 这五起案件分别是：1990年布什否决中航技收购美西雅图飞机零部件制造商Mamco项目，2013年奥巴马否决三一集团关联公司收购美俄勒冈州风电场项目，2016年12月奥巴马否决福建宏芯基金FGC收购德半导体设备供应商爱思强（Aixtron），2017年9月特朗普否决Canyone Bridge收购美半导体芯片设计公司莱迪思（Lattice），2018年3月特朗普叫停新加坡博通（Broadcom）收购美国半导体巨头高通（Qualcomm）。最后这起案件虽然表面上并无中国的直接参与，但美国认为并购案将削弱高通领先地位，并给华为等中国电信商在5G标准制定上增加影响力打开大门。

续表

年份	CFIUS审查案件总数（件）	中国作为交易方的案件数（件）	比例（%）
2015	143	29	20.28
总计	387	74	19.12

资料来源：CFIUS向美国会递交的2015年度报告（2017年9月公开发布），详见https：//www.treasury.gov/resource-center/international/foreign-investment/Documents/Unclassified%20CFIUS%20Annual%20Report%20-%20（report%20period%20CY%202015）.pdf。

由于美国并未在法案中就核心概念、判定标准、评估方法等关键问题作出足够明晰的规定，所以审查过程存在较强主观性，CFIUS可以较为轻易地对特定投资施加管制。自2017年1月至2018年7月底，共有14项中国对美投资交易被CFIUS以国家安全为由拒绝，具体原因大致可分为三类：一是投资业务被认为涉及新兴技术领域或敏感数据与网络安全领域，二是投资方被认为涉及政府背景，三是投资各方被认为涉及国防供应链。

美国频频以国家安全为由对中美高科技领域投资活动设限，先进半导体行业与金融服务行业首当其冲。以2017年9月特朗普否决峡谷桥基金（Canyon Bridge）收购莱迪思半导体（Lattice）[1]为例，白宫新闻稿称该交易的国家安全顾虑主要来自四个方面：其一，将知识产权潜在转移给外国收购者；其二，中国政府对此交易的支持；其三，半导体供应链完整对于美国政府的重要性；其四，美国政府对Lattice产品的使用。[2] 然而，交易

---

[1] 2016年11月3日，峡谷桥与莱迪思就联合公告了这项13亿美元的交易。峡谷桥资本公司（Canyon Bridge Capital）是一家在美国注册的私募基金管理公司，但其资本合伙人的母公司是中国国有资本风险投资基金管理公司，与众多国企及军工企业均有联系，由此被认为具有浓厚中国政府背景。而莱迪思半导体公司是美国为数不多的生产可编程逻辑芯片的厂商之一，其产品主要应用于通信和工业等领域和消费者电子产品，如智能手机和平板电脑。

[2] 关于这起案件的更多细节，参见美国白宫新闻稿，"Statement from the Press Secretary on President Donald Trump's Decision Regarding Lattice Semiconductor Corporation", September 13, 2017, https：//www.whitehouse.gov/briefings-statements/statement-press-secretary-president-donald-j-trumps-decision-regarding-lattice-semiconductor-corporation/。

失败的本质原因在于中美围绕半导体的技术竞争。美国虽然目前在半导体领域明显领先，但仍担忧有朝一日这种技术优势将被"雄心勃勃"的中国取代。① 在金融服务领域，轰动一时的案件莫过于 2018 年 1 月蚂蚁金服在 CFIUS 阻挠下放弃收购美国速汇金一案②，除了涉及敏感数据，这起案件的失败还由于互联网金融服务属于新兴高附加值产业，是中美技术竞争的焦点之一，美国不愿本国先进的汇款技术轻易被蚂蚁金服引进（见表6）。

表 6　　　　因 CFIUS 审查而失败的中国对美投资案
（2017 年 1 月—2018 年 7 月底）

领域	中国投资方	投资标的	终止日期	交易规模（美元）	业务类型
高端制造	峡谷桥基金（Canyon Bridge，一个美国私募基金，但据报道有中国国有企业的背景）	莱迪思半导体（Lattice Semiconductor）	2017 年 9 月 13 日	13 亿	半导体芯片
	赛诺资本（含国资成分的半导体投资基金）	Xcerra（美国半导体测试设备供应商）	2018 年 2 月 22 日	5.8 亿	半导体设备
	中国重型汽车集团有限公司（国企）	UQM 科技（美国汽车系统供应商）34% 股权	2018 年 5 月 9 日	2800 万	新能源汽车
金融	中国华信能源有限公司	考恩集团（Cowen Group，美国资产管理公司）19.99% 股权	2017 年 11 月 24 日	1 亿	资产管理
	蚂蚁金服（阿里巴巴子公司）	速汇金国际（MoneyGram International）	2018 年 1 月 2 日	12 亿	转账汇款与电子支付

---

① 2017 年 1 月 6 日，美国总统科学技术咨询委员会（PCAST）发表了名为《确保美国半导体的领导地位》的报告，称中国的芯片业已经对美国的相关企业和国家安全构成了严重威胁，并建议美国总统下令对中国的芯片产业进行更加严密的审查。
② 2017 年 1 月 26 日蚂蚁金服以 8.8 亿美元与美国速汇金（Money Gram）达成收购协议，后来又将报价由每股 13.25 美元上调至 18 美元但仍迟迟不能获得 CFIUS 批准，最终不得不于 2018 年 1 月 2 日宣布被迫放弃收购计划，不仅一年的努力化为空谈，还向速汇金支付了 3000 万美元的"分手费"。

续表

领域	中国投资方	投资标的	终止日期	交易规模（美元）	业务类型
	海航资本	天桥资本（Sky Bridge Capital，美国对冲基金的多数股份）	2018年4月30日	2亿	基金管理
互联网	TCL	诺华达无线通信（Novatel Wireless，美国公司Inseego的移动电话无线网络业务）	2017年6月7日	5000万	信息技术服务
	喜乐航（海航子公司）	全球鹰娱乐（Global Eagle Entertainment）9.9%股权	2017年7月25日	4.15亿	机上娱乐与互联网服务
	四维图新、腾讯、新加坡政府投资公司	Here地图（荷兰地图服务供应商）10%股权	2017年9月27日	2.83亿	汽车地图导航服务
	东方弘泰	AppLovin（美国移动广告公司）	2017年11月21日	14.2亿	移动广告投放
	蓝色光标	Cogint 63%股权	2018年2月20日	1亿	大数据营销
原料	国投创新基金（中国国资背景的私募基金）19.9%股权	Maxwell Technologies（美国能源储存和能量输送方案供应商）	2017年9月20日	4700万	能源储存
	忠旺	爱励（Aleris，美国制铝公司）	2017年11月12日	23.3亿	铝产品生产
其他科技	北京大北农科技集团	Waldo Farms（美国饲猪基因学公司）	2018年3月3日	1650万	生物科技
	深圳市新纶科技	阿克伦聚合物体系（Akron Polymer System）45%股权	2018年5月10日	990万	高分子材料

资料来源：笔者根据 George Shen,"CFIUS takes a consistent approach to Chinese investments in US assets under Trump administration—data shows", July 27, 2018, https://www.dorsey.com/~/media/Files/Uploads/Images/Ward_ CFIUS - Chinese - Deal - Reviews 的资料整理制作。

在中美经贸摩擦愈演愈烈之际，美国在2018年加速了CFIUS立法改革，鉴于美国延续了对"国家安全"概念的宽泛解释，CFIUS可能正在从一个审查国家安全风险的中立机构演变为打压外国科技企业的战略工具，这为中国企业赴美投资与双边经贸关系蒙上了一层新的阴影。在日趋严格的安全审查之下，中国企业并购美国科技行业将愈加艰难。

首先，新法案的出台将增加中国企业对美投资的难度与风险。管辖范围的扩大意味着许多过去无需申报的交易也将面临CFIUS的考验，审查时限延长与申报费用则增加了投资者的时间和金钱成本，此外法案对"国家安全""关键技术""关键基础设施"等核心概念的解释依然不够明晰，其中蕴含的自由裁量权使CFIUS可以更轻易地对中国投资施加特别限制。因此，单从法案文本来看，预计中国对美投资会面临更严格、更频繁、更具针对性的审查限制，尤其是在人工智能、虚拟现实、机器人、大数据分析、半导体和金融科技等敏感技术领域，即便中国投资者的资金只占很小部分，而且对公司运营没有发言权，也可能遭受审查甚至惨遭否决。

其次，在中美战略竞争和贸易摩擦的大背景下，中国对美正常商业投资可能面临更严重的泛政治化障碍。一方面，从美国在国际体系中的整体经济与安全利益来看，为遏制中国的技术赶超与产业升级，由行政部门主导的CFIUS将更频繁地以国家安全之名对中国科技企业实施战略打击。虽然FIRRMA没有明确将中国列为"特别关注国"，但其针对中国的意图已较为明显，而且不排除美国未来联合盟友协同限制中国海外投资的可能。FIRRMA要求美国商务部长在法案生效后到2026年，每2年向国会和CFIUS提交中国对美投资的分析报告，同时指示CFIUS建立与盟国和伙伴监管机构的信息共享机制。另一方面，从国内社会分散的特殊利益来看，国会有权对CFIUS的运作进行监督，这为特殊利益影响外资命运提供了制度渠道，某些排斥外来竞争的商业团体或对华鹰派政治人士可以通过游说国会向行政部门施压,迫使后者对特定外资施加限制。

最后,改革更重要的影响在于对交易各方的心理冲击,它所导致的负面预期可能会导致中国对美投资的持续低迷。事实上,此次法案只是将CFIUS在过去约2年内的实际操作以法律形式确定下来,在法案颁布前,CFIUS就已经开始对涉及半导体、芯片、个人敏感数据的交易进行阻挠。因此,法案出台与否对审查通过率影响并不大,但可能会显著提高中国投资者和美国公司对CFIUS安全审查的风险成本预期,从而使之对潜在的投资交易望而却步。据荣鼎咨询(Rhodium)发布的数据,在中国整体对外投资状况良好的情况下,2017年中国对美投资出现十年来首次下降,2018年上半年更是骤降九成,可见新法案正在冷却中企赴美投资的热情。

四 中国赴美投资遇阻的原因及对策

中国赴美投资遇阻表面上是触及了美国国家安全的相关规定,但根本原因在于中美经济关系从互补合作向相互竞争的转变,特别是中国在高端产业方面的快速崛起加剧了美国的焦虑感。对此,中国政府与企业都需要充分研究美国安全审查机制的变化,以及美国投资保护主义兴起的原因,精心准备应对措施。

(一)中国赴美投资遇阻的原因

投资壁垒只是中美贸易摩擦的一个方面,此外还有关税壁垒和技术出口限制,虽然手段不同,但是逻辑共通,本质上都是基于经济竞争的战略诉求。此外,中国的产业计划和美国的国内政治也在某种程度上起到了推波助澜的作用。

第一，美国《国家安全战略》对中国作为美国"战略竞争者"的新定位从根本上奠定了美国对华投资政策的负面基调。自1979年中美建交以来，中美战略关系的总体基调以"合作伙伴"为主，只有小布什政府在2001年短暂地将中国称为"战略竞争对手"，但在"9·11"恐怖袭击事件后又将中美关系调整为"建设性合作关系"。然而，2017年白宫公布的《国家安全战略》、美国国防部发表的《2018美国国防战略报告》以及特朗普提交国会的2018年国情咨文，都再次将中国明确定义为"战略竞争对手"，这意味着美国对华接触战略的终结，而新的"竞争战略"正在成形之中。[①]

目前，中美战略竞争的核心主要聚焦于经济领域，让美国倍感压力的是中国的经济发展势头，双方经贸关系正发生着从互补合作向相互竞争的转变。[②] 受益于美国主导的经济全球化，作为世界工厂的中国在过去十多年来经历了经济的高速增长。虽然目前中国的综合经济实力和人均GDP距离美国等发达国家仍有差距，但中国的产业和技术实力正沿着全球价值链不断向上游攀登。近年来中国在高铁、电子商务、移动支付等领域卓有成就，也诞生了华为、阿里和腾讯这样全球领先的通信技术公司，尽管在航空发动机、软件、半导体与集成电路等方面还落后于美国，但追赶势头强劲。

第二，"中国制造2025"计划直接引发了美国国内对中国投资的疑虑与警惕。这项计划提出于2015年，确定了新一代信息技术产业、高档数控机床和机器人、航空航天装备、海洋工程装备及高技术船舶、先进轨道

[①] Kurt M. Campbell and Ely Ratner, "The China Reckoning: How Beijing Defied American Expectations", *Foreign Affairs*, March/April 2018, pp. 60–70.

[②] 高程：《中美竞争视角下对"稳定发展中美关系"的再审视》，《战略决策研究》2018年第2期，第17页。

交通装备、节能与新能源汽车、电力装备、农机装备、新材料、生物医药及高性能医疗器械十大重点发展的高科技产业,增加科研支出,强调自主创新,计划分三步,用三个十年左右的时间,实现从世界制造大国向世界制造强国的转变。然而,这项计划引发了美国政治精英对自身的科技优势地位的焦虑。美方曾多次公开指责中国这项"雄心勃勃"的产业政策,"美国真正担忧的是'中国制造2025'",白宫高层如此表示,在自动驾驶技术等领域,中国将迅速追赶美国,美国贸易代表办公室(USTR)官员也表示:"已无法允许向中国企业转让技术。"①

由于担心中国在技术进步与产业升级方面实现赶超,美国接二连三地制裁中国科技企业,阻挠它们进入美国市场。以华为和中兴为例,作为中国信息通信龙头企业,二者均遭受过美国的沉重打压。2018年4月16日,美国宣布禁止美国公司向中兴通讯销售零部件等,直接导致了供应链的中断;4月26日,美国又以涉及违反美国制裁令为由对华为展开司法调查,使其被迫退出美国市场。2017年华为以27%的份额位居全球通信设备市场第一,中兴以10%位居第四,但二者在美国的市场份额均低于1%,这与美国对两家企业在美投资活动的长期打压密切相关。② 2018年10月29日,美国又以国家安全为由将福建晋华集成电路有限公司纳入禁售名单,但真正原因在于美国对该公司具备大规模生产动态随机存取存储器(DRAM)能力的焦虑。

第三,投资保护主义有利于特朗普获得政治支持。从美国内政来看,经济全球化加剧了精英阶层与底层民众间的分化,而特朗普的胜选很大程度上得益于其旗帜鲜明的保护主义与"美国优先"理念,这为他吸引了

---

① 《日媒:美国真正担忧的是〈中国制造2025〉》?| 中国制造2025_新浪财经_新浪网,http://finance.sina.com.cn/stock/usstock/c/2018-03-26/doc-ifysqfnh0582831.shtml?dv=1&source=cj.

② 张菲、安宁:《贸易战背景下中美直接投资趋势与对策研究》,《国际经济合作》2018年第5期,第15页。

大批正在走向没落的美国中产阶级的支持。作为全球化的利益受损者,他们普遍追捧保护主义与单边主义,将自己的利益受损归咎于自由开放的对外经济政策,尤其诟病中国对美国知识产权的窃取,认为这将削弱美国的经济竞争力,因此支持加强投资限制,应对所谓的"中国威胁"。

特朗普大力推行的投资保护主义正好迎合了中下阶层选民的心理。在"通俄门""脸书门"的持续压力下,继续在投资领域对中国"开火",有望帮助特朗普转移民众注意力和国内矛盾。2018年7月,特朗普"履职支持率"平均值为44.3%,从2017年12月15日因"通俄门"调查而跌至37.3%后恢复到上任初期水平[1],对华发动"贸易战"和支持外资审查严厉化是其中的重要因素。

总之,连同投资审查在内的一系列对华经贸施压举措,并非是特朗普胜选导致的意外结果,而是基于美国对华认知及战略定位的根本性变化。在经济上防范中国已成为美国政界、商界的共识,对华强硬将在相当长时期内主导美国对华政策的基调。

(二) 中国赴美投资的对策建议

虽然美国对中国企业赴美投资总体上依然表示欢迎,但是以安全审查为由设置的投资壁垒,仍然对中国企业的海外利益、中国经济的整体发展乃至中美双边关系施加了负面影响,对此中国应当高度重视,精心准备应对措施。

第一,保持战略定力,坚定改革开放的方向不动摇,同时提升自主创新能力。无论是美国对华"贸易战"还是对华投资限制,均与20世纪80年代美日经贸摩擦的情形类似,本质上都是美国应对他国经济崛起的战略

---

[1] 《特朗普支持率回升至刚上任水平被指或靠铁粉连任》,新浪新闻,2018年7月13日,http://news.sina.com.cn/o/2018-07-13/doc-ihfhfwmu5679200.shtml。

回应，具有一定历史必然性，中国应当充分认识到中美经贸摩擦的长期性与复杂性，目前美国已经先后通过关税壁垒、投资壁垒及出口管制对中美之间的商品、资本及技术的流动施加了诸多限制，而且不排除未来在金融领域对中国"采取措施"的可能。对此，中国在保持警惕的同时，还须保持强大的战略定力，稳固国内的政治环境，坚定既有的改革开放方向。在这个过程中，中国需要适当减少通过并购等方式来获取外国高新技术的期望，致力于核心技术的自主创新，除了加大科研投入，更要加强知识产权保护，为创新提供法律保障与制度激励。

第二，加强与美国国内社会的接触，争取地方政府与议员对中国投资活动的支持，并提前做好风险评估与应对准备。相对于联邦政府对美国国家安全与全球科技竞争优势的优先考量，各州政府更关注外资对当地税收与就业的贡献，因此普遍欢迎外来投资。美中关系全国委员会与荣鼎咨询在2018年4月发布的《新邻居：中国在美国各国会选区投资现状一览（2018更新报告）》公布了截至2017年获得中国在美累计直接投资的国会选区排名，纽约州第十二国会选区名列榜首，伊利诺伊州第七国会选区和北卡罗来纳州第四国会选区紧随其后，而中资公司在美提供就业机会最多的国会选区分别是肯塔基州第三国会选区，北卡罗来纳州第九国会选区，密歇根州第五国会选区，以及北卡罗来纳州第四国会选区。[1] 对此，中方可以有针对性地巩固与这些选区国会议员的关系，合法利用美国国内的游说制度，缓解中企赴美投资的阻力。此外，中国企业在海外投资时也需保持审慎并备好预案，并且努力做到合规经营，学习利用法律武器保障自身的合法权益。要想增加CFIUS审查的通过率，企业一方面可以灵活选择投资策略，比如在投资方式上优先选择绿地投资而非并购，综合考虑被动投

---

[1] 报告全文参见 National Committee on U. S.—China Relations and Rhodium Group, "New Neighbors: 2018 Update_ Chinese Investment in the United States by Congressional District", April 2018, p. 5, http://www.ncuscr.org/fdi。

资、少数股权投资或逐步进行的小规模投资，在投资时机上尽量避开美国选举等政治敏感期，在没有把握时考虑事先剥离掉敏感性业务或资产；另一方面可以寻求专业顾问与机构的帮助，尽量选择美国本土或世界顶尖的律师事务所或公关公司。①

第三，推动重启中美双边投资协定谈判（BIT），在国际法层面为双边投资关系的良性发展开拓新的渠道。中美 BIT 谈判自 2008 年启动至今历经十年，几经曲折，截至 2016 年 11 月，第 31 轮谈判终于完成针对双方负面清单的第三次修订，然而自特朗普上任以来，中美 BIT 再次被搁置至今。历时八年的 BIT 谈判之所以未能在奥巴马总统任期内完成，主要的分歧集中在国有企业、投资者和东道国争端解决机制、知识产权保护及劳工和环保四个方面。② 目前，中国正在坚定不移地深化改革开放，以适应高标准的投资协定条款。2018 年 10 月 14 日，中国人民银行行长易纲在 G30 国际银行业研讨会上明确指出，"为解决中国经济中存在的结构性问题，我们将加快国内改革和对外开放，加强知识产权保护，并考虑以'竞争中性'原则对待国有企业。我们将大力促进服务部门的对外开放，包括金融业对外开放"③。这意味着中美双方将得以在 BIT 谈判中凝聚更多共识。在美国外资审查日益严格的形势下，中国政府可以向美方要求重启 BIT 谈判，在谈判中要求美国明确"国家安全"概念，致力于在 BIT 框架下减轻美国外资审查制度对中国企业的钳制，并解决其

---

① 这方面的典型案例是双汇收购美国食品公司史密斯菲尔德（Smithfield Foods）一案，其成功离不开一支精英并购团队的帮助，该团队由摩根士丹利担任财务顾问，普衡律师事务所和长盛律师事务所担任法律顾问，团队成员大多来自 Goldman Sachs、PWC 等世界顶尖公关公司。

② 项卫星、张赛赛：《中美双边投资协定谈判中的冲突与趋同》，《东北亚论坛》2017 年第 3 期，第 87—90 页。

③ 《易纲行长在 2018 年 G30 国际银行业研讨会的发言及答问》，中国人民银行网站，2018 年 10 月 14 日，http://www.pbc.gov.cn/goutongjiaoliu/113456/113469/3643836/index.html。

他利益分歧。

第四，加速推动与其他国家的双边投资协定谈判，以及加速构建自贸区网络，拓展经济合作伙伴，积极推动 WTO 改革，维护多边经贸体制，参与新一代国际投资规则的制定，为中国企业的海外投资创造更好的外部条件。由于全球多边投资规则的缺失，除了依靠双边投资协定外，许多双边和区域自贸协定中包含了投资条款，比如目前美、日、欧、韩、越等经济体都在积极推进双边、多边自贸协定或经济伙伴关系协定的谈判，这些贸易协定中都包括大量投资条款。面对这一背景，中国需要采取双管齐下的措施：一方面，以 2018 年 11 月刚签署的中国—新加坡《自由贸易协定升级议定书》为"样板"[1]，加速构建中国的高水平自贸区网络，以弱化对美国市场包括出口市场和投资市场的依赖，并在新型国际经贸规则的制定中争取话语权；另一方面，积极参与 WTO 改革进程，为改革方案献言献策，团结欧盟，调动其他发展中国家的积极性，共同推动 WTO 改革进程，使 WTO 能够在跨国投资中发挥更大的作用。

此外，中国企业在"走出去"尤其是"一带一路"建设的宣传上还应注意弱化国家战略色彩，强化企业的经济动机以及对东道国经济福利的积极影响。在对外投资活动中，国家应该明确自身角色定位，不宜过多干预企业的自主投资行为。尤其是中国国有企业的对外投资行为，应该始终坚持市场化的基本方向，谨言慎行，切忌张扬高调。而面对愈演愈烈的中美经贸纷争，在适当采取反制措施的同时，应当尽量避免冲突升级乃至经济脱钩的局面，致力通过协商谈判解决分歧，即便不能彻底解决分歧，也应该将分歧和摩擦管控在一定范围之内。

总之，随着中美经济竞争特别是技术竞争的全面加剧，美国很有可能将投资壁垒与关税壁垒、出口管制甚至是金融制裁进行议题联系，从而增

---

[1] 该协定就大量包含推动和管理双边自由投资的内容。

加对华经济博弈的筹码。一方面，中国在某种程度上必须慢慢接受赴美投资环境恶化的事实；另一方面，中国也需要苦练内功，严于律己，始终坚持合规经营，同时提升自身的独立研发能力，以应对日益严峻的经济竞争压力。

第三部分

中国经济外交月度报告

◇ 一 澜湄合作开启新篇章（一月报告）

2018年1月，中国经济外交在双边、区域和多边层面全面推进。其中，中国区域经济外交如火如荼，澜湄合作第二次领导人会议在金边举行，中国作为澜湄机制倡导者在次区域合作中充分发挥引领作用，成为本月经济外交最为引人注目的事件之一；中拉论坛第二届部长级会议在智利召开，会议热议"一带一路"，为中拉合作开启新篇章。多边层面，中央财经领导小组办公室主任刘鹤出席达沃斯世界经济论坛2018年年会并发表致辞，表达中国继续推进改革开放的决心。双边层面，法国总统马克龙首次访华为两国关系注入了新的活力。此外，该月中国对外经贸领域摩擦和隐忧仍存，特朗普政府对华经贸政策更趋严厉，2018年中美经贸关系不容乐观。在能源方面，土库曼斯坦对华出口天然气的规模骤然减少，中国能源安全受到冲击。

（一）中柬主持澜湄合作第二次领导人会议

1月10日，以"我们的和平与可持续发展之河"为主题的澜沧江—湄公河合作第二次领导人会议在金边开幕。本次会议由中国国务院总理李克强与柬埔寨首相洪森共同主持，老挝总理通伦、缅甸副总统吴敏瑞、泰国总理巴育和越南总理阮春福出席会议。本次会议回顾了澜湄合作进展，并规划了未来发展方向，具体来看有以下亮点。

第一，澜湄合作机制成立以来合作成果丰硕。澜湄合作机制最早由李克强在2014年举行的第17次中国—东盟领导人会议上提出，2016年3月23日，澜湄合作首次领导人会议在海南三亚召开，标志着澜湄合作机制正式启动。

澜湄机制成立以来，在宏观制度构建及微观合作项目上都取得了显著进展。在宏观制度构建方面，澜湄合作遵循"3+5合作框架"，搭建起领导人会议、外长会、高官会、工作组会多层次对话机制，并在互联互通、产能、跨境经济、水资源、农业和减贫五个优先领域建立联合工作组，六国澜湄国家秘书处或协调机构也纷纷成立；在微观合作项目上，第一次领导人会议上提出的45个早期收获项目以及第二次外长会中方提出的13个倡议取得了实质进展，而由中方设立的澜湄合作专项基金也已全面启动，截至2017年12月15日已决定为132个合作项目提供支持。

短短的两年时间内，"天天有进展、月月有成果、年年上台阶"的澜湄速度得以实现，澜湄合作已成长为一个成熟的区域合作机制。这一方面是受澜湄国家切实的合作需求推动，另一方面也受益于中国的引领作用，中国在澜湄机制成立、发展，直至今日走向成熟的过程中始终发挥着关键性的引导作用，并为其提供制度、资金、技术保障。澜湄合作的成功，显示出中国作为大国参与区域和全球治理的责任和能力，在澜湄合作机制下，中国与湄公河五国紧密联结，以实际成果推动中南半岛地区国家命运共同体建设。

第二，规划发展蓝图为澜湄合作指明方向。会议发表了《澜湄合作五年行动计划（2018—2022）》（以下简称《行动计划》）、《澜湄合作第二次领导人会议金边宣言》（以下简称《金边宣言》）两份重要合作文件，并分发了《澜湄合作第二批项目清单》和"澜湄合作六个优先领域联合工作组报告"，为澜湄合作从培育期迈向成长期揭开了崭新的序幕。

《行动计划》将2018年至2019年确定为奠定基础阶段，2020年至2022年确定为巩固和深化推广阶段，以逐步扩大项目合作规模，优化合作模式。《行动计划》还从政治安全事务、经济与可持续发展、社会人文合作等方面确定务实合作计划，将对话机制及重点合作领域制度化、规范化，并构建由资金、技术、监督机制所构成的支撑体系。作为澜湄合作机制创立以来的首个规划性文件，《行动计划》将为澜湄六国的进一步合作提供指南，推动澜湄合作不断取得实质性进展。《金边宣言》除总结澜湄合作开展两年以来的阶段性成果外，还为其未来十年指明了发展方向。对于澜湄合作的进一步发展，宣言认为应秉持开放、包容精神，与东盟共同体建设优先领域和中国—东盟合作全面对接，与现有次区域机制相互补充、协调发展，应对澜湄国家的发展要求，优化合作模式，合力打造澜湄流域经济发展。澜湄命运共同体建设是一个长期的过程，澜湄机制成员国若能按照规划逐步推进，将为区域稳定和发展开启新阶段。

第三，同区域其他机制相辅相成共同推进区域合作。经过近两年的发展，澜湄合作机制已经成为亚洲次区域合作的新亮点，亚洲地区各个次区域经济发展水平差异显著，中国抓住次区域差异，提出符合次区域国家发展状况的新型合作模式，同时又与东盟已有机制形成呼应，共同推动地区发展、维护和平稳定。李克强总理在会后的记者会上，也指出了澜湄合作机制与区域内其他次区域合作机制的共生关系，"澜湄合作机制不是排他的，而是同本地区其他机制互为补充，与中国—东盟合作相辅相成，在合作中尤其注重以实际行动取得成果"。这展示出澜湄合作的开放、包容精神和中方构建区域命运共同体以实现和平与共同繁荣的初衷。

此外，本次领导人会议上，中国同澜湄合作机制伙伴国之间在推动双边战略对接、加强政治互信和推进具体合作项目等方面也取得了新进展。会议期间，李克强总理在金边分别会见老挝、泰国、越南三国总理，强调加强"一带一路"倡议与老、泰、越各国国内发展战略对接，确保包括中老铁路、中老经济走廊、中泰铁路等在内的重大项目的顺利推进，提高经贸、金融、基础设施、农业等领域的交流合作，建立澜湄国家命运共同体。李克强总理对柬埔寨进行正式访问并同柬埔寨首相洪森举行会谈，为加强中柬关系开启了新篇章。2018年正值中柬建交60周年，中柬两国通过签署《中柬两国政府经济技术合作协定》《关于水稻研究合作的谅解备忘录》等19份合作文件，大力推动双方在农业、科技、经贸等方面的合作。双方还发表了中柬联合公报，商定将在高层交往、中柬政府间协调委员会、军队及执法部门交往、国家发展战略对接、澜湄合作等方面推进新时期中柬全面战略合作伙伴关系。这对维护柬埔寨政治稳定和经济发展、促进和加强中柬友好合作具有重要意义。

（执笔人：孙妍）

（二）马克龙访华推动中法经贸合作

1月8日至10日，法国总统马克龙对中国进行了为期三天的国事访问。马克龙的中文秀"让地球再次伟大"展现了他的"中国观"：中法是彼此不可缺少的合作伙伴。马克龙首次访华为两国关系注入了新活力。

马克龙访华致力于深化中法"一带一路"合作。2013年习近平总书记提出"一带一路"倡议后，法国政界对其反应比较平淡。马克龙当选法国总统后，法方对"一带一路"的态度开始出现明显转变，马克龙曾在多个场合表明法国将积极参与"一带一路"建设。这次访华中，马克龙将首站选在"丝绸之路"的起点——西安，除了其历史文化渊源，更是希望以此传递出法国将通过参与"一带一路"深化中法两国关系的强烈信号。伴随英国"脱欧"，法国是否会成为中国通往欧洲的新渠道，马克龙访华对此释放了积极的信号。2017年中国与欧盟摩擦不断，马克龙选择2018年伊始代表法国对"一带一路"表示支持，不仅能使法国在中国与欧盟国家的关系中掌握更大的主导权，也有助于一定程度上改变欧盟国家对"一带一路"的偏见，为中国与欧盟加强伙伴关系提供新机会。

强化中法经贸合作是此次马克龙访华的"重头戏"。法国对华贸易存在接近300亿欧元的逆差，马克龙为招揽订单也拿出了足够的诚意。在航空航天领域，欧洲航空巨头空客公司与中国发改委签署谅解备忘录，决定将天津A320系列飞机总装线产量逐步增加至每月六架，并且双方承诺将进一步深化与扩展在技术创新、工程能力提升和供应链拓展等领域的合作。在核能领域，法国阿海珐集团和中国核工业集团签订了在中国建一座价值100亿欧元的核乏燃料处理工厂的谅解备忘录。科技合作除了传统的航空航天、核能，京东集团作为唯一参加签约仪式的互联网企业，与法国工业巨头法孚集团签署了一份关于"亚洲一号"智能物流体系项目的谅解备忘录，双方将围绕中法两国具有重要意义的法国"未来工业"及"中国制造2025"领域开展合作，充分发挥双方优势，推动新型智能物流产业的发展。

在2018年开年之际，当其他西方大国埋首于国内事务时，法国摆出了中国在欧洲的"可靠伙伴"的姿态。54年前，当西方国家都对中国"避而远之"时，戴高乐总统率先作出对华建交的决定。54年后，最具"戴高乐气质"的马克龙总统在继续推进中法经贸关系的同时，对"一带一路"也表明了积极态度，法国有望在西方国家中率先同中国建立真正意义上的政治互信。

（执笔人：艾雪颖）

（三）刘鹤出席达沃斯世界经济论坛

1月23日至26日，世界经济论坛2018年年会在瑞士达沃斯举行，本次论坛的主题是"在分化的世界中打造共同命运"，聚焦地缘战略竞争加剧背景下国际合作的意义，70位国家元首或政府首脑，以及38位国际组织负责人在内的约3000名嘉宾参加此次年会，包括美国总统特朗普、英国首相特雷莎·梅、法国总统马克龙、德国总理默克尔、加拿大总理特鲁多等。中国方面，时任中共中央政治局委员、中央财经领导小组办公室主任的刘鹤率团参会，中方代表团还包括国务院国资委主任肖亚庆、证监会副主席方星海、亚投行行长金立群、百度总裁张亚勤、阿里巴巴董事会主席马云、京东集团董事局主席刘强东、创新工场董事长李开复等人。

世界经济论坛成立于1971年，是一个致力于研究和探讨世界经济问题、促进国际经济合作与交流、解决国际冲突的国际公私领域合作组织，总部设在日内瓦，因每年年会都在达沃斯召开，因此也被称为"达沃斯论坛"。它是独立、公正、不受任何特殊利益束缚的非官方国际机构，力求在维护最高治理标准的同时，在全球公共利益领域发挥企业家的作用。其活动的制度文化建立在利益攸关者理论的基础上，试图平衡公共和私人部门、国际组织和学术机构等各种社会组成部分，并寻求各个部分的最佳组合。过去五年，参加达沃斯世界经济论坛年会的中国代表分别为外交部部长王毅、国务院总理李克强、时任国家副主席李源潮、国家主席习近平、时任中央财经领导小组办公室主任刘鹤。

1月24日，刘鹤作为中方代表出席达沃斯世界经济论坛2018年年会，并以"推动高质量发展，共同促进全球经济繁荣稳定"为题发表致辞。刘鹤说，一年来中国积极落实习近平主席在达沃斯发表演讲所提倡议，用实际行动推动经济全球化进程。未来几年，中国经济政策的顶层设计，将围绕中共十九大确立的宏伟目标，实施好"一个总要求""一条主线"和"三大攻坚战"。刘鹤强调，中国始终是世界和平的建设者、全球发展的贡献者、国际秩序的维护者，中国仍然是发展中国家，将在努力办好自己的事情的前提下，与国际社会一道，秉持共商、共建、共享的全球治理观，坚定维护多边主义，支持多边贸易体制，推动共同发展和进步。这一演讲阐述了中国经济政策未来几年的顶层设计方向，明确了中国在世界经济与政治中的定位，肯定了全球治理与合作的重要作用。此次年会期间，刘鹤会见了瑞士联邦副主席兼财政部长毛雷尔、加拿大财政部长莫诺，以进一步推动双边友好合作。

一年前，中国国家主席习近平在达沃斯论坛上发表演讲时所提出的"共同命运"成为今年达沃斯论坛的主题，彰显出中国不断扩大的思想影响力。刘鹤在演讲时指出，中国将推动新的、力度更大的改革开放措施，有些措施会超出国际社会的预期，这也值得国际社会各界期待。

此外，在本届达沃斯论坛上，美国总统特朗普的出席令许多人大跌眼镜。这距离上一位美国总统莅临达沃斯论坛已经过去了18年，而自2017年年初上任以来，"美国优先"、贸易保护主义、反全球化等屡屡成为特朗普的标签，这与追求全球化治理的达沃斯经济论坛格格不入。在此次论坛上，特朗普一反常态，不但带来了7名部长随行、总人数或达1500人的"巨型"代表团，而且全程语气温和而平缓，没有成为"搅局者"，这与外界的预期大相径庭。在演讲中，特朗普强调"美国优先"并非"美国独行"，美国的前进能够帮助世界繁荣，指出现在是美国投资的最好时期，呼吁全球"投资美国"，美国愿意在公平及互惠的条件下，开放自由贸易。更令外界惊讶的是，特朗普指出，美国做好了与各国进行双边贸易协定谈判的准备，这其中也包括了《跨太平洋伙伴关系协定》（TPP）中的国家，透露出美国可能重返TPP的意向。特朗普对TPP的积极表态，显然是认识到了TPP本身是团结盟友、制定高水平经贸规则的重要制度架构，它在战略上对美国的好处不言而喻。从高举反对TPP的旗帜，到考虑重返TPP，这一态度的重大转变显示出特朗普政府对外经济政策的反复性，也暗示了美国将以更加自利和灵活的新方式来领导世界。

（执笔人：苏晗）

（四）美对华经贸政策更趋严厉

2018年伊始，特朗普政府通过一系列强硬的表态和贸易保护举措，将中美经贸关系置于"险境"。中美经贸关系延续了2017年下半年的态势，即紧张和摩擦因素逐渐增多，对于特朗普政府来说，前期的贸易救济调查开始进入"收获"的季节，对中国的贸易保护措施驶入正轨。但同时，CFIUS否决蚂蚁金服收购美国速汇金公司提案；AT&T退出与华为公司合作销售手机的计划；USTR发布2017年度知识产权保护报告，将淘宝等9家中国市场列入其所谓"恶名市场"名单；2017年年底到2018年年初特朗普政府先后发布《国家安全战略报告》和《2018美国国防战略报告》，将中国视为"战略竞争对手"。这些表态和行动令中美关系迅速紧张起来，外界对于中美爆发贸易摩擦的猜想再次不绝于耳，中美经贸关系面临重要挑战。

首先，美国对华贸易赤字不断增加，特朗普政府恐继续就此向中国施压。特朗普政府将增加国内就业和促进经济增长作为"美国优先"的首要目的，对外贸易政策亦服务于此。特朗普政府将减少贸易赤字作为对外贸易政策的重要内容。长期以来，中国是美国最大的贸易赤字来源国，这主要源于中美两国在全球价值链上所处的不同地位，以及由此造成的不同国际分工。然而，特朗普政府将贸易赤字归咎于中国政府实施"不公平"贸易行为，"公平贸易"也成为特朗普政府对外贸易政策中最鲜明的标签之一。2018年1月，特朗普在2018年世界经济论坛演讲及首次国情咨文中均提到，美国追求公平且对等的贸易关系，还强调美国不会对包括偷窃知识产权、补贴以及国家操纵的计划经济"睁一只眼闭一只眼"。特朗普总统上任首年，美国对华贸易赤字规模并未缩小，据中国海关总署统计，2017年中国对美贸易顺差扩大至2758亿美元，比上年增长10%，这一

"成绩"恐怕难以令特朗普总统满意,美国可能会继续在对华贸易问题上发难。

其次,特朗普政府实施的贸易救济调查结果将陆续出台,中美经贸关系可能会受到冲击。2017年,特朗普政府先后对进口钢铁和铝产品实施"232"国家安全调查,对中国知识产权展开"301"调查,对光伏产品进行"201"保障措施调查。1月22日,特朗普政府公布了对进口太阳能电池板和洗衣机的惩罚性措施,中国作为全球光伏产品最大生产国将受到直接冲击。此外,1月美国商务部部长罗斯先后向特朗普总统提交有关进口钢铁产品和铝产品是否损害美国国家安全的调查报告,报告内容暂未向外界披露。中国的钢铁产品已经历了美国政府多次贸易救济调查,美国实施了高额惩罚性关税,中国输美钢铁产品占美国进口钢铁份额较小,因此此次国家安全调查结果对中国钢铁产品影响相对较小。但是美国是中国铝产品重要的出口市场,这次调查结果可能会对中国铝产品出口带来打击。不过,钢铁、铝和光伏产品在中美双边贸易总量中占比较小,相比之下,知识产权"301"调查影响会更大,特朗普政府可能采取包括征收关税、限制中企投资、实施出口管制在内的多种措施,打击面更广,对中美经贸关系的危害也更深。

最后,中美双边投资仍存不利影响因素,中国企业赴美投资阻力不断增大。1月,CFIUS对蚂蚁金服收购美国速汇金公司提案作出不利决策,AT&T退出与华为公司的合作计划,中国企业赴美投资阴云笼罩。过去,美国政府对中企投资美国高技术产业格外警惕,2018年CFIUS则对中企投资美国金融行业涉及个人信息和数据领域的企业加强了国家安全审查,这一趋势会延续下去。除此之外,美国国会就加强CFIUS国家安全审查范围和权限开启立法进程,目的在于扩大CFIUS国家安全审查权力,而审查目标直指中国,这将对中国企业赴美投资产生不利影响。此外,美国企业对于在华营商环境的担忧依然存在,根据中国美国商会发布的最新年度调查，411家会员公司中，3/4的公司表示，他们在中国的受欢迎程度不及从前。对于中国的监管程序，73%的公司表示持悲观或中立态度，外国企业在华营商面临的最大挑战是监管不透明、法律应用前后矛盾以及劳动力成本上升。

自2017年7月首轮中美全面经济对话结束后，两国经贸对话陷入停滞状态。11月特朗普总统访华，中美达成2535亿美元的商业大单，但这其中并未涉及关于中国进一步开放市场准入的内容，这被战略与国际问题研究中心（CSIS）中国问题学者甘思德（Scott Kennedy）称为特朗普政府营造出来的对华贸易"虚假的胜利"。随后，特朗普政府在对华贸易上采取的对抗态度日益明显，认为中国并没有沿着市场化道路前进，期待中国作出更大改变，中美经贸对话也暂无重启可能。展望未来，随着特朗普政府将经贸问题与朝核问题脱钩以及对华强硬派人士进入其经贸团队，中美经贸关系下行压力还会持续增加。

（执笔人：张玉环）

（五）周小川出席国际清算银行例会

1月7日至8日，国际清算银行在瑞士巴塞尔召开行长例会。时任中国人民银行行长周小川出席了董事会、经济顾问委员会、央行治理小组会议、全球经济形势会等会议，与会央行行长们就全球经济金融形势以及宏观政策应对等问题进行了交流和讨论。

在众多国际金融组织中，与闻名遐迩的布雷顿森林机构即国际货币基金组织和世界银行相比，国际清算银行更加具有神秘低调的色彩。总部位于瑞士巴塞尔的国际清算银行成立于1930年，是世界上现存的历史最悠久的国际金融组织。国际清算银行致力于加强各国中央银行之间的合作，为它们提供办理国际清算业务、办理或代理有关国家央行买卖黄金或货币存款等业务，并制定国际金融活动的标准和规范，有"世界央行的央行"之誉，与 IMF 和 WB 共同构成世界三大核心国际金融组织。

此外，国际清算银行定期举办中央银行行长会议，一般为每月的第一个周末在巴塞尔举行，这也是国际清算银行为商讨有关国际金融问题，协调有关国家的金融政策，促进各国中央银行合作而创设的例行机制。作为中央银行的俱乐部，国际清算银行每年的年会为各国中央银行之间进行交流与合作提供重要平台，各国央行可借此机会对国际货币局势等议题进行充分交流和沟通。

自 1986 年起，中国人民银行就与国际清算银行开展业务往来，包括办理外汇与黄金业务等。同时国际清算银行召开股东大会，中国人民银行均受邀列席，并以观察员身份参加该行年会，这为中国广泛获取世界经济和国际金融发展信息、建立与各国中央银行之间的关系提供了一个新的场所。中国的外汇储备有一部分是存放于国际清算银行的，这对中国人民银行灵活、迅速、安全的调拨外汇、黄金储备非常有利。

1996 年 9 月，国际清算银行通过一项协议，接纳中国、巴西、印度、韩国、墨西哥、俄罗斯、沙特阿拉伯、新加坡和中国香港的中央银行或货币当局为该行的新成员。中国人民银行正式加入国际清算银行，标志着中国的经济实力和金融成就得到了国际社会的认可，同时也有助于中国人民银行与国际清算银行及其他国家和地区的中央银行进一步增进了解，扩大合作，提高管理与监督水平。

（执笔人：吴娜）

（六）土库曼斯坦天然气对华出口面临供应危机

2017 年年末至 2018 年年初，受冬季采暖和"煤改气"影响，中国天然气供给异常紧张。在这一紧要关头，土库曼斯坦对华出口天然气的规模却骤然减少，当前日均输气缺口已增至0.5亿立方米，这一数字甚至接近中亚天然气管道日运输量的半数之多。受此影响中国北方地区再遇"气荒"，国民经济发展与民众生活受到波及，中国能源安全也受到持续冲击。

长期以来，土库曼斯坦在中国维护天然气供给安全上发挥着支柱性作用。2016年全年中国进口天然气719亿立方米，其中从土库曼斯坦进口了294亿立方米，"土气"占据了当年中国管道天然气进口量的77.3%和总进口量的40.9%。当前，土库曼斯坦对华输气的主要气源为土库曼斯坦天然气康采恩和中石油运营的阿姆河右岸地区，两者每天可对华提供1.2亿立方米天然气，对中国天然气进口的意义如同"压舱石"般重要。

然而，此次土库曼斯坦对华天然气出口锐减正是由于这"压舱石"出了问题。2017年前三个季度，"土气"对华出口规模连续走高，这一趋势在11月戛然而止。中石油于2017年11月下旬发出的通知显示，中亚天然气管道的主要气源之一、理论日供气0.65亿立方米的土库曼斯坦康采恩供气已经出现异常，每天减少了0.2亿立方米的天然气供应。两个月以来，"土气"供应短缺的情况并未得到缓解，反而出现了愈演愈烈的趋势，中石油在2018年1月末发出的另一份通告显示土库曼斯坦康采恩天然气供应锐减，这致使"土气"进口量从日1.2亿立方米锐减至0.7亿立方米，更为严峻的是"中亚管道已经开始间歇输送运行……中石油管网面临崩盘危险"。受此影响，气价暴涨、生产受限、供暖紧张、LNG出租车停运等经济社会负效应迅速外溢，国民经济发展与居民正常生活受到不同程度影响。

究其根源，"土气"进口锐减的主要原因在于设备故障和沿线国家用气量陡增。根据中石油最新披露的信息显示，此次"土气"进口锐减的主要原因一方面可归结于设备故障，特别是"11月份以后，土库曼斯坦康采恩因机组故障已经停机三次",因此中亚天然气管道源头的供气量明显降低;另一方面由于中亚天然气管道沿线国家用量陡增,"乌哈两国供国内用气的欠量达到3000万方/日",中国处在中亚天然气管道下游,其接收天然气的规模进一步受到了压缩。预计伴随天气转暖和技术故障的排除,由于"土气"失稳而造成的中国北方地区用气紧张将有所缓解。

考虑到天然气调峰能力建设的紧迫性和国际合作的复杂性,中国还须在三个方面加以推进。第一,加快调峰储备库建设,能源局须会同主要能源企业,加快推进天然气储备库的论证与建设,在LNG接收站、天然气管道和主要城市周边布局若干储备点,尽快形成满足数周的天然气储备规模。第二,拓展进口渠道,中国能源企业除了进一步拓展与澳大利亚、卡塔尔等国的天然气合作规模外,还可以尝试进一步加强与美国政府以及能源企业的合作,尽快从美国大规模进口更多液化天然气。第三,尝试建立天然气消费国国际合作机制,中国首先可以尝试联合日本、韩国共同建立东北亚天然气储备与共享机制,甚至直接设立负责三国天然气信息共享、储备共建、互补调峰的实体组织,在这一基础上尝试拓展其成员范围进而逐步建立覆盖亚太地区乃至全球的天然气消费国组织。总之,此次"土气"进口量锐减不仅再次敲响了维护天然气安全的警钟,对此中国还须未雨绸缪、精准应对。

(执笔人:宋亦明)

二 英国首相访华打造中英"黄金时代"升级版(二月报告)

2018年2月,特蕾莎·梅访华为本月中国双边经济外交最大亮点,中英双方在经贸、金融、科技、教育等领域取得丰硕合作成果。中美经贸合作依然面临复杂形势，尽管两国能源合作驶入"快车道"，但双方在钢铁、铝、投资等领域的博弈仍持续存在，本月时任国务委员的杨洁篪、时任中央财经领导小组办公室主任的刘鹤先后访美，旨在管控两国经贸摩擦。此外，中国—非盟第七次战略对话在北京召开，为进一步加强中非经贸、基建等领域合作及开好中非合作论坛北京峰会奠定基础。

（一）特雷莎·梅访华打造中英"黄金时代"升级版

1月31日—2月2日，英国首相特蕾莎·梅对中国进行了为期三天的访问，这是特蕾莎·梅就任英国首相以来首次访华。特蕾莎·梅访华随行代表团的规模创下她历次出访之最，包括英国石油公司、汇丰银行、曼彻斯特大学在内的40多家英国企业、金融机构、高等院校、贸易协会等机构的负责人。特蕾莎·梅与其"豪华"随行团在三日之内奔赴了中国三个城市，在多个领域展开外交活动，表明了英国加强与中国在经贸、金融、教育、科技、基建等各方面合作的意愿。

首先，中英继续推动经贸合作。本次访华的大背景是英国脱欧谈判即将进入第二阶段，特蕾莎·梅为在"后脱欧时代"塑造"全球化英国"的形象，使英国继续保持全球经贸和金融领域优势地位，必须寻找新的合作伙伴，以弥补脱欧后在贸易、投资、人员交流等领域的退步。中国是英国在欧盟外的第二大贸易伙伴，英国也是中国在欧盟内第二大贸易伙伴和投资目的地。因此特蕾莎·梅积极加强中英经贸领域合作，着力构建欧盟之外的双边经贸框架。访华期间，李克强同特蕾莎·梅举行了中英总理年度会晤，双方就共同推动自由贸易达成重要共识，还签署了包括商业、金融、医疗、教育、文化、交通等领域在内的12个协议，协议总额达90亿英镑。在英国正式"脱欧"后，中英极有可能签署自由贸易协定，开创中国与西方国家的自贸先河，两国经贸合作前景十分广阔。

其次，中英教育合作是此次特蕾莎·梅访华的重点之一。特蕾莎·梅将出访首站选在与多个英国大学建立合作关系的武汉，还宣布了涵盖从学前教育到研究生教育、总价值超过5.5亿英镑（约合人民币49亿元）的多项教育协议，预计为英国创造800多个就业岗位。特蕾莎·梅表示，这些合作项目将使"两个伟大国家的更多孩子和年轻人得以互相分享彼此的想法"，中英"黄金时代"的合作关系可以在未来持续数代之久。在中国赴英留学人数持续增长的背景下，加强中英教育合作将为中英关系的"黄金时代"打开新局面。

除此之外，金融和科技领域的合作也是中英打造"黄金时代"升级版的重要助推器。2015年两国政府宣布启动"沪伦通"可行性研究，2017年第九次中英经济财金对话双方同意审视启动"沪伦通"，此次特蕾莎·梅访华在上海的活动也紧密围绕"沪伦通"等金融合作议题展开。一旦"沪伦通"启动，将极大地推动英国乃至欧洲资金通过股市进入中国市场投资。此外，即将在伦敦举行的中英人民币国际化对话，将鼓励扩大人民币在国际市场上的使用。

近年来中英科技合作进展迅速。2015年9月，时任国务院副总理刘延东访英期间，双方签署了关于启动中英联合科学创新基金——"研究与创新桥"计划。2017年12月6日中英两国签署《科技创新合作备忘录》，正式发布《中英科技创新合作战略》，这是中国与其他国家联合制订的首个双边科技创新合作战略，也意味着中英科技合作关系的一次飞跃。2018年是中英科技合作的40周年，特蕾莎·梅此次访华在科技领域的合作进一步深化。中英同意共同建设雄安金融科技城和青岛中英创新产业园，中英科技创新合作进程从合作研发开始进入合作园区建设阶段。

2015年，习近平主席对英国进行了国事访问，双方同意构建"面向

21世纪全球全面战略伙伴关系",从此开启了中英关系的"黄金时代"。在2016年杭州和2017年汉堡G20峰会期间,习近平和特雷莎·梅两次会晤,再次确认中英关系"黄金时代"的大方向。在此次访华期间举行的中英总理年度会晤中,特雷莎·梅表示愿利用此访进一步提升进入"黄金时代"的中英全面战略伙伴关系。访华期间签订的合作"大礼包"更是一针强心剂,中英双方打造"黄金时代"的升级版,已成水到渠成之势。

(执笔人:艾雪颖)

(二)中美能源贸易规模成倍增长

2月9日,美国液化天然气生产供应商切尼尔公司宣布与中石油正式签署一项价值110亿美元的液化天然气长期采购协议。协议规定切尼尔公司需要从2023年至2043年每年向中石油提供120万吨液化天然气(约合16.7亿立方米气态天然气),其价格则以亨利枢纽(Henry Hub)的天然气价格为参考。2017年11月美国总统特朗普访华期间,两家公司曾签署了《液化天然气长约购销谅解备忘录》,如今两家公司正是基于该备忘录签署了采购协议,为中美液化天然气的第一笔"长约大单"画上了圆满的句号。

切尼尔与中石油的天然气贸易合作只是当前中美能源合作的一个缩影,受美国能源政策鼓励出口和中国能源需求大幅攀升等影响,两国能源贸易规模正以前所未有的速度增长。一方面,为了削减对华贸易逆差、促进就业并打造"能源优势",特朗普政府奉行以"鼓励能源出口为核心"的国际能源贸易政策,通过行政命令的方式大力推动美国的能源基础设施建设,特别是尽快兴建、扩建和升级现有的油气管网和液化天然气出口平台,尽最大努力提升能源出口能力。另一方面,中国则面临愈加突出的能源产能瓶颈，石油和天然气的自给率仅分别为34.6%和65.8%，并且未来自给率还将进一步走低，当前只有通过大规模能源进口才能满足国内使用需求。

在这样的背景下，中美能源合作驶入了"快车道"。2017年4月，特朗普与中国国家主席习近平探讨了扩大美国液化天然气对华出口等能源议题，会晤结束后中方提出了包括扩大美国天然气进口在内的"百日行动计划"；此后中美能源合作大幅升温，美国商务部给予中国与其他非自贸协定签署国一致的天然气出口待遇；切尼尔、埃克森·美孚、雪弗龙等美国能源企业高官频频拜会中国国家能源局主要负责人；而在2017年11月特朗普访华期间，中美两国更是签署了总计1637亿美元的能源贸易与投资合作大单。

2017年，中美能源贸易规模呈现出"爆发性"增长态势。根据美国能源信息署（EIA）发布的统计数据显示，2017年美国对华出口石油（包括原油和汽油产品）1.6亿桶，同比增长122.94%；同年美国对华出口天然气1034.1亿立方英尺，同比增长500.55%；2017前3个季度美国对华出口煤炭280万吨，同比增长1264.03%。显而易见，2017年中美能源贸易增势迅猛，三大能源的贸易规模均成倍提升，更为重要的是当前中美能源贸易规模远未触及"天花板"，可以预见未来两国能源合作还将"大有可为"。

当前中美能源贸易合作出现了历史性机遇，取得了丰硕的阶段性成果，这产生了三方面的积极影响：首先，这给中美各自的经济发展带来了积极因素，为美国创造更多就业的同时降低了中国经济的运行成本。对美国而言，美国中国商会发布的统计数据显示，石油和天然气作为美国阿拉斯加以及得克萨斯等州长期出口至中国的主要商品，在2015年为各州带来了数十亿美元的收入并且直接创造了上万个就业岗位。对中国而言，即便计入远洋运费，美国能源仍颇具市场竞争力，更为廉价的美国能源进入中国市场将会带来更多"消费者剩余",降低中国能源消费者的使用成本。

其次,中美能源贸易合作有助于缓解中美贸易不平衡,为降低两国经贸摩擦烈度创造积极的条件。美国商务部2月6日公布的数据显示,2017年美国对华贸易逆差增至3752亿美元,中美在贸易领域的"结构性冲突"日趋明显,此后追求"公平贸易"的特朗普政府不断释放对华发动"贸易战"的信号。统计显示,2017年中国进口美国能源约110亿美元,未来能源在中美贸易中所占的份额将大幅提升,预计2020年以后能源贸易每年将会降低200亿美元的美国对华贸易逆差,2025年以后将会降低300亿美元逆差。中美能源贸易无法从根本上解决两国贸易逆差问题,但是确实能够在一定程度上减少美国贸易逆差,进而削弱美国发动对华"贸易战"的动力。

最后,中美能源贸易合作对中国拓展能源进口渠道及保障能源供给安全提供了重要助力。在石油贸易领域,2018年中国进口美国原油有望突破2000万吨,这在一定程度降低了中国对中东石油的依赖,推动中国原油进口的重心向东转移。在天然气领域,中石油与切尼尔公司签署的液化天然气采购协议以长约的形式"锁定了"每年17亿立方米的天然气供给,相比于短期现货的采购模式,长约协议更为稳定,对于中国降低对中亚国家天然气依赖、确保冬季天然气使用意义重大。

(执笔人:宋亦明)

(三) 美国对华投资保护愈演愈烈

继年初蚂蚁金服收购速汇金受阻、华为与AT&T合作计划失败,2018年2月,美国证券交易委员会(SEC)否决了将芝加哥交易所出售给一个由中国投资者领衔财团的交易，美国半导体测试设备公司 Xcerra 与湖北股权投资合伙企业也被美国外国投资委员会（CFIUS）否决（详见表格）。在特朗普政府高举贸易保护旗帜之际，CFIUS 以"国家安全"为由一再干扰外国投资，使得中国企业对美投资纷纷折戟而归。美国投资保护主义呈愈演愈烈之势，中方还须谨慎应对。

表1　　2018年中企赴美投资失败或待审批项目

时间	中方投资者	美方企业	结果
2018年1月	蚂蚁金融服务集团	速汇金	CFIUS拒绝批准蚂蚁金服收购速汇金
2018年2月	湖北鑫炎股权投资合伙企业	美国专业半导体测试设备商Xcerra	CFIUS以国家安全为由未批准湖北鑫炎股权投资合伙企业收购Xcerra
2018年2月	收购方为包括中国重庆财信在内的企业财团	芝加哥证券交易所	CFIUS已批准该交易，但是美国证券交易委员会担心该交易会威胁美金融安全，最终否决
2018年3月	中国重型汽车集团有限公司	科罗拉多公司UQM Technologies Inc.	中国重型汽车集团有限公司取消了对UQM的第二轮投资计划，理由是CFIUS对这笔交易心存顾虑
2018年3月	北京大北农科技集团股份有限公司	种猪销售公司Waldo Genetics	北京大北农收购Waldo Genetics一案未获得CFIUS批准

资料来源：笔者根据网络信息整理。

首先，美国投资保护剑指中国。近几年来，中国企业对美投资迅速扩张，根据荣鼎集团数据，2016年达到创纪录的456亿美元，2000年以来中国对美直接投资累计达1090亿美元。2017年，中国对美直接投资大幅下降为290亿美元，中国在美新增的收购交易额较前一年更是锐减90%，造成这一现象的原因，除中国收紧资本外流的管控外，美对华投资监管增强也成为突出的阻碍因素。美国监管机构对日益活跃的中国投资越发警惕，对于有中国政府背景的企业投资、涉及高新技术等领域的投资，CFIUS 一再以"威胁美国国家安全"为由加以阻止，CFIUS 立法改革也明确指向中国，中美投资领域的博弈更加突出。特朗普政府在最新的国家安全战略报告中将中国认定为"战略竞争对手"，愈加严厉的对华投资保护同贸易保护一道，折射出特朗普政府正在采取将中美经贸关系同国家安全紧密结合的对抗性政策，这无疑为中美经贸关系平稳发展蒙上阴影。

其次，CFIUS 审查重点出现变化。一方面，CFIUS 增加对先进技术行业领域投资的关注和审查。近些年来，随着中国企业对外投资从获取资源型逐步转为获取技术和管理型，美国对中国企业并购美高新技术企业格外警惕，担心中方获取美敏感技术，进而威胁美国家安全。2017 年，特朗普总统否决有中国政府背景的企业 Canyon Bridge 收购 Lattice 半导体公司的交易，这是近 30 年来美国总统第四次以国家安全原因禁止的交易，本月，CFIUS 否决半导体行业的中外合资项目，凸显出美国对涉及高新技术的中国投资态度越发强硬。另一方面，CFIUS 还增加了对本国公民个人信息和数据的保护。2018 年年初，蚂蚁金服收购速汇金交易遭到 CFIUS 否决，这成为 CFIUS 否决涉及个人数据投资交易的先例，表明 CFIUS 对外国投资威胁国家安全的担忧从高新技术领域扩展到以技术获取个人数据等更为广泛的领域。

再次，CFIUS 立法改革提上日程。2017 年 11 月，美国参议院共和党党鞭约翰·科宁（John Cornyn）牵头提交了改革外国投资委员会审查的立法《外国投资风险审查现代化法案》（FIRRMA），FIRRMA 旨在通过对 CFIUS 的权力和审查程序进行修改扩大审查权限，更大限度维护美国国家安全，FIRRMA 对 CFIUS 的修改主要涉及以下方面。

一是扩大 CFIUS 的管辖权。FIRRMA 对 CFIUS 的审核范围进行重新定义，包括：1. 国外企业对美国军事设施附近的房地产购买或租赁交易；2. 外国对美国关键技术或关键基础设施公司的非被动投资；3. 美国关键技术企业通过合资等方式为外国投资者提供知识产权及相关支持（除特定国家的投资外）。

二是在申报程序方面，FIRRMA增加了强制声明规则，对外国投资者取得25%及以上股权的并购交易，都必须向CFIUS出具声明。FIRRMA还延长了CFIUS的审查时限，将初次审查期从现有的30天延长至45天，并且授权CFIUS将审查期在"非常情况下"，可再延长30天，但只可延长一次。

此外，FIRRMA还规定了豁免权。FIRRMA提出CFIUS可免除达到标准的外国投资交易的审查，包括：投资来源国是否与美国达成共同防御条约或达成共同协议等标准，投资来源国是否也采取国家安全审查措施等。

美国对华投资保护愈演愈烈，CFIUS立法改革更是明确将矛头指向中国，FIRRMA发起人约翰·科宁直言立法的首要目的就是为了防范中国通过投资实现技术转移。通过加强CFIUS的审查权限，美国对华投资保护将为中美投资关系及双边关系发展增加障碍。

一是中国企业赴美投资困难加剧。美国国会通过立法改革堵住法律漏洞，其中，高科技行业首当其冲，过去一些中国公司通过与美国公司成立合资企业获得高新技术的授权许可，从而达到避开CFIUS审查的目的，但是FIRRMA将CFIUS审查范围从并购扩大到合资企业，要求外资所有权超过一定门槛的合资企业自动接受检查，并对某些可能会让中国获得敏感技术的交易加强审查。

二是CFIUS权限增大可能成为美国"对抗"中国的武器。特朗普政府在经贸问题上屡屡向中国发难，表面上看此为其解决中美经贸不平衡问题采取的保护措施，但同时也反映出更深层次上美国政府对中国经济崛起对其产生威胁的担心，这也是特朗普政府将中国列为"战略竞争对手"的重要原因。美国各部门和不少议员普遍对来自中国的投资持怀疑态度，此次CFIUS立法一旦通过，美更可名正言顺加大对中国投资的国家安全审查,"国家安全"成为"对抗"中国的有力武器。

三是在国际上起到不良示范作用,加剧逆全球化和保护主义风潮。随着中国企业对外投资步伐加快,在美国引导下,澳大利亚、英国、法国等国也加大了对中国投资的审查力度,"国家安全"成为保护本国利益的最佳"理由",甚至在道德上上升到爱国主义高度。国家安全审查的非公开性和不透明性,赋予审查机构绝对权力,模糊了经贸投资与政治安全的界限,增加了国际投资的不确定性,也成为新型保护主义的"得力助手"。

面对不断加剧的投资保护主义,中国企业和政府均须采取合理措施应对。企业对美投资涉及巨额经济利益,交易失败的"分手费"代价高昂,因此在投资前还须熟知美国安全审查制度的不利方面,提前制定应对方案,避免因投资失败遭受重大损失。当前,中美两国政府正就双边经贸问题展开博弈,中方一向强调愿与美方在相互尊重、平等互利基础上,通过对话协商妥善处理经贸摩擦,然而美方对中国诉求不仅限于解决贸易赤字问题,对中国的所谓"国家资本主义"、产业政策等国家主导经济发展的制度等"不公平竞争"的不满之情日益累积,对中国来说如何将美国拉回谈判桌前、如何与美方妥善沟通成为当务之急。在经济结构战略调整和转型升级的关键时期,中国还需要保持定力,继续推进国内各项改革,以应对外界干扰。

(执笔人:张玉环)

(四)特朗普宣布对朝实行"最严厉"制裁

2月23日,美国总统特朗普在保守主义者大会上发表演讲时宣布美国将对朝鲜实施"史上最大规模"制裁,随后又表示,"如果这一轮制裁仍没能达到预期的效果,将采取'第二阶段措施'",但并未具体说明措施内容。

当天，美国财政部宣布针对56个涉朝实体和个人实施制裁。名单具体涉及1名个人、27家实体公司以及28艘船舶，分布地或注册地或船旗国涵盖朝鲜、中国、新加坡、中国台湾、中国香港、马绍尔群岛、塔桑尼亚、巴拿马和科摩罗。根据相关规定，受到制裁的个人和实体在美国境内或由美国公民掌握的资产将被冻结，美国公民不得与其进行交易。美国财政部在声明中称，此次制裁旨在进一步切断朝鲜规避制裁的"非法渠道"，通过切断朝鲜核项目的资金源，加大对朝鲜施压，继续推行美国对朝"极限施压"的政策，促使朝鲜放弃核武和导弹项目。

此外，美国财政部海外资产控制办公室（OFAC）联合美国国务院和美国海岸警卫队发布全球航运公告（global shipping advisory），警告任何继续向朝鲜运输货物或者从朝鲜运出货物的相关者将受到制裁。OFAC在公告中提到，朝鲜运营了24艘油船，篡改和隐瞒其船舶的相关信息，伪造货物和船舶单证，破坏船舶AIS系统，并进行成品油和其他禁止运输货物的船对船转移。所谓船对船转移是指在海上而非在船舶靠泊港口后，将货物从一艘船转移到另一艘船，这掩盖了货物的起始地和目的地。根据总统行政命令第13819号（E.O.13819），OFAC制裁9家国际航运公司及其9艘船，这些公司和船只曾用来运输朝鲜煤炭或从事联合国禁止的成品油运输。除此之外，OFAC亦根据总统行政命令第13722号（E.O.13722）对中国台湾公民张永源（Tsang Yung Yuan）及其旗下经营的两家中国台湾船公司Pro-Gain Group Corporation及Taiwan and Marshall Islands – based Kingly Won International Co., Ltd. 进行制裁。

3月6日，美国国务院发言人诺尔特（Heather Nauert）发布声明称，美方已于2018年2月22日认定，朝鲜政府在2017年2月针对朝鲜最高领导人金正恩同父异母的长兄金正男的刺杀事件中，使用了化学制剂"VX神经毒剂"。有鉴于此，美方决定对朝鲜追加新的制裁；这项制裁措施已于3月5日生效。

事实上，特朗普此次行动并非突然之举。特朗普政府执政以来，坚持实施对朝"极限施压"策略，但迄今并未达到预期效果。今年以来，朝韩两国以冬奥会为契机恢复对话，谋求合作，半岛局势出现难得缓和，但美国依然表示将坚持对朝"极限施压"策略。2018年2月7日，美国副总统彭斯在访问日本时就表示，美国将对朝鲜实施迄今"最严厉的"经济制裁措施。23日，特朗普之女伊万卡率团抵韩出席平昌冬奥会闭幕式，在参加韩国总统文在寅的晚宴时也表示，自己此行除了出席闭幕式，也是为了重申美方致力于为"确保朝鲜半岛无核化"而将继续实行对朝"极限施压"并将开启新一轮对朝制裁。同天，美国向联合国安理会朝鲜制裁委员会提交请求，要求对违反安理会对朝制裁的33艘船只实施全球港口禁令，对27家协助朝鲜规避制裁的船运公司实施制裁。

对于特朗普此次制裁声明，不仅朝鲜当局发出严厉的斥责，其他各国也相继发出了不同声音。2月25日，朝鲜外务省发言人谴责美国宣布对朝鲜实施新一轮制裁，称美方此举意在在朝鲜半岛再次引发对抗和战争。朝方已经多次阐明，任何封锁都将被朝方视作战争行为。如果美国无视朝鲜为改善南北关系、维护半岛和平稳定所展现的诚意和付出的努力，而执意触犯、挑衅，那么朝鲜将以自己的应对方式惩治美国。2月24日，中国外交部发言人耿爽在答记者问时说道："中方坚决反对美方根据国内法对中方实体或个人实施单边制裁和'长臂管辖'。我们已就有关问题向美方提出严正交涉，要求美方立即停止有关错误做法，以免损害双方在相关领域的合作。"俄罗斯联邦委员会国际事务委员会主席科萨切夫3月7日表示，美国的新制裁是在朝鲜半岛形势明显回暖的时候蓄意实施的，意在破坏朝韩之间的和谈。

随着朝鲜导弹和核项目皆取得重大进展，朝核问题已成为特朗普政府当下最为紧迫的外在威胁。此次制裁举措也表明了特朗普政府试图通过施加金融压力让朝鲜放弃核武器的决心。但面对国际社会的质疑，此次制裁能否取得美国政府所预想的效果，仍待进一步观察。

（执笔人：向恬君仪）

三　中国经济外交新团队（三月报告）

2018年3月，随着全国"两会"的落幕和国务院机构改革方案的推出，中国经济外交出现新变化，经济外交执行部门将更符合中国外交总体布局，更具专业性的经济外交团队将推动中国经济外交继续发展。从具体事件来看，本月中国FTA谈判出现新进展，推动中国FTA网络进一步完善；中国原油期货在上海国际能源交易中心挂牌交易，这是中国能源外交的关键举措；国务委员兼外交部部长王毅出席大湄公河次区域经济合作（GMS）第六次领导人会议，传递中国支持次区域经济合作的方案和决心。此外，特朗普政府的贸易保护政策不断升级，为中美经贸关系带来重大挑战；日本牵头签署CPTPP，将对亚太区域贸易格局产生重要影响。

（一）中国经济外交团队的变化

3月20日，随着全国"两会"的落幕，新一届国家与政府领导班子正式诞生，尽管个别部委的人事任命及职责划分尚未最终定型，但新的中国经济外交团队已经渐显雏形。中国经济外交新团队依旧维持着"国家主席和国务院总理；副总理和国务委员；涉外经济部委；国务院直属机构；国有企业"从核心到边缘的五个层次制度结构，与此前团队相比，换届后的中国经济外交团队在涉外经济部委设置和相关机构的人事安排及职权划分上都发生了一定的变化。

首先,经济外交团队的上层领导变动较小。习近平与李克强分别连任国家主席和国务院总理,继续全面领导中国的经济外交事务。新一届领导班子王岐山为国家副主席,曾经主要负责对美经济外交事务。换届后主管经济事务的三位国务院副总理的分工已逐渐明晰,韩正主要负责国家发展与改革、财政等相关职责,分管国家发展和改革委员会(以下简称"发改委")与财政部;胡春华主要负责农业领域的涉外事务以及商务工作;刘鹤则分管金融、科技和国企等领域的工作,从3月初的访美行程来看,他将成为中国对美经济外交的"主力队员"之一。

其次,国务院下设的几个涉及经济外交的部委或直属机构及其职能发生变更。中国经济外交的五大主要执行部门中,除发改委外,其余四个部门(商务部、财政部、中国人民银行和外交部)在职责上并未发生变动。原属于发改委的应对气候变化职能转移至新组建的生态环境部(取代原来的环保部),可以预见未来生态环境部将在中国的环境外交中扮演重要角色,而发改委的涉外经济职能将主要集中于项目审批以及能源外交等。发改委之下还新设了粮食与物质储备局,今后该部门还可能更多地涉足粮食外交。

此次机构改革中,最为突出的涉外机构改革举措之一是组建国家国际发展合作署,原国家发改委主管投资管理工作的副主任王晓涛将出任首任署长。作为国务院直属机构,该机构整合了原属于商务部和外交部的对外援助职责,旨在拟订对外援助战略方针、规划、政策,统筹协调援外重大问题并提出建议,推进援外方式改革,编制对外援助方案和计划,确定对外援助项目并监督评估实施情况等。国家国际发展合作署将主要在决策层面统合对外援助事务,援外的具体执行工作仍由有关部门按分工承担。对外援助是经济外交的重要组成部分,国家国际发展合作署未来可能在"一带一路"建设中发挥举足轻重的作用。

除此之外,新成立的文化和旅游部是在原有的文化部与国家旅游局基础上组建而成，因而同时兼具文化部与旅游局的职能，将参与旅游业等涉外经济事务的决策与实施。科学技术部将涵盖国家外国专家局的职能，更多地介入科技外交。

最后，涉及经济外交事务的政府机构领导人的职务调动也是中国经济外交团队变化的表现之一。商务部的领导班子总体保持不变，仍由钟山任部长领导商务部的全面工作，傅自应任商务部国际贸易谈判代表（正部长级）兼副部长、党组副书记，俞建华、王受文任国际贸易谈判副代表，高燕、王受文、钱克明、王炳南四位副部长分管商务部各司，其职责基本都涉及对外经济事务。

财政部领导则经历了较大调整，换届后由刘昆担任部长，由原副部长史耀斌负责的财政部所有涉外事务今后分由两位副部长朱光耀与胡静林接管。朱光耀分管其中的大部分机构，包括关税司、国际经济关系司、国际财金合作司、国际财经中心等，专项负责中美全面经济对话、二十国集团峰会财金渠道筹备机制有关工作，而胡静林则负责金融司。由于拥有丰富的国际经济背景及中美财金对话经验，朱光耀继续作为财政部参与中国经济外交的主要领导人之一。

中国人民银行（以下简称"央行"）的人事也发生较大调整，原央行副行长、国家外汇管理局局长易纲接任周小川成为新一任行长，由已经担任新成立的中国银行保险监督管理委员会首任主席、党委书记的郭树清出任央行党委书记、副行长。易纲在央行深耕多年，亲历了中国金融改革的几大重要事件；郭树清在金融领域拥有丰富的履历，二位的组合将被寄以推进国内金融改革及国际金融货币外交的厚望。除上述三个部门外，其他参与经济外交的机构（如外交部、发改委等）基本维持原来的人事安排，也未对机构领导分工进行大调整。

总体而言，新一届经济外交团队的专业性更突出，在某一具体领域（尤其是国际金融、中美关系）颇有建树的专家与官员在新团队中的比例与角色日益突出。此外，调整后的经济外交团队更贴合中国当前的总体外交布局，如国家国际发展合作署成立的初衷之一是服务"一带一路"建设，由于对外援助是大国外交的重要手段，该机构的成立也说明中国对自身大国身份的认知更为明确，日益重视对外援助的效率与政治意义。

（执笔人：罗仪馥）

（二）中国FTA谈判力争新突破

3月全球自由贸易协定（FTA）谈判再掀热潮，各国通过构建FTA网络力图在当前贸易保护主义愈演愈烈之际寻找出路。除备受关注的TPP 11国正式签署"全面且进步的跨太平洋伙伴关系协定"（CPTPP）以外，北美自贸协定重谈仍在进行当中，加拿大与南美国家启动加拿大—南方共同市场FTA谈判。中国也积极推进自贸区战略，3月中国FTA谈判在亚太地区出现诸多进展，在欧洲地区也有新动向。

首先，在区域层面，第一，3月3日，"区域全面经济伙伴关系协定"（RCEP）部长级会议在新加坡举行，此次会议讨论了关于货物、服务、投资和规则等领域的核心问题，取得了一定进展。如今"跨太平洋伙伴关系协定"（TPP）的后继者签署了CPTPP，而RCEP的谈判仍未结束。RCEP各成员国多次声明希望早日结束谈判，中国在3月5日十三届全国人大一次会议的政府工作报告中还对此进行了强调，RCEP成员国的决心可昭，这份决心能在多大程度上转化成足够的执行力和行动力仍有待观察。

第二，3月23日，中日韩自贸区第十三轮谈判首席谈判代表会议在韩国首尔举行，会议再次肯定了中日韩自贸区对三国乃至东亚地区经济合作的重要性，并在服务贸易、电信、金融服务等具体议题上召开了工作组会议，取得了实质性进展。中日韩自贸区谈判于2012年11月启动，受中日韩政治外交关系变化，谈判过程一波三折。未来中日韩如何克服外交不稳定性，尽早达成一份全面、高水平、互惠的自贸协定，这值得高度关注。

第三，3月7—9日，《亚太贸易协定》第52次常委会和服务贸易、投资、贸易便利化、原产地等相关工作组会议在泰国曼谷举行，这是中国参加的第一个优惠贸易安排。此次会议一大亮点是各成员国原则上同意于2018年7月1日实施第四轮关税减让谈判成果文件，并着手商议第五轮关税减让谈判等相关事宜。《亚太贸易协定》包含中国、印度、韩国、斯里兰卡、孟加拉国和老挝六个成员国，横跨东亚和南亚，与中国当前推行的"一带一路"倡议在地理上有明显的重叠。《亚太贸易协定》在关税减让、贸易投资便利化等方面取得的进展，既有利于中国"一带一路"倡议的深入推进，也有利于中国进一步改善与周边国家的外交关系并营造良好的周边环境。

其次，在双边层面，中国与亚太经济体尤其是周边经济体的FTA谈判取得进展。第一，中国和东盟在北京举行了第11届自贸区联合委员会，评估并讨论中国—东盟FTA升级协定实施以来的情况和问题，具体针对原产地规则、经济技术合作等议题召开了工作组会议。东盟是中国第三大贸易伙伴，中国—东盟自贸区是我国商谈的首个也是最大的自贸区，中国和东盟在自贸区框架下推进双边合作对中国具有重要的经济和战略意义。

第二，中国与韩国开启了双边FTA第二阶段谈判，首轮谈判于3月22日在首尔举行。中韩FTA于2015年12月20日正式生效，两年后双方签署了关于启动FTA第二阶段谈判的谅解备忘录。从中韩既有FTA双边实践上看，FTA对两国的贸易投资产生了积极作用，通过四次削减关税，双方零关税产品覆盖了双边贸易额的50%，双边贸易额得到显著提升，2017年中韩贸易额达2802.6亿元，同比增长10.9%。在双方对FTA第一阶段实施情况感到满意的基础上，中韩开始FTA第二阶段谈判，主要针对服务和投资领域的市场准入。可以说，这也是对中国适应更高标准经贸规则的一次历练。

第三，中国与中美洲国家巴拿马开展FTA联合可行性研究并取得积极成果，目前联合可研工作已顺利完成。巴拿马是中国在中美洲最大贸易伙伴，中国是巴拿马第二大贸易伙伴，也是巴拿马运河第二大用户。中巴FTA将为双边经贸关系发展提供重要的制度性保障，也对两国关系稳步发展有重要意义。此外，中巴FTA还能深化中国与中美洲国家之间的联系，将更多国家纳入中国的战略合作伙伴关系网络当中。

第四，除亚太地区外，中国与欧洲国家的FTA谈判也取得一定进展。关于中国—摩尔多瓦FTA谈判，首轮谈判双方已对中方建议文本进行了逐条磋商，并就后续工作路线图和具体任务达成共识，为未来谈判工作的顺利开展打下基础；关于中国—瑞士FTA升级谈判，在3月27日举行的FTA升级联合研究第二次会议上，中瑞双方主要对可能纳入升级的领域、下一步工作安排等前期准备问题进行了深入磋商。中国通过布局欧洲地区FTA网络为进一步完善FTA网络奠定基础。

总体而言，国家间以FTA为形式的制度竞争在亚太地区实际上仍是硝烟未散，从中国3月份的FTA谈判表现上看，中国身在这场战略博弈之中，并正在为博弈升级一步步做好准备。

（执笔人：孙忆）

（三）上海原油期货市场意在定价权

3月26日，历经多年精心筹备的中国原油期货在上海国际能源交易中心（INE）挂牌交易。截至目前，上海国际能源交易中心已批准境内期货公司会员149家,境内非期货公司会员7家,备案确认境外中介机构近20家。上线当天,原油期货所有合约品种共计成交4.23万手、成交183.47亿元。上线一周,其总交易量高达27万手,总成交额高达1159.23亿元人民币,展现出了良好的稳定性与流动性。随着活跃度与流动性的提升,预计上海国际能源交易中心原油期货(简称INE原油期货)将吸引更多境外机构参与其中。

早在20世纪90年代初,中国就已经试水原油期货交易。1992年南京石油交易所推出了原油期货交易,1993年上海石油交易所上线了原油期货交易,此后中国原油期货交易规模成倍增长,上海原油期货日均交易量不仅傲视亚洲,甚至紧追纽约商品交易所(NYMEX)和伦敦洲际交易所(ICE),成为全球第三大原油期货交易平台。可以说当时中国原油期货交易紧跟英美的步伐,一度扮演着亚洲石油期货交易旗手的角色。然而仅仅一年之后,中国原油期货的"首航"就因国务院发文实施"原油与成品油的政府统一定价"而中止,由此中国原油期货进入了持续数十年的"低潮期",在此期间中国失去了影响和塑造国际石油市场的重要平台,其对亚洲原油期货市场的影响也迅速被日本和新加坡所替代。

21世纪以来,中国再推原油期货交易的必要性不断凸显。一方面,中国国内原油产量接近"哈伯特顶点",日均产量稳定在了400万桶,大庆油田、长庆油田等主要原油产区逐渐迈过"成熟期",开采成本持续提高而产油能力不断下降。另一方面,中国快速推进的工业化进程不断冲高原油需求量,2017年日需求量突破1200万桶,由此形成了庞大的原油供需赤字,不得不依托国际原油贸易填补赤字。然而在以期货交易为主要形式的国际原油贸易中,中国面临着两大棘手问题:一方面,中国石油公司采购原油不得不参看其他国家交易所的牌价并在这些交易所中竞拍合约,由此得到的原油合约和交割价格根本无法体现中国国内对原油的市场供需,中国原油贸易长期被国际原油期货交易所"牵着鼻子走"。另一方面，中国石油公司在合约竞拍与费用支付的过程中始终绕不开"以美元标价、以美元结算"，这不仅提高了中国石油公司采购原油的交易成本，还为中国石油贸易带来了额外的汇率风险。

为了缓解直至彻底解决上述问题，重启中国原油期货被提上了日程。2004年上海期货交易所推出了燃料油期货交易，为重建原油期货市场提供了绝佳的"试验田"。2012年起，国务院与各部委接连出台支持中国原油期货发展的配套措施，由此中国原油期货重新上线进入了快车道。当年12月国务院修改了《期货交易管理条例》，为境外投资者参与中国原油期货交易预留了充分的空间。2013年上海国际能源交易中心注册成立。2014年证监会批复了"原油期货上市请示"。2015年财政部、国家税务总局、证监会、中国人民银行、国家外汇管理局、海关总署等接连发布各类通知、管理办法和公告，为中国重启原油期货交易提供了有力的配套政策支撑。2017年5月，上海国际能源交易中心章程和原油期货合约规则对外发布，至此中国重启原油期货交易已"箭在弦上"。在历经六次系统性演练之后，2018年3月中国原油期货上海国际能源交易中心重新挂牌交易。

INE原油期货从筹备到上线一直备受关注，其三个特点尤为显眼。首先，INE原油期货遵循"国际平台、人民币计价、竞价交易、保税交割"的原则，其中"人民币计价"意义重大。有别于NYMEX、ICE和迪拜商品交易所（DME）所采用的美元计价和结算方式，INE原油期货完全以人民币作为计价和交易货币，但同时接受美元等外汇资金作为保证金。这一举措的影响在于：第一，原油期货的"人民币计价"第一次建立起了人民币、黄金与石油的直接兑换渠道，巩固了上述三者的"铁三角"关系，由此为石油与黄金的直接兑换提供了便利，进而提升了上海原油期货的吸引力。第二，这将有助于降低中国石油企业在国际贸易中的汇率波动风险，减少每年约2亿美元的汇兑成本。第三，这一举措首次建立了石油人民币机制，有助于推动人民币形成从流出到重新流入的完整闭环，并尝试对石油美元机制有所突破。

其次，INE原油期货以API度为32、含硫量为1.5%的"中质含硫原油"为合约标的。INE原油期货所交易的阿联酋迪拜原油、上扎库姆原油、阿曼原油、卡塔尔海洋油、也门马西拉原油、伊拉克巴士拉轻油以及中国胜利原油7个品种中除了上扎库姆原油为轻质原油外，其余6个品种均为中质原油。这不仅因为中质原油被中国所广泛使用（约占中国原油消费量的44%），而且国际原油市场并没有权威的中质含硫原油价格基准，最有影响力的NYMEX西得克萨斯中质原油期货（WTI）和ICE北海布伦特轻质原油期货（Brent）都是以轻质低硫原油为合约标的，而INE原油期货恰好可以填补全球原油期货市场缺乏中质原油权威价格基准的空白。

最后，INE原油期货意在打造能够反映中国和本地区原油真实供需关系的"亚洲原油期货基准价格"。相比于美洲主要参考WTI、欧洲和非洲主要参考Brent进行交割，当前亚洲缺乏权威性的原油期货定价基准，亚洲原油交易更多参考DME的阿曼原油期货（OMAN）价格进行交易。日本、新加坡和印度先后推出了各自的原油期货，力求替代不能真实反映本国和亚洲石油供需关系的WTI、Brent以及OMAN原油期货，然而上述国家大力发展原油期货的努力并未取得预期成效，甚至有的还以失败告终。INE原油期货上线后，亚洲原油期货交易所的版图出现了明显的变化，INE原油期货在交易规模上异军突起，迅速成为亚洲最具影响力和投资价值的原油期货。因此，预计INE原油期货将会逐渐替代OMAN原油期货成为中国原油贸易的主要交易参考和渠道，并且逐渐弥补亚洲原油定价的短板，在未来有可能提供一个被普遍接受的"亚洲原油期货基准价格"。

（执笔人：宋亦明）

（四）特朗普政府贸易保护政策不断升级

3月，特朗普政府加大贸易保护力度，上台以来执行的各项贸易救济调查进入政策实施阶段，国际贸易体系陷入震荡局面。执政一年以来，从对外贸易政策看，特朗普政府并未脱离"竞选逻辑"，一直在"美国优先"理念支持下，为持续推动美国经济增长和就业增加实施内外经济政策，对内减税、放松监管，对外则坚持贸易保护主义行径，为其中期选举及连任做准备。

2月底，美国贸易代表办公室（USTR）发布最新版《总统贸易政策议程》，该报告延续了上年的贸易政策基调，指出特朗普政府对外贸易政策议程包括五大支柱：一是捍卫美国国家安全；二是巩固美国经济发展；三是推动更好的贸易谈判；四是强化贸易执法；五是改革多边贸易体制。特朗普政府的贸易保护举动忠实地履行了贸易政策各项议程，"多轨"贸易政策齐头并进。

在单边层面，特朗普政府贸易执法成果彰显。3月8日，特朗普总统签署公告表示，根据"232"调查结果美国将分别对进口钢铁和铝产品征收25%和10%的关税，并于3月23日起实施。3月22日，特朗普签署总统备忘录，依据USTR发布的对华知识产权"301"调查结果，将对从中国进口的商品大规模征收关税，涉及征税的中国商品规模可达500亿美元，并限制中国企业对美投资并购。根据总统备忘录，USTR将在15天内制定对中国商品征收关税的具体方案，同时，美国财政部将在60天内出台方案，限制中国企业投资并购美国企业。

在双边及多边层面，美国继续推进贸易协定重谈。特朗普政府致力于用双边自贸协定取代多边协定，并将重谈NAFTA和美韩FTA置于FTA政策的优先位置。3月6日，NAFTA完成第七轮重谈，美加墨三方表示已解决了谈判中非常棘手的汽车行业问题中的一个障碍，这为完成最终谈判减少一定阻力，但是三国均面临国内选举，且美国总统 TPA 授权即将到期，NAFTA 重谈时间窗口越发紧张。3 月 26 日，美韩公布 FTA 重修结果，韩国对美国加大开放汽车市场，作为回报，美国同意永久豁免韩国 25% 钢铁进口关税。

在全球层面，特朗普政府寻求利用 WTO 机制推动"公平贸易"。特朗普政府多次批评 WTO，表示不会遵守 WTO 作出的不利于美国的裁决，但这并不意味美国将放弃在多边贸易组织中的领导地位，正如在《2018 年总统贸易政策议程》中所宣称的，美国要改革多边贸易体制。美国也并未放弃在 WTO 的诉讼权利，3 月 14 日，美国表示已经向 WTO 争端解决机制起诉，指控印度政府对本国出口商品提供补贴，3 月 22 日，特朗普签署对华知识产权"301"调查总统备忘录时，美国贸易代表办公室还表示将就中国歧视性技术许可行为等所谓侵犯美知识产权问题向 WTO 提起申诉。

随着特朗普政府贸易保护政策不断升级，中美经贸摩擦也愈演愈烈。特朗普政府除发动对钢铁和铝产品的征税计划会对中国造成一定损失外，知识产权"301"调查及对价值 500 亿美元的中国进口商品征收关税会给中国带来更大范围的冲击。因此，中国也开展了多层次、多渠道的经济外交行动，最大限度地维护本国利益，捍卫自由开放的国际贸易体系。

一方面，中国积极同美方沟通交流，以对话合作形式管控双边贸易摩擦。2 月 27 日至 3 月 3 日，时任中共中央政治局委员、中央财经领导小组办公室主任的刘鹤访问美国，会见了美国财政部部长姆努钦、贸易代表莱特希泽、白宫国家经济委员会主任科恩等经贸团队官员，就中美经贸合作及其他重要问题举行磋商。此次刘鹤访问，有利于中国了解美方形势及经贸意图，为高层决策提供必不可少的信息支持，还可以释放中方寻求健康稳定的中美经贸关系的信号，争取国际社会支持和理解。

另一方面，中国也采取贸易反制措施，回应特朗普政府的贸易保护政策。3月23日，中国商务部发布了针对美国进口钢铁和铝产品"232"措施的中止减让产品清单并征求公众意见，该清单暂定包含7类、128个税项产品，涉及美对华约30亿美元出口。3月24日，刘鹤应约与美国财政部长姆努钦通话，姆努钦向中方通报了美方公布"301"调查报告最新情况，刘鹤表示，美方近日公布"301"调查报告，违背国际贸易规则，不利于中方利益，不利于美方利益，不利于全球利益。中方已经做好准备，有实力捍卫国家利益，希望双方保持理性，共同努力，维护中美经贸关系总体稳定的大局。

美国对中国的主要贸易诉求既包括减少贸易赤字还包括对中国发展模式的质疑。3月初，刘鹤出访美国时，美国官员向中方提出将美中贸易逆差减少1000亿美元的要求，随后又采取一系列贸易保护行动将中美经贸关系置于"险境"，其知识产权"301"调查目标也指向中国高新技术产业，对中国高端制造业发展构成挑战，另外，美国认为中国"偏离"市场经济轨道，在2017年11月特朗普访华时，美国贸易代表莱特希泽就释放出信息：白宫寻求根本性的改变，中国提出的折中办法不管用。

从当前来看，中美经贸谈判将面临不少阻碍，中国还需要适时采取反制措施赢得谈判筹码。中国商务部发布的针对美国进口钢铁和铝产品"232"措施约30亿美元的中止减让产品清单，涉及不少自美进口的农产品，将对美国内形成一定冲击。除此之外，飞机、服务贸易等也可以加入中国进行贸易反制的"工具箱"。除准备反制措施外，中国还需理性同美扩大合作空间，尤其是能源领域，加大从美进口石油和天然气对减少贸易失衡规模将大有裨益。无论中美经贸争端走向如何，对中国来说，最根本的仍是坚持国内改革发展和对外开放，进行经济结构战略调整和转型升级，以自身发展应对外界干扰。

（执笔人：张玉环）

（五）CPTPP影响亚太贸易格局

3月8日，日本、新加坡、加拿大等11国代表在智利首都圣地亚哥签署了"全面且进步的跨太平洋伙伴关系协定"（CPTPP），继续推动亚太地区贸易自由化进程。与此同时，TPP的前领导国——美国出台"钢铝关税"，于15天后对进口钢铁和铝产品分别征收25%和10%的关税。特朗普政府上任伊始即宣布美国退出TPP，在日本主导下，TPP 11国终于达成协定。

从总体来看，CPTPP规模"缩水"，标准有所降低。相比TPP，CPTPP成员国经济规模大幅萎缩，经济总量占全球从40%降至13%，人口占比从11.3%降至6.9%，贸易额也由25.7%下降至14.9%。CPTPP保留了TPP超过95%的内容，其中，有关数据流通、国企的条款都是首次写进国际贸易协议。不过，CPTPP搁置了TPP中20项争议条款，其中11项涉及知识产权，包括专利、专利期限调整等，最受争议的"投资者—东道国纠纷解决机制"也被剔除出去。CPTPP在世界贸易格局中的地位和影响力有所下降，不过，作为亚太地区的多边贸易协定，CPTPP代表了实现亚太自贸区建设目标的一种重要路径，仍可以促进亚太地区商品和服务贸易自由化以及投资活动便利化，对推进亚太地区经济一体化发挥一定影响。具体来看，有以下影响。

第一，加大日本争取亚太贸易规则主导权的筹码。毋庸置疑，CPTPP达成协定和正式签署离不开日本的积极斡旋。美国国际与战略研究中心顾问马修·古德曼在《美国和日本最终驱散贸易阴影》一文中指出，TPP将强调美国和日本作为亚太地区规则制定者这一角色。而随着特朗普的上台，美国包括退出TPP在内的"国际撤退"行为，一定程度上给亚太贸易规则制定的竞争留下了空间。尽管与原TPP相比，最新版本的CPTPP

的准入门槛有所降低,但 CPTPP 仍然代表当下亚太地区多边贸易协定的最高标准。在日本的力推下,CPTPP 首开先河,把国有企业、政府采购及数据流通等写进国际贸易协定,显示了日本以推进 CPTPP 为契机主动争取高标准贸易规则的主导权,希望更符合自身利益的贸易规则变成亚太地区乃至国际规则,推动亚太经济一体化向着于己有利的方向发展。

第二,继续为成员国乃至亚太地区的国家释放红利。CPTPP 的成员国大部分是高度依赖贸易的国家,更大范围的自贸协定能提高成员国之间的相互贸易量,扩大出口,促进成员国的增长繁荣,提高人民收入水平。据 RSIS 的数据,CPTPP 的成员国通过商品和服务贸易自由化获得的净收益约占其 GDP 的 0.3%;其中,马来西亚将获益最多(占本国 GDP 的 2%),其次是越南和文莱(各占本国 GDP 的 1.5%),新西兰和新加坡(各占本国 GDP 的 1%)。墨西哥和智利也将获得约占本国 GDP 的 0.4% 的纯收益。随着 CPTPP 的成员扩容,贸易创造效应则会更加明显。CPTPP 还将增加 210 亿美元的全球红利。

另外,高水平的贸易规则对于成员国国内改革起到倒逼作用。提升监管透明度是提高发展中国家国际贸易能力的重要途径,监管一致性章节对于各国的监管系统提出了更高的要求,成员国在这一方面的承诺能增加像越南、马来西亚这样的发展中国家进行国内监管机制改革的动力。CPTPP 还可以推动发达经济体——日本的国内改革,"安倍经济学"第三支箭——结构性改革难以推进,这也是日本大力推动 CPTPP 的重要原因,借 CPTPP 之机对农协会实行有针对性的改革,以此作为推动整体经济改革的突破口。

第三,给 RCEP 的未来蒙上阴影。由于 TPP 和 RCEP 都以建设亚太自贸区为目标,但两个机制的主导国家不同,建设标准也不一致,致使 TPP 和 RCEP 自诞生便存在竞争关系。随着美国退出 TPP,亚太国家对 RCEP 的关注有所增加。然而 RCEP 本身以 5 个内容差异较大的 "10 + 1" 自贸协定为基础,又缺少核心大国主导议程,东盟为实现通过 RCEP 维护其地区合作中心地位的目的,早期的谈判过程实质上是"以质量换进程"。

CPTPP给RCEP带来的竞争压力使问题逐渐暴露:RCEP在短期内容易获得成员国的共识,但从长期来看,实现谈判进程的延续不仅需要基本框架的维持,未来亚太贸易规则制定的能力问题才是RCEP需要面临的真正挑战。CPTPP已经在亚太贸易标准制定上抢占了先机,一旦印度尼西亚、泰国等观望国逐渐加入CPTPP,其高贸易标准得到进一步推广,RCEP谈判将更加步履维艰。

由于美国的缺失,CPTPP并未完全继承TPP构想下的地缘政治意图,其主要推手日本将关注点放在亚太贸易规则的制定权,而其他成员国更加侧重CPTPP带来的经济利益。值得关注的是特朗普在2018年1月的达沃斯论坛上一改论调,表示如果能达成一份更好的TPP协定,美国会考虑重返TPP。不管美国在未来如何选择,在"反全球化"的言论不绝于耳的时代,CPTPP必将为贸易自由化的支持者提供一支强心剂。

(执笔人:艾雪颖)

◇◇ 四 美国强力制裁中兴(四月报告)

4月,中国经济外交仍以中美经贸博弈为焦点,两国"关税战"逐渐升级,美国商务部对中兴实施出口禁令又将中美经贸冲突推向新高潮,中美还需通过对话磋商重建互信、管控分歧。博鳌亚洲论坛顺利召开,习近平主席在主旨演讲中宣布了中国在扩大开放方面的一系列新重大举措,预示中国改革开放的坚定决心,这成为本月中国经济外交的重要亮点。此外,中日时隔八年重启经济高层对话,在中日和平友好条约缔结40周年之际,中日关系迎来全面改善和稳定发展的新机遇。

（一）美国强力制裁中兴

4月16日，美国商务部以中兴通讯违反向伊朗出售美国制造的科技产品的出口限制条款为由，禁止美国公司向中兴销售零部件、商品、软件和技术，为期为7年。根据制裁禁令的要求，本次制裁不只是中兴通讯、中兴康讯被禁止从美国进口，与他们有关的所有代理公司、关联公司都受到管制。

事实上，美国商务部和联邦调查局在2012年起就针对中兴未经授权、将一批搭载了美国科技公司软硬件的产品出售给伊朗最大的电信运营商伊朗电信（TCI），从而违反美国对伊朗的贸易制裁规定而展开调查。2016年3月，美国商务部官方网站披露了其调查员获取的中兴通讯内部文件，表明中兴通讯当时在伊朗、苏丹、朝鲜、叙利亚、古巴五大禁运国都有在执行的项目，且项目都在一定程度上依赖美国供应链，并以涉嫌违反美国对伊朗的出口管制政策为由对中兴通讯施行出口限制。2017年3月，中兴通讯承认违反制裁规定向伊朗出售美国商品和技术，并与美国财政部、商务部和司法部达成和解协议。根据协议，中兴支付8.9亿美元的罚款和罚金，如果违反和解条款，后续还会被追加3亿美元的罚款。这是美国司法部针对出口控制或制裁案中，刑事罚金最高的案件，也是有史以来美国财政部海外资产控制办公室（OFAC）对非金融机构开出的最大罚单。另外，根据协议的部分内容，中兴承诺解雇4名资深员工，另有35人接受取消奖金或被谴责的纪律处分。而此次美国作出对中兴全面禁售的决定，理由是应受处罚的39人中，4名高管的确辞职了，但未处罚或减少35名员工的奖金。

诚然，美国商务部此番对中兴实施全面禁售，而非继续执行和解协议中规定的3亿美元暂缓罚金的全部或部分，似乎惩罚力度过重，带有贸易战的色彩。但是同时，此次制裁也暴露了中兴内部合规问题以及中国发展高科技产业的短板。

一方面，随着经济全球化迅速发展，传统跨国公司成长为全球型公司，企业竞争方式发生了重大变化，从过去单个企业间的竞争上升到全球价值链的竞争。随着各国政府不断加强监管，越来越多的企业强化合规管理，合规竞争成为全球化企业新的竞争内容。而中兴通讯在已经与美国达成协议的情况下，4位高层都已辞职，却因35名员工的奖金和处罚问题而让中兴陷入近乎灭顶之灾，合规部门却并没能及时提出明确警告，面对程序性市场却缺乏程序性思维，导致公司最终再次受罚，这严重暴露了企业管控合规风险的能力滞后以及企业合规管理体系的重大缺陷。

另一方面，对于美国的制裁，中兴基本上没有实力反击，因为中兴的核心产品需要掌握在美国手中，其所需要的组件无法完全找到美国业务之外的替代品。据悉，中兴通信的主营业务有基站、光通信及手机。其中，基站中部分射频器件、光模块厂商、手机内的结构件模组等均可基本满足自给需求。唯有芯片，在三大应用领域均在一定程度上自给率不足。而芯片也被称为技术产业的核心材料，我们现在使用的手机、计算机、路由器和服务器必须使用它。中美贸易摩擦的背景下，美国对中兴下重手，也正是看到了中国半导体行业在芯片领域的薄弱之处。此次美国对中兴施加出口禁令，美国零部件制造商和软件公司将无法与中兴做生意，这将最终导致关闭中兴的大部分供应链，会影响通信设备和手机等业务的正常生产与销售，同时对当前中国的运营商网络建设带来一定影响，并有可能影响未来5G网络的推进。

制裁发生后，中国商务部对此第一时间作出回应，称将密切关注事态进展，随时准备采取必要措施，维护中国企业的合法权益。4月19日，商务部新闻发言人高峰在回答记者提问时再次强调，美方行径引起了市场对美国贸易和投资环境的普遍担忧，美方的行为表面针对中国，但最终伤害的是美国自身，不仅会使其丧失数以万计的就业机会，还会影响成百上千的美国关联企业，动摇国际社会对美国投资和营商环境稳定的信心。

（执笔人：向恬君仪）

（二）中美经贸摩擦继续发酵

4月，特朗普政府继续加大对华贸易保护力度，中国积极利用多双边机制回应美国的贸易保护政策，中美贸易摩擦呈现深度发酵态势。

一方面，中美"关税战"持续升温。继上月特朗普政府对进口钢铁和铝产品征收惩罚性关税后，中国发布贸易报复措施，中美关税博弈波澜再起。4月2日，中国商务部针对特朗普政府的钢铝关税措施，决定对自美进口的7类128项产品加征关税，其中对水果及制品等120项进口商品加征关税税率为15%，对猪肉及制品等8项进口商品加征关税税率为25%，共涉及美国对华约30亿美元的出口。次日，美国公布针对500亿美元中国进口商品征收关税的清单，其中包括大飞机、电动汽车和工业机器人等高附加值产品。4日，中国商务部决定对原产于美国的大豆等农产品、汽车、化工品、飞机等进口商品对等采取加征25%关税措施，涉及2017年中国自美国进口金额约500亿美元，实施日期将视美国政府对我商品加征关税实施情况，由国务院关税税则委员会另行公布。5日，特朗普称考虑对另外1000亿美元进口自中国的商品征收关税，中国也表示将予以坚决回击。

特朗普政府不断推动贸易保护措施加码升级，使得外界对于中美爆发"贸易战"的担忧迅速增加，美国国内反对声音尤为响亮，5日，逾100个美国贸易组织联名反对特朗普对华关税计划，其中既有像全美零售商联合会、美国安全产业协会这样对美国政府有重要影响的贸易组织，也有规模较小的地方组织。该商业联盟希望特朗普政府放弃对中国商品加征关税的计划，敦促美国牵头组建一个反对中国贸易行为的国际联盟，制定明确的目标和最后期限，并立即与中国展开谈判。波音公司也表示，将与美国和中国政府展开对话，希望阻止中美贸易争端对全球航空业造成损害。

另一方面，中美"技术战"逐渐突出。特朗普政府除使用关税工具外，还将矛头指向高科技领域。特朗普政府的500亿美元征税清单包含了中国正在大力发展的高端制造业产品，对《中国制造2025》计划的打压不言自明。除此之外，4月16日美国还以中兴违反美国限制向伊朗出售美国技术的制裁条款为由，禁止美国企业向中国中兴通讯销售任何商品、软件和科技产品，时间长达7年，禁令立即生效。次日，美国联邦通信委员会（FCC）通过一项规定，将禁止电信公司利用联邦补助购买中国制造商生产的电信设备，华为等电信设备供应商将受到冲击。此外，美国继续在知识产权领域向中国施压，27日美国贸易代表办公室发布有关知识产权的《2018年特别301报告》，中国再次位列"优先观察名单"之首，美国指责中国在保护知识产权方面不仅长期存在的问题没有解决，目前还有新的问题需给予关注，包括强制技术转让、知识产权执法及包括窃取商业秘密、网络盗版猖獗和盗版伪造的大范围侵权活动。特朗普政府以维护国家安全为由限制中美企业贸易往来，并在知识产权问题上继续对华施压，实际上是利用行政命令打压快速发展的中国高新技术产业、限制中国的自主创新政策，以维护美国在高科技领域的优势地位。

此外，中美开始利用多边机制进行交涉。2018年年初，中美经贸摩擦围绕美国实施钢铝关税、对中国知识产权进行"301"调查、对中兴实施出口禁令等问题展开，双方均开始启用世贸组织争端解决机制解决以上问题。上月，美国在世贸组织争端解决机制项下向中方提出磋商请求，指称中国政府有关技术许可条件的措施不符合《与贸易有关的知识产权协定》的有关规定；4月4日，中国就美国对华"301"调查项下征税建议在世贸组织争端解决机制下提起磋商请求，正式启动世贸组织争端解决程序；5日，中国就美国进口钢铁和铝产品"232"措施，在世贸组织争端解决机制项下向美方提出磋商请求。中美贸易摩擦"战火"燃向多边机制，面对特朗普政府的贸易保护主义和单边主义，中国还需充分利用WTO争端解决机制维护自身合法权益。

随着中美贸易冲突不断升级，特朗普政府对华贸易政策特点也日益突出，为"立竿见影"解决对华贸易赤字而提出500亿美元以及1000亿美元征税要求，凸显出特朗普对华贸易政策的急功近利性，其经贸团队官员例如财长姆努钦、新任国家经济委员会主任库德洛在接受采访时又表示不希望中美发生贸易战、意图是同中国继续磋商，试图缓和市场对贸易战的担忧情绪，而姆努钦也将率队来华谈判，这侧面反映出特朗普政府对外贸易政策的交易性特点，即提高要价获得更高筹码，同时寻求谈判并试图在谈判中占据优势地位。此外，特朗普政府对中国的诉求也更为明晰，从解决贸易赤字到抑制中国产业升级的意图逐渐显现，而核心问题是特朗普政府认为中国政府主导经济活动的模式以及对高科技产业的扶植威胁到美国的自由经济模式及技术领先地位。中美贸易冲突升级背后是两国意识形态之争，解决这一问题还需两国通过磋商谈判增进了解、重建互信，通过管控分歧促进中美经贸关系以及中美关系健康平稳发展。

（执笔人：张玉环）

（三）博鳌亚洲论坛2018年年会召开

4月8—11日，博鳌亚洲论坛2018年年会在中国海南省博鳌镇召开。此次论坛年会的主题为"开放创新的亚洲 繁荣发展的世界"，年会设置了"全球化与一带一路""开放的亚洲""创新""改革再出发"四个板块，共举行60余场正式讨论，超过2000名国家和地区领导人、国际组织负责人以及政界、工商界人士、专家学者等出席此次论坛年会。

10日上午，国家主席习近平出席论坛年会开幕式并发表题为"开放共创繁荣 创新引领未来"的主旨演讲，强调各国要顺应时代潮流，坚持开放共赢，勇于变革创新，同心协力构建人类命运共同体，共创和平、安宁、繁荣、开放、美丽的亚洲和世界。同时，习近平主席肯定了对外开放对中国经济发展的积极作用，并宣布了中国在扩大开放方面的一系列新重大举措，包括大幅度放宽市场准入、创造更有吸引力的投资环境、加强知识产权保护、主动扩大进口等四个方面。在中国改革开放40周年之际、贯彻落实习近平新时代中国特色社会主义思想和党的十九大精神的开局之年，习近平主席此番讲话表达了中国推进对外开放的坚定决心，预示着中国对外开放的全新局面。

此外，习近平主席于4月11日会见了博鳌亚洲论坛现任和候任理事，强调中国将继续坚定不移走和平发展道路，推进大国协调和合作，同周边国家发展睦邻友好关系，把自己前途命运同世界人民前途命运紧密联系在一起，继续推动"一带一路"建设，表达了中国与博鳌亚洲论坛相互支持、共同发展、促进繁荣的美好希冀。同日，习近平主席与参会的中外企业家代表座谈，承诺中国将为国内外企业家投资创业营造更加宽松有序的环境，表明中国正在推动制定东亚经济共同体蓝图，共同推进亚太自由贸易区建设。

出席此次论坛年会的中方代表有中共中央总书记、国家主席习近平，中共中央政治局委员、中央书记处书记、中央办公厅主任丁薛祥，中共中央政治局委员、国务院副总理刘鹤，中共中央政治局委员杨洁篪，中共中央政治局委员、中央书记处书记、中宣部部长黄坤明，国务委员兼外交部部长王毅，全国政协副主席何立峰，中国人民银行行长易纲，中国财政部部长刘昆，中国农业农村部部长、中央农村工作领导小组副组长兼办公室主任韩长赋，中国国务院国资委主任肖亚庆等；外国领导人和国际组织负责人有奥地利总统亚历山大·范德贝伦、菲律宾总统罗德里戈·杜特尔特、蒙古国总理乌赫那·呼日勒苏赫、荷兰首相马克·吕特、巴基斯坦总理沙希德·哈坎·阿巴西、新加坡总理李显龙、联合国秘书长安东尼奥·古特雷斯、国际货币基金组织总裁克里斯蒂娜·拉加德、吉尔吉斯斯坦前总统阿坦巴耶夫、巴基斯坦前总理阿齐兹、法国前总理拉法兰、新西兰前总理珍妮·舍普利、意大利前总理普罗迪、泰国前副总理素拉杰、新加坡前副总理黄根成、联合国第八任秘书长潘基文、世界卫生组织前总干事陈冯富珍等；中外企业家有泰国正大集团董事长兼首席执行官谢国民、中国远洋海运集团有限公司董事长许立荣、美国商会高级副会长薄迈伦、日本丰田汽车公司会长内山田竹志、美国德勤全球主席柯睿尚、中国台湾冠捷科技有限公司董事局主席兼执行总裁宣建生、韩国SK集团董事长崔泰源、英国保诚集团执行总裁韦尔斯、美国黑石集团主席兼首席执行官苏世民等70余人。

本届博鳌亚洲论坛产生了新一届理事会，由19人组成，其中，第八任联合国秘书长潘基文接替日本前首相福田康夫担任理事长，中国人民银行前行长周小川接替中国国务院原副总理曾培炎出任中方首席代表并担任副理事长，中国外交部副部长李保东接替中国前驻美大使周文重担任第五任秘书长。至此，博鳌亚洲论坛的五任秘书长分别为：第一任秘书长阿吉特·辛格（2001年2月—2002年4月），曾任东盟秘书长、马来西亚副外长；第二任秘书长张祥（2002年4月—2003年1月），曾任中国外经贸部副部长；第三任秘书长龙永图（2003年1月—2010年4月），曾任中国入世首席谈判代表、中国外经贸部副部长，现任博鳌亚洲论坛咨询委员会委员、G20中心秘书长、全球CEO发展大会联合主席、中国与全球化智库（CCG）主席；第四任秘书长周文重（2010年4月—2018年4月），曾任中国驻澳大利亚联邦大使、中国外交部副部长、中国驻美国大使，现任博鳌亚洲论坛咨询委员会委员、中国—美国人民友好协会副会长；第五任秘书长李保东（2018年4月—），曾任中国驻赞比亚共和国大使、中国常驻联合国代表和特命全权大使，现任十三届全国政协外事委员会副主任、十三届全国政协常委、中国外交部副部长、中国红十字会副会长。

（执笔人：苏晗）

（四）中日重启经济高层对话

2018年4月16日，第四次中日经济高层对话在日本东京举行，由中国国务委员兼外交部部长王毅和日本外务大臣河野太郎共同主持。中日经济高层对话是中日两国政府间经济领域最高级别的交流机制，前三次对话分别于2007年、2009年、2010年在中日两国举行。这一交流机制时隔八年后得以重启，是中日关系改善的一个重要缩影。

此次中日经济高层对话主要涉及四方面内容。一是围绕世界经济形势及宏观经济政策等交换意见。中方介绍了中国推动形成全面开放新格局的理念和举措，日方则介绍了其克服少子老龄化难题举措等。二是同意扩大中日经济务实合作，促进双边经济关系提质升级。双方同意加强服务业、农业、节能环保、技术创新、财金、旅游等领域合作。三是同意加强第三方合作。中日计划探讨建立官民并举的交流平台，并研究具体的合作项目，推动第三方合作项目取得进展。四是促进东亚经济一体化与多边合作。中日同意加快推进中日韩自贸区和《区域全面经济伙伴关系协定》（RCEP）谈判，促进东亚地区贸易投资自由化和便利化。

在国际经济环境发生变化的背景下，中日经济高层对话时隔八年再次重启，可以看出中日在共同应对贸易保护主义、维护多边自由贸易体系的决心，并借此扩大双边经济合作、推动中日关系改善。

一方面，中日加强合作有助于共同抵抗贸易保护主义。当前，世界经济形势正在出现新变化，美国的强烈内顾倾向使贸易保护主义在全球范围内抬头，以世界贸易组织（WTO）为核心的多边自由贸易体系正在遭受破坏。日本作为美国的传统盟友，在经济上也感受到了特朗普"美国优先"策略的强烈冲击，出口和投资都面临巨大压力，同拥有庞大市场的中国强化经济合作有助于解决日本国内经济矛盾。从中国的角度看，中国需要团结各"全球化"力量共同应对错综复杂的经济环境，这为中日关系修复和改善提供积极条件。作为世界第二和第三大经济体，中日对本地区乃至全球范围内自由贸易的支持具有重要意义。

中日两国抵抗贸易保护主义的努力将更多是制度性的。在全球层面，中日双方都表示要共同维护多边自由贸易体系，按照WTO规则处理贸易问题，推动建设开放型世界经济。在区域层面，中日均表示将共同推进地区贸易制度化建设，包括中日韩自贸区、RCEP以及未来可能的亚太自由贸易区（FTAAP）等。值得注意的是，当前由日本主导并签署了"全面且先进的跨太平洋伙伴关系协定"（CPTPP），确立了具有较高标准的国际贸易规则，在早先的各类研究中，CPTPP蕴含着制衡中国的意味。如今中日关系转圜，中国或许能与CPTPP进行较为良性的接触，逐步实践并适应更高水平的国际贸易新规则。

另一方面，中日经贸合作面临新机遇。由于中国正在追求更高质量的发展，不断扩大对外开放，加快推进"一带一路"建设，这使中国和日本在开放经济环境下的双边经贸合作面临着新的历史机遇。自2017年年底以来，日本首相安倍晋三在多个场合表示考虑就"一带一路"构想展开合作。此次中日经济高层对话举行期间，王毅会见安倍时表示："中方重视首相先生就'一带一路'建设作出的积极表态，愿同日方探讨参与的适当方式和具体途径。"安倍表示，期待"一带一路"建设能够有利于地区经济的恢复和发展。如今，日本参与中国"一带一路"建设既有微观基础,即中日企业都具备大规模对外投资的意愿和能力;也有宏观保障,即中日两国外交关系逐渐回暖,为双方进行"一带一路"合作提供可行性。中日加强"一带一路"合作不仅对两国是互惠互利的选项,对亚太地区经济发展也释放出有利的信号。

此外,第四次中日经济高层对话也折射出中国当前经济外交团队的特点。出席本次会议的中方人员除国务委员兼外交部部长王毅外,还有财政部长刘昆、商务部长钟山、发展改革委副主任张勇、生态环境部副部长赵英民、农业农村部副部长屈冬玉、海关总署副署长张际文等;日方人员除外务大臣河野太郎外,还有内阁府特命担当大臣茂木敏充、经济产业大臣世耕弘成、国土交通大臣石井启一、内阁府副大臣越智隆雄、财务副大臣上野贤一郎、农林水产副大臣谷合正明、环境副大臣渡嘉敷直美和伊藤忠彦等。

双方均由本国外交部门牵头开展此次对话,其他部门商谈并确认具体事宜和细节。由于日本方面一直由外务省国际合作局负责对外经济合作事务,按照外交对等原则,中国也需由外交部牵头与日本方面接洽。然而,中国外交部却较少负责具体的经济合作事宜。尽管外交部下辖国际经济司,但该司只负责政策制定,具体政策操作仍归商务部。可以说,在中国的政府行政体系下,外交部由于处理对外经济事务的专业能力存在缺陷,在日益发展的经济外交中却反而有被虚体化的趋势,在与其他国家开展经济外交活动时也往往出现部门不匹配的现象。在新时代的背景下,应通过一种更综合、更宏观的视角看待经济与外交之间的关系,中国外交部在对外开展经济外交时的能力应得到进一步加强。这就需要再次认真审视并适当调整国务院机构设置与分工,为未来中国应对更纷繁复杂的经济外交形势做足准备。

(执笔人:孙忆)

（五）美国考虑重返 TPP

自 2017 年 1 月 23 日美国宣布退出"跨太平洋伙伴关系协定"（TPP）以来，特朗普在重返 TPP 问题上经历多次反复，一方面指示国家经济委员会主任库德洛和贸易代表莱特希泽对美国是否应该重新加入 TPP 进行研究，另一方面又表示美国不会重返 TPP。4 月，特朗普继 1 月份在达沃斯论坛上表示考虑重返 TPP 后再次释放出新信号，在同来自农业州的国会议员和州长的会议上，特朗普作出了可以研究加入 TPP 谈判的表态，随后却在推特上称 TPP 不适合美国。特朗普以"美国优先"为挡箭牌，在各种问题立场上反复无常，因此美国重返 TPP 虽然有望，但必定是一条漫长之路。

第一，重返 TPP 将缓解中美贸易摩擦带来的负面效应。随着中美贸易摩擦的持续发酵，特朗普政府受到的国内批评不绝于耳。在这一"豪赌"中，特朗普政府不断在对华贸易保护措施上升级加码，中国也在大豆等农产品和汽车、化工品等工业产品上加征关税措施予以回应。美国中西部的农业大州作为特朗普参与大选的重要票仓，对这场贸易摩擦怨声载道，比如内布拉斯加州的共和党参议员本·萨斯（Ben Sasse）曾在公开场合表示："希望总统只是又在虚张声势，但如果他是半认真的，这就太愚蠢了。"面对国内农业集团施加的压力，美国重返 TPP 将会再次得到拥有 5 亿人口、GDP 占全球经济 13.59% 的庞大市场，这无疑是对被反制措施所伤的美国农业地区的极大利好消息。重返 TPP 不仅能够补偿美国农业在中美贸易摩擦中的部分损失，还能使美国与其盟友继续在贸易、投资多边谈判中保持密切的联系。

第二，重返 TPP 有利于美国制约中国，重掌亚太地区多边贸易规则主导权。毋庸置疑，中国是美国在战略竞争时代的最大对手。美国对华征收惩罚性关税、制裁中兴属于美国在商品贸易和创新技术领域开启的中低层次的战略竞争。在更高层面的制度竞争，关键在于掌握贸易规则制定的主导权。尽管中国在贸易领域的制度竞争上处于守势地位，但制约中国仍是美国在亚太地区进行贸易制度建设的重要目标。本·萨斯为此表示，重新加入TPP将是应对北京方面玩弄全球贸易规则的最佳方式。转向双边贸易协定的特朗普政府并不意味着美国准备放弃亚太地区多边贸易协定的领导权。TPP强调了美国和日本作为亚太地区规则制定者的角色，但真正的规则制定者是美国，日本自加入TPP的身份定位就是规则协助者。因此由日本斡旋并主导的CPTPP一被提上日程，特朗普便在达沃斯论坛上发言表达出重回TPP的兴趣。美国既不愿意看到日本暂且接收亚太贸易规则制定的主导权，自然更不愿意让中国去填补由美国的"国际撤退"行为引起的亚太贸易规则制定的空白空间。

第三，CPTPP内容和标准将成为美国重返TPP的主要阻力。当前，美国重返TPP需要同CPTPP 11国重新进行讨价还价，这主要涉及两方面内容，一是搁置条款的重启问题。在最新版本的TPP中，被搁置的有争议条款主要是当时其他成员国抵制而美国大力推动的投资（如投资者—东道主纠纷解决机制）、知识产权章节［医药开发资料的保护期限、著作权的存续期限、权利管理信息（RMI）等］。一旦美国要求重返TPP，对于这些搁置条款的恢复定是势在必得，而已享受过CPTPP福利的成员国是否愿意重新接受这些条款仍存在很大不确定性。另一方面则是特朗普对TPP有更高的要求。特朗普关于重返TPP的论调，多是要达成"更好"的TPP协定。这便需要其他成员国在具体的协定上作出更多的让步，比如特朗普可能会在一向重视的知识产权保护上提出更苛刻的条件，如此一来会进一步加剧谈判僵局。

随着新版TPP的成员扩容，尤其是像英国这样的域外国家有意愿加入，美国定不能接受被限制在贸易规则制定俱乐部之外，重返TPP将仍是特朗普政府的重要政策选择之一。不过，目前特朗普政府的亚太战略尚不清晰，反复和讹诈是其对外经济政策的突出特点，加剧了亚太经济合作的不确定性。对中国来说，无论是有没有美国参与的 TPP，都为中国提出了新的机遇和挑战，中国可探讨加入 CPTPP 的可能性，同时加快推进 RCEP、中日韩 FTA 谈判，增强在亚太地区贸易规则制定的能力。

（执笔人：艾雪颖）

◇◇ 五　中美举行两轮经贸谈判（五月报告）

2018 年 5 月，中美经贸谈判依然占据中国经济外交的首要位置，两轮磋商后中美就贸易问题达成初步共识，但 5 月底白宫公布的征税计划再度将中美经贸关系置于险境。国务院总理李克强赴东京参加第七次中日韩领导人会议是本月中国区域经济外交的亮点，中日韩领导人会议时隔两年半后恢复举行，对三国深化经贸合作意义重大，三国领导人将积极推动中日韩自贸协定和 RCEP 的谈判进程，共同促进东亚经济共同体建设。除此之外，马哈蒂尔赢得马来西亚大选可能对"一带一路"倡议在马顺利推进产生一定负面作用，国际石油价格持续上涨对中国经济带来一定影响。

（一）中美经贸谈判激烈交锋

2018 年 5 月，在外界对中美两国爆发"贸易战"的担忧急剧增加时，中美先后在北京和华盛顿展开双边经贸磋商。双方在第一轮磋商坦诚交换意见后，于第二轮磋商达成初步共识并发表联合声明，伴随两国经贸对话紧张进行，双边经贸关系再次经历波动和起伏。

第一，第一轮中美经贸磋商未达成协定，但为双方增进了解打下基础。2018年5月3—4日，美国总统特使、财政部长姆努钦率领的经贸代表团来华进行贸易谈判，国务院副总理刘鹤与美方代表团就共同关心的中美经贸问题进行了坦诚、高效、富有建设性的讨论。中方贸易谈判代表团包括财政部长刘昆、商务部长钟山、央行行长易纲、国家发改委副主任宁吉喆、外交部副部长郑泽光、财政部副部长朱光耀、商务部副部长兼国际贸易谈判副代表王受文。美国贸易谈判代表团包括财政部长姆努钦、商务部长罗斯、美国贸易代表莱特希泽、白宫国家经济委员会主任库德洛、贸易顾问纳瓦罗、美国驻华大使布兰斯塔德和白宫国家经济委员会幕僚艾森斯塔。

路透社等媒体披露，美国代表团会谈中向中国提出八项要求，主要包括：1. 中国在2020年前减少2000亿美元对美顺差；2. 保护美国先进技术和知识产权，中国停止向《中国制造2025》计划涉及的先进技术领域提供补贴或其他支持、停止技术转移等；3. 美国将限制中国企业赴美投资关键技术领域，中国不能就此进行报复；4. 中国取消外国投资限制，出台全国范围的负面清单；5. 到2020年中国关税水平不能高于美国，取消特定的非关税壁垒；6. 中国扩大服务业开放；7. 中国对美国农产品扩大开放；8. 每季度开会讨论协议执行情况，如果中国未能遵守承诺，美国将实施报复措施。在重重分歧之下，第一轮经贸对话中美并没有达成具体成果文件，但双方首先了解了对方的想法和立场，同时也同意建立工作机制，为进一步磋商提供制度性保障。

第一轮经贸磋商结束后，中美经贸关系仍然处于紧张态势中，但双方均有意释放积极信号。5月7日，中国海关总署发布《动植物检疫监管司关于加强对进口美国苹果和原木检验检疫的警示通报》，加强对进口美国苹果、原木的现场查验。5月8日，中美两国在世贸组织总理事会召开的年内第二次会议上就美国对华发动的"301"调查展开激烈交锋。5月14

日，美国总统特朗普在推文中称，将帮助中兴通讯恢复运营，并称已指示美国商务部着手处理，这让此前因美国销售禁令备受打击的中兴通讯重获一线生机。5月17日，中国监管部门批准了美国投资公司——贝恩资本财团收购东芝芯片业务部门大部分股权的交易，5月18日，中国商务部终止了对原产于美国的进口高粱实施的反倾销反补贴措施。

第二，第二轮中美经贸磋商取得初步成果，双方发布联合声明。5月15—19日，习近平主席特使、国务院副总理、中美全面经济对话中方牵头人刘鹤赴美访问，率领包括央行行长易纲、国家发改委副主任宁吉喆、中央财经委员会办公室副主任廖岷、外交部副部长郑泽光、工业和信息化部副部长罗文、财政部副部长朱光耀、农业农村部副部长韩俊、商务部副部长兼国际贸易谈判副代表王受文等在内的中方代表团，于5月17—18日同包括财政部长姆努钦、商务部长罗斯和贸易代表莱特希泽等成员的美方代表团就贸易问题进行了第二轮磋商。19日，中美两国在华盛顿就双边经贸磋商发表联合声明，内容包括：1. 双方同意，将采取有效措施实质性减少美对华货物贸易逆差。为满足中国人民不断增长的消费需求和促进高质量经济发展，中方将大量增加自美购买商品和服务。这也有助于美国经济增长和就业；2. 双方同意有意义地增加美国农产品和能源出口，美方将派团赴华讨论具体事项；3. 双方就扩大制造业产品和服务贸易进行了讨论，就创造有利条件增加上述领域的贸易达成共识；4. 双方高度重视知识产权保护，同意加强合作。中方将推进包括《专利法》在内的相关法律法规修订工作；5. 双方同意鼓励双向投资，将努力创造公平竞争营商环境；6. 双方同意继续就此保持高层沟通，积极寻求解决各自关注的经贸问题。

中美通过两轮磋商即达成初步共识，短期来看，中美两国暂时搁置贸易摩擦，双边经贸关系迎来积极走向。但是，此次中美经贸磋商联合声明相对模糊，后续谈判才是关键所在，中美经贸深层次结构性问题短期内不易解决，双边关系中存在的问题不容忽视。

第三，白宫计划对华产品征税，中美经贸关系再起波澜。第二轮经贸磋商发布联合声明后不久，白宫于5月29日表示，美国计划在6月15日前就500亿美元进口自中国的商品发布一份最终关税清单，在6月30日前提出对寻求购买美国技术的中国实体和公司的投资限制，且将继续在WTO推进针对中国要求企业授权的投诉。这些贸易与投资壁垒是针对中国侵犯美国知识产权的广泛调查的一部分。除非达成一项避免加征关税和其他限制措施的协议，否则白宫表示将在6月敲定相关举措，并于不久后付诸实施。

特朗普政府对华经贸政策反复无常，试图利用威胁性政策向中国施压，在贸易谈判中获得更多好处，同时也和第二轮磋商后的国内反应有关系，第二轮中美经贸对话结果招致对华鹰派不满，从谈判结束后美国财政部长姆努钦与贸易代表莱特希泽发表的相互矛盾的声明中也可窥探一二，姆努钦称表示中美暂时搁置贸易战，商务部长罗斯将访问中国，寻求让中方作出实际性承诺，包括大幅增加对美国农产品和能源的采购。而莱特希泽称，美国政府可能仍会诉诸关税以及投资限制和出口限制等其他工具，除非中国对经济进行真正的结构性改革。虽然让中国向更多美国出口产品开放市场非常重要，但更重要的是强制技术转让、网络窃取及创新保护等问题。这也说明美国的关切不仅是解决贸易赤字问题，更重要的是涉及中国的发展模式及意识形态相关问题。

此外，伴随中美经贸对话紧张进行，中兴问题也成为焦点之一。对于特朗普政府来说，中兴问题是加大对中国要价的重要筹码，不过，美国国内反对特朗普放松制裁中兴的声音不绝于耳。在特朗普发布推特表示要帮助中兴恢复运营后，美国参议院三名民主党人于5月16日写信敦促特朗普重新考虑该措施，称任何潜在协议都有可能损害美国国家安全，且国家安全不应被作为贸易谈判的筹码。5月22日，特朗普回应说，美国政府尚未与中国政府就中兴事宜达成任何协议。对中兴执行禁令也将损害美国企业利益，预计要求中兴支付13亿美元罚款并更换管理层，成立新董事会，预想中兴未来将从美国采购很大比例的零部件和设备。美国国会参议院银行业委员会则于5月22日通过一项修正案，要求特朗普在放松对中兴通讯的制裁前必须首先向国会证明，中兴的确遵守了美国法律。

本月中美经贸关系仍然一波三折，贸易赤字、知识产权等问题并不容易在短期内得到根本解决，但是两国经贸合作的空间依然很广阔，双方能否通过长期制度性对华扩大合作、管控分歧，使得中美关系"压舱石"回到正确轨道，这对中美两国经济及国际贸易发展都有重要意义。美国商务部长罗斯将于6月2—4日访华，同中国举行第三轮经贸磋商，中美经贸关系走向仍然充满机遇与不确定性。在特朗普政府对中美关系认知发生转变的大背景下，中国仍然需要保持警惕，在增进战略互信、寻求解决双边经贸摩擦的同时，保持战略定力，加快改革开放步伐，维护国内经济的稳定和发展。

（执笔人：张玉环）

（二）中日韩峰会力推自贸区谈判

5月9日，第七次中日韩领导人会议在东京举行，国务院总理李克强、日本首相安倍晋三、韩国总统文在寅就中日韩合作以及地区和国际问题交换看法。三国领导人表示，将支持自由贸易和开放市场，促进区域发展，并确认将积极推动中日韩自由贸易协定（FTA）和"区域全面经济伙伴关系协定"（RCEP）的谈判进程。

中日韩三国是一衣带水的邻邦。随着中国经济的快速发展，中日韩共同利益不断扩大，经贸互补性日益增强。2017年，日本对华出口1328.6

亿美元，增长 16.7%，进口 1644.2 亿美元，增长 5%；韩国对华出口 1775 亿美元，连续 5 年成为中国最大进口来源国。投资方面，2017 年日韩对华直接投资分别为 32.6 亿美元和 36.7 亿美元，累计对华投资分别达 1087.6 亿美元和 723.7 亿美元，分别是中国第一和第四大外资来源地。中国企业对日韩投资也发展迅速。李克强在出席中日韩领导人会议时称，中日韩发展都得益于自由贸易，也都主张自由贸易，当前形势下，中日韩更应坚定地站在一起，维护以规则为基础的多边自由贸易体系，提升区域经济一体化水平，加快中日韩自贸区谈判进程，推动早日达成 RCEP。

中日韩自由贸易区这一设想于 2002 年中日韩三国领导人峰会上被首次提出。设想中，中日韩自由贸易区是一个由人口超过 15 亿的大市场构成的三国自由贸易区。自由贸易区内关税和其他贸易限制将被取消，商品等物资流动更加顺畅，区内厂商往往可以降低生产成本，获得更大市场和收益，消费者则可获得价格更低的商品，中日韩三国的整体经济福利都会有所增加。中日韩自贸区谈判于 2012 年 11 月启动，谈判两年多来先后举行 5 轮磋商。此次会议联合宣言重申将进一步加速三国自由贸易协定谈判，力争达成全面、高水平、互惠且具有自身价值的自由贸易协定，对深化区域经济合作、实现东亚地区贸易投资自由化和便利化具有重要意义。

同时，宣言也重申加快 RCEP 谈判，以期尽快达成现代、全面、高质量和互惠的协定，注意到市场准入和规则方面的谈判需取得进展。这反映了中日韩三国均有意愿继续携手发挥亚洲经济"火车头"的作用，在促进东亚乃至整个亚洲地区贸易投资自由化和便利化以及应对区域和世界经济问题中承担重要责任。

李克强在会议上提出，亚洲国家数量众多，发展水平差异较大。中日韩发展走在亚洲前列，应集聚三方优势，通过"中日韩＋X"模式，在产能合作、减贫、灾害管理、节能环保等领域实施联合项目，发挥三方在装备、技术、资金、工程建设等方面的各自优势，共同开拓第四方甚至多方市场，带动和促进本地区国家实现更好更快发展。该机制将中日韩三国融合为一个整体，拓展了三国合作的深度和广度，打破了地域、国别和领域范畴，彰显了开放、包容、合作、共赢的中国理念。同时也将发挥"规模经济"效应，让三国的成果惠及世界。

中日韩三国是东亚以及世界范围内的重要经济体，三国国内生产总值之和超过世界总量的20%，应为增进世界繁荣发挥重要作用。在当前美国奉行单边主义政策、加剧国际体系权力不平等的背景下，中日韩三国更应该高举"自由贸易"的旗帜，构建开放型世界经济，反对一切形式的保护主义。同时，加快中日韩FTA和区域全面经济伙伴关系协定（RCEP）的谈判，也将促进中国进一步深化改革开放，在国际经济外交舞台上扮演更重要的角色。

（执笔人：黄泽群）

（三）马来西亚政府变天影响"一带一路"建设

5月10日，马来西亚大选结果正式出炉，现年92岁的马哈蒂尔（Mahathir Mohamad）领导的"希望联盟"获胜，结束了"国民阵线"长达61年的统治。与上一届纳吉布（Najib Razak）政府不同，马哈蒂尔及其政党联盟对中国的"一带一路"倡议并非完全积极支持，这为该倡议在马来西亚推进的前景蒙上一层阴影。从马哈蒂尔政府自上台以来提出重谈东海岸铁路项目、叫停新马高铁工程等一系列举动来看，"一带一路"计划未来可能在马来西亚遇阻。

1981—2003年曾任马来西亚总理的马哈蒂尔原是"国民阵线"的当家政党——马来民族统一机构（巫统）的成员，但由于与上任总理纳吉布的政见与利益相悖，他于2016年退出"国民阵线"并组建"希望联盟",后者很快成长为近年来马来西亚最大的反对党联盟。此次大选实际上是曾为师生与政治盟友关系的马哈蒂尔与纳吉布之间一场关于权势与民心的较量。在大选之前,马来西亚国内外舆论大多数预测纳吉布及其"国民阵线"可以再次赢得选举,但结果却出乎人们意料。而从事后发展来看,马哈蒂尔及其领导下的"希望联盟"胜选似乎也具有一定的历史必然性,主要体现在以下三个方面。

第一,近年来马来西亚经济发展陷入困境,被誉为"马来西亚现代化之父"的马哈蒂尔再次出山正好为马国民众带来新希望。近年来,马来西亚GDP增长率在4%—6%之间,较高增长率背后包含重重危机:通货膨胀率较高,林吉特大幅贬值,进出口额占GDP比重不升反降;国债总额占GDP比重高达80.3%。马哈蒂尔执政时期并未出现这些问题,相反,GDP增长率还一度高达8%。马哈蒂尔重新掌权后也用高效的行动印证了改革的决心——上台至今尚未满一个月,已实施或正计划实施包括砍掉"不必要"的基础设施项目等,还废除了纳吉布政府于2015年设立的商品与服务税,对纳吉布的"政治遗产"进行清算。

第二,纳吉布及"国民阵线"贪腐成性,导致民心疏离。2015年以来,国家主权基金"一马公司"多次爆出腐败丑闻,包括纳吉布在内的多名政府官员牵涉其中,引起民众的疑虑与不满。此外,纳吉布政府设立消费税,声称可以借此弥补石油价格下跌导致的国家赤字扩大,却导致物价上涨、普通民众生活压力增大。设立消费税实际上是纳吉布政府将国家财政压力转嫁到民众身上的不负责任的表现,民众对此深感愤怒却无能为力,政府换届选举便成为民众"自救"的唯一希望。由此看来,"国民阵线"长期把持国家政权不是其竞选的有利条件,反而成为悬挂在其头上的"达摩克利斯之剑"。

第三,具有丰富从政经验的马哈蒂尔熟练运用竞选权术,直击纳吉布要害。马哈蒂尔在竞选时首先强调自己"为师者"的身份与责任,宣称自己虽然已过鲐背之年，但仍有义务亲自修正他所提拔的纳吉布所犯下的错误，赢得民众的同情与好感。其次，马哈蒂尔充分运用"反腐"和"取消消费税"这两张牌，在竞选的关键时刻唤醒民众对于纳吉布政府的不满情绪，有效扭转了民意。当然，能取得马来西亚选民信任的关键还在于马哈蒂尔在过去22年执政过程中所树立起来的务实可靠的政治家形象。

马来西亚扼守的马六甲海峡是沟通南海与印度洋的交通要道，对于中国而言具有重要的地缘战略意义。中马经贸关系密切，中国自2009年起已连续8年成为马来西亚最大的贸易伙伴，马来西亚也是中国在东盟的最大进口来源国，2017年双方的贸易额达677.5亿美元。此外，马来西亚还是中国在"一带一路"框架下对外投资的主要目的国，2017年中国对马FDI流入额为23.7亿美元，在马来西亚外来投资来源国中排名第七，同时中国还是马国制造业外来投资的最大来源地。

尽管中马在"一带一路"框架下的合作逐渐深化，但马来西亚国内对该倡议的态度存在明显分歧。其中，纳吉布及其领导的"国民阵线"基本持积极态度。纳吉布政府多次肯定该倡议对马经济发展的重大意义，并始终对中国投资持开放态度。但此前的反对派，即当前的执政联盟——"希望联盟"则持谨慎的怀疑态度，马哈蒂尔曾多次表示对马来西亚当局大开国门欢迎中国投资者的做法表示不满，公开声明要严厉审查中国投资者。此前被驱逐出巫统的原副总理慕尤丁也批评纳吉布吸引中国投资者直接导致了马国民众失业等。

两大政党联盟出现态度分歧的首要原因在于，竞选背景下二者必须在政见上营造针锋相对的氛围，从而引导舆论走向。此外，经济实力不断崛起的中国在推进"一带一路"计划过程中的某些商业行为也容易引起马方的恐惧及疑虑心理。比如在"一马公司"丑闻不断的情况下，2016年中广核集团收购了该公司的Edra全球能源公司，2017年中铁又宣布对该公司的大马城项目注资20亿美元等。尽管这属于纯商业收购行为，但由于"一马公司"本身在马国政治问题中牵涉甚广，这些投资行为难免引发争议。

从纳吉布败选的原因和两大政党联盟对"一带一路"的态度分歧情况来看，马哈蒂尔及"希望联盟"上台后，"一带一路"计划在马国的实施将会遇到更多风险或阻碍。风险不在于"一带一路"倡议本身，而主要来自马来西亚国内政治与经济发展状况，包括新政府对政治腐败的整顿、经济民族主义的回归以及领导人再次更替所带来的政策不确定性三个方面。

首先，马哈蒂尔标榜在上台后将大力整顿纳吉布执政过程中形成的腐败风气，这必将波及纳吉布时期中马双方已经签署却未完工的项目。截至2018年5月，马哈蒂尔已提出对东海岸铁路等"一带一路"重点项目重新谈判，这等于此前的谈判努力完全失效，而新政府必将提出更严苛的条件，这一方面提高了项目的成本，压缩了中国企业的利润空间，另一方面，项目谈判周期越长，随着不确定因素的增多，实施难度会越大。利润的减少及实施难度的增加意味着"一带一路"倡议难以在短期内取得明显成效，这又不利于尽快消除马来西亚对中国及"一带一路"倡议的疑虑，进一步增加"一带一路"建设的障碍。

其次，马哈蒂尔重掌大马政权可以视为马来西亚经济民族主义的回归，马国将更多地扶植本土企业发展，而对"一带一路"框架下中资企业对马投资予以更多的干预甚至抵制。过去，马哈蒂尔的经济政策包含了浓厚的经济民族主义的色彩，具体包括实施进口替代、出口导向的经济战略，建立扶植民族企业，提高关税与投资壁垒等。竞选前他曾多次批评纳吉布放弃上述政策是错误的做法，可以预见上台后马哈蒂尔将重新走向经济民族主义的轨道上。对于中国房地产企业碧桂园在马投资的"森林城市"项目，马哈蒂尔曾公开予以批评，认为该项目导致太多外国人涌入马来西亚，把该项目视为对马来西亚和马来人的战略威胁，这正是马哈蒂尔运用经济民族主义理念治国的表现之一。按照他的这一思维定式，未来在马哈蒂尔执政时期将会有更多的中资项目受到审查甚至被终止。

最后，高龄的马哈蒂尔不可能长期执政，这意味着在不久之后马来西亚将再一次经历领导人的更替，增加了马国对外经济政策的不确定性。马哈蒂尔表示将在一两年内将总理位置传给"希望联盟"的又一位关键人物、公正党实权领袖——安瓦尔；也有舆论认为马哈蒂尔可能扶持其儿子慕克力上位。但无论继任者是谁，都意味着不久马来西亚对外经济政策再一次发生变动。安瓦尔曾任马来西亚副总理，但因性丑闻两次入狱，至2018年5月16日才获释，他也是除马哈蒂尔以外呼声最高的领导人。因此，了解安瓦尔的政策偏好及执政风格对于判断"一带一路"计划的未来走向具有重要意义。一方面，安瓦尔虽然也是一位民族主义者，但他对外开放及融入全球经济的意识更强，这可能成为中马扩大"一带一路"合作的契机；另一方面，安瓦尔的个人经历及其所面临的强大竞争对手可能使其采用更为强硬独断的政治手段，反映在经济领域上，他可能会更加注重如何利用经济工具巩固自身的权力，而不是努力营造自由健康的投资环境和经济发展氛围，这又可能增加"一带一路"框架下中资企业对马投资的成本。

综上所述，马来西亚政权更迭总体上增加了中国在马来西亚实施"一带一路"计划的不确定性及难度，中国政府和企业应该正视这一事实，审慎投资；在开展官方及民间层面的交往时也要全面思量，避免踩上马来西亚民族主义的"地雷"。

（执笔人：罗仪馥）

（四）油价高涨影响中国经济

2017年下半年以来国际原油价格持续上涨，开启了新一轮"高油价周期"。从当年7月份开始，西德克萨斯中质原油期货价格（WTI）明显上扬，价格从每桶45.15美元升至2018年5月份的68.21美元，同期布伦特原油期货价格（Brent）也从每桶46.52美元升至77.50美元，5月18日盘中甚至一度突破80美元大关。国际主要原油期货市场报价相较于2017年7月累计上涨约59%，相较于2016年2月初的"十年内最低油价"（每桶26.19美元）累计上涨约147%。

此轮原油价格上涨具有两个主要的特点：其一在于原油价格上涨动力强劲，利空因素对油价上涨的冲击短暂而有限。2017年7月份以来，经合组织国家商业原油储备短期意外增加、美国原油产能和出口规模提升、全球股市下跌、美元指数上涨等利空因素均未能对油价上涨带来实质性冲击，国际油价在利空因素的冲击下不仅较为坚挺而且很快继续上扬，展现出了强劲持久的上涨动力。其二在于全球不同市场的原油价格出现分化。一方面，WTI与Brent的价差持续扩大，在2017年下半年油价增长最迅猛的6个月间，两者价差从2美元扩大到了6美元，2018年5月末两者价差更是扩展到了11美元，由此可见此轮油价上涨使得全球两大原油期货市场出现了价格分化。另一方面，中国原油期货（INE）上线以来与迪拜原油价格呈现出倒置的态势，前者作为中东原油到岸价格的重要体现理应高于反映离岸价格的迪拜原油价格，但是当前INE价格却低于迪拜价格。由此可见亚洲最大的两个原油交易市场的价格也出现了分化的态势。

综合来看，近期国际油价持续走高和市场分化的主要原因在于三方面：第一，"维也纳联盟"减产协议得到有力执行。2016年年底欧佩克与俄罗斯、墨西哥、阿曼等主要的非欧佩克产油国达成减产协议，组成临时的产量控制超级卡特尔"维也纳联盟"，日计划减产175.8万桶，这一数字约合全球日产量的2%。从减产协议的执行来看，"维也纳联盟"不仅超额完成了减产协议而且两度延长了该协议，致使该协议的有效期延长至2018年年末。由于原油消费缺乏弹性，"维也纳联盟"减产的举措快速消耗了经合组织国家和新兴市场国家的商业库存，并且直接推升了国际油价。可以说，"维也纳联盟"减产协议的实施是此轮油价上涨的最大推手。

第二，美国退出《伊核协议》与委内瑞拉内部持续动荡进一步削减了原油供应规模。5月8日，特朗普政府退出《伊核协议》并恢复对伊制裁，受此影响包括道达尔在内的多家企业考虑放弃对伊投资。虽然在欧洲国家和中俄的反对下，美国对伊单方面制裁不会升级为全面制裁，但是情景模拟显示伊朗石油日出口规模仍会降低50万桶。另外，近年来委内瑞拉内政持续动荡，国民经济步入衰退边缘，油气开发也受到了明显波及，OPEC的数据显示委内瑞拉原油大幅减产，客观上超额完成了减产协议并且执行率高达534%，IEA也预测未来五年委内瑞拉的原油日供应能力将降低65万桶。伊朗和委内瑞拉原油出口能力的降低带来了额外的100万桶的原油供给缺口，进一步强化了原油供应短缺的市场预期，进而助推油价不断上涨。

第三，国际油价持续走高使得不同期货市场的价格出现分化，出现分化的原因和逻辑则并不相同。WTI与Brent价差扩大的主要原因在于美国石油产量大增而出口规模受限。美国能源信息署的数据显示，美国原油日产量高达1072.5万桶，相比于2008年9月最低点的393.2万桶增长了173%，2017年年产量4.65亿吨，同比增长5.3%。然而目前链接码头与炼厂的得克萨斯原油管道运输能力存在一定的缺口，预计2019年运力缺口将逼近每天30万桶，在"二叠纪工程"建成前，美国原油运输和出口能力都将受到限制。由于大量生产的原油无法销售到国际市场，只能通过美国国内市场消化，因而压低了WTI的价格。迪拜原油与INE价格倒置的主要原因在于首批INE原油距离交割日期尚远，因而INE的市场参与者还在反复买卖合约以实现套利。预计随着最终交割日期的临近，INE原油与迪拜原油价格倒置的扭曲将得到纠正。

国际油价高涨将给中国经济带来持续的影响，直观地表现为中国油气进口成本大幅攀升。一方面，油价高涨将使得中国原油进口开支大涨，所耗外汇储备很可能突破2000亿美元大关。2017年中国净进口原油约4.15亿吨，全年原油均价约为每桶52美元，因而中国在2017年仅进口原油就耗费了1581亿美元外汇储备。惯性预测模型显示中国将可能在2018年进口4.5亿吨原油，如果全年平均油价在每桶70美元，那么中国在2018年进口原油将耗费约2309亿美元；如果全年平均油价在每桶80美元，这一数字将提高至2639亿美元。

另一方面，油价上涨也将拉动中国天然气进口价格的上涨。有别于北美和欧洲地区，东亚地区的天然气价格与原油价格紧密挂钩，长约天然气与原油价格的关联程度高达85%，相比之下欧洲为47%，美国几乎为0%。在高油价时代，中国签署长约天然气的价格也将水涨船高。总之，对中国而言，其将面临一个高油价与高气价的"双高"时代，油气进口将会花费更多外汇。

未来国际油价将持续走高还是适度回调主要取决于两个方面。从短期看，6月22日召开的欧佩克部长级会议将会决定是否第三次延长减产协议，如果减产协议得以延长，国际油价还将持续走高；如果协议未能延长，国际油价上扬的势头将很有可能达到逆转。在5月24日至26日召开的圣彼得堡国际经济论坛上，俄罗斯能源部长表示俄罗斯和沙特正在考虑放宽减产措施，这表明6月22日欧佩克和"维也纳同盟"很有可能不再延长减产协议，由此国际油价上扬的势头会得以遏制甚至开始下跌。从中长期看，国际油价的走势将主要受到美国原油产能和运输能力的影响。由于"二叠纪工程"进展迅速，预计2019年起美国原油从库欣运抵沿海港口的运能将明显提升，由此大量廉价高品质的美国原油将源源不断地进入国际市场，进而拉低国际油价。

（执笔人：宋亦明）

◇◇ 六　七国集团遭遇史上最大分裂（六月报告）

2018年6月，上海合作组织领导人峰会与七国集团领导人峰会这两场重量级会议同期召开。由中国主办的上海合作组织领导人峰会取得了多项重要成果，相比之下由加拿大主办的七国集团领导人峰会则因美国在关税等问题上的"离群"而陷入了史上最大分裂。不仅如此，美国特朗普政府还频频"向世界开战"，先后针对中国、欧盟、加拿大、墨西哥等开征关税，引发了各国强烈反对与报复。本月，第七次中欧经贸高层对话在北京举行，双方在加强"一带一路"战略对接、推动投资自由便利化等方面取得多项成果，这也是美国掀起贸易保护主义浪潮后中欧所开展的一次重要合作。另外，虽然中兴与美国政府达成了和解协议，但美国国会介入其中并通过《2019国防授权法案》附加案的方式寻求继续制裁中兴，这使得本已出现转机的中兴事件徒增变数。需要留意的是，本月中国财经外交出现人事调整，廖岷和邹加怡先后被任命为财政部副部长，接替"超期服役"的朱光耀，分别掌管双边和多边财经外交。

（一）中国主办上合组织元首理事会

上海合作组织（简称"上合组织"）元首理事会于6月9日至10日在青岛举行。此次峰会是2018年中国举办的第二场高规格主场经济外交活动，也是上合组织"扩员"后八国领导人共同参加的第一次峰会，具有"承前启后"的重要意义。

当前，上合组织有哈萨克斯坦、吉尔吉斯斯坦、中国、俄罗斯、塔吉克斯坦、乌兹别克斯坦、印度、巴基斯坦等8个正式成员国以及阿富汗、白俄罗斯、伊朗、蒙古国等4个观察员国,人口接近世界的一半,国内生产总值占全球的1/5,现已成为全球最具影响的地区性经济与安全合作组织之一。长期以来,上合组织在凝聚共识、促进战略互信、加强互联互通、构建欧亚命运共同体方面发挥着重要的作用,被视为"欧亚大陆腹地的安全稳定器"以及"欧亚经贸务实合作的加速器"。

此次理事会分为仅由成员国参加的小范围会议以及由成员国、观察员国以及其他国际组织共同参加的大范围会议,两场会议均由中国国家主席习近平主持。习近平在主持大范围会议时发表题为"弘扬'上海精神' 构建命运共同体"的讲话,强调各成员国要继续在"上海精神"指引下,齐心协力构建上海合作组织命运共同体,推动建设新型国际关系,携手迈向持久和平、普遍安全、共同繁荣、开放包容、清洁美丽的世界。习近平在主持小范围会议时就上海合作组织的发展提出四点建议:弘扬"上海精神",加强团结协作;推进安全合作,携手应对挑战;深化务实合作,促进共同发展;发挥积极影响,展现国际担当。与会各国领导人一致主张上海合作组织要坚持弘扬"上海精神",推进经贸、金融、农业、互联互通、人文等全方位合作。

上合组织青岛峰会取得了多项重要成果。成员国领导人签署、批准、见证了《上海合作组织成员国元首理事会青岛宣言》《〈上海合作组织成员国长期睦邻友好合作条约〉实施纲要(2018—2022年)》《上海合作组织成员国环保合作构想》等23份合作文件,不仅涵盖政治、安全、经济、人文等多个领域,而且合作成果的数量为历届峰会之最。此外,中国还特别承诺将在上海合作组织银行联合体框架内设立300亿元人民币等值专项贷款、为各成员国提供3000个人力资源开发培训名额、利用风云二号气象卫星为其他各国提供气象服务等。

会后发布的新闻公报指出,成员国重申联合国在推动落实全球可持续发展议程中的核心作用;强调完善全球经济治理体系、坚持巩固和发展以世界贸易组织为核心的多边贸易体制、建设开放型世界经济的重要性。公报还指出，上合组织致力于为贸易投资创造有利条件，共同推动贸易便利化，促进电子商务合作，发展服务业和服务贸易。继续支持中小微企业发展，推动交通运输、能源、农业等领域合作。在新闻公报中，成员国还指出应充分挖掘上合组织实业家委员会和银联体的潜力，支持进一步加强金融领域务实合作，将继续研究建立上合组织开发银行和发展基金（专门账户）问题的共同立场。

上合组织下任轮值主席国将由吉尔吉斯斯坦担任。上合组织成员国元首理事会下次会议将于2019年在吉尔吉斯斯坦举行。

（执笔人：宋亦明）

（二）中欧举行第七次经贸高层对话

6月24日，国务院副总理刘鹤与欧盟委员会副主席卡泰宁在北京共同主持了第七次中欧经贸高层对话。今年正值中国与欧盟建立全面战略伙伴关系15周年，中欧经贸高层对话是双方进行经济磋商的重要平台，此次对话达成的共识将为7月份举行的第20次中欧领导人会晤做准备。

本次中欧经贸高层对话的主题是"支持和推动全球化，深化和扩大中欧合作"，中欧重点讨论了"一带一路"、贸易、投资等诸多双方关注的议题，并达成了一系列成果和共识。

第一，加快"一带一路"合作倡议与欧洲发展战略对接。双方同意通过中欧互联互通平台、中欧共同投资基金，进一步加强中欧在数字经济、电子商务、循环经济、防止白色污染等领域的务实合作。双方达成共识，将在第20次中欧领导人会晤期间签署有关气候变化和共同投资基金的文件。中欧开展的战略对接主要围绕新经济、新模式和新业态，将共同挖掘未来的市场潜力。

第二，加快中国加入《政府采购协定》（GPA）谈判进程。双方同意推动实现农产品市场准入、有机产品认证互认对等。从2006年起，中国与欧盟在政府采购方面就开展了相关合作，《政府采购法实施条例》经过的多番修正反映了双方实践交流的显著成效。欧方已同意加快推进相关立法进程，并就给予中方认证机构相关认证资格制定时间表。

第三，继续推动投资自由便利化。双方同意关注并推动解决各自企业面临的市场准入问题，为双方企业创造宽松、便利的营商环境。长期以来，中国希望欧盟能在放宽对华出口管制方面迈出实质性步伐，双方频繁的金融合作为此提供有力的契机。在第20次中欧领导人会晤期间，双方将有望交换中欧投资贸易协定的清单出价。

另外，中欧同意尽早召开第17轮中欧地理标志协定谈判，并将在第20次中欧领导人会晤期间宣布谈判时间表。地理标志涉及知识产权问题，也是发达国家间新一代综合性自由贸易协定的关键点。《中欧地理标志双边合作协定》作为中国与欧盟之间第一个关于地理标志保护的协议，一旦达成，中欧在知识产权立场上将拥有更多共识，中国的地理标识产品进入欧盟市场将更加便捷，并享受与欧盟地理标志产品同样的优惠政策。

此次经贸高层对话的重要背景是美国保护主义带来的贸易摩擦。欧盟作为美国的传统盟友，在特朗普发出向欧盟征收关税的公告之后，欧盟多次尝试与美国交涉，寻求关税豁免。但随着七国集团（G7）峰会上特朗普拒绝签署联合公报，欧洲为避免贸易摩擦所做的努力失效，欧盟贸易委员马尔姆斯特立刻表示："我们不能在被枪指着脑袋的情形下进行谈判。"欧盟开始对美国的贸易保护主义行为作出有力的回击。6月22日，欧盟决定对美国价值28亿欧元（约207亿人民币）的进口产品征收报复性关税，以回应此前美国针对欧盟的钢铝产品分别征收25%和10%的附加关税。在欧盟实施反制措施后，特朗普当天又威胁将对所有欧盟组装汽车征收20%的进口关税。

因此，美欧的贸易摩擦升级是欧盟在本次经济高层对话转变风向的重要原因。原本进展缓慢的中欧地理标志协定谈判、中国加入《政府采购协定》（GPA）谈判在此次对话中都得到了充分的讨论，双方建立了有益的共识，并且有望在下月的中欧领导人会晤中公布具体的谈判时间表。这与欧盟国家面对的特朗普贸易保护主义所带来的压力不无关系。对欧盟来说，与中国共同抵制美国对世贸规则的破坏刻不容缓。卡泰宁表示，必须坚决反对单边主义和贸易保护主义，与中国共同维护以世贸组织为核心、以规则为基础的多边贸易体制，完善全球经济治理体系。值得注意的是，美欧之间的摩擦给欧盟带来的压力能使欧盟在部分问题上与中国达成共识，但是欧盟对中国的出口和投资依然保持强烈的谨慎和防范态度。

过去两年，中欧领导人会晤均没有签署联合公报。如今贸易保护主义抬头，中欧互动频繁，再加上本次中欧经贸高层对话释放的积极信号，7月举行的第20次中欧领导人会晤将有望以一份联合公报展示中欧共同捍卫多边贸易体制的决心。

（执笔人：艾雪颖）

(三) G7峰会遭遇史上最严重分裂

6月8—9日，七国集团（G7）首脑峰会在加拿大魁北克的旅游小城拉马尔拜镇召开，包括美国、德国、法国、英国、日本、意大利和东道主加拿大等在内的七国集团领导人均出席峰会。峰会围绕包容性经济增长、两性平等和赋予妇女权力、世界和平与安全、未来的工作机会、气候变化和海洋等五个主题展开。峰会结束后，东道主加拿大总理特鲁多发布《联合公报》，但由于美国同其他成员国在贸易问题上无法达成共识，特朗普总统拒绝签署《联合公报》，G7面临严重分裂。

此次G7峰会召开的背景是，美国掀起全球范围内"关税战"，对包括加拿大、墨西哥与欧盟等盟友在内的贸易伙伴国加征钢铝关税，旨在减少美国贸易逆差、实现公平贸易。美国实施的"钢铝关税"引发国际社会强烈反对，美盟友对其展开贸易报复，日本5月提出对约450亿日元（约合4.09亿美元）的美国产品征收关税，欧盟从6月22日起对价值28亿欧元的美国产品加征关税，并向WTO就美国钢铝关税进行上诉，加拿大从7月1日起对价值126亿美元的美国产品加征报复性关税。

在"钢铝关税"阴霾下，此次七国集团领导人峰会并没有取得实质性成果。特朗普建议，七国集团应取消关税，消除贸易壁垒，取消政府补贴。美国盟友则希望特朗普取消"钢铝关税"，但无法说服特朗普作出任何改变。此外，本次峰会七国领导人没有能够在气候变化问题上达成一致。主要原因就是美国政府退出了《巴黎协定》，不愿意重新加入，也不愿意在气候变化问题上承担任何国际责任。G7在贸易和气候变化等问题上分裂为G6和美国两个阵营。

此次G7峰会一方面反映出美国坚持"公平贸易"的强硬立场，特朗普政府无心维护第二次世界大战后主导建立的自由开放的国际贸易体系，而是在"美国优先"施政方针下实施贸易保护政策，最大限度维护美国国内利益。另一方面反映出美国同其盟友之间的关系裂痕加深。即使面对拥有共同价值观的西方盟友，美国依然以"零和思维"对待同盟友之间的经贸关系，经贸领域冲突性和竞争性日益加强。

（执笔人：黄泽群）

（四）特朗普同世界"开战"

2018年6月，特朗普政府发起的"贸易战"在全球范围内继续发酵，中美贸易摩擦最为引人注目，美国同欧盟、加拿大等盟国之间的贸易分歧也愈加突出，不少国家纷纷采取贸易报复措施，自由贸易体系不断受到冲击和威胁。

中美经贸争端持续升级。5月，中美先后展开两轮经贸磋商，并在华盛顿发布联合声明，中美经贸摩擦一度出现转机。6月2—3日，中美第三轮经贸谈判在北京举行，中美全面经济对话中方牵头人刘鹤带领中方团队与美国商务部长罗斯带领的美方团队就两国经贸问题进行了磋商。双方就落实两国在华盛顿的共识，在农业、能源等多个领域进行沟通，取得了积极的、具体的进展。中方表示，中美之间达成的成果，都应基于双方相向而行、不打贸易战这一前提。如果美方出台包括加征关税在内的贸易制裁措施，双方谈判达成的所有经贸成果将不会生效。

但是第三轮中美经贸谈判结束后不久，6月15日白宫即宣布将对500亿美元"含有重要工业技术"的中国商品加征25%的关税，首先自7月6日起，美国将对价值340亿美元、涵盖818个产品类别的中国进口商品征收关税，其次美国贸易代表办公室还将对价值160亿美元、284个产品类别的中国进口商品加征关税，这些产品包括半导体、机械和塑料制品。这组清单将在进一步评估后敲定。6月18日，美国又声称将制定第二波加征10%关税的价值2000亿美元中国进口商品清单。特朗普承诺，如果中国对第二轮关税措施实施报复，美国将对另外2000亿美元中国进口商品加征关税，促使行动升级。如果追加第三轮关税举措，那么被征税的进口中国商品总额将达4500亿美元。美国的对华贸易保护措施引发中国强烈反对，中方表示，美方变本加厉的贸易保护做法背离双方多次磋商共识，中方将不得不采取数量型和质量型相结合的综合措施，作出强有力反制。

在投资方面，特朗普政府也在加紧制定投资限制政策，阻止中国企业投资美国科技公司，并对中国技术出口设置新障碍。为防止中国政府推出的《中国制造2025》计划对美国的高科技领先地位形成威胁，美国财政部将禁止中资股权在25%或更高的公司收购白宫所称的"工业重要技术"公司。美国国家安全委员会和商务部正在制定加强出口管制的计划，意在阻止这类技术出口到中国。此外，美国国会也在加紧推进《外国投资风险评估现代化法》立法进程，以加强对外资投资的国家安全评估，该法案目标直指中国对美投资，将收紧对海内外投资计划的评估程序，扩大美国海外投资委员会的职权范围和资源，也将加强出口控制，以阻止关键技术通过在海外的合作关系转移至外国公司。除此之外，美国还可能动用《国际紧急经济权力法》（IEEPA）遏制中国收购获取"敏感"技术。该法案制定于1977年，旨在赋予总统权力对美国的敌人施以经济制裁。根据该法，特朗普"有权"单方面施加相关投资限制。

除中美经贸争端愈演愈烈外，美国同其他国家就钢铝关税问题的博弈也在继续。2018年3月，特朗普政府分别对进口钢铁和铝产品征收25%和10%的关税，同时给予欧盟、加拿大等盟友临时豁免权。6月1日，钢铝关税临时豁免权到期，美国对欧盟、加拿大、墨西哥等国的钢铝产品开征关税，这引发了美国盟友的强烈反对，欧盟等国也在酝酿贸易报复措施，各方贸易博弈激烈上演。

一方面，美国同盟国在多边场合就贸易议题展开博弈。6月上旬，G7财长央行行长会议以及首脑会议先后在加拿大举行，美国钢铝关税问题成为两场会议的主要议题之一，美国同G7其他成员国在此问题上剑拔弩张，难以达成一致，财长会议甚至未达成联合声明，各国财长集体指责美国的贸易保护行动将破坏全球经济，也会威胁西方联盟的稳定，而美国财长姆努钦则称特朗普政府并非要放弃全球经济领导地位，而是坚持"公平贸易"，重新调整和其他国家的贸易关系。G7峰会上，美国仍然成为其他成员国指责对象，各方也未就钢铝关税问题达成一致。

另一方面，美国贸易伙伴国出台对美贸易报复措施。6月5日，墨西哥正式宣布了对美国进口关税的清单，将对美国钢铁产品和部分农产品征收

15%—25%的关税，被加征关税的美国农产品包括猪腿肉、猪肩肉、各类奶酪和波本威士忌酒等，新关税于公布日起立即生效。6月20日，欧盟委员会发布公告称，作为对美国加征钢铝产品关税的反制措施，欧盟将从6月22日起对自美国进口的价值28亿欧元的产品加征关税，涉及产品包括美国钢铝产品、农产品等。据欧盟统计，美国钢铝关税措施对价值约64亿欧元的欧盟出口产品造成了影响。为实现贸易再平衡，欧盟将对价值28亿欧元的美国产品立即实施加征关税措施，对剩余36亿欧元的贸易再平衡措施将在日后实施。此前，欧盟已向WTO就美国钢铝关税进行上诉。

除此之外，日本和印度也对特朗普钢铝关税作出回应，5月日本提出对价值约450亿日元（约合4.09亿美元）的美国进口产品征收关税，6月印度提议对30种美国商品征收关税，包括摩托车、杏仁、核桃、苹果、扁豆，以及一些化学品和部分金属制品，关税价值约为2.4亿美元。相比之下，加拿大的反击力度最大，加拿大将自7月1日起对价值126亿美元的美国产品征收报复性关税，涉及产品包括番茄酱、酸奶、割草机、摩托艇等，部分商品税率达10%或25%。

特朗普政府挑起的贸易战正在全球范围内激烈上演，各国出台的贸易报复措施也直指共和党票仓——广大农业州，希望以此影响特朗普中期选举选情，然而，从目前来看，贸易战尚未对美国造成立竿见影的负面冲击。相反，特朗普依然在变本加厉，不断加大贸易战筹码，例如威胁对2000亿美元中国进口产品征税，对欧盟汽车加征20%关税，这可能对全球汽车产业链及世界经济都带来负面影响。

（执笔人：张玉环）

（五）美国国会介入中兴事件

4月16日，美国商务部工业与安全局（以下简称"BIS"）以中国电信设备制造商中兴通讯未能履行协议对某些员工未及时实行惩罚为由,对其实行长达七年的出口禁令,禁止美国企业对其出售任何电子技术或通信元件、提供任何相关服务,时间持续到2025年3月13日。

6月7日,美国商务部长威尔伯·罗斯(Wilbur Ross)公开宣布,美国已与中兴公司达成协议,结束对其的制裁禁令,但中兴公司需要满足以下条件:支付10亿美元罚款,另外准备4亿美元交由第三方保管(如果中兴再次违反的话,4亿美元押金将被没收,而且美国商务部保有再次对中兴实施禁售令的权利);在30天内更换董事会和管理层;接受为期10年的美方选派的助理合规官。

6月12日,中兴发布公告称,公司及全资子公司中兴康讯已与BIS达成《替代的和解协议》,以替代中兴于2017年3月与BIS达成的《和解协议》。BIS已于6月8日通过《关于中兴通讯的替代命令》,批准协议立即生效。

根据这份替代协议,中兴将支付合计14亿美元民事罚款,包括在BIS签发2018年6月8日命令后60日内一次性支付10亿美元,以及在BIS签发2018年6月8日命令后90日内支付至由中兴选择、经BIS批准的美国银行托管账户并在监察期内暂缓的额外的4亿美元罚款。监察期内若中兴遵守协议约定的监察条件和2018年6月8日命令,监察期届满后4亿美元罚款将被豁免支付。待上述民事罚款支付后,BIS将终止其于2018年4月15日激活的拒绝令,并将中兴从《禁止出口人员清单》中移除。

6月14日—7月6日,中兴连发多个有关更换董事会和管理层公告,包括前董事长殷一民、总裁赵先明在内的14名董事全部辞去董事职务及下设的各专业委员会职务。此外,中兴二级以上干部均被更换。

但协议出台之后,中兴事件并未完全定音,美国国会再次发声反对特朗普解除对中兴的禁令。6月18日,美国参议院通过《国防授权法案(NDAA)》,以85票赞成、10票反对的绝对多数比例恢复对中兴的制裁禁令，这意味着即便特朗普动用总统权利拒绝在该法案上签字，该法案最终仍极有可能被国会强行以超过2/3的绝对多数票通过。在处罚中兴、乃至对华进行贸易战的问题上，美国国会似乎已经达成了某种"跨党派合议"，这很有可能使得特朗普政府单方面解除禁令失效，增加了事件结果的不确定性。

事实上，此次通过的法案是作为美国《2019国防授权法案》的附加案提出的，如果特朗普拒签该法案，整个《国防授权法案》也要推倒重来。中美两国政府在外交上已就中兴问题达成默契，但特朗普背后的共和党的国会议员此次却选择与民主党议员保持一致。这种"两党合议"局面的出现，意味着国会将有能力通过不断推出法案的方式给总统设置障碍，从而逼迫政府的政策只能向着一个方向摆动，中美贸易摩擦将进一步加剧。

（执笔人：向恬君仪）

（六）中国财经外交易帅

6月1日，在美国商务部长罗斯率美国贸易代表团访华进行第三轮贸易谈判的前一天，国务院公布了新的国家工作人员任免名单。其中，刚刚升任中共中财办副主任不久的廖岷被任命为财政部副部长，与此同时曾长期主管中美经贸对话的朱光耀被免去财政部副部长一职。6月15日，国务院公布新的任免名单，任命原中央纪委常委、国家监察委员会委员邹加怡为财政部副部长。

朱光耀出生于1953年7月，彼时即将年满65岁，已经在财政部副部长的职位上超龄服役长达5年之久。在担任财政部副部长期间，朱光耀曾经长期负责国际事务尤其是对美经济谈判事务，是中国财经外交的主要负责人之一。

在中国财政部任职的 30 年间，朱光耀曾先后担任财政部国际司副司长、司长，驻世界银行中国执行董事等职。2010 年 5 月，朱光耀接替转任国务院副秘书长的丁学东，升任财政部副部长，至今已有八年之久。在此次任免之前，朱光耀在财政部官网上是排名第一的副部长。他分管关税司、国际经济关系司、国际财金合作司、中国清洁发展机制基金管理中心（政府和社会资本合作中心）、国际财经中心，专项负责中美全面经济对话、二十国集团峰会财金渠道筹备机制有关工作。2016 年 4 月，他兼任中央财经领导小组办公室副主任。

朱光耀具有丰富的国际财经事务谈判经验，曾长期负责由财政部牵头的各种双边与区域财金对话机制，尤其是在中美经济对话中扮演了重要角色。担任部长助理和副部长期间，曾经经历了中美副总理级的经济对话机制，由战略经济对话演变为战略与经济对话，然后演变为今日的全面经济对话。在中美今年 5 月举行的两轮经贸谈判中，他都是刘鹤副总理领导下的主力谈判队员。

此次接替朱光耀的廖岷，则是 2018 年 5 月刚上任的中央财经委员会办公室"专职"副主任，是刘鹤的副手。现年 50 岁的廖岷毕业于北京大学获经济学硕士学位，2006 年留学英国剑桥大学，获工商管理硕士学位，有着丰富的理论水平，被中国官方媒体称为是理论水平非常高的"学者型"官员。他有着非常丰富的金融从业经验，曾在中国人民银行、中国光大集团、中国银行总行、中国银监会工作。2011 年，廖岷调任上海银监局局长。2016 年，廖岷担任原中央财经领导小组办公室经济四局（国际经济局）局长。2018 年 5 月 16 日，廖岷作为中方谈判代表团成员，首次以中财办副主任身份亮相，随刘鹤赴美进行第二轮中美经贸谈判。

邹加怡出生于 1963 年 6 月，毕业于中国社会科学院世界经济专业，获经济学硕士学位，在财政部工作 20 余年，主要负责处理对外国际事务和对外关系，历任世界银行司综合处副处长、驻世界银行中国执行董事办公室顾问、驻世界银行中国副执行董事、财政部国际司国际金融组织一处处长、财政部国际司副司长、驻世界银行中国执行董事、对外财经交流办公室主任、国际司司长、国际经济关系司司长、财政部部长助理、党组成员等职。2015年，邹加怡调任中央纪委，担任过中央纪委驻中央外办纪检组组长、监察部副部长、中央纪委常委、国家监察委员会委员等职。此次重回财政部，邹加怡主要分管国际经济关系等工作，协助财政部部长刘昆分管人事教育司，分管关税司、国际经济关系司、国际财金合作司、机关党委、财政部巡视工作领导小组办公室、中国清洁发展机制基金管理中心（政府和社会资本合作中心）、国际财经中心，以及二十国集团峰会财金渠道筹备机制有关工作。

此次财务部的职务变动不仅意味着廖岷正式接任朱光耀全面参与中美经济对话和经济谈判，邹加怡开始全面负责处理多边财经外交工作，也显示出中国政府开始让较为年轻的高水平专业人才充实到中国经济外交领导队伍中来的趋势。

（执笔人：向恬君仪）

七　全球贸易格局新变化（七月报告）

2018年7月，美国对华贸易保护政策正式落地，在美国不断挑起对中国、欧盟等国"贸易战"的背景之下，全球贸易格局出现新变化。日本和欧盟签署经济伙伴关系协定（EPA），美国和欧盟同意联手打造"零关税、零壁垒、零补贴"美欧自贸区，美国和日本也将展开贸易谈判，美欧日似有主导新一轮国际贸易规则制定之势，中国仍需加快国内改革，应对国际贸易格局变迁。本月，中国仍积极在"一带一路"框架下推动多双边合作，李克强总理访问欧洲，加强同中东欧国家"一带一路"合作；习近平主席访问非洲，将"一带一路"建设延伸至西非国家，出席金砖会议，为促进金砖国家合作、维护自由开放的世界经济秩序贡献中国力量。

（一）日欧共建史上"最大自贸区"

7月17日，日本与欧盟在东京首相官邸达成了一份内容广泛的经济伙伴关系协定，协定由日本首相安倍晋三与欧洲理事会主席图斯克、欧盟委员会主席容克一同签署。安倍在之后的联合记者会上表示："对保护主义的担忧情绪在全球范围内加剧，日欧进一步宣扬自由贸易体制的重要性具有重大意义。"而容克则称："通过签署该协定，欧盟和日本也是在向世界作出声明，指明了自由和公平贸易的未来。"可见，日欧双方都将该协定的签署视为其呼吁自由贸易、抗议贸易保护主义所发出的号角。

从具体内容上看，日欧经济伙伴关系协定将使得日本和欧盟取消大部分产品的关税：日本将取消94%的欧盟产品关税，其中包括了82%的农产品和水产品，这一比例在未来数年内将上升到99%；欧盟则逐步取消99%的日本产品关税，其中包括了汽车和电视机，如欧盟对日本产乘用车征收的10%关税将在协定生效后第8年免征，日本产汽车零部件也将有92%的品类免征关税。该协定下一步将进入日本国会和欧洲议会批准环节，该环节可能需历经数月才可完成。欧盟希望该协定能于2019年年初生效，而日本政府则力争要在预计2018年秋季召开的临时国会上完成批准手续，使该协定在2019年3月前尽早生效。

从规模上看，此次日欧签订的经济伙伴关系协定覆盖总人口数超过6亿，占全球国民生产总值（GDP）约30%，占全球贸易总额约40%。它不仅是欧盟有史以来签署的最大的自由贸易协定，也是目前全球规模最大的自由贸易协定。

这样体量巨大的自贸区必然会对世界经济格局产生深远影响。首先，对日欧双方而言，规模庞大的自由贸易将带来非常可观的收益。经济收益是必不可少的。由于在日欧双边贸易中，欧盟主要向日本出口日用消费品，日本则主要向欧盟出口汽车产品。新协定生效后，欧盟出口的奶酪、葡萄酒、猪肉、皮革制品等消费品价格下调，日本出口的茶叶、水产品、机械零件、汽车等在欧盟销售时价格也会有所降低，这将进一步推动双边消费增长。日本还将在数字经济等新兴产业领域享受欧盟成员国同等待遇，分享和保护欧盟数亿人口的个人信息和商业信息，获取欧盟市场准入的权利。根据日本政府估算，日本GDP还将因此增长相当于约1%的5万亿日元（约合人民币2970亿元），并创造约29万个工作岗位。

另外，日欧也将获得巨大的非经济效益。一方面，英国脱欧后的欧盟在综合实力上受到了削弱，面对美国屡次发起的贸易摩擦，欧盟需要联合具有较强实力的经济伙伴抱团取暖。另一方面，对于日本而言，早在其推动"跨太平洋伙伴关系协定"（TPP）转型为"全面且先进的跨太平洋伙伴关系协定"（CPTPP）时，日本就已将自身定位为亚洲自由贸易的旗手。此次与欧盟顺利签订EPA又为日本的"旗手"身份增添了可信度，并且也使得日本得以在达成CPTPP后继续巩固其在亚太区域合作方面的战略先机，腾出精力加速推动"区域全面经济伙伴关系"（RCEP）等其他区域合作制度谈判并使其向更有利于日本的方向发展。

第二，美国传统同盟体系可能以新的条件重新联合。美国猛烈的贸易战攻势也损害着美国与其盟友之间的关系。日本和大多数欧盟国家都是传统意义上的美国盟友，此次日欧EPA的签署可谓是美国盟友共同对抗美国贸易保护主义所采取的进一步实质性行动。然而，这并不意味着美国同盟体系就此涣散；相反，日欧的举动引起了美国的关注。在日欧EPA签署后不久,美国总统特朗普和欧盟委员会主席容克就共同发表声明称美欧同意共同努力,以实现零关税、零壁垒,以及对非汽车工业产品零补贴;日美两国政府也计划于8月举行新一轮贸易磋商。这意味着,美国可能将与盟友们达成新的共识,以双边谈判的方式重新打造国际自由贸易网络。若美日欧三大经济体都签署了互免关税的协议,那么将出现一个占世界GDP总量一半的自由贸易区,从而对当前国际多边贸易体系造成巨大冲击并改变诸多现有的贸易规则,以美国为中心的同盟体系也将在新的贸易条件下运作并形成新的自由贸易核心群体。

第三,对中国而言,日欧EPA的签署意味着维护国际自由贸易的力量格局正在洗牌和重组,中国面对的规则压力和伙伴压力未能得到有效缓解,还需提高警惕、做足准备。由于日欧在知识产权保护、市场开放等贸易议题方面都有着更高的规则要求,日欧EPA的签署将增加相关国家在与中国展开贸易谈判时的筹码,要求中国接受更加严格的贸易规则标准。此外,日欧大范围"零关税"的联合可能将帮助日欧获得更多支持自由贸易的国家的信任,特别是日本能获得更多国家对其自由贸易旗手身份的认可,这有利于日本在亚太地区争取伙伴支持。可见,日欧EPA的签署会给中国带来不小的国际制度压力。而中国要做的,正是要努力化压力为动力,深化改革并扩大开放以尽快适应高水平贸易规则,同时通过加快实施自贸区战略并构建自身经济伙伴关系网络,力争更加从容地应对国际贸易格局的变迁。

(执笔人:孙忆)

(二)美欧日计划打造"超级自贸区"

7月25日,美国总统特朗普与来访的欧盟委员会主席容克会晤后宣布,美欧将通过谈判化解钢铝关税问题,同意在就贸易进行磋商期间暂不实施新的关税,并且发布了双方致力于建设零关税自由贸易区的联合声明。一石激起千层浪,美欧这一声明令世界震惊。

自特朗普上台之后,白宫先是宣布美国退出"跨太平洋伙伴关系协定"(TPP),接着又发布了对进口钢铝征收惩罚性关税的行政令,并且执意打响了与中国的"关税战",让世界忧虑特朗普政府是否要一手推倒第二次世界大战后所建立的自由贸易体系。此次美欧联合声明中,特朗普一改之前的贸易保护主义姿态,激进地提出了"零关税、零壁垒、非汽车产品零补贴"的"三零原则",摇身一变,仿佛要成为新一轮全球自由贸易的旗手。

美欧贸易战按下暂停键

这次美欧联合声明包含四点核心内容:第一,双方将致力于建设零关税的自由贸易区,并且减少补贴,减少其他非关税贸易壁垒;第二,加强能源合作,欧盟将从美国进口更多的液化天然气;第三,改革升级现存的世界贸易组织(WTO),减少全球不公平贸易;第四,共同致力于保护美国与欧盟的公司,以更好地保护他们免受不公平的全球贸易行为的侵害。

上述这四点内容基本符合美国贸易代表办公室(USTR)在2018年2月份发布的《总统贸易政策议程》的总体政策基调。这份报告指出,特朗普政府对外贸易政策议程包括五大支柱:一是捍卫美国国家安全,二是巩固美国经济发展,三是推动更好的贸易谈判,四是强化贸易执法,五是改革多边贸易体制。尽管之前特朗普政府的贸易保护行为和刚刚公布的美欧联合声明看似是南辕北辙的"特式风格"行为,实际上都忠实地履行了美国贸易政策的总体目标,反映了"美国优先"的行动意图。

而实际上,此次美欧联合声明的背景恰恰是美欧不断升级的贸易摩擦。2018年3月8日,特朗普正式签署了对进口钢铝分别征收25%和10%附加关税的行政令,被认为打响了与全世界的贸易战的第一枪。随后，美国虽然表示暂时豁免对欧盟的钢铝关税直到6月1日，但在之后的谈判中，双方并无明显进展。

6月份在加拿大举行的G7峰会上，包括欧盟大国在内的西方六国与美国之间甚至遭遇最大分裂。由于特朗普拒绝签署联合公报，欧盟国家为避免贸易摩擦而争取关税豁免的努力再次失败。很快，欧盟决定对美国的贸易保护主义行为作出回击。6月22日，欧盟决定对美国价值28亿欧元的进口产品征收报复性关税。而在欧盟实施反制措施后，特朗普当天又威胁将对所有欧盟组装汽车征收20%的进口关税。就在美国和传统欧洲盟友的贸易摩擦不断升级之际，欧盟委员会主席容克访美，欧盟贸易委员会马尔姆斯特伦随行，显然，关税和贸易问题是双方谈判的重点。

会谈之后公布的联合声明，无疑为美国和欧盟可能螺旋上升的"贸易战"按下了暂停键，双方同意通过谈判化解钢铝关税和报复性关税问题，并且宣布双边关系进入"新阶段"。

美欧日"超级自贸区"的蓝图

此番美国所表现出的积极促成美欧自贸区的意向，不仅是对特朗普之前不顾美欧传统盟友关系而开展冒进行动的修正，更是因日欧经济伙伴关系协定（EPA）达成给美国带来压力而作出的重新规划。

7月17日，日本和欧盟在东京签署了EPA。根据此协定，欧盟将取消日本进口商品99%的关税，日本将取消欧盟进口商品94%的关税，其中包括82%的水产品和农产品；这一协定涵盖了全球1/3的经济总量，将打造全球最大的自由贸易区。

不管是从规则制定权上还是贸易福利上来看，美国自然不愿意被排除在最大的贸易"朋友圈"之外。再加上特朗普政府先后向中国、欧盟、加拿大、墨西哥等国征收关税，这种贸易保护主义行为已经带来了美国与多个国家之间的贸易摩擦。特朗普在贸易政策上的一意孤行不仅使自己在国际上成为孤家寡人，而且也招致国内自由派的激烈反对。

正是在这一背景下，容克访美意在缓和欧盟与美国的贸易关系，美国则借坡下驴，趁机提出建立"零关税、零壁垒、零补贴"美欧自贸区的建议。随后，难产已久的美日自贸协定也被提上了日程，美国贸易代表莱特希泽表示，希望在即将开始的美日自贸协定新一轮谈判中尽快与日方达成共识。在很大程度上，此次美欧联合声明、日欧经济伙伴关系协定和未来可能签署的美日自贸协定，将预示着一个由美日欧主导的新国际贸易体系的雏形。

进入21世纪以来，美国一手主导的世界贸易组织（WTO）确实面临着贸易规则落后、效率低下、权力分散的问题，多哈回合谈判持续多年无果而终。美国需要新的平台，用以建立新世纪自由贸易协定标准。

在奥巴马时期，美国试图通过跨大西洋伙伴关系协定（TTIP）和TPP来分别解决跨大西洋地区和跨太平洋地区的国家贸易投资问题，以此巩固和扩大美国在全球经济体系中的领导地位。但由于美国和欧盟在技术监管、政府采购和原产地原则等问题上的分歧，TTIP谈判接近停滞。而特朗普政府直接宣布退出TPP，破坏了奥巴马在亚太地区构建新的区域经济秩序的努力。美国一方面不能接受WTO的既有规则，另一方面又难以通过区域自贸协定来贯彻自己的新规则，因此一度面临两难困境。

从此次美欧联合声明来看，特朗普并不打算放弃自由贸易协定的议题和规则制定权，而是希望利用美国在双边贸易谈判中在市场规模、技术水平上的不对称优势，通过以更加灵活的双边自贸协定取代多边经贸规则。而之前的贸易战，似乎只是今后的贸易谈判的"前奏曲"。这或许是特朗普所奉行的"以打促谈"战术风格的展现。

长期以来，美国希望能够继续打开欧盟成员国农业市场的大门，但随着多哈谈判和TTIP协议的无疾而终，这一目标愈加难以实现。但特朗普在与容克的会谈中得到了"欧盟未来可能增购美国的大豆"的承诺，在这一问题上释放了积极的信号。美欧联合声明中关于"建设零关税自由贸易区，减少补贴，减少贸易壁垒"方面的内容表明，特朗普有望将新的贸易观念推行到未来可能形成的美欧日"超级自贸区"中，而美国通过分别与欧盟和日本签订自由贸易协定的方式，更有利于发挥美国的谈判优势。

美国构建的新一代国际贸易体系将不再是更广泛的经济整合，而是更高标准的贸易安排。在WTO的多边贸易谈判中，数量和多样性不断增长的参与者难以在各类议题，尤其在相对敏感的议题上达成统一的协定，导致多边贸易谈判过程步履维艰。因此，美国希望能够率先与欧盟、日本建立零关税"超级自贸区"，按照美国的利益需求确定自由贸易协定的发展路线。

日欧经济伙伴关系协定中，双方取消大部分进口商品的关税，即使在谈判分歧较大的汽车和农产品领域，欧盟同意在协定生效的七年后免除对日本汽车征收的关税，作为交换条件，日本也将进一步打开本国的农产品市场。当前美国和欧盟相互的进口关税已经是比较低的水平，即使完全取消，也并不会产生过多的国内政治障碍。而美欧日"超级自贸区"一旦形成，将会吸引更多国家的加入。

如此，国内补贴高、市场准入低的国家则将不得不接受美国规定的贸易准则，来融入由美欧日主导的新一代国际贸易体系。从美欧联合声明中美国对于"不公平"贸易行为的解读来看，知识产权、国内补贴和竞争政策将成为新一代国际贸易体系中的重要规则。

"自由和公平贸易的大日子"为时尚早

美日欧主导的新的国际贸易体系一旦形成，将会对中国的对外贸易造成冲击。在联合声明中，美国和欧盟表示共同致力于保护美国与欧盟的公司，以更好地保护他们免受不公平的全球贸易行为的侵害；共同推动WTO改革，解决不公平贸易行为，包括知识产权窃取行为、强制性技术转让行为、工业补贴、国有企业造成的扭曲以及产能过剩问题。

虽然这一声明中对不公平贸易行为的指责并没有明确指向某一国家，但这与2018年七月WTO在对中国贸易政策的第七次审查报告中批评中国政府补贴国有企业、设置外商对华投资障碍的行为如出一辙。之前，美国对进口钢铝征收惩罚性关税，挑起全球性贸易争端，中国没有享受任何豁免程序。

不过，从特朗普上台后各种反复无常的行动来看，美国也可能在建立美欧日主导的"超级自贸区"问题上态度出现反转。由于特朗普面临着即将到来的中期选举，特朗普政府的贸易政策也难免为国内政治所捆绑，其缓和美欧贸易关系是为稳住农业州和能源州票仓的暂时之举，也并非没有可能。

美国中西部的农业大州作为特朗普参与大选的重要票仓，在中美贸易战期间已经对特朗普政府表达了强烈不满。虽然美国农业部宣布向受贸易战影响的美国农民提供120亿美元补贴，以资助受反制措施所伤的"票仓州"的农民，但并没收到明显效果。"票仓州"农民在中美贸易战中因失去广大农产品的出口市场而造成的损失远大于这暂时性的救济支票。

在此次美欧联合声明中，欧盟表示未来增购美国的大豆，这将在一定程度上缓解在中美"贸易战"所给美国带来的负面效应，帮助特朗普在中期选举之前稳住农业州票仓。但是特朗普宣称"帮农民打开了欧洲市场的大门"，这一评价过于乐观。2017年中国从美国进口大豆3285万吨，将近123亿美元。而2018年中国对美国大豆的提前采购量相比过去十年的平均水平已经下降了60%，大豆价格4月以来已下跌近20%。虽然欧盟表示愿意扩大对美国大豆的进口，但欧盟每年进口的1500吨大豆即使完全来自美国，也很难弥补因为丢掉中国市场所产生的巨大缺口。

不仅如此，值得注意的是，在联合声明公布之后，欧盟成员国也对此发出了不同的声音。德国由于担心美国可能出台的汽车关税而对美欧贸易摩擦得到缓和的结果表示赞扬，但法国的态度更为谨慎。7月26日，法国总统马克龙与西班牙首相桑切斯在会谈中共同表示,反对将农业问题纳入贸易协定,这与容克在此次访美中的表态相差甚远,容克承诺的增购美国大豆是否能够真正落实,值得怀疑。可见,特朗普将此次与容克的会谈称作"自由和公平贸易的大日子"为时尚早。

(执笔人:李巍、艾雪颖)

(三)美国经济强劲增长

美国经济统计局于7月27日公布的数据显示,美国2018年第二季度的国内生产总值环比年化增长率(简称GDP增长率)高达4.1%,创特朗普总统执政以来的新高。纵向来看,虽然这一亮眼的数字稍低于市场预期的4.2%,但其稳居金融危机以来"第四高"的季度增长率,仅次于2014年第二季度的5.1%、2014年第三季度的4.9%以及2011年第四季度的4.7%,而且更远远高于近10年增长率的平均值1.6%。横向来看,美国第二季度的GDP增长率明显高于其他发达经济体。各国最新披露的数据显示,日本2018年第一季度GDP增长率为-0.6%,英国同期的GDP增长率为0.2%,澳大利亚同期的GDP增长率为1.0%,德国同期的GDP增长率为1.6%,法国2018年第二季度GDP增长率为0.2%,相比之下美国的数据则要抢眼得多。

美国第二季度GDP的高速增长主要得益于消费和出口领域的强劲表现。美国GDP的核算体系可被拆分为消费、净出口、投资、政府开支和库存五大类,分别来看:其一,第二季度美国消费支出环比增长4%,较第一季度大幅反弹,分析认为美国民众担心关税带来价格上涨而选择提前消费。其二,第二季度美国出口增长9.3%,为2013年以来最高增速,其中食品和农产品出口大幅增长110%,而工业中间品和资本品也分别增长了13.4%和8.3%。其三，投资则延续了过去的良好势头，连续9个季度环比扩张，特别是能源与信息技术领域投资势头迅猛。其四，政府开支连续第三个季度保持增长。其五，上述五大类中唯有库存拉低了美国第二季度GDP增速，然而其拖累的程度较为有限。

综合来看，美国第三、第四季度GDP增长率会小幅回落，但全年仍可能保持3%左右的较高增速。首先，美国第二季度的经济增长部分得益于贸易战前的"抢跑"效应，有学者分析认为美国消费者力求在贸易战来临前提前消费以进行储备，其他国家的进口商则力求提前大量进口以对冲潜在的贸易战风险，显而易见美国贸易和出口领域的高速增长并不可持续。其次，制约美国经济增长的诸多风险先后显现，例如税改红利正在消散、房地产投资明显下滑、钢铝等金属制造业产量下滑等。最后，中美贸易战最终爆发并不断升级，美国企业对华出口将不同程度受阻，同时其进口成本则大幅提升，这些都会使得美国经济增长面临更大的不确定性。

（执笔人：宋亦明）

（四）中美关税战正式开启

7月6日，美国政府正式对涉及818个类别、价值340亿美元的中国商品加征25%的额外关税，中国生产的信息通信设备、机器人与机械、金属制品、橡胶制品等首当其冲。同日，中国政府对涉及545个类别、价值340亿美元的美国商品对等地征收25%的额外关税，力求精准打击美国的农牧产品以及乘用车这两大"痛点"。此外，中国还在WTO就美国对华征收额外关税追加起诉。至此，"狂风劲吹"半年多之久的中美经贸关系迎来了"贸易战"的"瓢泼山雨"，通过对话协商解决贸易摩擦的期许彻底幻灭，两国"贸易战"正式开打。

自2017年8月14日美国开启"301调查"至今,中美经贸关系跌宕起伏,几经转圜,但摩擦最终逐渐升级直至"不可避免"地爆发"贸易战"。2018年3月,美国政府宣布根据"232条"款对中国等多国生产的钢铁和铝制品加征关税,拉开了中美贸易摩擦"向实质化升级"的序幕。对此,中国公布了价值30亿美元的报复性关税清单。同月,美国贸易代表发布"301调查报告","证实了"所谓"中国的不公平贸易政策"。4月4日,美国贸易代表发布向中国商品征税的清单,同日中国发布向美国商品报复性征税的清单。此后,美国政府数次威胁对中国征收额外的关税。中美高层曾分别于5月初、5月中旬、6月初进行了三轮谈判,期间中国一度承诺进口近700亿美元的美国能源和农产品,两国贸易摩擦出现了缓和迹象。然而6月15日,美中两国先后发布公告,决定对对方征收关税,两国之间的"贸易战"一触即发。在先后三轮谈判过程中,中美一度达成了多项共识,原本有望缓和摩擦,但是特朗普总统出尔反尔并执意挥舞关税大棒,最终使得中美双方为缓和贸易摩擦的外交努力付诸东流。

中美贸易摩擦刚刚拉开战幕,不仅短期内不可能缓和,反而有愈演愈烈之势。而其后,美国政府宣布还将择期对价值160亿美元的中国商品加征关税,此轮关税涵盖1102个领域,将重点打击半导体、工业机器人、通信等领域。对此,中国则针锋相对地提出价值160亿美元、涵盖114个领域的报复性关税清单,目标直指美国能源产品。7月31日,美国政府宣布将对价值2000亿美元的中国商品征收25%的关税,中国政府则发誓以"质与量相结合"的措施加以反制。由此,预计在未来相当长的时间内,中美经贸关系都无法摆脱贸易摩擦的泥潭。

综合来看,中美贸易摩擦的最终爆发造成了"双输"的局面。就美国而言,"贸易战"不仅无法实质上削减美国对华贸易逆差,而且严重损害美国的经济福利。中国在全球产业链中的"世界工厂"地位、美国对华高科技产品出口限制、统计数字对贸易逆差的夸大以及其本身过低的储蓄率造成了美国对华贸易逆差，逆差的上述生成逻辑根本无法通过"贸易战"得以矫正。更为重要的是，贸易摩擦会严重伤及美国自身：首先，引发美国失业潮。美国商会的数据显示中国对美出口创造了270万个工作岗位，而全面贸易摩擦将使美国1/10的制造业和采掘业工人失业，零售业、批发业和医疗行业也将各自消失20万至30万不等的就业岗位。其次，提高经济运行成本。价格低廉的中国商品有助于降低美国的通货膨胀率，美中贸易委员会指出中国商品每年为每个美国家庭节省了850美元的生活成本，而贸易摩擦正在蚕食这一福利。最后，拖累美国的经济增速。虽然2018年第二季度美国经济增长强劲，但其"透支消费"和"透支出口"的生成原因意味着较高的增速恐难延续，甚至有评估显示贸易摩擦正式开启意味着美国今后将丧失至少1%的经济增速。

就中国而言，贸易摩擦拖累中国经济增长，增加了经济运行的不确定性，更为重要的是可能造成中美经济"脱钩"，由此中国将会面临美国更大的战略压力。一方面，拖累中国经济增速。中美经贸关系是一对"不对称的"相互依赖关系，中国对美出口占国内生产总值的3.5%，美国对华出口仅占其国内生产总值的0.67%，特别是中国过剩产能很大程度上需要美国市场消化，由此中国对贸易摩擦更为敏感、更为脆弱，因此也更为被动。有学者的研究显示美国对华商品征收10%的关税将使得中国对美出口降低25%，经济增速下降1%。摩根士丹利的报告显示全面贸易摩擦将使中国经济增速滑落至5%左右。另一方面，"经济脱钩"将进一步放大"战略与安全对抗"。2017年版的《国家安全战略报告》将中国定位为"修正主义大国"与"头号竞争对手"，美国对华政策呈现出了从"接触"到"遏制"的明显转向，战略竞争与安全困境将重回中美关系的"舞台中央"。经济上的复合相互依赖能够在一定程度上缓和战略和安全上的紧张局势，提高了双方爆发冲突的成本，然而贸易摩擦所导致的"经济脱钩"则降低了美国遏制中国的成本，进而使中国不得不面对更大的战略压力。

除了中美"双输"外，两国贸易摩擦的冲击波还将殃及全球，加剧全球经济增长的不确定性。首先，美国对华商品征税将使处在中国产业链上游的多国和多家企业不可避免地受到波及，全球产业链的正常运行与既有配置将不可避免地受到扰动。其次，中美贸易摩擦拖累世界经济增速。经合组织的研究表明中美贸易摩擦将可能使得全球贸易量降低2%，全球生产总值下降0.5%，而国际货币基金组织警告称中美贸易摩擦有可能使全球经济增长率至多降低0.5%。最后，中美贸易摩擦威胁多边贸易秩序。中美贸易摩擦爆发后，中国第一时间在世界贸易组织提起诉讼，如果世界贸易组织未能有效阻遏美国的关税攻势，其致力于降低贸易自由化的多边主义权威将遭到质疑；如果世界贸易组织向美国施加了较大压力，美国将进一步加快重写世界贸易规则的进程，联合少数国家加快"另立门户"，由此加剧贸易领域的制度竞争，甚至颠覆现有的多边贸易秩序。

（执笔人：宋亦明）

（五）李克强访欧，释放世界经济正能量

7月5—10日，李克强总理先后赴保加利亚和德国进行正式访问，出席在索非亚举行的第七次中国—中东欧国家领导人会晤，并主持在柏林举行的第五轮中德政府磋商。

与会各方围绕"深化开放务实合作，共促共享繁荣发展"主题，共同制定和发表《中国—中东欧国家合作索非亚纲要》。在出席第七届中国—中东欧国家领导人会晤间隙，李克强与中东欧国家的参会领导人分别举行了会见，并且签署了多个双边备忘录。会晤成果包括中国海关与捷克、拉脱维亚对口部门建立进出口食品安全合作机制的谅解备忘录，也包

括进口保加利亚去壳葵花籽、波兰马匹、拉脱维亚观赏鸟的检验检疫议定书。

自"16＋1合作"框架搭建6年来，中国—中东欧国家各领域合作蓬勃发展，取得众多成果，例如制定了《中国—中东欧国家合作中期规划》，搭建了20多个机制化交流平台，规划了匈塞铁路、"中欧陆海快线"、"三海港区合作"等重大项目，推出了200多项合作举措。2017年中欧班列开行数量的高速增长也成为"一带一路"建设的重大标志性成果。而本次领导人会晤主要是为了夯实过去的合作成果，为中国—中东欧国家"16＋1合作"未来发展进一步指明方向。中国同中东欧16国之间的贸易顺差是中东欧国家的主要关注点，将于2019年上海举办的第二届中国国际进口博览会旨在增加中东欧国家对华的出口。李克强表示希望更多的中东欧国家投资者参与海南自由贸易港建设，这表明了中国对中东欧国家持续开放的态度和对自由贸易体系的维护。

李克强访欧的重头戏在于与德国总理默克尔的会晤。7月9日，在两国总理共同见证下，中德双方共签署了22项双边合作文件，涉及农业、教育、青年、卫生、化工、通信、汽车、自动驾驶等多个领域，总金额达到近300亿美元。此次磋商的成果丰硕之处不仅在于金额数量"前所未有"，更在于在多个领域开创了"第一"。比如，巴斯夫集团即将在广东湛江建设的精细化工一体化基地，是中国重化工行业外商独资企业"第一例"；宁德时代将投资2.4亿欧元，在图林根州设立电池生产基地及智能制造技术研发中心，这将成为德国最大的锂电池生产基地。

德国基础设施优良、高素质人才储备丰富、研发能力雄厚、"德国制造"蜚声世界，而中国市场规模巨大、互联网行业发展迅速、企业充满活力，两国在创新领域互补性高，合作领域非常广泛，合作潜力巨大。尤其在本次磋商的重点——新能源和自动驾驶领域。在两国领导人见证下，工业和信息化部部长苗圩与德国联邦经济和能源部、联邦交通和数字基础设施部代表共同签署了《关于自动网联驾驶领域合作的联合意向声明》，其中包括宝马公司在中国合资企业持股超过50%，江淮汽车与大众汽车集团共同投资建立新能源汽车研发中心暨共同开发紧凑型纯电动汽车平台以及清华大学与德国戴姆勒集团智能网联汽车关键技术联合研发等7项协议。德国工业巨头西门子公司作为中德合作的"领军企业"，先与国家电力投资集团签署了关于重型燃气轮机专项技术的合作协议，又与阿里云计算公司签署世界级工业互联网平台战略合作备忘录。西门子与阿里云的合作，将助力中国制造大国应用"工业4.0"解决方案。中德合作已不是传统意义上的规模合作，也不是旧有技术的延伸，而是在智能化、能源革命等重要新领域展开合作，对引领未来汽车工业潮流意义重大，也是"中国制造2025"对接德国"工业4.0"战略的落地实践。

另外，中国将继续加大对德国的开放力度。中国人民银行行长易纲在中德政府磋商时表示，中国将尽快实行准入前国民待遇加负面清单管理，按此原则已经做好了金融业扩大开放的具体时间表和路线图。在李克强结束访德回京的当天下午，中国银行间市场交易商协会发布公告称，依据市场评价结果，经报中国人民银行备案同意，德意志银行（中国）有限公司可开展非金融企业债务融资工具承销业务。德意志银行（中国）将成为继汇丰银行（中国）、渣打银行（中国）和摩根大通银行（中国）等之后，第六家可以承销中债的外资银行。中国扩大开放的态度以及中德互利合作的加强将给不确定的世界经济发出稳定可预期的积极信号。

（执笔人：艾雪颖）

（六）习近平访非并出席金砖会议

7月21—29日，国家主席习近平对塞内加尔、卢旺达和南非三国进行国事访问，出席在南非约翰内斯堡举行的金砖国家领导人第十次会晤，过境毛里求斯并进行友好访问。此次金砖峰会主题为"金砖国家在非洲：在第四次工业革命中共谋包容增长和共同繁荣"。峰会发表了《约翰内斯堡宣言》，取得了包括政治、安全、金融、经济、社会、人文等领域在内的多项合作成果。

加强"一带一路"框架下的合作是习近平主席此访的主旋律之一。继南非之后，中国又利用此访与塞内加尔、卢旺达签署共建"一带一路"谅解备忘录，同毛里求斯就尽快签署"一带一路"协议达成共识。中国同上述国家商定加强发展战略对接和产业政策沟通，发挥经济互补优势，在更高水平、更宽领域、更深层次推进互利合作。在塞内加尔，受中国贷款资助的项目包括一条连接首都达喀尔与第二大城市图巴的公路，以及达喀尔一座工业园区的一部分。在卢旺达，中国建立了价值约4亿美元的合资企业，投资涵盖旅游、采矿和建筑等部门，其中大部分投资用于制造业和房地产业。

同时，习近平此次访非邀请非方各国领导人出席2018年9月在北京召开的中非合作论坛北京峰会，进一步加深中非关系，推动双方在中非论坛框架下进行务实合作。中非合作论坛成立于2000年10月，旨在进一步加强中国与非洲国家友好合作关系，应对经济全球化挑战，谋求共同发展。中非合作论坛北京峰会是在2015年约翰内斯堡峰会获得圆满成功的基础上，中非着眼于双方关系发展的现实需要而举办的。中非领导人再次聚首北京，共商中非友好合作大计，规划新时代中非合作蓝图，出台引领中非合作发展的重大举措，推进中非各领域交流合作，有利于深化中非全面战略合作伙伴关系，在更高水平上实现中非合作共赢、共同发展，也有利于促进南南合作和全球伙伴关系发展。

金砖峰会也是习近平访非的重要看点。金砖五国在此次峰会上取得了诸多成果，会晤发表《金砖国家领导人约翰内斯堡宣言》，就贸易投资便利化、知识产权、电子商务、中小企业等达成一揽子成果，就维护多边主义、反对保护主义发出明确信号,决定启动金砖国家新工业革命伙伴关系,深化在经贸金融、政治安全、人文交流等领域合作。

通过此次出访,中国作为最大的发展中国家,进一步展示了其致力于推进全球治理与经济全球化的信念。在7月26日举行的金砖国家领导人约翰内斯堡会晤大范围会议上,习近平强调要加强贸易投资、财金、互联互通等领域合作。要在联合国、二十国集团、世界贸易组织等框架内,坚定维护基于规则的多边贸易体制,推动贸易和投资自由化便利化,旗帜鲜明反对保护主义。下阶段,中国将实施10期人力资源开发合作项目,邀请五国专家共同规划新工业革命合作蓝图,提升金砖国家及广大新兴市场国家和发展中国家竞争力。

习近平还与其他金砖国家规划了金砖未来合作的蓝图,强调坚持"三轮驱动",释放经济合作巨大潜力,坚定维护国际和平安全,深入拓展人文交流合作。中国还携手南非提出金砖国家新工业革命伙伴关系倡议,得到约翰内斯堡会晤的正式核可,这一倡议付诸实施之后将成为推动金砖合作的重大旗舰项目。

当前经济全球化遭遇逆风,保护主义、单边主义阻碍世界经济发展。世界贸易组织日前公布的数据显示,2017年10月至2018年5月,二十国集团成员共采取39项贸易限制措施,同比增加一倍。此次峰会结束后发布的《约翰内斯堡宣言》,表明了金砖五国坚决捍卫多边主义和世界贸易组织等国际机制的决心,推动国际秩序朝着更加公正合理的方向发展。

(执笔人:黄泽群)

(七)巴基斯坦政府更迭与中巴经济走廊建设

7月28日,巴基斯坦国民议会选举正式落幕,伊姆兰·汗领导的正义运动党赢得270个选区中的115个,成为国民议会第一大党,伊姆兰·汗成为巴基斯坦新任总理。穆斯林联盟(谢里夫派)和人民党分别获得64席和43席,位列第二位和第三位。由于席位未过半,伊姆兰·汗将和其他政党组成联合政府。

正义运动党由巴基斯坦前板球队队长及慈善家伊姆兰·汗于1996年创立,虽曾先后参加1997年、2002年和2013年的三次全国国民议会选举,但收获甚微;此次也是正义运动党第一次参与巴基斯坦联邦政府执政。这标志着巴基斯坦政府正式结束穆斯林联盟(谢里夫派)和人民党轮流执政局面,进入三足鼎立时代;同时也标志着巴基斯坦政治家族统治的结束,一个更加平民化的政府即将建立。

由于巴基斯坦历来是中国重要的经贸伙伴和政治战略伙伴,"中巴经济走廊"也是中国"一带一路"倡议的示范性项目之一,因此巴基斯坦政府的更迭是否会对"中巴经济走廊"及其他中巴合作项目产生冲击对中国经济外交前景而言是一个重要问题。

中国与巴基斯坦有着悠久的经贸合作传统和紧密的经济关系。1963年1月,两国签订第一个贸易协定;2006年,两国签署自由贸易协定;2009年2月,两国签署《中巴自贸区服务贸易协定》。目前中国不仅是巴基斯坦最大贸易伙伴,也是巴基斯坦最大外国直接投资来源国:2017年,中巴贸易总额为200.9亿美元,其中中国出口额为182.5亿美元;2017—2018财年前十个月(2017年7月—2018年4月)巴基斯坦接受外国直接投资额22亿美元,其中中国对巴直接投资额为14.14亿美元,占比超过60%,远超第二位英国2.45亿美元的投资额。

"中巴经济走廊"于2013年由中国提出,是一条囊括了公路、铁路、管道、通信网络、海港、重大能源和基础设施项目,以及各经济特区和工业园区的综合性贸易走廊。迄今为止,"中巴经济走廊"一共有42个计划项目,其中有8个已经建成,还有14个正在筹备阶段;总投资额为620

亿美元，其中大约70%将进入能源领域，其余30%将用于建设和改造高速公路和铁路。

在大选前的政治目标阐述中，伊姆兰·汗表达了与前任政府不同的政治理念，其中包括对"中巴经济走廊"的质疑。但是，正如"非家族性"和"反现状性"的政治属性是伊姆兰·汗赢得选票的战略优势和根本原因，伊姆兰·汗对"中巴经济走廊"的不满事实上是反对前任政府腐败和不公正，而非对与中国合作成果的根本否定。

具体而言，伊姆兰·汗曾于2016年在开伯尔—普什图省斯瓦比地区出席集会时澄清，"我们在中巴经济走廊问题上与联邦政府有分歧，但不针对中国"，"巴联邦政府未能兑现其对于开普省有关中巴经济走廊建设的承诺，开普省在走廊建设中未能获得应有份额"；在大选后他也表示，深化中巴合作是新一届巴基斯坦政府的重要外交目标，"中巴经济走廊"是巴基斯坦发展的重要机遇。

此外，7月30日，中国驻巴基斯坦大使姚敬在伊斯兰堡与伊姆兰·汗举行了会谈。伊姆兰·汗表示，发展对华友好是巴基斯坦举国共识，希望中方继续支持巴经济社会发展；正义运动党支持"一带一路"合作理念，坚定支持"中巴经济走廊"建设，相信走廊合作将为巴发展带来新的重要机遇；正义运动党上台后，将与中方全面对接，推动两国关系持续深入向前发展。

尽管由于中国对于巴基斯坦经济、政治上的重要地位，中巴经济关系的基本格局不会改变，但此次巴基斯坦政府更迭依然暴露了部分"中巴经济走廊"的投资风险。

一方面，"中巴经济走廊"的政治风险有所提高，合作项目面临更多的政策不确定性。如正义运动党发言人法瓦德·乔杜里宣称，所有"中巴经济走廊"的协议都需要接受议会的审查；而由于目前巴基斯坦政府尚未组阁完成，新任总理伊姆兰·汗政治经验不足，因此巴基斯坦新政府的政治偏好和策略尚不明朗；此外，"中巴经济走廊"中存量项目的腐败问题如何处置也是中国投资方即将面临的风险点。

另一方面，经济风险也贯穿了"中巴经济走廊"建设发展的始终。"中巴经济走廊"总投资额为620亿美元，其中政府间优惠贷款仅为60亿美元，在总投资额中所占比例较小，且贷款周期长，5年以后才开始偿还，偿还期为25年，这增加了由政府更迭、宏观经济恶化、金融危机等可能因素造成的信用违约风险；更多比例的投资份额意味着更高的直接投资风险，因此对投资回报率和经营稳定性有更高的要求，而巴基斯坦生产效率较低，基础设施不完善，在仍然不够稳定的国际国内政治局势下，相关工程项目的经营风险将大大提高。

（执笔人：孙妍）

◇◇ 八 中马"一带一路"合作出现新变化（八月报告）

2018年8月，中国经济外交在曲折中前进，特朗普政府对价值160亿美元的中国商品加征关税、中美第四轮经贸磋商无果而终、特朗普签署限制中资以及对华出口高科技产品法案，中美经贸关系仍然阴云密布；澳大利亚特恩布尔政府更迭，新政府有可能延续其对华经贸政策，中澳经贸关系恐难有实质性改善。马来西亚总理马哈蒂尔访华在一定程度上增进中马理解与政治互信，双方开始采取措施突破合作困局。第七次中日财长对话顺利举行，在中日关系逐渐转暖的背景下，双方可携手应对全球经济变化、拓展双边经济合作。

(一) 中马"一带一路"合作出现新变化

8月17—21日,马来西亚总理马哈蒂尔重掌政权以来首次访华,翻开了中马关系及两国合作的新篇章。此前关于马哈蒂尔对华态度及中马"一带一路"合作的扑朔迷离走向自此逐渐明晰化。尽管中马"带路"合作有所阻滞已成事实,但所幸两国关系并未因此严重恶化,这在一定程度上得益于中马通过此次马哈蒂尔访华所取得的理解与政治互信。然而,双边关系未遭到破坏也并不意味着中马合作能够转而向好、向热发展,相反,如何突破当前两国"一带一路"合作的困局,防止中马关系趋冷,并使双方的经济利益得到保障,依然是横亘于双方政府与相关企业之间的一道难题。

大马政权更迭使"一带一路"项目受阻

2018年5月,马来西亚结束大选,马哈蒂尔取代纳吉布成为新一届总理,"希望联盟"也取代了执政长达61年的"国民阵线"成为新的执政联盟。此次政权更迭不仅表现为人事"大换血",更涉及执政理念与政策方针的变更——新一届政府彻底否定了纳吉布政府的内外政策与政绩,清除"国民阵线"长期执政所固化下来的政治、经济与社会根基。新政府的具体举措包括砍掉"不必要"的基础设施项目、解雇官员、部长降薪等,其中第一项措施对中马"带路"合作产生了直接的负面影响。新政府先后中止三个中资项目,分别是马六甲多产品输油管道工程、泛沙巴煤气输送管工程和东海岸铁路建设大工程,此外,碧桂园在马来西亚投建的"森林城市"项目也受到冲击。

马哈蒂尔政府取消或阻挠与中国"一带一路"合作项目的主要原因在于以下三个方面。

第一,大马政府确实面临着沉重的国债压力,迫切需要通过终止这些大型基建项目以减轻财政负担。根据马来西亚政府近期公布的数据，该国债务已达1万亿马币（约合2520亿美元），占国内生产总值的80%，远超发展中国家45%的国债负担率警戒线。

第二，马哈蒂尔需要通过取消这些项目暴露纳吉布政府的低效与腐败，获得舆论上对其清算纳吉布残留势力的支持，进而巩固与树立新政府的权力与威信。马哈蒂尔已经92岁高龄的现实条件不允许他等到项目完工、民众受惠并对他的政绩作出肯定后再离任，他也不允许纳吉布留下的"政治遗产"成为民众称颂的对象。基于此，取消这些项目是短期内彰显马哈蒂尔办事效率与政绩，争取民心的见效最快的方式。

第三，为改变与中国的投资结构和合作方式"投石问路"。从马哈蒂尔诸多言论来看，新政府并非全盘否定中方投资的价值，也并非基于"经济民族主义"思想完全反对外来（包括中国企业）投资。但诚如他多次强调的，马来西亚更欢迎电子商务、人工智能和大数据等高端领域项目投资。此次受波及的四个项目分属于基础设施、能源与房地产这三大传统领域，虽然问题的关键在于项目本身，但马哈蒂尔可能也希望通过取消或阻挠这些项目来向中国政府与企业传递马方对于外来投资的需求与偏好等信号，从而试图引导中企往他期望的领域、以他偏好的方式向马来西亚注资。

马哈蒂尔访华增进理解与政治互信

大马新政府反对中国"一带一路"倡议、敌视中国的说法不断扩散，引发中方顾虑与担忧。此次访华，马哈蒂尔意在修复中马关系，争取获得中国政府与企业对其国内困境的理解，从而重振中企对马投资的信心与热情。在宣布取消东海岸铁路计划和两项油气管道计划时，马哈蒂尔也强调，目前只是"暂时取消"，在马来西亚国家债务问题妥善解决之后，这些项目还有重新启动的可能。对此，中方的回应是"表示理解"，同时强调双方政府通过此次会面达成的共识：对于合作中出现的问题，应从两国友好和双边关系长远发展出发，通过友好协商妥善解决，有效平息了关于中马关系恶化的不实言论。

此外，马哈蒂尔通过此行明确了马来西亚新政府对于"一带一路"倡议的态度。他多次表态，中国的发展有助于马来西亚发展，中方"一带一路"倡议正在给沿线国家带来实实在在的利益，并明确表示将支持并积极参与中国的"一带一路"建设，增强了双方的政治互信，也稳定了两国继续开展经济合作的信心。

值得一提的是，马哈蒂尔访华还取得了一定的实质性成果，主要包括：中马签署了关于两国间的货币互换协议再延长三年的协议，互换额度为1800亿人民币（约合1100亿林吉特）；中粮集团（COFCO）与森那美种植有限公司签署有助吸纳更多马棕油的谅解备忘录；中国海南省农垦及海南省农垦投资控股集团有限公司与马橡胶局签署橡胶沥青道路技术及割胶自动化及机械化备忘录；吉利控股集团和马来西亚DRB-HICOM集团签署合作协议，等等。这些成果将有效增进中马两国的资金融通、在特定领域的贸易往来与技术合作，进一步密切两国的经济关系。

事实上，在中资项目遇阻的不和谐背景下，马哈蒂尔的一趟访华之旅便能增信释疑、及时遏制双边关系恶化的趋势，主要还是得益于中马两国原本密不可分、相互依赖的经济联系。中国自2009年起已连续8年成为马来西亚最大的贸易伙伴，马来西亚也是中国在东盟的最大进口来源国，2017年双方的贸易额达677.5亿美元。此外，中国是马来西亚吸引外资主要来源国之一，2017年中国对马FDI流入额为23.7亿美元，在马来西亚外来投资来源国中排名第七，同时中国还是马国制造业外来投资的最大来源地。

总体而言，中国是马来西亚不可取代的庞大市场，也是带动马来西亚经济社会发展的主要资金来源之一；而马来西亚则是中国在东南亚地区推进"一带一路"建设的节点国家，地缘战略意义重大。基于此，两国政府不会放任中马关系由于投资纠纷而恶化，从短中期来看，双方还将维持较为稳定的外交关系，但问题的关键在于两国在"一带一路"框架下的合作将如何得以维系与发展。

中马"一带一路"合作何去何从

针对此次中马"一带一路"合作受阻现象，我们首先应该辨析的问题是，遇阻的项目具有哪些特点？中企在马来西亚投建的诸多项目中，哪些可能是受欢迎的？这也是中国维持与扩大与马来西亚"一带一路"合作所要解答的首要问题。

对于第一个问题，除了上文提及的项目分属于基础设施、能源与房地产三大传统领域这一特征外，这些项目的共同特征还在于它们的启动时间更为晚近（都在2016—2017年，是目前马来西亚的主要中资项目中最晚启动的，详见表1），项目动工时间相对较短，若中途遭到终止，对于违约一方——马来西亚政府而言损失相对较小，这应该也是马哈蒂尔选择对这几项工程而非其他项目"开刀"的考量之一。

另一方面，每个项目还各具特点：东海岸铁路与同类型的工程相比，耗资明显更为突出（如表1所示），这是项目引起马哈蒂尔政府质疑的首要原因；而马六甲多产品输油管道工程与泛沙巴煤气输送管工程是由中国进出口银行贷款予以支持，本应受到马方的欢迎，但这两个项目的负责方——马来西亚财政部的独资公司阳光策略能源公司（SSER）与"一马"公司存在千丝万缕的联系，两个项目因此也被怀疑是财政部挪用资金弥补"一马"漏洞的工具；碧桂园的森林城市项目的问题则在于中国购买者在数量上远超马来西亚本土购买者，马哈蒂尔担忧该项目导致太多外国人涌入马来西亚，并将其视为对马来西亚和马来人的战略威胁。

这四个项目都在不同方面触及马来西亚国家社会的敏感之处，包括纳吉布政府的腐败问题及马来西亚的民族主义情绪。这一方面凸显了"一带一路"在东南亚国家面临诸多政治与社会风险，另一方面也为后来投资者提供经验教训——在投资前应科学地分析东道国的国家与社会特点、充分估量对方政府的意图及项目本身的性质特征，避免受到无辜牵连。

而对于"哪些投资项目可能在马来西亚受欢迎"的问题，此次马哈蒂尔访华也释放了一些信号。他在访华期间先后造访阿里巴巴、吉利汽车、大疆无人机制造商等中国企业，对中国的互联网与科技发展表现出了浓厚的兴趣。这些企业已与马来西亚政府拥有一定的合作基础与经验：2017年3月，阿里巴巴开始和马来西亚共建数字自由贸易区，这是东南亚第一个以电子商务、云计算大数据、智慧物流和普惠金融为核心驱动力的超级枢纽，将服务马来西亚和东南亚的百万中小企业；2018年1月，马来西亚又引入了阿里云ET城市大脑，计划将人工智能技术全面应用到马来西亚交通治理、城市规划、环境保护等领域；吉利汽车则于2017年6月收购了马来西亚本土汽车企业宝腾49.9%的股份（宝腾是1983年由时任总理的马哈蒂尔推动成立的）。从马哈蒂尔的相关表态看，未来相关企业在科技、互联网等领域开展对马来西亚的投资可能面临难得一遇的机遇期。中国政府也可以进一步开拓与马来西亚在这些领域的合作，尤其是探索"一带一路"倡议与马来西亚的"多媒体超级走廊"① 建设对接的可能性与具体方式。

此外，马哈蒂尔也在此行中提到马来西亚提高自身生产力的需求较为迫切。当前马来西亚急需资金与技术，而需要马方出资的工程项目或领

---

① 多媒体超级走廊（Multimedia Super Corridor，简称MSC）是马来西亚政府促进国家科技的发展计划，自1996年8月开始实施，发展至今已成为全球建设多媒体专业园区、集中发展多媒体产业的成功典范。详细参见大马经济网《马来西亚多媒体超级走廊发展现状与成功原因剖析》，2016年3月24日，http://www.malaysiaeconomy.net/id_232321/d32vaa4411xb1cd/2016-03-24/38115.html。

域，短期内应该没有开拓合作的可能。

最后，从马来西亚的经验看，中国要深入推进与"一带一路"沿线国家的合作，扩大对这些国家的投资合作，应该密切关注合作对象国的真正需求，因地制宜地布局具体的合作项目。

表2　　　　　　　　中马"一带一路"合作重点项目概况

项目名称	双方政府/企业及其参与情况	签约/启动时间	项目类型	所涉金额	项目状态
皇京港	中国电建与马来西亚凯杰公司共同开发，深圳盐田港、日照港配合中国电建负责项目建设	2016年10月19日启动	基础设施	800亿元人民币	在建
森林城市	碧桂园与柔佛州政府合资开发，其中碧桂园持股占比60%，柔佛市官方投资公司占40%	2016年3月6日启动	房地产	2500亿元人民币	在建（出现争议）
关丹产业园	港务集团与马来西亚牵头合作伙伴IJM集团、森那美集团共同开发建设	2013年2月5日开园	工业园	约175亿元人民币	部分投产、部分在建
巴贡水电站	中国水电集团和马来西亚当地公司组成的马中水电联营体承建	2012年10月完工	能源	—	投产
东海岸铁路	中国交建与马来西亚铁路衔接公司	2017年8月9日开工	基础设施	约1330亿元人民币	取消
南部铁路	中国铁建—中国中铁—中国交建联营体承建	2017年4月3日开工	基础设施	144亿元人民币	在建
马六甲多产品输油管道工程	中国进出口银行贷款，由马来西亚财政部的独资公司——阳光策略能源公司（SSER）负责兴建	2017年4月动工	能源	约67亿元人民币	取消

续表

项目名称	双方政府/企业及其参与情况	签约/启动时间	项目类型	所涉金额	项目状态
泛沙巴煤气输送管工程	中国进出口银行贷款，由马来西亚财政部的独资公司——阳光策略能源公司（SSER）负责兴建	2017年4月动工	能源	约88亿元人民币	取消
大马城	中国中铁马来西亚分公司与马来西亚依海控股有限公司组成的联营体占60%的股份	2016年12月31日签约	房地产	约196亿元人民币	在建
汝来建材城	佛山市金盈房地产有限公司与马来西亚佶帝集团联合开发	2015年启动	房地产	约46亿元人民币	在建

资料来源：笔者整理自相关新闻报道，表中的"项目状态"截至2018年8月31日。

（执笔人：罗仪馥）

（二）中美贸易摩擦纵深发展

继7月中美贸易摩擦正式开打后，特朗普政府继续加大贸易保护措施力度，中美贸易冲突愈演愈烈。在过去的一个月里，中美各有一次加征关税举动，举行一次对话磋商，中国在WTO两次起诉美国，美国两项涉华贸易投资法案生效。中美密集的经贸举措助推贸易摩擦持续升级，双边经贸关系走向充满不确定性。

中美"关税战"再掀高潮

美国完成对"301"调查下对500亿美元中国输美产品征税的计划。2017年8月，美国贸易代表办公室开始对中国知识产权问题开展"301"调查，并于2018年3月公布"301"调查报告，随后着手对500亿美元中国输美产品征收25%关税。美国将此次征税分为两轮进行，自7月6日美国政府正式对涉及 818 个类别、价值 340 亿美元的中国商品加征 25% 关税后，8 月 23 日美国对包括 279 项商品在内的、价值 160 亿美元的中国商品加征 25% 关税。美国征税产品涉及中国通信技术、电动汽车和工业机器人等高端制造业和高科技行业，凸显对《中国制造 2025》计划的担忧及遏制中国高科技行业发展的企图。

除此之外，特朗普政府还将继续加大对华贸易保护措施力度。今年 6 月，特朗普总统曾表示，如果中国采取贸易报复措施并拒绝改变贸易"不公平"做法，美国将对价值 2000 亿美元的中国商品额外征收 10% 的关税，甚至威胁将其进一步升级至 5000 亿美元。8 月 2 日，USTR 发表声明称，将对中国 2000 亿美元的输美产品征税税率由 10% 提高到 25%。这次征税涉及数量巨大的中国生产的消费品，将对美国消费者带来直接影响。

面对来势汹汹的美贸易保护措施，中国一方面采取相应的关税反击措施，先后针对美国 340 亿美元、160 亿美元对华出口商品征收 25% 关税，还针对美 2000 亿美元征税计划出台了反制清单，对原产于美国的 5207 个税目、约 600 亿美元商品分 25%、20%、10% 和 5% 四档加收关税；另一方面，中国继续寻求在 WTO 框架下维护本国利益，8 月 14 日中国就美国对进口光伏产品加征 30% 关税向 WTO 提起诉讼，8 月 23 日中国在 WTO 起诉美国"301"调查项下对华 160 亿美元输美产品实施的征税措施。

第四轮中美经贸磋商无果而终

中美"关税战"硝烟四起，双方经贸磋商在中断将近两个月后再度重启，8 月 22—23 日，中国商务部副部长兼国际贸易谈判副代表王受文率中方代表团赴华盛顿同美进行第四轮经贸磋商，美方代表团由美国财政部副部长马尔帕斯率领。

此次磋商是中美"贸易战"正式开打后举行的第一次磋商，同前三轮有明显不同。中美代表团团长由副总理/部长级别降为副部长级别，这从侧面反映出双方对达成谈判成果缺乏信心。在中美前三轮经贸磋商中，中方代表团均由国务院副总理刘鹤带领，美方则由美国财政部长姆努钦或商务部长罗斯牵头，双方就中美经贸问题一度达成联合声明，取得一定成果。第四轮谈判负责人有所降级，且并未取得任何成果。特朗普也在8月20日接受采访时表示，他并不认为此轮中美贸易谈判会取得重大进展，还强调美国对解决美中贸易摩擦不存在"时间表"。这也凸显出通过中美经贸磋商化解中美经贸冲突任重道远。从另一个层面来看，美国单方面撕毁前三轮磋商达成的协议，这一"失信"举动也令中方难以短时间内重建对美信任，中国商务部和外交部在磋商前呼吁美国能"在诚信的基础上"谈判，谈判官员降级在一定程度上也是中方对美不信任的表现。

美国涉华投资和出口法案正式生效

8月13日，美国总统特朗普签署2019财年《国防授权法案》（National Defense Authorization Act，NDAA），该法案包含了旨在限制中国企业赴美投资的《2018年外国投资风险审查现代化法案》（Foreign Investment Risk Review Modernization Act，FIRRMA）以及最新版本的《2018年出口管制改革法案》（Export Control Reform Act of 2018，ECA）。这两项法案的生效将对中国对美投资以及从美进口高科技产品带来更大阻力。本部分将重点梳理FIRRMA对美国外资审查机制所作出的改革举措，并分析其对中美经贸关系带来的影响。

FIRRMA是美国自20世纪70年代正式建立外资审查机制以来进行的第四次立法改革，前三次分别是1988年美国国会通过的《1988年综合贸易与竞争法》第5021条款《埃克森—佛罗里奥修正案》、1992年的《伯德修正案》、2007年的《外国投资与国家安全法》（The Foreign Investment & National Security Act of 2007，FINSA）。通过历次改革，美国外资审查机构CFIUS从一个职能仅限于收集投资信息的行政机构扩张为拥有强大审查解释权的外资"守门人"。2018年改革对FINSA进行了全面修改，通过扩大受管辖交易范围、扩大审查权限以及改革审查程序等，提高CFIUS应对国家安全威胁的权力和能力，维护美国在高新技术领域的主导权，捍卫美国国家安全。具体来看，此次改革美国外资审查机制在以下方面取得突破。

第一，扩大受管辖交易（Covered Transaction）范围。FIRRMA 扩大了 CFIUS 对外资进行国家安全审查的范围，一是将房地产交易首次纳入 CFIUS 国家安全审查范围，外国人购买或租用私人或公共不动产，如果该不动产项目位于美国航空港或海港内，或者靠近美国军事基地、政府设施等涉及国家安全的场所，均要接受 CFIUS 审查。二是完善关键技术和关键基础设施投资相关内容，FIRRMA 明确了关键技术和关键基础设施的定义，其中，"关键技术"是在 FINSA 所做规定的基础之上，纳入《2018 年出口管制改革法案》中规定的新兴技术和基础性技术，"关键基础设施"是指任何对美国至关重要、如果丧失功能或遭受破坏将会严重削弱美国国家安全的系统或资产。FIRRMA 还进一步细化和补充了对涉及关键技术和关键基础设施投资的审查规定，强调"控制权"并非相关交易必须接受 CFIUS 审查的必要条件，任何可能使外国主体获取美国关键技术、设施的投资都需要接受审查。三是新增个人数据和信息投资审查。2018 年年初蚂蚁金服收购速汇金遇阻表明了美国政府对个人数据和信息安全问题的高度关注，此次 CFIUS 改革将维护或收集个人数据的公司投资纳入国家安全审查范围之中。此外，FIRRMA 还对涉及投资基金的问题做了具体规定，这些规定可能将大量私募基金的投资排除在 CFIUS 的审查权外。

第二，扩大 CFIUS 审查权限。一是强化重启审查权。对已经完成的交易，FINSA 规定 CFIUS 仅在交易方故意、且实质性违反减缓协议或附加条件时，才有权对已审查或调查的交易重启审查。FIRRMA 则删除了"故意"这一主观条件，规定 CFIUS 可以对已经书面通知投资者完成审查和总统已经决定通过审查的交易重启审查，表明只要交易方有实质性违反行为，CFIUS 都有权进行重新审查。二是新增中止交易权。对任何拟订的或正在进行中的交易，FINSA 规定如果 CFIUS 认为交易威胁到国家安全，需要中止或禁止，必须提交总统决定。FIRRMA 则赋予 CFIUS 在审查或调查交易期间作出中止交易的权力，无须获得总统指令。三是增加对缓解协议的处理权限。FIRRMA 规定，对于自动放弃的交易，CFIUS 要实施缓解协议确保投资者放弃交易，要定期审查缓解协议，确保所签缓解协议能够解决国家安全风险，另外，CFIUS 可对违背缓解协议的投资者进行处罚。四是规定 CFIUS 拥有豁免权。如果 CFIUS 认定外国投资者没有受外国政府操纵，或有配合 CFIUS 审查的历史，那么 CFIUS 可以免除对该交易的审查。

第三，改革申报程序。一是新增简易申报机制。FINSA 规定，投资者须自愿向 CFIUS 提交完整的书面通知，这在一定程度上增加了 CFIUS 审查时间和交易成本。FIRRMA 则新增了一种简易申报机制，允许投资者向 CFIUS 提供一份关于该交易基本信息的不超过五页的"声明书"（declaration）。二是规定特定交易须强制申报。FIRRMA 规定，如果外国投资者具有外国政府背景，且该交易使其对 CFIUS 受管辖交易的企业拥有实质性权益，则投资者必须向 CFIUS 提交声明书进行申报。三是延长审查时限。FINSA 规定，CFIUS 审查程序共计 90 天，包括初次审查期 30 天，调查期 45 天，调查结束后总统将于 15 天内作出决定。FIRRMA 则将整个调查程序从 90 天延长至 120 天，其中初次审查期延长至 45 天，调查期仍为 45 天，但可以在特殊情况下延长 15 天，总统作出决定的期限不变。四是更新审查费用。FIRRMA 规定，CFIUS 可对提交书面通知的交易收取最高为交易价值 1% 或 30 万美元的审查费用。

除以上改革外，FIRRMA 还专门作出对中国投资的审查要求，要求美国商务部每两年向国会和 CFIUS 提交中国在美直接投资报告，该报告需结合《中国制造 2025》进行全面评估，分析中国在美投资是否与《中国制造 2025》目标一致，还要对中国对美投资和其他外国对美投资进行比较分析。

在中美贸易摩擦愈演愈烈背景之下，CFIUS 改革将对中国赴美投资以及中美双边经贸关系带来更大阻力,最为突出的一点即中国企业并购美高科技行业困难将进一步加剧。近些年来,中国对美投资增长迅速,引发美国国内对中国投资的担忧和警惕,CFIUS多次以威胁国家安全为名否决中国企业并购美国企业的行为,特朗普政府上台后美国也多次阻止中国企业对美高科技行业的并购交易,例如2017年特朗普总统否决Canyon Bridge收购Lattice半导体公司、2018年CFIUS否决蚂蚁金服并购美国速汇金等,体现出美对高新技术不断发展的中国警惕之心日益增强。此次CFIUS立法首要目的就在于防范中国通过投资实现技术转移,同时也是将过去CFIUS对新兴技术和高科技行业、关键基础设施的关注和阻挠进一步通过立法的形式确定下来,通过扩大CFIUS权限为其加强对中国投资的审查和监管提供法律支持。除CFIUS改革外,最新出台的《2018年出口管制改革法案》也增加了对新兴技术和基础技术的出口控制,提高了中国获得美国敏感技术的壁垒,美国对华出口管制将更为严格。

美国贸易保护主义政策使全球陷入关税"混战"局面,其投资保护政策也加剧了全球投资保护主义风潮,除美国外,澳大利亚、英国、法国、德国、日本等发达经济体也效仿美国以"国家安全"为由加大对中国投资的限制。7月,德国政府否决了中国企业对德国两项具有战略重要性的工业资产的收购,以防止中国获得德国关键高新技术。8月,澳大利亚政府称,出于对国家安全的考虑,禁止中国华为技术、中兴通讯两家公司参与该国5G移动网络建设。同时,日本也在研究限制中国电信设备供应商华为和中兴通讯。美国及其盟友加紧外资审查使得国际投资环境呈现恶化趋势,对中国企业提出更多挑战,再加上一度沸沸扬扬的中兴事件,这些充分说明了依靠自身力量推动基础科研和高科技行业发展的重要性,中国还需立足国内,加大科技投入,企业也需要调整思路,做好攻坚克难的准备。

(执笔人:张玉环)

（三）财长对话助力中日关系回暖

8月31日，第七次中日财长对话在北京举行。中国财政部部长刘昆和日本副首相兼财务大臣麻生太郎共同主持对话，双方财政部、央行及金融监管高级官员出席，展开面对面对话交流。中日财金合作是两国经济关系的重要组成部分，自2006年春天举行首次中日财长对话以来，这一对话机制不仅成为两国推动双边财金合作的重要平台，更是双边战略互惠关系发展的重要见证。此次对话召开于中日两国关系重回正轨的大背景之下，双方对话的议题亦具有实质性分量，释放出了多重积极信号。

双方举行了四场专题会议，就中日宏观经济形势与政策及结构性改革、中日财政合作、中日金融合作以及中日在G20、"10+3"等多边框架下的财金合作等议题进行了深入讨论，取得多项合作共识。

一方面，从双边层面上看，中日经济互补性强，两国着重探讨双边财金合作的未来空间和机遇。第一，中日两国继续探讨了财政管理与改革这一历次对话的传统议题。此次对话中双方集中讨论了预算和公共债务管理、房地产税改革、环境保护税等议题，对财政在应对风险、促进发展中的作用认识更加深刻，对于提高财政治理水平有了更深思考，双方同意就财政管理和财税体制改革保持常态化沟通，加强经验分享。

第二，两国央行和金融监管机构代表首次共同出席对话，围绕双边金融市场和监管合作进行专题讨论，并就扩大金融市场双向开放和开展多双边金融监管合作达成多项共识，明确了下一步合作的思路和举措。在当前中国扩大开放、大幅放宽市场准入、鼓励外商直接投资的形势下，中日两国在财政金融领域的深化合作无疑有利于为两国密切经贸投资合作提供保障。

第三，两国讨论了养老金等共同关心的结构性重大问题。对话中，双方代表向两国财长报告了开展中日养老金体系联合研究的成果，并将共同发布联合研究报告。这是双方共同应对重大结构性挑战的有益探索，对各自推进养老金体系改革很有启发。双方一致同意继续就共同关心的重大问题开展联合研究。

另一方面，从区域与全球层面上看，中日两国在国际经济制度合作方面也有深入的交流。面对当前全球经济发展不确定因素仍然较多、贸易保护主义与单边主义抬头的情形，中日双方一致认为，任何国家都不能从保护主义中受益，同意共同维护和促进自由、开放和基于规则的多边贸易体系。麻生太郎在对话前就明确表示，贸易保护主义不利于任何国家，所有贸易措施都应符合世贸组织的规则要求；在对话时，他还指出，日方愿与中方进一步落实2018年5月两国领导人达成的重要共识，推动两国经贸发展。刘昆则表示，中日双方有责任共同维护区域经济金融稳定，推进全球经济治理和国际发展合作，支持多边贸易体制，促进贸易和投资自由化、便利化。

另外，中国和日本均为全球主要经济体，也是亚洲最大的两个经济体，在多个国际经济制度平台中发挥着重要的作用。若中日两国能在多个制度框架下强化财金合作，这对全球经济的稳定发展而言无疑是巨大的利好。2019年中国和日本将分别担任东盟与中日韩（"10+3"）合作机制联合主席和二十国集团（G20）主席国，这在一定程度上更便于中日两国运用这两大国际制度的力量加强合作。除了"10+3"、G20等多边机制外，亚洲开发银行、世界银行等多边开发机构也是中日两国可以利用的制度平台。此外，中国提出的"一带一路"建设为区域和全球经济发展提供了新平台和新空间，中日在"一带一路"框架下开展第三方市场合作也具有巨大的潜力。

可以看出，此次中日财长对话不仅体现出两国携手应对变化难测的全球经济形势的共同意愿，也彰显出两国务实改善双边关系、深化拓展合作空间的切实努力。由于中日双方领导人的多次会晤或访问为两国开展各领域合作奠定了良好的基础，且中日在加强基础设施建设、推动减贫与发展事业、深化区域财金合作、维护区域经济金融稳定等方面确实具有较大的共同利益，此次对话的成功举办自然在意料之中。此次对话上，双方一致认为中日财长对话平台务实有效，可以发挥更大的作用，一致同意要抓住当前良好机遇，积极拓展和深化在多双边经济财金领域的政策沟通和务实合作，为中日关系长期健康稳定发展作出积极贡献。

2018年是中日和平友好条约缔结40周年，面对广阔的合作空间和良好的合作机遇，中日关系行稳致远的态势也愈加明显。不过，这种关系的回暖升温若想长久保持，还需要中日双方进一步加强相互理解，不断积累互信，减少政治波动对中日财金等领域合作产生的负面影响，且行且珍惜。

（执笔人：孙忆）

（四）澳大利亚政府更迭与中澳经贸关系

8月21日以来，澳大利亚政局出现短暂震荡，时任总理特恩布尔连遭"逼宫"并最终下台，而财政部长莫里森在执政党自由党党首竞争中脱颖而出并出任总理。长期以来，特恩布尔的执政能力饱受质疑，民调显示由其领导的自由党与国家党联合政府已经连续38次在民调中落后于工党。在对特恩布尔此起彼伏的质疑声中，澳大利亚原移民部部长达顿向前者发起挑战，意欲竞选自由党党首。21日，为回应达顿的挑战，特恩布尔发起党首选举投票并凭借废除饱受争议的能源保障计划以7票优势保住了党首职务。然而23日，特恩布尔再遭达顿"逼宫"并在第二次党首选举投票中以40比45败北。较为意外的是，"逼宫"旗手达顿以及另一位极具实力的候选人，自由党副党首、澳大利亚外交部部长毕晓普均未能当选，而莫里森则最终胜出，成为近8年来澳大利亚的第6位总理。

在特恩布尔执政期间，中澳经贸关系高开低走，波折不断。最初，特恩布尔在批准向中国公司租赁达尔文港、推动澳大利亚北部开发以加强与中国的战略对接、调节中美经贸摩擦上发挥了积极的作用。然而特恩布尔在执政中后期对华战略疑虑加深，对中国在澳大利亚日益显现的经济影响感到忧惧，不仅多次点名批评中国，"劝解"中国遵守秩序，更耐人寻味地用中文高呼"澳大利亚人民站起来了"。这一时期，两国经贸关系更是龃龉不前。特恩布尔要求强化对华投资审查，以国家安全为由阻止对澳企业的投资和收购。受此影响中国对澳投资从2016年的154亿澳元下滑至2017年的133亿澳元，同比下滑11%，其中首次在澳大利亚投资的中国投资者完成的交易仅37笔，需要指出的是这些投资中单笔额也大幅下降，76%的投资活动规模小于1亿澳元。此外，为阻止中国企业收购其农业用地，特恩布尔要求全面收紧收购审批，累计投资审核门槛被降低至1500万美元。

特恩布尔的继任者莫里斯被视为"温和的实用主义者"，基于其政策惯性来看，其执政期间中澳经贸关系恐难有实质性改善。莫里斯于2007年首次被选为国会议员，由此开启其政治生涯；2013年其被任命为移民与边境保护部部长；2014年被任命为社会服务部部长；2015年被任命为财政部长。相比于被称为"澳大利亚版特朗普"的达顿，莫里斯在移民、同性恋等问题上的立场更为温和，然而其在对华投资等问题上的立场却同样强硬。2016年，莫里斯在担任财政部长期间以国家安全为由阻止中国企业竞购澳洲电网公司股权，而就在2018年8月初，莫里斯以同样的理由禁止华为参与澳大利亚5G网络建设。显然，仅从政策惯性来看，莫里斯执政期间很有可能延续特恩布尔的对华经贸政策，处在低潮期的中澳经贸关系在短期内难以快速回暖将成为大概率事件。

在中澳经贸关系转冷,澳大利亚对华投资审查全面收紧的大背景下,中国企业在澳经营、对澳投资均受到不同程度的影响,其中华为和中兴所受的冲击最为严重。在美国政府全面"清退"华为、中兴产品之后,澳大利亚国防部在 2018 年 3 月也宣布了同样的计划,要求尽快替代军队中所使用的华为和中兴产品。6 月澳大利亚工党议员迈克尔·丹比要求政府审查和禁止上述两家公司在澳的经营并得到了执政党联盟的积极响应,由此掀起了一股收紧华为、中兴在澳经营的浪潮。最终,澳大利亚政府于 8 月颁布的《5G 安全指南》,彻底禁止华为和中兴参与澳大利亚 5G 网络建设。可以说,华为与中兴在澳受阻只是中国公司在澳经营环境愈加收紧、中澳经贸关系有所转冷的一个缩影。未来中澳经贸关系的发展仍存有较大的不确定性。

(执笔人:宋亦明)

(五) 美国强化对伊对俄经济制裁

8 月 7 日,根据美国总统特朗普签署的备忘录,美国对伊朗的首轮制裁重新生效。特朗普总统认为奥巴马政府于 2015 年 7 月签署的伊核问题全面协议为当前伊朗"独裁政权"保留了资金来源,无法彻底阻止伊朗发展核弹的根本目标,该协议旨在使伊朗承诺限制其核计划,国际社会进而解除对伊制裁。特朗普总统于 2018 年 5 月 8 日宣布美国退出伊核协议,根据备忘录,美国政府将以 3 个月和 6 个月为期,分两个阶段重启对伊朗执行相关制裁。8 月 7 日生效的首轮制裁主要涉及非能源工业及金融领域:重新禁止伊朗政府购买美元;制裁伊朗黄金和贵金属交易;禁止与伊朗之间涉及石墨、金属矿产或半成品、煤、与工业相关软件的贸易活动,制裁与伊朗政府相关的特定金融业务,以及伊朗汽车业。

美国正式重启对伊朗的经济制裁后，各国均发出不同程度的反对声音。德国、法国和英国的外长以及欧盟外交和安全政策高级代表发表共同声明称，修订后的"阻断法规"于美国重启对伊经济制裁的当日生效，以此抵制美国对伊朗的制裁，保护欧盟经济实体与伊朗开展合法业务；日本外相河野太郎在新加坡参加东盟系列外长会时同伊朗外长扎里夫举行会谈，强调日本"将继续从伊朗进口石油"；俄罗斯则宣布，将在国家层面维护与伊朗的经贸合作，并强调自身不仅要加强与伊朗的经贸合作，还将与伊核协议其他各方一道探寻巩固并推进与伊朗经贸合作的方案。针对美国此次重启制裁，伊朗方面采取了多种手段试图减缓危机，一方面，伊朗总统号召国内团结一致，以应对外部势力的阴谋，在此前的8月5日，伊朗革命卫队就在国际原油运输要道——霍尔木兹海峡展开了大规模海上军演，以展示伊朗化解美国"威胁"并维护自身利益的决心与能力；另一方面，伊朗重新开始与俄罗斯进行核电站建设商谈。同时，伊朗还向欧盟求助，以打破美国的经济孤立。

8月27日，美国国务院发言人表示，此前美国因指控使用化学武器而宣布的针对俄罗斯制裁于27日生效。此次制裁的理由是美国指责俄罗斯在英国索尔兹伯里市使用化学武器，导致俄罗斯前特工谢尔盖·斯克里帕利及其女儿尤利娅中毒。美国国务院"认定'俄罗斯联邦政府违反国际法使用了化学武器'或'对其国民使用了致命化学武器'"，因此，根据制裁，美国将停止一切政府部门对俄罗斯的经济援助及军售资助，紧急人道主义援助、食品和其他农业产品除外。制裁还包括：禁止美国对俄罗斯出口太空合作和商业航天发射所需以及确保民航飞行安全所需产品之外的防务用品和防务服务，包括美国武器和军民两用产品等；禁止所有美国政府部门提供对俄罗斯信贷和信贷担保和其他财政支持；禁止对俄罗斯出口涉及美国国家安全的敏感商品和技术。

8月27日，俄罗斯驻美国大使馆通过社交媒体平台发表声明，拒绝接受美方发起新一轮敌对、非法和不公正制裁,称制裁不会改变俄罗斯在国际事务中坚持自身立场的决心,俄罗斯能够承受美国的无理施压。俄罗斯总统新闻秘书佩斯科夫表示,俄方需要时间来评估这些新制裁造成的具体影响,之后再考虑如何对美国进行反制。俄罗斯外交部发言人扎哈罗娃发表声明说,美国对俄罗斯的新制裁使俄美在现有问题上的交流变得更加复杂,不利于双方进行文明、得体的对话与合作,美国此举阻止了俄罗斯维护自身国家利益。俄罗斯财政部长西卢安诺夫表示,俄罗斯财政部已经拟定了一揽子措施,一旦美国的制裁措施涉及俄罗斯发行主权债务相关活动,俄方将立即反制。

(执笔人:向恬君仪)

(六) 土耳其里拉濒临崩盘,经济危机一触即发

2018年年初起,土耳其里拉兑美元(TRYUSD)汇率即开始持续贬值,但日跌幅基本控制在3%以内;但从8月开始,里拉贬值速度突然大幅提升,在8月10日更是达到了13.72%的最高日贬值幅度。从2018年年初至9月4日,土耳其里拉兑美元的收盘价从0.2632下跌至0.1487,跌幅超过40%,且暂无回涨趋势。

与里拉面临崩盘危机相伴的是,本月起国际评级机构下调土耳其的信用评级。8月17日穆迪和标准普尔相继下调了土耳其的评级至"非投资"级别,并警告称,土耳其严重的货币危机将导致其沉重的经济和金融负担。8月28日,国际评级机构穆迪调降了20家土耳其金融机构的评级,称有迹象显示下行风险明显增加。穆迪还称,土耳其经营环境的恶化程度超出之前预期。

持续的货币贬值、国际投资的流失和债务违约风险的提高,使得里拉

货币危机正在演变为一场全面的经济危机。本次土耳其货币危机及其恶化原因主要有以下三点。

首先，本次土耳其里拉货币危机的直接导火索是美国对土耳其的经济制裁所引发的美土经济战。

2016年10月，土耳其政府以涉嫌煽动"7·15"反埃尔多安政变为由，逮捕了美籍牧师布伦森；若涉恐和间谍罪的指控成立，布伦森将面临长达35年的监禁。由于基督教保守派团体是目前美国政府执政的重要基础，因此美国多次就释放布伦森与土耳其交涉甚至施压，但均无果。此外，出于对土耳其向俄罗斯采购S—400型防空导弹系统所带来的安全考虑，2018年7月23日美国国会拟定"在美国国防部向国会提交有关美土关系的报告，并对土耳其参与F—35战机项目和其部署俄罗斯S—400反导系统可能带来的风险进行评估之前，禁止向土耳其交付F—35战机"的草案，同样也激化了美土矛盾。

2018年8月，美土经济战正式打响。1日，美国宣布制裁土耳其司法部和内政部部长，禁止任何美国企业与这两位部长有生意和资金上的往来，这是美国历史上第一次对北约盟国实施经济制裁；3日，美国贸易代表办公室宣布重新审理对土耳其的特惠免税待遇，涉及商品价值约16.6亿美元；10日，特朗普宣布将土耳其钢铝进口关税提升一倍，分别至50%和20%。与此同时，土耳其总理埃尔多安作出了强势的反制裁回应，他于4日宣布，冻结美国司法部长及内政部长在土耳其的财产。此外，埃尔多安还在国内演讲中呼吁，土耳其人民变卖黄金及美元，通通换为里拉以"支持国家的斗争"。虽有部分土耳其人相应埃尔多安的号召，但国际市场的避险资产配置则表现为对土耳其国内经济信心的丧失，这进一步强化了里拉的贬值预期，形成了推动货币危机自我实现。

其次，土耳其自身的经济结构是造成此次货币危机迅速恶化，并有演变为经济危机趋势的根本原因。

近两年来,埃尔多安政府实行扩张性财政政策和货币政策,包括增发M2、提高基础设施建设投资规模、增加居民福利等,这一系列政府的财政支出直接拉动了经济增长,使土耳其GDP在2017年达到7.42%的增长率。但同样,由于国内储蓄率不足以支撑其国内的投资发展需要,直接导致了土耳其的贸易赤字和外债规模进一步扩大;2017年,土耳其贸易逆差达到768亿美元,占GDP比重超过9%;同年,土耳其外债存量净额达2911.85亿美元,是一个国际储备小于国际负债的净负债国,且相较于2016年增长11.57%;此外,根据国际货币基金组织的报告,土耳其90%以上的外债以外币计价。土耳其国际负债规模随里拉贬值而迅速扩大,且其中不乏一年内到期的短期融资,国际评级的降低也使得土耳其难以筹得新的国际投资,这使土耳其面临的债务负担不断加重,债务违约风险也不断提高。

最后,美联储多次加息也构成了土耳其货币贬值的顺周期效应。自特朗普当选总统以来,美联储已经加息了七次,其中在2018年加息四次,市场预期美元持续收紧。美联储加息提高了美元的投资回报率,大量国际短期资金回流美国,造成了美元持续走强和其他货币的相对贬值。事实上,不止土耳其里拉,欧元、英镑、人民币在近三个月内也均相对于美元大幅贬值;只不过,较为合理的国内经济结构使得短期的货币贬值未对上述国家和地区造成过大的经济、政治影响。

(执笔人:孙妍)

◇◇ 九 中非合作迈入新时代(九月报告)

2018年9月,中非合作论坛北京峰会召开成为本月中国经济外交一大亮点,中国将共建"一带一路"《2030年议程》《2063年议程》同非洲各国发展战略结合起来,推动中非合作迈入新时代。中国周边经济外交集中在东北亚和东南亚地区,其中习近平主席首次出席在俄罗斯符拉迪沃斯托克如期召开的第四届东方经济论坛,中国为东北亚经济合作注入新动力;国务院副总理韩正出席第十五届中国—东盟博览会和中国—东盟商务与投资峰会,国务院副总理胡春华出席在越南举行的世界经济论坛东盟会议,国务委员兼外长王毅赴越南出席中越双边合作指导委员会会议并访问菲律宾,在多双边经济合作机制支持下,中国同东南亚各国的经贸合作也不断深化。此外,本月美国自贸协定战略取得较大突破,不仅同韩国签署了新自贸协定,同加拿大完成北美自贸协定重谈,达成《美国—墨西哥—加拿大协议》,还同日本、欧盟发布第四次贸易部长会议联合声明,力推WTO改革,这将为中国带来更大的经贸压力。

(一)中非合作论坛领导人峰会在京举行

9月2—4日,中非合作论坛北京峰会召开,中国与53个非洲国家的国家元首、政府首脑出席会议。会议通过了《关于构建更加紧密的中非命运共同体的北京宣言》和《中非合作论坛—北京行动计划(2019—2021年)》,宣布在农业、产业产能、基础设施建设、能源资源、海洋经济、旅游、投资、贸易和金融九个领域展开合作。中方宣布向非洲提供600亿美元支持,具体包括:提供150亿美元的无偿援助、无息贷款和优惠贷款;提供200亿美元的信贷资金额度;支持设立100亿美元的中非开发性金融专项资金和50亿美元的自非洲进口贸易融资专项资金;推动中国企业未来3年对非洲投资不少于100亿美元。同时,免除与中国有外交关系的非洲最不发达国家、重债穷国、内陆发展中国家、小岛屿发展中国家截至2018年年底到期未偿还政府间无息贷款债务。

首先需要探讨的一个问题是:中方对非提供的600亿美元支持能否为

中国带来经济收益,是否会"打水漂"?除了150亿美元的无偿援助外,其他资金能否产生收益取决于非洲经济发展状况、当地社会秩序与项目推进的持续性。有观点认为,以欧美为主导的对非援助采取了外来干预式的减贫措施,忽略了西方经验在非洲的适用性。中国在援助非洲发展的过程中尊重双方的差异性,通过技术转移、人才培养等方式激发当地内生增长能力,有利于当地经济良性发展。中方促进非洲基础设施建设有利于优化当地投资环境,增加中国对非投资收益;促进非洲经济发展有利于激发当地购买力,扩大非洲市场,提高双边贸易额。社会秩序方面,非洲由于战乱频发、恐怖主义猖獗、宗教和部落问题复杂、疾病肆虐而被称为"安全形势最动荡的地区",经济发展的稳定性和经济建设项目的持续性也因此而受到影响。但目前,非洲战乱的烈度和规模在大幅下降,军队和政府关系逐渐正常化,医疗卫生状况受到国际援助而有所改善,中国也承诺继续在和平安全、社会发展方面与非洲展开合作,社会安全因素对经济发展的制约将会逐渐减少。由此看来,中国对非提供的600亿美元支持一方面能够促进非洲经济发展,另一方面也有望为中国带来一定收益。

此外,在中美贸易摩擦不断升级的背景下,中非经济合作对中国具有重要的战略意义。随着美国宣布对总价值2500亿美元的中国输美产品加征关税,并对美国外资投资委员会(CFIUS)进行改革,扩大其管辖范围、增强审查权力、修订审查程序,美国的贸易保护主义和投资保护主义趋势更为明朗化,其遏制中国技术升级、经济转型的意图昭然若揭。开辟新兴国际市场、寻求有潜力的投资东道国已成为中国的当务之急,而非洲作为开发空间尚大的"希望之地"是中国发展贸易和投资的良好选择,因此,中非经贸合作意义重大。

然而,国际社会存在质疑中国对非支持的声音,认为中国对非支持是以扩张本国利益为导向的"经济殖民主义"。对中国来说,如何消除或避免这种质疑非常重要。当前,中国正在用实际行动作出回答,一方面,中国承诺坚定奉行不干涉内政原则,支持非洲国家自主探索适合本国国情的发展道路。尼日利亚的《先锋报》也称:"与西方不同,中国不霸道,它没有宣称它的敌人必须是我们的敌人,也没有要求盟友加入地盘争夺战。"另一方面,中国并未"榨取"非洲的经济价值,而是"授人以渔",提高非洲的经济发展能力。在《中非合作论坛—北京行动计划(2019—2021年)》中,中方承诺将实施高级农业技术人员互派项目,培养青年农业发展带头人;支持中国民营企业通过对非投资、在非洲建设工业园区、开展技术转让,提升非洲国家经济多元化程度和自主发展能力;为非洲劳动人口提供有效和可持续的基础职业技能培训,助力非洲将人口红利转化为发展优势等。可见,600亿美元不仅有利于中国培育新兴国际市场与投资环境,也能够推动非洲经济发展能力提高,是一项双赢举措。

(执笔人:安怡宁)

(二)第四届东方经济论坛召开

作为俄罗斯2018年三大主场外交之一的高规格盛会,第四届东方经济论坛于9月11—13日在俄罗斯符拉迪沃斯托克如期召开。中国国家主席习近平、俄罗斯总统普京、蒙古国总统巴特图勒嘎、日本首相安倍晋三、韩国国务总理李洛渊等东北亚国家领导人悉数出席,另有来自世界60多个国家的近800个企业的代表也参加了此次论坛。此次论坛就符拉迪沃斯托克自由港建设、俄远东地区与周边国家经济合作项目、东北亚地区人口及环境等多个议题进行了探讨。

受金融危机和乌克兰危机的双重影响,俄罗斯的战略呈现出"向东看"的转向,进而催生了东方经济论坛。在战略层面,俄罗斯一改在远东地区的"最低存在",把远东地区作为保障其战略空间的新支点;在经济层面，俄罗斯放弃了机会主义思维，将东北亚视为推动其经济复苏的新空间。基于此，俄罗斯总统普京对内出台一系列政策，例如加强俄滨海边疆区基础设施建设和东西伯利亚地区油气开发等；对外则适时抛出了东方经济论坛的合作倡议。

当前，东方经济论坛已成为东北亚经济合作最重要的政府间制度平台。2015年，俄罗斯总统普京签署总统令，宣布每年秋天在符拉迪沃斯托克举办东方经济论坛，以此促进俄远东地区开发与东北亚经济合作。四年来，论坛规模不断扩大，影响力日益提升：中国是最早响应该论坛的国家，并派出由时任国务院副总理汪洋率领的代表团参加第一届论坛；第二届论坛得到了日本与韩国的高度重视，日本首相安倍晋三和时任韩国总统朴槿惠均出席会议；第三届论坛召开期间，与会企业共签署价值340亿美元的商业合同，为历届最高；第四次论坛召开时，中国国家主席习近平首次出席，由中国国家元首而非副国级代表参与论坛一方面折射出了中俄共同推动建设开放型世界经济的美好愿景，另一方面也体现了东方经济论坛的重要性在逐渐提升。经过四年的发展，东方经济论坛现已成为东北亚地区深化经济合作、探讨国际和地区问题的重要政府间平台。

需要特别指出的是，东方经济合作论坛为中俄在东北亚地区的经济合作提供了有效的平台。论坛官网显示，近年来俄远东地区得到了大量投资，其中约八成来自中国企业，目前有20多个中资项目正在实施，投资额30亿美元。此外，中国企业积极参与了"滨海1号"和"滨海2号"国际交通走廊等基础设施建设，有意向参与俄罗斯远东纸浆企业和港口建设等项目。中俄还考虑设立地区合作发展投资基金，为项目合作提供金融支撑。考虑到俄罗斯对其远东地区开发的优厚政策支持以及东方经济论坛的带动作用，预计未来中俄在东北亚地区的经济合作还将取得更多成效。

（执笔人：宋亦明）

（三）中越经济外交助推双边经贸合作深化

9月16日，中国—越南双边合作指导委员会第十一次会议在越南胡志明市举行，会议由中国国务委员兼外交部部长王毅和越南副总理兼外长范平明共同主持，双方就管控中越海上分歧与成立跨境经济合作区等重点议题展开讨论。中越双边合作指导委员会成立于2006年，自2008年起每年举办一次会议，由中方的国务委员与越方的副总理共同出席，其主要职能在于对两国各领域合作进行宏观指导、统筹规划和全面推进，协调解决合作中出现的问题，在中越经济外交中发挥着指导性作用。

近年来，中越两国的经济外交日益热络化。除了频繁的高层互访之外，截至目前两国在经济领域已形成相对完善的对话机制。在中越双边合作指导委员会的基础上，两国对应的职能部门也组建各种功能性交流机制：经济贸易合作委员会、农业合作联合委员会、科技合作联合委员会、文化部长年度会晤、旅游发展会议等，定期地就特定的经济议题展开讨论，为两国解决双边分歧、增进政治互信与深化经济合作创造了良好的条件。2017年11月中国国家主席习近平的访越之行就取得了丰硕成果：双方签署了在产能、能源、跨境经济合作区、电子商务、人力资源、经贸、金融等领域的合作文件与共建"一带一路"和"两廊一圈"合作备忘录。这表明中越经济外交对双边经贸关系的深化具有实质的推动作用，这在两国近年来的贸易往来、投资合作、旅游交流与跨境经济合作区建设等方面的变化上均有体现。

首先，中越贸易体量迅速增大。2007年中越两国贸易额仅为150亿美元，至2017年已突破千亿美元，增长约5.67倍。截至2018年，中国是越南第一大贸易伙伴国，而越南是中国的第八大贸易国，也是中国在东南亚地区的第一大贸易伙伴，二者在彼此的对外经济关系中占据了重要地位。一直以来中越贸易都呈现出中国对越顺差的特征，而且差额逐年扩大，并在2015年达到437亿美元的高峰，此后明显回落，2017年的差额已降至249亿美元。从商品结构来看，中国对越南的出口以工业供应品、资本货物（运输设备除外）及其零附件为主，而自越南进口的商品主要是资本货物（运输设备除外）及其零附件。

其次，中国对越投资与日俱增。十五年间中国对越直接投资显著增多，2003年仅为0.13亿美元，而到2016年已接近10亿美元，投资流量翻了74倍有余。目前中国是越南第四大投资来源国，仅次于日本、韩国和新加坡。中国对越南的投资主要集中在加工制造业，2017年对该行业投资流量占比约为61.4%。由于目前中越两国的经济互补性较强，比如中国国内存在产能过剩的现象，而越南则对基础设施建设或最终消费品的总体需求旺盛，以及越南拥有中国日渐丧失的低廉劳动力成本优势等，从短中期来看，未来中国对越南的投资还将继续增加。此外，在中美贸易战的背景下，越南对外开放力度的增大（主要表现在越南是签订FTA最多的国家之一，其签约对象涵盖欧、美、日、韩与东盟等世界主要经济体）将成为吸引中国企业在越南投资建厂的重要因素之一。

再次，双边人员往来日益频繁。近十年来，中国一直是越南最大的游客来源国，中国游客占越南外来游客比重曾一度高达25%，并于2015年首次突破200万人次，为越南创造了巨大的经济效益，也带动了两国相关产业（如交通运输业）的发展与合作。此外，赴中国旅游的越南游客数量也在逐渐增长，2010年仅92万人次，至2015年已达216万人次，越南一跃成为中国的第六大外来游客来源国。2017年1月，中越两国旅游主管部门又签署了《中国国家旅游局和越南文化体育旅游部2017—2019年旅游合作计划》，预计未来几年两国往来游客规模还将进一步扩大。

最后，跨境经济合作区建设日趋成熟。除了在贸易、投资和旅游等传统的领域深化合作外，中越两国还开拓了建立跨境经济合作区（简称

"跨合区")的新型合作模式。跨合区一般位于两国边境地带，是集加工、物流、电商、金融服务、旅游等功能于一身，通过集聚效应为两国相关企业提供便利条件的经贸合作平台。2017年11月，中越正式签署了《关于加快推进中越跨境经济合作区建设框架协议谈判进程的谅解备忘录》，旨在加快中越跨合区的建设进程。截至2018年，两国基本建成（或正在建设）东兴—芒街、凭祥—同登与河口—老街三大跨合区，其中东兴—芒街跨合区是中越跨境经济合作的首个试点，在2017年的中国—东盟博览会与中国—东盟商务与投资峰会上已通过招商引资达成90亿元人民币的合作协议，内容涉及新能源汽车、旅游文化、电子机械、金融商贸、现代物流、农副产品加工等众多领域。

（执笔人：罗仪馥）

（四）欧盟打造SPV继续对伊贸易

9月25日，在纽约召开第73届联合国大会期间，欧盟高级外交与安全政策代表莫格里尼（Federica Mogherini）公布了欧盟即将创设一个以"特殊目的载体"（Special Purpose Vehicle，SPV）为主要形式的金融中介系统以继续同伊朗进行贸易的计划。这意味着欧盟成员国将共同建设一个能够与伊朗进行支付结算和金融交易更加便利与合法化的法律实体，欧盟的公司也能因此得以同伊朗继续维持贸易关系。同时，这一系统可能对俄罗斯和中国开放，但通过该系统产生的交易行为信息并不能被美国获取。尽管当前欧盟并未确定建设这一SPV系统的技术细节和最终建成时间，但此计划展示了欧盟同美国在伊朗核问题上存在的严重分歧以及对特朗普不顾信誉重启对伊制裁的反对，也被彭博社认为构成对美元霸权地位的实质性挑战。

美国总统特朗普早在今年5月8日宣布美国正式退出已经于2016年生效的伊朗核问题全面协议并重启对伊制裁。2015年7月伊朗与美、俄、中、法、英、德六国达成《联合全面行动计划》，根据该计划，伊朗承诺限制其核计划，而国际社会则解除对伊制裁。这次美国重新启动的制裁设置了90天和180天两个缓冲期，第一批制裁已于2018年8月7日正式生效，主要涉及伊朗的金融业、汽车和航空制造业以及贵金属行业，第二批制裁也将于11月4日生效。美国的此轮制裁将使得其他国家同伊朗间的所有交易行为都几乎不再可能，因为国际金融体系中的结算和支付大都在美国的监测之中。

美国针对伊朗的各项制裁（尤其是金融制裁）的顺利实施高度仰仗于以美元霸权为基础的、对现有国际支付清算体系的强力控制。现有的国际支付清算体系是以 SWIFT（环球同业银行金融电信协会，Society for Worldwide Interbank Financial Telecommunications）为核心，由 CHIPS（纽约清算所银行同业支付系统，Clearing House Interbank Payment System）和欧盟、日本、英国、中国等各自建立的支付清算系统与工具、支付服务组织和对支付清算的监管体系共同构成的、能够实现资金跨国转移的制度和技术安排。其中居于最核心地位的 SWIFT 是一家创立于1973年的非盈利性国际银行间合作组织，也是当前全球最大的国际支付清算组织，目前服务于全球11000多家银行和金融机构。它通过在各协会参与国开设集线中心，为全球贸易和国际金融提供跨境资金服务。当前全球贸易和投资高度依赖 SWIFT，具体表现为无论使用何种支付清算系统或币种进行贸易与投资的支付清算，几乎都要通过 SWIFT 进行报文转换才能完成信息传递。尽管 SWIFT 的总部设于比利时，但基本处于美国的控制之下，美国可以通过 SWIFT 获得其制裁目标的所有资金交易信息，从而精准确定制裁目标并施加不同的制裁措施，这些措施中效力最强的是通过 SWIFT 切断制裁目标与外界的资金支付清算通道。可见，对于全球支付体系的控制，是美国金融霸权的核心要素之一，也是美国频繁使用金融大棒制裁他国的权力来源。

伊朗已于2012年被美国切断过SWIFT资金支付清算通道，这使得其对外贸易几乎瘫痪。在2015年签订伊朗核问题全面协议后，这一通道才被重新开启。美国本次重启对伊制裁，也极有可能通过对SWIFT施压重新切断伊朗的对外支付结算通道，从而使其国际贸易再度陷入困境。

由于欧盟诸多成员国在伊朗存在着复杂的经济与地缘政治利益，特别是欧盟是伊朗石油的重要进口方，特朗普撕毁好不容易达成的伊核协议令欧盟倍感愤怒。此后欧盟创设SPV系统以继续同伊朗进行贸易的计划，是对特朗普制裁伊朗行为的公然反对，同时也是欧盟挑战美元霸权地位、增强欧元国际地位的一种重要举措。欧盟希望通过创设一个全新的SPV系统，使用欧元同伊朗进行清算，由此不仅可以摆脱对SWIFT的依赖，也能通过扩展与提升欧元在国际支付清算中的使用范围与频率提振其国际地位。这也同欧盟委员会主席容克9月12日在欧盟的一次演讲中呼吁加强欧元国际地位、摆脱当前国际贸易对美元的依赖不谋而合。

尽管欧盟提出了打造SPV以继续对伊贸易的计划，但该计划是否能够顺利推进以达成欧盟目标仍不甚明朗。美国已经公开对该系统表达了反对态度，国务卿蓬佩奥表示，他对欧盟决定制造一种SPV，以允许与伊朗进行贸易并绕过美国的决定感到"不安，甚至深感失望"。欧盟能否顶住美国巨大的政治压力还很难说。当前这一系统的技术细节和最终建成时间并未确定，同时考虑到欧盟内部成员国间存在的矛盾，计划的后续推进可能遇到诸多障碍。不仅如此，即使该系统能够顺利投入使用，一些同美国存在紧密经济与金融关系的欧盟企业也会出于风险考量和对美国制裁的忌惮，对系统的使用存在诸多疑虑。

即便如此，美国在国际舞台上滥用其金融权力，必将是以其金融信誉的损害为代价的。它将不断刺激和推动欧盟、俄罗斯以及中国等其他力量通过各种方式制衡美国在国际金融体系中的权力垄断,以建立一个更加公平合理的国际金融秩序。

(执笔人:黄瑶)

(五)美韩新版 FTA 落地

继 2018 年 8 月与墨西哥达成初步双边贸易框架后,9 月 24 日美国总统特朗普与韩国总统文在寅签署美韩双边贸易修正后协议,这是特朗普上任以来美国政府正式签订的第一个自由贸易协定,也是两国自 2007 年首次签署自贸协定以来对协议内容作出的第二次修订。

美韩 FTA 重谈:背景与动因

特朗普政府上任以来,在"美国优先"的施政原则的指导下,不断将其"自由、公平且对等"的贸易理念转化为政策现实。双边层面,特朗普政府同包括中国在内的多个贸易伙伴国大打"关税战"并要求重谈已有自由贸易协定(FTA);区域层面,从上任伊始退出跨太平洋伙伴关系协定(TPP)到重谈北美自贸协定(NAFTA)皆体现出特朗普以双边谈判取代多边框架的战略思路;全球层面,美国对以 WTO 为核心的全球贸易体系嗤之以鼻并以退出 WTO 相威胁。特朗普政府对外贸易政策"重双边、轻多边",试图通过双边贸易谈判及重谈已有 FTA 实现解决美国贸易逆差、维护美国劳工利益等目标。美韩新版 FTA 的签署成为特朗普兑现其竞选时期"口号式"贸易政策承诺的又一案例。

近年来,美韩贸易逆差大幅增加成为美韩自贸协定重启谈判与修订的重要导火索,特朗普早在竞选时便指责美韩自贸协定增加了美国贸易逆差,并使美国减少将近 10 万个工作机会。韩国是美国的第六大贸易国,美国是仅次于中国的韩国第二大贸易伙伴,2017 年双方的贸易额为 1193

亿美元，其中美国对韩国的出口额为686亿美元，自韩国的进口额为507亿美元，韩美贸易逆差达179亿美元，与2010年《美韩自贸协定》刚刚签署之时相比增加了85亿美元（韩国统计局数据），美国对韩国的贸易逆差正在逐渐扩大，由此引发特朗普政府对原有协定的不满。

2017年6月，特朗普在受邀访问韩国时以威胁退出自贸协定来施压韩方同意就修改协定展开谈判，同年8月，修订协定首轮谈判启动，双方重点讨论汽车贸易、投资争端解决机制、贸易救济措施等问题。经过两轮谈判后，最终双方在2018年3月达成一致意见，修订内容主要涉及钢铁、铝和汽车产品的关税与配额问题。

新版美韩FTA：内容与影响

在新版的美韩自贸协定中，韩国获得美国钢铁进口关税的永久豁免权，但必须以出口美国的钢铁配额降低约30%为代价，而且在铝与汽车的进出口上作出让步，包括允许美国继续对韩征收10%的铝产品进口税，放弃对美国汽车执行本国安全标准，并扩大美国车企对韩国的出口配额，即每家美国车企一年向韩国出口汽车上限由2.5万辆增至5万辆，以及允许美国延长对韩国皮卡车征收25%进口税的年限。

协定修订主要影响美韩两国汽车产业与钢铁产业的发展。若协定最终生效，美国汽车企业将扩大对韩国的出口，而韩国汽车出口美国的动力将大幅度下降，相当于为美国汽车产业开拓外国市场的同时，又保住了国内市场，这将有利于美国整个汽车产业的迅速"回暖"。而对于韩国钢铁企业来说，比起被美国一视同仁地征收25%的关税，减少30%的出口配额显然是"两害相权取其轻"的理性选择。但不可否认的是，韩国的钢铁产业依然会受挫。韩国是美国十大进口钢铁来源国之一，近几年来韩国对美的钢铁年均出口量约为380万吨，协议若生效，韩国钢铁的出口将受限。在美韩重启谈判至今，韩国对美国钢铁出口量已明显减少：2017年2月出口量为30.89万吨，至2018年5月已下降至15.09万吨。

尽管修正协定已签署，但要正式生效还需经过国会批准。因此，目前美韩两国国内态度对于协定的最终命运具有决定性意义。总体而言，此次修正协定的达成是以韩国的妥协为前提的，而美国主要是受益的一方，所以韩国国内出现反对声音的可能性相对较大。从目前韩国的出口结构看，半导体（17.07%）、汽车（7.27%）与石油制品（6.11%）依次位列韩国主要出口产品的前三位（韩国国际贸易协会2017年数据），换言之，汽车产业（或者说汽车出口产业）是韩国经济发展的支柱性产业之一。面对主要针对韩国汽车产业的新协定，韩国相关利益集团是否会善罢甘休，这仍是一个未知数。此前已有韩国议员表态，若协定不利于韩国的汽车产业发展，他们是不会允许协议通过的。但也有韩国学者认为应该从大处着眼，要首先确保美韩FTA继续存在，稳定两国的贸易关系，所以尽快通过美韩自由贸易修正协定是为上策。

特朗普"讹诈"策略：屡试不爽？

特朗普政府对外贸易政策鲜明地体现出"重双边、轻多边"的特点，这同积极推动多轨并行贸易政策的前几任政府形成鲜明对比。自1984年同以色列签署的第一个双边FTA生效以来，美国政府建立了以北美地区为核心的涉及区域、多边以及双边的复合自贸协定网络。而今，特朗普积极追求双边贸易谈判，一方面试图同欧盟、日本等主要贸易伙伴国开启新的贸易谈判，另一方面则重新修订已有FTA，并致力于构建以美国为核心的"自由、公平与对等"的双边自贸网络。

特朗普政府希望通过双边贸易谈判以及重谈FTA达到以下两大目的：一是实现同贸易伙伴国的"公平贸易"，解决美国贸易赤字问题。特朗普政府对现有FTA存在不满，认为美国无法从"特惠型贸易网络"中获益，因此主张对美国签订的FTA进行重新谈判，推翻过去对美国不利的规则，维护美国劳工利益。二是将FTA谈判视为掌握新一轮国际贸易规则制定权的重要途径，特朗普政府对部分进口商品实施高关税、阻止WTO争端解决上诉机构法官甄选程序等政策举措对现有国际贸易体系形成重大冲击，而启动同多个国家的双边贸易谈判则体现出其对国际贸易规则"先破后立"的意图。

从谈判策略来看，特朗普政府的"讹诈"策略更容易在双边谈判中发挥出来。相比区域和多边FTA，双边FTA更具操作性，美国可凭借强大的经济实力和广阔的市场吸引力占据谈判主导地位。上任以来，特朗普政府实施的高压型贸易保护政策作用日益显现出来，钢铝关税被美国视为重要"武器"，迫使其贸易伙伴国重启贸易谈判，以换取美国对本国输美钢铁和铝产品的"关税豁免权"。在此背景下，美国同加拿大、墨西哥开启了NAFTA重谈进程，同韩国也进行了新的自贸协定谈判。2018年8月，墨西哥同美国达成了初步双边贸易框架，美韩首脑则正式签署了新版双边FTA，除此之外，欧盟和日本也迫于美国"关税战"压力，积极寻求同美开展双边贸易谈判。

特朗普政府的对外贸易政策充斥着讹诈与威胁，深谙"交易的艺术"的特朗普擅长通过极限施压迫使贸易伙伴国对其让步，其保护主义政策冲击着现有国际贸易体系及全球价值链，引发国际社会舆论哗然。当前，美加自贸谈判处于僵持之中，中美经贸磋商暂时中止，将国际贸易看作零和博弈的特朗普政府，其"讹诈"策略能走多远？

表3　　　　　　　　　　　　美韩自由贸易协定大事记

时间	进展
2006年6月	启动自贸协定谈判
2007年6月	签署文本
2010年12月	追加谈判达成，对2007年签署的双边自贸协定内容进行修改，主要内容包括： 韩国对美产猪肉适用零关税的时期从2014年推迟到2016年； 美国将韩国履行医药品试销许可、专利相关义务时限推迟3年； 美国继续对韩国汽车征收2.5%的关税，并于协定生效当天起4年后免除双方所有乘用车关税

续表

时间	进展
2011年10月22日	《美韩自由贸易协定履行法》在美议会获得通过
2011年11月22日	协定内容在韩国议会获得批准
2012年3月15日	美韩自贸协定正式生效
2017年7月13日	美国政府正式要求韩国重启美韩自贸协定谈判
2017年8月22日	启动修订双边自贸协定第一轮谈判（重点讨论汽车贸易、投资争端解决机制、贸易救济措施等问题）
2018年1月31日	举行修订双边自贸协定第二轮谈判（就首轮谈判提出的事项进行具体讨论）
2018年3月29日	双方在修订自贸协定上达成原则一致，主要内容包括： 韩国此前获得的钢铁关税临时豁免权变为永久豁免，但受美国进口配额限制，即每年最多向美国出口270万吨钢铁，这一出口规模约占2015—2017年韩国年均对美钢铁出口量的70%； 美国继续对韩国铝产品征收10%关税； 韩国放弃对美国进口汽车执行本国安全标准，并将美国汽车生产商的进口配额扩大一倍，每家美国车企一年向韩国出口汽车上限由2.5万辆增至5万辆； 美国对韩国皮卡征收25%的关税延长20年，至2041年到期
2018年9月24日	美韩双边贸易修正后协定正式签署

资料来源：韩国产业通商资源部网站信息及相关新闻报道。

（执笔人：张玉环、罗仪馥）

（六）美欧日联手推动WTO改革

9月25日，美国、欧盟和日本举行贸易部长级会议并发布联合声明，这是特朗普政府任内美欧日举行的第四次贸易部长会议。本次会议延续了前三次会议的主要议题（见表4），均聚焦于非市场主导政策、产业补贴和国有企业、强制技术转让等规则制定方面的问题，试图解决第三国扭曲的贸易政策带来的产能过剩、不公平竞争、阻碍对创新技术的发展和使用等问题，并就推动WTO改革达成一致。

表4　　　　　　　　历次美欧日贸易部长会议主要内容

时间	地点	美欧日贸易部长	主要内容
2017年12月12日	布宜诺斯艾利斯	美国贸易代表罗伯特·莱特希泽；欧盟贸易委员西西莉亚·玛姆斯托姆；日本经济产业大臣世耕弘成	讨论解决产能过剩国有企业、强制技术转让、不公平竞争等问题；同意在WTO和其他论坛增强三方协作
2018年3月10日	布鲁塞尔	同上	确认解决非市场导向政策带来的产能过剩、不公平竞争、阻碍对创新技术的发展和使用等问题
2018年5月31日	巴黎	同上	确认解决第三国扭曲贸易的政策；同意推动有关未来WTO谈判的讨论；等等
2018年9月25日	华盛顿	同上	确认解决第三国非市场主导政策、产业补贴和国有企业、第三国强制技术转让政策；推动WTO改革；推动数字贸易和电子商务发展；等等

资料来源：美国贸易代表办公室网站。

特朗普政府上任以来，美国挑起全球范围内"关税战"，以美国退出WTO多次威胁，并阻止WTO争端解决机制上诉机构成员甄选程序，美国以实际行动冲击了以WTO为核心的自由、开放的全球贸易体系，使WTO争端解决机制面临停摆威胁。不过，一向对多边主义嗤之以鼻的特朗普政府并没有放弃美国在全球贸易治理中的主导权，其所倡导的"美国优先"也并非"美国孤立"。在WTO问题上，特朗普政府时而威胁退出，时而发出改革信号，"以退为进"，仍然是施压WTO改革的一种方式。

在特朗普政府看来，美国遭受到WTO的不公正对待，美国贸易代表莱特希泽曾在2017年阿根廷举行的WTO第11次部长级会议上阐释了美国对WTO的不满，包括：一是WTO的重点职能正在以贸易谈判转变为贸易诉讼，成员国倾向于认为通过诉讼可以获得在谈判桌上无法得到的利益；二是太多较富裕成员国以发展中国家的身份享受不公平的豁免；三是成员国不遵守WTO规则，尤其是中国采取扭曲市场的不公平竞争政策，WTO应该解决由此带来的长期产能过剩以及国有企业等问题。

相比欧盟，美国对WTO的不满还停留在指责阶段，尚未提出具体的改革方案。事实上，欧盟和日本一直积极推动WTO改革，一方面，WTO运行存在诸多问题，改革势在必行。近些年来，WTO主导的多哈回合谈判进展迟缓，无法满足国际贸易发展需要，WTO目前的"协商一致"原则无法适应发达国家和发展中国家的权力变化导致决策困难，此外，美国大力阻止WTO争端解决机制上诉机构成员甄选程序，可能使WTO走向瘫痪。另一方面，特朗普政府实施的单边主义、贸易保护主义措施也切实威胁到欧盟和日本的贸易利益，经济发展高度融入全球价值链的欧盟和日本在维护以WTO为核心的全球贸易体系方面有着重大利益。

更为重要的是，在中美贸易摩擦背景之下，美国、欧盟和日本在国际贸易规则制定以及共同应对中国等方面存在共同利益。根据美欧日在历次贸易部长会议发布的联合声明，中国虽然并未被明确"点名"，但会议讨论的国有企业、强制技术转让、不公平竞争等内容均涉及中国。欧盟也于早先推出了《WTO现代化方案》，主要内容集中在改革制定国际贸易新规则、解决发展中国家身份问题、完善争端解决机制、加强WTO的监督功能等。改革方案中关于国际贸易规则的制定、发展中国家待遇问题也均同中国相关。在第四次美欧日三方贸易部长级会议举行期间，莱特希泽再次指出WTO的规则是为以市场为导向的经济体而非为中国等国有企业占主导的经济体设计的。

美欧日联手重塑国际贸易规则，美国还继续同中国大打"关税战"，9月18日，美国政府宣布实施对从中国进口的约2000亿美元商品加征关税的措施，具体分两个阶段：9月24日起加征关税税率为10%，2019年1月1日起将税率调高至25%。这是继7月6日美国对价值340亿美元的中国商品加征关税、8月23日对价值160亿美元的中国商品加征关税后，特朗普政府第三次对中国商品增税。前两次征税商品主要涉及交通行业、机电、电子、通信和信息技术等同《中国制造2025》相关的高技术产品，而此次2000亿美元商品清单既包括半导体、化学品、药品、电机电器设备等高端制造业行业，也包括木制品等低端制造业以及食品、家具等消费品。中国对此次加征关税也作出相应反击措施，决定对原产于美国约600亿美元商品加征5%或10%关税。中国还取消了原定于9月27—28日在华盛顿举行的第五轮经贸磋商。

当前，美欧日合力推动WTO改革、美日同意进行双边自由贸易协议谈判美欧达成贸易谈判共识，美欧日发达经济体联手解决全球贸易、贸易规则和贸易机制中存在的问题，对塑造国际贸易体系未来发展将产生重大影响，中国不得不引起重视。如何管控中美经贸冲突、在国际贸易机制改革问题上提出中国方案、处理好同美日欧各方的双边关系，并同应对国内经济变化以及深化改革开放相结合，对此，中国无疑有多场"硬仗"要打。

（执笔人：张玉环）

（七）美加墨贸易协议最终达成

9月30日，美国在与加拿大历经了一年多马拉松式的贸易谈判之后，最终达成了协议，双方决定联合墨西哥全面修改已运行二十余年的《北美自由贸易协定》（NAFTA），推出全新的《美国—墨西哥—加拿大协议》（USMCA）。该协议是特朗普政府继8月27日与墨西哥达成《美墨贸易协定》、9月24日与韩国正式签署新版《美韩自由贸易协定》后在自贸协定领域中所取得的第三个重要进展。此外，美国还正在与欧盟、日本紧锣密鼓地开展三边贸易协定谈判，目前谈判已经进行了四轮。经过一年多的"恩威并济"，特朗普政府在近期"连下数城"，不仅掀起了一股重塑世界贸易格局的旋风，更是拉开了重写国际贸易规则的大幕。

USMCA 内容：突出"公平性"与"高标准"

从美墨加协议内容来看，正如特朗普所宣称的，USMCA 是一个"里程碑式"的协定，充分体现了特朗普政府"自由、公平且对等"的国际贸易价值导向，其中，"公平性"与"高标准"是两大看点。

一方面，同 NAFTA 相比，USMCA 在包括汽车、乳制品、日落条款等争议条款上有较大更新，谈判各方均互有让步。美国在汽车和乳制品条款方面有较大斩获。USMCA 规定，零关税汽车 75% 的零部件必须来自北美地区，高于此前 62.5% 的标准。协议还要求，零关税汽车 40%—45% 的零部件必须由时薪最低 16 美元的工人所生产。此外，协议保留了特朗普政府对进口汽车加征 25% 关税威胁的能力，但根据协议附加条款，如果美国根据"232"国家安全调查对进口汽车征税，从加拿大和墨西哥进口的乘用车、皮卡和汽车零件基本上免受关税威胁。此外，加拿大在乳制品条款上作出让步，同意取消"7 级"的乳品定价协议，向美国开放约 3.5% 的乳品市场份额。

相应的，美国在日落条款和争端解决机制方面有所妥协。USMCA 规定，新协议将有 16 年的期限，每六年审查一次，此前，美国提出对 NAFTA 每五年一审，引发加拿大和墨西哥反对。此外，在加拿大力争之下，USMCA 将第 19 章争端解决机制保留下来，而此前，美国主张取消 NAFTA 中的贸易争端解决机制。

另一方面，美国着力将 USMCA 打造为高标准的"21 世纪新贸易规则"。从协议文本来看，USMCA 共分为 34 个章节，对国民待遇与市场准入、原产地原则、海关管理与贸易便利化、贸易救济、投资、跨境贸易服务、数字贸易、知识产权、劳工标准、环境标准、监管实践、争端解决等多个领域的标准与实施作出了细致的规定。USMCA 在文本内容、价值导向、实施标准上均与《跨太平洋伙伴关系协议》（TPP）高度契合，重合章节多达 25 处，可以说，USMCA 继承了 TPP 的衣钵，体现了特朗普政府在贸易战略上对奥巴马政府的高度延续：即以高标准自由贸易协定引领国际贸易规则发展方向的雄心。美国贸易代表莱特希泽也指出，USMCA 有三根核心的支柱：公平贸易、保护数字贸易和知识产权、对国有企业和汇率操纵等不公平做法严加限制。上述三点内容将成为特朗普接下来的"谈判模板"。

特朗普双边贸易谈判战略：稳步推进

在关税"大棒"威胁之下，特朗普政府双边贸易谈判战略似乎在稳步向前推进。美韩、美加墨新贸易协定相继达成，特朗普政府的"双边先行""以双边促多边"的贸易政策方略已经非常清晰。自 1984 年同以色列签署的第一个双边自由贸易协定（FTA）生效以来，美国政府建立了以北美地区为核心的涉及区域、多边以及双边的复合自贸协定网络。而今，特朗普积极追求双边贸易谈判，一方面试图同欧盟、日本等主要贸易伙伴开启新的贸易谈判，另一方面则重新修订已有 FTA，并致力于构建以美国为核心的"自由、公平且对等"的双边自贸网络。特朗普政府希望通过双边贸易谈判以及重谈 FTA 实现同贸易伙伴国的"公平贸易"，解决美国贸易赤字问题；同时，将 FTA 谈判视为掌握新一轮国际贸易规则制定权的重要途径。

截至目前，特朗普政府所追求的"自由、公平且对等"的对外贸易政策基本上都是在关税"大棒"的威胁之下达成的，深谙"交易的艺术"的特朗普擅长通过极限施压迫使贸易伙伴国对其让步。特朗普政府的"讹诈"和威胁策略也更容易在双边谈判中发挥出来，相比区域和多边 FTA，双边 FTA 更具操作性，且美国可凭借强大的经济实力和广阔的市场吸引力占据谈判主导地位，而实力最弱的墨西哥是第一张"倒下"的多米诺骨牌。上任以来，特朗普政府实施的高压型贸易保护政策作用日益显现出来，钢铝关税被美国视为重要"武器"，迫使其贸易伙伴国重启贸易谈判，以换取美国对本国输美钢铁和铝产品的"关税豁免权"。在此背景下，美国同加拿大、墨西哥开启了NAFTA重谈进程，同韩国进行了新的自贸协定谈判。继美韩签署新版FTA，美加墨达成新贸易协定后，欧盟和日本也将迫于美国"关税战"压力，寻求同美开展双边和三边贸易谈判。

USMCA影响：美重塑国际贸易规则

第一，从协议内容来看，美国"如愿以偿"打造了新的"公平"贸易协议。一直以来，特朗普政府控诉美国在NAFTA中遭受"不公平待遇"，USMCA使美国在汽车和乳制品等领域取得一定胜利，为推动制造业回流以及共和党在中期选举中赢回农场主选票和巩固铁锈地带的选票提供了机遇。相比之下，加拿大和墨西哥在特朗普政府咄咄逼人的汽车关税和钢铝关税"大棒"威胁下，不得不步步退让，尤其是加拿大在未能将美国钢铝关税完全取消的情况下即宣布达成新的贸易协定，这背离了此前加拿大总理特鲁多先取消钢铝关税再签署协定的立场。另外，新规要求的至少40%的汽车零部件由时薪不少于16美元的工人制造，这一规定将对时薪较低的墨西哥汽车制造业带来一定冲击。

第二，USMCA倡导的高标准贸易规则为美重掌国际经贸秩序主导权奠定基础。USMCA与TPP一脉相承，甚至在TPP基础上有所突破，协定不仅涵盖了传统议题，例如货物贸易市场准入、农产品、贸易便利化等，还对经济全球化及新技术深入发展带来的新贸易议题作出回应，包括数字贸易、跨境金融服务等，此外，协定对劳工标准、环境保护、知识产权、竞争政策、国有企业等边境内议题的关注进一步深化，还加入了宏观政策与汇率问题章节。USMCA尘埃落定，成为美国重掌国际规则制定权的开始，美国试图将这一当前覆盖内容最广泛的贸易协定作为未来双边贸易谈判的模板，这将巩固以美国范式为基础的国际贸易体系，并可能形成国际贸易规则新壁垒。

第三，USMCA 的达成将成为美国施压 WTO 改革的重要筹码。20 世纪 90 年代，美国曾推动 NAFTA 谈判以施压关贸总协定下的乌拉圭回合谈判，当前特朗普政府意欲借助 USMCA 施压 WTO 改革。特朗普政府多次指出美国"受到 WTO 不公正的对待"，认为该组织很多成员国以发展中国家的身份享受了不公平的豁免或者采取扭曲市场的不公平竞争政策，而 WTO 对此束手无策。USMCA 无疑为 WTO 改革提供了带有美国价值导向的方案。协定在第一章大量引述和采用了 WTO《关税及贸易总协定》的概念、文本和理念，这表明该协议仍然属于 WTO 框架下的贸易协定，且协议涉及诸多在 WTO 框架下难以达成协定的议题，可能成为特朗普政府推动 WTO 改革的范本。

第四，USMCA 为中国施加了新的经贸压力。该协议第 32 章第 10 条对缔约国与非市场经济国家的自由贸易协定谈判精准地施加了监管和限制。相关条款要求某一缔约国需要向其他缔约国透露与非市场经济国家进行自由贸易协定谈判的目标、必要的信息与协议文本，甚至规定一旦某一缔约国与非市场经济国家签订了自由贸易协定，其他缔约国有权终止该协议。这一"霸王条款"潜在的防范对象不言自明，虽然协议条款只适用于美国、加拿大和墨西哥三国，但是被美国承认为"非市场经济国家"的中国却作为连带方首当其冲。协议生效后，加拿大与墨西哥在中美贸易摩擦中将被迫选边站队，受限于条款的相关规定，在没有美国许可的情况下，中国与加拿大和墨西哥两国分别签署自由贸易协定的可能性将变得极为渺茫，这将放大美国相对于中国的权力优势。更为严峻的是，美国若将该条款纳入同欧盟和日本的贸易协定，中日韩 FTA 和 RCEP 谈判也将受到重大影响。

过去，中国曾通过设立上海自贸试验区、加快国内改革应对 TPP 给亚太贸易秩序带来的冲击。如今，面对特朗普政府所发起的新一轮进攻型的贸易战略，中国必须保持沉着冷静，通过展开积极的经济外交扩大自身

"朋友圈",并且以更加主动的开放和改革姿态来应对这一轮国际贸易环境的大变局。

(执笔人：张玉环、宋亦明)

十 CPTPP 生效在即（十月报告）

2018年10月,国际贸易体系变革持续进行。随着澳大利亚完成CPTPP国内审批程序,CPTPP生效条件正式满足,将于2018年12月30日生效。CPTPP作为全球标准最高的一项自贸协定将国际经贸规则竞争推向新高度,中国亟须尽快适应高标准水平经贸规则,避免"二次入世"风险。欧盟和越南签订的双边自贸协定也取得新进展,欧越FTA是欧盟首次对亚洲发展中国家全面开放市场,在逆全球化浪潮高涨之际,越南可能成为主要受益者之一。此外,国际社会持续推动WTO改革,本月加拿大召集包括欧盟在内的12个国家与组织的贸易部长开会商议WTO改革问题,中欧世贸组织改革副部级联合工作组第一次正式会议在北京举行,WTO成员国能否弥合分歧推动多边贸易体系改革仍面临诸多不确定性。国务院总理李克强先后出席上海合作组织成员国政府首脑理事会第十七次会议和第十二届亚欧首脑会议,力求在现行全球经济秩序遭遇挑战、中美贸易摩擦升温、中国经济增速放缓的背景下推进多边经贸合作并加强发展战略对接。此外,日本首相安倍晋三率团访华推进多边经贸合作,中日寻求新的合作机会,双方签署了一系列经济协议,凸显中日双方推动关系重回正轨的意愿。

(一) CPTPP 生效在即

10月31日,澳大利亚完成不含美国在内的"全面且先进的跨太平洋伙伴关系协定"（CPTPP）的国内手续，成为继加拿大、日本、墨西哥、新西兰、新加坡后第六个正式完成CPTPP国内审批程序的国家。由于CPTPP生效需要六个以上（含六个）成员国完成国内程序，该条件目前已经得到满足，按规定协定将于60天后即2018年12月30日生效。作为部分亚太经济体实施更高标准经贸规则的一个重要制度协议，CPTPP同时承载着这些亚太经济体抢占新一代经贸规则制定主动地位、重塑地区经贸秩序的宏远抱负。如今CPTPP生效在即，是否意味着这场硝烟弥漫的亚太经贸规则竞争正在进入高潮？非CPTPP成员国的亚太经济体又将如何应对？

从TPP到CPTPP

CPTPP由"跨太平洋伙伴关系协议"（TPP）演变而来。TPP最初由文莱、智利、新西兰、新加坡四国发起，因2009年美国奥巴马政府高调宣布加入而强势崛起，随后吸引了秘鲁、澳大利亚、越南、马来西亚、日本、墨西哥、加拿大等国家接连加入谈判。在奥巴马政府时期，美国在TPP谈判中对高标准规则制定的全方位主导，以及其要对中国等国家实行制度规锁和制度羁縻的意图，使亚太地区内规则竞争意味越发浓厚。2015年10月，TPP12国成功结束谈判，并于2016年2月在新西兰奥克兰正式签署TPP协议，由此，TPP进入国内审批程序。

然而，TPP在各国国内仍存在较大争议，在领导国美国也不例外。美国现任总统特朗普在竞选期间就曾多次强调TPP损害了美国的利益并主张废除TPP。果不其然，2017年1月特朗普就任美国总统第二天就宣布退出TPP。失去美国的TPP一度被认为已经名存实亡，因为从程序上看，TPP条款生效需要至少六个成员国批准，且批准国的国民生产总值（GDP）须不少于总体的85%，而美国一国的GDP就占TPP总量的六成以上。美国的退出，一度让外界认为TPP多年谈判成果一夜之间付诸东流。

但出人意料的是，TPP没有就此解散。TPP成员国中经济体量排名第二的日本挑起了继续推进 TPP 程序的重担。经过多轮重新谈判与协商，2017 年 11 月，除美国外的日本等 11 个原 TPP 成员国宣布就 TPP 达成了框架协议，且协议正式更名为 CPTPP。2018 年 3 月，11 国正式在智利圣地亚哥签署了新的 CPTPP，在没有美国参与的情况下实现了 TPP 的"复活"。

CPTPP 的变与不变

CPTPP 经济规模占世界名义 GDP 的 13%，贸易额占全球贸易总额的比重达 15%。相比于 TPP，CPTPP 在规则标准和成员结构上较大程度地保留了原协定的一些内容与特点，但也出现了一些新变化。

在规则标准上，CPTPP 仍是全球迄今为止标准规格最高的一项自由贸易协定，这延续了先前要达成高水平贸易规则的目标，不过在实质内容上有所缩水。在实质性规则方面，尽管超过 95% 的 TPP 协定内容得以原样保留，但先前应美国要求而加入谈判的一些项目条款则被搁置。在协定保管方新西兰政府发布的 CPTPP 协议文本的最终版本中，可以看到，这些被搁置的条款主要集中于投资和知识产权章节，还有涉及海关管理与贸易便利化、跨境服务贸易、金融服务、电信、政府采购、环境、透明度与反腐败等内容的条款。例如，CPTPP 暂停了适用原 TPP 文本中的"投资协议""投资授权"等条款；原先美国力推的技术保护措施（TPM）、权利管理信息、加密卫星与电缆信号、互联网服务提供商（ISPs）安全港等相对严苛的规则也被冻结。可见，CPTPP 在整体规则标准上是弱于 TPP 的。

在程序性规则方面，CPTPP 也重新修订了关于协定生效、退出、加入的制度条款。CPTPP 规定仅需六个或至少 50% 的协议签署国批准即可在 60 天后生效，以阈值较小者为准，协议生效难度较 TPP 而言大大降低。因此当澳大利亚成为第六个批准 CPTPP 的成员国时，CPTPP 的生效程序就随之启动了。此外，CPTPP 规定新成员可包括任何国家或单独关税区，在得到各成员国同意后可在协议生效后加入，而TPP则要求针对新成员成立准入工作组进行资格审核，这意味着新成员准入门槛有所降低。

在成员结构上，CPTPP由除美国外的所有TPP成员组成，但从成员国之间的权力结构上看，CPTPP似乎尚不具备一个强势主导者。虽然日本在美国退出TPP后一直扮演着制度领导者与协调者的角色，但日本不像美国一样具有压倒性的霸权优势，它提出的倡议往往需要得到加拿大、澳大利亚等其他成员尤其是中等发达经济体的支持和同意才能顺利推行，这意味着CPTPP内部的制度协调难度较之于TPP可能会有所加大。

亚太经贸格局面临洗牌

如今，CPTPP生效在即，最大的胜利者当属CPTPP主导国日本，日本凭借CPTPP在亚太经贸格局中重新占据有利位置。美国高调"退群"曾让日本措手不及，因为安倍政府是在特朗普就职前就力排众议通过了TPP的国内审批程序。为不使政绩付诸东流，日本走到台前发挥主导作用继续推动TPP进展，并由此获得战略主动权和规则主导权。一方面，日本以自由贸易"旗手"自居，力图协调国际贸易谈判、推动地区合作进程，其领导力和协调力如今都因CPTPP即将生效而得到认同与肯定。在此之前，日本还与欧盟达成经济伙伴关系协定（EPA），共建目前全球规模最大的自贸协定。日欧EPA与即将生效的CPTPP一道，共同为日本的自由贸易"旗手"身份增添可信度，巩固了日本在亚太区域合作方面的战略先机。另一方面，CPTPP生效后关税大幅减免将对日本明显有利，例如从日本出口的工业品的99.9%、农林水产品的98.5%关税将最终取消；涉及国有企业、劳工权利、政府采购、数据流通等内容的高标准规则将在CPTPP生效后正式通行，也有利于发挥日本适应和实施高水平贸易自由化规则的优势，助力日本经济发展。

目前，日本仍积极游说美国重返TPP（即加入CPTPP），这与日本一直以来追随美国的策略相符。然而，尽管日本落花有意，美国却未必流水有情。当前美国积极推动双边自贸协定（FTA）谈判，试图以双边取代多边，更大程度地维护美国的利益。美国已相继达成新版《美韩自由贸易协定》《美国—墨西哥—加拿大协议》（USMSA），与欧盟、日本的三边贸易协定谈判也在紧锣密鼓地推进中，美国正在以自己的节奏重塑世界贸易格局、重写国际贸易规则。诚然，CPTPP生效将使得退出了TPP的美国无法享受到CPTPP区域内关税下调带来的优惠，小麦、牛肉等美国出口主力的竞争力会有所下降；但相较而言，强大的经济实力和市场吸引力转化而来的双边自贸谈判优势地位对美国而言更加重要，除非重返TPP能给美国带来非常显著的利益，否则美国恐怕很难愿意放弃这种优势地位而再次受到多边制度的约束。

CPTPP生效也给其他成员经济体带来新契机。一方面，CPTPP降低成员国贸易壁垒，帮助拓展并强化成员国的贸易伙伴网络。例如，就新西兰与加拿大之间的贸易关系而言，CPTPP生效后两国的葡萄酒、加工肉类、羊毛、林业产品、渔业产品等将立即免税，牛肉的关税及配额限制将在6年内消除，这将促使两国贸易额快速增长。从新西兰的角度看，新西兰可因CPTPP贸易框架的规定每年节省约2.22亿美元，相当于两个中国—新西兰自贸协定的规模。此外，在CPTPP自贸协定框架下，澳大利亚将首次与加拿大、墨西哥开展贸易安排，澳大利亚的农户和企业将尤其受益。澳大利亚总理斯考特·莫里森（Scott Morrison）表示，预计在2030年之前，CPTPP每年将给澳大利亚经济带来多达156亿澳元的红利。

另一方面，对于越南等CPTPP框架内的发展中国家而言，发展空间进一步加大。特别是越南，CPTPP生效意味着越南已经登上了掌握规则制定主动权的快速列车，将在发展中国家中率先实施高标准高水平的经贸规则，未来对外经济辐射能力及其融入全球经济的水平将显著提高，很可能将一跃成为亚太地区具有重要影响力的新兴经济体。

此外，CPTPP下一步制度扩容正在提上议程。据报道，日本计划在协定生效后就着手推进 CPTPP "扩员"，拟于 2019 年年初邀请成员国代表赴日本出席 CPTPP 委员会首次会议并重点探讨新成员准入议题。当前，泰国、印度尼西亚、韩国、英国、哥伦比亚等国都有意加入 CPTPP。若扩容成功，CPTPP 贸易规则会在更大范围内得以实施，元老级成员国将自动获得规则主动权，即新加入的成员国需在业已规划好的 CPTPP 规则框架下行事，而非成员国则可能被排斥在 CPTPP 的贸易集团之外。换言之，非 CPTPP 成员国将来可能会面临较大的规则压力。

中国需加快迈向更高标准经贸规则的步伐

CPTPP 形成的规则压力可能对中国产生较大影响。事实上，中国当前面临的经贸规则形势严峻。与中国相关的贸易争端持续不断，究其原因，除了有他国单边主义、保护主义政策的负面影响外，很重要的一个因素就在于中国尚未能适应并实施更高标准的经贸规则。中国亟须尽快适应高标准高水平经贸规则，避免被排斥在贸易集团之外。

一方面，加大对 CPTPP 规则的研究，降低新规则可能对中国造成的负面冲击。中国需密切追踪 CPTPP 成员国实施规则的进展情况，由于 CPTPP 将关于数据流通、国有企业等内容的条款首次写进了国际贸易协议中，中国也可借鉴 CPTPP 更高的标准倒逼国内改革进程，提高自身实施高标准规则的能力。另一方面，稳步推进实施中国自贸区战略，构建自贸伙伴网络以争取经贸规则制定权。在区域层面，需继续推进"区域全面经济伙伴关系协定"（RCEP）、中日韩 FTA 谈判。特别是 RCEP，尽可能推动 RCEP 向更高水平经贸规则方向发展。在双边层面，中国需继续寻找合适的 FTA 签约对象，拓宽自贸伙伴网络，为促成更符合自身发展需要的贸易规则体系寻求更多的伙伴支持。同时，中国还需注重既有 FTA 的升级与维护，有针对性地探索贸易规则实践升级的空间。

（执笔人：孙忆）

（二）欧越自贸协定取得新进展

10月17日，欧盟委员会通过了于2012年6月启动谈判的《欧盟—越南自由贸易协定》（以下简称"欧越自贸协定"或EVFTA），并就提请欧洲理事会与欧洲议会批准该协定等事宜达成一致意见。按照计划，EVFTA将于2019年年初获得欧洲议会通过；协议生效后，越南与欧盟将分阶段取消超过99%的货物关税。这是欧盟首次对亚洲发展中国家全面开放市场，也是越南正式参与的第12个自贸协定，标志着越南融入发达国家市场乃至全球经济的进程又向前迈出了实质性的一步。自21世纪以来，以强劲的经济增长势头为内生动力，越南一直对签署自由贸易协定（FTA）表现出较高的热情，这既是越方政府扩大对外开放的具体策略，也为越南在当前中美贸易摩擦激化、逆全球化浪潮席卷世界的复杂国际经济形势下"独善其身"与"崭露头角"创造了难得的机遇。

热衷FTA战略，越南对外经济合作焕发活力

自1986年实行"革新开放"政策以来，越南一直将扩大对外经济合作作为主要的经济发展战略，尤其重视扩大对外贸易与吸引外来投资。基于此，越南先后参与了16个自贸协定，其中已正式生效的协议共有十个，另有两个正在走成员国内部批准流程，四个自贸协议尚处于谈判过程中。与越南存在自贸协议关系的经济体包括东盟成员国、中、日、韩、印、澳、欧盟与欧亚联盟等世界主要国家或地区，这些经济体都是越南最主要的贸易伙伴，基本覆盖了该国对外贸易60%—70%的规模。总体而言，经过长时间的布局，越南已形成了相对庞大且成熟的自由贸易协定体系。

越南之所以如此热衷FTA战略，是因为越南对其主要贸易伙伴基本存在贸易逆差，这不符合越南发展本土制造业的诉求，而签署FTA在一定程度上可以改善贸易逆差。此外，自贸协定在减少关税壁垒的同时，也为越南制造业企业深入参与全球产业链分工创造了宽松的条件，将有利于间接吸引外资。

近十余年来，越南对外贸易迅速增长，贸易结构有效改善。2005 年越南对外贸易仅为 760 亿美元，2017 年已猛涨至 4469 亿美元，总量增长将近 5 倍。2017 年越南的货物贸易规模在东南亚十国位列第三位（仅次于新加坡与泰国），占东盟对外货物贸易总量的 16.5%。从进出口结构来看，越南也在 2012 年扭转了多年来的贸易逆差局面，实现了 84.83 亿美元的对外贸易顺差，此后一直维持顺差格局。

此外，越南外来投资增速迅猛，这在一定程度上得益于越南诸多自贸协定的签署。2010 年越南吸引外来直接投资流量为 80 亿美元，至 2017 年已突破 140 亿美元，其中外来投资主要来源国正是越南的 FTA 伙伴国，如日本、韩国、新加坡与中国等。目前越南是东南亚吸引外来直接投资较多的国家（2017 年吸引外资流量仅次于新加坡与印度尼西亚）。

从对外贸易与吸引外资的情况来看，越南在某种意义上已经赶上原本的"亚洲四小虎"，成为东南亚乃至亚太地区对外经济合作最具活力的国家之一。若欧越自贸协定，以及尚处于批准或谈判过程中的全面与进步跨太平洋伙伴关系协议（简称 CPTPP）与区域全面经济伙伴关系协定（RCEP）能够顺利生效，越南对外经济辐射的能力与融入全球经济的水平将大幅度提高，并成为亚太地区具有重要影响力的新兴经济体。总而言之，越南对外经济发展未来可期。

加工制造业是"动力源"，政治延续性是"稳压器"

越南对外经济合作焕发活力的根源在于其国内的经济条件与政治环境。近年来越南经济形势较为乐观，一方面有效克服了此前恶性通货膨胀等宏观经济风险，另一方面，以迅速发展的加工制造业为支柱，越南正不断朝工业化国家的目标迈进。首先，越南经济增长居高不下。自走上"革新开放"道路以来，越南国内经济增长突飞猛进，2016 年的国内生产总值（GDP）首次突破2000亿美元，2017年的GDP（2239亿美元）与1986年相比已增长43倍以上。与总量发展同步，越南GDP增长率也保持较高水平，曾一度高达8%，近十年来也一直维持在5%—7%，经济增长表现出强劲的势头。

其次，越南产业结构转型迅速，加工制造业成为优势产业，这主要得益于越南相对丰厚的劳动人口红利。目前越南三大产业产值的占比为：农业18.14%，工业36.37%，服务业45.49%；但在20世纪80年代初，工业占比仅为20%，相反农业产值高达40%，说明越南工业化发展迅速。对工业增长贡献最大的是加工制造业，其占越南工业总产值曾一度高达68%。一半以上的越南出口货物正是劳动密集型加工制造产品，体现了越南国内以加工制造业为主的产业结构特征。

越南总人口约为9500万（2016年数据），为东南亚第三大人口"大国"，拥有丰富且成本较低的劳动力——劳动人口约占总人口的60%，平均月薪仅为212美元（国际劳动组织数据），这是越南加工制造业获得较快发展的有利前提。此外，越南人口结构年轻化程度较高，年龄中位数为27.4岁（比中国年轻5岁），近年来人口平均增长率为1.07%（中国仅为0.5%），由此看来，该国的劳动人口红利还将持续释放较长的一段时间。值得一提的是，人口总量及增长率较为可观也为越南创造了较大的内部市场。越南服务业产值占比较高的原因之一在于其国内零售行业发达，该国本身具有较高的消费需求；此外，越南人口结构年轻，其对电子信息产品的消费和电商等新兴渠道的使用方面具有较大的潜力。

从政治变迁来看，越南国内政治的延续性也为越南经济发展提供了稳定且极为有利的内部环境。2018年9月21日，越南原国家主席陈大光因病医治无效逝世。10月初，时任越共中央总书记阮富仲获越南中央委员全票赞成出任新一任的国家主席，成为越南历史上继胡志明、长征之后第三位兼任越共总书记与国家主席的领导人。此次阮富仲兼任双职在一定程度上打破了越南原来"四驾马车"式的权力格局（即国家主席、越共总书记、政府总理、国会主席四大权力中枢相互制衡），但这种变化预计并不会导致越南国内发生明显的集权化倾向或大幅度的政策变动。

一是由于越南的权力结构自建国以来一直存在"南北制衡"。即一般由比较保守的"北方派"出任越共总书记，主要改革的"南方派"担任政府总理，国家主席和国会主席则由政治理念折中化的"中间派"担任，陈大光正属于"中间派"人士，其继任者阮富仲属"北方派"，而现任越南总理阮春福与国会主席阮氏金银都具有明显的"南方"属性，因此当前越南"南北制衡"格局并未受到破坏，相反可能因为"中间派"的隐退而有所强化。

二是因为越南政治高层的人事任免具有一定的"黏性"。阮富仲曾于2006—2007年担任越南国会主席，在2011年当选为越共中央总书记，并连任至今；而阮春福又是越南前任总理阮晋勇的副手和亲信，这种领导人继任特征在一定程度上可以保证越南的核心发展战略与政策不会轻易受到动摇。近三十年来，越南"革新开放"政策的持续实施和建设现代化工业国家目标的不断深化正是越南政治延续性与稳定性强的具体表现，也是越南一直保持强劲的经济增长动力的政策根源。

全球化倒退，越南可能成主要受益者之一

全球化倒退的最突出标志是中美经济"解绑"，既有的全球产业链面临断裂的风险（或将重组）。与此同时，作为贸易全球化的重要制度性支撑——WTO也被束之高阁，双边与多边贸易体制逐渐取代WTO成为维持当前世界贸易秩序的主要工具，贸易正在由"全球化"走向"碎片化"。在此背景下，拥有以庞大的自贸体系为支撑的有利外部环境，以及强劲的经济增长内部动能的越南占据独特优势，并可能从中获益。

越南可能成为国际直接投资的新热点对象。中美贸易摩擦的直接结果是中国对美出口严重受阻，在此背景下，原本在加工制造业开展对华投资的企业可能从中国撤资，并将加工生产的阵地转移至其他兼具劳动力与进出口优势的国家或地区，以维持甚至扩大企业原来的产能。越南在劳动力成本方面已比中国表现出更大的优势，该国相对庞大的自贸体系也意味着其在进口零部件或原材料与出口制成品方面享受着较广泛的低关税优惠，这对于外资企业而言具有较强的吸引力。

此外，中国企业对美出口受到严格管控的不利背景可能倒逼中国国内产业结构的转型升级，以及对外产能合作布局的调整。在此背景下，为了在国内为高新技术产业和产品研发环节的发展腾出更大的空间，中国可能将更多的加工制造业转移至其他以劳动密集型产业为主的国家，其中与中国地理位置毗邻的越南可能成为中企在加工制造环节开展对外投资的首选目的地。这还将进一步带动外企在基础设施等配套领域对越南的投资，从而在该国掀起一番新的外来投资热潮。2018年以来，中、日、韩等越南主要的外资来源国都表达了扩大对越投资的意愿并相继采取了实质行动。

目前在中国与越南（及其他东南亚国家）之间的产业转移热潮主要集中在电子产业。2017年底以来，该行业的外资企业从中国撤离动作频频：2017年10月日本尼康宣布关闭无锡工厂，2018年年初电子制造企业日本电工也从苏州撤资，同年5月韩国三星撤销深圳三星电子通信公司，7月日本自动化控制及电子设备制造厂商欧姆龙宣布在苏州的工厂永久停工停产等，其中大多数企业将转移至包括越南在内的东南亚地区。中国的华为手机也在近两年内将越南等国确定为主要的海外目标市场，寻求以"轻资产"的方式（即把企业的非核心业务，如物流、生产等外包出去）走出国门。

伴随着中美经济"解绑"的是两国关系趋冷、竞争加剧，基于此，在东南亚以及更广阔的亚太地区具有重要地缘战略价值的越南在中美竞争中的地位将有所提升，这对于越南而言也是一大坐享利益的机遇。特朗普自上台以来，虽然尚未提出明确的东南亚主张或越南政策，但其通过越南制衡中国的意图日益得到彰显，其最突出的表现是采取了赠送巡逻舰、军舰访越等一系列军事合作行动。在经济领域，2017年11月，特朗普借亚太经合组织（APEC）领导人非正式会议之机首访越南时，也表达了对越南"经济奇迹"的肯定。长期以来，美国都是越南仅次于中国的第二大贸易伙伴国，也是越南最大的出口对象国，两国的经贸联系正日益深化。

劳动力优势与政治的稳定为越南提供了经济发展的内在动力，覆盖面较广的自贸网络则在外部为越南经济创造宽阔的辐射空间，内外条件相辅相成，共同成就了越南过去及未来可能进一步发展的"经济奇迹"与"亚洲新虎"地位，而这也是越南能够在中美贸易摩擦中坐享"渔翁之利"的资本所在。

（执笔人：罗仪馥、王丽）

（三）多国推动 WTO 改革

10月24—25日，加拿大召集包括欧盟等经济体在内的12国贸易部长开会商议 WTO 改革问题，此次会议达成了维护争端解决机制、重振 WTO 谈判职能、加强对成员贸易政策的监督等 WTO 改革共识。在国际贸易摩擦升级的"迷雾"之下，美欧日等发达经济体已着手推动 WTO 改革，欧盟于9月发布了关于 WTO 现代化的概念文件，美欧日则先后举行了4次贸易部长会议，推动 WTO 改革是议题之一。此外，欧盟和中国也同意建立 WTO 改革联合工作小组，G20 贸易部长阿根廷会议就 WTO 改革达成共识。在特朗普政府贸易保护政策"刺激"之下，WTO 改革这一老生常谈的话题正式列入各主要经济体议事日程，并通过多双边会议取得了一定共识，然而，美国对 WTO 改革的态度和举动呈现矛盾状态，发达经济体和发展中经济体之间也存在复杂的利益纷争，首轮 WTO 改革能否挽贸易多边主义于既倒，WTO 又将何去何从？

WTO 改革共识逐步确立

作为第二次世界大战以来美国亲手打造的国际贸易机构，GATT/WTO 承担了贸易谈判、贸易监督以及争端解决三大职能，通过 GATT 八轮关税减让谈判维护了多边贸易自由化体制，为促进世界经济增长和贸易繁荣奠定了坚实基础。在特朗普政府挑起全球范围内"贸易战"背景下，部分成员国迫切希望通过 WTO 改革恢复自由有序的多边贸易体系，根据美欧日召开的四次贸易部长会议、欧盟发布的关于 WTO 现代化的概念文件以及加拿大世贸组织改革部长级会议联合公报等，可以看出 WTO 改革的共识正在逐步确立，成员国对 WTO 改革的共同诉求包括以下方面。

第一，重振 WTO 争端解决机制。WTO 争端解决机制是 WTO 的核心支柱，对维护以 WTO 为核心的多边贸易体系发挥了积极作用。然而，当前争端解决机制存在诸多问题，主要包括上诉法庭审案效率低下，案件审理期限一再延长；争端解决机构采取"反向一致同意"原则，导致实际裁决取决于专家组程序和上诉机构程序；除此之外，上诉机构瘫痪危机是 WTO 目前面临的棘手难题，WTO 争端解决机构上诉机构大法官七个席位中仅剩三个，这是审理案件所需法官数量的最低要求，到 2019 年 12 月，另有两位法官的任期即将届满。美国一直通过行使否决权阻挠上诉机构大法官甄选程序，阻止新法官任命，大大削弱了上诉机构运营能力，甚至可能使 WTO 走向瘫痪。恢复 WTO 争端解决机制是 WTO 改革的当务之急，欧盟、日本、加拿大等国对采取措施使 WTO 争端解决机制重回正轨存在共识。

第二，重启 WTO 的谈判职能。WTO 多哈回合谈判自 2001 年启动以来长期停滞不前，到 2013 年才达成"巴厘一揽子协定"，随后又陷入停滞状态。此次加拿大世贸组织改革部长级会议强调，必须重振世贸组织的谈判职能，呼吁在 2019 年完成关于渔业补贴的谈判。此外，美欧日加等都希望WTO新规则须反映21世纪国际贸易发展的新状况，美欧日贸易部长四次会议更是均聚焦于非市场主导政策、产业补贴和国有企业、强制技术转让等规则，试图解决第三国扭曲的贸易政策带来的产能过剩、不公平竞争、阻碍对创新技术的发展和使用等问题，希望推动WTO改革促进各经济体公平竞争。

第三，强化WTO贸易政策监督职能，提高透明度。WTO的基本职能之一是监督成员国是否履行WTO协定及审议成员国贸易政策，这是WTO透明性原则的制约机制之一。然而，WTO的贸易政策审议报告缺乏必要的强制约束力，无法减少贸易争端隐患，审议机制的作用大打折扣，贸易政策审议沦为"走过场"。欧盟的WTO现代化概念文件及加拿大13国贸易部长会议均提到要提高WTO的透明度，以完善WTO监督审议贸易政策职能。

美国施压，WTO改革或遇阻力

虽然WTO成员国希望通过改革维护多边贸易体系，但是成员国的利益诉求也较为明显。尤其是美国不断施压，可能会使WTO改革前景更加不确定。擅长"交易的艺术"的特朗普一方面释放改革WTO的信号，另一方面又频频威胁美国将"退出"WTO，这看似矛盾的表态和举动事实上是一种"以退为进"和"先破后立"，根本目的是重构一个有利于美国贸易利益的多边贸易体系，不过这可能为WTO改革前景蒙上阴影，WTO未来走向仍是一个未知数。

一方面，美国推动WTO改革的前提是改革方向须符合美国的经贸利益，如何弥合美国同其他成员国之间的分歧是WTO改革的一大难题。在特朗普政府看来，美国遭受到WTO的不公正对待，美国贸易代表莱特希泽曾在2017年阿根廷举行的WTO第11次部长级会议上阐释了美国对WTO的不满，包括WTO成为以诉讼为中心的机构、发展中国家待遇问题、不公平竞争问题。2018年以来，特朗普政府绕过WTO实施贸易保护政策，以单边主义对抗多边主义，可以看作威胁 WTO 改革的实际举措。

然而，目前美国尚未出台任何具体的 WTO 改革方案，相反只是针对已有方案提出批评意见。美国对欧盟版改革方案的不满主要集中在争端解决机制上，尽管此方案基于欧盟对美国诉求的充分考虑基础之上。美国驻 WTO 大使谢伊公开表示，美国不能接受欧盟 WTO 改革方案中授予上诉机构仲裁法官更长任期、给予秘书处更多资助等提议，认为欧盟的改革方案并不能改善 WTO 法官"越权"干预美国法律的行为。可以预见，如果 WTO 改革谈判无法满足美国的诉求和利益，退出 WTO 可能成为特朗普政府"退出"外交的又一典型案例，这对 WTO 改革并无裨益。

另一方面，美国也积极推动双边自贸协定（FTA）谈判，以双边取代多边，从实质上"另起炉灶"、边缘化 WTO。WTO 改革不会一帆风顺，然而美国退出 WTO 也面临国内政治困境，因此美国可以采取单边措施搁置 WTO，同时做好两手准备，通过构建双边/区域自贸协定网络将自身意志贯彻其中，也可以达到维护美国贸易利益的根本目的。

从目前来看，美国已完成同韩国、加拿大和墨西哥的自贸协定重谈，同欧盟发布建设"零关税、零壁垒、非汽车产品零补贴"自由贸易区的联合声明，同日本也将开启双边贸易协定的正式谈判，此外，还将同英国、菲律宾等国开展贸易谈判。尤其是新版美加墨自贸协定（USMCA）内容同高标准的"21 世纪贸易协定"TPP 高度相似，有望成为美国同其他国家进行 FTA 谈判的模板，这对美国重掌国际贸易规则制定权意义重大，而 FTA 战略的深入推动则将在实质上进一步弱化 WTO，并且通过"另起炉灶"捍卫美国在国际贸易体系中的主导地位。

总的来看，目前美国尚未对 WTO 改革作出积极贡献，反而可能成为改革的一大阻力，并且其强大的经济实力和市场吸引力使其在双边 FTA 谈判中更易获得优势地位，WTO 边缘化趋势可能会更为明显。

发达国家与发展中国家改革诉求存在差异

除美国施压带来的阻力外，发达国家同发展中国家对 WTO 改革的诉求存在一定差异，这也增加了 WTO 改革的不确定性。此轮 WTO 改革基本上由美欧日加等发达经济体主导，只有少数新兴经济体和发展中国家参与到改革进程中，然而发达国家同发展中国家关于 WTO 改革的鸿沟或许更难以填平，这将是 WTO 改革面临的第二大阻力。

一方面，发达经济体要求调整发达国家和发展中国家区分及差别待遇问题，这可能招致发展中国家反对。GATT/WTO 成立以来，新兴经济体和发展中国家确实受益于自由开放的多边贸易体系，过去 10 年新兴经济体贡献了全球经济增长的 50%，汇丰银行预测到 2030 年该比率将会达到 70%。

不过，以美国为首的发达经济体认为太多较富裕成员国以发展中国家的身份享受不公平的豁免，因此发达经济体积极探讨 WTO 发展中成员国的"毕业"问题，欧盟在 WTO 现代化概念文件中也提出了在发展目标的背景下处理发达国家和发展中国家区别和待遇问题的方案，不过，发展中国家发展水平参差不齐，如何设置区分标准和差别待遇水平，如何维护发展目标并兼顾规则的灵活性，发达国家和发展中国家的博弈还将持续下去。

另一方面，发达经济体要求 WTO 未来规则制定须适应国际贸易发展的需求，发展中国家则更关注自身在农产品等传统议题上的利益。WTO 多哈回合谈判停滞不前，无法通过谈判达成新贸易规则，因此发达经济体主张恢复 WTO 谈判职能，并且将电子商务、数据流动、电信、竞争等新贸易规则纳入其中。

对于部分发展中国家来说，乌拉圭回合谈判达成的投资和知识产权协议等使发展中国家承受了较大代价，而发展中国家也并未在关心的农产品议题上获得更多优势。在解决发展中成员国诉求的多哈回合谈判停滞不前的情况下，增加新贸易规则谈判恐难以调动发展中国家的积极性。在发达国家主导的WTO改革中，发展中国家如何发挥自身影响力，既能推动改革循序向前，又能维护自身正当权益，这对遵循"协商一致"精神的WTO来说，改革之路将任重道远。

中国应坚持做多边贸易体系的维护者

在全球贸易保护主义和单边主义盛行之际，中国作为WTO和经济全球化的受益国，维护自由开放的国际贸易体系符合中国的根本利益，中国仍需坚持做多边贸易体系的维护者，为此中国需采取措施，在推动WTO改革进程中扮演积极角色。

第一，联合欧盟等经济体，积极推出WTO改革方案。当前，WTO多哈回合谈判陷入僵局，争端解决等职能日益削弱，特朗普多次威胁退出WTO，WTO存在领导力不足问题，中国可借此机会积极推出WTO改革方案，不仅有助于维系WTO活力，对掌握国际经贸新规则制定也有重要意义。中国和欧盟在反对贸易保护主义、维护开放型世界经济方面存在共同利益，双方已成立中欧WTO改革联合工作组，并于2018年10月10日在北京举行了中欧WTO改革副部级联合工作组第一次正式会议，中欧可利用该机制充分协商讨论，弥合分歧，形成改革共识，共同推动WTO改革向前发展。

第二，进一步深化国内改革，应对国际贸易新变局。随着国际贸易深入发展，贸易谈判不仅局限于提升贸易投资自由化和便利化水平，还将环境保护、劳工、国有企业、知识产权等议题纳入谈判议程。此轮WTO改革的目的之一正是促进WTO现代化，将新贸易规则议题纳入谈判范畴。另外，美欧日等国在解决补贴、强制技术转让、国有企业不公平竞争等问题上存在共同利益，针对中国的目的不言自明。对于中国来说，要想在WTO改革中发挥积极作用，还需要继续加快改革开放步伐，在政府采购、电子商务等非关税领域同国际接轨，加大金融、服务业开放，引入竞争机制，这对提升中国在全球价值链中的地位、争取新一轮国际贸易规则重构的主动权有积极意义。

第三，加快布局自贸协定网络，避免陷入"二次入世"之困境。中国对WTO改革持积极态度，但同时不可低估改革难度，还需积极布局以我为核心的FTA网络以应对WTO职能进一步弱化的可能性。目前美欧日等大型经济体都在寻求FTA/EPA谈判，以掌握新一代国际贸易规则制定权，中国的多双边FTA网络也在稳步构建，已经和包括韩国、东盟、澳大利亚在内的14个国家和地区签署了双边FTA。不过，同日本和欧盟相比，中国的FTA网络仍显保守，除同东盟达成FTA外，还没有同其他大型经济体达成协定。在中美贸易摩擦背景下，中国还应加快推动RCEP和中日韩FTA谈判等大型FTA谈判，并考虑加入CPTPP的可能性，加强国际经贸规则制定的话语权。

（执笔人：张玉环）

（四）李克强出席上合组织首脑理事会及亚欧首脑会议

10月中旬，国务院总理李克强先后出席上海合作组织成员国政府首脑理事会第十七次会议和第十二届亚欧首脑会议，力求在现行全球经济秩序遭遇挑战、中美经贸摩擦升温、中国经济增速放缓的背景下推进多边经贸合作并加强发展战略对接。

上合组织政府首脑理事会第十七次会议于10月12日在塔吉克斯坦杜尚别召开，此次会议是上合组织元首理事会青岛峰会后2018年内第二场高级别领导人峰会，也是上合组织"扩员"后的第一次首脑会议，对于落实"青岛宣言"《上海合作组织睦邻友好条约实施纲要》《上海合作组织成员国环保合作构想》等具有承前启后的意义。此次会议取得了多项成果，李克强同与会成员国领导人签署并发表联合公报，批准涉及经贸、科技、环保等领域的多项决议与合作文件。

　　国务院总理李克强在会议上发表讲话，宣介中国政府对世界经济局势的看法和立场，为上海合作组织未来的发展提出了六项倡议。李克强认为国际形势中的不稳定、不确定因素依然突出，世界经济复苏进程还不稳固，保护主义呈加剧之势。对此上合组织成员国需要共同应对，相互对接发展战略，加强政策沟通与协调，力求实现更紧密的团结和更高效的合作。李克强提出了六项倡议：深化安全合作，筑牢共同发展的可靠屏障；加强多边经贸合作，释放共同发展的巨大潜力；推进国际产能合作，拓展共同发展的有效路径；完善互联互通，增强共同发展的后劲；强化创新引领，培育共同发展的新动能；促进人文交流，夯实共同发展的民意基础。

　　上合组织政府首脑理事会第十七次会议结束之后，李克强随即前往比利时，出席了10月19日在布鲁塞尔召开的第十二届亚欧首脑会议。亚欧首脑会议是亚欧会议框架下最高级别会议，主要负责确定亚欧会议的指导原则和发展方向，每两年举行一次，本次会议的主题为"全球挑战下的合作伙伴"。李克强率先发表题为"共担全球责任 共迎全球挑战"的引导性讲话，表明中国维护多边主义、构建开放型经济的坚定态度，并为新形势下亚欧合作明晰路径，提出加强"一带一路"倡议同各国发展战略对接。值得注意的是，在2018年9月，欧盟委员会公布了《连接欧洲和亚洲——对欧盟战略的设想》政策文件，这是欧盟迄今就欧亚互联互通提出的最为全面系统的政策主张，并表示愿同包括中国在内的亚洲国家加强合作。李克强此行表明中国希望促进亚欧国家的互联互通，以拓宽亚欧的合作版图，向世界传递建设开放型世界经济的积极信号。另外，在出席亚欧首脑会议期间，李克强同与会各国领导人围绕"欧洲和亚洲：全球伙伴应对全球挑战"的会议主题，就共同维护多边主义、构建开放型世界经济、促进亚欧互联互通和人文交流等深入交换意见。

本次李克强总理亚欧之行的主线，就是倡导与有关各方共同反对单边主义和保护主义，维护多边主义和自由贸易，建设开放型世界经济。2018年恰逢"一带一路"倡议五周年，出访期间，李克强多次提到共建"一带一路"问题，尤其是在"一带一路"框架内具体的务实合作，表明中国希望在政治共识的基础上，进一步通过务实合作，通过更广泛、更深入的互联互通，来促进全球化进一步健康发展。

（执笔人：宋亦明、艾雪颖）

（五）中日接近寻求合作新机遇

10月25日至27日，日本首相安倍晋三率团对中国进行为期三天的正式访问，这是日本首相时隔7年首次到访中国。自2011年时任首相野田佳彦访华之后，中日两国因政治、历史问题等原因，双方领导人互访停摆，直至2018年5月国务院总理李克强赴日出席第七次中日韩领导人会议并正式访问日本方才破冰。此次安倍回访，时值纪念《中日和平友好条约》生效40周年，凸显了中日双方推动关系重回正轨的意愿。这种意愿特别体现在中日双方探求第三方市场合作、创新合作等新领域、新机遇上。

10月26日，首届中日第三方市场合作论坛在北京举行，国务院总理李克强、日本首相安倍晋三共同出席论坛并致辞。发展改革委主任何立峰、商务部部长钟山及日本经济产业大臣世耕弘成陪同出席并致辞。此次论坛由中国商务部、发展改革委与日本经济产业省、外务省共同主办，为两国政府和民间就第三方市场合作开展交流搭建平台。来自中日两国政府、经济团体、企业代表1000多人出席了论坛，双方在交通物流、能源环保、产业升级和金融支持、地区开发4个分论坛上开展专题讨论，推动企业间务实合作与项目对接。论坛期间，双方共签署 52 项合作协议，包括基础设施、金融、物流、信息技术等广泛领域。

钟山在论坛上表示，中日双方在 2018 年 5 月李克强总理访日期间就已经签署了中日企业开展第三方市场合作的备忘录。从意义上看，中日开展第三方市场合作将为两国务实合作开辟新路径，为两国和第三方带来机遇，为促进本地区繁荣和世界经济稳定作出新贡献。为更好地开展中日第三方市场合作，钟山提出了三点建议：一是创新开放共赢合作模式。遵循"企业主体、市场运作、政府引导、互信互利"原则，探讨第三方市场合作的优先区域和重点领域。二是实施贸易畅通政策举措。搭建更多贸易促进平台，引导有实力企业到东道国开展贸易投资合作，发展跨境电子商务等贸易新业态。三是建立长效支持促进机制。发挥两国经济团体和贸促机构作用，建设信息共享平台和培训机制，通过组织洽谈会、交易会和联合出展，为两国企业合作牵线搭桥。世耕弘成对此表示，日中经贸关系正处于由竞争向合作转型的重要时期，本次论坛将成为日中经济合作发展的新起点。今后愿同中方一道，共同推动符合国际标准、高质量的合作项目，并就泰国东部经济走廊等有合作潜力的项目进行探讨。

同日，中日双方还在北京共同签署了《关于建立中日创新合作机制的备忘录》，同意在中日经济高层对话框架下，建立跨部门的"中日创新合作机制"，促进包括产业领域在内的创新领域及知识产权等具体合作。

在随后钟山与世耕弘成单独会见时，双方就更广泛的议题深入交换了意见，除第三方市场合作外，还包括中日经贸关系、创新合作、反对单边主义和贸易保护主义、区域及多边合作等。钟山就深化中日经贸合作提出几点建议。一是以中日第三方市场合作论坛为平台，培育更多合作项目落地，共同推动第三方市场合作向高标准、高质量、可持续的方向发展。二是以签署《关于建立创新合作机制的备忘录》为契机，加强两国创新领域务实合作，欢迎日本企业扩大对华投资、联合研发与创新合作。三是欢迎日本政经界代表团积极参与中国国际进口博览会，期待日本特色商品和服务走进中国市场。四是加强沟通协调，共同反对单边主义、贸易保护主义，支持对世贸组织进行必要改革，共同维护多边贸易体制。五是保持《区域全面经济伙伴关系协定》谈判进展势头，以灵活务实的态度，共同推动实现年内实质性结束谈判的目标。世耕弘成对中方提出的多项倡议表示赞同，此外还特别强调要加强知识产权保护，进一步改善营商环境，尽快举办第一次创新合作机制会议。

可以看出，第三方市场合作正在成为中日合作的一个亮点和重点。第一，中日共同在第三方市场进行开发合作，能将中国的价格、效率优势与日本的工程、技术优势有机结合起来，从而更顺利地挖掘第三方市场潜能，共同做大经济合作的蛋糕。第二，第三方市场合作强化了中日两国的民间经济往来与互动，带动新一轮中日民间经济发展与双边投资进展。第三，中日在"一带一路"框架下开展第三方市场合作是中国国家主席习近平与安倍晋三达成的重要共识，它标志着日本对参与"一带一路"建设的意愿有所增强。10月26日安倍晋三在同习近平会见时，还称赞道，"一带一路"是有潜力的构想，日本愿与中国在广泛领域加强合作，包括共同开拓第三方市场。不过，日本这种态度转变，尽管的确是中日关系转暖的一种迹象与表现，但究其实质仍只是出于增强日本经济实力与软实力以谋取地区合作主导权的考虑。

同日，中国人民银行官网也发布消息称，经国务院批准，中国人民银行与日本银行签署了中日双边本币互换协议，协议规模为2000亿元人民币/34000亿日元，协议有效期三年，经双方同意可以展期。中日还签署了在日本建立人民币清算安排的合作备忘录。根据备忘录相关内容，中国人民银行决定授权中国银行东京分行担任日本人民币业务清算行。由此可见，中日两国在金融合作领域也迈出了新步伐。本币互换协议的签订将有利于两国金融稳定，意味着双边经济和金融活动的发展得到更多的支持；

而日本人民币清算安排的建立将有利于中日两国企业和金融机构使用人民币进行跨境交易，进一步促进双边贸易和投资便利化。

中日双方的走近确实是当前两国共同面对国际经济形势新变化的必然结果，在一定程度上彰显着中日关系的转圜与升温。不过，对此也不能一味乐观。目前，日本已凭借日欧经济伙伴协定（EPA）和"全面与进步跨太平洋伙伴关系协定"（CPTPP）重返国际贸易体系的中心，在规则制定方面占有先机，而且日本也从未放弃要用国际制度对中国形成羁绊与制衡的想法。此次安倍访华，两国并未在中日韩自由贸易协定（FTA）方面达成一致意见，而中日韩FTA恰恰是三个东亚大国实现地区权力协调、共同制定地区规则、推进区域一体化合作的重要制度平台，这就反映出中日双方在规则利益上仍存在一定的矛盾。在未来，中日两国延续制度之战的可能依然存在，中国需继续为之做好充足的准备。

（执笔人：孙忆）

◇◇ 十一 中国举办首届进口博览会（十一月报告）

2018年11月，首届中国国际进口博览会在上海举行，成为本月中国全球经济外交的一大亮点，彰显出中国维护开放型世界经济及以规则为基础的多边自由贸易体系的决心。在区域经济外交方面，李克强总理出席东亚合作领导人系列会议，取得丰硕成果，推动了中国和东盟经济合作进一步深化。然而，在APEC巴布亚新几内亚领导人非正式会议上，由于中美对WTO改革诉求存在差异，APEC共同宣言首次"流产"，不利于亚太经济合作的推进以及中美关系的改善。在双边经济外交方面，中美经贸争端不断升级，各方均期待两国元首在12月G20峰会举行的会晤上取得突破。在贸易保护主义蔓延之际，中国大力推动FTA战略，本月中国和新加坡正式签署自贸协定升级版议定书，对中国构建全球自由贸易网络有重要意义。

（一）中国举办首届国际进口博览会

11月5—10日，首届中国国际进口博览会（简称"进博会"）在上海举行。本届进口博览会的主题是"新时代 共享未来"。国家主席习近平出席开幕式并发表了题为"共建创新包容的开放型世界经济"的主旨演讲，承诺中国将坚定不移奉行互利共赢的开放战略，实行高水平的贸易和投资便利化政策，激发进口潜力、持续放宽市场准入。进博会不仅有利于中国自身经济结构转型、提高消费者福利，更为推动全球贸易发展、回应贸易保护主义提供了有益方案。

中国国际进口博览会作为世界上第一个以进口为主题的大型国家级展会，包括展会和论坛两个部分。展会即国家贸易投资综合展（简称"国家展"）和企业商业展（简称"企业展"），论坛即虹桥国际经贸论坛。

首届进博会规模盛大，参展国别范围广泛，吸引了众多国内外政要和企业参加。首届进博会共有156个国家、3个地区和13个国际组织参加，其中二十国集团成员、金砖国家、上合组织国家全部参展，58个"一带一路"沿线国家和35个最不发达国家参展。国家展中，印度尼西亚、越南等12个主宾国均设立了独具特色的展馆。220多家世界500强和行业龙头企业参展。130多个国家和地区的参展企业都有成交，按一年计，累计意向成交578.3亿美元，其中智能及高端装备展区成交额164.6亿美元，位居七大展区之首，与"一带一路"沿线国家累计意向成交47.2亿美元。

进博会的举办，一方面充分显示出中国不仅是一个贸易出口大国，更是一个贸易进口大国。党的十九大报告指出，我国社会主要矛盾已经转化为人民日益增长的美好生活需要和不平衡不充分的发展之间的矛盾。通过进口国外优质产品，可以满足国内消费者对于高品质产品的需求，提高生活水平，同时可以倒逼国内部分产业进行改良和升级，有效促进经济实现结构性转型。

另一方面，在当前保护主义和单边主义愈演愈烈的背景下，主办进博会、扩大进口是中国承担国际责任、维护自由贸易和推动全球化的有力证明。在贸易保护主义蔓延之际，进博会彰显出中方积极主动地消除进口贸易壁垒，大幅下调进口关税、降低投资成本，维护开放型世界经济和多边自由贸易体系的坚定决心。此外，进博会有助于"一带一路"倡议的落实。在进博会上，习近平指出，中国将继续推进共建"一带一路"，坚持共商共建共享，同相关国家一道推进重大项目建设，搭建更多贸易促进平台，鼓励更多有实力、信誉好的中国企业到沿线国家开展投资合作，深化生态、科技、文化、民生等各领域交流合作，为全球提供开放合作的国际平台。

（执笔人：黄泽群）

（二）李克强出席东亚合作领导人系列会议

11月14—15日，国务院总理李克强在新加坡先后出席第21次中国—东盟（"10+1"）领导人会议、第二次RCEP领导人会议、第21次东盟与中日韩（"10+3"）领导人会议和第13届东亚峰会。会议通过《中国—东盟战略伙伴关系2030年愿景》（以下简称《愿景》）、《东亚峰会领导人关于东盟智慧城市的声明》《东亚峰会领导人关于减贫合作的声明》等多份文件，包括政治、安全、金融、经济、社会、人文等领域多项合作成果，发表科技创新合作联合声明，宣布2019年为媒体交流年。

巩固并加强中国与东盟之间的关系是李克强此行的主旋律之一。2003年，中国率先与东盟建立战略伙伴关系，11国领导人在巴厘岛签署《中国—东盟面向和平与繁荣的战略伙伴关系联合宣言》，标志着双方关系迈入了快速发展的历史新阶段。15年来，中国和东盟将"2+7合作框架"升级为"3+X合作框架"，取得了丰硕成果。目前已有9个东盟国家同中国签署了共建"一带一路"协议，带动了一批基础设施互联互通和产能合作大项目落地。中国同东盟建成并升级了发展中国家间最大的自贸区，九成以上商品实现零关税，双方贸易额从2003年的780亿美元跃升至2017年的5100亿美元。中国连续9年成为东盟第一大贸易伙伴，东盟连续七年成为中国第三大贸易伙伴。中国与东盟双向投资额累计超过2000亿美元。双方人员往来从每年390万人次增加到近5000万人次，每周有3800多个航班往返于中国和东盟国家之间。东盟在中国的周边外交中一直扮演着重要角色。李克强在讲话中指出，双方要在《愿景》指导下，推动共建"一带一路"倡议与《东盟愿景2025》深入对接，巩固"3+X合作框架"，加强政治安全、经贸、人文交流三大支柱建设，推动中国—东盟关系进一步提质升级。

同时，区域经济一体化向前推进。2017年以来，始自2012年的区域全面经济伙伴关系协定（RCEP）谈判进程开始全面"提速"。16国已完成了7个章节的磋商，谈判任务完成度提升到接近80%，一些基于规则的章节取得了突破性进展。在11月14日举行的第二次"区域全面经济伙伴关系协定"领导人会议上，李克强表示RCEP是基于WTO规则基础上更高水平自贸协定的区域合作协议，在当前贸易保护主义、单边主义抬头的背景下，这一协定的达成，有利于区域各国向世界发出积极信号。RCEP由东盟十国发起，邀请中国、日本、韩国、澳大利亚、新西兰、印度共同参加（"10+6"），通过削减关税及非关税壁垒，建立16国统一市场的自由贸易协定。它是由东盟国家首次提出，并以东盟为主导的区域经济一体化合作,是成员国间相互开放市场、实施区域经济一体化的组织形式。若RCEP成功,将涵盖约35亿人口,GDP总和将达23万亿美元,占全球总量的1/3,所涵盖区域也将成为世界最大的自贸区。

除此以外,各方还同意推进清迈倡议多边化,增加本币使用,拓展"中日韩+X"、智慧城市、创新、电子商务合作,加强互联互通,推进在金融、教育、文化、农业、减贫、环境、卫生等领域合作。面对国际形势中的不确定性,各方表示将团结一致,共迎挑战,推进多边主义和基于规则的自由贸易体系,维护地区和平稳定。

(执笔人:黄泽群)

(三) APEC共同宣言首次"流产"

11月18日,亚太经合组织(APEC)第二十六次领导人非正式会议在巴布亚新几内亚首都莫尔兹比港落下帷幕,但本次会议与以往明显不同,这是APEC共同宣言的首次"流产"。

共同宣言首次"流产",APEC呈衰朽之势

此次宣言"流产"的最主要原因是中美在世界贸易组织(WTO)改革问题上存在分歧。美国希望借助APEC宣言,公开呼吁WTO全面改革,其中包括特殊与差别待遇原则、争端解决机制和不公平竞争问题等,为此美国在会前已向部分与会代表施压,形成了初步的宣言草案。对中国来说,美国的WTO改革诉求将极大地影响到中国所享有的优惠待遇,尤其是美国不断要求终止中国的WTO发展中国家待遇。这些内容一旦被纳入APEC共同宣言中,将会成为美国在未来联合其他国家与中国对峙的重要依据,因此遭到中国反对。中美在WTO改革问题上存在的分歧波及此次APEC会议,东道主巴布亚新几内亚总理在会后也将此次会议比作"有两个巨人的房间"。

共同宣言的"流产"不仅意味着中美角力激烈态势的延续，更意味着APEC长期坚持的"开放的区域主义"原则的失败。亚太地区凝聚力的根本基础是亚太经济体在维护市场开放、促进贸易自由上的共同利益。同时，关注利益聚合而非制度建设，也是"开放的区域主义"的重要特点。然而APEC自诞生之初，美国便主张将APEC制度化、组织化，希望以此通过APEC维持其在亚太地区的经济领导地位。但包括中国在内的发展中成员认为APEC成员之间的经济潜力和经济体制存在巨大差异，因而反对将APEC打造成具有约束性的亚太机制。由于美国的长期诉求无法得到满足，于是近十年来美国逐渐将其一手主导的APEC边缘化，并有意将TPP作为亚太地区经济一体化发展的制度性框架。而东亚国家也有意推进不包括欧美国家在内的区域经济一体化，建立具有自身独立性的经济合作构架，比如"10+3"机制，使得APEC已呈现了制度衰朽的状态。在特朗普上台之后马上宣布退出TPP，美国对APEC的疏远更是顺其自然。在2017年APEC峰会中首次提出"印太战略"的特朗普便在今年同时缺席了本次APEC会议和不久前举行的东盟峰会。在APEC衰朽的背后是中国坚持的渐进开放和美国要求的"无差别"、高标准市场开放之争，这难以跨越的鸿沟导致的是亚太地区一体化与合作的离散趋向。

以APEC为角逐场，中美在亚太地区公开较量

中美作为亚太地区乃至世界最大的两个经济体，难以调和的利益诉求导致了此次中美在国际会议上的公开较量。除对WTO改革存在分歧外，中美对亚太地区发展也难以达成共识。

一方面，中美在亚太地区的经济竞争不断增加。中国通过"一带一路"建设加强同亚太包括南太平洋地区国家的经济合作，美国及其盟友则指责中国"一带一路"债务可持续性等存在问题，同时加强对该地区的资金投入。美国副总统彭斯在亚太组织工商领导人会议上延续其对华强硬立场，批评中国的贸易政策，并指责中国"一带一路"为发展中国家设立了"债务陷阱"，还表示美国将为印太地区的基础设施发展提供600亿美元融资，但不会提供附带限制条件的"带"和单向受惠的"路"。除了亲自施力，美国联合其盟友日本、澳大利亚、新西兰共同承诺将投入17亿美元为巴布亚新几内亚提供稳定电力供应及互联网。将南太平洋视为"自家后院"的澳大利亚对该地区的援助原本主要集中在教育、医疗和政府服务领域，关于基础设施投资主要是通过亚洲开发银行等国际机构。面对中国基础设施建设投资冲击，澳大利亚对南太平洋岛国的投资战略发生重大转变，宣布成立总计20亿美元的"太平洋基金"，直接帮助南太平洋岛国发展基础设施。

另一方面，中美在亚太地区更多的是地缘政治竞争。中国国家主席习近平在参加峰会期间发表主旨演讲，再次表明"一带一路"作为开放与合作的平台，是为了与世界共享经济发展机遇，并不存在地缘政治意图。然而，中国在南太平洋的援建项目已经被美澳等国视为越来越活跃的军事存在。例如，中国在瓦努阿图建设的码头被澳大利亚等国认为是军事基地。为了抗衡中国在太平洋地区不断扩张的影响力，美国计划与澳大利亚在巴布亚新几内亚的外岛——马努斯岛共同建设一个海军基地，宣称用于保护太平洋岛屿的"主权和海洋权"。中美在亚太地区的实力角逐正在超越经济领域，向地缘政治甚至于军事领域蔓延。在这场实力角逐当中，美国的传统盟友和亚太国家积极配合美国战略诉求的重要原因在于他们更加忌惮正在崛起的中国，而非相对衰落的美国，中美的亚太区域博弈也因为这些国家的介入而变得更加复杂化。

在APEC会场之外，中美之间仍呈现剑拔弩张之势。11月16日，习近平与八个太平洋岛国领导人及代表举行集体会晤，其中多国已加入中国"一带一路"倡议。11月18日，太平洋岛国汤加宣布加入"一带一路"倡议，同时获得中国同意，延期偿还贷款。美国不满于中国在南太平洋地区的影响力增加，担心中国以贷款或援助等形式吸引更多与中国台湾保持关系的太平洋岛国转向中国。随即美国诉诸行动，彭斯与APEC台湾当局代表、台积电创办人张忠谋举行会谈。已有台湾媒体将会谈视为美台双方在历届APEC上最高级别的对话。台湾以"中华台北"名义加入APEC，1993年首届APEC峰会后，各方同意使用"西雅图模式"，即中国台湾地区领导人不参与APEC会议，台湾方面派经济部门负责人参加。中美摩擦从贸易战开始，迄今已经发展成通过金钱和政治筹码争夺太平洋影响力之战。

二十国集团（G20）峰会和"习特会"召开在即，具有"风向标"意义的APEC会议虽然因中美双方强势态度以共同宣言"流产"而告终，但对于中美两国来说，互通底线是"习特会"的必要准备。除了两国贸易纠纷问题，中美将在保护知识产权、禁止强迫技术转让、取消限制市场准入、遵守国际规则、及保障国际水域航行的自由等问题进行磋商。中美两国政府避免贸易战继续升级为新冷战的重要契机就是在"习特会"中"中国是否改变，美国是否转向"。

（执笔人：艾雪颖）

（四）G20聚焦贸易政策与经济增长

11月30日—12月1日，第十三次二十国集团（G20）峰会在阿根廷布宜诺斯艾利斯举行，此次峰会主题为"为公平与可持续发展凝聚共识"。在全球经济陷入紧张局势的当下，G20峰会为全球主要国家和地区领导人交换意见提供了机会和平台，峰会通过了《G20领导人布宜诺斯艾利斯峰会宣言》，对推动世贸组织改革、应对气候变化等问题达成共识。

此次G20扫除此前APEC领导人会议未能发布联合公报的阴霾，通过峰会宣言，凝聚了共识。不过，G20主要成员国各有妥协，这主要表现为宣言在贸易、气候变化等分歧问题上使用的温和、微妙、模糊的措辞，以及各方对立场的各自阐述。

在贸易问题上，G20选择了回避对紧张局势的回应，调和各方立场，首次未提及"贸易保护主义"一词，不明确表示"反对贸易保护主义"，也没有提及"不公平贸易行为"。公报中各国承认多边贸易体系的贡献，但表示多边贸易体系没有达到目标。最为重要的是，各国表示支持世贸组织改革并将检验其改革成果，但在公报中并没有阐明各国共同同意改革的具体方面。

在气候变化问题上，美国"重申其退出《巴黎协定》的决定"，同时表示"保护环境"，而其他留在《巴黎协定》的成员国则"重申《巴黎协定》是不可逆转的"，并表示为对付气候变化而承担各自的责任。

在全球经济增长方面，各国承认全球经济增长的贡献，但也承认各国间经济增长的同步程度越来越低；在对外投资方面，公报中要求各成员国采取"可持续融资的做法"投资基础设施项目，意味着在对外投资建设基础设施时要考虑到东道国的还款能力；公报中各成员国同意对加密货币进行监管，这也推动了在全球经济数字化的背景下数字货币的合规化。

在全球经贸形势愈加紧张的情况下，G20调和各国立场和利益最终达成共识、发布峰会宣言，但是宣言中模糊的措辞和"打折扣"的内容也意味着，多边机制发挥的作用仍然有限。

（执笔人：王丽）

（五）中新达成自贸升级协定

11月12日，中国与新加坡政府正式签署自由贸易协定（FTA）升级版议定书，标志着两国经贸关系的进一步深化，这是中国继同东盟、智利之后所达成的第三个升级版高水平双边自贸协定。在原有的自贸协定框架下，新加坡取消从中国进口的所有商品的关税，中国也分阶段取消97.1%的新加坡货物关税；升级版协定则对原协定的原产地规则、海关程序与贸易便利化、贸易救济、服务贸易、投资、经济合作六个议题领域进行修改升级，同时新增了双方在电子商务、竞争政策和环境三大领域达成的共识与相关规则。升级版协定生效后，预计两国在服务贸易与投资合作方面将取得质的突破，作为国际金融中心和贸易中转站的新加坡在中国的对外经济合作格局中的地位也将大幅提升，并在中国建设全球自由贸易网络的过程中发挥重要作用。

全球自由贸易失序，FTA成抵抗保护主义的"堡垒"

2018年以来，国际贸易体系面临重组，大国贸易摩擦与大国自贸谈判并行不悖，WTO面临瘫痪，原有的全球自由贸易秩序呈"分崩离析"之势。在此背景下，如何维续或重建更符合本国利益的自由贸易网络成为当前世界各主要经济体的重点关切。世界主要经济体应对当前国际经济形势变化的策略相似，即通过新签或升级各种双、多边FTA，构建一个以本国（或本地区）为中心的自贸网络，使之成为抵御当前保护主义浪潮冲击的"屏障"。

事实上，引发当前国际经济秩序危机的始作俑者——特朗普政府在破坏原来贸易秩序的同时，也一直在作出重建的努力，其主要举措是重谈美国参与的双边或多边FTA。目前特朗普政府已完成美韩FTA与北美自贸协定重谈，其构建"自由、公平且对等"自由贸易秩序的目标也昭然若揭。日本则力促"全面且进步的跨太平洋伙伴关系协议"（CPTPP）达成，以美国的退出为契机，构建一个以日本为主导的东亚（乃至亚太）经济格局。欧盟也加速FTA谈判进程，2018年下半年以来，欧盟委员会先后通过了欧盟越南FTA、欧日经济伙伴关系协定（EPA），还与新加坡政府正式签署了FTA。此外，欧盟积极推进WTO改革，同日本、加拿大等国达成诸多改革共识。显然，欧盟也在充分利用各种双、多边自贸协定重拾其在全球自由贸易体系中的中心地位。

与上述国家或地区相比，在当前国际经济秩序的危机中，作为世界第二大经济体的中国在FTA谈判方面却似乎有些迟滞，中新自贸升级协定的达成是扭转这种局面的最突出成果。作为一个高水平的自贸协定，中新自贸区的升级是中国借鉴吸收新一代国际经贸规则的重要尝试，它可能构成中国对外构建高水平自贸网络的"样板"，彰显了中国积极参与新型全球化的意愿和决心。

中新自贸协定顺利升级，地缘经济与政治是关键动力

2006年，中国与新加坡政府启动自贸协定谈判，耗时仅两年多就正式签署；而升级谈判的进程也较为顺利，自2015年11月启动以来，在此后三年间先后共经历八轮谈判，升级协定便顺利落成。此次升级，中国与新加坡在贸易开放与对外金融投资合作上实现新的突破，主要包括：中国首次在自贸协定中就"建立海关单一窗口"进行约束性承诺，首次对外承诺就商品价格的估价方法及标准作出约束性预裁定决定；中国第三次获得新加坡的"特许全面银行牌照"（QFB）并成为新加坡拥有QFB最多的国家；而新加坡则在速递服务领域作出最高水平的开放承诺，即市场准入和国民待遇不设任何限制等。

从结果来看，中一新自由贸易升级版协定中的共识与规则在某种程度上代表了中国签署的双边自贸协定的最高水平。与其他双边自贸协定相比，中新FTA升级谈判与签署过程也较为顺畅与超前，这主要得益于两国在经济上的密切关联与地缘政治环境所带来的压力。

中新经济联系密切主要表现在双边贸易与投资上。2014年，中国首次超越马来西亚成为新加坡最大贸易伙伴并一直稳居首位；2017年，中新货物贸易额高达993亿美元，约占新加坡对外贸易总额的14%。在投资方面，新加坡已连续五年成为中国第一大外资来源国，2017年对华投资流量为47.6亿美元,累计投资存量超过900亿美元。中国与新加坡共建的政府战略性合作项目也成为两国加强经济联系的重要纽带,苏州工业园、中新天津生态城与中新(重庆)战略性互联互通示范项目等为中新扩大贸易往来与加强投资合作奠定了基础,反过来也对双方扩大对彼此的经济开放度提出了更高的要求,这正是两国政府高效推进自贸协定与升级版谈判的主要动因之一。

另一方面,新加坡位于东南亚的"心脏"地带,扼守沟通太平洋与印度洋的交通要道,历来是大国地缘政治竞争的焦点之一。新加坡是中国西部省份经由中南半岛"入海"的重要出口,也是中国开展国际转口贸易的主要"中转站"之一,同新加坡维持良好的经济与政治关系是中国维持甚至扩大对外开放格局的有利前提,也是中国与美、日等大国的地缘政治竞争中获得优势的"砝码"。

而对于新加坡来说,在经济上向中国靠拢的同时,通过参与国际制度或拉拢其他国家制衡中国,是其大国对冲与平衡外交战略的集中表现。首先,新加坡经济发展的核心动力在于对外出口,不断扩大新加坡与中国的贸易体量(尤其是出口额)是其从中国获取经济利益的主要方式。但受中美贸易摩擦的波及,2018年上半年新加坡对华出口已略有下降,这使得新方对升级中新自贸协定抱有迫切期望。此外,达成自贸协定及其升级版在某种意义上也是作为小国的新加坡在与大国进行交往的过程中"自我保护"的一种方式。简言之,基于地缘政治因素的考量,中新两国对于达成或升级双边自贸协定都存在较为迫切的需求,这也是协定得以快速达成的另一个原因。

中国打造全球自贸网络,新加坡与东盟是重要节点

当前的国际经济环境对中国的经济外交带来不小压力,但也为中国参与甚至主导建立一个新的自由贸易网络创造了动力。FTA谈判既应该是当前中国经济外交的主要方向,也可以成为中国重建全球自贸网络的有力工

具。在此过程中，新加坡与作为中国"战略与经济后院"的东盟可以作为一个高质量的起点与坚实的支点。

第一，中新自贸协定及其升级版可以成为今后中国与其他国家（尤其是中小国家）开展FTA谈判的范本。中国与新加坡经济规模和发展水平存在差异，且自2009年以来中国一直处于对新贸易逆差的状态。中新基于建设性态度，在自贸升级协定中均作出利益让步：作为发达国家的新加坡率先对自中国进口的所有商品实行零关税；而作为发展中国家的中国则为新加坡资本提供便利的环境，并在贸易与投资等规则上主动向发达国家的标准靠拢等。新加坡对于中国尚属于发展中国家的事实给予理解，而中国也以经济大国的姿态作出了开放、包容与自我约束的承诺。尽管其他国家的国情与新加坡不尽相同，但互利共赢、相互妥协的基本原则是共通的，对高水平自贸协定的追求也是不变的。基于此，中国在与其他国家开展FTA谈判的过程中可以参照中新自贸协定升级版的规则与标准，在对本国利益作出合理要求的同时，因国而异地向对方"让利"。

第二，以中新自贸协定及其升级版为纽带，中国可以进一步强化与东盟的经济联系。此前中国已与东盟达成自贸协定及升级版，但与东盟成员国之间的双边自贸协定有且仅有一个，即中—新自贸协定；此外，新加坡不仅是东盟的创始成员国，也是东南亚国家中经济发展水平与对外开放程度最高的国家，这意味着无论是在东盟内部，还是在中国与东盟的经济合作格局中，新加坡都有条件扮演"先驱者"甚至"领头羊"的角色。一方面，由于东盟内部关税壁垒低，中新自贸协定使中国得以通过新加坡辐射整个东盟市场；另一方面，中新自贸协定可以形成良好的示范效应，带动中国与东盟其他成员国尽快研究、谈判并落实双边自贸协定。而新加坡在充当中国与东盟的沟通桥梁方面表现积极：在升级谈判正式结束后，新方政府同时宣布将"南向通道"改称为"陆海贸易通道"，目的在于将中国西部、西南部与东盟经济共同体串联起来——这也是中国通过新加坡与中新自贸协定强化与东盟经济联系的有利基础。

第三，以东盟为支点与跳板，中国可以进一步提高整体贸易开放度与对外投资合作水平，并最终建成一个覆盖全球的自由贸易网络。其基本路径包括扩大对东盟的出口，同时适当鼓励中国部分制造业将生产线转移至该地区，再转销至世界各地，以规避贸易摩擦所造成的壁垒。东盟成员国虽然以发展中国家为主，但其开放程度与对世界经济的融入程度较高，这是中国借由东盟辐射全世界的基本前提。以FTA的签署情况为例，东盟对内对外都已形成一个覆盖面较广的FTA网络。此外，近年来中国与东盟的经贸关系不断深化也成为中国加强与东盟的贸易投资合作的实践基础。2017年双方贸易额超过5000亿美元，这一体量是2003年的6.6倍，截至2018年中国是东盟最大贸易伙伴国，而东盟则是中国仅次于欧盟和美国的第三大贸易伙伴；同年中国与东盟双向投资额累计超过2000亿美元，投资合作也卓有成效。

综而述之，在既有的全球自由贸易秩序难以为继的背景下，加强FTA谈判必须成为中国经济外交的重要方向。以中国与新加坡签署升级版自贸协定为起点与契机，中国在未来的FTA建设中，既要提高各种既有自贸协定的水平，逐步推广中—新自贸协定的高标准，使之成为新的全球自贸网络的普适性规则；又要以新加坡与东盟为支点，不断增强中国对世界经济的融入程度，确保中国在全球贸易体系中的中心位置。

（执笔人：罗仪馥）

（六）中国小幅减持美国国债

长期以来，美国作为国际金融体系的中心，同外围国家间在世界市场体系中形成了一个"喷泉池"般的奇特循环——外围国家通过向美国提供其劳动成果或祖产而获得大量贸易盈余,并用美国提供的支付保证构成替代品来储存这些盈余。作为美国要满足外围"储户"需求最为重要的支付保证,美国国债(简称"美债")因决定了美元这一世界上最为重要货币的资金成本,而一直被视为全球资产投资的核心标杆与世界资本流动的风向标。

从20世纪70年代布雷顿森林体系崩溃后美元与黄金"脱钩",到石油美元体系的建立,再到进入里根政府金融自由化时代,直至今日,在美元本位的国际金融体系中的每一阶段,全球都有不同的资金来"接盘"美债。可以说,美债对于美国掌控世界金融霸权的重要性不言而喻。但据美国财政部2018年11月的数据统计,近期包括中、日、俄、法、德等多个具有国家背景的投资者在全球市场上大举减持美债,这一反常现象值得引起充分关注。

中国目前仍是世界上最大的美债持有国,美国财政部最新数据显示,截至2018年9月末,中国尚持有1.15万亿美元的美债资产。但在2018年大部分时间内,中国都在缩减美债的持仓额,中国持有的美债金额已触及2017年年中以来的最低点。在中美贸易摩擦愈演愈烈的敏感时期,中国在国际金融市场上的此项举动引发了国际社会广泛关注。早在2018年1月,彭博社和其他一些外媒就曾将大规模抛售美债资产视为中国在此次贸易摩擦中对美进行反制的终极武器,并认为这一武器具有"核弹"级别的威力。

对此,中方采取否定态度,应对来自金融市场的忧虑情绪。中国驻美大使崔天凯在11月27日接受路透社采访时表示,他不认为中方正在认真考虑利用手中的大规模美债持仓作为中美贸易摩擦的武器,并将此举比喻为"玩火"。同时,他也强调中国持有美债是中美两国经济相互依赖的绝佳例证,并称打破这种关系几乎是不可能的,中国将竭力维护国际金融市场的稳定。

尽管如此,仍有不少贸易与经济分析师认为,中国可能放慢购买美债的速度，或者抛售手中的美债，以迫使华盛顿与之达成协议。这也似乎意味着中美贸易摩擦已经开始延烧到金融领域。

不过，根据 BWC 中文网的一项观察，同中国在国际市场上的行为类似，作为仅次于中国的美债持仓第二大国，日本近期也在不断减持美债，其所持美债规模已降至 2011 年 10 月以来的最低值。从更长的时间跨度来看，中日两国所持有的超 2 万亿美元的美债总额，几乎已达近十三年来相对持仓份额的最低水平。不仅如此，根据美国财政部对 2013—2018 年美债主要购买国央行对中长期国债购买情况的统计，这些央行的购买规模在 2015 年之后出现了较为显著的波动下滑趋势，尽管与此同时美债尚处于发行大规模扩展期，然而国际市场上美债的供求关系已经发生了微妙的变化。这对试图通过加速美债发行规模，来为大规模减税和增加支出计划提供资金的特朗普政府来说，无疑是一场严峻的挑战。美债被市场投资者大举抛售或被他国央行放缓购买与减持，都意味着美国政府的巨额债务赤字将不能被很好地对冲，美元的全球性储备货币地位将受到撼动。

由此可见，尽管减持美债可能是中美贸易摩擦蔓延到金融领域的预演，但在国际金融市场减持美债并非是中国一国的选择，多国同时绕开美债资产需要寻找贸易摩擦之外的合理解释。

根据对国际金融市场参与者行为的观察，多国投资者都在全球范围内调整其资产配置，在减少对美债持有额的同时增持了黄金和人民币资产。如自 2018 年来，包括德法等欧洲多国央行纷纷宣布将人民币纳入其外汇储备、日本投资者也将其手中持有的部分美债资产逐渐转换为中国债券。这些不仅反映了各国对冲美元走强、降低美元风险敞口的投资战略选择，也反映出以人民币为代表的非美元货币正逐渐发挥其在国际金融市场上的作用，美元在全球的霸权地位正在遭遇深刻挑战。

（执笔人：黄瑶）

（七）英国"脱欧"协议草案获通过

在11月25日的欧盟特别峰会上，欧盟27个成员国通过了此前英国与欧盟达成的"脱欧"协议草案和未来关系宣言草案，这是英国"脱欧"进程中的又一关键节点，表明英国"脱欧"进程正在既定的轨道上不断向前。11月13日，欧盟与英国达成"脱欧"协议草案；22日，双方达成未来关系宣言草案，针对"脱欧"后英欧关系在原则上达成共识。尽管这两份草案在欧盟获得通过，但从英国保守党内的"脱欧"派和工党目前的表态来看，在12月举行的英国议会审议中，脱欧协议很可能遭遇困境。如果此份协议在议会未获通过，英国将实行多项"无协议脱欧"应急措施。"脱欧"协议最终命运如何、英国是否会"硬脱欧"成为备受关注的重要议题。

"脱欧"协议面临争议，英国国内立场分裂

2016年6月23日，英国举行"脱欧"公投，51.9%的投票者支持"脱欧"，"脱欧"派以微弱优势获得成功；2017年3月，英方正式启动"脱欧"程序，此后，英欧围绕"分手费"、公民权利、爱尔兰边界、"脱欧"过渡期安排等议题举行两个阶段谈判，并在2018年11月13日达成脱欧协议草案。

此次达成的协议草案中最受关注的议题当属"爱尔兰边境问题"。若北爱尔兰随"脱欧"的英国一同离开欧盟，而英国又未能留在欧洲统一市场，北爱尔兰与爱尔兰共和国边界将需要设立检查站核查过往人员与货物，这是爱尔兰南北方"统一派"和欧盟所不愿看到的情况，他们希望北爱尔兰能够留在欧洲共同市场和关税同盟内。英国则认为，留在共同市场内的北爱尔兰将面临与英国其他地区建立边检的局面，这将严重危害英国主权。为解决上述两难困境，近日达成的"脱欧"协议草案提出一项

保障方案：如果在过渡期结束前六个月内，英国与欧盟的未来关系未能保持边界开放，欧盟与英国将建立一个排除渔业和水产品的"单一关税区"，将北爱尔兰与爱尔兰一并覆盖，避免"脱欧"后北爱尔兰与爱尔兰出现海关、口岸、检查站等"硬边界"，北爱尔兰需遵守部分欧盟规则。11月22日达成的未来关系宣言草案就爱尔兰边境继续作出探讨，草案称：欧盟与英国都希望开发一种新技术，确保在不设立"硬边界"的前提下，即使在未来双方采用了不同的贸易政策，爱尔兰地区的贸易活动仍然能够顺利进行。此外，脱欧协议草案还对过渡期安排、欧盟公民权利、金融准入等重要议题作出规定。

　　上述方案作为既尊重"脱欧"公投结果又尽量减弱"脱欧"消极冲击的妥协性方案，同时引起脱欧派和亲欧派人士的不满。保守党内部的强硬"脱欧"派认为该协议是英国对欧盟的"投降"，"脱欧"后的英国仍会受到欧盟多方掣肘，且英国的"完整性"受到威胁。保守党议员理斯·莫格和前英国外交大臣约翰逊等著名"脱欧"派人士表示，特雷莎·梅已出卖了英国，他们将反对"脱欧"协议。莫格称："这是政府谈判立场的失败，未能兑现英国退欧承诺，而且有可能分裂英国。"反对英国"脱欧"的工党人士表示将反对任何与英国（作为欧盟成员国所拥有的）现有经济权益"不完全相同"的协议。分析人士称，保守党强硬脱欧派与在野党工党的消极态度或将使协议草案在议会"闯关"失败，特雷莎·梅还将面临执政危机。如果该此前达成的"脱欧"协议草案被议会否决，出于对英国脱欧后前景的考虑，议会或将对协议草案展开第二次审议和表决，英国可能将迎来又一次大选和第二次全民公投。考虑到保守党和民主统一党都不愿意冒使工党在大选中胜出的风险，同时特雷莎·梅已排除进行第二次公投的选项，因此，英国基本只有两种走向：议会再次审议通过此份"脱欧"协议，或无协议"硬脱欧"。

英国重获经济主权，但经济发展面临不确定性

2009年以来，欧盟部分成员国深陷债务危机，英、德、法等国需缴纳高额救济款帮助危机国走出困境，这一举措使经济已陷入衰退的英国负担进一步加重。此外，欧盟高额会费也遭到英国强烈抗议。2015年，英国支付的会费占欧盟总预算12.57%，这使英国民众认为自己在为其他欧盟成员国买单，加剧了英欧间紧张关系。加之2008年以来，欧盟整体经济表现不佳，经济增长率偏低，在上述因素与英国传统的"例外主义欧洲观"助推下，英国于2016年6月23日公投"脱欧"。英国"脱欧"影响利弊参半，一方面，英国实现部分诉求，在经济事务中的自主性提高，增强了经济政策的灵活性；另一方面，"脱欧"也使英国未来经济发展面临诸多不确定性。

欧盟在经济领域设置的诸多条款阻碍了英国经济政策的自主性。在贸易领域，作为欧盟成员国的英国不能随意与其他国家磋商贸易协议，必须由布鲁塞尔代表欧盟成员国商讨，这限制了英国与其重要经贸伙伴签订适合双方具体情况的贸易协定，不利于英国构建以本国为核心的自贸体系。在金融领域，欧盟存在严格的金融监管纪律制约英国金融业发展。2009年欧债危机促使欧盟反思金融体系的监管漏洞，在此背景下，欧盟建立了单一监管机制、单一处置机制，并修订存款保险计划。这些措施加强了欧盟金融体系的稳定性，但也为英国金融业发展带来桎梏，削弱其行为自主性和自由度。在生产领域，欧盟的规定为英国企业生产设置了许多边界和障碍，有损英国竞争力。例如，欧盟规定英国政府向每件货物征收至少5%的增值税，作为英国命脉的中小企业每年损失高达250亿英镑。上述种种问题都将在英国脱欧后得到解决：无须受困于欧盟规则的英国将重获经济事务上的自主性，它将能够根据本国利益自主进行双多边贸易谈判，以更为宽松的环境发展本国金融业，并通过减少对具体生产活动的干预来维护市场能动性，也无须继续缴纳高额欧盟会费来为其他国家行为买单。

英国经济在短期内将受到较大冲击,长期发展也面临不确定性。未来几年内,英欧关系尚不明朗,双方不同的关系模式不仅会影响英欧双边经贸关系,也会影响全球市场对英国经济发展的预期,进而影响跨国资本流入与英镑汇率走势。脱欧后的英国可与欧盟以欧洲经济模式(EEA,即挪威模式)、FTA模式、WTO模式建立新联系,有观点称,至2030年,上述三种关系模式将使英国GDP比不"脱欧"分别减少3.8%、6.2%和7.5%,贸易规模将较不"脱欧"减少9%、14%—19%和17%—24%。可见,欧英未来关系模式将很大程度上影响英国经济发展情况。

具体而言,英国的金融业、国际贸易和吸引外资规模都将受到脱欧直接冲击。目前,在全球外汇交易量中英国占到40%以上,许多欧洲大型金融机构都将总部设在伦敦。英国"脱欧"后,英国的银行需要重新在欧盟成员国设立子公司开展业务,大量金融机构转移至欧洲大陆,对英国金融业资金和就业产生消极影响,伦敦金融中心地位将会下降。此外,英国经济发展的不确定性将引发市场恐慌情绪,资金出于规避风险的需要会大量撤离英国,引起英镑贬值。随着"脱欧"议程进入关键时期,协议中的利好或利空信息会对市场形成强烈扰动,英镑兑美元的价格就在近期发生了大幅震荡。

贸易投资领域,由于英国原先作为欧盟成员国享有的优惠政策即将终结,欧盟与其他经济体达成的FTA也将对英国失效,英国需在短期内与重要经济伙伴展开自贸协定谈判,否则将会面临关税壁垒和非关税壁垒增加,这会导致出口减少,进而抑制国内相关企业和外国企业的投资。如果在过渡期结束前英国未完成上述谈判任务,或谈判后的贸易投资壁垒较原先更高,英国经济发展条件将会显著恶化。此外,英国还将面临劳动力短缺问题,受"脱欧"影响,英国对外国移民的吸引力正在不断降低,劳动力市场上欧盟和非欧盟国家的移民员工越来越短缺,这将给英国企业发展带来巨大挑战。

"脱欧"为中英深化经贸合作提供契机

欧盟是英国最大的贸易伙伴，留在欧洲共同市场和关税同盟是减少英国损失的最有效手段，但这意味着英国需要与欧盟保持密切联系，并在人员流动、财政义务方面承担相应义务。考虑到英国国内"脱欧"派立场强硬，英国在过渡期结束前与欧盟达成高标准自贸协定的可能性较小。同时，当全球多边主义面临危机，WTO深陷改革困境，仅仅借助全球多边机制难以有效促进英国经贸发展。因此，重构本国自贸体系，优先发展与大型经济体的双边经贸关系，以双多边FTA弥补脱欧带来的空洞、甚至抵消脱欧的负面效应就成为英国对外战略中的重中之重，而中国是英国"脱欧"之后，全面加强经贸合作的重点对象。

近年来，中英经贸合作不断深化，双边贸易额与投资额稳步提高。英国是中国在欧盟内第二大贸易伙伴，近十多年来，两国双边贸易额不断上升，中英贸易额在中国进出口总额中占比从2003年的1.69%增长至2017年近2%；2017年，中英双边贸易额近800亿美元，英国对华出口同比增加19.4%，中国是英国增长最快的出口市场之一，并成为英国第六大出口目的地国。截至2017年年底，中国累计对英非金融类直接投资额达191.4亿美元，英国是中国在欧盟内的第二大投资目的地，两国互为重要投资来源地。其次，中英金融合作推进顺利。2015年，英国正式申请加入亚投行，成为第一个申请加入亚投行的西方大国；2016年，伦敦取代新加坡，成为仅次于香港的第二大人民币清算中心；同年年底，英国给予中国市场经济地位，这是欧盟国家中的首例；英国也从未对中国企业在英国市场的活动附加政治限制。最后，中英两国产业结构互补，合作空间广阔。从经济结构来看，英国金融服务业和高科技产业发达，以资本和技术密集型产业为主，制造业所占份额较小，与中国不存在竞争关系。两国加强合作有利于中国推进产业升级和人民币国际化，英国则能获得广阔的海外市场，对冲"脱欧"带来的消极影响。

在此背景下，中国与英国应尽快商建中英自贸区，参照近期达成的中国—新加坡自由贸易协定，围绕贸易投资自由化与便利化、金融合作、竞争政策、争端解决机制等重要经贸议题展开谈判，并需兼顾电子商务、环境保护等近年来的新兴议题。双方应致力于促进双边货物贸易、服务贸易与投资的发展，发挥本国比较优势，开展互利合作，尤其注重深化在金融领域合作，支持伦敦参与人民币国际化建设，并支持上海证券交易所和伦敦证券交易所就互联互通问题展开合作。

总之，"脱欧"一方面使英国重获经济自主权，另一方面也会为英国经济发展带来诸多不确定性。为了减弱"脱欧"的负面效应，英国需要重构本国的自贸体系，着重发展与大型经济体的双边关系。而中英近年来贸易投资和金融联系密切、合作机制不断丰富，且两国产业结构互补，加强中英经济合作，建立中英自贸区将有利于英国开辟广阔的海外市场，为经济发展打开新局面。

（执笔人：安怡宁、李巍）

十二　中美贸易暂"休战"（十二月报告）

2018年12月，习近平主席与特朗普总统在G20峰会期间举行会晤并达成贸易"休战"共识，推动中美经贸摩擦暂时缓和，随后中美展开密集的经济外交行动，通过领导人通话、暂停加征关税等举措继续为中美"贸易战"降温。不过，由于此轮经贸摩擦有着深刻的结构性根源，解决双边经贸分歧恐或是一场"持久战"。此外，中国高科技公司海外投资再遇阻，华为公司首席财务官孟晚舟被扣押揭开"五眼联盟"围攻华为的背景原因，德国修改对外贸易条例加强对外方在德投资审查，"国家安全"成为阻挡中国投资的重要利器，包括华为在内的高科技公司海外投资面临的风险和挑战加剧。

（一）中美经贸关系曙光与困难并存

2018年12月，习近平主席与特朗普总统在G20峰会期间举行了举世瞩目的晚餐会晤，双方达成了贸易"休战"的重要共识，为两国"贸易战"按下暂停键，揭开双边贸易谈判的序幕。在中美元首外交助推下，两国均采取对部分产品暂停加征关税举措向对方释放谈判善意。然而，伴随华为公司首席财务官孟晚舟被加拿大当局代表美国政府暂时扣留以及"五眼联盟"围攻华为等事件发生，可以预见，中美贸易"休战"只是暂时的，谈判和斗争才是持久的。肇始于2018年的中美贸易摩擦将注定构成中美关系史上最为漫长的一轮经济外交纷争。

中美元首外交助力贸易摩擦缓和

2017年，中美两国元首共举行过3次会面，分别是2017年4月海湖庄园会晤、7月G20汉堡峰会碰面及11月北京会晤。2018年12月的布宜诺斯艾利斯会晤则是2018年中美双方最高领导人唯一的一次面对面沟通，与上年的情况形成了鲜明对比。两国元首见面次数的减少一方面反映了2018年构成中美经贸关系乃至中美双边关系的"严冬"，另一方面也增加了两国协商解决矛盾冲突的困难，因为中美贸易摩擦所涉及的诸多结构性问题恐怕不是技术层次的官员所能够轻易解决的。因此，这次G20的习特会为缓解中美贸易纠纷提供了最后的机会窗口。

此次会晤最显著的成果是，美方承诺此前对2000亿美元中国产品征加的关税在2019年1月1日后仍将维持在10%，而不像此前宣布的那样提至25%。此外双方还达成共识，不再互相征加新关税，而且有可能通过谈判取消此前业已征加的所有关税。这对缓解中美经贸摩擦而言是一个积极重大的进展，为双方经贸谈判赢了时间，预计今后一段时间内两国经济团队将重启谈判、加紧磋商；同时这也向外界传递了积极信号，即中美经贸关系并未陷入最后绝境，双方仍然有通过贸易谈判缓解紧张局势的一线生机。

中美元首外交持续推动贸易谈判进行，在G20会晤后，12月29日习近平主席应约同特朗普总统通电话，双方均表示希望贸易谈判尽早达成协议，取得进展。在元首外交助力下，预期双方可以在部分领域取得一定成果。不过，根据美国白宫发布的声明，如果双方在未来90天内未能就某些重要问题达成协议，美方仍然会将10%的关税提高到25%。因此，此后90天就显得极为关键，而两国经济团队究竟能否在规定期限内通过谈判达成全面"停战"协议，仍然存在高度不确定性。从中方的角度上看，为了实现中美贸易战的"临时性休战"，中国承诺从美国大量购买农业、能源、工业和其他产品，以缓解贸易失衡，并且同意就强制技术转让、知识产权保护、非关税壁垒、网络入侵和网络盗窃、服务业和农业等领域的结构性改革与美方展开谈判，然而这些问题解决起来却非一日之功，因此殊无乐观的理由。

中美经贸磋商成果渐显

2018年年底，双方经贸谈判团队展开密集通话和磋商，讨论解决双边贸易摩擦。12月11日，国务院副总理、中美经贸磋商牵头人刘鹤应约与美国财政部长姆努钦和贸易代表莱特希泽通电话，双方就落实两国元首会晤共识、推进下一步经贸磋商工作的时间表和路线图交换意见。12月19日和21日，中美举行经贸问题副部级通话，再次就彼此共同关心的贸易平衡、加强知识产权保护等问题进行讨论。此外，预计2019年1月，中美将派出贸易磋商代表团举行G20"习特会"后的首次面对面谈判。中美贸易谈判工作层积极落实元首会晤共识，并通过实际举措为贸易谈判取得成果做铺垫。

G20以来一个月内，中方先后采取对部分美国产品暂停加征关税、扩大进口美国农产品等举措落实中美贸易"休战"协议。12月14日，中国财政部发布声明称，中国将从2019年1月1日起对原产于美国的汽车及零部件暂停加征关税三个月。12月19日，据中储粮官方网站消息，为落实中美两国元首达成的共识，中储粮集团公司从美国采购部分大豆，27日中国海关总署称，将首次允许进口美国大米。此外，在改革开放40周年之际，中国通过实施进一步深化改革、扩大开放的举措，为外商在华投资创造更良好的营商环境，同时对美国的对华贸易诉求也作出一定程度的回应。12月23日，十三届全国人大常委会举行第七次会议，《外商投资法（草案）》第一次提请审议，草案加强了对外商投资合法权益的保护，主要围绕保护外商知识产权、解决强制技术转让等问题展开。12月24日，中国财政部宣布，2019年1月1日起，降低或取消部分商品的进口关税，以扩大进口。12月25日，中国发布最新版清单，宣布全面实施市场准入负面清单制度，清单外的行业、领域、业务等，各类市场主体皆可依法平等进入，实现"非禁即入"。

美方也为缓和中美贸易摩擦实施关税豁免政策。自中美"贸易战"开始以来，美国政府对价值2500亿美元的中国输美产品加征关税，同时美国政府规定如果产品满足只能从中国采购等条件，则可以申请豁免关税，然而截至2018年12月20日美国贸易代表办公室尚未批准任何一项产品获得关税豁免权。12月29日，美国贸易代表办公室公布关税豁免产品清单，批准了近1000项申请，主要涉及第一轮对华加征关税的产品，包括电子产品等，其余申请仍在审批中。

应对中美贸易摩擦是一场"持久战"

虽然中美经贸摩擦暂时有所缓和，但是总体来看这一轮经贸摩擦有着深刻的结构性根源，具有长期性和复杂性，几乎不可能毕其功于一役。

2018年，美国对华经济战略发生了40年来的最大转型，经济接触宣告终结，新的经济竞争战略正在快速成型之中。在新的战略背景下，中美经贸关系被两个核心问题死死困扰：一是两国经济发展模式的竞争，美国不承认中国的市场经济地位，并对中国的产业政策、货币政策乃至经济制度提出了系统性批评；二是两国在高新技术领域的竞争，双方都努力在人工智能、新材料和生物医疗等新兴行业占据技术优势。而这二者均与两国的核心经济利益密切相关，远不是一时半刻就能解决的。尤其是双方的技术竞争问题，一方面中国不可能放弃产业升级，必然会都朝着全球价值链的上游继续攀登，另一方面美国也不可能放任中国实现技术赶超，必然会想方设法地遏制中国经济崛起以缓解竞争压力。从这个意义上讲，中美经贸关系中的结构性矛盾恐怕是难以调和的。任何希望通过一个全面综合性的经济协议来解决中美在经济领域的所有分歧，恐怕都相当不现实；而另一部分人寄希望于美国政府的更迭来解决问题，同样也不现实。

当然，矛盾的深刻存在，并不意味着中美双方必将陷入完全对抗的状态。作为全球最大的两个经济体，中美两国经济仍然具有高度互补性，在农业、能源、金融、教育、医疗等诸多领域仍存在着巨大的合作潜力。而且中美两国对于一个稳定而开放的全球经济秩序仍然有着共同的利益诉求。因此，虽然未来的中美经济关系总体不容乐观，但如果两国领导人能够超越民族情绪，始终坚持战略理性，有效管控分歧，双方依然能够实现在良性竞争当中的有效合作，确保中美经济利益的最大化。

在中美经贸摩擦日益长期化的背景下，中国应当作好打"持久战"的准备，这种准备既包括物质手段上的准备，也包括国民心态上的准备。而应对这场"持久战"的最佳方式绝不是走向封闭，而是努力推动更高水平的开放，通过扩大外国进口、放宽金融准入、完善投资环境，以增加中国市场对于全世界的"磁力效应"，从而真正成为新型全球化的引领者。如果说中美"贸易战"在长期内可能会分出个输赢，那么中国唯有以更加开放的方式，才有可能化解来自美国的经济竞争压力并且成功实现经济崛起。

（执笔人：李巍、张玉环、赵莉）

（二）"五眼联盟"联合抵制华为

2018年12月初，伴随华为公司首席财务官孟晚舟被加拿大当局代表美国政府暂时扣留，华为在美国等西方国家遭遇集体抵制背后的原因逐渐浮出水面。《澳大利亚金融评论报》指出，由美国、英国、加拿大、澳大利亚、新西兰五个国家组成的情报同盟"五眼联盟"曾在7月举行晚宴密谋围堵华为，各国随后采取一系列行动将华为排除出5G采购名单。"五眼联盟"诞生于第二次世界大战期间，最初共同抗击法西斯国家，随后发展成为覆盖信号、军事等多领域的情报共享同盟。近年来，以华为、中兴等为代表的中国高科技企业在国际市场上竞争力与日俱增，成为中国科技实力增强的重要缩影，却也引起西方发达经济体的高度警觉。"五眼联盟"以"国家安全"为由联合抵制华为，推动中美"技术战"愈演愈烈，无益于缓和中美经贸摩擦，同时也有损自身经济福利。

2018年下半年来，"五眼联盟"成员国开始采取行动拒绝华为参与本国5G网络建设。8月23日，澳大利亚政府宣布禁止华为参与其5G网络基础设施建设；11月底，新西兰情报机构以"重大国家安全风险"为由拒绝该国电信运营商Spark在5G网络建设中使用华为设备的计划；12月5日，英国最大电信运营商英国电信计划两年内将华为设备从其核心的4G网络中剥离，同时将华为从其核心5G网络竞标者名单中移除，不过其表示无害的网络部分可继续使用华为设备。美国对华为进入其市场一直持质疑和反对态度，2018年年初美国运营商AT&T放弃同华为的合作计划，

4月美国出台规定禁止电信公司利用联邦补助购买华为等中国制造商生产的电信设备，8月特朗普总统签署《国防授权法》，从2019年8月起禁止政府机构购买华为及中兴等产品，12月初加拿大又配合美国扣留华为公司首席财务官孟晚舟，种种举措显示出美国遏制中国高科技企业拓展海外市场的决心。

除美国、澳大利亚、新西兰、加拿大和英国表示将华为排除在5G网络建设之外，"五眼联盟"还非正式地将德国和日本等国家纳入其阵营，以共同抵制华为的扩张。12月7日，日本以担心发生情报泄漏及遭到网络攻击为由禁止本国政府从华为和中兴采购电信产品，日本三家主要移动运营商软银、都科摩和凯迪迪爱计划与日本政府采取共同行动，在现有的移动基站和将来的5G网络设备中停止使用中国产品。不过，德国对"五眼联盟"拒绝华为的举动提出质疑，华为同德国的合作相对顺利，不仅在波恩设立信息安全实验室，还联手德国电信波兰子公司在华沙推出了该国首个全功能5G网络。然而，美国却向德国抛出"橄榄枝"，以放行德国电信子公司——美国第三大移动营运商T—Mobile US与美国第四大运营商斯普林特的合并案为条件，怂恿德国加入联合抵制华为的阵营。从目前来看，以美国为首的"五眼联盟"在国际社会上的影响力有扩张趋势，包括印度等国也都开始考虑禁用华为设备。

当前，"五眼联盟"联合抵制华为，已经对华为拓展海外市场的计划产生不利影响。但是除华为业务遭受创伤外，相关国家、企业乃至中美关系也会受到不同程度的负面影响。

第一，拒绝使用华为设备的国家5G网络建设以及消费者整体福利会遭受一定损失。"五眼联盟"成员国抵制华为是因为他们认为华为的5G技术可用于远程间谍以及恶意修改盗取信息，是全球头号网络情报威胁之一，更重要的则是遏制中国未来在通信领域占据更多的技术话语权。然而事实上，华为作为全球最大的电信设备供应商，拥有全球数量最多的5G

专利，同澳大利亚等"五眼联盟"成员国已有十几年合作历史，并未发生任何网络安全事件，相反利用高水平电信技术促进了东道国电信市场的竞争，降低消费者宽带费用。抵制华为给各国自身带来损失，引发国内强烈反弹，例如澳大利亚媒体指出拒绝使用华为设备会将代价转移给消费者，美国电信运营商为发展5G网络不得不通过裁员节省成本，等等。"五眼联盟"将华为排除出个别发达经济体市场，华为仍可大力拓展其他市场，例如2018年12月华为与葡萄牙最大电信运营商Altice签署5G合同，在其他国家华为依然大有可为，而对华为下禁令的国家则会在时间和成本上付出代价。

第二，产业链相关企业同样会受到不利影响。在全球化时代，电信设备生产产业链和价值链涉及中国、美国等多个国家，个别国家禁止使用华为设备会使产业链相关企业受损。根据《华尔街日报》，美国英特尔、博通和高通等公司均为华为的主要供应商，预计2018年华为将从美国企业购买至多100亿美元的零部件。尽管华为正在大力研发高端芯片，并将自产芯片应用到智能手机中，但是华为依然需要从博通、赛灵思和模拟装置公司等美国芯片公司进口配件用于其通信设备。美国制裁华为将不可避免地影响到同华为密切相关的美国科技公司，并使电信设备产业链布局遭受动荡。

第三，加剧中美战略竞争。2018年，中美关系发生重大转折，特朗普政府将中国定义为"战略竞争对手"，同中国在贸易、投资等经贸领域以及南海、台湾等地缘政治领域的摩擦和冲突愈演愈烈。虽然习近平主席同特朗普总统在G20会议期间进行会晤，并达成"贸易战"休战共识，但中美经贸摩擦在90天谈判期内得以完全解决的可能性并不大，解决中美经贸摩擦将是"持久战"。"五眼联盟"围攻华为以及孟晚舟被扣押反映了中美"技术战"日渐明显，中国高科技企业在全球价值链上的地位逐渐攀升，将在科技领域成为美国的有力竞争者，美国政府将持续遏制中国自主创新能力，维护美在高科技领域的优势地位。中美"技术战"可能会继续发酵，同时中美战略竞争也将持续下去。

（执笔人：黄泽群）

（三）德国收紧中国投资门槛

12月19日，德国联邦经济和能源部正式公开表示，德国内阁讨论并通过了《德国对外贸易条例》修改草案，该新规不需要德国议会批准，将于2019年1月生效。根据新规，对涉及德国国防以及关键基础设施领域的企业在被非欧盟资本收购时，将受到德国政府更为严格的审核。其中，关键基础设施领域主要包括：电信、IT安全、发电站、供电网、饮用水和食品供应、金融交易、证券和衍生品交易、医院信息系统、航空、铁路交通以及软件工程等。此前，只有在这些企业被收购股比超过25%时，德国政府才会启动审核机制；今后，收购股比只要达到10%，联邦政府就能介入进行审核。这一新规意在加强对外方在德国投资审查，降低德国政府介入审查关键领域外方投资的门槛，这意味着中国资本对德国企业的投资会受到更多来自德国政府的干预。

作为欧盟最大的经济体，德国一直是市场开放和自由贸易政策的最大受益者之一。而在2017年，德国一反过去的坚定立场，在欧盟国家中率先收紧了海外直接投资的审核控制，成为欧洲针对中国投资设立保护主义的先锋。随着投资保护主义情绪不断升温，2018年德国再次收紧外国投资门槛，矛头明显指向中国。

中国频繁收购德国企业，高端技术企业成为目标

近几年来，中国在德国的投资一直呈上升趋势。2011—2015年，中国对德国的年度投资额稳定在10亿—20亿欧元。2016年，中国对德直接投资出现井喷式增长,投资额达110亿欧元,占中国对欧洲投资的31%。当年,德国首次成为中国直接投资的最大接受国。这些直接投资主要是通过企业并购实现的,仅在2016年就有56家德国企业被来自中国内地和香港的投资者并购。中国频繁收购的德国企业主要在商业服务与金融服务(27%)、机械制造与设备(11%)、电子与半导体(10%)、汽车行业(10%)等领域。而且中国在高端技术的绿地投资不断增加,其中不乏行业巨头。比如美的公司收购德国"国宝级"企业库卡(KUKA),KUKA则是全球领先的智能机器人和自动化生产设备和解决方案的公司;吉利以巨额收购戴姆勒股份也是考虑到戴姆勒在电动化、智能化和无人驾驶等各领域是行业引领者。

中国企业正在向高端制造业转型,企业并购成为其获取战略技术的重要途径。"德国制造"蜚声世界,研发能力雄厚、技术水平高,而且德国的经济体系主要是由规模不大的中小企业构成。因此对中资企业而言,收购德国企业并购成本低,技术回报高。根据德国联邦外贸与投资署公布的2017年外国投资在德国报告显示,中国已经成为在德国投资项目数量第二大国,项目数量达218个。美的收购KUKA,对于美的公司来说是全面布局机器人产业的关键一步,同时也将先进的机器人技术引入中国家电制造商。越来越多的中国企业投身并购市场,以此弥合创新差距。最早进入"工业4.0"战略的德国企业也自然成为中资企业主要的并购对象。

表5　　　　　　　　2011年以来中资企业收购德国企业的情况

年份	收购情况	行业
2011	联想集团以2.31亿欧元收购梅迪昂公司的36.66%股份	电脑
2012	三一重工与中信产业投资基金以3.6亿欧元收购德国普茨迈斯特公司100%股权	机械工程
2013	上工申贝收购德国百福	缝纫机
2013	正泰集团收购Conergy	光伏

续表

年份	收购情况	行业
2013	潍柴动力以 11.67 亿收购凯傲集团 32%、林德公司 90% 股权	叉车
2014	株洲时代新材料科技股份有限公司以 2.9 亿欧元收购 ZF Friedrichshafen AG（德国采埃孚腓特烈集团）旗下拥有的 BOGE 橡胶与塑料业务	橡胶塑料
2015	中国化工以 9.25 亿欧元收购克劳斯玛菲公司 100% 股权	橡胶塑料
2016	美的以 46 亿欧元收购 KUKA 库卡公司约 86% 的股权	机器人
2016	北京控股以 16 亿美元收购德国垃圾处理公司 EEW	垃圾处理
2016	上海电气集团以约 1.74 亿欧元收购宝尔捷自动化公司	航空
2016	珠江钢琴集团以人民币 1.77 亿元收购诗密尔 90% 股权	钢琴
2016	潍柴动力通过凯傲集团以 21 亿美元收购德马泰克	物流设备
2017	富山企业有限公司于 3 月底正式完成了对德国钢铁集团旗下德国波鸿交通技术公司的收购。	轨道交通
2018	浙江吉利控股集团以 90 亿美元收购了德国戴姆勒 9.69% 的股份	汽车

资料来源：笔者根据网络文献整理。

德国政府警惕中国收购，采取更严厉投资审查

中国在德投资热情不断增加，随即引起了德国公众和政界人士的关注。从美的准备收购 KUKA 开始，就有欧盟数字经济委员会成员公开表示，KUKA 是对欧洲工业数字化未来具有战略意义的一家成功企业。之后，德国政府也表现出了充分的疑虑。德国经济部长加布利尔呼吁欧洲设立安全条款，阻止外商收购拥有战略性技术的企业。他还表示，德国政府曾试图协调安排欧洲公司参与竞标，以对抗中国公司的收购。虽然德国政府没有对 KUKA 收购案进行直接的干预，但已经出现了收紧外资审查的政策动向。

2017 年，德国联邦经济事务和能源部发布了《对外贸易条例》修正案，以此加大政府投资干预，包括将审查范围从国家安全领域扩大到关键基础设施领域，如能源、医疗、交通运输等领域，将审查时间从二个月延长到四个月。该举措之后德国政府便开展了80宗收购交易调查，其中有超过1/3直接或者间接涉及中国投资人。

德国正在加入美国和加拿大行列，对中国投资采取更为严格的立场，接连中断了两项大型中德收购交易。2018年7月，德国政府宣布由国有银行德国复兴信贷银行（KFW）收购德国电网运营商50赫兹（50Hertz）20%的股份，以此来阻止中国国家电网公司入股50赫兹。由于当时德国的投资管控制度只适用于25%以上股权收购的交易，因此德国政府并没有直接通过经济事务和能源部下达指令，而是采取出售给KFW的间接方式予以干预。2018年8月，默克尔内阁则以安全为由直接否决了烟台台海集团对德国莱菲尔德金属旋压机制造公司（Leitfeld Metal Spinning）的收购，这是德国政府史上首次否决中国企业对本国企业的收购计划。德国经济部表示，Leitfeld Metal Spinning是汽车、航天和核工业用高强度金属的领先生产商之一，一旦收购成功将引发德国的安全威胁。同年吉利与美国银行合作，通过"股权领口"交易以避免信息披露，成功地收购了戴姆勒9.69%具有表决权的股份。德国联邦金融监管局马上对吉利发出公告，因吉利通报购买戴姆勒股份较晚，违反了德国《证券交易法》，并展开收购调查。虽然收购事实已定，但是德国媒体舆论纷纷表示担忧，中国希望通过"中国制造2025"计划成为先进制造业的领头羊，德国应该意识到这一目标所构成的威胁。德国正在将中国对德国高科技企业的收购视为潜在的国家安全威胁，并有意限制中国企业在德国的投资并购行为。

全球收紧外资门槛，中国需谨慎应对

值得注意的是，抵制中国投资并购并不是德国的单独行为，而是全球收紧投资门槛的一部分。美国外国投资委员会（CFIUS）经过立法改革将其投资审查实践规范化，特朗普政府又颁布了《2018年外国投资风险审查现代化法案》（FIRRMA），细化和补充了对涉及关键技术和关键基础设施的审查规定。未来中国企业赴美开展投资并购将遇到更大的阻碍。

2018年11月20日，欧洲议会谈判代表和欧盟28个成员国暂且就加强对外国投资审查达成共识，以保护港口、能源网络等具有战略意义的技术和基础设施，协调对外国在欧投资的审查。欧洲议会将于2019年2月或3月对该提案进行表决。虽然这一提案未直接点名中国，但多家国际媒体已将欧盟这一变化与中国投资激增联系起来。英国政府也推出了一项长达120页的政策，旨在加强政府权力，防止外国购买涉及安全领域的英国资产。根据联合国一项关于政府投资法规的统计报告显示，2018年前10个月，各国政府施行的投资新规中，有30%的政策呈现收紧态势，这是2010年以来该项数据的最高纪录。同时，2018年也是1989年以来国际投资协议最低产的一年。当前，投资收紧、更加严厉的投资审查，使得中国资本在外收购将遇到越来越多的阻力。

德国收紧外资门槛从根本上来看，是中德政治不完全互信的问题。为此，中国应该通过各种机制与德国加强磋商对话，在多边主义平台上多与德国展开国际合作，增加交流与政治互信。而中国企业需要调整收购策略，借助熟悉投资审查的中介机构，权衡投资风险，寻求专业援助；在以往收购案中，中国企业常处于"买空德国论"和"技术窃取阴谋论"等恶意炒作的舆论环境，未来收购中应避免进入敏感行业，逐渐改善德国政府和公众对中国企业的认识。

（执笔人：艾雪颖）

（四）全球主要产油国达成减产协议

12月7日，经过马拉松式的谈判，由欧佩克国家与俄罗斯、墨西哥等非欧佩克主要产油国所组成的维也纳联盟最终达成减产协议，计划于2019年起削减120万桶的石油日产量，其中欧佩克国家计划减产80万桶，俄罗斯等其他产油国削减40万桶。减产的靴子落地后，国际油价应声跳涨，布伦特原油期货价格甚至暴涨5.7%，投资者对石油供应紧缺的隐忧初现。实际上，此次减产规模相当于全球石油产量的1.2%，减产付诸实施后全球石油市场的供给盈余将被彻底抹平，国际石油供需将重回紧平衡时代。

维也纳联盟五次开展产量协调，石油产量有起有伏

自2016年年底至今，维也纳联盟已先后五次开展产量协调。2017年初，维也纳联盟开始执行减产协议，力求在2016年10月产量的基础上削减176万桶的日产量。由于沙特阿拉伯超额完成了减产任务，加之委内瑞拉石油产量急剧下滑，维也纳联盟所设定的减产目标得以顺利实现。2017年5月，维也纳联盟决定将减产协议延长至2018年3月底；2017年11月，其又决定将减产协议进一步延长至2018年年底。得到良好执行并被两次延长的减产协议明显降低了国际石油供应，国际能源署的数据显示2017年年末经合组织国家石油商业库存比年初降低1.6亿桶，创两年来的新低。

维也纳联盟前三次减产协调取得了明显的效果，但其于2018年6月的第四次产量协调却放弃了减产目标，作出了增产100万桶的决定。唯一具有剩余产能的沙特成为执行该决定的主力，其日产量迅速从坚决执行减产协定时的995万桶攀升至1050万桶，基本重回其减产前的产量规模。由此，国际市场的石油供给再次超过了需求，石油库存持续增加。美国能源信息署公布的商业库存数据显示，美国商业原油库存基本回升至维也纳联盟第二次延长减产协议时的水平。受库存持续增加影响，11月以来国际油价不仅创出了8%的近三年最大单日跌幅，更是经历了极为罕见的"十二连跌"。

面对此轮油价下跌的浪潮，维也纳联盟在第五次产量协调部长级会议上最终作出了减产120万桶日产量的决定。虽然此次产量协调的结果基本符合市场预期,但是过程则跌宕起伏,减产谈判甚至几近破裂。在谈判中,两大争议致使减产协议一度难产:一方面,沙特阿拉伯与俄罗斯在减产责任分担上分歧明显,沙特阿拉伯认为后者应该承担约30万桶的减产责任,然而俄罗斯则坚持只承诺减产15万桶并一度以退出谈判相威胁。另一方面,沙特阿拉伯与伊朗一直就后者的减产豁免问题纠缠不清,前者要求所有产油国均需要承担减产责任,而后者则以受到美国制裁为由严加拒绝。在谈判的最后时刻,沙特阿拉伯接受了俄罗斯的折中方案并遵从了伊朗的豁免要求,最终减产协议在历经波折后才得以达成。

总的来看,维也纳联盟的产量配额经历了先下降,而后上升,再转而下降的变迁,其石油供应也出现了相同周期与走向的变化。可以预见,维也纳联盟此次减产后,国际石油供应将有所减少,先前的供应盈余将被削减殆尽,可以说国际石油供需将再次回到紧平衡状态。

地缘政治纷争不断,国际能源供需关系频受扰动

如果说新近达成的减产协议将石油供需关系重新带回到紧平衡时代,那么接连不断的地缘政治纷争更加剧了供需的紧张关系。特别是近段时间以来,中东地缘政治纷争交相上演,能源供应频受扰动,致使国际能源供需关系频频失稳。首先,美国再次挥起经济制裁的"巨斧",伊朗石油生产规模下挫连连,出口规模几近腰斩,天然气开发也陷入困境。2018年4月以来,迫于美国的压力,韩国政府已宣布不再进口伊朗石油,而印度、日本等二十余个国家也分别承诺降低进口规模。最新的欧佩克月度原油市场报告指出伊朗石油日产量已从年初的382万桶下降至11月份的295万桶。汤森路透的数据显示伊朗石油出口量已经从年初的日均250万桶下跌至10月的133万桶,降幅高达46.8%。11月5日,美国政府如期实施了主要针对伊朗能源出口的第二轮经济制裁,力求将伊朗石油出口"彻底清零"。虽然豁免清单的存在使得"清零"的目标在短期内无法实现,但伊朗石油产量和出口量在未来必将继续下跌,其在伊核协定达成后被寄予的

"石油增量提供者、价格稳定者"的厚望最终彻底幻灭。在天然气领域，伊朗同样陷入了困境，位于其境内并被誉为全世界最大天然气田的南帕斯天然气田开发再生变数。由于担心受到连带制裁，法国能源巨头道达尔最终退出了伊朗南帕斯天然气田的开发，伊朗政府不得不再次寻找其他合作商，南帕斯天然气田想要产生类似于卡塔尔北方气田的经济价值仍然遥遥无期。

其次，沙特阿拉伯与卡塔尔矛盾久未平息，后者"闪退"欧佩克。肇始于2017年6月的卡塔尔断交危机持续发酵，沙特阿拉伯与卡塔尔的关系起起伏伏却并无实质性改观。长期以来，卡塔尔的石油产量约为欧佩克国家总产量的1.8%，其由于石油产量有限而始终在欧佩克的决策体系中处于边缘，在采取"增产保额"或"减产提价"等政策的选择上长期追随沙特阿拉伯。而断交危机爆发后，沙特阿拉伯更是有意进一步挤压卡塔尔的决策与参与空间，以至于卡塔尔能源事务大臣萨阿德无奈地承认卡塔尔在欧佩克中"扮演的角色微不足道，对决策没有任何发言权"。12月3日，由于与沙特阿拉伯积怨已久且在欧佩克内"毫无存在感"，卡塔尔宣布退出该组织。卡特尔闪退不仅使得其摆脱了欧佩克石油生产配额的限制，更为重要的是其可将更多资源配置于天然气开发与出口合作，加快落实年产1.1亿吨液化天然气的宏伟蓝图。然而对于欧佩克而言，卡塔尔闪退的蝴蝶效应则尤为致命：欧佩克成员国貌合神离、鹰鸽两派的分歧明显等既有问题可能会积重难返，欧佩克石油供应失序、成员国合作失范的风险进一步凸显，这很有可能对国际能源供应的稳定性造成负面冲击。

最后，"卡舒吉遇害案"东窗事发，沙特阿拉伯沦为"跛脚"的产量合作领导者。美国中期选举日益临近，为选举造势的特朗普总统频频发推特指责欧佩克与沙特阿拉伯，施压其提高产量以降低国际油价，维也纳联盟第四次产量协调部长级会议作出了增产100万桶的决定，而沙特阿拉伯的石油日产量也迅速攀升并重回减产前的水平。然而土耳其不遗余力地曝光"卡舒吉遇害案"后，沙特阿拉伯承受了前所未有的国际舆论压力，亟须获得特朗普政府的支持与谅解，石油产量被认为是沙特阿拉伯争取美国支持的重要经济筹码。基于此，沙特阿拉伯能源大臣与阿美石油公司负责人于10月23日先后承诺沙特阿拉伯将大幅提高原油产量，试图在三个月内将日产量提升至1200万桶。10月末，更多沙特阿拉伯原油涌入国际市场，国际市场上供应过剩的局势愈加明显。廉价的沙特阿拉伯石油源源不断地涌向国际市场，国际市场原本相对平衡的供需关系重新转向供过于求，同时国际油价的上涨趋势戛然而止，在触及近四年来的历史高点后下挫连连。原本致力于推动维也纳联盟开展减产合作的领导者以"自毁长城"的方式掀起了一轮石油增产和降低油价的浪潮，显然当前的沙特阿拉伯远非坚定推行减产政策的中流砥柱，而是一个受制于美国的"跛脚"产能合作领导者。

国际能源供需格局加快重塑，中美能源合作势不可当

除了地缘政治纷争外，国际能源供需格局的重塑同样值得关注。在供给侧，美国异军突起，油气能源产量和出口量连创新高。美国能源信息署的数据显示，2018年12月美国原油日产量高达1147.5万桶，相比于2008年9月最低点的393.2万桶增长了191.8%。2017年美国天然气产量为8159.2亿立方米，比2008年增长了30.1%。在产能增长以及促进出口政策的双重激励下，美国油气出口规模在2017年达到新高。2017年美国出口原油5500万吨，同比猛增88.6%；出口天然气897亿立方米，同比增长35.6%，其中液化天然气出口规模首次突破200亿立方米，增速更是高达278.7%。一系列数字表明美国油气的生产能力与出口规模正在快速增长，不断刷新历史纪录。在石油领域，国际能源署指出美国将成为未来五年全球原油生产和出口增量的绝对提供者，约合全部增量的七成，可以预见美国将很快成为举足轻重的石油出口大国。在天然气领域，美国很可能在2030年出口1412亿立方米，届时将成为比肩卡塔尔和澳大利亚的天然气主要出口国并在国际天然气市场中扮演灵活的调节器。

在需求侧，亚太地区的能源需求量持续增长，特别是中国的能源消费与进口量增速迅猛。英国石油公司的数据显示2017年中国石油和天然气的年消费量分别为6.08亿吨与2404亿立方米，分别比2007年增长61.1%和238.1%；同年石油与天然气的净进口量分别为4.47亿吨与912亿立方米，分别比2007年增长120.2%与1149.3%。数据显示中国已于2018年年初超越美国成为第一大石油进口国并且将于2019年超越日本成为第一大天然气进口国，更为重要的是中国在未来将继续保持对石油和天然气的强劲增长需求。维也纳联盟减产的靴子落地后，国际石油供给有所下降，价格则可能触底回升，同时由于东亚地区的天然气价格与油价直接挂钩，天然气的价格也将应声上涨，由此中国能源进口的成本极有可能再次上升。在这一背景下，进口大量廉价的美国能源、扩大与美国的能源合作成为必由之举。

总之，虽然维也纳联盟再度减产与中东地区地缘政治纷争不断均使得国际能源供需关系重回紧平衡状态，特别是提高了中国的能源供应风险与进口成本，然而进口美国能源并与美国开展能源合作不仅有助于缓解上述问题，甚至可以在保障中国能源进口安全中发挥"定海神针"般的作用。

（执笔人：宋亦明）

第四部分

中国经济外交重要事件

一 中国双边经济外交

（一）亚太

[1月2日 老挝 综合] 中国驻老挝大使王文天、老挝外交部副部长坎葆在万象签署澜湄合作专项基金老方项目协议。坎葆表示，老方已通过澜湄合作在人力资源开发、基础设施建设、减贫脱贫等领域获利，中方批准老方的13个澜湄合作专项基金项目，将推动老挝社会经济发展，拉近老中关系。

[1月5日 印度尼西亚 金融] 时任中国人民银行行长周小川与印度尼西亚银行行长阿古斯·玛多瓦多约签署了《中国人民银行和印度尼西亚银行关于印度尼西亚银行在华设立代表处的协定》。这是外国央行在华设立的第九家代表处。

[1月8日 泰国 货币] 中国人民银行与泰国中央银行续签署了中泰双边本币互换协议，规模保持为700亿元人民币/3700亿泰铢。互换协议有效期三年，经双方同意可以展期。

[1月8日 泰国 能源] 国家能源局副局长刘宝华与泰国能源部副常务秘书蓝迪卡·唐苏帕尼在北京共同主持中泰和平利用核能合作联合委员会第一次会议。双方回顾了两国核能合作的进展，明确了联合委员会工作机制，就之后合作交换意见。

[1月11日 柬埔寨 综合] 国务院总理李克强访柬期间在金边同柬埔寨首相洪森举行会谈。李克强强调，中方愿同柬方开展好产能与投资合作重点项目，加强经济特区、交通基础设施建设、农业及农产品深加工、旅游等合作，密切在澜湄合作机制和中国—东盟合作框架内的协调沟

通。会后，双方见证两国19项双边合作文件的签署，并发表联合公报。

[1月23日　老挝　农业]　农业部副部长余欣荣在万象与老挝农林部部长连·提乔举行双边会谈，就加强中老农业合作交换意见。会后双方签署了《中老关于植物保护和绿色农产品标准合作的谅解备忘录》。

[1月28日　日本　综合]　国务院总理李克强在北京会见日本外相河野太郎。李克强指出，愿日方营造良好氛围，为加强合作、重启有关对话机制以及推动东亚地区合作夯实基础。河野太郎表示，日方愿尽早举行新一轮日中韩三国领导人会议，加强两国企业间交流，重启日中高层经济对话，探索开展第三方合作。

同日，时任国务委员的杨洁篪和外交部部长王毅分别同河野太郎举行会谈。

[2月5—6日　越南　综合]　外交部副部长孔铉佑在广州同越南副外长黎怀忠举行磋商。越方支持并愿积极参与"一带一路"倡议。双方表示，推进"一带一路"同"两廊一圈"对接、基础设施、产能、跨境经济合作区等领域合作。

[2月6日　泰国　货币]　中国外汇管理局已同意将泰铢和人民币兑换业务从仅限云南地区拓展到可全国范围内进行自由兑换，此举将加快两国本币更便捷的互换和交易业务，同时降低交易成本。

[2月9日　印度尼西亚　综合]　国务院总理李克强在北京会见印度尼西亚外长蕾特诺。李克强表示，中方愿推进"一带一路"倡议与印度尼西亚发展战略对接，推动基础设施等领域合作。蕾特诺表示，印度尼西亚方愿同中方扩大经贸合作，推进雅万高铁建设。欢迎中方积极参与印度尼西亚"三北综合经济走廊"建设。同日，外交部部长王毅同印度尼西亚外长蕾特诺在北京共同主持中印尼政府间双边合作联合委员会第三次会议。

[2月26日　柬埔寨　援助]　中国国防部援助柬埔寨王家军总医院

医疗设备交接仪式在柬埔寨金边举行。柬埔寨副首相兼国防大臣迪班在交接仪式上向中国表示感谢。

[3月1日　汤加　综合]　国家主席习近平在北京同汤加国王图普六世举行会谈。习近平表示，中方愿继续为汤方提供不附加任何政治条件的经济技术援助，愿同汤方加强气候变化南南合作。图普六世表示，汤方愿同中方密切在贸易、基础设施建设、旅游等各领域以及"一带一路"框架下的合作，应对气候变化挑战。双方发表了《中华人民共和国和汤加王国联合新闻公报》，并见证经济、技术合作等领域双边合作文件的签署。同日，国务院总理李克强会见了图普六世。

[3月7—10日　缅甸　能源]　国家能源局副局长李凡荣率团赴缅甸内比都出席中缅孟电力互联互通部长级会议。三方共同决定成立联合工作组，启动中缅孟电力互联互通项目的可行性研究工作。期间，李凡荣还拜会了缅甸国务资政昂山素季，并就中缅、中孟电力合作有关问题分别与缅甸电力与能源部长吴温楷，孟加拉主管电力、能源及矿产资源的总理顾问乔杜里举行了会谈。

[3月9日　老挝　援助]　中国驻老挝大使馆经济商务参赞王其辉与老挝卫生部办公厅主任瑙·布达在老挝卫生部签署中国援老挝玛霍索综合医院项目实施协议。该项目是中国政府对外援建的建设规模和投资最大的医院之一，将成为全老挝基础设施最好，医疗设备最先进，科室功能最完善的综合性医院。

[3月12日　新加坡　农业]　国家粮食局局长张务锋在北京会见新加坡丰益国际集团董事局主席、益海嘉里投资有限公司董事长郭孔丰一行。张务锋希望益海嘉里集团大力发展订单农业，融入"一带一路"倡议，积极参与中国优质粮食工程建设。

[3月14日　日本　贸易]　中国国际进口博览局宣布与日本智能制造企业那智不二越正式签订参展合同。这是中国国际进口博览会的首份正

式参展合同。

[3月14日　泰国　综合]　外交部部长王毅在北京会见泰国外长敦·帕马威奈。王毅表示，愿双方加强发展战略对接，深化"一带一路"框架下合作，推进中泰铁路项目建设，推动中国—东盟关系提质升级，巩固深化澜湄合作。

[3月21日　菲律宾　"一带一路"]　外交部部长王毅在北京与菲律宾外长卡耶塔诺举行会谈。王毅表示，中菲双方将重点推进"一带一路"、人文交流、海上对话、区域一体化四方面合作。

[3月22日　韩国　自贸区]　商务部副部长兼国际贸易谈判副代表王受文和韩国产业通商资源部部长助理金荣三分别率团在韩国首尔出席中国—韩国自由贸易协定第二阶段首轮谈判。双方对中韩自贸协定第一阶段实施情况感到满意。按照协定规定，双方将对服务和投资领域的市场准入进行谈判。

[3月22日　韩国　自贸区]　商务部副部长兼国际贸易谈判副代表王受文和韩国产业通商资源部贸易委员会常任委员金昌圭分别率团在韩国首尔出席中国—韩国自由贸易协定第二次联合委员会。双方就协定货物贸易、原产地规则、技术性贸易壁垒、贸易救济、知识产权、经济合作、环境与贸易等领域实施情况和重点关注领域交换了意见。

[3月23日　菲律宾　综合]　国家副主席王岐山在北京会见菲律宾外长卡耶塔诺。卡耶塔诺表示菲方愿同中方一道，推动菲中关系持续深入发展。

[3月30日　韩国　"一带一路"]　习近平主席特别代表杨洁篪在首尔会见韩国总统文在寅。杨洁篪表示，中方愿同韩方加快"一带一路"合作对接。

[3月30日　澳大利亚　货币]　中国人民银行与澳大利亚储备银行续签了中澳双边本币互换协议。协议规模仍为2000亿元人民币/400亿澳

大利亚元，协议有效期三年，经双方同意可以展期。

[3月30日—4月2日　越南　"一带一路"]　外交部部长王毅在出席大湄公河次区域经济合作第六次领导人会议期间对越南进行正式访问。30日，王毅在越南河内会见泰国总理巴育。王毅表示，中方愿同泰方加快推进中泰铁路建设，加强旅游和地方合作，同时积极探讨在泰国"东部经济走廊"建设中开展三方合作。同日，王毅会见柬埔寨首相洪森。

2日，外交部部长王毅在河内会见越共中央总书记阮富仲。阮富仲表示，越方支持中方"一带一路"倡议，愿加紧"一带一路"与"两廊一圈"对接，推进双边务实合作。王毅表示赞同。

[4月2日　老挝　知识产权]　中国国家知识产权局局长申长雨与老挝科技部部长、老挝国家科学院院长波万坎·冯达拉在老挝万象举行会谈，一致同意将正式建立中老知识产权双边合作关系，并签署首份知识产权领域合作谅解备忘录。根据备忘录，老挝将认可中国发明专利审查结果。

[4月3日　泰国　科技]　科技部部长王志刚在北京会见泰国科技部部长素威·梅信西一行。双方就中泰科技创新合作深入交换意见，就共同推动双边政府间科技合作、加强区域创新合作、实现两国发展战略对接等达成多项共识。

[4月3日　马来西亚　基础设施建设]　国家发改委副主任宁吉喆在马来西亚柔佛州昔加末市出席马南部铁路开工仪式。该项目是中马双方秉持"一带一路"合作理念开展的重大务实合作项目。

[4月4日　泰国　"一带一路"]　国务院副总理孙春兰在北京会见泰国公主诗琳通。孙春兰表示，愿同泰方加强"一带一路"合作。

[4月8日　新加坡　贸易]　国务院总理李克强在北京与新加坡总理李显龙举行会谈。李克强指出，愿共同推进"南向通道"建设，巩固

现有合作机制，深化基础设施、互联互通、金融等领域合作，拓展第三方市场合作。会谈后，双方共同见证第三方市场合作等领域双边合作文件的签署。

[4月8日　新加坡　综合]　国家发改委副主任张勇与新加坡贸易与工业部代表、新加坡国家发展部长兼财政部第二部长黄循财在北京签署了《中华人民共和国国家发展和改革委员会与新加坡共和国贸易及工业部关于开展第三方市场合作的谅解备忘录》。双方同意建立第三方市场合作工作机制，推动两国在基础设施、石油化工、航运物流、产业园区、电子商务等领域的第三方市场合作。

[4月9日　蒙古国　贸易]　国务院总理李克强在北京同蒙古国总理呼日勒苏赫举行会谈。李克强指出，双方应尽快启动自贸协定联合可行性研究，加快跨境经济合作区建设，加强产能、投资、农牧业深加工、能源矿产、过境运输等合作。呼日勒苏赫表示，在年内启动双边自贸协定可行性研究，拓展在贸易、旅游、产能、矿产、农牧业、运输等领域的合作。会谈后，双方共同见证了经贸、人文、产能、环保等领域多份双边合作文件的签署。

同日，商务部部长钟山与蒙古国对外关系部部长朝格特巴特尔在北京共同签署了《中国商务部与蒙古国对外关系部关于加快推进中蒙跨境经济合作区建设双边政府间协议谈判进程的谅解备忘录》。国家发展改革委主任何立峰代表中国政府与蒙古国政府代表在北京签署了《中华人民共和国政府与蒙古国政府关于加强产能与投资合作的框架协议》。

[4月9日　日本　贸易]　国务院总理李克强在北京会见日本国际贸易促进协会会长河野洋平及该会代表团成员。李克强强调，中国倡导多边主义，支持维护多边贸易体系、促进贸易和投资自由化便利化。中国将持续推进改革，扩大对外开放，欢迎外国企业来华投资。同日，外交部部长王毅在北京会见河野洋平。

[4月10日　老挝　援助]　中国援建老挝琅勃拉邦医院升级改造项目可行性研究会谈纪要在老挝首都万象签署。老挝卫生部部长奔贡·西哈冯出席签字仪式。

[4月10日　菲律宾　综合]　国家主席习近平在海南博鳌会见菲律宾总统杜特尔特。杜特尔特表示，菲方愿积极参与共建21世纪海上丝绸之路，密切同中方在经贸、渔业、旅游、基础设施等领域合作。菲将接任中国—东盟关系协调国，愿积极促进深化东盟同中国的合作。会后，双方共同见证了合作文件的签署。

[4月10日　蒙古国　"一带一路"]　国家主席习近平在海南博鳌会见蒙古国总理呼日勒苏赫。习近平强调，中方欢迎蒙方积极参与上海合作组织活动及发展。呼日勒苏赫表示，蒙方支持"一带一路"倡议，愿加强蒙中各领域合作。

[4月10日　新加坡　"一带一路"]　国家主席习近平在海南博鳌会见新加坡总理李显龙。习近平指出，双方要推进政府间大项目合作，加强"一带一路"框架内合作。李显龙表示，新方致力于深化新中关系，推进两国大项目及"一带一路"框架下合作。新方支持加强中国和东盟关系。

[4月11日　老挝　科技]　中老政府间科技合作联合委员会首次会议在北京成功召开，中国科技部部长王志刚和老挝科技部部长波万坎·冯达拉共同主持。

[4月12日　印度尼西亚、缅甸　科技]　科技部部长王志刚在北京会见了出席2018"中国—东盟创新年"启动仪式暨中国—东盟创新论坛的印度尼西亚研究技术与高教部部长穆罕默德·纳西尔一行，双方就推进科技创新合作交换意见并达成多项共识。同日，科技部副部长黄卫在北京会见了缅甸教育部副部长温貌吞一行。

[4月12日　印度尼西亚　"一带一路"]　国务院总理李克强在北

京会见印度尼西亚总统佐科特使、海洋统筹部长卢胡特。李克强表示，要加强"一带一路"倡议同印度尼西亚发展战略对接，推进基础设施、投资、产能等领域合作。卢胡特表示，他此行目的是推进中方"一带一路"同印度尼西亚"区域综合经济走廊"等的战略对接。同日，国务委员兼外交部部长王毅在北京会见卢胡特。

[4月13日　巴布亚新几内亚　"一带一路"]　国务委员兼外交部部长王毅在北京与巴布亚新几内亚外长帕托举行会谈。王毅说，双方应深化"一带一路"框架下合作。帕托表示，巴新支持多边主义进程，感谢中方长期为巴新国家建设和应对自然灾害提供的支持，愿加快共建"一带一路"。

[4月15日　日本　贸易]　商务部部长钟山在日本东京会见日本经济产业大臣世耕弘成。钟山就深化中日贸易投资合作提出六点建议，包括加强双方在高端制造和创新等领域合作、加强双方服务贸易合作、加快推进中日韩自贸区谈判等。这六点建议几乎都得到了日方的肯定与回应。

[4月16日　日本　综合]　第四次中日经济高层对话在日本东京举行，由国务委员兼外交部部长王毅与日本外相河野太郎共同主持。王毅表示，双方应重点聚焦节能环保、科技创新、高端制造、财政金融、共享经济、医疗养老等领域合作。河野太郎表示，日方愿同中方以新的视角规划拓展两国经贸合作。

财政部部长刘昆出席高层对话并发言。期间，刘昆会见了日本副首相兼财务大臣麻生太郎，双方就全球经济贸易形势、中日财金合作等议题交换意见。

[4月15—17日　日本　综合]　王毅会见了日本首相安倍晋三、日本内阁官房长官菅义伟，同外相河野太郎举行会谈，并会见自民党干事长二阶俊博等政要及日中友好七团体和日本经团联负责人。

[4月16—18日　新加坡　自贸区]　中国—新加坡自贸协定第六轮

升级谈判在北京举行。双方就服务贸易、投资、原产地规则、贸易救济和经济合作等议题展开磋商，取得积极进展。

[4月18日　泰国　综合]　中国驻泰国大使吕健和泰国商业部次长暖塔婉·沙坤达纳在泰国商业部共同签署澜湄合作专项基金泰方首批项目合作协议。根据协议，中方将资助泰方开展包括跨境经济特区联合发展、贸易和物流边境设施升级改造、澜湄商务论坛、次区域农村电子商务发展等四个项目。

[4月18日　尼泊尔　"一带一路"]　国家副主席王岐山在北京会见尼泊尔外长贾瓦利。王岐山表示，希望双方共同落实好已有共识和协议，以"一带一路"建设为契机拓展全方位合作。贾瓦利表示，尼感谢中方一贯的支持和帮助。

[4月20日　韩国　"一带一路"]　商务部副部长高燕与韩国外交部次官赵显共同主持在北京召开的中韩经贸联合委员会第22次会议。双方就首届中国国际进口博览会、战略对接、推进中韩自贸协定第二阶段谈判及贸易投资合作等议题交换意见。

[4月22日　缅甸　中缅经济走廊]　国务委员兼外交部部长王毅在北京会见缅甸前总统登盛。王毅表示，中方愿同缅方合作推进中缅经济走廊建设，抓好重大项目落实，为缅甸的经济发展注入新的活力。登盛表示，缅方感谢中方长期以来为缅促进经济社会发展提供的帮助。

[5月7日　印度尼西亚　"一带一路"]　国务院总理李克强在茂物总统府同印度尼西亚总统佐科举行会谈。李克强提出要深化中方"一带一路"倡议同印度尼西亚"全球海洋支点"构想对接；深化贸易投资合作，扩大印度尼西亚棕榈油、热带水果、咖啡等有竞争力的优质产品对华出口，加强渔业加工合作。同日，李克强在雅加达下榻饭店会见印度尼西亚副总统卡拉。卡拉表示，印度尼西亚方愿同中方进一步加强经贸、文化、教育、海洋等领域的交流合作。

〔5月9日　日本　贸易〕　商务部部长钟山在东京会见日本经济产业大臣世耕弘成。钟山表示，中日要推进科技创新、高端制造、共享经济、养老医疗等领域务实合作。同日，中日双方共同签署了《关于加强服务贸易合作的备忘录》和《关于中日第三方市场合作的备忘录》。

〔5月9日　日本　金融〕　国务院总理李克强对日本进行正式访问，在东京同日本首相安倍晋三举行会谈。李克强表示，中日双方应加强节能环保、科技创新、高端制造、财政金融、共享经济、医疗养老等重点领域的合作。会谈后，李克强与安倍晋三共同见证了人文、医疗卫生、服务贸易、第三方市场合作以及建立海空联络机制等多项双边合作文件的签署。

〔5月9日　韩国　贸易〕　国务院总理李克强在东京会见韩国总统文在寅。李克强指出，本次会议后，中方将接任中日韩合作机制主席国，期待同日韩一道，增进互信，相向而行，推进中日韩合作和地区一体化进程。

〔5月10日　日本　货币〕　中国人民银行行长易纲在日本东京出席第七次中日韩领导人会议期间，会见了日本央行行长黑田东彦，双方就中日央行间合作、双边本币互换等议题交换了意见。关于双边本币互换，双方已达成原则共识，将尽快完成后续工作。

〔5月24日　日本　农业〕　农业农村部副部长韩俊在北京会见日本农林中金综合研究所理事长皆川芳嗣先生一行。韩俊建议发挥日本农林中金综合研究所的优势，加强在农村产业发展、农民就业、乡村公共服务、乡村文化传承等领域的务实合作，增进人员往来和相互学习借鉴。

〔5月25日　新西兰　贸易〕　国务委员兼外交部部长王毅在北京与到访的新西兰副总理兼外长彼得斯举行会谈。王毅表示，双方要务实推进中新自贸协定升级谈判，中方欢迎新方参与共建"一带一路"。彼得斯表示，希望双方积极推进新中自贸协定升级谈判。新方愿参与"一带一路"合作。

[5月30日　老挝　"一带一路"]　中共中央总书记、国家主席习近平在北京同来华访问的老挝人民革命党中央总书记、国家主席本扬举行会谈。习近平强调，双方应着力推动"一带一路"框架下大项目合作，加强民生和扶贫合作，上下联动，形成中老合作新格局。本扬表示，愿加快推进老中"一带一路"框架下大项目合作。

[6月1日　泰国　基础设施]　国家发改委副主任宁吉喆率团赴泰，与泰国交通部部长阿空·登披塔亚派什在曼谷共同主持召开中泰铁路合作联合委员会第24次会议。双方就项目一期建设、项目二期推进方案等进行了磋商，达成多项共识，并签署了会议纪要。

[6月6日　新加坡　"一带一路"]　国务院秘书长肖捷在北京会见了到访的新加坡财政部长王瑞杰。肖捷表示，双方要共同打造好"一带一路"框架内互联互通、金融支撑、三方合作三大平台。王瑞杰表示，新方愿推进设施联通、贸易畅通和资金融通。双方还就改善营商环境进行了交流。

[6月7日　澳大利亚　投资]　国家发改委副主任宁吉喆在北京会见澳大利亚西澳州长麦高文一行，双方就进一步加强中国与西澳州经贸投资合作进行了交流。

[6月7日　新加坡　金融]　财政部部长刘昆在北京会见新加坡财政部长王瑞杰一行，双方就两国宏观经济形势、"一带一路"框架下合作、"10+3"财金区域合作以及中新财税体制改革等议题交换意见。

[6月10日　蒙古国　"一带一路"]　国家主席习近平在青岛会见来华参加上海合作组织青岛峰会的蒙古国总统巴特图勒嘎。习近平强调，双方要加快推动"一带一路"倡议同"发展之路"倡议对接落实。中方愿同蒙古国、俄罗斯一道，落实好建设中蒙俄经济走廊规划纲要，推动三方合作取得更多进展。

[6月11—14日　新西兰　贸易]　中国—新西兰自由贸易协定第四

轮升级谈判在北京举行。双方围绕技术性贸易壁垒、海关程序与贸易便利化、原产地规则、服务贸易、竞争政策、电子商务、农业合作、环境、政府采购等议题展开磋商，谈判取得积极进展。

[6月12日　韩国　投资]　中韩产业园合作协调机制第二次会议在江苏省盐城市举行。会议由商务部副部长高燕与韩国产业通商资源部新通商秩序战略室室长金昌圭共同主持。会议期间，双方还举办了"第一届中韩产业园合作交流会"。

[6月13日　文莱　"一带一路"]　国务委员兼外交部部长王毅在北京同来华进行正式访问的文莱外交与贸易部第二部长艾瑞万举行会谈。王毅表示，中方愿推进"一带一路"合作。

[6月13日　越南、老挝　"一带一路"]　国务院副总理胡春华在昆明分别会见了来华出席第五届中国—南亚博览会越南副总理武德担、老挝副总理宋赛·西潘敦。各方强调，要在"一带一路"倡议框架下加强贸易、投资和互联互通等领域务实合作。

[6月21日　巴布亚新几内亚　"一带一路"]　国家主席习近平在北京会见巴布亚新几内亚总理奥尼尔。习近平强调，双方要积极拓展"一带一路"框架内务实合作。奥尼尔表示，巴布亚新几内亚期待在经贸、投资、农业、旅游、基础设施等领域同中方扩大合作。

同日，国务院总理李克强在北京同来华访问的巴布亚新几内亚总理奥尼尔举行会谈。李克强表示，中方愿在经贸投资、能源资源、基础设施、工业产能等重点领域创造更多合作机遇。奥尼尔表示，巴新愿同中方扩大双边贸易和投资，推进天然气、工业园、社区大学等重点项目合作。

同日，国家发改委副主任张勇在北京与巴新国家计划和监控部长马鲁签署《中华人民共和国政府与巴布亚新几内亚独立国政府关于共同推进丝绸之路经济带和21世纪海上丝绸之路建设的谅解备忘录》。

[6月28日　缅甸　投资]　国务委员兼外交部部长王毅在北京会见

缅甸国务资政府部部长觉丁瑞。王毅说，中方愿同缅方保持高层接触，扩大交流，深化合作，推进中缅经济走廊建设。觉丁瑞表示，缅方高度重视对华关系，愿同中方加强战略沟通，深化务实合作。

[6月29日 韩国 投资] 国务院总理李克强在北京会见来华参加首轮中韩企业家和前高官对话的韩方代表，并同他们座谈交流。韩国国会原议长丁世均以及SK株式会社、三星电子、现代汽车等韩国大企业负责人参加。李克强表示，中韩应当携手维护多边主义和自由贸易体制，拓展电子领域标志性大项目合作。

[6月29日 新加坡 "一带一路"] 国务院副总理韩正在北京会见新加坡副总理张志贤。韩正表示，要发挥好中新双边合作联合委员会等机制作用，深化重大合作项目，大力推进"一带一路"框架下的合作，加强互联互通、金融合作、三方合作，打造好"南向通道"。

[7月2日 朝鲜 综合] 全权负责朝鲜经济、贸易政策的对外经济省副相具本泰乘高丽航空抵达北京，开始对中国进行访问。

[7月3日 新西兰 农业] 农业农村部副部长屈冬玉在北京会见了新西兰驻华大使傅恩莱。屈冬玉建议双方在奶业、渔业、蔬菜、水果和产品加工等方面加强科技合作与交流。

[7月13日 韩国 贸易] 中国—韩国自由贸易协定第二阶段第二轮谈判在北京举行。双方就服务贸易和投资展开进一步磋商，谈判取得积极进展。

[7月17日 新加坡 贸易] 中国—新加坡自贸协定升级第七轮谈判在北京举行。双方就服务贸易、投资、原产地规则、贸易救济和经济合作等议题展开磋商，谈判取得积极进展。

[7月18日 马来西亚 综合] 国务院总理李克强在北京会见马来西亚总理特使、元老理事会牵头人达因。李克强表示，中方愿推进产业园、临海工业区、交通基础设施等大项目合作。

同日，国务委员兼外交部部长王毅在北京会见马来西亚总理特使、元老理事会牵头人达因。双方表示愿深化"一带一路"合作。

[7月24日　日本　综合]　国务院总理李克强在北京会见日本众议长大岛理森。李克强表示，中日应当共同维护多边主义、以规则为基础的国际秩序和自由贸易体制。

[7月26日　日本　综合]　国家发改委副主任宁吉喆率团访问日本，先后与日本经济产业省举行了第32次高级事务级定期会晤、与日本内阁府举行了第21次高级事务级定期会晤。中日双方讨论了中日服务业、节能环保、能源等领域合作。

[7月30日　老挝　援助]　为帮助老挝政府救助南部地区突发溃坝事故中的灾民，中国政府宣布紧急向老挝提供一批包括帐篷、冲锋舟、净水器等老方急需的人道主义援助物资。物资交接仪式在机场停机坪举行，中国驻老挝大使王文天与老挝劳动社会福利部副部长拜坎出席并签署交接证书。老挝外交部办公厅主任普赛、老中合作委员会副主席维吉、肯通等出席交接仪式。

[7月31日　马来西亚　"一带一路"]　国务委员兼外交部部长王毅在吉隆坡同马来西亚外长赛夫丁举行会谈。王毅说，中方相信中马携手共建"一带一路"将为两国合作开辟更广阔的前景。赛夫丁表示，马方将积极支持并参与共建"一带一路"。

[7月31日　日本　农业]　中日农业合作工作组第三次会议在北京召开。中日就农业可持续发展、植物保护、全球重要农业文化遗产等领域深入交换意见，共同签署了《中日农业合作工作组第三次会议纪要》，一致同意重点加强在动物卫生、环境与气候变化、跨境病虫害防控等领域的农业交流与合作。

[8月1日　马来西亚　"一带一路"]　马来西亚总理马哈蒂尔在总理府会见赴新加坡出席东亚合作系列外长会的国务委员兼外交部部长王

毅。马哈蒂尔表示，马方将积极支持并参与"一带一路"建设。同日，王毅应约会见马来西亚执政联盟之一的民主行动党秘书长、财长林冠英以及民主行动党主席陈国伟、马来西亚国防部副部长刘镇东。

[8月1日　新加坡　贸易]　国务委员兼外交部部长王毅在新加坡出席东亚合作系列外长会前夕会见新加坡外长维文。双方都表示要反对单边主义，坚持多边主义。

[8月1日　老挝　"一带一路"]　国务委员兼外交部部长王毅在新加坡出席东亚合作系列外长会前夕同老挝外长沙伦赛举行双边会见。王毅表示，我们愿同老方稳步推进中老经济走廊和中老铁路等"一带一路"重点项目建设。

[8月1日　柬埔寨　"一带一路"]　国务委员兼外交部部长王毅在新加坡出席东亚合作系列外长会前同柬埔寨外长布拉索昆举行双边会见。王毅说，中柬双方应继续推进"一带一路"建设，加强农产品、教育、文化等领域合作。布拉索昆表示，柬方愿与中方共同维护多边主义和国际规则。

[8月2—3日　新加坡　"一带一路"]　8月2日，新加坡总统哈莉玛在总统府会见国务委员兼外交部部长王毅。哈莉玛表示，希望双方加快双边自贸协定升级谈判。王毅表示，中方相信中新共建"一带一路"将为中新关系开辟新的前景。

次日，新加坡总理李显龙在总理府会见国务委员兼外交部部长王毅。王毅说，中方愿与新方在共建"一带一路"进程中持续深化重大项目和重大领域合作。李显龙表示，新方支持"一带一路"建设。

[8月2日　日本　综合]　国务委员兼外交部部长王毅在新加坡出席东亚合作系列外长会议期间同日本外相河野太郎举行双边会见。王毅表示，中方愿同日方加强在高技术和创新、第三方市场等领域务实合作。河野表示，日方愿同中方推进在创新和第三方市场合作等领域合作。

[8月3日　印度尼西亚　综合]　国务委员兼外交部部长王毅在新加坡出席东亚合作系列外长会期间会见印度尼西亚外长蕾特诺。王毅表示，双方应稳步推进雅万高铁和"区域综合经济走廊"等大项目合作。蕾特诺表示，愿与中方一道为推进东盟—中国合作作出积极努力。

[8月4日　文莱　"一带一路"]　国务委员兼外交部部长王毅在新加坡出席东亚合作系列外长会期间会见文莱外交与贸易部第二部长艾瑞万。王毅表示，中方愿同文方就"一带一路"倡议和文莱"2035宏愿"进行对接。

[8月4日　澳大利亚　综合]　国务委员兼外交部部长王毅在新加坡出席东亚合作系列外长会期间应约会见澳大利亚外长毕晓普。毕晓普表示，澳方反对保护主义，主张维护WTO规则，愿同中方加强合作，推进"区域全面经济伙伴关系协定"谈判和区域经济一体化进程。

[8月4日　泰国　综合]　国务委员兼外交部部长王毅在新加坡出席东亚合作系列外长会期间会见泰国外长敦。王毅表示，中方愿同泰方在共建"一带一路"进程中推进中泰铁路建设和泰国东部经济走廊建设等重大项目合作。敦表示，泰方希望继续推进泰中铁路建设等"一带一路"合作。

[8月13—15日　马来西亚　"一带一路"]　国家发改委副主任宁吉喆率团访问马来西亚，与马元老理事会牵头人达因就中马合作项目有关问题进行了会谈磋商，会见马交通部部长陆兆福并就进一步加强两国交通基础设施领域合作进行了探讨。

[8月19日　印度尼西亚　贸易]　印度尼西亚总统佐科在雅加达会见了应邀出席第18届亚运会开幕式的习近平主席特使、国务院副总理孙春兰。孙春兰转达了习近平主席的口信。习近平表示双方应进一步密切合作，旗帜鲜明地维护全球自由贸易体制。

[8月20日　马来西亚　综合]　国家主席习近平在北京会见来华访

问的马来西亚总理马哈蒂尔。习近平强调,双方要探讨在"一带一路"沿线国家开展第三方合作。马哈蒂尔表示,马方支持并愿积极参与共建"一带一路"。

同日,国务院总理李克强在人民大会堂同来华进行正式访问的马来西亚总理马哈蒂尔举行会谈。李克强指出,中方愿加强经贸投资、农渔业、交通基础设施建设等领域合作。中方愿同马方拓展科技创新、汽车、金融、电子商务等领域新的合作。马哈蒂尔表示,希望双方扩大双向旅游、创新、研发等合作。

同日,中国人民银行与马来西亚国家银行在北京续签了中马(来西亚)双边本币互换协议,规模保持为1800亿元人民币/1100亿马来西亚林吉特。协议有效期三年,经双方同意可以展期。

[8月22日 菲律宾 "一带一路"] 国务委员兼外交部部长王毅在北京会见由菲律宾财政部部长多明计斯率领的菲律宾政府代表团。王毅表示,希望菲方更加积极参与共建"一带一路"。多明计斯表示,菲方将继续积极参与"一带一路"。菲方代表团成员包括菲律宾外交部部长卡耶塔诺及公共工程与公路部部长维拉、交通与通信部部长杜伽德、预算与管理部部长乔克诺、经济发展署署长佩尼亚、基地转化发展署主席迪松等菲内阁经济管理团队重要成员。

[8月22日 老挝 综合] 国务院副总理韩正在重庆会见出席首届中国国际智能产业博览会的老挝副总理宋迪。韩正表示,愿同老方加强合作。宋迪感谢中方在老挝南部水电站发生溃坝后给予的宝贵援助,表示老方愿同中方加深合作。

[8月22日 新加坡 综合] 国务院副总理韩正在重庆会见出席首届中国国际智能产业博览会的新加坡荣誉国务资政吴作栋。韩正表示,中方愿同新方一道,办好新一轮双边合作机制会议,共同维护以规则为基础的多边贸易体制。吴作栋表示,新方反对单边主义和保护主义。

[8月22—23日　蒙古国　综合]　国务院副总理韩正在重庆会见出席首届中国国际智能产业博览会的蒙古国副总理恩赫图布辛。恩赫图布辛表示，愿对接好"发展之路"和"一带一路"倡议。

23日，蒙古国总统巴特图勒嘎在乌兰巴托国家宫会见国务委员兼外交部部长王毅。巴特图勒嘎表示，蒙古国愿同中方进一步加强农业、畜牧业、经贸、旅游、基础设施建设等领域合作。王毅表示，希望中蒙双方加快商签自贸协定进程。同日，王毅还会见了蒙古国国家大呼拉尔主席恩赫包勒德，并同蒙古国外长朝格特巴特尔举行会谈，会谈后王毅和朝格特巴特尔共同会见记者时对外宣布，中蒙将于9月正式启动自由贸易协定联合可行性研究。

[8月23日　菲律宾　综合]　国务院副总理胡春华在北京会见了菲律宾财政部部长多明格斯一行。

[8月23日　日本　科技]　中日政府间科技合作联合委员会第16次会议在日本东京召开，以中国科技部王志刚部长为团长的中方代表团和以日本文部科学省林芳正大臣和日本外务省科技协力大使中根猛为共同团长的日方代表团出席了会议。会前王志刚与林芳正举行了小范围会谈。两国部长会议期间共同签署了《中华人民共和国科学技术部与日本国文部科学省关于共建联合科研平台合作的谅解备忘录》。

[8月24—26日　泰国　综合]　国务委员王勇在曼谷与泰国副总理颂奇共同主持召开中泰经贸联合委员会第六次会议。颂奇表示，泰方愿加强"东部经济走廊"与"一带一路"建设衔接。双方围绕加强贸易投资、互联互通、农业、科技、航天、旅游、金融等领域合作开展交流探讨。会后，双方签署会议纪要及多份合作文件。同日，泰国总理巴育在曼谷会见赴泰主持中泰经贸联合委员会第六次会议的王勇。王勇表示，中方愿同泰方一道加强"一带一路"倡议同泰国"东部经济走廊"等发展战略对接。巴育表示，泰方愿同中方加强投资、教育、科技、基础设施、电子商务等

领域合作。

25日，在中泰经贸联合委员会第六次会议期间，中国商务部与泰国商业部在曼谷共同签署谅解备忘录，正式建立中泰贸易畅通工作组机制。同日，国家发改委副主任宁吉喆与泰国交通部阿空·登披塔亚派什部长在北京共同主持召开中泰铁路合作联合委员会第25次会议。双方达成多项共识并签署了会议纪要。

26日，国家发改委副主任张勇和泰国商业部副部长初迪马在泰国曼谷共同主持第五次中泰农产品贸易合作联合指导委员会。双方就中泰农产品贸易与合作交换了意见。

[8月26日 老挝 "一带一路"] 国家副主席王岐山在北京会见老挝外长沙伦赛。王岐山表示，中方愿同老方做好发展战略对接，深化务实合作，落实共建"一带一路"等合作文件，不断促进澜湄次区域合作。

[8月29—31日 日本 综合] 国务委员兼外交部部长王毅在北京会见来访的日本外务事务次官秋叶刚男。王毅表示，中方愿与日方拓展创新、第三方市场等领域务实合作，推进东亚经济共同体建设和区域一体化进程。

30日，国务院副总理韩正在北京会见来华出席第七次中日财长对话的日本副首相兼财务大臣麻生太郎。韩正表示，希望双方积极拓展和深化经济财金领域互利合作，促进贸易和投资自由化、便利化。麻生太郎表示，日方愿推动两国经贸发展。同日，国务院副总理刘鹤在京会见来华出席第七次中日财长对话的日本副首相兼财务大臣麻生太郎。刘鹤表示，双方应共同维护自由贸易规则和多边贸易体制。同日，中日农业副部级对话第八次会议在日本东京举行。农业农村部副部长屈冬玉与日本农林水产省事务次官末松广行分别率团出席会议。双方签署了《中华人民共和国农业农村部与日本国农林水产省关于建立副部级定期对话的备忘录》。

31日，第七次中日财长对话在北京举行，财政部部长刘昆和日本副首相兼财务大臣麻生太郎共同主持对话，两国财政部、央行及金融监管部门高级官员出席。

[9月2日　新西兰　金融]　财政部副部长邹加怡在北京会见新西兰驻华大使傅恩莱，双方就中新财金关系交换意见。

[9月9日　缅甸　综合]　国家发改委主任何立峰和缅甸计划与财政部部长吴梭温在北京签署了《中华人民共和国政府与缅甸联邦共和国政府关于共建中缅经济走廊的谅解备忘录》。双方就推动中缅经济走廊建设进行了交流。

[9月10日　澳大利亚　农业]　农业农村部副部长屈冬玉在北京会见了澳大利亚塔斯马尼亚州州长威尔·霍吉曼，双方就加强可持续农业合作与发展交换了意见。

[9月10—13日　新西兰　自贸区]　中国—新西兰自由贸易协定第五轮升级谈判在北京举行。双方围绕技术性贸易壁垒、原产地规则、服务贸易、电子商务、环境、政府采购等议题展开深入磋商，并结束了政府采购章节，推动谈判取得积极进展。中新自贸协定升级谈判于2016年11月正式启动。

[9月11日　缅甸　综合]　国家发改委副主任宁吉喆和缅甸计划与财政部部长吴梭温在北京共同主持召开中缅经济走廊联合委员会第一次会议。双方同意成立发展规划、产能与投资、交通、能源、农业、边境经济合作区、数字丝绸之路、生态环境、旅游、金融、信息，以及地方合作等12个重点合作领域专项工作组。13日，宁吉喆与吴梭温共同出席在广西南宁举办的中缅经济走廊论坛。

[9月11日　新加坡　"一带一路"]　国务院副总理胡春华在河内会见新加坡总理李显龙。双方均表示，应推进共建"一带一路"，共同打造好"南向通道"，推动区域全面经济伙伴关系协定谈判进程。

[9月11—12日　越南　"一带一路"]　国务院副总理胡春华在河

内会见越南总理阮春福。胡春华表示，双方应扩大自越水果等优势农产品进口，加强科技等领域投资合作。阮春福表示，越方支持并愿积极参与共建"一带一路"。国务院副总理胡春华在河内分别会见越共中央总书记阮富仲、总理阮春福。双方均表示，要积极深化基础设施、经贸、投资、贸易等领域务实合作，加强科技、人文、地方间交流尤其是青年之间的往来。

[9月12日　日本　贸易]　国务院总理李克强在北京会见日本经济团体联合会会长中西宏明、日中经济协会会长宗冈正二、日本商工会议所会长三村明夫率领的日本经济界代表团并同他们座谈。李克强向日方代表指出，中日双方可加强创新和高技术领域合作；挖掘第三方市场合作潜力；积极推进中日韩自贸区和"区域全面经济伙伴关系协定"谈判进程。

[9月16日　越南　综合]　中国—越南双边合作指导委员会第十一次会议在胡志明市举行，国务委员兼外交部部长王毅和越南副总理兼外长范平明共同主持。王毅提出四点建议，包括坚持互利共赢的合作布局，尽快推进基础设施合作、跨境经济合作区建设和产能合作，探讨合作的新思路、新方式，推动互利合作可持续发展。

[9月17日　蒙古国　"一带一路"]　国务院副总理胡春华在北京会见了蒙古国副总理恩赫图布辛一行。双方就"一带一路"合作、加强中蒙经贸合作等问题交换了意见。

[9月18日　萨摩亚　"一带一路"]　国家主席习近平在北京会见来华出席夏季达沃斯论坛的萨摩亚总理图伊拉埃帕。习近平指出，中方愿同萨方和国际社会一道，积极推进全球应对气候变化进程。图伊拉埃帕表示，萨方愿在"一带一路"倡议框架内拓展两国在经贸、投资、旅游等领域合作。

[9月17日　蒙古国　综合]　商务部部长钟山与蒙古国副总理恩赫图布辛在北京共同主持召开中蒙经贸联合委员会第15次会议。恩赫图布

辛表示，希望双方加强在能源矿产、基础设施、农牧业、金融、口岸和过境运输等领域合作，扩大蒙矿产品、农牧产品对华出口，推动有关重大项目尽快落地实施；与中方共同努力，力争2020年实现双边贸易额100亿美元的目标。会后，钟山部长与恩赫图布辛副总理签署了中蒙经贸联合委员会第15次会议纪要。

［9月19—21日　新加坡　"一带一路"］　国务院副总理韩正应邀访问新加坡，分别会见新加坡总统哈莉玛、总理李显龙、副总理张志贤、副总理尚达曼，并同张志贤共同主持中新双边合作联合委员会第十四次会议、苏州工业园区联合协调理事会第十九次会议、天津生态城联合协调理事会第十次会议和中新（重庆）战略性互联互通示范项目联合协调理事会第二次会议。

［9月24日　澳大利亚　综合］　国务委员兼外长王毅在纽约出席联合国大会期间应约会见澳大利亚外长佩恩。王毅表示，中方愿与澳方根据南太岛国的需要开展三方合作。佩恩表示愿加强同中方沟通合作，妥善管控分歧。

［9月25日　日本　贸易］　中日第三方市场合作工作机制第一次会议在北京举行，会议主题为"中日第三方市场合作的现状及展望"。商务部副部长钱克明、国家发改委副秘书长苏伟和日本首相辅佐官和泉洋人出席会议。双方确认将共同努力于年内在华办好第一届中日第三方市场合作论坛。

［9月25日　新西兰　金融］　财政部副部长邹加怡在北京会见了新西兰财政部副部长加百利·马克卢夫一行。双方就中新财金合作、"一带一路"框架下合作、全球和区域经济形势等交换了意见。

［9月27日　日本　综合］　国务委员兼外长王毅在纽约出席联合国大会期间应约会见日本外相河野太郎。王毅表示，中方愿同日方拓展经贸、金融、创新等领域互利合作，维护多边进程、国际贸易体制、国际法

和国际规则。

[10月10日　日本　综合]　国务院总理李克强在北京会见参加第四轮中日企业家和前高官对话会的日方代表并座谈,日本前首相福田康夫、日本经济团体联合会会长中西宏明等代表出席。双方希望拓展在贸易投资、财政金融、创新和高技术等领域合作,共同开拓第三方市场。

同日,国务委员兼外交部部长王毅也在北京会见福田康夫及日方经济界代表。

[10月11日　泰国　水资源]　中国驻泰国大使吕健和泰国自然资源和环境部次长维占在曼谷签署《中泰澜湄合作专项基金水资源项目合作协议》。根据协议,中方将资助泰方开展应对气候变化和水电开发项目合作机制研究。

[10月18日　新加坡　综合]　国务院副总理刘鹤在京会见来华出席活动的新加坡副总理尚达曼。尚达曼表示,新加坡愿与中国加强在基础设施、金融等领域合作,促进两国和地区经济繁荣。

[10月18日　越南　综合]　国务院总理李克强在布鲁塞尔出席亚欧首脑会议期间会见越南总理阮春福。李克强指出,双方应推进双边贸易平衡可持续发展。阮春福表示,越方欢迎中国企业赴越建设工业区,加大双方产能、绿色能源、交通运输、农业、旅游合作,共同维护海上和平稳定。

[10月18日　柬埔寨　综合]　国务院总理李克强在布鲁塞尔会见柬埔寨首相洪森。李克强指出,中柬应扩大双边贸易规模;中方愿继续进口柬优势农产品,鼓励有实力的中国企业赴柬投资兴业。洪森表示,柬方愿继续同中方加强在国际地区事务中的协作。扩大经贸、农业等务实合作。

[10月18日　新加坡　科技]　科技部部长王志刚在北京会见了新加坡财政部部长兼国家研究基金会主席王瑞杰。双方就中新科技合作、中

国—东盟科技创新合作等共同关心的话题深入交换了意见并达成多项共识。

[10月24日　印度尼西亚　"一带一路"]　国务委员兼外长王毅在北京会见印尼总统特使、海洋统筹部部长卢胡特。双方均表示，愿以签署共建"一带一路"和"全球海洋支点"合作协议以及建立"区域综合经济走廊"联合委员会为契机，加强投资、产业、基础设施、渔业、人力资源等领域合作。

[10月24日　马来西亚　综合]　国务委员兼外长王毅在北京会见马来西亚前副总理安瓦尔。双方指出，中马要进一步推进科技、创新、投资、文化等新领域务实合作。

[10月24日　印度尼西亚　综合]　中国人民银行行长易纲在北京会见了来访的印度尼西亚海洋统筹部部长卢胡特，双方就双边合作等议题交换了意见。

[10月25日　新加坡　投资]　国家发改委副主任宁吉喆与新加坡贸易及工业部部长陈振声在新加坡共同出席第一届中国—新加坡"一带一路"投资合作论坛。双方围绕"'一带一路'框架下中新第三方市场合作发展机遇"和"健全完善项目融资和业务保障体系"等主题进行了研讨。

[10月25日　日本　金融]　财政部副部长邹加怡在北京会见了日本副财长浅川雅嗣一行，双方就中日财长对话、中日在二十国集团、东盟与中日韩等多边框架下的财金合作等议题深入交换了意见。

[10月26日　日本　"一带一路"]　国家主席习近平在北京会见来华进行正式访问的日本首相安倍晋三。习近平强调，双方要推动区域经济一体化，维护多边主义，坚持自由贸易，推动建设开放型世界经济。安倍晋三表示，"一带一路"是有潜力的构想，日方愿同中方共同开拓第三方市场。

同日，国务委员兼外长王毅在北京应约会见陪同安倍晋三首相访华的日本外相河野太郎。

[10月26日　日本　经济合作]　第一届中日第三方市场合作论坛在北京成功举办，国务院总理李克强、日本首相安倍晋三共同出席论坛并致辞。发展改革委主任何立峰、商务部部长钟山及日本经济产业大臣世耕弘成陪同出席并致辞。双方围绕交通物流、能源环保、产业升级和金融支持、地区开发等四个主题进行了交流。双方签署了《关于建立中日创新合作机制的备忘录》，同意建立跨部门的"中日创新合作机制"。中日双方企业签署50多个第三方市场合作文件。

同日，工业和信息化部部长苗圩与世耕宏成在北京签署了《中华人民共和国工业和信息化部与日本经济产业省关于设立中日产业部长对话的备忘录》。

[10月26日　日本　货币]　中国人民银行与日本银行签署中日双边本币互换协议，协议规模为2000亿元人民币/34000亿日元，协议有效期三年，经双方同意可以展期。

同日，中国人民银行与日本银行签署在日本建立人民币清算安排的合作备忘录，中国人民银行决定授权中国银行东京分行担任日本人民币业务清算行。

[10月29日　新加坡　综合]　国家发改委副主任宁吉喆在北京会见了新加坡常秘访华团。双方就推动高质量发展、国企改革、中小企业发展、区域协调发展、人口老龄化等问题进行了交流。

[10月29日　菲律宾　综合]　菲律宾总统杜特尔特在达沃南部总统府会见国务委员兼外交部部长王毅。杜特尔特表示，菲方愿与中方积极开展能源和基础设施的合作，希望中方能为棉兰老岛等地区的发展提供支持和帮助。

同日，王毅在达沃会见菲律宾财政部部长多明计斯及菲内阁经济管理团队主要成员。

[10月30日 斐济 "一带一路"] 国务委员兼外交部部长王毅在苏瓦分别会见斐济总统孔罗特和总理兼外长姆拜尼马拉马。斐方表示将积极参与共建"一带一路"合作。王毅表示，中斐应尽早启动自贸协定谈判。

[10月31日 巴布亚新几内亚 "一带一路"] 巴布亚新几内亚总理奥尼尔在莫尔斯比港会见国务委员兼外交部部长王毅。奥尼尔表示，巴新坚定支持"一带一路"倡议，希望与中方加强在联合国、气候变化等多边事务中的协调与合作。王毅表示，中方愿与巴新扩大贸易、投资、产能、教育等领域合作。同日，王毅还与巴布亚新几内亚外长帕托举行会谈。

[11月4日 越南 贸易] 国家主席习近平在上海会见来华出席首届中国国际进口博览会的越南总理阮春福。习近平强调，中越要及早确定优先合作领域，中方愿鼓励更多中企赴越投资，扩大从越方进口。

[11月4日 老挝 综合] 国家主席习近平在上海会见来华出席首届中国国际进口博览会的老挝总理通伦。习近平强调，中老要继续推进中老经济走廊建设，确保中老铁路建设顺利推进，携手推进澜沧江—湄公河合作。

[11月5—7日 新加坡 综合] 国家副主席王岐山应邀访问新加坡，分别会见哈莉玛总统和李显龙总理。会见哈莉玛时，王岐山表示，中国愿与新方不断深化在"一带一路"建设等各领域合作。会见李显龙时，双方均表示，要推动中新更高水平的开放，共同维护多边主义。

[11月6日 泰国 "一带一路"] 国务院副总理韩正在北京会见泰国副总理颂奇。韩正表示，希望中泰双方加快"一带一路"重点项目建设。颂奇表示，愿与中方促进自由贸易，欢迎中方参与泰国"东部经济走廊"建设。

7日，国务委员王勇在北京会见泰国副总理颂奇一行，双方表示要加强经贸合作。

[11月8日　越南　货币]　中国人民银行副行长陈雨露和越南国家银行副行长阮氏红共同主持了在北京召开的中越金融与货币合作工作组第四次会议。双方主要就中越两国近期宏观经济形势和货币政策、促进本币结算等议题进行了深入交流。

[11月8日　澳大利亚　综合]　国务委员兼外交部部长王毅在北京同澳大利亚外长佩恩举行第五轮中澳外交与战略对话。双方表示，愿推进双方"一带一路"合作，及两国经贸、农业、能源、科技等具体领域的务实合作。

[11月12—14日　新加坡　综合]　国务院总理李克强在新加坡同新加坡总理李显龙举行会谈。李克强表示，愿同新方加强金融、科技、企业等人才培训，提升双向贸易投资水平。李显龙表示，新方愿同中方推进智慧城市合作，积极探讨电子商务合作；推进双方贸易、物流双向流通。同日，财政部部长刘昆与新加坡财政部部长王瑞杰签署并交换信函，新加坡正式宣布核准《"一带一路"融资指导原则》；商务部国际贸易谈判代表兼副部长傅自应与新加坡贸易与工业部部长陈振声在新加坡签署《自由贸易协定升级议定书》。

14日，李克强在新加坡会见新加坡总统哈莉玛。李克强此访期间，双方签署了自贸协定升级、互联互通、金融、科技、环境、文化、海关等领域十余项合作协议。

[11月14日　澳大利亚　综合]　国务院总理李克强在新加坡出席东亚合作领导人系列会议期间，同澳大利亚总理莫里森举行第六轮中澳总理年度会晤。莫里森表示，愿同中方进一步加强在经贸、创新、矿业、旅游、能源等领域合作。

[11月15日　韩国　经济合作]　商务部国际贸易经济合作研究院与韩国对外经济政策研究院共同在北京举办中韩发展战略对接和"一带一

路"合作1.5轨研讨会，两国学术界、经济界人士围绕中韩开展发展战略对接及"一带一路"合作进行了深入探讨。商务部亚洲司和韩国外交部双边经济外交局有关负责人与会。

［11月15日　缅甸　综合］　国务院总理李克强在新加坡会见缅甸国务资政昂山素季。双方指出，愿在经贸、人力资源、教育等领域开展合作。

［11月16日　巴布亚新几内亚　综合］　国家主席习近平在莫尔斯比港同巴布亚新几内亚总理奥尼尔会谈。双方均指出，要在"一带一路"框架内加强发展战略对接，争取尽早就启动双边自由贸易协定谈判达成一致，积极推进产能、经贸、投资、融资等领域互利合作。会谈后，两国领导人共同见证了多项双边合作文件签署。

［11月16日　新加坡　财政］　财政部副部长程丽华在北京会见了新加坡税务局局长伍伟聪，双方就中新税制改革、国际税收合作和数字经济税收问题等议题进行了交流。

［11月17日　韩国　综合］　国家主席习近平在莫尔斯比港会见韩国总统文在寅。习近平指出，双方要重点推进共建"一带一路"，加快两国自由贸易协定第二阶段谈判；要加强在亚太经合组织、二十国集团、中日韩等多边框架内协调和合作。

［11月17日　印度尼西亚　综合］　国家主席习近平在莫尔斯比港会见印度尼西亚总统佐科。习近平指出，中方愿同印度尼西亚方早日启动实质性合作，愿扩大自印度尼西亚进口产品，要加强金融、电子商务等领域交流合作，同印度尼西亚加强在亚太经合组织等多边框架内的沟通和协调。

［11月19日　文莱　综合］　习近平主席同文莱苏丹哈桑纳尔举行会谈。习近平强调，中方欢迎文莱企业扩大对华出口，愿同文方加强基础设施建设、农业、渔业、能源等领域合作，分享数字经济、电子商务等新

兴领域发展经验。会谈后，两国元首见证了共建"一带一路"合作规划等双边合作文件的签署，发表了《中华人民共和国和文莱达鲁萨兰国联合声明》。

[11月19日　印度尼西亚　货币]　中国人民银行与印度尼西亚银行续签了双边本币互换协议，旨在便利两国贸易和投资，维护金融市场稳定。协议规模为2000亿元人民币/440万亿印度尼西亚卢比，协议有效期三年，经双方同意可以展期。

[11月19日　韩国　综合]　赴韩国出席博鳌亚洲论坛首尔会议的国务委员王勇在首尔会见韩国总理李洛渊。王勇表示，要落实"一带一路"对接合作。李洛渊表示愿与中方共同努力，建设更开放、更自由的世界经济。在韩期间，王勇还出席了博鳌亚洲论坛首尔会议开幕式并发表主旨演讲。

[11月20日　菲律宾　综合]　国家主席习近平在马尼拉同菲律宾总统杜特尔特举行会谈。习近平强调，双方要深化"一带一路"倡议同菲律宾发展战略对接，加强基础设施建设、电信、农业等领域合作。杜特尔特表示，菲方愿加强双方在贸易、投资、农业、基础设施建设、能源等领域合作。会谈后，两国元首共同见证了《中华人民共和国政府与菲律宾共和国政府关于共同推进"一带一路"建设的谅解备忘录》《中华人民共和国政府与菲律宾共和国政府关于油气开发合作的谅解备忘录》等多项双边合作文件的签署。

[11月21—23日　泰国　基础设施建设]　国家发改委副主任宁吉喆和泰国交通部阿空部长在泰国曼谷共同主持召开中泰铁路合作联合委员会第26次会议，双方就加快推动中泰铁路合作进行了深入磋商，达成多项共识。

[11月25日　日本　环境]　商务部副部长钱克明在北京出席第十二届中日节能环保综合论坛并致辞。钱克明表示，双方应推动中日绿色发

展战略对接,以创新引领中日经贸合作高质量发展,开展中日第三方市场绿色合作,加大绿色金融支持力度,助力更多务实合作项目落地。

[11月27日　韩国　综合]　国务院总理李克强在北京会见出席第二届中韩省长知事会议的双方代表。双方表示要加强贸易投资合作。中韩两国17位省区市负责人和知事参加会见。

[11月27日　缅甸　综合]　国家发改委副主任宁吉喆赴缅拜会缅甸国务资政昂山素季,与缅甸计划与财政部吴梭温部长以及缅外交部、交通与通信部等部门和单位负责人举行了工作会议,就对接两国经济发展规划、务实推动走廊建设、开展仰光产业新城等重点项目合作、加快形成早期收获等双方关心的议题进行了深入交流,达成了广泛共识。

[11月27日　越南　金融]　财政部部长刘昆在北京会见了越南财政部部长丁进勇一行,双方就两国宏观经济形势和双边财金合作等交换了意见。

[11月28—30日　新西兰　自贸区]　中国—新西兰自由贸易协定第六轮升级谈判在北京举行。双方围绕原产地规则、技术性贸易壁垒、海关程序与贸易便利化、服务贸易、电子商务、环境等议题展开深入磋商,并实质性结束原产地规则章节,推动谈判取得积极进展。

[11月30日　日本　综合]　国家主席习近平在布宜诺斯艾利斯会见日本首相安倍晋三。习近平强调,中日要争取早日谈成区域全面经济伙伴关系和中日韩自由贸易协定。安倍晋三表示,愿同中方深化经贸、投资合作,拓展第三方市场合作,日方愿积极推进区域全面经济伙伴关系协定谈判,加快推进日中韩自贸协定谈判。

[12月10日　韩国　科技]　第四次中韩信息通信合作部级战略对话在韩国首尔召开,工业和信息化部副部长陈肇雄与韩国科学技术信息通信部副部长闵元基共同出席会议并致辞。中韩双方就5G、大数据、人工智能、车联网、网络安全、工业互联网等议题进行了交流研讨,确定了下

一步合作重点。

[12月16日　老挝　综合]　老挝国家主席本扬、总理通伦分别在万象会见赴老挝出席澜沧江—湄公河合作第四次外长会的国务委员兼外长王毅。王毅表示，希望双方尽快就中老经济走廊合作规划达成一致，中方愿继续落实好有关援助项目。老方表示高度重视中老铁路建设，欢迎更多中国企业到老投资兴业。此外，王毅还会见老挝外长沙伦赛。

（二）北美

[1月8日　美国　贸易]　国务院副总理汪洋在北京会见美国全国商会代表团。汪洋表示，希望美国全国商会为中美经济合作长期稳定发展作出新的贡献。

[1月9日　美国　贸易]　中国人民银行副行长易纲在北京会见美国全国商会代表团，双方就当前两国经济形势、双边经贸关系等议题交换意见。

[1月23日　加拿大　科技]　科技部部长万钢在北京会见加拿大魁北克省省长菲利普·库亚尔一行。万钢指出，双方应继续推动在新能源汽车、量子科技、生命健康等领域的研发和产业化合作。会前，双方签署了《中华人民共和国科学技术部与魁北克省政府关于科学技术领域合作的联合声明》。

[1月24日　加拿大　贸易]　时任中央财经领导小组办公室主任的刘鹤在达沃斯会见加拿大财政部部长莫诺。刘鹤表示，双方在维护多边贸易体系等方面拥有共同利益，应抓紧落实两国领导人达成的共识。莫诺表示，加方支持自由贸易政策，愿继续开展中加经济财金战略对话，推动两国贸易合作发展。

[1月24日　美国　科技]　工业和信息化部副部长刘利华在北京会

见美国通用电气公司高级副总裁亚历克斯·迪米特里夫,就通用电气在华合作、工业互联网发展及"中国制造2025"相关议题交换意见。

[2月1日 美国 金融] 财政部部长肖捷在美国华盛顿会见美国财长姆努钦,双方就中美经济关系等问题交换意见。中国驻美大使崔天凯、财政部副部长史耀斌陪同会见。

[2月6日 美国 贸易] 中国向世界贸易组织提交的申诉称,美国对太阳能面板和洗衣机实施的新关税不符合国际规则,寻求获得美国的补偿。

[2月8—9日 美国 贸易] 时任国务委员的杨洁篪在美国国务院同美国国务卿蒂勒森举行会谈。杨洁篪指出,双方要妥善处理经贸问题。蒂勒森赞同美中双方应该共同研究,探讨有效解决两国经贸问题的办法。双方商定将于年内尽早举行第二轮全面经济对话等。

9日,美国总统特朗普在华盛顿会见杨洁篪。杨洁篪还在白宫会见美国总统国家安全事务助理麦克马斯特和总统高级顾问库什纳,双方就加强中美在重要双边领域和国际地区问题上的合作交换了意见。

[2月27日—3月3日 美国 贸易] 时任中央财经领导小组办公室主任、中美全面经济对话中方牵头人刘鹤应邀访美。期间,刘鹤同美国财政部长姆努钦、白宫国家经济委员会主任科恩、贸易代表莱特希泽就中美经贸合作及其他重要问题举行了磋商。刘鹤在磋商中阐述了中方在贸易平衡、市场准入等问题上的原则立场。双方认为应采取合作而不是对抗的方式来处理两国经贸摩擦。

[3月19日 美国 贸易] 国家发改委副主任宁吉喆在北京会见了美中贸易全国委员会会长傅强恩,就中美经贸关系及中国扩大开放新举措等进行交流。

[3月20日 美国 贸易] 商务部表示,世贸组织于2016年裁定美国针对中国出口产品实施的13项反倾销措施违反世贸规则。美方虽然

表示执行的意向,但至今尚未采取有效的实际行动。中方敦促美方按照世贸裁决纠正滥用贸易救济的错误做法,保留在世贸规则项下采取进一步行动的权利。

[3月20日　美国　贸易]　国务院总理李克强在两会记者会上表示,希望双方保持理性,避免打贸易战,暗示不会将外储作为应对中美贸易战的工具。他建议美方抓住中国扩大开放的机会来削减美国对华赤字,希望美国放宽对华高技术、高附加值产品的出口,称中国会严格保护知识产权。

[3月21日　美国　贸易]　国家发改委副主任林念修在北京会见了美国通用电气集团全球副董事长、航空集团总裁戴维·乔伊斯,就深化通用电气在华合作进行了交流。

[3月21日　美国　贸易]　国家发改委主任何立峰在北京会见了美国前财长、保尔森基金会主席保尔森,就中美经贸关系、国家发改委与保尔森基金会合作情况等议题进行了交流。

[3月23日　美国　贸易]　商务部条约法律司负责人就美将我有关技术许可条件的措施诉诸世贸争端解决机制发表谈话。中方已经收到美方提出的磋商请求。中国政府一向高度重视知识产权保护,采取了众多强有力的措施保护国内外知识产权人的合法权益,取得的成绩有目共睹。

[3月24日　美国　贸易]　国务院副总理刘鹤与美国财政部长姆努钦通话。姆努钦向中方通报了美方公布"301"调查报告最新情况。刘鹤表示,美方公布"301"调查报告,违背国际贸易规则,不利于各方利益。中方有实力捍卫国家利益,希望双方保持理性。双方同意继续就此保持沟通。

[3月26日　美国　科技]　国家发改委副主任林念修在北京会见了美国波音公司国际事务总裁马爱仑,就舟山完工中心、航空工业合作等议题进行交流。

[4月2日　美国　能源]　国家能源局副局长李凡荣在北京与美国驻华代理公使柯有为举行会谈，双方回顾了两国能源合作项目成果，并签署关于中美能源合作项目天然气系列研讨会的《赠款协议》。

[4月3日　美国　贸易]　中国驻美大使崔天凯称，如果美方最终宣布"301"调查对华加征关税的产品清单，中方将坚决予以对等回击，回击措施将是同样的规模、同样的金额和同样的强度。崔天凯称，中国日前决定的对部分自美进口产品加征关税，是对美国"232"调查的回应。

[4月4日　美国　贸易]　中国政府针对美国关税措施发布最新回击计划。中国商务部表示，美方明显违反了世贸组织规则，严重侵犯中方合法权益，对此，将对原产于美国的大豆等农产品、汽车、化工品、飞机等进口商品对等采取加征关税措施，涉及2017年中国自美国进口金额约500亿美元。

[4月4日　美国　贸易]　中国商务部副部长王受文表示，如果美方坚持要打贸易战，中国奉陪到底，如果美方愿意谈，中国愿意在平等磋商、相互尊重的基础上进行磋商。中国财政部副部长朱光耀表达了类似态度。针对美国要求中国减少对美贸易顺差1000亿美元的要求，王受文表示，这是绝对不能接受的。

[4月4—5日　美国　反倾销]　中国就美国进口钢铁和铝产品"232"措施，在世贸组织争端解决机制项下向美方提出磋商请求，正式启动争端解决程序。

前日，中国就美国对华"301"调查项下征税建议在世贸组织争端解决机制下提起磋商请求，正式启动世贸组织争端解决程序。

[4月10日　美国　贸易、货币]　国家发改委副主任宁吉喆在北京会见了美国达拉斯联邦储备银行行长罗伯特·卡普兰，就当前全球和中美两国经济发展情况、美国货币政策、中美经贸关系等议题进行了交流。

[4月26日　美国　交通]　国务院总理李克强在北京会见来华访问

并出席中美交通论坛第九次会议的美国运输部长赵小兰,双方就自动驾驶等新技术进行交流。

[4月28日　美国　知识产权]　商务部条法司负责人对4月27日美国贸易代表办公室发布的关于知识产权保护的《特别301报告》作出回应,认为美国的报告罔顾客观事实,继续将中国列入"重点观察国家"名单。中方对此表示反对,并敦促美方认真履行中美双边承诺,尊重事实,客观、公正、善意地评价包括中国在内的外国政府在知识产权方面付出的努力和取得的成效。

[5月3—4日　美国　贸易]　国务院副总理刘鹤与美国总统特使、财政部长姆努钦率领的美方代表团就共同关心的中美经贸问题进行讨论。双方就扩大美对华出口、双边服务贸易、双向投资、保护知识产权、解决关税和非关税措施等问题充分交换了意见,在有些领域达成了一些共识。

[5月8日　美国　贸易]　国家主席习近平应约同美国总统特朗普通电话。习近平指出,双方团队可以保持沟通,争取找到妥善解决存在问题的办法。特朗普表示,美方愿同中方共同努力,加强各领域务实合作,妥善处理好经贸问题。

[5月8日　加拿大　科技]　科技部副部长、国家外国专家局局长张建国在北京会见了来访的加拿大阿尔伯塔省经济发展与贸易部部长毕德龙一行。张建国希望双方通过签署新的合作协议,面向发展需求,培育务实合作。

[5月15—19日　美国　贸易]　国务院副总理、中美全面经济对话中方牵头人刘鹤率领中方经贸代表团抵达华盛顿。此次中方代表团成员来自各主要经济部门,包括中国人民银行行长易纲、国家发展和改革委员会副主任宁吉喆、中央财经委员会办公室副主任廖岷、外交部副部长郑泽光、工业和信息化部副部长罗文、财政部副部长朱光耀、农业农村部副部长韩俊、商务部副部长兼国际贸易谈判副代表王受文等。

16日，刘鹤在华盛顿分别会见美国前国务卿基辛格、临时参议长、参议院财委会主席哈奇以及众议院筹款委员会主席布雷迪等议员。

17日，美国总统特朗普在白宫会见刘鹤，并表示，美中应重点在能源、制造业领域加强贸易投资合作，扩大农产品贸易和市场准入，加强知识产权保护合作。美国副总统彭斯、财政部部长姆努钦、商务部部长罗斯、贸易代表莱特希泽等美方官员参加了会见。

19日，中美两国就双边经贸磋商发表联合声明。

[5月21日　美国　贸易]　国务院副总理刘鹤在京会见了来华出席第四届中美省州长论坛的美国阿拉斯加州州长沃克、新墨西哥州副州长桑切斯等美方主要代表。刘鹤表示，希望双方从地方层面推动多领域务实合作。沃克、桑切斯等表示，美方愿进一步加强与中国地方在贸易投资、绿色发展、人文交流等领域的合作。

[5月22日　美国　贸易]　中国和美国就进口到两国的多种农产品的检疫问题展开谈判，这是两国贸易紧张关系缓和的一个迹象。根据海关网站公布的声明，双方官员讨论了关于一系列美国出口到中国的禽肉、大米、饲料添加剂等农产品以及中国出口到美国的烹煮禽肉产品、柑橘类水果和大枣的检疫问题。

[5月25日　美国　贸易]　国务院副总理、中美全面经济对话中方牵头人刘鹤应约与美国商务部部长罗斯通电话。双方确认将继续就中美经贸问题进行磋商。

[5月25日　美国　能源]　国家发改委主任何立峰在北京会见美国阿拉斯加州州长比尔·沃克一行，双方就进一步推动中国与阿拉斯加州能源合作进行了交流。

[6月2—3日　中美　贸易]　国务院副总理、中美全面经济对话中方牵头人刘鹤带领中方团队与美国商务部部长罗斯带领的美方团队在北京钓鱼台国宾馆就两国经贸问题进行了磋商。双方就落实两国在华盛顿的共

识，在农业、能源等多个领域进行了良好沟通。

[6月14日　美国　贸易]　国家主席习近平在北京会见来华访问的美国国务卿蓬佩奥。习近平指出，双方要加强高层交往及机制性对话，拓展各领域合作，扩大地方和人文交流，不断夯实两国关系基础。

同日，国务委员兼外交部部长王毅同美国国务卿蓬佩奥举行会谈。

[6月15日　美国　贸易]　中方依据《中华人民共和国对外贸易法》等法律法规和国际法基本原则，决定对原产于美国的大豆等农产品、汽车、水产品等进口商品对等采取加征关税措施，税率为25%，涉及2017年中国自美国进口金额约340亿美元。

[7月6日　美国　制裁]　中国在世贸组织就美国对华"301"调查项下正式实施的征税措施追加起诉。

[7月12日　美国　制裁]　针对美国贸易代表办公室7月10日发表的《关于301调查的声明》，中华人民共和国商务部声明，认为美方污蔑是歪曲事实、站不住脚的；中方将继续按照既定部署和节奏，坚定不移地推动改革开放，并与世界各国一道，坚定不移地维护自由贸易原则和多边贸易体制。

[7月16日　美国　制裁]　中国在世贸组织就美国"301"调查项下对我2000亿美元输美产品征税建议措施追加起诉。

[8月3日　加拿大　贸易]　国务委员兼外交部部长王毅在新加坡出席东亚合作系列外长会议期间会见加拿大外长弗里兰。王毅表示，中加都坚定支持多边主义，维护自由贸易，主张构建开放型世界经济。双方表示要共同反对贸易保护主义。

[8月3日　美国　贸易]　中国政府依据《中华人民共和国对外贸易法》等法律法规和国际法基本原则，对原产于美国的5207个税目约600亿美元商品，加征5%—25%不等的关税。

[8月8日　美国　贸易]　中国商务部表示，将对160亿美元美国

进口产品加征25%的关税。这与美国对中国加征的关税数额相当。

[8月8日 美国 贸易] 根据商务部2018年第55号公告和《国务院关税税则委员会关于对原产于美国约160亿美元进口商品加征关税的公告》(税委会公告〔2018〕7号),中国政府公布经调整的对美国输华商品加征关税商品清单二,自2018年8月23日12时01分起实施加征25%关税。

[8月14日 美国 贸易] 中国就美国对进口光伏产品加征30%关税向WTO提起诉讼。商务部表示,美方在对进口光伏产品违规采取保障措施的同时,还对本国制造的光伏等可再生能源产品给予额外补贴。中方选择诉诸世贸组织争端解决机制,是维护自身合法权益和多边贸易规则的必要措施。

[8月14日 美国 贸易] 中国商务部表示,中国就美国对进口太阳能产品征收关税的做法向世贸组织提出申诉,并称美国此举不但伤害了中国的利益,也挑战了WTO的贸易规则,向WTO的纠纷仲裁机制寻求协助是捍卫自身利益与多边贸易规则的必要之举。

[8月23日 美国 贸易] 中国在世贸组织起诉美国"301"调查项下对华160亿美元输美产品实施的征税措施。

[8月22—23日 美国 贸易] 应美方邀请,中国商务部副部长兼国际贸易谈判副代表王受文率中方代表团在华盛顿与美国财政部副部长马尔帕斯率领的美方代表团就双方关注的经贸问题进行了建设性、坦诚的交流。双方将就下一步安排保持接触。

[9月5—13日 美国 农业] 农业农村部副部长韩俊率团应邀访问了美国。访美期间,韩俊与美国农业部副部长麦金尼举行了会谈,就中美双边农业机制、科技合作、农产品贸易等议题进行了沟通。

[9月7日 美国 能源] 国务院总理李克强在北京会见美国埃克森美孚公司董事长兼首席执行官伍德伦。埃克森美孚公司此次同中方商谈

了100亿美元独资石化项目落户广东事宜。

同日，国家发改委主任何立峰在北京会见伍德伦一行，就埃克森美孚拟在惠州大亚湾石化工业区投资建设化工一体化项目进行交流。

[9月10日　美国　贸易]　外交部发言人耿爽针对特朗普表示将对2670亿美元的中国商品征收关税称，若发生这种情况，中方必然会采取反制措施，坚决维护自己的合法权益。

[9月11日　美国　贸易]　世界贸易组织向成员提供的文件显示，由于美方没有采取实质行动纠正其对华产品实施的多项违规反倾销措施，中方已向世贸组织申请授权对美实施每年约70.43亿美元的贸易报复。

[9月11—12日　美国　气候]　在美国旧金山参加加州全球气候行动峰会的中国气候变化事务特别代表解振华出席"中国角"气候变化全球行动倡议启动仪式。他强调，希望各方积极支持和加入中国公益组织发起的气候变化全球行动倡议，促进东西方公益组织交流合作，共同应对气候变化。此外，解振华还会见了美国加州州长布朗，表示中方愿继续加强与加州在气候变化领域的合作。

[9月17日　美国　科技]　科技部部长王志刚在北京会见了美国密歇根州州长里克·斯奈德一行。会后，王志刚和斯奈德共同签署了《中华人民共和国科学技术部与美利坚合众国密歇根州政府关于汽车技术和产业合作谅解备忘录》。

[9月19日　美国　能源]　第十八届中美油气工业论坛在美国休斯敦举行。国家能源局监管总监李冶、美国能源部助理部长史蒂夫·温伯格共同出席论坛。与会各方围绕中美两国油气政策法规、油气合作走向以及上中下游投资、LNG贸易等议题，进行了广泛深入的交流。

[9月24日　美国　贸易]　国务委员兼外长王毅在纽约会见美中关系全国委员会、美中贸易全国委员会负责人。王毅说，中国愿意通过协商解决贸易不平衡问题，但对话应当建立在平等和诚信的基础上进行。美方

表示，美中双方当前尤需加强对话，但更需要超越贸易等具体问题，就两国关系的长远发展进行战略性沟通。

[9月24日　加拿大　贸易]　国务委员兼外长王毅在纽约出席联合国大会期间会见加拿大外长弗里兰。王毅强调应共同发出坚持多边主义、遵守国际规则、维护以世界贸易组织为核心的多边贸易体系的声音；世贸组织改革应坚持充分协商，寻求最广泛共识。

[9月28日　美国　综合]　正在出席第73届联合国大会的国务委员兼外长王毅在纽约会见美国对外关系委员会会长哈斯及委员会主要成员。王毅就哈斯等人提出的美国在对华经贸问题上"吃亏"、美方指责中国对外开放在倒退、中方强迫技术转移等问题作出回应。

[10月8日　美国　综合]　中央外事工作委员会办公室主任杨洁篪和国务委员兼外交部部长王毅在北京分别会见美国国务卿蓬佩奥。

[10月10日　加拿大　贸易]　国务委员兼外交部部长王毅应约同加拿大外长弗里兰通电话。弗里兰通报《美墨加协定》情况，表示加方将根据自身决定推进与其他国家的自贸协定谈判。王毅表示，中国主张维护以WTO为核心的多边贸易体制，希望加方推进中加自贸区建设进程。

[10月31日　加拿大　科技]　工业和信息化部副部长王江平在北京会见了加拿大创新科学和经济发展部副部长大卫·麦戈文，双方就促进中小企业发展、加强中加数字经济等领域合作交换意见。

[11月1日　美国　贸易]　国家主席习近平应约同美国总统特朗普通电话。特朗普表示，美方重视美中经贸合作，愿继续扩大对华出口，两国经济团队有必要加强沟通磋商。习近平表示，两国经济团队要加强接触，就双方关切问题开展磋商，推动中美经贸问题达成一个双方都能接受的方案。

[11月1日　美国　贸易、能源]　国务院总理李克强在北京会见美国联邦参议员亚历山大率领的美国参、众两院访华代表团。李克强强调，

中国将坚定不移深化改革，进一步扩大开放。美方议员表示，对经贸领域存在的问题，双方应通过公平、平等协商解决，打贸易战不是解决问题的办法。

同日，国家能源局副局长刘宝华在北京会见参、众两院访华代表团，双方就深化中美两国在煤炭、天然气、核能、风电、光伏等领域的合作交换了意见。美国驻华大使泰里·布兰斯塔德参加会议。

[11月6—8日　美国　减贫、能源]　国务委员兼外交部部长王毅在北京会见美国盖茨基金会主席比尔·盖茨。双方表示愿在扶贫减贫、农业技术研发、卫生等方面加强交流合作，探索和拓展在非洲的三方合作。

8日，国务院副总理韩正在北京会见美国泰拉能源公司董事长、微软公司创始人比尔·盖茨。双方表示，愿深化新能源、能源科技创新等方面互利合作。

[11月8日　美国　综合]　国家主席习近平在北京会见美国前国务卿基辛格。同日，国务院副总理刘鹤在北京会见基辛格。双方表示，要妥善处理经贸等领域出现的问题。

[11月7—9日　美国　中美外交安全对话]　中央外事工作委员会办公室主任杨洁篪同美国国务卿蓬佩奥、国防部部长马蒂斯在华盛顿共同主持第二轮中美外交安全对话。国务委员兼国防部部长魏凤和参加。在经贸问题上，双方认为，应当切实落实好两国元首近日通话所达成的共识，支持两国经济团队加强接触，就双方关切问题开展磋商，推动达成一个双方都能接受的方案。

7日，杨洁篪在华盛顿会见美国总统国家安全事务助理博尔顿。

[11月11日　加拿大　金融]　财政部部长刘昆在北京会见加拿大财长莫诺，双方就双边关系、两国经济形势和中加经济财金战略对话有关问题等进行了交流。

[11月12日　加拿大　金融]　国务委员王勇与加拿大财政部部长

莫诺、国际贸易多元化部部长卡尔在北京共同主持召开首轮中加经济财金战略对话，财政部副部长邹加怡出席对话。本次对话双方就宏观经济形势和全球经济治理、贸易与投资合作、金融合作等议题进行了深入讨论，共达成五十多项互利共赢成果。对话会后，邹加怡召开中方新闻发布会，向中外媒体记者介绍对话会总体情况与主要成果。

[11月12日　美国　科技]　工业和信息化部部长苗圩会见了美国前国务卿奥尔布赖特及阿斯迈公司代表一行，双方就中美、中欧关系及阿斯迈公司在华发展等议题交换意见。

[11月14日　加拿大　农业]　农业农村部部长韩长赋在北京会见了加拿大农业及农业食品部部长麦考利，就中加农业合作进行了深入交流。

[11月14日　加拿大　综合]　国务院总理李克强在新加坡出席东亚合作领导人系列会议期间，同加拿大总理特鲁多举行第三次中加总理年度对话。双方表示愿深化在航空、气候变化、环境、农业、金融等领域合作，维护多边主义，并发表"关于应对海洋垃圾和塑料的联合声明"。

[11月27日　美国　能源]　国家能源局副局长李凡荣在北京会见了美国雪佛龙上游公司执行副总裁翟昌盛一行，双方围绕进一步加强雪佛龙与中国油气企业合作、世界油气市场发展态势等议题深入交换了意见。

[11月29日　美国　金融]　中国外汇交易中心与彭博公司关于通过交易平台连接支持境外机构投资者进入中国银行间债券市场的合作项目将正式启动。该项合作进一步扩大了中国债券市场交易设施的开放。

[12月1日　美国　贸易]　国家主席习近平应邀同美国总统特朗普在布宜诺斯艾利斯共进晚餐并举行会晤。两国元首对中美经贸问题达成共识，停止加征新的关税，并指示两国经济团队加紧磋商，朝着取消所有加征关税的方向，达成互利双赢的具体协议。

[12月11日　美国　贸易]　国务院副总理、中美经贸磋商牵头人

刘鹤应约与美国财政部部长姆努钦、贸易代表莱特希泽通电话。双方就落实两国元首会晤共识、推进下一步经贸磋商工作的时间表和路线图交换了意见。

[12月14日　美国　贸易]　中国财政部发布声明称,中国将从2019年1月1日起对原产于美国的汽车及零部件暂停加征关税三个月,这是落实12月1日"习特会"上中美双方就经贸问题达成的共识。

[12月21日　美国　贸易]　中美双方进行副部级通话,再次就彼此共同关心的贸易平衡、加强知识产权保护等问题深入交换意见,取得新的进展。双方还讨论了下次通话和互访的有关安排。

[12月29日　美国　贸易]　国家主席习近平应约同美国总统特朗普通电话。特朗普表示,很高兴两国工作团队正努力落实阿根廷会晤达成的重要共识,希望能达成对两国人民和世界各国人民都有利的成果。习近平指出,希望双方团队相向而行,抓紧工作,争取尽早达成既互利双赢、又对世界有利的协议。

(三) 欧洲

[1月4日　芬兰　金融]　中国人民银行副行长殷勇在北京会见新任芬兰驻华大使肃海岚,就中国和全球经济形势以及中芬双边金融合作交换意见。

[1月4日　英国　贸易]　商务部部长钟山在北京会见英国国际贸易大臣利亚姆·福克斯,双方就中英双边经贸合作交换意见。

[1月9日　法国　贸易]　商务部部长钟山、全国老龄工作委员会办公室主任黄树贤与法国经济和财政部部长勒梅尔、社会团结和卫生部部长比赞、外交部部长勒德里昂在北京共同签署了中法关于在银色经济领域合作的谅解备忘录,两国元首共同见证。该备忘录拟成立银色经济合作指

导委员会，鼓励两国企业开展银色经济领域的贸易投资合作。此外，钟山还与勒梅尔共同签署了《关于成立中法企业家委员会的谅解备忘录》，旨在搭建两国企业交流平台。

[1月9日　法国　综合]　国家主席习近平在北京同来访的法国总统马克龙举行会谈。习近平强调，双方要深化核能、航空航天等传统领域合作；推动城市可持续发展、绿色制造、金融等新兴领域合作；在数字经济、人工智能、先进制造业等领域实现优势互补。在"一带一路"框架内开展务实合作。马克龙表示，法方重视在"一带一路"框架下增进两国合作，愿强化两国经济联系和重要领域合作。

[1月10日　法国　能源]　国家能源局副局长刘宝华在北京会见法国法马通股份有限公司首席执行官方特纳，双方就阿海珐核电重组情况、台山EPR项目最新进展及法马通公司与中国企业的合作等进行了交流。

[1月11日　英国　综合]　国务委员杨洁篪在北京会见英国首相国家安全顾问塞德维尔。双方均表示要深化双边合作，推动中英"黄金时代"取得新进展。

[1月12日　阿尔巴尼亚　贸易]　中国驻阿尔巴尼亚使馆召开中国国际进口博览会宣介会。阿政府确认参加首届中国国际进口博览会相关活动。姜瑜表示，愿以筹备本次博览会为契机，挖掘中阿在农业、旅游等领域的合作潜力。阿尔巴尼亚投资发展署署长谢哈伊表示，将全力做好筹备工作，切实推动阿特色农产品输华。

[1月18日　塞尔维亚　科技]　科技部副部长黄卫与塞尔维亚教育科学和技术发展部国务秘书弗拉基米尔·波波维奇共同主持在北京举行的中国—塞尔维亚政府间科技合作委员会第四届例会。

[1月19日　西班牙　贸易]　中国国际进口博览局与西班牙企业组织联合会在马德里共同举办中国国际进口博览会推介会。会前，双方签署了合作备忘录。西班牙经济、工业和竞争力部欧洲、亚洲与大洋洲贸易政

策司副司长助理莫奈表示，西班牙贸易国务秘书将率领企业代表团参会。

[1月20日　德国　农业]　农业部副部长屈冬玉与德国食品与农业部议会国务秘书布莱塞尔共同主持召开中德农业合作联合委员会第12次会议。双方决定，将实施中德农业中心二期项目。会后，双方共同签署会议纪要。在德期间，屈冬玉还出席了第十届柏林全球食品农业论坛农业部长峰会。

[1月23日　瑞士　综合]　时任中央财经领导小组办公室主任的刘鹤在苏黎世会见瑞士联邦副主席兼财政部部长毛雷尔。刘鹤表示，中方高度评价瑞方积极参与"一带一路"，希望在跨境电商和金融等领域加强合作，欢迎瑞企来华投资。毛雷尔表示，瑞方愿推动中瑞企业相互投资，深化"一带一路"合作。

[1月23日　塞尔维亚　"一带一路"]　时任国务委员的杨洁篪在北京会见塞尔维亚前总统、塞对华合作国家委员会主席尼科利奇。杨洁篪表示，中塞一同加快"一带一路"倡议与塞发展战略对接。尼科利奇表示，塞方愿利用对华合作国家委员会，加强两国在基础设施、产能、矿产等领域务实合作。

[1月31日　英国　综合]　国务院总理李克强在北京同来访的英国首相特雷莎·梅举行中英总理年度会晤。特雷莎·梅表示，英方愿同中方推进"一带一路"合作，探索在创新、金融、保护知识产权、人工智能等领域的合作，欢迎中国扩大对英投资，赞赏中方愿审视启动"沪伦通"的时间安排。当晚，李克强与特雷莎·梅和出席中英企业家委员会成立大会暨第一次会议的企业家代表举行座谈。

[2月1日　英国　综合]　国家主席习近平在北京会见来访的英国首相特雷莎·梅。习近平强调，中英双方应赋予中英关系新的时代内涵，打造"黄金时代"增强版。特雷莎·梅表示，希望英中开展"一带一路"合作，促进全球和区域经济增长。

[2月7日　荷兰　综合]　国家主席习近平和夫人彭丽媛在北京会见荷兰国王威廉—亚历山大和王后马克茜玛。威廉—亚历山大表示，荷方愿积极参与"一带一路"共建进程，愿参加首届中国国际进口博览会。同日，国务院总理李克强会见荷兰国王威廉—亚历山大。李克强指出，中方愿同荷方深化农业及农业技术、港口物流及管理等领域的合作。外交部部长王毅会见荷兰外交大臣泽尔斯特拉。

[2月9日　法国　科技]　科技部副部长王志刚在北京会见法国泰雷兹集团董事长兼首席执行官卡纳一行，双方就加强中法高技术企业的科技创新合作交换意见。

[2月9日　土耳其　能源]　国家能源局副局长刘宝华在北京会见了土耳其能源与自然资源部副次长雅马奇，双方就两国在核电领域的合作等交换了意见。

[2月27—28日　德国　科技]　科技部与德国联邦教研部共同在北京举办第五届中德创新大会。科技部部长万钢与德联邦教研部国务秘书许特分别作主旨演讲。中德政府间科技合作协定是两国建交后最早签订的政府间合作协定之一。

[3月15日　爱尔兰　综合]　外交部部长王毅在北京会见爱尔兰副总理兼外交贸易部部长科文尼。王毅表示，中方赞赏爱方积极响应"一带一路"倡议，欢迎爱方参加首届中国国际进口博览会。科文尼表示，爱方欢迎更多中国企业赴爱投资兴业，将为中国公民赴爱旅游、经商提供便利，愿参与"一带一路"，反对保护主义，将参与首届中国国际进口博览会。

[3月17日　德国　贸易]　德国总理默克尔与中国国家主席习近平通电话，强调了在贸易事务上加强多边合作的重要性，拟利用国际谈判渠道来解决钢铁产能过剩问题。这是在美国特朗普政府决定对进口钢铁征收全面关税后，中德两国达成的共识。

[3月27日 瑞士 自贸区] 中国—瑞士自贸协定升级联合研究第二次会议在北京举行。双方就可能纳入升级的领域、联合研究报告内容以及下一步工作安排等问题进行了磋商。中瑞自贸协定是我国与欧洲大陆国家签署的首个自贸协定。2017年1月,中瑞双方签署谅解备忘录,宣布启动自贸协定升级联合研究。

[4月3日 瑞士 "一带一路"] 杨洁篪在北京会见瑞士联邦委员兼外长卡西斯。卡西斯表示,瑞士高度重视"一带一路"倡议,愿推动两国关系新发展。

[4月3日 阿尔巴尼亚 货币] 中国人民银行与阿尔巴尼亚中央银行续签了中阿双边本币互换协议,规模保持为20亿元人民币/342亿阿尔巴尼亚列克。互换协议有效期三年,经双方同意可以展期。

[4月8日 奥地利 "一带一路"] 习近平在北京欢迎有史以来规模最大的奥地利代表团,并与奥地利总统范德贝伦举行会谈。会谈后,双方发表了《中华人民共和国和奥地利共和国关于建立友好战略伙伴关系的联合声明》。中奥双方还签署了"一带一路"合作意向声明。奥成为与中方签署有约束力声明的第一个欧盟发达成员国。

同日,国务院总理李克强在北京会见奥地利总统范德贝伦。李克强指出,中方愿同奥方扩大双边贸易与双向投资,在高端制造、科技创新、节能环保等领域打造新增长点,拓展在"一带一路"和"16+1合作"框架下的合作。范德贝伦表示,奥方愿拓展两国经济合作,扩大旅游和人员往来,支持贸易投资自由化、便利化,维护多边贸易体制。

国家发改委主任何立峰与奥地利交通、创新和科技部部长诺贝特·霍费尔在北京共同签署了《中华人民共和国国家发展和改革委员会与奥地利共和国联邦交通、创新与技术部关于未来就共建"一带一路"倡议开展合作的联合声明》。

[4月9日 英国 综合] 国务院副总理胡春华在北京会见了英国

苏格兰地方政府首席部长斯特金一行。双方就加强在经贸投资、能源环保和科技创新等方面交流与合作交换了意见。

【4月9日　奥地利　科技】　科技部部长王志刚在北京会见奥地利联邦交通、创新与技术部部长诺贝特·霍费尔一行。双方就共同推动中奥科技创新合作等交换意见。前日，在两国元首见证下签署了两部《关于深化应用研究和创新领域合作的联合声明》。

【4月9日　奥地利　贸易】　商务部部长钟山与奥地利数字化和经济区位部部长施兰伯克在北京共同签署了《关于电子商务合作的谅解备忘录》。4月8日，钟山和施兰伯克还在中奥经贸联合委员会内贸工作组机制框架下签署了《中华人民共和国商务部与奥地利共和国联邦数字化和经济区位部关于深化现代流通领域交流与合作的谅解备忘录》。

【4月9日　奥地利　农业】　农业农村部副部长余欣荣在北京会见奥地利联邦可持续发展和旅游部部长克斯廷格。余欣荣指出，中方愿以共同实施有机茶叶示范基地建设为切入点，深化与奥地利在有机农业领域的合作。

【4月9日　奥地利　环境】　生态环境部部长李干杰在北京会见了奥地利可持续发展和旅游部部长伊丽莎白·克斯廷格女士。双方就生态环境合作和中国生态环境领域变革等进行了深入交流。前日，中奥双方共同发表了《中奥两国关于建立友好战略伙伴关系的联合声明》。

【4月9日　奥地利　综合】　国务委员兼外交部部长王毅会见正在北京陪同奥地利总统访华的外长克奈斯尔。双方表示将继续积极推动中奥关系发展。

【4月10日　荷兰　"一带一路"】　国家主席习近平在海南博鳌会见荷兰首相吕特。习近平指出，欢迎荷方积极参与"一带一路"倡议。中荷双方要维护开放型世界经济。吕特表示，荷方期待深化两国合作，共同打造共建"一带一路"伙伴关系。荷方支持自由贸易，致力于推动加

强欧中关系。

[4月10日 奥地利 科技] 工业和信息化部副部长陈肇雄在北京会见奥地利数字化和经济区位部长施兰伯克。陈肇雄表示，愿与奥地利数字化和经济区位部加强产业政策交流，支持中奥双方业界在"工业4.0"、数字经济、人工智能等领域开展互利合作。

[4月12日 荷兰 综合] 国务院总理李克强在北京同荷兰首相吕特举行会谈。双方在维护自由贸易、双边贸易与投资、应对气候变化等方面交换意见。李克强指出，中方愿同荷方深化在农业、金融、科技等领域合作，期待荷兰积极参与"一带一路"合作。吕特表示，支持尽早谈判达成中欧投资协定。

同日，商务部国际贸易谈判代表兼副部长傅自应与荷兰首相吕特共同出席在京举行的中荷CEO圆桌会议并致辞。傅自应就深化中荷经贸关系提出四点建议，包括改善营商投资环境，扩大进口；促进双边贸易，扩大双向投资；扩大科技创新合作等。吕特表示，荷方希望扩大双边贸易和双向投资，加强科研、环境保护、服务业等领域合作，共建"一带一路"伙伴关系。

[4月13日 德国 贸易] 工业和信息化部副部长辛国斌在北京会见宝马集团大中华区总裁兼首席执行官高乐，就新能源汽车、智能网联汽车发展及该公司在华合作等议题交换意见。

[4月17日 挪威 科技] 科技部与挪威教育和研究部在北京共同举办了中挪科技合作日，两国政府、科研、企业等各界300多名代表出席，科技部部长王志刚与尼伯大臣在会上分别作主旨演讲。

[4月17—18日 德国 能源] 国家能源局副局长刘宝华访问德国，出席第四届柏林能源转型对话，在"转型时期的能源市场"部长分论坛发言，并先后会见了德国经济事务和能源部国务秘书托马斯·巴雷斯、西门子公司管理委员会成员塞德里克·奈柯。刘宝华还调研了能源相

关的研究院和企业。

[4月19日　英国　综合]　国家主席习近平同英国首相特雷莎·梅通电话。习近平指出，中方愿同英方推进"一带一路"框架的合作，维护多边贸易体制。特雷莎·梅表示，英方高度评价中国进一步扩大开放，欢迎中方将开通"沪伦通"，愿同中方继续探讨"一带一路"建设。双方均希望推动中英"黄金时代"关系。

[4月24日　英国　金融]　财政部部长刘昆会见了英国驻华大使吴百纳，双方就中英关系、应对贸易保护主义、中国经济形势与财政政策、中英经济财金合作等议题交换了意见。

[5月8日　英国　"一带一路"]　国家发改委副主任宁吉喆在北京会见了英国"一带一路"倡议城市特使范智廉。双方就中英共建"一带一路"倡议合作、第三方市场合作等议题交换了意见。

[5月14日　德国　科技]　科技部副部长、国家外国专家局局长张建国在北京会见了来访的德国联邦交通部国务秘书毕尔格一行，与德方共同回顾了中德科技合作近年来的发展，并就科学技术、新能源等议题深入交换了意见。

[5月14日　爱尔兰　农业]　农业农村部部长韩长赋在北京会见了应邀来华访问的爱尔兰农业、食品和海事部部长柯里德，就深化中爱农业合作交换了意见。

[5月14日　波兰　农业]　农业农村部副部长屈冬玉在北京会见了波兰农业和农村发展部国务秘书亚策克·波古茨基，双方就加强中波农业务实合作及双方感兴趣的问题交换了意见。

[5月14—16日　挪威　自贸区]　中国—挪威自由贸易协定第十一轮谈判在挪威奥斯陆举行。双方就货物贸易、服务贸易、投资、原产地规则、海关程序与贸易便利化、知识产权、竞争政策和政府采购等相关议题展开磋商。谈判取得积极进展。

[5月15日 英国 "一带一路"] 国务院副总理胡春华在北京会见了英国议会上院议员鲍威尔勋爵一行。胡春华表示，中方愿同英方在经贸金融、"一带一路"、减贫等方面加强合作，进一步促进双方友好关系。

[5月15日 德国 贸易] 国务委员兼外交部部长王毅应约同德国外长马斯通电话。王毅表示，中德作为全方位战略伙伴，有必要加强战略沟通，共同维护世界和平稳定和自由开放的多边贸易体制。

[5月16日 法国 "一带一路"] 法国总统马克龙在巴黎会见国务委员兼外交部部长王毅。同日，王毅在巴黎会见法国外长勒德里昂和法国总统外事顾问埃蒂安，王毅表示，双方应全面深化两国在核能、航空航天、创新、人工智能、数字经济、环境等领域务实合作。

[5月17日 西班牙 "一带一路"] 国务委员兼外交部部长王毅在马德里同西班牙外交大臣达斯蒂斯举行会谈。王毅表示，中方愿与西方加强科技、旅游等领域互利合作，开拓在互联互通、基础设施建设、能源、通信等领域合作。达斯蒂斯表示，将加强两国在基础设施、环保、新科技等领域合作。同日，西班牙首相拉霍伊和国王费利佩六世在马德里会见王毅。

[5月18日 葡萄牙 "一带一路"] 国务委员兼外交部部长王毅在里斯本会见了葡萄牙总统德索萨。德索萨说，葡方欢迎并期待中方企业加大对葡金融、能源、运输、港口、电动汽车等战略性行业的投资。王毅说，中方愿与葡方加强在海洋、港口等葡方关心的重点领域合作。同日，王毅与葡萄牙总理科斯塔、葡萄牙外长席尔瓦分别举行会谈。

[5月18日 立陶宛 "一带一路"] 国家发改委副秘书长苏伟在北京会见了立陶宛交通与通讯部副部长德古迪斯一行。双方就中立在"一带一路"框架和"三海港区"合作机制下开展铁路、港口等基础设施建设与交通运输、物流等领域合作交换了意见。

[5月20—21日 荷兰、意大利、英国 "一带一路"] 国务委员

兼外交部部长王毅在布宜诺斯艾利斯出席二十国集团外长会议期间分别会见荷兰外交大臣布洛克、意大利外长阿尔法诺和英国外交大臣约翰逊，探讨在"一带一路"框架下加强各领域合作。

[5月22日　保加利亚　"一带一路"]　国务委员兼外交部部长王毅在布宜诺斯艾利斯出席二十国集团外长会后会见欧盟轮值主席国保加利亚副总理兼外长扎哈里埃娃。王毅表示，双方加强在基础设施、互联互通、产能等领域交流合作。扎哈里埃娃表示，保方愿在"一带一路"框架下进一步加强基础设施建设和互联互通。

[5月22日　英国　"一带一路"]　国家发改委副秘书长苏伟在北京会见了英国英中贸易协会主席詹诚信勋爵一行。双方就中英商签"一带一路"合作文件以及在"一带一路"框架下开展项目合作等议题交换了意见。

[5月24日　德国　科技]　国务院总理李克强在北京同来华访问的德国总理默克尔举行会谈。李克强表示，要加强在财金、贸易、投资、安全等领域沟通交流；加强在人工智能、新能源汽车、车联网、自动驾驶等新兴产业领域合作。默克尔表示，德方愿同中方加强经贸、科技、自动驾驶等广泛领域合作。

同日，工业和信息化部副部长陈肇雄在北京会见了随德国总理默克尔来访的经济和能源部国务秘书努斯鲍姆及其率领的德国高级别经济代表团。双方就数字经济、工业互联网、知识产权保护及网络安全等议题进行了交流。

[5月24日　德国　综合]　国家主席习近平在北京与来华进行正式访问的德国总理默克尔举行会晤。习近平强调，双方可以在未来产业领域开展更多合作，共同开拓第三方市场。默克尔表示，德国愿扩大德中贸易投资合作，密切在二十国集团等多边框架内的合作。

[5月25日　英国　贸易]　国务院副总理胡春华在北京会见了英国

英中贸易协会主席詹诚信勋爵一行。双方就中英经贸关系发展、"一带一路"合作和两国地区合作等问题交换了意见。

[5月25日　立陶宛　农业]　立陶宛总理斯克韦尔内利斯在总理府会见了到访的中国农业农村部部长韩长赋，就深化中立双边农业合作和共同推动"16+1"农业合作发展交换了意见。

[5月29日　保加利亚　农业]　农业农村部部长韩长赋和保加利亚农业、食品和林业部部长鲁门·波罗扎诺夫在索非亚共同主持召开中保农业合作工作组第三次会议。韩长赋表示要共同建好首个"16+1"农业合作示范区，切实加强农业科技合作。

[5月29日　英国　综合]　国家主席习近平在北京会见英国约克公爵安德鲁王子。习近平强调，中英要加强科技创新合作。安德鲁表示，愿继续致力于加强两国科技、创新、产业等领域务实合作。

[5月31日　德国　"一带一路"]　德国总统施泰因迈尔在柏林会见来访的国务委员兼外交部部长王毅。施泰因迈尔表示，愿与中方在此框架下积极开展双边及三方合作。王毅表示，中德在"一带一路"框架下合作空间广阔。同日，王毅在柏林同德国外长马斯举行会谈。

[6月1日　比利时　"一带一路"]　国务委员兼外交部部长王毅在布鲁塞尔会见比利时副首相兼外交大臣雷德尔斯。王毅表示，希望双方继续扩大双向贸易与投资，将"一带一路"倡议与比利时发展战略对接。雷德尔斯表示，比方赞赏中方提出的"一带一路"倡议，共同维护以世贸组织为基石的自由贸易体系。

[6月5日　保加利亚　科技]　工业和信息化部部长苗圩在北京会见了保加利亚经济部部长埃米尔·卡拉尼科洛夫，双方就加强中保工业和高新技术发展领域合作等内容交换意见。

[6月8日　匈牙利、塞尔维亚　基础设施]　国家发改委副主任宁吉喆与匈牙利外交与对外经济部部长西雅尔多、塞尔维亚建筑交通和基础

设施部国务秘书科恩在北京共同召开中匈塞交通基础设施合作联合工作组第七次会议。中匈塞三方就匈塞铁路项目一年来的工作进行了回顾和总结，并重点研究部署了下一阶段主要工作。

[6月15日　冰岛　贸易]　商务部国际贸易谈判代表兼副部长傅自应率团访问冰岛并与冰岛外交部常务秘书斯图尔拉·西于尔约恩松在首都雷克雅未克市共同主持召开中冰经贸联合委员会第12次会议。双方就加强"一带一路"框架下以及北极事务领域合作、继续深化落实中冰自贸协议、扩大冰岛农渔产品对华贸易等多项共同或各自关注的议题进行了亲切而务实的交流。

[6月20日　丹麦　科技]　中央外事工作委员会办公室主任杨洁篪在北京会见丹麦外交大臣萨穆埃尔森。杨洁篪表示，近年来中丹各层级交往频密，政治、经济、科技、文化等各领域合作成果丰硕。

[6月24日　法国　金融]　财政部部长刘昆在北京会见了法国经济和财政部国务部部长戴尔芬·杰尼—斯特凡娜女士一行，双方重点就中法经济财金关系和第六次中法高级别经济财金对话准备工作等深入交换了意见。

[6月25日　法国　综合]　国家主席习近平在北京会见法国总理菲利普。习近平强调，愿实现"一带一路"倡议同法国和欧盟发展战略有效对接。菲利普表示，法国愿推进民用核能、航空航天等战略性合作。

同日，国务院总理李克强在北京同来华进行正式访问的法国总理菲利普举行会谈。李克强指出，推动核能、航空航天领域大项目早日落地并长期稳定实施。支持两国企业和科研机构在数字经济、人工智能、高端制造等领域加强创新合作。拓展在农业食品、金融、创新、医疗卫生等领域的合作。

同日，国家能源局副局长刘宝华在北京会见法国电力集团董事长兼总裁乐维。双方就核电、海上风电、太阳能发电及电力市场改革等事宜深入交换了意见。

同日，国家发改委副主任宁吉喆在北京与法国经济财政部国务部长戴尔芬·杰尼—斯特凡娜就积极推进中法第三方市场合作、扩大合作领域等议题进行了会谈，并就中法第三方市场合作第二轮项目清单交换意见。

同日，科学技术部部长王志刚在北京会见了陪同法国总理来华访问的法国高等教育、研究与创新部部长弗雷德里克·维达尔一行，双方就共同推动中法科技创新合作、以科技创新支撑落实两国领导人重要共识等深入交换意见。

[6月27日　英国　金融]　国务院副总理、中英经济财金对话中方牵头人胡春华在北京会见了英国财政大臣、对话英方牵头人哈蒙德一行。双方就加强双边经济财金领域合作等问题交换了意见。

同日，财政部部长刘昆在北京会见了英国财政大臣哈蒙德，双方就中英经济财金对话等议题交换了意见。

[6月27—28日　英国　贸易、投资]　中国—英国贸易工作组第二次会议在英国伦敦举行，中国商务部、英国国际贸易部代表共同主持会议。双方深入推进中英联合贸易投资评估工作，总结两国经贸合作现状。

[6月29日　挪威　金融]　财政部部长刘昆在北京会见了挪威财政大臣延森一行。双方就当前全球经济形势、中挪财经合作等问题交换了意见。

[7月2日　法国　能源]　国家能源局副局长李凡荣在北京会见法国参议院法中友好小组主席克洛德·雷纳尔，双方围绕中法能源合作、能源创新和能源转型有关问题深入交换了意见。

[7月4日　英国　能源]　国家能源局副局长李凡荣在北京会见英国石油集团执行副总裁戴尚亚，双方围绕英国石油与中国企业合作情况，我国油气改革、清洁能源发展和能源转型等议题进行了深入交流。

[7月6日　保加利亚　货币]　中国人民银行行长易纲在保加利亚

出席第七次中国—中东欧国家领导人会晤期间,应保加利亚国民银行行长迪米塔尔·拉德夫邀请,访问了保加利亚国民银行,双方就中国经济形势、货币政策框架等问题交换了意见。

[7月6日　匈牙利　科技]　工业和信息化部副部长辛国斌在布达佩斯会见了匈牙利创新和技术部国务部部长拉斯洛·吉奥尔吉。双方就加强两国产业政策对接,开展智能网联汽车等领域合作广泛交换了意见。会后,辛国斌与吉奥尔吉共同见证工业和信息化部国际经济技术合作中心与匈牙利投资促进局签署合作谅解备忘录。

[7月6日　保加利亚　综合]　国务院总理李克强在索非亚同保加利亚总理鲍里索夫举行会谈。李克强表示,双方要加快发展战略对接,加强"一带一路"、公路铁路、基础设施、核能、产业园区建设合作;扩大经贸和投资规模,推动贸易和投资自由化便利化。拓展和深化农业合作,加强农产品种植和加工、农业科技、良种培育合作,办好"16+1"农业合作示范区;鲍里索夫表示,保方愿同中方加强公路、港口、机场等基础设施建设合作。

同日,商务部部长钟山与保加利亚经济部部长卡拉尼科洛夫共同签署了《中华人民共和国商务部和保加利亚共和国经济部关于中小企业合作谅解备忘录》,国务院总理李克强和保加利亚总理鲍里索夫共同见证备忘录的签署过程。

[7月6日　爱沙尼亚　综合]　国务院总理李克强在索非亚会见爱沙尼亚总理拉塔斯。李克强表示,中方支持本国电商企业同爱方加强合作,欢迎爱方积极参与中欧班列建设,愿加强农业、交通物流等领域合作。拉塔斯表示,爱方愿同中方加强"一带一路"建设、中欧班列和互联互通项目合作以及电子商务、数字化等新兴产业合作。

[7月6日　阿尔巴尼亚　综合]　国务院总理李克强在索非亚会见阿尔巴尼亚总理拉马。李克强表示,中方愿进口更多阿优质特色农产品,

在阿合作建设农业机械合作示范中心,就水资源利用和防治灾害方面加强合作。拉马表示,阿方期待同中方深化农业、农业机械、能源、水利、港口等领域的合作。

[7月6日 匈牙利 综合] 国务院总理李克强在索非亚会见匈牙利总理欧尔班。李克强表示,中方愿同匈方继续积极推动包括匈塞铁路在内的大项目合作。欧尔班表示,匈方愿同中方进一步携手推进"16+1合作"。

[7月6日 克罗地亚 综合] 国务院总理李克强在索非亚会见克罗地亚总理普连科维奇。李克强指出,中方愿支持本国企业按照欧盟法规和市场原则参与克港口、铁路等交通基础设施建设。普连科维奇表示,希望进一步加强基础设施建设领域和互联互通合作,愿继续加强中小企业合作。

[7月6日 保加利亚 综合] 国务院总理李克强在索非亚会见保加利亚总统拉德夫。李克强表示,中方欢迎保方高品质农产品出口中国,鼓励有竞争力的中方企业赴保投资。拉德夫表示,保方愿加强在制造产业、基础设施、能源、科技、文化、人文领域的交流合作。

[7月6日 塞尔维亚 综合] 国务院总理李克强在索非亚会见塞尔维亚总理布尔纳比奇。布尔纳比奇表示,塞方愿同中方继续推进匈塞铁路建设。欢迎中方企业继续参与塞矿产、能源、供热、基础设施等项目建设。

[7月6日 斯洛伐克 综合] 国务院总理李克强在索非亚会见斯洛伐克总理佩莱格里尼。李克强指出,愿同斯方探讨开展铁路、汽车合作。加强金融领域合作,推进双边贸易投资便利化。佩莱格里尼表示,斯方愿发挥区位优势同中方探讨在区域四国高速铁路互联互通及宽轨铁路项目上的合作。希望同中方就乳制品输华尽早达成协议,推进双方海关通关便利化。

[7月5—6日　奥地利　"一带一路"]　奥地利总统范德贝伦在维也纳总统府会见国务委员兼外交部部长王毅。范德贝伦表示，奥愿在"一带一路"框架下与中方深化务实合作。王毅表示，中方愿同奥方深化各领域合作。同日，奥地利总理库尔茨在维也纳总理府会见了王毅。

5日，王毅还与奥地利外长克奈斯尔举行了会谈。

[7月7日　塞尔维亚　"一带一路"]　国家发改委主任何立峰与塞尔维亚能源和矿业部部长兼对华、对俄合作国家委员会成员安蒂奇在保加利亚索菲亚签署了《中华人民共和国国家发展和改革委员会与塞尔维亚共和国对华、对俄合作国家委员会关于共同编制中塞"一带一路"框架下双边合作规划的谅解备忘录》。

[7月7日　罗马尼亚　基础设施建设]　国家发改委主任何立峰与罗马尼亚交通部部长索瓦在保加利亚索菲亚共同签署《关于开展交通和基础设施合作的谅解备忘录》。双方拟建立政府间合作机制，加强两国交通和基础设施领域规划、政策和信息的交流，共同推进两国在基础设施各领域合作。

[7月7日　拉脱维亚　综合]　国务院总理李克强在索非亚会见拉脱维亚总理库钦斯基斯。李克强表示，中方愿同拉方在科技创新等领域加强合作，乐见拉方在波罗的海地区发挥物流枢纽的重要作用，愿同拉方促进经贸往来和互联互通。库钦斯基斯表示愿同中方继续加强科技创新和研发合作。

[7月7日　马其顿　综合]　国务院总理李克强在索非亚会见马其顿总理扎埃夫。李克强表示，交通基础设施是两国务实合作的重点领域之一，欢迎更多马方优质农产品进入中国市场。扎埃夫表示，马方愿进一步同中方加强在公路、基础设施、能源、电力、文化等领域的合作。

[7月7日　罗马尼亚　综合]　国务院总理李克强在索非亚会见罗马尼亚总理登奇勒。李克强表示，愿探讨第三方合作和金融合作，为双边

贸易和投资创造更便利的条件。登奇勒表示,欢迎中国来罗投资基础设施建设等。

[7月7日 斯洛文尼亚 综合] 国务院总理李克强在索非亚会见斯洛文尼亚总理采拉尔。李克强表示,愿同斯方加强在医药领域的合作。中方支持有竞争力的家电企业赴斯投资建厂,拓展双方航空合作。采拉尔表示,斯方希望继续加强双方在医药、家电、航空、旅游等领域的合作。

[7月7日 波黑 综合] 国务院总理李克强在索非亚会见波黑部长会议主席兹维兹迪奇。李克强表示,中方愿同波黑稳步推进火电站等项目,支持中国企业参与波黑高速公路、铁路升级改造等交通基础设施建设。中方愿加强林业资源开发与深加工合作。兹维兹迪奇表示,两国在工业、能源、交通、农业等领域合作潜力巨大。

[7月7日 黑山 综合] 国务院总理李克强在索非亚会见黑山总理马尔科维奇。李克强表示,黑山南北高速公路是两国务实合作的旗舰项目,中方愿同黑山探讨开展第三方合作。马尔科维奇表示,黑山愿继续同中方加强在公路、水电站等基础设施建设以及旅游领域合作,积极探讨开展第三方合作。

[7月7日 捷克 综合] 国务院总理李克强在索非亚会见捷克总理巴比什。李克强表示,双方可加强金融、航空、汽车、农业等领域合作。巴比什表示,捷克愿同中方提升经贸和投资水平。

[7月8日 德国 综合] 财政部部长刘昆在德国柏林出席第五轮中德政府磋商期间会见德国副总理兼财长朔尔茨,双方就宏观经济形势、中德多双边财金合作等议题交换了意见。

同日,科技部部长、党组书记王志刚在陪同李克强总理访德出席第五轮中德政府磋商期间,会见了德国联邦教育与研究部部长安娅·卡利切克,双方就共同推动中德科技创新合作、以科技创新支撑落实两国领导人重要共识等深入交换意见。

[7月9日　德国　综合]　国务院总理李克强在柏林总理府同德国总理默克尔举行会谈。李克强表示，中德应通过深化双边、多边合作，共同发出支持自由贸易、公平贸易，维护公平正义的国际秩序的积极信号。此访期间，双方首次就德国汽车企业在华合资项目所占股比提高、化工企业在华建立大型独资项目等达成协议。双方要抢抓智能制造、自动驾驶、新能源汽车等创新合作先机。

同日，李克强在柏林总理府与德国总理默克尔共同主持第五轮中德政府磋商。双方一致认为，中德要加强在数字化、自动驾驶、人工智能、新能源汽车等新兴产业领域合作。默克尔表示，德方愿同中方加强开放合作，共同对外释放维护多边主义、开展国际合作的积极信号。此次德中相关方面将签署自动驾驶合作谅解备忘录。磋商后，两国总理共同见证了双方农业、教育、青年、卫生、化工、通信、汽车、自动驾驶等领域20多项双边合作文件的签署。

同日，李克强在柏林总统府会见德国总统施泰因迈尔。双方一致同意加强全方位战略合作，以实际行动共同发出坚定维护多边主义和自由贸易的信号。

同日，李克强在柏林经济和能源部与德国总理默克尔共同出席第九届中德经济技术合作论坛闭幕式并发表讲话。李克强表示，中德要加强在人工智能、新能源汽车、自动驾驶等新兴产业领域合作；引导两国企业在互联互通、工业建设、装备制造、节能环保、轨道交通等领域开展三方市场合作。默克尔表示，人工智能、电动汽车等正在成为两国合作的新领域。

同日，商务部部长钟山与德国联邦经济合作与发展部部长格尔德·穆勒共同签署了《中华人民共和国商务部与德意志联邦共和国联邦经济合作与发展部关于促进中德法律合作项目的联合意向声明》。

[7月9日　法国　综合]　国务院副总理胡春华在巴黎会见法国外长勒德里昂和农业部部长特拉韦尔，并与经济和财政部部长勒梅尔举行会

谈。胡春华表示，中方愿与法方一道，加强"一带一路"倡议、能源、航空航天、农业、金融等领域合作。对方表示，法方愿与中方加强金融合作，促进更多法国优质农产品输华。

[7月11日　冰岛　能源]　国家能源局副局长刘宝华在北京会见冰岛前总统、北极圈大会主席奥拉维尔·拉格纳尔·格里姆松，双方围绕地热能开发利用以及两国能源合作有关问题深入交换了意见。

[7月30日　英国　综合]　国务院总理李克强在北京会见来华出席第九次中英战略对话的英国外交大臣亨特。亨特表示，当前国际局势正处在关键节点，英中两国应加强沟通与协调，共同坚持多边主义和自由贸易，维护基于规则的国际秩序。

同日，国务委员兼外交部部长王毅在北京同英国外交大臣亨特举行第九次中英战略对话。王毅表示，中方愿与英方开展三方合作先行先试，推进核电、金融、创新等领域合作，拓展人工智能、绿色能源、数字经济等新产业、新业态合作。

[8月1日　挪威　贸易]　国务委员兼外交部部长王毅在新加坡出席东亚合作系列外长会前夕应约同挪威外长瑟雷德举行双边会见。王毅表示，双方应加快自由贸易协定谈判。瑟雷德表示，挪方希望与中方推动经贸、海洋经济和冬季运动等领域合作。

[8月23—24日　英国　综合]　国务院副总理胡春华在北京会见了英国国际贸易大臣福克斯一行。胡春华表示，中方愿与英方一道，坚定维护多边贸易体制，全面加强经贸领域合作。

24日，商务部部长钟山和英国国际贸易大臣福克斯在京共同主持召开中英经贸联合委员会第13次会议。会后，双方部长见证签署了《关于建立中英服务贸易工作组谅解备忘录》。

[8月28日　希腊　"一带一路"]　国家副主席王岐山在北京会见希腊外长科齐阿斯。王岐山表示，中方愿同希方加强发展战略对接，推进

"一带一路"建设。

同日,中央外事工作委员会办公室主任杨洁篪在北京会见希腊外长科齐阿斯。

[8月28日　意大利　金融]　财政部部长刘昆在北京会见了意大利经济和财政部部长乔瓦尼·特里亚一行。双方就中意宏观经济形势、"一带一路"合作、中意财金合作等问题交换了意见。

[9月4日　德国　农业]　农业农村部副部长屈冬玉在北京会见了应邀来访的德国联邦食品与农业部议会国务秘书福赫特尔。屈冬玉表示,中方愿与德方在乡村发展、青年农业实用人才交流和动物卫生等领域深化合作。

[9月6日　瑞士　科技]　科学技术部部长王志刚在北京会见了瑞士联邦委员兼经济、教育及科研部部长约翰·施奈德—阿曼一行,双方一致同意将为下一步中瑞科技创新合作作出顶层设计。

[9月6日　挪威　科技]　科学技术部副部长张建国在北京会见了来访的挪威工党主席约纳斯·加尔·斯特勒代表团。张建国表示中方愿与挪方共同落实两国"科技创新合作行动计划",开展务实项目合作,打造合作特色领域,继续加强科研人员交流合作。

[9月6—7日　冰岛　综合]　国务委员兼外长王毅在北京与来访的冰岛外交外贸部部长索尔达松举行会谈。双方表示应围绕"一带一路"建设开展合作,积极拓展经贸、地热、旅游、北极、气候变化等领域的务实合作。同日,国家副主席王岐山在北京会见索尔达松。

7日,商务部国际贸易谈判代表兼副部长傅自应与索尔达松举行会谈,双方就加强中冰经贸合作深入交换意见,并共同签署了《中华人民共和国商务部与冰岛外交外贸部关于共建地热合作工作组的谅解备忘录》和《中华人民共和国商务部与冰岛外交外贸部关于电子商务合作的谅解备忘录》。

[9月7日　摩纳哥　综合]　国家主席习近平在北京同摩纳哥元首阿尔贝二世亲王举行会谈。习近平表示，中摩双方要围绕"一带一路"倡议探讨深化生态环保、应对气候变化、清洁能源、绿色低碳、野生动物保护等领域合作。

[9月10日　丹麦　能源]　国家能源局副局长李凡荣在北京会见丹麦诺维信公司总裁兼首席执行官彼得·尼尔森，双方围绕中国能源转型、燃料乙醇合作有关事宜深入交换了意见。

[9月11日　卢森堡　"一带一路"]　财政部部长刘昆在北京会见了卢森堡财政部部长皮埃尔·格拉美亚一行。双方就中欧经济形势、"一带一路"合作等问题交换了意见。

[9月11日　卢森堡　金融]　中国人民银行行长易纲会见了来访的卢森堡财政部部长格拉美亚，双方就绿色金融、全球经济形势等议题交换了意见。

[9月13日　马耳他　"一带一路"]　国务委员兼外交部部长王毅在北京同马耳他外交与贸易促进部部长阿贝拉会谈。双方表示愿加强"一带一路"合作，进一步拓展经贸、旅游、人文等领域合作。会谈后，王毅和阿贝拉共同签署《中华人民共和国政府与马耳他共和国政府中期合作规划指导委员会首次会议纪要》。

[9月13日　芬兰　环境]　生态环境部部长李干杰在北京会见了芬兰环境、能源与住房部部长凯莫·蒂卡宁，双方就建立"一带一路"绿色发展国际联盟、应对气候变化及深化中芬环保合作等议题进行了深入交流。

[9月13—14日　法国　经贸]　国务院总理李克强在北京会见来华出席中法经贸混合委员会第25次会议的法国欧洲和外交部部长勒德里昂。双方均表示愿推进全方位务实合作，加强战略沟通与务实合作。

13日，国务委员兼外交部部长王毅在北京同勒德里昂举行会谈。14

日，国务院副总理胡春华在北京会见了勒德里昂一行。双方就进一步加强中法经贸领域合作等问题交换了意见。

[9月18—19日　冰岛　自贸区]　中国—冰岛自贸区联合委员会第三次会议在冰岛首都雷克雅未克举行。由商务部、外交部、财政部、农业农村部、海关总署、驻冰岛使馆组成的中方工作组参会。冰方参会单位包括冰岛外交部、工业创新部、财经部、引资局、食品兽医局等部门。会上，双方就协定实施中货物、服务、投资、海关合作、经济技术合作领域关注的问题进行了深入探讨，同意进一步加强在自贸区框架下的合作，鼓励企业用好用足自贸区优惠政策。

[9月18—19日　塞尔维亚、爱沙尼亚、拉脱维亚　"一带一路"]国家主席习近平在北京分别会见来华出席夏季达沃斯论坛的塞尔维亚总统武契奇、爱沙尼亚总统卡留莱德和拉脱维亚总统韦约尼斯。习近平表示，中方愿同对方携手共建"一带一路"，中方支持欧洲一体化进程，愿同欧方加强合作，维护多边主义，反对单边主义，共建开放型世界经济。会见后，习近平同各国元首共同见证了双边合作文件的签署。

19日，国务院总理李克强在天津分别会见武契奇、卡留莱德、韦约尼斯。

[9月19—21日　意大利　"一带一路"]　国务院副总理胡春华在成都会见了来华出席第十七届中西部国际博览会的意大利副总理迪马约，就加强"一带一路"合作等交换了意见。

21日，国家发改委主任何立峰在北京会见迪马约，并于会后共同签署了《关于开展第三方市场合作的谅解备忘录》，标志着两国政府间第三方市场合作工作机制正式建立。

[9月24日　英国、塞尔维亚　综合]　国务委员兼外长王毅在纽约出席联合国大会期间应约分别会见英国外交大臣亨特、塞尔维亚第一副总理兼外长达契奇。王毅表示愿同对方共同维护多边主义，共建"一带一

路"合作。

[9月25日 西班牙、匈牙利 "一带一路"] 国务委员兼外长王毅在纽约出席联合国大会期间分别会见西班牙外交大臣博雷利、匈牙利外长西雅尔多。王毅表示，中国与西班牙、匈牙利应加强发展战略对接，开拓新的合作空间。各方表示，高度重视共建"一带一路"在促进共同发展方面的重要作用，愿积极参与其中。

[9月25—28日 挪威 自贸区] 中国—挪威自由贸易协定第十二轮谈判在北京举行。双方就货物贸易、服务贸易与投资、原产地规则、海关程序与贸易便利化、技术性贸易壁垒、卫生与植物卫生措施、法律议题、贸易救济、知识产权、电子商务、环境、竞争政策等相关议题展开磋商，谈判取得积极进展。

[9月26日 德国 综合] 国务委员兼外长王毅在纽约出席联合国大会期间会见德国外长马斯。双方表示，愿同对方加强在安理会的交流合作和就世贸组织发展和改革的沟通协调，共同维护国际和平与安全、国际贸易规则和秩序。

[9月25—29日 法国 能源] 国家能源局副局长刘宝华访问法国，分别会见法国外交部副部长顾山、法国生态可持续发展和能源部能源和气候署署长洛朗·米歇尔、法马通公司总裁伯纳德·方特纳、法电高级执行副总裁泽维尔·乌萨特以及经合组织核能署署长威廉·麦格伍德，就加强我国与各方在核电领域合作事宜进行了深入交流。期间，刘宝华还调研了国际热核聚变实验反应堆、法国核能和替代能源委员会下属核能实验堆研究中心。

[10月10日 德国 经贸] 国务院总理李克强在北京会见德国宝马集团董事长科鲁格。李克强表示，宝马公司同中方最新合作项目即将落地辽宁沈阳，将是中方放宽汽车行业外商来华投资股比限制后的首个受益者。科鲁格表示，愿以沈阳新工厂落地为契机，进一步扩大对华合作。

[10月12日　瑞典　综合]　国务院副总理韩正在北京会见瑞典银瑞达投资公司董事会主席瓦伦堡。韩正表示，中方愿与瑞方一道，维护多边贸易体制。瓦伦堡表示重视中国市场，愿与中国在科技创新等方面加强合作。

[10月15日　荷兰　综合]　国务院总理李克强在海牙首相府同荷兰首相吕特举行会谈。李克强和吕特就世界贸易组织改革、共同应对气候变化等全球性问题进行了会谈。李克强和吕特还见证了《中华人民共和国商务部与荷兰外交部关于加强第三方市场合作的谅解备忘录》的签署。

16日，李克强与吕特共同出席"2018中荷经贸论坛"开幕式并发表主旨演讲，商务部部长钟山与荷兰外贸大臣卡格分别致辞。两国领导人共同见证双方企业签署8项合作协议，总金额约93亿美元，涉及能源、金融、航空、农业科技等领域。论坛开幕式结束后，双方企业围绕"高科技创新"和"可持续互联互通"两个主题进行了交流研讨。

此外，李克强还分别会见了荷兰国王威廉—亚历山大与荷兰议会两院议长安吉·布鲁克斯—克诺尔和哈蒂亚·阿瑞布。

[10月15日　挪威　贸易]　商务部国际贸易谈判代表兼副部长傅自应会见挪威贸工大臣伊萨克森，就深化中挪经贸关系及双方关心的议题交换意见。

[10月15日　冰岛　农业]　农业农村部部长韩长赋在雷克雅未克与冰岛渔业和农业部长克里斯蒂安·索尔·尤利于松举行会谈，并共同签署了《关于农渔业合作的谅解备忘录》。

[10月16日　挪威　贸易]　国家主席习近平在北京同挪威国王哈拉尔五世举行会谈。习近平强调，中方愿同挪方积极探讨在"一带一路"和北极理事会框架内的交流合作。会谈后，两国元首还共同见证了有关合作文件的签署。

[10月17—18日　比利时　综合]　国务院总理李克强在布鲁塞尔

同比利时首相米歇尔举行会谈。双方表示，愿将欧盟互联互通战略同中方"一带一路"倡议对接；加强双方在经贸、农业、科技、核能、航空等领域合作；深化基础设施、数字经济务实合作，积极开展第三方市场合作。

同日，李克强和米歇尔还见证了商务部部长钟山与比利时联邦副首相兼外交大臣雷德尔斯签署《中华人民共和国商务部与比利时王国联邦外交、外贸与发展合作部关于在第三方市场发展伙伴关系与合作的谅解备忘录》。

18日，商务部部长钟山还在布鲁塞尔会见了比利时副首相兼经济大臣皮特斯。

[10月17日 奥地利 金融] 财政部部长刘昆在北京会见了奥地利财政部长哈特维希·勒格一行，双方就中奥财金合作、两国及全球经济形势等交换了意见。

[10月18日 法国 综合] 国务院总理李克强在布鲁塞尔出席亚欧首脑会议期间会见法国总统马克龙。李克强指出，中方愿推动贸易投资持续平衡增长；中欧投资协定谈判和中法贸易投资合作可以平行推进。马克龙表示，法方希望进一步深化双方在核能、农业等领域务实合作；法方愿同中方加强在世界贸易组织改革、气候变化等问题上的沟通与协调。

[10月19日 德国、英国、意大利、希腊 经贸] 国务院总理李克强在布鲁塞尔出席亚欧首脑会议期间分别会见德国总理默克尔、英国首相特雷莎·梅、意大利总理孔特、希腊总理齐普拉斯。李克强表示中方愿将"一带一路"倡议同各方发展战略相对接，共同维护全球多边体系，推动双边务实合作取得新成果。

[10月19日 塞浦路斯 科技] 中国—塞浦路斯科技创新合作联合委员会第一次会议在北京举行。科技部副部长张建国与塞浦路斯能源商工旅游部常务秘书西莫纳斯主持会议。会后，双方签署《中国—塞浦路斯科技创新合作联委会第一次会议纪要》。

[10月22日　葡萄牙　经济合作]　商务部国际贸易谈判代表兼副部长傅自应与葡萄牙外交部国秘迪亚士在京共同主持召开中葡经济混合委员会第10次会议，双方就双边经贸关系、"一带一路"建设、第三方市场合作和中国国际进口博览会等议题交换了意见。

同日，中央外事工作委员会办公室主任杨洁篪在北京会见葡萄牙外长席尔瓦。

[10月22—24日　奥地利、联合国　科技]　工业和信息化部副部长王江平率团访问奥地利，期间与联合国工业发展组织、奥地利联邦数字化和经济区位部、奥中友协负责人进行了会谈，就加强与联合国工发组织合作，深化中奥两国工业和信息通信务实合作，以及促进中小企业国际交流等议题交换了意见。

[10月25日　西班牙　经济合作]　商务部部长钟山与西班牙工业贸易旅游大臣马罗托在京共同主持召开中西经济工业合作混委会第28次会议。双方就双边经贸关系、"一带一路"合作、共同反对单边主义和保护主义、中国国际进口博览会、第三方市场合作等议题交换意见。

同日，中央外事工作委员会办公室主任杨洁篪会见了马罗托。次日，国家发改委主任何立峰会见了马罗托，双方就共建"一带一路"、第三方市场合作等议题深入交换了意见。

[10月26日　英国　综合]　财政部副部长邹加怡在北京会见英国驻华大使吴百纳，双方就中英双边关系、多双边经济财金合作、中国经济形势和英国"脱欧"等议题交换了看法。

[10月30日　法国　科技]　10月29日—11月1日在上海召开的浦江创新论坛举办期间，科技部部长王志刚会见法国国家科研中心主席贝迪。双方就务实推进中法在科技创新领域的战略合作，共同推动两国创新驱动发展等深入交换意见。

[11月2日　克罗地亚　经贸]　国务院总理李克强在北京会见来华

出席首届中国国际进口博览会的克罗地亚总理普连科维奇。双方表示要加强港口、铁路基础设施建设和船舶制造、旅游、文化等领域合作。

[11月2日　罗马尼亚　经济合作]　中国—罗马尼亚政府间经济联合委员会第27次例会在北京举行，会议由商务部部长助理任鸿斌和来华出席首届中国国际进口博览会的罗马尼亚营商环境、贸易与创业部部长奥普雷亚共同主持。

[11月5日　匈牙利　贸易]　国家主席习近平在上海会见来华出席首届中国国际进口博览会的匈牙利总理欧尔班。习近平强调，要推进匈塞铁路项目向前发展，推动经贸、投资、金融、农业、旅游、创新等领域合作取得更多成果，中方欢迎匈方通过中国国际进口博览会进一步开拓中国市场。

[11月5日　立陶宛　贸易]　国家主席习近平在上海会见来华出席首届中国国际进口博览会的立陶宛总统格里包斯凯特。习近平强调，中方愿同立方共同推动中欧班列和"三海港区"建设，扩大双向投资，在电子商务、金融技术、新能源、激光和农业等领域加大合作。格里包斯凯特表示，立方愿积极推动加快欧中投资协定谈判和中国—中东欧务实合作。

[11月5日　捷克　"一带一路"]　国家主席习近平在上海会见来华出席首届中国国际进口博览会的捷克总统泽曼。习近平强调，双方要打造更多新亮点和大项目，在交通、能源、电子商务、人工智能等领域开展更多合作。泽曼表示，捷克欢迎中国企业赴捷克投资兴业，愿积极参与共建"一带一路"。同日，国务委员兼外交部部长王毅在上海会见捷克外长佩特日切克。

[11月5日　马耳他　"一带一路"]　国家发改委主任何立峰与马耳他外交兼贸易促进部部长阿贝拉在上海签署《中华人民共和国与马耳他共和国关于共同推进丝绸之路经济带和21世纪海上丝绸之路建设的谅解备忘录》。

[11月8日　法国　综合]　国家发改委副主任宁吉喆与法国财政总署署长奥蒂尔·雷诺·巴索在北京共同主持召开了中法第三方市场合作指导委员会第二次会议。会后，双方签署了中法第三方市场合作新一轮示范项目清单。

同日，财政部副部长邹加怡在北京会见了奥蒂尔·雷诺·巴索。双方主要就第六次中法高级别经济财金对话筹备工作等议题深入交换了意见。

[11月12日　英国　货币]　中国人民银行与英格兰银行续签了中英双边本币互换协议，旨在维护国内金融市场稳定。协议规模为3500亿元人民币/400亿英镑，协议有效期三年，经双方同意可以展期。

[11月12—13日　德国　贸易]　国务委员兼外交部部长王毅同德国外长马斯在北京举行第四轮中德外交与安全战略对话。王毅表示，中德要深化双边经贸往来，拓展在人工智能、物联网及数字化等领域合作；加强宏观经济政策协调，维护以规则为基础的多边贸易体制。马斯表示，德国愿加强与中方经贸合作，加快中欧投资协定谈判。

12日，国务院副总理刘鹤、中央外事工作委员会办公室主任杨洁篪分别在北京会见马斯。13日，国家副主席王岐山会见马斯。

[11月19日　法国　气候]　国务院副总理韩正在北京会见了法国国务部长兼生态转型与团结部部长德吕吉。双方表示希望加强在生态环境保护、应对气候变化、生物多样性保护等方面的对话与交流。

[11月19日　德国　科技]　工业和信息化部副部长陈肇雄出席并主持了第二次中德智能制造及生产过程网络化合作副部长级会议。双方一致同意，深入开展项目对接、标准研制、共性和关键技术研发，推动两国智能制造及生产过程网络化合作取得更大进展。

[11月25—28日　德国　综合]　国务院副总理刘鹤访问德国，会见德国总理默克尔并在第八届中欧论坛汉堡峰会闭幕式上发表主旨演讲。刘鹤表示，中方愿同德方一道推动中德金融、贸易、投资等领域合作不断

深入发展。默克尔表示对参与中国"一带一路"倡议很感兴趣。

访问期间，刘鹤还同德国副总理兼财政部部长朔尔茨举行会谈并会见德经济和能源部长阿尔特迈尔、总理经济顾问罗勒、汉堡市长辰切尔和欧盟委员会负责竞争事务的委员韦斯塔格。

[11月26日　罗马尼亚　能源]　国家能源局副局长刘宝华在北京会见罗马尼亚驻华大使康斯坦丁内斯库，双方围绕中方参与的罗马尼亚罗维纳里火电厂项目合作有关事宜深入交换了意见。

[11月26日　波兰　农业]　农业农村部副部长屈冬玉在北京会见了波兰海洋经济与内河航运部部长马莱克·格鲁巴尔契克，双方就深化双边渔业合作深入交换了意见。

[11月27日　英国　综合]　国务院总理李克强在北京会见英国前首相卡梅伦。李克强表示愿同英方深化经贸、金融等重点领域合作。双方表示愿共同维护多边主义和自由贸易。

[11月28日　西班牙　综合]　习近平主席同西班牙首相桑切斯会谈。习近平强调，中西要加强战略对接，促进经贸往来，拓展港口、航运、航空、新能源汽车、金融等领域合作，优化科技、创新合作；中国愿同西班牙继续就完善全球治理、应对气候变化等国际和地区热点问题保持沟通和协调。会谈后，两国领导人共同见证了多项双边合作文件的签署，涉及文化、经济、民生、先进材料、电信、第三方市场合作、教育、金融等领域。双方发表了《中华人民共和国和西班牙王国关于加强新时期全面战略伙伴关系的联合声明》。同日，习近平主席同桑切斯首相共同会见中西企业顾问委员会双方代表。

[12月1日　德国　综合]　国家主席习近平在布宜诺斯艾利斯会见德国总理默克尔。习近平强调，中德应继续共同维护自由贸易，反对保护主义。默克尔表示，德方愿同中方在基础设施建设、技能培训等领域拓展第三方市场合作，德国杜伊斯堡港正在更多地参与"一带一路"有关

项目。

[12月1日　法国　综合]　国家主席习近平在布宜诺斯艾利斯会见法国总统马克龙。习近平强调，要扩大双向贸易和投资，坚定维护多边主义，加强在气候变化、世界贸易组织改革等重大国际问题上的沟通协调，愿同法方加强在二十国集团框架内的合作。马克龙表示，法方愿同中方推进核能、航空、旅游等领域合作，欢迎中方扩大对法投资，希望增加法国对华出口；法方愿同中方共同维护多边自由贸易体制，推动国际社会共同遵守和落实气候变化《巴黎协定》。

[12月4—5日　葡萄牙　综合]　国家主席习近平对葡萄牙共和国进行国事访问，分别同葡萄牙总统德索萨、总理科斯塔和议会议长罗德里格斯举行会谈。习近平指出，双方要全面加强"一带一路"框架内合作，要做大做强现有项目，扩大双边贸易往来；拓展金融、投资、航空、汽车、新能源等领域合作，并拓展第三方市场；扩大旅游、科技等领域合作。葡方表示，葡方愿积极参与共建"一带一路"，欢迎中国投资，扩大与非洲等地三方合作。

中葡领导人共同见证了《中华人民共和国政府与葡萄牙共和国政府关于共同推进"一带一路"建设的谅解备忘录》《中华人民共和国商务部与葡萄牙共和国外交部关于服务贸易合作的谅解备忘录》等多项双边合作文件的签署。

[12月4—8日　法国　综合]　国务院副总理胡春华与法国经济与财政部部长勒梅尔在巴黎共同主持第六次中法高级别经济财金对话。胡春华表示，双方要共同推进"一带一路"国际合作。勒梅尔表示，法国愿与中国加强在贸易、技术、农业、金融、气候变化等经济财金各领域务实合作。本次对话中，双方达成68项互利共赢成果。

农业农村部副部长屈冬玉在巴黎与法国农业和食品部企业效益与环境总司副总司长迪克洛举行了对口会谈。屈冬玉建议完善农业合作机制，强化农业科技合作，开展农业三方合作，开展农业农村政策交流。

国家能源局局长章建华在巴黎参加了第六次中法高级别经济财金对话，并与法国生态转型部能源与气候署署长洛朗·米歇尔共同主持召开第二次中法能源对话。双方共同签署了《第二次中法能源对话会议纪要》。在法期间，章建华会见了法国电力集团董事长兼总裁乐维。

[12月7日 意大利 科技] 科技部副部长徐南平在北京会见了意大利经济发展、劳动与社会政策部副部长米凯雷·杰拉奇一行。徐南平认为，两国应加强科技与经济政策、计划和项目对接，为各类创新主体特别是企业间合作搭建平台，促进中意在研究、资本、生产全链条加强合作。

[12月10日 法国 科技] 科技部部长王志刚在北京会见了法国高等教育、研究与创新部研究与创新总司长贝尔纳·拉呼图胡一行。双方分别介绍了两国科技发展现状，交流了科技创新理念，就筹备中法科技合作联合委员会第14届会议、共同推动中法科技创新合作达成广泛共识。

[12月10日 德国 综合] 国家主席习近平在北京同来访的德国总统施泰因迈尔举行会谈。习近平就发展中德关系提出以下主张：1. 深化中德关系，相互理解和信任是基础；2. 保持中德关系的活力，需要坚持开放和创新合作；3. 拓宽合作空间，共建"一带一路"可以提供重要平台；4. 推进人文交往；5. 推进全球治理，共同建设开放型世界经济，维护多边自由贸易体制，落实气候变化《巴黎协定》。施泰因迈尔表示，德方愿同中方扩大双边贸易规模，扩大对华投资，共同维护自由贸易。德国将继续致力于推动欧中互利合作。

同日，国务院总理李克强在北京会见施泰因迈尔。

[12月17日 意大利 经贸合作] 商务部国际贸易谈判代表兼副部长傅自应与意大利经济发展部副部长杰拉奇在京共同主持召开中意经济合作混合委员会第13次会议。双方就双边经贸关系、"一带一路"合作、共同反对贸易保护主义、中国国际进口博览会和加强贸易与投资等议题交

换了意见。

[12月17日 英国 "一带一路"] 财政部副部长邹加怡在北京会见了英国财政部"一带一路"金融与专业服务合作特使范智廉。双方就中英"一带一路"合作、英国"一带一路"专家委员会立场文件等议题交换了意见。

（四）欧亚地区

[1月1日 格鲁吉亚 自贸区] 《中华人民共和国政府和格鲁吉亚政府自由贸易协定》于2018年1月1日生效并实施。在货物贸易方面，格对中96.5%的产品立即实施零关税，覆盖格自中进口总额的99.6%；中对格93.9%的产品实施零关税，覆盖中自格进口总额的93.8%。这是中国与欧亚地区国家签署的首个自贸协定，也是"一带一路"倡议提出后中国启动并达成的首个自贸协定。

[1月23日 哈萨克斯坦 农业] 商务部国际贸易谈判代表兼副部长傅自应在北京会见哈萨克斯坦农业部副部长伊萨耶娃，就推动中哈农业合作交换意见。

[2月5日 阿塞拜疆 综合] 商务部国际贸易谈判代表兼副部长傅自应在北京会见阿塞拜疆经济部长穆斯塔法耶夫。

[2月7日 俄罗斯 综合] 时任国务院副总理的汪洋在哈尔滨与俄罗斯副总理兼总统驻远东联邦区全权代表特鲁特涅夫举行中国东北地区和俄罗斯远东及贝加尔地区政府间合作委员会双方主席会晤并出席中俄地方合作交流年开幕式。汪洋指出，两国要进一步完善合作机制和平台、加强规划对接、明确重点合作项目、优化营商环境。

[2月7日 俄罗斯 农业] 农业部副部长屈冬玉在哈尔滨会见俄罗斯联邦农业部副部长涅波克罗诺夫，并共同签署了《中华人民共和国农

业部与俄罗斯联邦农业部关于共同制定中国东北地区和俄罗斯远东及贝加尔地区农业发展规划的谅解备忘录》。

[2月7日 乌兹别克斯坦 "一带一路"] 外交部部长王毅在北京同乌兹别克斯坦外长卡米洛夫会谈。双方重点围绕阿富汗问题以及上海合作组织青岛峰会筹备工作等交换意见。卡米洛夫表示,乌方愿与中方携手共建"一带一路"。

[2月9日 白俄罗斯 贸易] 商务部国际贸易谈判代表兼副部长傅自应会见白俄罗斯经济部部长季诺夫斯基,就中白经贸合作有关问题交换意见,并签署两国政府间提供优惠贷款框架协议。

[3月5—6日 摩尔多瓦 自贸区] 中国—摩尔多瓦自贸协定首轮谈判在摩尔多瓦首都基希讷乌举行。双方就谈判职责文件交换了意见,成立谈判工作组,对协定里建议文本进行逐条磋商,就后续工作路线图和具体任务达成共识并签署会议纪要。双方初步商定,第二轮谈判将在北京举行。

[3月23日 俄罗斯 综合] 商务部国际贸易谈判代表兼副部长傅自应会见俄罗斯远东发展部副部长克鲁季科夫,就中俄远东开发合作重点问题交换意见。

[4月2—3日 吉尔吉斯斯坦 贸易] 商务部副部长傅自应与吉尔吉斯斯坦共和国第一副总理沙季耶夫在北京共同主持召开中吉政府间经贸合作委员会第十三次会议,就经贸合作、扩大中吉贸易规模和改善贸易结构、共建"一带一路"框架下投资和产能合作、基础设施合作等交换意见。会后,双方共同签署了会议纪要。

国务院副总理胡春华在北京会见了吉尔吉斯斯坦第一副总理沙季耶夫一行。双方就经贸合作、共建"一带一路"、扩大产能与投资合作、加强上海合作组织框架内合作等问题深入交换意见。

[4月5日 俄罗斯 综合] 习近平主席特使、国务委员兼外交部

部长王毅在莫斯科同俄罗斯外长拉夫罗夫举行会谈。王毅表示，双方应继续加强在联合国、上海合作组织、金砖国家等多边框架内的沟通配合。

[4月11日 吉尔吉斯斯坦 "一带一路"] 国家主席习近平在海南博鳌会见吉尔吉斯斯坦前总统阿坦巴耶夫。习近平指出，中吉共建"一带一路"合作取得重要早期收获。阿坦巴耶夫表示，吉中关系已经发展到战略伙伴水平，感谢中方对吉发展提供的帮助。

[4月12日 哈萨克斯坦 金融] 中国人民银行行长易纲在北京会见哈萨克斯坦央行行长阿吉舍夫，双方就加强中哈经济金融合作等议题交换意见。

[4月13日 俄罗斯 投资] 国家发改委副主任宁吉喆与俄罗斯经济发展部格鲁杰夫副部长在北京共同主持召开了中俄投资合作委员会第十次秘书长会议，研究推进2018年中俄投资合作重点工作。

[4月17日 俄罗斯 综合] 国家发改委副主任林念修在北京会见俄罗斯总统经济顾问格拉季耶夫一行。双方就中国发展经验、中俄共同开发国际运输走廊项目、中俄地区发展投资基金等议题交换了意见。双方表示希望两国进一步加强各领域合作，不断提升两国务实合作水平。

[4月23日 俄罗斯 综合] 国家主席习近平在北京会见俄罗斯外长拉夫罗夫。习近平强调，双方要推动"一带一路"建设和欧亚经济联盟对接合作，加强在多边框架内的合作。拉夫罗夫表示，俄罗斯愿深化两国各领域合作。同日，国务委员兼外交部部长王毅在北京与俄罗斯外长拉夫罗夫举行会谈。

[4月24—25日 塔吉克斯坦、哈萨克斯坦、乌兹别克斯坦、吉尔吉斯斯坦 "一带一路"] 国务委员兼外交部部长王毅在北京分别与塔吉克斯坦外长阿斯洛夫、哈萨克斯坦外长阿布德拉赫曼诺夫、乌兹别克斯坦外长卡米洛夫举行会谈，就推动"一带一路"建设、双边合作等交换意见。

25日，王毅在北京与吉尔吉斯斯坦外长阿布德尔达耶夫举行会谈。

[4月24—27日　俄罗斯　能源]　国家发改委副主任张勇率团赴俄罗斯莫斯科与俄能源部副部长安东·伊纽钦共同主持中俄能效工作组第一次会议，双方就能效合作达成多项共识。会前，张勇与伊纽钦举行了小范围会晤，双方就加强中俄能效合作及两国在金砖国家等框架下进一步推动国际能效合作交换意见。

[4月26日　俄罗斯　综合]　商务部国际贸易谈判代表兼副部长傅自应与俄经济发展部副部长格鲁杰夫共同主持召开第五届中国—俄罗斯博览会组委会会议。中俄博览会是中俄两国间层级最高、规模最大的综合性展会，第五届中俄博览会将于2018年7月9—12日在俄罗斯叶卡捷琳堡举办。

[4月27日　哈萨克斯坦　综合]　财政部部长刘昆在京会见哈萨克斯坦财政部部长巴黑特·苏丹诺夫一行，双方就两国宏观经济形势、"一带一路"框架下合作、财政合作等议题交换意见。

[5月10—13日　哈萨克斯坦　农业]　中国海关总署署长倪岳峰与哈萨克斯坦副总理兼农业部部长舒克耶夫在西安举行的上海合作组织成员国跨境动物疫病联合防控合作会议上签署了《关于哈萨克斯坦菜籽粕输华植物检疫要求议定书》。

[5月29日　白俄罗斯　综合]　国家副主席王岐山访问白俄罗斯期间，在明斯克分别同卢卡申科总统、科比亚科夫总理举行会见会谈。王岐山表示，双方要促进投资和金融领域合作。白方表示，白方愿积极对接两国发展战略。

[5月29日　哈萨克斯坦　产能]　国家发改委主任何立峰在北京会见了哈萨克斯坦投资发展部部长卡西姆别克，双方就进一步推动中哈产能与投资合作以及中哈共建"一带一路"合作等议题深入交换意见。

[5月30日　吉尔吉斯斯坦　产能]　国家发改委副主任宁吉喆在北

京会见了来访的吉尔吉斯斯坦经济部副部长萨兹巴科夫一行，双方就加强中吉产能与投资合作、国家发改委拟与吉尔吉斯斯坦经济部签署的《关于共同推动产能与投资合作重点项目（第二轮）的谅解备忘录》深入交换了意见。

[6月3日　俄罗斯　贸易]　国务委员兼外交部部长王毅在出席金砖国家外长正式会晤期间会见俄罗斯外长拉夫罗夫。王毅表示，应在金砖国家合作平台上加强战略协作。拉夫罗夫表示，愿与中方在上合组织、金砖合作、二十国集团等多边机制内加强协调，同其他新兴市场国家一道，反对单边主义和保护主义。

[6月5日　乌克兰　基础设施]　国家发改委副主任宁吉喆在北京会见了乌克兰基础设施部部长奥梅良，双方就中乌共建"一带一路"合作以及进一步加强两国在基础设施领域的合作等议题深入交换了意见。

[6月6日　吉尔吉斯斯坦　贸易]　商务部部长钟山与吉尔吉斯斯坦投资促进保护署署长舒姆卡尔别克在北京签署了《中华人民共和国商务部和吉尔吉斯共和国投资促进保护署关于开展经贸合作区建设的备忘录》，中国国家主席习近平和吉尔吉斯斯坦总统热恩别科夫共同见证。

[6月6日　吉尔吉斯斯坦　"一带一路"]　国家主席习近平在北京同来华参加上海合作组织青岛峰会的吉尔吉斯斯坦总统热恩别科夫举行会谈。习近平指出，中方愿同吉方共同规划好两国合作重点领域和项目，要扩大经贸投资。热恩别科夫表示，吉方愿同中方加强经贸、人文等领域务实合作。

[6月7日　乌兹别克斯坦　农业]　农业农村部副部长屈冬玉在北京会见了乌兹别克斯坦农业部副部长艾尔加舍夫。屈冬玉表示，建议乌方为中方企业在乌投资经营提供更多支持，积极参与多边农业合作。

[6月7日　吉尔吉斯斯坦　贸易]　国务院总理李克强在北京会见来华进行国事访问并出席上海合作组织青岛峰会的吉尔吉斯斯坦总统热恩

别科夫。李克强指出，要加快推进产能、互联互通、金融等领域合作。吉方表示，愿同中方深化投资、加工工业、农业、新能源、交通、卫生等领域合作。

[6月7日 哈萨克斯坦 贸易、"一带一路"] 国家主席习近平在北京同来华参加上海合作组织青岛峰会的哈萨克斯坦总统纳扎尔巴耶夫举行会谈。习近平指出，双方要推进产能、投资、经贸、能源、金融、互联互通建设、农业、创新合作。纳扎尔巴耶夫表示，哈方愿深化哈中各领域合作。

同日，国务院总理李克强在北京会见来华进行国事访问并出席上海合作组织青岛峰会的哈萨克斯坦总统纳扎尔巴耶夫。李克强表示，希望双方进一步加强基础设施建设、能源、资源等领域产能合作，扩大农产品贸易、金融等合作。哈方表示，愿同中方推进在工业、投资、创新、农业、能源、金融等各领域务实合作。

同日，商务部部长钟山与哈萨克斯坦外长阿布德拉赫曼诺夫在北京签署了《中华人民共和国商务部和哈萨克斯坦共和国国民经济部关于电子商务合作的谅解备忘录》。

同日，国家发改委主任何立峰在北京与哈萨克斯坦投资发展部部长签署了《中华人民共和国国家发展和改革委员会与哈萨克斯坦共和国投资和发展部关于共同编制中哈产能与投资合作规划的谅解备忘录》与《中华人民共和国国家发展和改革委员会与哈萨克斯坦共和国投资和发展部关于产能与投资合作重点项目清单及其形成机制的谅解备忘录》。

[6月8日 俄罗斯 贸易、投资、"一带一路"] 国家主席习近平在北京同来华参加上海合作组织青岛峰会的俄罗斯总统普京举行会谈。普京表示，俄方愿加强同中方经贸、投资、能源、基础设施合作。

同日，国务院总理李克强在北京会见来华进行国事访问并出席上海合作组织青岛峰会的俄罗斯总统普京。李克强表示，中方愿稳步推进油气等能源合作项目,探讨延长合作产业链,加强科技、航空、金融等合作。

同日,国务院副总理胡春华在北京会见了俄罗斯副总理兼总统驻远东联邦区全权代表特鲁特涅夫。

同日,商务部部长钟山与俄罗斯经济发展部部长马克西姆·奥列什金在北京签署了《中华人民共和国商务部与俄罗斯联邦经济发展部关于完成欧亚经济伙伴关系协定联合可行性研究的联合声明》。

同日,国家发改委主任何立峰在北京与俄罗斯经济发展部部长签署了《中华人民共和国国家发展和改革委员会与俄罗斯联邦经济发展部关于进一步加强投资合作的谅解备忘录》。

[6月9日 乌兹别克斯坦、塔吉克斯坦 "一带一路"] 国家主席习近平在青岛分别会见来华参加上海合作组织青岛峰会的乌兹别克斯坦总统米尔济约耶夫和塔吉克斯坦总统拉赫蒙。在会见乌兹别克斯坦总统米尔济约耶夫时,习近平强调,双方要深化产能、投资、互联互通等合作。在会见塔吉克斯坦总统拉赫蒙时,习近平表示,下阶段,双方要深化金融和投资合作,扩大互联互通合作。

[6月10日 白俄罗斯 综合] 国家主席习近平在青岛会见来华参加上海合作组织青岛峰会的白俄罗斯总统卢卡申科。习近平强调,双方要深化经贸、投资合作,推进中白工业园建设。卢卡申科表示,愿不断深化同中方在经贸、人文等领域交流合作。

[7月9—12日 俄罗斯 综合] 第五届中国—俄罗斯博览会在俄罗斯叶卡捷琳堡举行。10日,中国商务部副部长高燕与俄罗斯经济发展部副部长塔雷博夫共同出席开幕式并巡馆。博览会期间,双方围绕农林开发、跨境电商、科技创新、金融服务、青年交流等领域,共同举办了14场重点商务活动。此外,中国商务部与俄罗斯工贸部共同举办了第五次中俄林业合作圆桌会议。

[7月24日 摩尔多瓦 自贸区] 商务部国际贸易谈判代表兼副部

长傅自应会见摩尔多瓦经济与基础设施部国务秘书德拉戈琳，启动中摩自由贸易协定第二轮谈判。

[8月21日　俄罗斯　综合]　国务院副总理胡春华在大连与俄罗斯副总理兼总统驻远东联邦区全权代表特鲁特涅夫共同主持召开中国东北地区和俄罗斯远东及贝加尔地区政府间合作委员会第二次会议。双方一致同意推进互联互通建设，为扩大港口物流、资源开发、现代农业、装备制造等领域投资合作创造条件。会议结束后，胡春华与特鲁特涅夫签署了会议纪要。

同日，农业农村部副部长屈冬玉与俄罗斯农业部副部长谢尔盖·列文在辽宁大连共同主持召开了中俄总理定期会晤委员会农业合作分委会第五次会议，双方交流了农业投资与贸易、动植物检疫、兽医、农业科技、农业基础设施建设等各领域合作，重点讨论了《中国东北地区和俄罗斯远东及贝加尔地区农业发展规划》。

[9月4日　白俄罗斯　科技]　中白政府间合作委员会科技合作分委会第二次会议在北京召开，科技部部长王志刚与白俄罗斯国家科学技术委员会主席舒米林共同主持会议。双方商定，将继续扩大两国科技领域人文交流，深化务实研发项目合作，并积极促进相关科技项目在中白"巨石"工业园落地。最后，双方签署了《中白政府间合作委员会科技合作分委会第二次会议纪要》。

[9月10—17日　保加利亚、俄罗斯　粮食安全]　国家粮食和物资储备局局长张务锋率团访问了保加利亚、俄罗斯，就加强粮食流通领域相关合作事项与两国进行了交流会商。

[9月11日　俄罗斯　综合]　国家主席习近平在符拉迪沃斯托克出席第四届东方经济论坛期间同俄罗斯总统普京举行会谈。双方均强调，要继续推进欧亚经济联盟和"一带一路"对接合作，扩大能源、农业、科技创新、金融、电子商务等领域合作，推动重点项目稳步实施，加强前沿

科学技术共同研发，调动两国更多地方积极性。

同日，习近平和普京共同出席中俄地方领导人对话会。本次对话会的主题是"新时代的中俄地方合作"。来自中国9个省、自治区的负责人和俄罗斯13个联邦主体的负责人参加对话会。两国领导人还共同参观了主题为"战略伙伴，合作共赢"的中俄经贸合作成果图片展。

[9月16—18日　俄罗斯　综合]　国务院副总理韩正访问俄罗斯，在莫斯科会见俄罗斯总统普京，并同俄罗斯第一副总理西卢安诺夫共同主持中俄投资合作委员会第五次会议、同俄罗斯副总理科扎克共同主持中俄能源合作委员会第15次会议。韩正表示，中方愿同俄方一道，推动双方投资、能源合作。普京表示，双方要继续加强协调配合，开拓数字经济、现代生物基因、深空、高科技等新的合作领域。

访问期间，韩正还分别会见了俄罗斯天然气工业公司总裁米勒和俄罗斯石油公司总裁谢钦。

[9月17—19日　摩尔多瓦　自贸区]　中国—摩尔多瓦自贸协定第三轮谈判在摩首都基希讷乌举行。双方就包括货物贸易市场准入在内的各议题展开磋商并取得积极进展。

[9月19日　摩尔多瓦　"一带一路"]　国务委员兼外长王毅在天津会见出席夏季达沃斯论坛的摩尔多瓦外交部部长乌里扬诺夫斯基。双方均表示，加强"一带一路"合作，期待两国尽快完成自贸协定谈判，愿积极参与"16+1合作"，探讨第三方合作。

[9月20日　俄罗斯　综合]　商务部部长助理李成钢与俄罗斯经济发展部副部长戈里科夫在莫斯科共同主持召开中俄总理定期会晤委员会经贸合作分委会第21次会议。双方均表示应深化共建"一带一路"与欧亚经济联盟对接合作；巩固贸易良好势头，支持跨境电商和服务贸易发展，完善贸易结算体系，促进地方间合作；加强在世贸组织、金砖国家等多边框架下的合作，支持和维护多边贸易体制。

[9月25日　哈萨克斯坦　"一带一路"]　国务院副总理韩正在北京同哈萨克斯坦第一副总理马明举行中哈合作委员会双方主席会晤。韩正表示，中哈共建"一带一路"合作成果丰硕；要深化产能、投资、经贸、财金、能源、互联互通等各领域合作。

[9月28日　哈萨克斯坦　贸易、投资]　哈萨克斯坦政府与世贸组织投资便利化之友在哈萨克斯坦首都阿斯塔纳联合举办"贸易和投资便利化与发展高层论坛"。哈萨克斯坦总理纳金塔耶夫、世贸组织总干事阿泽维多出席开幕式，商务部部长助理李成钢代表部长钟山出席开幕式并致辞。李成钢还在论坛专题讨论环节和哈方举办的早餐会上分别发言。中国常驻世贸组织代表张向晨大使出席论坛并参加讨论。

[10月2—5日　俄罗斯　能源]　国家能源局副局长林山青在莫斯科出席俄罗斯能源周，在"天然气能否在世界范围内成为普及的交通燃料"高级别会议上发言。期间，林山青还会见了俄罗斯能源部副部长伊纽钦并参观了莫斯科第十二热电站。

[10月12日　白俄罗斯　"一带一路"]　国务院总理李克强在杜尚别会见白俄罗斯总理鲁马斯。李克强指出，以中白工业园项目顺利实施为标志，两国共建"一带一路"合作取得早期收获。鲁马斯表示，白方愿以白中工业园区为平台同中方加强在"一带一路"倡议下的合作。

[10月17日　俄罗斯　"一带一路"]　国家主席习近平在北京会见俄罗斯总统办公厅主任瓦伊诺。习近平指出，双方要深入推进两国在能源、创新等领域合作，加快"一带一路"建设同欧亚经济联盟的对接合作。

[10月17日　俄罗斯　科技]　中俄总理定期会晤委员会科技合作分委会第二十二届例会在莫斯科举行。分委会中方主席、科技部副部长、国家外国专家局局长张建国与分委会俄方主席、俄罗斯联邦科学与高等教育部副部长特鲁普尼科夫共同主持会议。会后，双方主席共同签署了《中

俄总理定期会晤委员会科技合作分委会第二十二届例会议定书》。

[11月2日　俄罗斯　投资合作]　国家发改委副主任宁吉喆与俄罗斯经济发展部副部长热乌林在北京共同主持召开了中俄投资合作委员会秘书长第十一次会议。

[11月5日　俄罗斯　贸易]　国家主席习近平在上海会见来华出席首届中国国际进口博览会的俄罗斯总理梅德韦杰夫。习近平指出，双方要不断深化能源、农业、金融、科技创新等领域合作，扩大地方和人文交流，办好今明两年中俄地方合作交流年。

[11月6日　俄罗斯　综合]　国务院副总理、中俄总理定期会晤委员会中方主席胡春华在上海与俄罗斯副总理、委员会俄方主席阿基莫夫共同主持中俄总理定期会晤委员会第22次会议。双方一致同意，应全力落实好签署的合作项目和协议，巩固合作基础，拓展农业、科技、金融、交通运输、服务贸易等领域合作。会前，胡春华与阿基莫夫举行了小范围会谈，就双方关心的问题交换了意见。

[11月7日　俄罗斯　服务贸易]　商务部部长钟山与俄罗斯经济发展部部长马克西姆·奥列什金在北京签署了《中华人民共和国商务部和俄罗斯联邦经济发展部关于服务贸易领域合作的谅解备忘录》。根据该备忘录，中俄两国将成立服务贸易合作常设工作组，推动以服务贸易发展为目的的双边展会，加强双边服务贸易数据交换等。

[11月7日　俄罗斯　综合]　国务院总理李克强在北京与俄罗斯总理梅德韦杰夫共同主持中俄总理第二十三次定期会晤。国务院副总理、中俄投资合作委员会、能源合作委员会中方主席韩正出席。双方表示，希望推进中俄跨境电子商务健康稳定发展，加强在创新领域、特别是在科技应用和基础研究领域合作。

会晤后，李克强与梅德韦杰夫签署了《中俄总理第二十三次定期会晤联合公报》，并共同见证了投资、能源、地方合作、人文、农业、海关、质检、航天等领域多项双边合作文件的签署。

[11月8日　俄罗斯　农业]　农业农村部部长韩长赋在北京会见了俄罗斯联邦农业部部长德·尼·帕特鲁舍夫，双方就两国农业合作问题交换了意见。

[11月8日　乌克兰　"一带一路"]　国务院副总理刘鹤在北京会见来华出席活动的乌克兰第一副总理兼经贸部部长库比夫。库比夫表示，乌方愿积极参与"一带一路"建设，欢迎更多中方企业赴乌投资，不断深化双方在经贸、农业、基础设施、人文等领域合作。

[11月15日　俄罗斯　综合]　国务院总理李克强在新加坡会展中心会见俄罗斯总统普京。李克强指出，中方愿同俄方继续深化贸易投资、能源、创新、金融等领域合作。普京表示，俄方愿同中方推进能源、航空、航天、科技、联合研发、数字经济等领域合作取得新成果。

[11月22日　哈萨克斯坦　"一带一路"]　国务院总理李克强在北京同哈萨克斯坦总理萨金塔耶夫举行中哈总理第四次定期会晤。李克强表示愿同哈方稳定和拓展能源合作。萨金塔耶夫表示，愿深化贸易、投资、产能、农业、能源等领域合作。会谈后，两国总理共同见证了相关双边合作文件的签署。

同日，国家主席习近平在北京会见萨金塔耶夫。习近平指出双方要重点加强政策协调，落实好丝绸之路经济带建设同"光明之路"新经济政策对接，规划好各领域合作。

[11月22日　哈萨克斯坦　投资、产能]　国家发改委主任何立峰与哈萨克斯坦投资发展部部长签署了《中华人民共和国国家发展和改革委员会与哈萨克斯坦共和国投资和发展部关于中哈产能与投资合作第十五轮重点项目清单的谅解备忘录》，与哈萨克斯坦信息和通信部部长阿巴耶夫签署了《中华人民共和国国家发展和改革委员会与哈萨克斯坦信息和通信部关于加强数字经济合作的谅解备忘录》。

[11月29日　俄罗斯　能源]　中俄能源商务论坛在北京举办,国务院副总理韩正出席开幕式,宣读习近平主席贺信并致辞,国家能源局局长章建华主持开幕式并作闭幕式总结发言。章建华指出,本次论坛务实高效,成果丰富,希望双方以此次论坛为契机,为深化两国全面战略协作伙伴关系作出新的积极贡献。

同日,国务院副总理韩正在北京会见了来华出席中俄能源商务论坛的俄罗斯联邦总统能源发展战略和生态安全委员会执行秘书、俄罗斯石油公司总裁谢钦。韩正表示,中方愿同俄方一道,深化在能源贸易、油气勘探开发、能源技术装备等领域务实合作,加大金融支持。

[11月30日　俄罗斯　综合]　国家主席习近平在布宜诺斯艾利斯会见俄罗斯总统普京。习近平强调,中俄要深化经贸、金融、能源、科技等合作,完善两国地方合作机制布局,密切在二十国集团、金砖国家等多边机制内的协调,推动各方坚定维护多边主义。

[12月10日　乌克兰　货币]　中国人民银行行长易纲在北京会见了来访的乌克兰央行行长亚契夫·斯莫利一行,双方就经济金融形势、推动金融合作等议题进行了沟通。同时,中国人民银行与乌克兰国家银行续签了中乌(克兰)双边本币互换协议,旨在促进双边贸易和投资以发展两国经济。协议规模为150亿元人民币/620亿格里夫纳,协议有效期三年,经双方同意可以展期。

(五) 西亚北非

[1月3日　约旦　"一带一路"]　外交部部长王毅同约旦外交与侨务大臣萨法迪通电话。萨法迪强调,约方将坚定奉行一个中国原则,尊重中方核心利益,热烈欢迎并积极响应"一带一路"倡议。

[1月31日　阿联酋　综合]　外交部部长王毅在北京会见阿联酋国

务部部长苏尔坦。王毅表示,中方愿同阿方深化能源领域的全产业链、全方位合作。苏尔坦表示,阿方愿采取更多积极举措参与"一带一路"建设,继续深化两国能源领域战略合作,拓展经贸等领域合作,欢迎更多中国企业参与阿发展建设项目。

[2月1日 埃及 农业] 农业部副部长屈冬玉在北京会见了埃及水利与灌溉部副部长马德彦率领的世界银行中东北非项目代表团,双方就加强节水和旱作农业合作交换了意见。

[2月7日 伊朗 "一带一路"] 外交部部长王毅在北京会见伊朗议会国家安全与外交政策委员会主席布鲁杰迪。王毅表示,中方支持伊核全面协议。布鲁杰迪表示,伊方愿在共建"一带一路"框架下加强双边合作,赞赏中方在伊核问题上秉持公正立场。

[2月27日 黎巴嫩 援助] 中国向黎巴嫩提供的紧急人道主义援助粮食分发仪式在黎北部城镇米尼耶举行。中国驻黎巴嫩大使王克俭、经济商务参赞张凤玲以及黎巴嫩社会事务部总司长艾哈迈德等出席。

[4月19日 土耳其 "一带一路"] 国家主席习近平同土耳其总统埃尔多安通电话。习近平指出,要加强发展战略对接,做好"一带一路"和"中间走廊"倡议的对接。埃尔多安表示,土耳其支持并愿积极参与"一带一路"建设,推进经贸、能源、基础设施、旅游等领域合作。

[4月20—22日 沙特阿拉伯 能源] 国家能源局副局长刘宝华在沙特分别会见沙能工矿部次大臣级顾问阿卜杜勒·凯利姆和科技城主席图尔基亲王,调研中电建承建的沙特电力公司PP14项目,并与有关中资能源企业开会座谈。

[4月29日 科威特 "一带一路"] 习近平主席特别代表杨洁篪在科威特城会见科威特埃米尔萨巴赫。杨洁篪指出,中方愿同科方加强发展战略对接,共同推进科"丝绸城和五岛"开发项目。萨巴赫表示,科方愿将"丝绸城和五岛"开发项目与"一带一路"倡议有效对接。

[4月30日　阿联酋　综合]　习近平主席特别代表杨洁篪在阿布扎比会见阿联酋阿布扎比王储穆罕默德。同日，杨洁篪会见阿联酋外交与国际合作部部长阿卜杜拉。

[5月13日　伊朗　"一带一路"]　国务委员兼外交部部长王毅在北京与伊朗外长扎里夫举行会谈。王毅表示，中方把伊朗视为共建"一带一路"的重要伙伴。扎里夫表示，伊方愿同中方在共建"一带一路"框架下开展互联互通、基础设施建设等领域合作。

[5月21日　沙特阿拉伯　"一带一路"]　国务委员兼外交部部长王毅在布宜诺斯艾利斯出席二十国集团外长会议期间会见沙特阿拉伯外交大臣朱贝尔。王毅表示，希望双方推进在产能、投资、能源、经贸、基础设施等领域合作。朱贝尔表示，沙特愿意在"一带一路"框架下加强在港口、能源等领域务实合作。

[5月25日　阿曼　"一带一路"]　国家主席习近平同阿曼苏丹国苏丹卡布斯互致贺电，共同宣布建立中阿战略伙伴关系，并热烈庆祝两国建交40周年，共同宣布将两国关系定位提升至战略伙伴关系。

[6月10日　阿富汗、伊朗　"一带一路"]　国家主席习近平在青岛分别会见来华参加上海合作组织青岛峰会的阿富汗总统加尼和伊朗总统鲁哈尼。在会见阿富汗总统加尼时，习近平指出，双方要深化经贸务实合作，中方支持阿富汗参与"一带一路"建设。加尼表示，阿富汗支持中方"一带一路"倡议和加强区域合作的重要主张。在会见伊朗总统鲁哈尼时，习近平表示，双方要以共建"一带一路"为主线。鲁哈尼表示，伊方愿落实好两国共建"一带一路"合作协议。

[6月10日　伊朗　科技]　上海合作组织青岛峰会期间，在国家主席习近平和伊朗总统鲁哈尼见证下，科技部部长王志刚与伊朗外交部部长扎里夫共同签署了《中华人民共和国科学技术部和伊朗伊斯兰共和国科学技术副总统办公室关于实施联合研究计划的谅解备忘录》。

[6月15日 土耳其 "一带一路"] 国务委员兼外交部部长王毅在北京与到访的土耳其外长查武什奥卢举行会谈。王毅表示，中方愿在共建"一带一路"框架下，启动对接双方发展战略的具体规划。查武什奥卢表示，土方愿深化两国能源、基础设施、贸易、投资等领域务实合作。

[7月7日 阿联酋 "一带一路"、综合] 国务委员兼外交部部长王毅在北京同来华出席中国—阿拉伯国家合作论坛第八届部长级会议的阿联酋外交与国际合作部部长阿卜杜拉举行会谈。王毅表示，中方愿把"一带一路"倡议同阿联酋"重振丝绸之路"设想结合起来。

国家发改委副主任宁吉喆在北京会见了来访的阿联酋国务部长苏尔坦一行。双方就深化中阿在港口、产能合作园区、能源等重点领域的务实合作交换了意见。

[7月9日 科威特 电子商务] 在科威特埃米尔萨巴赫访华期间，商务部国际贸易谈判代表兼副部长傅自应与科威特贸工部部长哈立德·拉乌丹在北京共同签署了《中华人民共和国商务部和科威特国商工部关于电子商务合作的谅解备忘录》。

[7月9日 沙特阿拉伯 "一带一路"] 国务委员兼外交部部长王毅在北京同来华出席中国—阿拉伯国家合作论坛第八届部长级会议的沙特阿拉伯外交大臣朱贝尔共同主持举行中沙高级委员会政治外交分委会第三次会议。王毅表示，双方要扩大两国在能源、经贸、投资、基础设施建设、产能等领域合作。朱贝尔表示，沙方愿加强沙中在能源、矿业、经贸、投资、旅游等各领域的合作。

同日，中央外事工作委员会办公室主任杨洁篪在北京会见沙特外交大臣朱贝尔。

[7月8—9日 埃及 "一带一路"] 国家副主席王岐山在北京会见来华出席中国—阿拉伯国家合作论坛第八届部长级会议的埃及外长舒克里。王岐山表示，中方愿同埃方加强各领域务实合作。舒克里表示，埃方

将积极参与"一带一路"建设。

8日,国务委员兼外交部部长王毅会见舒克里。

[7月9日 卡塔尔 "一带一路"] 国务委员兼外交部部长王毅在北京同来华出席中国—阿拉伯国家合作论坛第八届部长级会议的卡塔尔外交国务大臣穆莱基举行会谈。王毅表示,双方要在共建"一带一路"框架下进一步深化能源、基础设施建设、金融、航天等领域合作。

[7月9日 阿曼 综合] 国务委员兼外交部部长王毅在北京同来华出席中国—阿拉伯国家合作论坛第八届部长级会议的阿曼外交事务主管大臣阿拉维举行会谈。王毅表示,双方要加快推进共建"一带一路"和产能合作,并深化双方多种形式的金融合作。阿拉维表示,阿曼愿在"一带一路"框架下与中方加强金融、投资、旅游等领域的合作。

[7月9日 巴林 "一带一路"] 国务委员兼外交部部长王毅在北京同来华出席中国—阿拉伯国家合作论坛第八届部长级会议的巴林外交大臣哈立德举行会谈。王毅表示,双方要在共建"一带一路"框架下推进各领域务实合作。哈立德表示,巴林愿在"一带一路"框架下进一步加强与中国在各领域的合作。会后,双方签署了共同推进"一带一路"建设的谅解备忘录等协定。

[7月10日 摩洛哥 "一带一路"] 国务委员兼外交部部长王毅在北京同来华出席中国—阿拉伯国家合作论坛第八届部长级会议的摩洛哥外交与国际合作大臣布里达举行会谈。王毅表示,下阶段双方要深化"一带一路"框架下的经贸、投资合作。布里达表示,摩方愿与中方加速推进共建"一带一路"。

[7月10日 黎巴嫩 "一带一路"] 国务委员兼外交部部长王毅在北京会见来华出席中国—阿拉伯国家合作论坛第八届部长级会议的黎巴嫩经济和贸易部部长扈里。王毅表示,中方将继续鼓励中企赴黎投资兴业,参与黎基础设施建设。

[7月11日　阿尔及利亚　"一带一路"]　国务委员兼外交部部长王毅在北京同来华出席中国—阿拉伯国家合作论坛第八届部长级会议并访华的阿尔及利亚外长梅萨赫勒举行会谈。王毅指出，双方应在"一带一路"下促进两国在经贸、投资、基础设施建设等领域取得更多成果。梅萨赫勒表示，阿方愿在"一带一路"框架下加强工业、经贸、基础设施建设等领域合作。

[7月11日　突尼斯　"一带一路"]　国务委员兼外交部部长王毅在北京同来华出席中国—阿拉伯国家合作论坛第八届部长级会议的突尼斯外长朱海纳维举行会谈。王毅表示，加强两国在"一带一路"框架下的合作。

[7月11日　也门　"一带一路"]　国务委员兼外交部部长王毅在北京同来华出席中国—阿拉伯国家合作论坛第八届部长级会议的也门外交部部长耶曼尼举行会谈。王毅表示，中方愿与也门等阿拉伯国家在中阿共建"一带一路"进程中不断深化两国合作。耶曼尼表示，也门愿同中方一道落实"一带一路"等重要倡议。

[7月20日　阿联酋　"一带一路"]　国家主席习近平在阿布扎比同阿联酋副总统兼总理穆罕默德、阿布扎比王储穆罕默德举行会谈。习近平强调，中方愿在"一带一路"框架下同阿方加强能源合作，深化投资和金融合作。两国领导人共同见证了"一带一路"建设等合作文件的签署。

[7月20日　阿联酋　电子商务]　在国家主席习近平访问阿联酋期间，商务部部长钟山与阿联酋经济部部长苏尔坦·曼苏里在阿布扎比共同签署了《中华人民共和国商务部和阿拉伯联合酋长国经济部关于电子商务合作的谅解备忘录》。

同日，钟山与曼苏里共同出席了在阿布扎比举办的中阿经济论坛。钟山强调，双方要进一步加强能源、服务业和高新技术等领域合作。曼苏里表示，阿方欢迎同中国企业开展科技创新、先进制造业和基础设施建设等领域合作。

[7月20日 阿联酋 综合] 国家发改委主任何立峰与阿联酋经济部部长曼苏里在阿联酋阿布扎比签署了《关于加强重点领域务实合作的谅解备忘录》。双方将持续深化中阿在互联互通、产能合作园区和金融平台、共同投资基金、能源上下游全产业链等重点领域的务实合作，并开展第三方市场合作。

[7月26日 土耳其 综合] 国家主席习近平在南非出席金砖国家领导人约翰内斯堡会晤时会见土耳其总统埃尔多安。习近平强调，中方期待同土方通过"金砖+"模式加强沟通和合作。埃尔多安表示，土方愿同中国深化经贸、投资、基础设施建设等领域合作。

[7月26日 巴勒斯坦 自贸区] 在中国—巴勒斯坦第一次经贸联合委员会期间，商务部副部长钱克明与巴勒斯坦国民经济部部长欧黛在北京共同签署谅解备忘录，宣布中巴自贸协定联合可行性研究正式完成。

[8月18日 土耳其 "一带一路"] 国务委员兼外长王毅应约同土耳其外长查武什奥卢通电话。查武什奥卢强调土方将积极参与"一带一路"建设。

[8月18—21日 以色列 科技] 科技部部长王志刚应邀访问以色列，分别会见了以色列科技部部长奥尔·阿库尼斯、外交部副部长齐皮·霍托卫利、经济与产业部部长艾里·科恩和创新署主席阿米·阿贝尔鲍姆等，就完善中以创新合作联合委员会机制、深化创新合作等议题深入交换意见。

[9月1—2日 埃及 综合] 国家主席习近平在北京同来华出席中非合作论坛北京峰会的埃及总统塞西举行会谈。习近平指出，中方愿同埃及"2030愿景""苏伊士运河走廊开发"等发展战略紧密对接。会谈后，两国元首还共同见证了双边合作文件的签署。

2日，国务院总理李克强在北京会见塞西。李克强表示，中方愿推动中国企业赴埃投资，希望埃方为此提供税收等方面的优惠政策。塞西表示，欢迎中国企业扩大对埃投资，发挥埃及的区位优势，用好苏伊士运河工业园区，共同开拓欧洲、中东、非洲市场。

[9月4日 摩洛哥 综合] 中央书记处书记王沪宁在北京会见来华出席中非合作论坛北京峰会的摩洛哥首相欧斯曼尼。双方表示，愿共同拓展合作领域。

[9月4日 利比亚 "一带一路"] 国务委员兼外交部部长王毅会见来华出席中非合作论坛北京峰会的利比亚民族团结政府总理特别代表、外长希亚莱。希亚莱表示，利方将坚定支持中非合作论坛建设和"一带一路"倡议，推动非中和利中关系不断发展。

[9月5日 突尼斯、阿尔及利亚、摩洛哥 "一带一路"] 国家主席习近平在北京会见来华出席中非合作论坛北京峰会的突尼斯总理沙赫德、阿尔及利亚总理乌叶海亚、摩洛哥首相欧斯曼尼并举行会谈。习近平表示，中方愿同非方继续推进有关重点项目。非方表示，赞同中非命运共同体理念以及共建"一带一路"的倡议，加强双方在经贸、旅游等领域合作。

同日，国务院副总理韩正在北京会见突尼斯总理沙赫德。

[9月13—14日 土耳其 "一带一路"] 中国政府代表、外交部副部长乐玉成访问土耳其，拜会土耳其副总统奥克塔伊、外交部部长查武什奥卢、国库和财政部部长阿尔巴依拉克，并同土耳其第一副外长厄纳尔会谈。乐玉成表示，要不断推进两国在经贸、基础设施、金融、能源、旅游等领域的合作。土方表示，愿积极参与共建"一带一路"，扩大同中方的合作。

[9月19日 阿塞拜疆 "一带一路"] 国务委员兼外长王毅在天津会见出席夏季达沃斯论坛的阿塞拜疆外长马梅德亚罗夫。王毅表示，阿

方积极参与支持"一带一路"倡议，中方愿同阿方共同推进亚欧大陆互联互通。

[9月27日　土耳其、叙利亚　综合]　国务委员兼外长王毅在纽约出席联合国大会期间分别会见土耳其外长查武什奥卢、叙利亚副总理兼外长穆阿利姆。王毅表示，希望同各方共同致力于维护多边主义、国际体系和国际规则，共同维护新兴市场国家和广大发展中国家的正当权益；推动双边经济往来的进一步发展。

[10月12日　以色列　经济技术合作]　国家发改委副主任宁吉喆与以色列总理办公室主任兼幕僚长约阿夫·霍罗威茨共同主持了在北京召开的中以政府间经济技术合作机制第三次会议。双方重点讨论了机制未来发展计划，在机制框架下致力于高效合作，落实2017—2019三年行动计划，加强各工作组交流，着力推进双边务实合作等议题。

[10月22—25日　以色列　创新、"一带一路"]　国家副主席王岐山应邀访问以色列，在耶路撒冷分别会见内塔尼亚胡总理和瑞夫林总统。王岐山表示，双方应推动中以创新合作取得更多成果。内塔尼亚胡表示，以方愿积极参与"一带一路"建设，将自身的科技和经验优势与中方的市场和产能优势对接，欢迎中企参与以色列基础设施项目建设。瑞夫林表示，以方愿加强双方在科技、农业、教育、卫生、文化等各领域的交流与合作。此外，王岐山与内塔尼亚胡共同主持召开中以创新合作联合委员会第四次会议，共同签署《中以创新合作行动计划（2018—2021）》，并见证了其他7份中以合作文件的签署。

24日，农业农村部副部长屈冬玉与以色列农业与农村发展部部长乌里·阿里埃勒在耶路撒冷举行了双边会谈。

[10月23日　巴勒斯坦　"一带一路"]　国家副主席王岐山应邀访问巴勒斯坦，在拉马拉会见总理哈姆迪拉。王岐山表示，中方将鼓励有实力的中国企业来巴投资兴业。哈姆迪拉表示，巴方愿在共建"一带一路"

进程中，同中方深化经贸、基础设施建设、清洁能源、人才培训等领域合作。会见后，两位领导人共同见证商务部副部长钱克明与巴勒斯坦国民经济部部长欧黛签署《关于启动中巴自贸区谈判的谅解备忘录》等文件。

[10月25—27日 埃及 "一带一路"] 国家副主席王岐山应邀访问埃及，在开罗分别会见了总统塞西和总理马德布利。王岐山表示，愿推动更多中国企业到埃及投资兴业，并继续鼓励中国公民来埃及旅游；中方重视塞西总统提出的苏伊士走廊开发计划。塞西表示，埃及支持"一带一路"倡议，愿同中方探讨在非洲开展三方合作。马德布利表示，愿促进双方经贸合作取得更多成果。会谈后，王岐山与马德布利共同见证了中埃农业、教育、文化等领域双边合作文件的签署。

[10月25—27日 阿联酋 "一带一路"] 国家副主席王岐山应邀访问阿联酋，分别在阿布扎比会见阿联酋阿布扎比王储穆罕默德，在迪拜会见阿联酋副总统兼总理、迪拜酋长穆罕默德。会见阿布扎比王储穆罕默德时，王岐山表示，愿推动中国与海湾合作委员会自贸区谈判早日重启并达成一致。在会见穆罕默德副总统兼总理时，王岐山表示，中阿在共建"一带一路"框架下合作成果丰硕，双方可进一步加强金融、创新、人工智能等领域的合作，并加快推进迪拜海水稻项目。

[11月18日 科威特 "一带一路"] 国家发改委副主任宁吉喆在北京会见了科威特丝绸城和布比延岛开发机构主席费萨尔，双方重点就中科"丝绸城和五岛"建设合作深入交换了意见。会后，双方共同签署了《关于成立"丝绸城和五岛"建设合作机制的谅解备忘录》。

[11月30日 沙特阿拉伯 "一带一路"] 国家主席习近平在布宜诺斯艾利斯会见沙特阿拉伯王储穆罕默德·本·萨勒曼。习近平指出，双方要落实好"一带一路"倡议同沙特"2030愿景"对接，推进各领域合作。

[11月30日 土耳其 "一带一路"] 国家主席习近平在布宜诺斯

艾利斯会见土耳其总统埃尔多安。习近平表示，中方愿同土方加强协调和配合，共同反对保护主义、单边主义，维护新兴市场国家共同利益。埃尔多安表示，土方愿在共建"一带一路"框架内深化经贸、投资、航空、旅游合作。

[12月3日　以色列　金融]　财政部部长助理许宏才在访以期间与以色列财政部总会计师罗尼·赫兹其亚胡共同签署了中以第四号财政合作议定书。根据该议定书，以方将在以往财政合作议定书的基础上，向中方增加提供5亿美元的优惠出口信贷额度，用于支持以方企业向中国出口产品和技术。

[12月4日　土耳其　"一带一路"]　国务院总理李克强在北京会见土耳其大国民议会议长耶尔德勒姆。李克强指出，中方愿将"一带一路"倡议同土方发展战略更好对接。耶尔德勒姆表示，土方愿同中方深化基础设施建设、贸易投资等领域合作。

[12月7日　沙特阿拉伯　综合]　商务部副部长钱克明与沙特商业投资部次大臣哈拉比在京共同主持召开中沙高级别联合委员会贸易和投资分委会第三次会议。双方就进一步加强贸易、投资、基础设施等领域合作深入交换了意见。

[12月10日　阿联酋　基础设施]　国家发改委副主任宁吉喆在阿联酋参加中远海运哈利法港二期码头开港仪式，并对中阿"一带一路"产能合作园区进行调研。

[12月12日　卡塔尔　综合]　国务委员兼外长王毅在北京同卡塔尔副首相兼外交大臣穆罕默德共同主持中卡政府间战略对话机制首次会议。王毅表示，双方可以共建"一带一路"为契机，在能源、高新技术、投资、金融等领域开展互利共赢合作。双方宣布，两国全面互免签证协定从12月21日起正式生效，愿加快推进旅游合作。

[12月16日　阿曼　"一带一路"]　国家发改委副主任宁吉喆在北

京会见了阿曼外交部秘书长巴德尔一行，双方就中阿共建"一带一路"合作、产能与投资合作深入交换了意见。

[12月17日　科威特　"一带一路"]　国务院副总理韩正在北京与科威特第一副首相兼国防大臣纳赛尔举行会谈。韩正表示，双方要推动共建"一带一路"合作。纳赛尔表示，科方愿积极参与共建"一带一路"，不断深化两国各领域合作。

（六）南亚

[1月3日　巴基斯坦　能源]　巴基斯坦能源部部长拉加里与中国驻巴大使姚敬会面，决定与所有各走廊框架下的能源项目中国投资者举行会谈，加速项目进展，解决项目面临的问题。

[1月15日　巴基斯坦　综合]　时任国家发改委副主任王晓涛在北京会见巴基斯坦规划发展和改革部常秘西迪克一行，双方就2018年推进中巴经济走廊各领域合作交换意见。

[1月22日　巴基斯坦　贸易]　中国驻巴基斯坦大使馆和巴基斯坦商务部联合召开中国国际进口博览会新闻发布会。巴基斯坦商务部部长马利克表示，巴方将全力支持并参与此次博览会，已指定巴基斯坦贸易发展署作为组展单位。

[2月7—8日　巴基斯坦　自贸区]　商务部副部长王受文与巴基斯坦商务部常秘达嘎在北京共同主持中国—巴基斯坦自贸区第二阶段谈判第九次会议。双方就货物贸易、双边保障措施、海关合作及案文等内容进行了磋商，取得积极进展。双方同意尽早完成第二阶段谈判，使双方企业尽早受益。

[3月14日　斯里兰卡　"一带一路"]　中国驻斯里兰卡大使程学源应约与斯里兰卡总理维克勒马辛哈举行斯中共同办公会。维克勒马辛哈

表示，愿同中方在"一带一路"建设中推动两国经贸合作大项目进展，并为斯中大项目合作解决实际困难。斯里兰卡总理办公厅主任、南方发展部长拉特纳亚克等官员出席。

[3月19日　印度　综合]　工业和信息化部副部长罗文在北京会见印度电子和信息技术部副部长阿贾伊·普拉卡什·梭尼，双方就深化中印企业在电子信息领域的合作、加强"中国制造2025"与"印度制造"行动的对接、为双方企业在中印发展营造良好环境、推动双方产业界紧密协作互利共赢等交换意见。

[3月26日　印度　贸易]　商务部部长钟山和印度商工部部长普拉布在印度新德里共同主持召开中印经贸联合小组第十一次会议。钟山就深化两国经贸合作提出七点建议。普拉布表示，重点推动双方产业园区项目合作，欢迎中企赴印投资，希望中方采取切实措施缩小贸易逆差。印方支持多边贸易体系。

[4月2日　巴基斯坦　自贸区]　中国—巴基斯坦自贸区第二阶段谈判第十次会议在伊斯兰堡举行。中方代表团由商务部副部长兼国际贸易谈判副代表王受文任团长，多个单位参会；巴方代表团由巴基斯坦商务部常秘达嘎任团长，多个部门参会。双方就货物贸易关税减让、海关数据交换等内容进行磋商，谈判取得积极进展。会议期间，王受文会见巴商务部部长穆罕默德·佩尔韦兹·马利克，就中巴双边经贸关系及中巴自贸区第二阶段谈判交换了意见。

[4月10日　巴基斯坦　中巴经济走廊]　国家主席习近平在海南博鳌会见巴基斯坦总理阿巴西。双方就中巴经济走廊建设进行了交流。阿巴西表示，巴方愿加强双方金融、能源、农业、基础设施、人力资源等合作。

[4月13日　巴基斯坦　中巴经济走廊]　国家发改委副主任宁吉喆在北京会见巴基斯坦内政部兼规划发展和改革部部长、中巴经济走廊联合

委员会巴方主席伊克巴尔。双方重点就推进中巴经济走廊既有合作项目交换了意见。

[4月14日　印度　综合]　国家发改委主任何立峰和印度国家转型委员会副主席库马尔在北京共同出席并主持第五次中印战略经济对话。中印双方一致同意在基础设施、高技术、节能环保、能源等领域继续加强合作，并更多地向民生领域倾斜，以更好地促进两国经济可持续发展并造福两国人民。

[4月18日　尼泊尔　综合]　国家副主席王岐山在北京会见尼泊尔外长贾瓦利。王岐山表示，希望双方以"一带一路"建设为契机拓展全方位合作。贾瓦利表示，尼感谢中方一贯支持和帮助。

[4月19日　阿富汗　"一带一路"]　国务委员兼外交部部长王毅在北京会见阿富汗总统国家安全顾问阿特马尔。王毅表示，中方愿与阿方深化经贸等领域合作。阿特马尔表示，阿方愿积极参与"一带一路"建设。

[4月23日　巴基斯坦　综合]　国务委员兼外交部部长王毅在北京与巴基斯坦外长阿西夫举行会谈。双方就双边关系进行了交流。阿西夫表示，巴方愿同中方推进中巴经济走廊等重大合作项目。

[4月22—23日　印度　综合]　国家副主席王岐山在北京会见来访的印度外长斯瓦拉吉。王岐山表示，中方期待印方在上合组织框架内发挥更大作用，共同维护多边贸易体系，希望两国朝着构建更紧密的发展伙伴关系目标迈进。

4月22日，国务委员兼外交部部长王毅在北京与印度外长斯瓦拉吉举行会谈。

[4月27日　印度　综合]　国家主席习近平在武汉会见印度总理莫迪。习近平强调，中方愿同印方建立更紧密的发展伙伴关系，带动两国各领域交流合作。

［5月24日　巴基斯坦　货币］　中国人民银行与巴基斯坦国家银行续签了中巴双边本币互换协议，旨在便利双边贸易投资，促进两国经济发展。协议规模为200亿元人民币/3510亿巴基斯坦卢比，有效期三年，经双方同意可以展期。

［6月4日　印度　贸易］　国务委员兼外交部部长王毅在南非出席金砖国家外长正式会晤期间会见印度外长斯瓦拉吉。王毅说，中印应坚持多边主义，反对保护主义和单边主义。斯瓦拉吉表示，双方应在多边机制内进一步加强协调与合作。

［6月9日　巴基斯坦、印度　"一带一路"］　国家主席习近平在青岛分别会见来华参加上海合作组织峰会的巴基斯坦总统侯赛因和印度总理莫迪。在会见巴基斯坦总统侯赛因时，习近平表示中方愿稳步推进中巴经济走廊建设以及"一带一路"框架下能源和交通基础设施等领域合作。侯赛因表示，巴方愿同中方深化经贸、安全等各领域合作。在会见印度总理莫迪时，双方表示愿全面开展互利合作，同时弘扬"上海精神"，推动上海合作组织健康稳定发展。

［6月13日　阿富汗　"一带一路"］　国务院副总理胡春华在昆明分别会见了来华出席第五届中国—南亚博览会的阿富汗第二副首席执行官穆罕默德·穆哈齐克。双方强调，要在"一带一路"倡议框架下加强贸易、投资和互联互通等领域务实合作。

［6月21日　尼泊尔　贸易、能源］　国务院总理李克强在北京同来华进行正式访问的尼泊尔总理奥利举行会谈。李克强指出，中方愿同尼方深化经贸、产能、投资、农产品等领域合作。奥利表示，尼方愿同中方加强口岸、道路、铁路、通信及跨喜马拉雅合作。会谈后，两国总理共同见证了中尼政治、交通、基础设施、产能、经济技术等十余项双边合作文件的签署。

［6月29日　孟加拉国　"一带一路"］　国家副主席王岐山在北京

会见孟加拉国外长阿里。王岐山表示，中方愿以共建"一带一路"为契机加强各领域合作。阿里表示，愿在"一带一路"框架下推动双边关系迈上新台阶。同日，国务委员兼外交部部长王毅在北京与孟加拉国外长阿里举行会谈。

[7月21日　斯里兰卡　援助]　中国政府援建的斯里兰卡国家肾内专科医院在波隆纳鲁沃举行开工典礼，斯里兰卡总统西里塞纳、卫生部长塞纳拉特纳、中国驻斯里兰卡大使程学源等出席仪式。

[7月26日　印度　综合]　国家主席习近平在南非出席金砖国家领导人约翰内斯堡会晤时会见印度总理莫迪。习近平指出，中印共同探索区域合作新模式，同时共同高举多边主义旗帜，倡导经济全球化，推动国际秩序朝着更加公正合理方向发展。莫迪表示，印方愿同中方加强在多边框架内合作，共同应对保护主义。

[8月16日　巴基斯坦　"一带一路"]　国务委员兼外交部部长王毅在北京会见率多党派参议员代表团访华的巴基斯坦参议院主席桑吉拉尼。王毅表示，中方愿同巴方扩大经贸、人文、防务等领域交流合作。

[8月20日　巴基斯坦　"一带一路"]　国务院总理李克强同巴基斯坦总理伊姆兰·汗通电话。李克强指出，中巴经济走廊是新时期中巴合作的标志性工程。中方愿同巴方加强各领域合作，进口更多有竞争力的巴方优质产品，促进贸易平衡发展。

[9月8—9日　巴基斯坦　"一带一路"]　国务委员兼外长王毅应邀对巴进行正式访问。8日，王毅在伊斯兰堡同巴基斯坦外长库雷希举行会谈。会谈后，两国外长共见记者，介绍会谈达成的十项重要共识，包括要更好推进中巴经济走廊建设、要力争双边贸易平衡发展、要大力开展产能合作等。

9日，巴基斯坦总统阿尔维会见王毅。此外，王毅还会见了巴基斯坦总理伊姆兰·汗、巴陆军参谋长巴杰瓦、国民议会议长凯瑟。

[9月19日　尼泊尔　"一带一路"]　国务院副总理胡春华在成都会见了来华出席第十七届中西部国际博览会的尼泊尔副总统普恩，就落实好双方领导人达成的共识、加强"一带一路"合作等交换了意见。

[9月25日　巴基斯坦　"一带一路"]　国务委员兼外长王毅在纽约出席联合国大会期间会见巴基斯坦外长库雷希。王毅表示，中巴双方要全力推进中巴经济走廊建设、扩大贸易、减贫等广泛领域交流合作。库雷希表示，巴基斯坦新政府将继续坚定推进中巴经济走廊项目，并采取有效措施，确保走廊沿线安全。

[10月12日　阿富汗　"一带一路"]　国务院总理李克强在杜尚别会见阿富汗首席执行官阿卜杜拉。李克强指出，愿推进中国—阿富汗—巴基斯坦三方合作，促进地区和平稳定。阿卜杜拉表示，阿方愿同中方深化在经贸、发电、农产品、反恐等领域合作，积极参与中阿巴三方合作。

[11月2—3日　巴基斯坦　中巴经济走廊]　国家主席习近平在北京会见来华出席首届中国国际进口博览会的巴基斯坦总理伊姆兰·汗。习近平指出，要促进经贸交流与投资，夯实中巴经济走廊早期收获项目，推动走廊建设向产业园区、社会民生等领域拓展。

同日，国务委员兼外长王毅在北京会见陪同伊姆兰·汗访华的巴基斯坦外长库雷希。国家发改委副主任宁吉喆在北京会见巴基斯坦规划发展和改革部部长、中巴经济走廊联合委员会巴方主席巴赫蒂亚尔，双方一致同意加快产业及园区领域合作，并通过新增设的社会民生工作组，支持巴方开展走廊项下的民生工作。

3日，国务院总理李克强在北京与伊姆兰·汗举行会谈。会谈后，李克强和伊姆兰·汗共同见证了两国科研、司法、减贫、卫生、海关等领域十余项双边合作协议的签署。

[11月9日　孟加拉国　综合]　外交部副部长孔铉佑在北京同孟加拉国外秘哈克举行中孟第11轮外交磋商。孔铉佑表示，中方愿与孟方深

化在"一带一路"框架下各领域合作。同日,国务委员兼外长王毅在北京会见哈克。

[11月30日 印度 综合] 国家主席习近平在布宜诺斯艾利斯会见印度总理莫迪。习近平指出,双方要扩大双边贸易,加强投资、医药卫生、减贫、环保、防灾减灾等领域合作;双方要探讨开展更广范围的"中印+"合作,加强在多边场合的协调合作。

[12月13日 尼泊尔 "一带一路"] 国务委员兼外长王毅在北京会见来华举行第12轮中尼外交磋商的尼泊尔外秘巴拉吉。王毅表示,尼是共建"一带一路"的重要伙伴,相信共建"一带一路"合作将为两国关系发展注入重要动力。

(七)撒哈拉以南非洲

[1月9日 刚果(布) 基础设施] 中国民用航空局局长冯正霖在北京会见刚果(布)运输、民用航空和商船事务部部长菲代勒·迪穆一行,双方就加强两国民航合作交换意见,并正式签署《中华人民共和国政府和刚果共和国政府民用航空运输协定》。该协定是建立两国间航空联系的根本法律依据。

[1月11日 南苏丹 援助] 中国援南苏丹医用物资援助交接仪式在南苏丹首都朱巴举行。中国驻南苏丹大使何向东表示,中方将继续重点支持南医疗卫生事业,帮助南方加强医疗设施建设、物资保障和能力建设。

[1月13日 卢旺达 "一带一路"] 外交部部长王毅在基加利与卢旺达外长穆希基瓦博举行会谈。王毅表示,愿与卢方办好中非合作论坛北京峰会,推动共建"一带一路"倡议与非洲各国发展战略对接。同日,王毅在基加利会见卢旺达总统卡加梅,并邀请其出席中非合作论坛北京

峰会。

[1月13日 安哥拉 投资] 安哥拉总统洛伦索在罗安达会见外交部部长王毅。王毅表示，中方将继续鼓励中国企业来安投资，希望安方依法保护中企合法权益。洛伦索表示，希望中方继续支持安铁路联通等大型基础设施建设，欢迎中企来安合作，安方将加快改善投资和营商环境，保证中企合法权益。

[1月15日 加蓬 综合] 加蓬总统邦戈在利伯维尔会见外交部部长王毅。邦戈表示，加方希望中继续支持并积极参与加国家发展进程，在矿业、渔业、农业、加工业等领域开展全方位互利合作。加方愿积极参与共建"一带一路"，为中方成功举办中非合作论坛北京峰会发挥积极作用。

[1月15日 圣多美与普林西比 综合] 外交部部长王毅在圣多美与圣多美和普林西比外长博特略举行会谈。王毅表示，中方欢迎圣普方出席中非合作论坛北京峰会。博特略表示，圣普欢迎中方企业参与圣普基础设施建设和农渔业等重点领域合作，支持并愿积极参与"一带一路"建设，全力支持中方办好中非合作论坛北京峰会。

[1月16日 科特迪瓦 贸易] 中国驻科特迪瓦使馆经商参处同科特迪瓦商业、手工业和中小企业促进部、科特迪瓦工商会、科特迪瓦国家出口委员会共同举办中国国际进口博览会科特迪瓦企业见面会。

[1月18日 几内亚 援助] 中国政府援非万村通卫星电视项目在几内亚举行落地启动仪式，全面启动实施。这是习近平主席在2015年中非合作论坛约翰内斯堡峰会上宣布的援助举措之一，将覆盖非洲25个国家共10112个村落。

[1月22日 纳米比亚 农业] 农业农村部副部长屈冬玉在温得和克会见纳米比亚农业、水利与林业部长穆托瓦。会后，双方签署了《中华人民共和国农业部和纳米比亚共和国农业、水利与林业部关于加强"南南

合作"的谅解备忘录》。

【1月25日 坦桑尼亚 农业】 农业农村部副部长屈冬玉在达累斯萨拉姆会见坦桑尼亚农业部部长蒂泽巴,就农业合作交换意见。蒂泽巴表示中国政府在坦相关援建为坦农业农村经济发展作出积极贡献。中国驻坦桑尼亚大使王克陪同会见。

【1月25日 南苏丹 金融】 中南两国政府关于中国向南苏丹提供优惠贷款框架协议签字仪式在南苏丹财政和计划部举行。根据协议,中国进出口银行向南苏丹政府提供优惠贷款,用于实施南苏丹空中交通管理系统工程项目。

【1月31日 佛得角 援助】 中国驻佛得角大使杜小丛和佛得角外交侨民部部长塔瓦雷斯在佛首都普拉亚签署了《中华人民共和国政府和佛得角政府关于提供无偿援助的经济技术合作协定》。

【2月6日 卢旺达 援助】 中国驻卢旺达大使饶宏伟和卢旺达广播电视局局长亚瑟·阿斯林维代表两国政府签署万村通项目换文。根据卢政府的要求,中方将在卢旺达300个村落实施万村通项目。

【2月13日 塞拉利昂 援助】 中国驻塞拉利昂大使吴鹏在塞首都弗里敦与塞农业部部长琼斯共同签署中国对塞拉利昂粮援物资交接证书,正式代表中国政府向塞拉利昂政府移交共计6301吨的大米粮食物资援助。应塞政府请求,中国政府将继续在粮食短缺和农业发展问题上为塞提供帮助。

【3月9日 乌干达 工业园】 中国—乌干达姆巴莱工业园在乌干达东部城市姆巴莱举行奠基仪式。乌干达总统穆塞韦尼出席仪式时表示,中国企业为非洲发展带来丰厚投资,发展工业园区有助于提升乌工业化进程、促进经济。

【3月15日 科特迪瓦 援助】 中国驻科特迪瓦大使唐卫斌和科特迪瓦外长马塞尔·阿蒙—塔诺在科经济首都阿比让签署经济技术合作协

定，中国将在农业和医疗等方面为科特迪瓦提供2亿元人民币的无偿援助。

[3月22—23日　喀麦隆　综合]　国家主席习近平在北京同喀麦隆总统比亚举行会谈。习近平指出，要扩大贸易，中方支持喀方加快工业化，鼓励中国企业赴喀投资兴业，欢迎喀方参与"一带一路"建设。比亚表示，喀方欢迎中企对喀投资，促进各领域发展，赞赏"一带一路"倡议，支持中非合作论坛框架内合作。会谈后，两国元首共同见证了经济技术合作、人力资源开发、基础设施建设、产能合作等领域双边合作文件的签署。

23日，国务院总理李克强会见比亚。

[3月22日　津巴布韦　贸易]　商务部部长助理李成钢会见津巴布韦财政和经济计划部部长帕特里克·齐纳马萨，就经贸合作交换意见。

[3月22—24日　喀麦隆　产能]　国家发改委主任何立峰与喀麦隆经济、计划与领土整治部部长阿拉明·梅签署了《关于开展产能合作的框架协议》。双方同意建立产能合作机制，重点推动两国基础设施、冶金建材、资源加工、装备制造、轻工电子、产业集聚区等领域的合作。

[3月23日　南非　综合]　国家主席习近平特别代表杨洁篪在开普敦会见南非总统拉马福萨。杨洁篪表示，今年中南两国元首将在北京共同主持中非合作论坛峰会，南方将在约翰内斯堡主办金砖国家领导人会晤。同日，杨洁篪还会见了南非外长西苏鲁。

[3月23日　津巴布韦　金融]　财政部部长刘昆在北京会见津巴布韦财政部部长奇纳马萨一行，就两国财政合作问题交换了意见。

[3月27日　几内亚　基础设施建设]　国家发改委副主任宁吉喆在北京会见几内亚矿产和地质部部长马加苏巴。双方就中几"资源换贷款"合作进行商谈，同意加快有关矿业开发、基础设施建设和贷款协议谈判等工作。

[3月29日 纳米比亚 综合] 国家主席习近平在北京同纳米比亚总统根哥布举行会谈。双方一致决定,建立中纳全面战略合作伙伴关系。习近平强调,要抓好优先领域和重点项目,欢迎纳方参与"一带一路"建设。根哥布表示,愿加强同中国在基础设施、可持续发展、人力资源、技术、减贫等领域合作。会谈后,两国元首共同见证基础设施、融资等领域双边合作文件的签署。第二日,国务院总理李克强会见根哥布。

[3月30日 津巴布韦 贸易] 商务部副部长钱克明与津巴布韦外交和国际贸易部部长莫约在北京共同主持召开中津经贸联合委员会第十次会议,就双边经贸合作有关事宜交换意见。

[4月2—3日 毛里求斯 自贸区] 中国—毛里求斯自贸协定首轮谈判在毛里求斯首都路易港举行。双方就协定议题范围、谈判职责文件、谈判整体安排等达成共识,就主要议题案文和下一步工作全面深入交换了意见。双方初步商定第二轮谈判将于6月在北京举行。

[4月3—4日 津巴布韦 综合] 国家主席习近平在北京同津巴布韦总统姆南加古瓦举行会谈。双方一致决定,将中津关系定位提升为全面战略合作伙伴关系,并就"一带一路"建设、中非合作论坛框架下的合作、双边合作等交换意见。会谈后,两国元首见证了经济技术、农业、科技等领域双边合作文件的签署。

4日,国务院总理李克强在北京会见津巴布韦总统姆南加古瓦。李克强指出,中方愿同津方深化基础设施、农业、产能、人力资源等重点领域合作,鼓励有实力的中国企业赴津开展商业合作。姆南加古瓦表示,津新政府将深化经贸、基础设施、能源、农业、旅游等领域的互利合作。

[4月20日 莫桑比克 农业] 农业农村部副部长张桃林在莫桑比克首都马普托会见莫农业与粮食安全部副部长梅克,就推进中莫农业合作交换意见。

[4月23日 马达加斯加 农业] 农业农村部副部长张桃林在马达

加斯加塔那利佛会见马总统府农业和畜牧业部部长埃德蒙。会后,双方签署了《中华人民共和国农业农村部和马达加斯加共和国总统府农业和畜牧业部关于加强南南合作的谅解备忘录》。

[4月27日　尼日利亚　货币] 中国人民银行与尼日利亚央行在北京签署了中尼双边本币互换协议。协议规模为150亿元人民币/7200亿奈拉,协议有效期三年,经双方同意可以展期。

[5月11日　乌干达　能源] 国家能源局副局长刘宝华在北京会见了乌干达能源与矿产开发部部长艾琳·穆洛妮,双方就进一步加强两国能源合作深入交换了意见。

[5月21日　南非　综合] 国务委员兼外交部部长王毅在布宜诺斯艾利斯出席二十国集团外长会议期间会见南非外长西苏鲁。王毅表示,中方愿与南非密切沟通协作,推动完善全球治理体系。中方将全力支持南成功举办金砖国家领导人会晤。

[6月3日　南非　投资] 南非总统拉马福萨在比勒陀利亚会见在南非出席金砖国家外长正式会晤的国务委员兼外交部部长王毅。王毅表示,双方应推动中南关系进入新阶段。次日,王毅还与南非外长西苏鲁举行会谈。

[6月11日　加纳　"一带一路"] 国务委员兼外交部部长王毅在北京同到访的加纳外交与地区一体化部部长博奇韦举行会谈。王毅表示,中方愿同加方携手共建"一带一路"。博奇韦表示,加方积极参与"一带一路"建设,全面加强两国贸易投资、基础设施建设等领域务实合作。

[6月11日—13日　刚果(布)　"一带一路"] 全国政协主席汪洋对刚果(布)进行正式友好访问期间分别会见总统萨苏、总理穆安巴和国民议会议长姆武巴,并同参议长恩戈洛进行会谈。汪洋表示,双方在基础设施建设、能源资源开发、航空运输、金融等领域合作成果丰硕。

[6月12日　冈比亚　"一带一路"] 国务委员兼外交部部长王毅

在北京会见冈比亚外长达博。王毅说,双方在政治、经贸、人文、国际事务等领域的交流与合作不断取得新成果。

[6月12日　冈比亚　贸易]　商务部副部长钱克明与冈比亚外交、国际合作和侨民事务部部长达博在京共同主持召开中冈首届经贸联合委员会。双方回顾了两国复交以来经贸合作发展成果,并就贸易、投资和基础设施等领域合作交换了意见。会后,双方共同签署了联合委员会会议纪要。

[6月13—16日　乌干达　"一带一路"]　应乌干达政府邀请,全国政协主席汪洋对乌干达进行正式友好访问,分别会见总统穆塞韦尼、议长卡达加、副总统塞坎迪,并同鲁贡达总理举行会谈。汪洋表示,中乌应在中非合作论坛和"一带一路"框架下展开全面合作。下一步双方应深化在机场、公路、工业园区建设和农业等领域的合作。

[6月16—19日　肯尼亚　"一带一路"]　应肯尼亚国民议会议长穆图里邀请,全国政协主席汪洋对肯尼亚进行正式友好访问,分别会见总统肯雅塔、参议长卢萨卡,并同国民议会议长穆图里举行会谈。汪洋表示,双方应进一步加强发展战略对接。肯方表示,肯方积极参与"一带一路"建设。

[6月20日　塞内加尔　综合]　中央外事工作委员会办公室主任杨洁篪在北京会见塞内加尔外长卡巴。杨洁篪表示,中方愿同塞方一道,加强在中非合作论坛和联合国框架内的合作。

[6月25日　科特迪瓦　交通]　中国民用航空局局长冯正霖率领中国民航代表团访问科特迪瓦,与科特迪瓦交通部部长阿玛杜·科内举行了双边航空会谈。双方签署了《中华人民共和国政府和科特迪瓦共和国政府民用航空运输协定》。

[6月24—26日　毛里求斯　自贸区]　中国—毛里求斯自贸协定第二轮谈判在北京举行。双方全面展开案文和市场准入实质性磋商,就重点

关注领域和敏感产品充分深入交换意见。谈判取得积极进展，许多议题案文的主要内容已达成一致，为下一步谈判集中力量处理重点难点问题打下了良好基础。

[7月9日　科摩罗　综合]　国务委员兼外交部部长王毅在北京同来华出席中国—阿拉伯国家合作论坛第八届部长级会议的科摩罗外长阿明举行会谈。阿明表示，科摩罗愿进一步加强同中方在基础设施建设、人力资源开发等领域的合作。

[7月10日　吉布提　"一带一路"]　国务委员兼外交部部长王毅在北京会见来华出席中国—阿拉伯国家合作论坛第八届部长级会议的吉布提外交与国际合作部部长优素福。王毅表示，双方要以深入推进"一带一路"合作为契机，加强各领域合作。优素福表示，吉方愿不断加强两国务实合作。

[7月11日　索马里　"一带一路"]　国务委员兼外交部部长王毅在北京同来华出席中国—阿拉伯国家合作论坛第八届部长级会议的索马里外交与国际合作部部长阿瓦德举行会谈。王毅表示，中方欢迎索方积极参与"一带一路"合作。阿瓦德表示，索希望通过参与"一带一路"加强同中方在基础设施建设、农业、渔业等领域的合作。

[7月11日　毛里塔尼亚　"一带一路"]　国务委员兼外交部部长王毅在北京同来华出席中国—阿拉伯国家合作论坛第八届部长级会议的毛里塔尼亚外交与合作部部长艾哈迈德举行会谈。王毅表示，中方愿同毛方加快推进共建"一带一路"进程。艾哈迈德表示，毛方愿在共建"一带一路"进程中同中方加强基础设施建设、农业、渔业等领域合作。

[7月12日　布基纳法索　综合]　国务院副总理胡春华在瓦加杜古会见布基纳法索总统卡博雷。卡博雷表示希望与中方抓紧制定合作规划，全力把两国关系发展得又快又好。同日，胡春华与蒂耶巴总理举行会谈。会见后，胡春华与蒂耶巴共同出席了中国驻布使馆开馆仪式，并见证了有

关合作文件签字仪式。

[7月13日 博茨瓦纳 "一带一路"] 国家副主席王岐山在北京会见博茨瓦纳国际事务与合作部部长尤妮蒂·道。王岐山表示，希望双方拓展务实合作。尤妮蒂·道表示，愿在"一带一路"框架下拓展和深化博中各领域合作。

同日，国务委员兼外交部部长王毅同尤妮蒂·道举行会谈。

[7月21日 塞内加尔 "一带一路"] 国家主席习近平在达喀尔同塞内加尔总统萨勒举行会谈。萨勒表示，塞方愿加强双方在基础设施建设、水利、工业化、农产品加工、旅游、文化、体育等领域交流合作。两国元首见证了共建"一带一路"等多项双边合作文件的签署。

[7月23日 卢旺达 "一带一路"、电子商务] 国家主席习近平在基加利同卢旺达总统卡加梅举行会谈。习近平强调，中方欢迎卢方积极参与共建"一带一路"国际合作，鼓励中国企业赴卢旺达投资兴业。会谈后，两国元首共同见证了关于"一带一路"建设等多项双边合作文件的签署。

同日，商务部部长钟山与卢旺达贸工部部长樊尚·蒙耶夏卡在基加利共同签署了《中华人民共和国商务部和卢旺达共和国贸工部关于电子商务合作的谅解备忘录》，国家主席习近平和卢旺达总统保罗·卡加梅共同见证。

[7月24日 南非 综合] 国家主席习近平在比勒陀利亚同南非总统拉马福萨举行会谈。中方愿重点推进基础设施建设、贸易投资、科技创新、金融等合作。拉马福萨表示，南非将继续推动共建"一带一路"框架内合作取得积极进展，反对单边主义，加强多边主义，维护发展中国家共同利益。

[7月26日 乌干达 综合] 国家主席习近平在南非出席金砖国家领导人约翰内斯堡会晤时会见乌干达总统穆塞韦尼。习近平表示，愿同乌

方稳步推进重大合作项目。穆塞韦尼表示,乌方希望同中方深化工业园、基础设施建设、电力等领域务实合作。

[7月28日 毛里求斯 "一带一路"] 国家主席习近平在毛里求斯会见毛里求斯总理贾格纳特。习近平强调,中毛要提高双方贸易和投资自由化、便利化水平。贾格纳特表示,毛里求斯欢迎"一带一路"倡议,愿深化同中国的互利友好合作。

同日,国务委员兼外交部部长王毅应约会见毛里求斯外长卢切米纳赖杜。

[8月17日 几内亚 投资] 国家发改委副主任宁吉喆与几内亚总统府办公厅主任兼国务部部长卡巴在北京共同主持召开中几"资源换贷款"协调人第三次会议。双方就推进铝土矿项目开发、融资合作以及共建铁路、港口基础设施等达成多项共识。

[8月28日 科特迪瓦 "一带一路"] 国务委员兼外交部部长王毅在北京会见陪同总统访华并出席中非合作论坛北京峰会的科特迪瓦外长塔诺。王毅表示,中方愿以中科签署共建"一带一路"谅解备忘录为契机,全方位提升两国合作水平。塔诺表示,科方愿以共建"一带一路"为契机,同中方深化各领域合作。

[8月30日 科特迪瓦 "一带一路"] 国家主席习近平在北京同科特迪瓦总统瓦塔拉举行会谈。习近平指出,中科要以共建"一带一路"为契机,加强发展战略对接,促进两国高质量、可持续的共同发展。瓦塔拉表示,科特迪瓦愿积极参与、并愿推动西非经济货币联盟国家共同参与共建"一带一路"合作。

[9月1日 布基纳法索等 综合] 国务院总理李克强在北京分别会见来华出席中非合作论坛北京峰会并进行国事访问的布基纳法索总统卡博雷、加纳总统阿库福—阿多、博茨瓦纳总统马西西、贝宁总统塔隆、几内亚总统孔戴、塞舌尔总统富尔、马拉维总统穆塔里卡、利比里亚总统维

阿、莫桑比克总统纽西、赞比亚总统伦古、加蓬总统邦戈、科摩罗总统阿扎利。国家主席习近平在北京分别会见塞舌尔总统富尔、贝宁总统塔隆、几内亚总统孔戴、马拉维总统穆塔里卡、利比里亚总统维阿、莫桑比克总统纽西、赞比亚总统伦古、科摩罗总统阿扎利。习近平强调，中方愿同非方共建"一带一路"，促进双方在减贫、贸易、农业、能源、电信互联互通等方面合作，助力非洲工业化进程。非洲各国表示支持并愿参加"一带一路"合作，支持中方成功举办中非合作论坛北京峰会。会见后，习近平同各国元首共同见证了双边合作文件的签署。

同日，国务院副总理韩正在北京会见塞舌尔总统富尔；中共中央纪委书记赵乐际在北京会见莫桑比克总统纽西；全国人大常委会委员长栗战书在北京分别会见马拉维总统穆塔里卡和赞比亚总统伦古；国家副主席王岐山在北京分别会见贝宁总统塔隆和科摩罗总统阿扎利；全国政协主席汪洋在北京会见几内亚总统孔戴；国务委员兼外交部部长王毅会见卢旺达外长穆希基瓦博。

[9月2日　毛里求斯　自贸区]　中国商务部副部长高燕与毛里求斯共和国外交、地区一体化和国际贸易部部长卢切米纳赖杜共同签署了《中华人民共和国商务部与毛里求斯共和国外交、地区一体化和国际贸易部关于结束中国毛里求斯自由贸易协定谈判的谅解备忘录》，宣布谈判正式结束，国务院总理李克强和毛里求斯总理贾格纳特共同见证。它是我国与非洲国家商签的第一个自由贸易协定。下一步，双方将开始谈判结果和文本的法律审核工作，为最终签署协定做好准备。

[9月2日　南非、吉布提等　综合]　国家主席习近平在北京分别同来华出席中非合作论坛北京峰会的南非总统拉马福萨、吉布提总统盖莱、埃塞俄比亚总理阿比、安哥拉总统洛伦索、毛里塔尼亚总统阿齐兹、塞内加尔总统萨勒、赤道几内亚总统奥比昂、毛里求斯总理贾格纳特、纳米比亚总统根哥布、苏丹总统巴希尔举行会谈。习近平表示，中方愿与非

方以共建"一带一路"为新起点,创新合作模式,推进基础设施等重点领域合作。非洲各国表示,"一带一路"倡议将促进非中共同发展,中非合作论坛北京峰会将促进非中合作,共同建设更加紧密的中非命运共同体。会见后,习近平与各国元首共同见证了双边合作文件的签署,包括《中华人民共和国政府与南非共和国政府关于气候变化领域合作的谅解备忘录》。

同日,国务院总理李克强在北京会见南非总统拉马福萨、毛里求斯总理贾格纳特、苏丹总统巴希尔、塞拉利昂总统比奥、科特迪瓦总统瓦塔拉;国务院副总理韩正在北京会见吉布提总统盖莱;全国人大常委会委员长栗战书在北京分别会见赤道几内亚总统奥比昂、埃塞俄比亚总理阿比、纳米比亚总统根哥布。

次日,李克强在北京同埃塞俄比亚总理阿比举行会谈;农业农村部部长韩长赋应约会见来华访问的坦桑尼亚总理马贾利瓦,就加强中坦农业合作交换意见。

[9月4日 布基纳法索 农业] 农业农村部副部长屈冬玉会见应邀来华访问的布基纳法索农业和水利治理部秘书长盖尔一行。屈冬玉表示,中布两国恢复外交关系3个月来,农业合作开局良好;中方愿帮助布方发展现代农业,提升粮食安全水平。

[9月4日 肯尼亚、卢旺达 "一带一路"] 国家主席习近平在北京分别会见来华出席中非合作论坛北京峰会的肯尼亚总统肯雅塔和卢旺达总统卡加梅。在会见肯尼亚总统肯雅塔时,习近平强调,中方愿同肯方扩大农业、基础设施建设、医疗卫生、产能等领域合作,加强人文和地方交流,助力肯方实现"四大发展目标";中方愿支持肯方打造铁路沿线经济带和工业园区。会见后,两国元首共同见证了双边合作文件的签署。在会见卢旺达总统卡加梅时,习近平指出,中卢双方共建"一带一路",密切人文交流,不断开创两国友好合作新局面。

[9月5日 几内亚比绍等 "一带一路"] 国家主席习近平在北京分别会见来华出席中非合作论坛北京峰会的几内亚比绍总统瓦斯、马达加斯加总统埃里、尼日利亚总统布哈里、乍得总统代比、刚果共和国总统萨苏、圣多美和普林西比总理特罗瓦达、津巴布韦总统姆南加古瓦。习近平指出，中方愿同非方深化基础设施建设、农业、产能、卫生医疗等领域合作，以落实中非合作论坛北京峰会共识为契机，拓展合作领域，丰富合作成果。非洲各国表示，愿积极参与共建"一带一路"，希望借鉴中国的发展经验，也欢迎中国的投资和技术，以不断深化中非各领域务实合作。会谈后，习近平同各国元首共同见证了双边合作文件的签署。

同日，国务院总理李克强在北京分别会见圣多美和普林西比总理特罗瓦达、尼日利亚总统布哈里、刚果共和国总统萨苏；国务院副总理韩正在北京分别会见几内亚比绍总统瓦斯和突尼斯总理沙海德；中共中央纪委书记赵乐际在北京会见马达加斯加总统埃里；全国人大常委会委员长栗战书在北京分别会见乍得总统代比和津巴布韦总统姆南加古瓦；全国政协主席汪洋在北京会见阿尔及利亚总理乌叶海亚；外交部副部长乐玉成会见南苏丹外交与国际合作部部长尼亚尔。

[9月5日 刚果（金）、加纳、尼日利亚 金融] 财政部部长刘昆在北京分别会见了刚果（金）财政部部长亨利·亚夫·穆朗、加纳财政部部长肯·奥福里—阿塔，同各方就财金合作等问题交换了意见。

同日，中国人民银行行长易纲在北京会见了来访的尼日利亚央行行长艾姆菲莱，双方就双边金融合作等相关议题交换了意见。

[9月6日 佛得角等 "一带一路"] 国家主席习近平在北京分别会见佛得角总理席尔瓦、中非总统图瓦德拉、乌干达总统穆塞韦尼、冈比亚总统巴罗、布隆迪第二副总统布托雷、莱索托首相塔巴内、多哥总统福雷、坦桑尼亚总理马贾利瓦、刚果民主共和国总理奇巴拉。习近平强调，中方愿同非方加强发展战略对接，加强基础设施建设、电力、农业、人力

资源等领域合作。非洲各国表示,愿意在"一带一路"倡议和"八大行动"框架内加强务实合作。

同日,国务院总理李克强在北京同莱索托首相塔巴内举行会谈;国务院副总理韩正在北京分别会见冈比亚总统巴罗和佛得角总理席尔瓦;中央纪委书记赵乐际在北京分别会见中非总统图瓦德拉和坦桑尼亚总理马贾利瓦。

[9月11日　坦桑尼亚　综合]　国务院副总理韩正在广西南宁会见出席第十五届中国—东盟博览会和中国—东盟商务与投资峰会的特邀合作伙伴坦桑尼亚桑给巴尔副总统伊迪。韩正表示,欢迎坦方充分利用中国—东盟博览会平台,进一步深化中坦经贸投资合作。

[9月12日　加纳　能源]　国家能源局副局长刘宝华在北京会见加纳能源部副部长威廉·艾多,双方就进一步拓展核能合作深入交换了意见。

[10月9日　安哥拉　综合]　国家主席习近平在北京同安哥拉总统洛伦索举行会谈。习近平强调,双方要推进共建"一带一路",共同维护多边主义。洛伦索表示,安方期待进一步加强两国在基础设施建设及民生领域的合作。会谈后,两国元首共同见证了双边合作文件的签署。

同日,国务院总理李克强在北京会见来华进行国事访问的安哥拉总统洛伦索。李克强指出,双方应当推进产业、贸易、基础设施建设等重点领域合作,中方鼓励中国企业赴安哥拉投资。

[11月4日　肯尼亚　综合]　国家主席习近平在上海会见来华出席首届中国国际进口博览会的肯尼亚总统肯雅塔。习近平指出,中方愿扩大进口肯产品,共同做好铁路建设等项目可行性研究,希望肯方为中国企业在肯经营提供良好环境。肯雅塔表示,肯方愿密切同中方在经贸、农业、基础设施建设等领域合作。同日,国务委员兼外交部部长王毅在上海应约会见陪同肯雅塔总统来华出席首届中国国际进口博览会的肯尼亚外长

朱马。

[11月8日 肯尼亚 贸易] 商务部副部长王炳南在上海同肯尼亚工业、贸易与合作部部长彼得·穆尼亚举行会谈。双方一致同意，在中肯经贸联合委员会机制项下建立"一带一路"贸易畅通工作组机制，重点协调解决推进"一带一路"贸易畅通中出现的突出困难和问题。双方就此签署了相关合作谅解备忘录。

[11月9日 加纳 农业] 农业农村部副部长屈冬玉在加纳首都阿克拉会见加纳渔业水产部部长夸耶，就加强中加渔业领域合作进行深入交流。

[11月13日 毛里求斯 农业] 农业农村部副部长屈冬玉在毛里求斯首都路易港会见毛里求斯农业和粮食安全部常务副部长鲍伊拉姆波利，就推进中毛农业合作交换意见。

（八）拉丁美洲

[1月10日 阿根廷 贸易] 中国驻阿根廷使馆经商参处在布宜诺斯艾利斯召开中国国际进口博览会媒体宣介会。阿根廷确认参加。

[1月15—16日 巴拿马 自贸区] 中国—巴拿马自贸协定联合可行性研究工作组第一次会议在北京举行，标志着中国—巴拿马自贸区建设进程正式启动。商务部副部长王受文会见巴拿马代表团一行，与巴方代表团团长、巴工商部副部长冈萨雷斯就加快推进联合可行性研究进程交换意见。

[1月21—24日 格林纳达等 综合] 中拉论坛第二届部长会议期间，外交部部长王毅在智利圣地亚哥会见了拉美特立尼达和多巴哥、格林纳达、安提瓜和巴布达、巴巴多斯、多米尼克、牙买加等国外长，拉美国家表示欢迎并支持"一带一路"倡议，愿在倡议框架下深化与中基础设

施建设、能源、交通、融资等领域的合作。

［1月31日　阿根廷　能源］　财政部部长肖捷在阿根廷布宜诺斯艾利斯会见阿根廷总统马克里。双方表示，落实好核电等现有重大项目合作，拓展合作新领域，加强财经领域合作。

［3月7—9日　巴拿马　自贸区］　中国—巴拿马自贸协定联合可行性研究工作组第二次会议在巴拿马首都巴拿马城举行。双方就联合可行性研究报告所有内容达成一致，标志着联合可研工作顺利完成。

［3月21—23日　巴拿马、特立尼达和多巴哥　金融］　时任中国人民银行行长周小川访问了巴拿马与特立尼达和多巴哥。在巴期间，周小川分别会见了总统巴雷拉、副总统兼外长德圣马洛、经济财政部部长德拉瓜尔迪亚和银行总署秘书长阿道尔夫比亚，就推动双边金融机构互设、人民币境外清算服务、反洗钱/反恐融资合作、金融基础设施合作、投资和贸易合作等议题交换意见。在特多期间，周小川分别会见了总理罗利、财政部部长英伯特，就加强双边金融合作与金融机构设立、开展人民币业务等议题交换了意见。

［3月22日　玻利维亚　农业］　农业农村部副部长于康震在北京会见了玻利维亚农村发展和土地部部长塞萨尔·科卡里科。于康震指出，中玻应适时召开中玻农业联合委员会第一次会议，优先开展农业科技交流和能力建设等合作，择机签署两国政府间动植物卫生和检疫协定。

［3月26日　巴西　基础设施］　国家发改委副主任林念修在北京会见了巴西淡水河谷公司全球首席执行官时华泽，双方就深化矿业领域合作交换意见。

［3月30日　乌拉圭　综合］　国家发改委副秘书长苏伟在北京会见了乌拉圭副外长阿里尔·贝尔卡米诺，双方就加强中乌战略伙伴关系、共建"一带一路"和加强产能与投资合作等议题交换意见。

［4月11日　巴西　投资］　国家发改委外资司与巴西总统府投资伙

伴计划秘书处代表团在北京举行会谈。投资伙伴计划自启动已推出250个项目，涉及能源和基础设施等领域，中国企业通过竞标参与多个项目。双方同意，将通过中巴产能与投资合作机制加强沟通协调，支持中企发挥优势参与各领域的PPI项目。

[4月12日　乌拉圭　综合]　中国人民银行行长易纲在北京会见乌拉圭央行行长马里奥·贝佳拉，双方就中乌经贸和投资发展、金融合作交换意见。

[4月17日　乌拉圭　科技]　科技部部长王志刚在北京会见乌拉圭教育文化部部长玛利亚·胡利娅·穆尼奥斯一行，就中国科技创新发展、中乌科技创新合作交换了意见。会后，双方共同签署了《中华人民共和国科学技术部与乌拉圭东岸共和国教育文化部关于科技创新合作的谅解备忘录》。

[5月10日　乌拉圭　农业]　国家粮食和物资储备局局长张务锋在北京会见了乌拉圭牧农渔业部新任部长恩佐·贝内奇一行。在合作谅解备忘录框架下，就继续加强粮食流通、质量标准、信息交换、粮油科研等领域合作，双方达成了广泛共识。

[5月11日　阿根廷　"一带一路"]　国家主席习近平同阿根廷总统马克里互致信函。习近平表示，中方坚定支持阿方主办今年二十国集团峰会。马克里在信中表示，阿方全力支持共建"一带一路"倡议，阿根廷在担任二十国集团主席国期间，将继承并延续杭州峰会的共识和成果。

[5月14日　特立尼达和多巴哥　"一带一路"]　在国务院总理李克强与特立尼达和多巴哥总理罗利见证下，国家发改委主任何立峰与特多外交和加勒比共同体事务部部长丹尼斯·摩西在北京签署《中华人民共和国政府与特立尼达和多巴哥政府关于共同推进丝绸之路经济带和21世纪海上丝绸之路建设的谅解备忘录》。

同日，国务院总理李克强在北京同来华进行正式访问的特立尼达和多巴哥总理罗利举行会谈。李克强指出，中方愿与特多推进基础设施建设、能源、金融、农业等领域合作。罗利表示，特多愿进一步加强同中方在"一带一路"、医疗卫生、金融等领域的务实合作。

[5月14日　哥伦比亚　农业]　农业农村部部长韩长赋在北京会见了哥伦比亚农业和农村发展部部长胡安·祖鲁阿加，就深化中哥农业合作交换了意见。

[5月15日　巴西　"一带一路"]　国务委员兼外交部部长王毅在北京会见巴西外长努内斯。王毅表示，"一带一路"倡议和巴西的"投资伙伴计划"可以实现平等对接。努内斯表示，巴方正在积极研究"一带一路"倡议对接本国发展战略。

[5月15日　特立尼达和多巴哥　贸易]　国家主席习近平在北京会见特立尼达和多巴哥总理罗利。习近平强调，中方愿同特方加强"一带一路"建设合作。罗利表示，特立尼达和多巴哥愿积极参与习近平主席倡导的"一带一路"倡议，扩大双边经贸、投资规模和人文交流。

[5月18日　墨西哥　科技]　中国—墨西哥政府间两国常设委员会科技分委会第七次会议在墨西哥城召开。中国科技部副部长黄卫与墨西哥国家科学技术委员会主任恩里克·卡布雷洛·门多萨共同主持此次会议。会后，黄卫与墨西哥能源部副部长罗德里格斯共同签署了《中华人民共和国科学技术部与墨西哥合众国能源部关于能源领域合作的谅解备忘录》。

[5月20—22日　阿根廷　"一带一路"]　国务委员兼外交部部长王毅在布宜诺斯艾利斯与阿根廷外长福列举行会谈。王毅表示，双方应探讨更加积极共建"一带一路"。福列表示，阿方愿积极探讨将阿自身发展战略同"一带一路"倡议相对接，希望扩大阿农牧业产品对华出口，并在能源、矿业、旅游等领域加强合作。

22日，阿根廷总统马克里在布宜诺斯艾利斯会见王毅。马克里表示，阿方希望不断加强两国在贸易、旅游、基础设施等领域合作。王毅表示，将同阿方加强在贸易、投资、核电、能源、旅游等方面合作。

[5月20日 智利 "一带一路"] 国务委员兼外交部部长王毅在布宜诺斯艾利斯出席二十国集团外长会议期间会见智利外长安普埃罗。王毅表示，中方愿将"一带一路"倡议同智利"2025投资计划"相互对接，推进基础设施、互联互通等各领域互利合作。安普埃罗表示，智方积极支持"一带一路"倡议。

[5月29日 玻利维亚 "一带一路"] 国务委员兼外交部部长王毅同来华进行正式访问的多民族玻利维亚国外交部部长瓦纳库尼举行会谈。王毅强调，中方愿同玻方加强配合，不断丰富中拉全面合作伙伴关系内涵。瓦纳库尼表示，玻利维亚愿同中方共建"一带一路"。

[6月5日 古巴 农业] 农业农村部副部长余欣荣在北京与来访的古巴农业部部长罗德里格斯举行了会谈。余欣荣建议建立中古农业技术合作中心及示范基地，带动古巴农牧业发展，促进农民合作社进步和古巴农民增收。

[6月11日 巴拿马 "一带一路"] 国家发改委副主任宁吉喆在北京会见了巴拿马工商部部长阿罗塞梅纳，双方就中巴"一带一路"合作、产能与投资合作、铁路等基础设施领域合作等进行了交流。

[6月11—12日 巴西 能源] 国家能源局副局长刘宝华率团访问巴西，会见了巴西矿产和能源部副部长马尔西奥·菲利克斯，就两国在电力、核电、可再生能源等领域的合作交换了意见。访问期间，刘宝华还调研了巴西国家电力调度中心和国家电网巴西控股公司。

[6月12日 巴拿马 贸易] 商务部部长钟山和巴拿马工商部部长阿罗塞梅纳在北京共同主持召开中巴政府间经贸混合委员会第一次会议。双方签署谅解备忘录，宣布正式启动中巴自贸协定谈判。商务部副部长兼国际贸易谈判副代表王受文出席会议。钟山表示，希望双方加强电子商务和服务贸易领域合作。阿罗塞梅纳表示，希望中国企业加大对巴投资和开

展基础设施建设。

[6月19日　玻利维亚　"一带一路"、贸易]　国家主席习近平在北京同来访的玻利维亚总统莫拉莱斯举行会谈。习近平指出，中玻要在"一带一路"框架内共同打造投资、贸易、服务并举的合作新模式。莫拉莱斯表示，玻方愿意共建"一带一路"。会谈后，两国元首共同签署了《中华人民共和国和多民族玻利维亚国关于建立战略伙伴关系的联合声明》，并共同见证了共建"一带一路"等双边合作文件的签署。

同日，国务院总理李克强在北京会见来华进行国事访问的玻利维亚总统莫拉莱斯。李克强指出，中方愿同玻方推动经贸、旅游、人文合作，加强产能合作，深化资源开发利用。此访期间，两国签署了投资、经贸等领域多项合作协议。

同日，国家发改委主任何立峰在北京与玻利维亚外交部部长瓦纳库尼签署《中华人民共和国政府与多民族玻利维亚国政府关于共同推进丝绸之路经济带和21世纪海上丝绸之路建设的谅解备忘录》。

[6月26日　厄瓜多尔　农业]　农业农村部副部长韩俊在北京会见了厄瓜多尔农牧业部部长弗洛雷斯。韩俊提出在中厄农业联合委员会框架下加强沟通协调，促进双边农业贸易，开展农业人力资源培训。

[7月4—5日　委内瑞拉　综合]　7月4日，国家发改委副主任宁吉喆在北京会见了委内瑞拉经济财政部部长兼中委高委会委方秘书长西蒙·塞尔帕，双方就中委高委会第十六次会议、商签"一带一路"合作文件、中委融资、石油合作等议题交换了意见。

7月5日，财政部部长助理许宏才在北京会见了委内瑞拉经济财政部部长西蒙·塞尔帕一行。双方就中委财政合作交换了意见。

[7月9—13日　巴拿马　自贸区]　中国—巴拿马自贸协定第一轮谈判在巴拿马首都巴拿马城举行。双方就自贸协定所涉议题全面深入地交换了意见，谈判取得积极进展。

第四部分　中国经济外交重要事件

[7月26日　巴西、阿根廷　综合]　国家主席习近平在南非出席金砖国家领导人约翰内斯堡会晤时分别会见巴西总统特梅尔和阿根廷总统马克里。会见巴西总统特梅尔时，习近平强调，中巴双方要积极探讨"一带一路"倡议同巴西"投资伙伴计划"等发展规划对接，推进标志性项目。特梅尔表示，巴方高度重视"一带一路"倡议，愿深化两国贸易、投资、基础设施建设、能源等领域合作。会见阿根廷总统马克里时，习近平指出，中阿双方要推进共建"一带一路"，对接重要发展规划，拓展经贸、能矿、融资等领域合作。马克里表示，希望双方在能源、制造业、航空、投融资、旅游等领域扩大合作。

[8月19—20日　乌拉圭　"一带一路"]　8月19日，国务委员兼外交部部长王毅在北京与乌拉圭外长尼恩举行会谈。双方一致同意推进"一带一路"框架下的合作，共同反对保护主义。

8月20日，国家发改委主任何立峰与来访的乌拉圭外长尼恩在北京举行会谈，双方就中乌共建"一带一路"合作深入交流意见，并签署了《中华人民共和国政府与乌拉圭东岸共和国政府关于共同推进丝绸之路经济带和21世纪海上丝绸之路建设的谅解备忘录》。

[8月20—24日　巴拿马　贸易]　中国—巴拿马自贸协定第二轮谈判在北京举行。双方在上轮谈判基础上，就自贸协定所涉议题进一步深入地交换了意见，谈判取得积极进展。双方商定，中巴自贸协定第三轮谈判将于今年10月在巴拿马首都巴拿马城举行。

[8月27日　秘鲁　"一带一路"]　国家发改委副主任宁吉喆与来访的秘鲁外长波波利西奥在北京共同主持召开第三次中秘经济合作战略对话。双方围绕共建"一带一路"合作、产能投资、基础设施、矿业、制造业及产业园区、能源、信息互联互通等领域合作广泛而深入地交换了意见。

同日，国家副主席王岐山在北京会见秘鲁外长波波利西奥。王岐山表示,双方要以共建"一带一路"为契机,深化务实合作。

[8月27—28日 巴西 科技] 工业和信息化部部长苗圩在巴西首都巴西利亚分别与巴工业、外贸和服务部代部长雅娜·阿尔维斯,科技、创新和通信部部长吉尔贝托·卡萨布举行工作会谈,就加强两国工业和通信业合作广泛交换意见。

[8月28日 秘鲁 "一带一路"] 国务委员兼外交部部长王毅在北京与秘鲁外长波波利西奥举行两国外交部第十次政治磋商。双方表示将推进"一带一路"合作。

[9月4日 厄瓜多尔 投资] 财政部部长刘昆在北京会见了厄瓜多尔经济和财政部部长理查德·马丁内斯一行。双方就中厄财政合作、"一带一路"合作、项目融资合作等问题交换了意见。

[9月5—13日 秘鲁 农业] 农业农村部副部长韩俊率团应邀访问了秘鲁。访秘期间,韩俊与秘鲁农业和灌溉部部长莫斯塔霍共同主持召开了中秘农业联合委员会第三次会议。双方就合作建立农机示范中心、重启两国国家级农科院合作、开展人力资源培训、深化农业贸易投资等议题深入交换了意见并达成共识。

[9月12—14日 委内瑞拉 "一带一路"] 国家主席习近平在北京同来华进行国事访问的委内瑞拉总统马杜罗举行会谈。习近平强调,双方要加紧对接、推进落实双方业已达成的合作共识。马杜罗表示,委方愿积极参与"一带一路"建设,探讨有效融资方式,加强委中能源、产能等领域合作。会谈后,两国元首共同见证了两国政府关于共同推进"一带一路"建设的谅解备忘录等双边合作文件的签署。

同日,国务院总理李克强在北京会见马杜罗。12日,国家副主席王岐山在北京会见委内瑞拉副总统罗德里格斯。13日,财政部部长刘昆在北京会见了委内瑞拉经济与财政部部长西蒙·塞尔帕一行,双方就中委宏观经济形势、财金合作等问题交换了意见。

第四部分　中国经济外交重要事件　**449**

中国—委内瑞拉高级混合委员会第十六次会议全体会暨闭幕式在京成功举行。中委双方就两国在能矿、农业、工业、科技、金融、文化、社会事务等领域合作达成广泛共识。委内瑞拉总统马杜罗，国务委员兼外长王毅，全国政协副主席、国家发展和改革委员会主任何立峰出席。

同日，何立峰与委内瑞拉外交部部长豪尔赫·阿雷亚萨在北京签署了《中华人民共和国政府与委内瑞拉玻利瓦尔共和国政府关于共同推进丝绸之路经济带和21世纪海上丝绸之路建设的谅解备忘录》。双方将深入推进共建"一带一路"，加强政策协调与务实互利合作。

[9月14日　智利　"一带一路"]　国务委员兼外交部部长王毅在北京同智利外交部部长安普埃罗举行会谈。王毅、安普埃罗均表示，双方应在共建"一带一路"进程中深化互利合作，希望中智自贸协定升级版尽快生效。

[9月17—19日　萨尔瓦多　金融、科技、农业]　中国人民银行副行长陈雨露在北京会见了来访的萨尔瓦多中央储备银行行长奥斯卡·卡夫雷拉·梅尔加，双方就当前经济金融形势和加强中萨双边金融合作交换了意见。

同日，科技部副部长张建国在北京会见了萨尔瓦多总统府技术与规划副秘书阿尔韦托·恩里克斯一行。18日，工业和信息化部副部长罗文在北京会见了阿尔韦托·恩里克斯一行。

19日，农业农村部副部长屈冬玉在北京会见萨尔瓦多农牧业部部长奥特斯，屈冬玉就开启中萨农业合作提出建议。

[9月20—21日　多米尼加　综合]　国务委员兼外交部部长王毅应邀对多米尼加进行正式访问。多米尼加总统梅迪纳在圣多明各会见王毅。梅迪纳表示，期待同中国深化贸易投资合作，欢迎更多中国企业前来投资，中国游客前来旅游。

[9月21—22日　圭亚那　"一带一路"]　国务委员兼外交部部长

王毅应邀对圭亚那进行正式访问。22日，圭亚那总统格兰杰在乔治敦会见王毅。格兰杰表示，圭亚那愿同中方以共建"一带一路"为契机，将共识转化为行动。访问期间，王毅同圭亚那副总统兼外长格里尼奇举行会谈并共同会见记者。

[9月22—23日　苏里南　"一带一路"]　国务委员兼外交部部长王毅应邀对苏里南进行正式访问。苏里南总统鲍特瑟在帕拉马里博会见王毅。鲍特瑟表示，苏里南政府致力于深化两国在基础设施建设、旅游、人文等各领域交流合作，将继续积极支持和参与"一带一路"建设。访问期间，王毅还同苏里南副总统阿德欣举行会谈，会见苏里南外长拜赫勒并共同会见记者。

[9月25日　巴拿马　"一带一路"]　国务委员兼外交部部长王毅在纽约出席联合国大会期间会见巴拿马总统巴雷拉。巴雷拉表示，巴方愿推进双方经贸、投资、旅游、人文等领域合作，愿积极参与"一带一路"建设。王毅表示，中方愿同巴方充分激发两国合作潜力。

[9月26日　厄瓜多尔　"一带一路"]　国务委员兼外交部部长王毅在纽约出席联合国大会期间会见厄瓜多尔外长瓦伦西亚。王毅表示，双方可以以共建"一带一路"为平台，为两国合作挖掘新的潜力。瓦伦西亚表示，愿与中方积极探讨加强贸易、投资、金融、能源、互联互通合作和民间往来等合作。

[10月9—13日　巴拿马　自贸区]　中国—巴拿马自贸协定第三轮谈判在巴拿马首都巴拿马城举行。本轮谈判后，双方已经就卫生与植物卫生措施、技术性贸易壁垒、电子商务、知识产权等近半数章节内容达成一致，并在货物贸易和服务贸易市场准入、原产地规则等领域取得积极进展。双方商定，于2018年11月举行中巴自贸协定第四轮谈判。

[10月13日　墨西哥　综合]　国务委员兼外交部部长王毅应约同墨西哥外长比德加赖通电话。比德加赖通报了《美墨加协定》情况，表

示协定不会对墨中贸易、投资以及政治关系产生任何限制。王毅表示，中墨同属新兴市场国家，双方应共同维护多边主义，共同维护自由贸易体制。

[10月17日　阿根廷　金融]　外交部副部长秦刚在布宜诺斯艾利斯分别同阿根廷外长福列、副外长雷蒙迪举行会见和会谈。秦刚表示，中方支持阿方为维护本国经济金融稳定所作努力，中方全力支持阿方成功举办二十国集团领导人峰会。

[10月25日　古巴　"一带一路"]　国务委员兼外交部部长王毅在北京会见古巴部长会议副主席卡布里萨斯。卡布里萨斯表示，古巴愿积极参与共建"一带一路"。

[10月31日　阿根廷　综合]　国家发改委副主任连维良在北京会见了阿根廷内政、公共工程和住房部部长罗赫里奥·弗里赫里奥一行。双方就阿根廷经济形势、中阿经济技术合作、能源合作、基础设施合作等议题进行了交流。

[11月1日　萨尔瓦多　综合]　国家主席习近平在北京同萨尔瓦多总统桑切斯举行会谈。习近平强调，欢迎萨方扩大对华出口，愿同萨方开展基础设施等领域合作，支持有实力的中国企业赴萨尔瓦多投资兴业。桑切斯表示，愿同中方加强在经贸、农业、基础设施建设、旅游、金融、科技等领域合作。会谈后，两国元首共同见证了多项双边合作文件的签署。

同日，国家发改委主任何立峰与萨尔瓦多外长卡斯塔内达在北京签署了《中华人民共和国政府与萨尔瓦多共和国政府关于共同推进丝绸之路经济带和21世纪海上丝绸之路建设的谅解备忘录》。

[11月1—2日　智利　农业、"一带一路"]　11月1日，农业农村部副部长韩俊在北京会见了智利农业部部长沃克。韩俊提出三点建议：一是提升中智示范农场合作，将其打造成为展示智利农业技术与农耕文化的平台；二是加快中智示范农场建设；三是提升中智农产品贸易合作水平。

11月2日，国家发改委主任何立峰与智利外长安普埃罗在北京举行会谈，随后国家发改委副主任宁吉喆与安普埃罗、智利投资促进局局长罗德里格斯共同主持召开第三次中智经济合作与协调战略对话。双方围绕共建"一带一路"合作、产能投资、矿业、基础设施、能源、信息互联互通等领域合作广泛而深入地交换了意见，并签署《中华人民共和国政府与智利共和国政府关于共同推进丝绸之路经济带和21世纪海上丝绸之路建设的谅解备忘录》。

[11月2日　多米尼加　综合]　国家主席习近平在北京同多米尼加总统梅迪纳举行会谈。双方表示要积极开展基础设施建设、金融、投资、旅游、民航、能源、电力等领域合作。会谈后，两国元首共同见证了双边合作文件的签署。

同日，国务院总理李克强在北京会见梅迪纳。李克强指出，中方支持有实力的中国企业和金融机构按市场规则和商业原则同多方开展电力、交通、港口等基础设施建设合作。梅迪纳表示，多方希望加强电力等领域合作。

同日，国家发改委主任何立峰与多米尼加外长巴尔加斯在北京签署了《中华人民共和国政府与多米尼加共和国政府关于共同推进丝绸之路经济带和21世纪海上丝绸之路建设的谅解备忘录》。

[11月2日　萨尔瓦多　"一带一路"]　国务院总理李克强在北京会见来华进行国事访问并出席首届中国国际进口博览会的萨尔瓦多总统桑切斯。双方表示愿将"一带一路"倡议同萨方发展战略相对接。

[11月5日　墨西哥　综合]　国务委员兼外交部部长王毅在上海应约会见墨西哥候任外长埃布拉德。双方表示，中墨应深化共建"一带一路"框架下合作，拓展贸易、投资、农业、能源等领域合作，共同倡导自由贸易。

[11月7—8日　阿根廷　金融、综合]　11月7日，中国人民银行

行长易纲在北京会见了来访的阿根廷央行行长吉多·桑德里斯，双方就中阿经济金融形势及双边金融合作等议题交换了意见。

11月8日，财政部副部长邹加怡在北京会见阿根廷央行行长桑德里斯和财政部金融国务秘书鲍斯利一行，双方就中阿经济形势等交换了意见。

[11月8日　古巴　综合]　国家主席习近平在北京同古巴国务委员会主席兼部长会议主席迪亚斯—卡内尔举行会谈。习近平强调，双方要规划好经贸、能源、农业、旅游、生物制药等重点合作领域和项目；中方欢迎古方扩大对华出口。迪亚斯—卡内尔表示，双方要加强经贸、教育、文化等领域交流。会谈后，两国元首还共同见证了有关双边合作文件的签署。

[11月17日　智利　综合]　国家主席习近平在莫尔斯比港会见智利总统皮涅拉。习近平强调，中智要确定"一带一路"重点领域和项目，推动扩大双边贸易规模，深化投资合作，扎实推进重大互联互通项目；中方愿与智利共同推进亚太自由贸易区建设。

[11月17日　秘鲁　自贸区]　商务部部长钟山与秘鲁外贸旅游部部长瓦伦西亚签署谅解备忘录，宣布启动中国—秘鲁自由贸易协定升级谈判。

[11月19—24日　巴拿马　自贸区]　中国—巴拿马自贸协定第四轮谈判在巴拿马举行。双方在此前谈判基础上，围绕货物贸易、服务贸易、金融服务、投资、原产地规则、海关程序和贸易便利化、经济贸易合作以及法律议题等展开深入磋商，谈判取得积极进展。双方商定在中国举行中巴自贸协定下一轮谈判。

[12月2日　阿根廷　综合]　国家主席习近平同阿根廷总统马克里在布宜诺斯艾利斯举行会谈。习近平指出，中方愿扩大进口阿根廷优质产品和服务，支持阿方能源多元化战略，愿参与阿方基础设施建设、民生等

项目。要深化投融资和本币互换合作，支持改革和完善国际货币体系，共同推动构建中阿命运共同体。马克里表示，阿方愿拓展农业、金融、航空、基础设施建设等合作，欢迎中方企业扩大对阿根廷投资。

两国元首共同见证了《中华人民共和国政府与阿根廷共和国政府共同行动计划（2019—2023）》《中华人民共和国商务部和阿根廷共和国生产和劳工部关于电子商务合作的谅解备忘录》《中华人民共和国商务部与阿根廷共和国生产和劳工部关于服务贸易合作谅解备忘录》等多项双边合作文件的签署。双方发表了《中华人民共和国和阿根廷共和国联合声明》。

[12月2—3日　巴拿马　综合]　国家主席习近平对巴拿马共和国进行国事访问，同巴拿马总统巴雷拉举行会谈、会见出席中国—巴拿马经贸合作论坛的双方企业家代表、会见巴拿马国民大会主席阿夫雷戈等。习近平指出，双方要加强战略对接，推进金融、旅游、物流、基础设施建设等领域合作，落实好铁路等重点项目；中方愿同巴拿马开展自由贸易谈判，欢迎巴拿马海产品、肉类、菠萝等对华出口，鼓励更多中国金融机构在巴拿马设立机构，包括人民币清算中心。巴方表示，巴方支持共建"一带一路"，希望利用自身区位和物流优势，成为连接中国与中美洲及拉美地区的门户和纽带。

在两国元首见证下，商务部部长钟山与巴拿马工商部部长阿罗塞梅纳在巴拿马城签署了《中华人民共和国商务部与巴拿马共和国工商部关于电子商务合作的谅解备忘录》和《中华人民共和国商务部与巴拿马共和国工商部关于服务贸易合作谅解备忘录》。

[12月3日　智利　金融]　中国人民银行行长易纲在智利圣地亚哥会见了智利央行行长马里奥·马塞尔及货币政策委员会成员，双方就两国经济金融形势、中国金融业对外开放、深化双边务实合作及二十国集团峰会等共同关切问题交换了意见，并签署了新的《中国银行间市场投资代理协议》。

[12月12—13日　厄瓜多尔　综合、"一带一路"]　12月12日，国家主席习近平在北京同厄瓜多尔总统莫雷诺举行会谈。习近平指出，中方欢迎厄方参与共建"一带一路"，共同推进基建、产能、农业、信息技术、新能源、环保等领域合作；欢迎厄方积极开拓中国市场；希望厄方为中企创造良好的投资环境。莫雷诺表示，厄方愿积极参与"一带一路"倡议，感谢中方提供的融资支持，厄方希望扩大对华出口，愿在科技创新领域交流互鉴。会谈后，两国元首共同见证了中厄两国政府关于共同推进"一带一路"建设的谅解备忘录等双边合作文件的签署。

12月13日，国务院总理李克强在北京会见来华进行国事访问的厄瓜多尔总统莫雷诺。李克强指出，我们愿将"一带一路"倡议同厄方发展战略更好对接。莫雷诺表示，愿同中方共建"一带一路"。

[12月13日　哥伦比亚　综合]　国务委员兼外长王毅在北京同哥伦比亚外长特鲁希略举行两国外交部第九次政治磋商。特鲁希略表示，哥方愿同中方推进在贸易、投资、农业等领域交流合作。王毅表示，中国高度重视同拉美国家关系，愿同拉方一道，积极构建中拉命运共同体。

（九）国际组织

[1月12日　欧洲投资银行　金融]　财政部副部长史耀斌在北京会见了欧洲投资银行副行长乔纳森·泰勒和欧盟驻华大使史伟一行，双方就欧洲投资银行新项目协议签署等议题交换意见。

[1月24日　世界银行　综合]　财政部副部长史耀斌在北京会见了世界银行东亚太平洋地区副行长维多利亚·克瓦，双方就世界银行对华国别伙伴框架、"一带一路"框架下合作、优化营商环境等议题交换意见。

[1月31日　世界银行　金融]　财政部部长肖捷在美国华盛顿会见时任世界银行行长金墉，就"一带一路"倡议合作、提升中国营商环境

排名、世行毕业政策及对华贷款合作、股权审议等问题交换了意见。财政部副部长史耀斌等陪同会见。

[2月2日　国际货币基金组织　金融]　财政部部长肖捷在美国华盛顿会见国际货币基金组织总裁拉加德，就"一带一路"倡议合作、第四条款磋商、财政部与国际货币基金组织合作等问题交换意见。财政部副部长史耀斌等陪同会见。

[2月2日　联合国开发计划署　援助]　中国"南南合作援助基金"在巴基斯坦首都伊斯兰堡与联合国开发计划署签署协议，向该机构提供400万美元援助基金。这是"南南合作援助基金"在巴基斯坦落地的第二个项目。

[2月6日　红十字会　援助]　中国驻马达加斯加大使杨小茸、马红十字会国家委员会主席克劳德等在中国驻马达加斯加大使馆出席中国援助马达加斯加红十字会物资项目换文签字仪式。这次援助项目是中、马红十字会首次合作。

[2月6日　联合国　农业]　农业农村部副部长屈冬玉在北京会见了联合国粮农组织副总干事古斯塔夫森一行，双方一致同意深化南南合作、人力资源等领域的合作。会后，双方签署了《中国—联合国粮农组织南南合作第七次年度磋商会会议纪要》。

[2月8日　非洲联盟　综合]　外交部部长王毅在北京与非盟委员会主席法基共同主持了中国—非盟第七次战略对话。王毅表示，中方将在跨国跨区域基础设施建设、旅游航空等领域加强同非盟的务实合作，愿同非方一道办好中非合作论坛峰会。法基表示，相信中国将为非中关系和非洲发展带来更多机遇，愿与中国开展更多经济合作。同日，国务委员王勇也会见了法基。

[2月9日　联合国　综合]　习近平主席特别代表韩正在韩国平昌会见联合国秘书长古特雷斯。韩正表示，中国将推动建设新型国际关系，

积极促进"一带一路"国际合作,推动经济全球化朝着更加开放、包容、普惠、平衡、共赢的方向发展,始终做世界和平的建设者、全球发展的贡献者、国际秩序的维护者。

[2月9日　亚洲开发银行　金融]　财政部副部长史耀斌会见了亚洲开发银行副行长格罗夫,双方就中国与亚洲开发银行贷款合作、中国改革开放40周年研究课题、亚洲开发银行《2030战略》等问题交换了看法。

[2月12日　国际农业发展基金　投资]　中方代表团在罗马出席国际农业发展基金第41届理事会期间宣布,中国将捐资1000万美元等值人民币在农发基金设立南南及三方合作基金。同日,中国财政部国际财金合作司司长陈诗新与农发基金副总裁科尼莉亚·里克特在农发基金总部共同签署了《关于设立中国—国际农业发展基金南南及三方合作基金的补充捐资协定》。

[2月13日　联合国世界粮食计划署　援助]　中国驻伊朗大使馆与联合国世界粮食计划署驻伊朗办事处在德黑兰签署交接证书,标志着中国政府对伊朗境内的伊拉克和阿富汗难民提供无偿援助项目顺利完成。

[2月26日　经合组织　能源]　国家能源局副局长刘宝华在北京会见经济合作与发展组织核能署署长威廉·麦克伍德,双方就加强合作进行交流,并探讨了推动核能领域谅解备忘录框架下的合作有关事宜。

[3月13日　联合国世界粮食计划署　援助]　中国驻埃塞俄比亚大使馆与联合国世界粮食计划署埃塞俄比亚办事处签署协议,向联合国世界粮食计划署提供600万美元粮食援款,用于帮助缓解埃境内的难民以及受干旱影响的当地民众面临的生活困难。据悉,中国成为埃第三大粮食援助国。

[3月15日　联合国　援助]　商务部副部长兼国际贸易谈判副代表王受文在北京会见联合国相关驻华机构负责人,并与联合国驻华系统协调

员、联合国开发计划署驻华代表罗世礼签署了《中华人民共和国商务部与联合国驻华系统关于支持湖南省城步县扶贫工作的谅解备忘录》。这是商务部与联合国驻华系统签署的第一份扶贫领域专项合作文件。

[3月21日　国际可再生能源署　贸易］　国家能源局副局长刘宝华在北京会见国际可再生能源署署长阿德南·阿明，双方就成立国际能源变革联盟、筹备苏州国际能源变革论坛、2019年国际可再生能源署全体大会等进行了交流。

[3月25日　经合组织　金融］　财政部部长刘昆在中国发展高层论坛会议期间会见了经合组织秘书长古里亚，双方就在财税改革领域加强合作等共同关心的议题交换了意见。

[3月25日　亚洲开发银行　金融］　财政部部长刘昆会见了亚洲开发银行行长中尾武彦，双方就财税体制改革及中国与亚洲开发银行合作等议题交换了看法。

[3月26日　欧盟　贸易］　欧委会发布公告，决定对进口钢铁产品发起保障措施调查。商务部贸易救济调查局局长王贺军表示，中方理解欧盟为应对美国对进口钢铁和铝产品采取的征税措施而采取必要行动，但是采取全球性保障措施并不是正确的选择，希望欧盟审慎采取保障措施。

[3月26日　世界银行　综合］　国务院副总理韩正在北京会见世界银行首席执行官格奥尔基耶娃。双方就中国利用世行贷款、深化全方位合作、改善营商环境、"一带一路"倡议等交换意见。

[4月8日　联合国　"一带一路"］　国家主席习近平在北京会见联合国秘书长古特雷斯。双方就"一带一路"倡议进行交流。同日，国务委员兼外交部部长王毅同古特雷斯举行会谈，中共中央外事工作委员会办公室主任杨洁篪在北京会见古特雷斯。

[4月10日　国际货币基金组织　综合］　国家主席习近平在海南博鳌会见国际货币基金组织总裁拉加德。习近平指出中国将继续支持自由贸

易、贸易投资自由化和便利化,愿同国际货币基金组织继续加强合作。拉加德表示,国际货币基金组织支持对话合作,致力于同中国的密切合作,积极支持和参与共建"一带一路"倡议。

[4月12日 联合国 援助] 中国政府向联合国儿童基金会提供的指定用途资金援助项目完成签字仪式在儿基会驻黎巴嫩代表处举行,此项目旨在帮助在黎巴嫩的叙利亚难民。中国驻黎巴嫩大使王克俭与儿基会驻黎巴嫩代表塔尼娅·沙皮萨签署有关文件。

[4月12日 国际货币基金组织 综合] 中国人民银行党委书记郭树清在北京会见国际货币基金组织总裁拉加德,双方就中国银行业发展状况、金融稳定及中国与国际货币基金组织合作等议题交换了意见。中国人民银行行长易纲和拉加德在北京出席中国—国际货币基金组织联合能力建设中心启动仪式。

[4月16日 世界经济论坛 综合] 国家主席习近平在北京会见世界经济论坛主席施瓦布。施瓦布表示,世界经济论坛愿在支持推进"一带一路"建设、促进创新发展等方面同中国加强长期合作。同日,科技部部长王志刚在北京会见施瓦布一行,就科技与经济社会密切结合、第四次工业革命及夏季达沃斯论坛等议题深入交换意见。

[4月17日 联合国 环境] 生态环境部部长李干杰在北京会见了联合国副秘书长兼联合国环境署执行主任埃里克·索尔海姆。双方就中非环境合作中心筹建、"一带一路"绿色发展国际联盟、国合会与环境署合作等事宜进行了商谈。

[4月19日 世界贸易组织 农业] 农业农村部副部长屈冬玉在北京会见了来参加中国农业展望大会的世贸组织副总干事沃尔夫,双方就当前国际经贸形势和多边贸易体制等问题交换意见。

[4月19日 联合国 援助] 中国政府对联合国世界粮食计划署指定用途援助项目交接仪式在该机构驻黎巴嫩代表处举行。中国驻黎巴嫩大

使王克俭与世界粮食计划署驻黎巴嫩代表处代表多米尼克·海因里希签署该项目交接证书。

[4月26日 联合国 科技] 科技部副部长徐南平在北京会见联合国助理秘书长、联合国开发计划署助理署长兼亚太局局长徐浩良一行，双方就落实联合国2030年可持续发展议程和建设国家可持续发展议程创新示范区交换了意见。

[5月1日 亚洲基础设施投资银行 金融] 亚洲基础设施投资银行理事会批准了巴布亚新几内亚、肯尼亚为第五批新成员。截至当日，亚洲基础设施投资银行共分五批吸收了29个新成员，加上57个创始成员，其成员总数增至86个，遍及亚洲、欧洲、北美洲、南美洲、非洲和大洋洲六大洲，全球代表性与影响力进一步增强。

[5月3—6日 亚洲开发银行 金融] 亚洲开发银行理事会第51届年会于5月3—6日在菲律宾马尼拉举行。菲律宾财政部长多明戈斯主持会议，来自亚行各成员理事及相关金融机构负责人出席了会议。中国财政部副部长余蔚平出席会议并发言。会议期间，余蔚平会见了亚洲开发银行行长中尾武彦，就中国与亚行合作等问题交换了意见。

[5月7日 联合国 农业] 农业农村部副部长屈冬玉在北京会见了联合国世界粮食计划署执行干事大卫·比斯利，双方就加强合作交换了意见。

[5月7日 东盟 贸易] 国务院总理李克强在雅加达东盟秘书处会见东盟秘书长林玉辉。李克强指出，双方要坚定维护多边主义和自由贸易，推进区域合作，推动"区域全面经济伙伴关系协定"谈判取得实质性进展。

[5月8日 欧盟 科技] 工业和信息化部副部长罗文在北京会见欧洲议会对华关系代表团团长莱恩一行，就数字经济、工业互联网发展及网络安全等议题进行了交流。

第四部分　中国经济外交重要事件　**461**

[5月8日　欧盟　贸易]　国家发改委副主任宁吉喆在北京会见了欧洲议会国际贸易委员会代表团一行。双方就中国经济发展情况、中国对外开放和利用外资、《中国制造2025》等议题交换了意见。

[5月15日　欧盟　农业]　国务院副总理胡春华在北京会见了欧盟委员会农业与农村发展委员霍根一行。胡春华表示，中欧农业合作发展势头良好，双方应充分发挥各自优势，扎实开展务实合作，推动中欧农业合作深入发展。

[5月15日　博鳌亚洲论坛　综合]　国家主席习近平在北京会见博鳌亚洲论坛理事长潘基文。习近平指出，中国开放的大门不会关闭，只会越开越大。潘基文表示，论坛要充分借助中方"一带一路"倡议，推动亚洲保持开放和创新，实现更好发展。

14日，国务委员兼外交部部长王毅在北京会见博鳌亚洲论坛新任理事长潘基文。

[5月17日　欧亚经济联盟　贸易]　在哈萨克斯坦阿斯塔纳经济论坛期间，中国商务部国际贸易谈判代表兼副部长傅自应与欧亚经济委员会执委会主席萨尔基相及欧亚经济联盟各成员国代表共同签署了《中华人民共和国与欧亚经济联盟经贸合作协定》。该《协定》范围涵盖海关合作和贸易便利化、知识产权、部门合作以及政府采购等13个章节，包含了电子商务和竞争等新议题。

[5月22—24日　欧盟　投资]　第17轮中欧投资协定谈判在北京举行，本轮谈判为期三天。双方继续围绕文本展开谈判，力争取得尽可能多的进展。

[5月24日　欧盟　贸易]　国务院副总理、中欧经贸高层对话中方主席刘鹤应约与欧委会副主席、对话欧方主席卡泰宁通话。双方同意尽快举行第七次中欧经贸高层对话。刘鹤表示，要发挥好中欧经贸高层对话的重要平台作用。卡泰宁表示，欧盟愿与中方共同维护自由贸易规则和多边

贸易体制。

[5月28日　联合国　"一带一路"]　国务委员兼外交部部长王毅在北京会见联合国副秘书长、亚太经济社会理事会执行秘书阿赫塔尔。王毅表示，希望亚太经社会把自身工作同"一带一路"更紧密结合。阿赫塔尔表示，亚太经社会将全面深入参与"一带一路"建设。

[5月29日　国际货币基金组织　金融]　财政部部长刘昆在北京会见了国际货币基金组织第一副总裁利普顿，双方就加强财税领域合作、建立现代财政制度等问题交换了意见。

[6月1日　欧盟　综合、贸易]　国务委员兼外交部部长王毅在布鲁塞尔同欧盟外交与安全政策高级代表莫盖里尼共同主持第八轮中欧高级别战略对话。王毅表示，中方愿促进相互投资，共建"一带一路"。双方一致同意，继续加强在经贸投资、互联互通、气候变化、能源、海洋、反恐等领域的互利合作。

同日，欧盟委员会主席容克在布鲁塞尔会见国务委员兼外交部部长王毅。容克表示，欧中加强全面战略伙伴关系，共同维护多边主义和自由贸易体系，不仅符合欧中利益，也符合世界利益。王毅表示，中欧应该携起手来改善并加强全球治理，倡导开放型世界经济。

[6月11日　世界银行　金融]　财政部副部长邹加怡在北京会见了世界银行东亚太平洋地区副行长维多利亚·克瓦，双方就世界银行对华合作相关议题交换了意见。

[6月11日　东盟　"一带一路"]　财政部副部长邹加怡在北京会见了东盟秘书长林玉辉一行，双方重点就中国与东盟关系、东盟与中日韩区域财金合作、共建"一带一路"等问题交换了意见。

[6月12日　欧盟　贸易、投资]　商务部国际贸易谈判代表兼副部长傅自应在布鲁塞尔与欧委会贸易总司德马迪总司长主持召开第十次中欧贸易与投资政策对话。双方就中欧经贸关系、中欧投资协定谈判以及共同

关心的多双边经贸议题交换了意见。

[6月12日 欧盟 金融] 财政部部长刘昆在北京会见了出席第十二次中欧财金对话的欧盟委员会经济与金融事务总司总司长布提，金融稳定、金融服务和资本市场联盟总司总司长葛逊，双方就中国财政政策、中欧经济财金合作等问题交换了意见，邹加怡副部长陪同会见。

[6月14日 世界银行 金融] 财政部副部长邹加怡在北京会见了世界银行人事副行长迪亚加纳，双方就深化中国与世界银行人事合作交换了意见。

[6月14日 欧盟 金融] 国家发改委副主任宁吉喆在北京会见了欧盟委员会经济与金融总司总司长布提，双方就当前中欧经济发展、改革进程、"一带一路"合作和中欧宏观经济对话下一步工作安排交换了意见。

[6月25日 欧盟 贸易] 国务院总理李克强在北京会见了来华出席第七次中欧经贸高层对话的欧盟委员会副主席卡泰宁。双方一致同意，当前形势下，欧中双方应共同反对贸易保护主义，有效维护多边主义和自由贸易。

同日，国务院副总理刘鹤在北京与欧盟委员会副主席卡泰宁共同主持第七次中欧经贸高层对话。双方就完善全球经济治理，维护多边贸易体制，推动贸易投资自由化便利化，加强数字经济、电子商务、循环经济、防治白色污染、应对气候变化、农业、金融业合作等达成了一系列丰硕成果和共识。

[7月2日 联合国 科技] 科技部部长王志刚在北京会见了联合国工业发展组织总干事李勇一行。双方围绕"一带一路"、南南合作平台、中非合作等进一步增进务实合作、加强人员交流和培养达成共识，并共同签署《中华人民共和国科学技术部与联合国工业发展组织科技创新合作谅解备忘录》。

[7月2日 拉美开发银行 金融] 财政部副部长邹加怡在北京会见了拉美开发银行行长卡兰萨一行,双方就进一步加强合作深入交换了意见。

[7月2—3日 联合国 综合] 国家副主席王岐山在北京会见第72届联合国大会主席莱恰克。王岐山表示,中国愿在"一带一路"框架下与各国实现共同发展,将继续坚定支持多边主义,支持联合国发挥核心作用。莱恰克表示联合国愿同中国继续深化全方位合作。

3日,中央外事工作委员会办公室主任杨洁篪、国务委员兼外交部部长王毅分别在北京会见莱恰克。

[7月4日 欧盟 综合] 国务院总理李克强应约同欧盟委员会主席容克通电话。李克强表示,中方与欧方应共同努力维护多边主义、促进贸易和投资自由化、便利化。容克表示,当前国际形势下,欧盟各国一致同意应采取多边主义的政策。

[7月8—10日 阿拉伯国家联盟 综合] 7月8—9日,国家副主席王岐山在北京会见来华出席中国—阿拉伯国家合作论坛第八届部长级会议的阿拉伯国家联盟秘书长盖特。王岐山表示,中方欢迎阿方积极参与共建"一带一路"。盖特表示,阿拉伯国家愿积极参与"一带一路"建设。

8日,国务委员兼外交部部长王毅同盖特举行会谈。

10日,国家能源局副局长李凡荣在北京出席中国—阿拉伯国家合作论坛第八届部长级会议,并代表国家能源局与阿拉伯国家联盟秘书处签署了《关于成立中阿清洁能源培训中心的协议》。

[7月11—13日 WTO 贸易政策] 世界贸易组织在瑞士日内瓦进行了对中国第七次贸易政策审议。商务部副部长兼国际贸易谈判副代表王受文率中国代表团与会。中国常驻世贸组织大使张向晨全程参加审议。

[7月12日 欧盟 投资] 第十八轮中欧投资协定谈判在比利时布鲁塞尔举行,本轮谈判为期两天。双方将继续围绕文本展开谈判,力争取

得尽可能多的进展。

[7月13日　东盟与中日韩宏观经济研究办公室　经济]　财政部副部长邹加怡在北京会见了东盟与中日韩宏观经济研究办公室主任常军红一行，听取了东盟与中日韩宏观经济研究办公室关于2018年中国国别经济磋商情况的报告。双方还就中国宏观经济形势等议题交换了意见。

[7月15日　欧盟　基础设施建设]　国家发改委主任何立峰和欧盟委员会交通事务委员布尔茨在北京举行中欧互联互通平台第三次主席会议。会议审议了《中欧互联互通平台近期行动方案》，并就深化战略规划对接、谋划运输通道、提升基础设施和相关服务质量、发展绿色交通基础设施、积极稳妥推动示范项目等多方面合作达成共识。

[7月16日　欧盟　综合]　国家发改委副主任林念修出席在北京举行的第11次中欧区域政策高层对话会，并与欧盟地区政策委员科丽娜·克雷楚举行工作会谈。双方就深入推进区域政策对话交流、重大理论课题研究、能力建设、案例地区合作等方面合作达成共识。

[7月16日　欧盟　循环经济]　国家发改委副主任林念修与欧盟委员会副主席卡泰宁共同签署了关于循环经济合作的谅解备忘录。双方将建立循环经济高级别政策对话。

[7月16日　欧盟　贸易]　国务院副总理刘鹤会见来京出席第二十次中欧领导人会晤的欧盟委员会副主席卡泰宁。刘鹤表示，中方愿与欧盟一道坚定维护自由贸易规则和多边贸易体制。卡泰宁表示，欧盟愿与中方加强沟通协调，携手推动世贸组织改革，共同维护多边贸易体制。

[7月16日　世界银行　综合]　国家主席习近平在北京会见时任世界银行行长金墉。习近平指出，中国将支持完善多边贸易体制，推动贸易和投资自由化、便利化。中方愿同世界银行在"一带一路"框架下加强合作。金墉表示，世界银行愿同中方进一步深化"一带一路"框架下合作。

同日，财政部部长刘昆在北京会见了金墉，就落实习近平主席会见金墉行长所作重要指示，加强中国与世界银行在"一带一路"倡议下的合作等议题交换了意见。邹加怡副部长，世界银行常务副行长兼首席行政官杨少林，世界银行亚太区副行长克瓦等参加会见。

[7月16日 欧盟 综合] 国家主席习近平在北京会见来华出席第20次中国欧盟领导人会晤的欧洲理事会主席图斯克和欧盟委员会主席容克。习近平强调，双方要丰富"一带一路"框架下合作，包括探索三方合作。图斯克和容克表示，欧盟和中国都致力于多边主义。

同日，国务院总理李克强在人民大会堂同欧洲理事会主席图斯克、欧盟委员会主席容克共同主持第20次中国欧盟领导人会晤。双方推进在环境、能源、循环经济、科技创新、知识产权、工业、数字经济、城镇化等领域的对话合作，并就深化葡萄酒和烈酒行业合作开展联合可行性研究。会晤后，李克强与图斯克、容克共同见证了中国同欧盟之间在投资、环保、循环经济、蓝色伙伴关系、海关等领域多项合作文件的签署。双方一致同意发表《第二十次中国欧盟领导人会晤联合声明》和《中欧领导人气候变化和清洁能源联合声明》。

同日，国务院副总理刘鹤会见来京出席第二十次中欧领导人会晤的欧盟委员会副主席卡泰宁。刘鹤表示，中方愿与欧盟一道坚定维护自由贸易规则和多边贸易体制。卡泰宁表示，愿与中方携手推动世贸组织改革，共同维护多边贸易体制。

[7月30日 亚洲开发银行 金融] 邹加怡副部长在北京会见亚洲开发银行副行长范薇斯，双方就中国与亚行合作、亚行"毕业"政策和贷款差别定价、亚行人民币业务等议题交换了看法。

[8月3日 欧盟 贸易] 国务委员兼外交部部长王毅在新加坡出席东亚合作系列外长会议期间与欧盟外交与安全政策高级代表莫盖里尼举行双边会见。王毅表示，中欧坚定支持多边主义和国际规则非常重要。莫

盖里尼表示，在支持多边主义、自由贸易方面，欧盟和中国是站在一起的。

[8月6日　联合国　综合]　国务委员兼外交部部长王毅在北京与第73届联合国大会主席埃斯皮诺萨举行会谈。王毅表示，各方应坚决反对单边贸易保护主义。埃斯皮诺萨表示，"一带一路"倡议将为促进全球发展作出积极贡献，我将继续予以支持。

[8月8日　联合国　综合]　国务院总理李克强在北戴河会见来华正式访问的第73届联合国大会主席埃斯皮诺萨。李克强指出，各国应坚持并完善自由贸易体制，促进贸易和投资自由化、便利化。

[8月28日　世界知识产权组织　知识产权]　国务院总理李克强在北京会见来华出席"一带一路"知识产权高级别会议的世界知识产权组织总干事高锐和与会代表。李克强指出，中国将采取更为严格的知识产权保护制度。

[8月28—29日　亚洲开发银行　综合]　中国人民银行行长易纲在北京会见了亚洲开发银行行长中尾武彦，双方就中国经济金融形势及双边合作等议题交换了意见。

29日，国家发改委主任何立峰会见了中尾武彦，双方就三十多年来合作情况及下一步利用亚行资金和知识资源支持中国推进减贫、乡村振兴、绿色低碳发展和养老体系建设等议题深入交换了意见，并签署了关于支持乡村振兴的合作文件。

同日，财政部部长刘昆会见了中尾武彦。会后，刘昆部长与中尾武彦行长共同签署了《中华人民共和国国家发展和改革委员会、财政部与亚洲开发银行关于支持中华人民共和国乡村振兴的谅解备忘录》。财政部副部长邹加怡陪同出席上述活动。

[9月2—3日　联合国　中非合作]　国家主席习近平在北京会见来华出席中非合作论坛北京峰会的联合国秘书长古特雷斯。习近平指出，中

方愿同联合国就如何更好支持非洲加强沟通。古特雷斯表示，联合国期待着在全球治理、解决地区热点问题等方面得到中方更大帮助。

3日，国务委员兼外交部部长王毅在北京会见了古特雷斯。

[9月4日　非洲开发银行　"一带一路"]　国务院副总理刘鹤在北京会见来华参加中非合作论坛北京峰会的非洲开发银行行长阿德西纳。刘鹤表示，希望非洲开发银行继续在"一带一路"建设中发挥重要引领示范作用，成为增进中非务实合作的纽带和桥梁。阿德西纳表示，愿与中国加强合作，促进互利共赢发展。

中国人民银行行长易纲在北京会见了来华参加中非合作论坛的非洲开发银行行长阿德希纳，双方就中非经济和金融形势、加强非洲开发银行与中国的合作等议题交换了意见。

[9月4日　联合国　科技]　工业和信息化部副部长罗文在北京会见联合国工业发展组织总干事李勇，双方就加强绿色工业、人才培训等领域合作广泛交换意见。

[9月5日　东南非贸易与开发银行　货币]　中国人民银行行长易纲在北京会见了东南非贸易与开发银行行长塔德西，双方就东南非贸易与开发银行经营情况、发行熊猫债、人民币在非洲使用等议题交换了意见。

[9月5日　西非开发银行　金融]　中国人民银行行长易纲在北京会见了西非开发银行行长阿多韦兰德，双方就西非行经营情况、中国加强与西非行合作以及非洲经济金融形势等交换了意见。

[9月5日　非洲联盟　"一带一路"]　国家主席习近平在北京会见非洲联盟委员会主席法基。习近平指出，中方愿同非洲联盟加强战略对接，共建"一带一路"。法基表示，非洲联盟愿同中国加强在国际和地区事务中的协调合作。

同日，全国政协主席汪洋在北京会见法基。

[9月10日　东盟　综合]　国务委员兼外交部部长王毅在北京会见

东盟常驻代表委员会。王毅指出，中国将继续支持东盟在区域合作中的中心地位，促进中国—东盟关系取得更大发展。中国—东盟关系协调国菲律宾常驻代表伊丽莎白等表示，东盟愿与中方共同维护多边规则，加速区域全面经济伙伴关系协定谈判进程。东盟十国常驻代表及东盟副秘书长黄英俊等参加。

[9月13日　世界旅游组织　"一带一路"]　国务院副总理孙春兰在北京会见联合国世界旅游组织秘书长波洛利卡什维利一行。孙春兰表示愿加强双方在各领域务实合作，推动"一带一路"旅游合作不断深入。

[9月17日　欧盟　科技]　科技部部长王志刚在北京会见了欧盟委员会科研与创新委员卡洛斯·莫达斯一行。王志刚表示，中方愿与欧方为中欧全面战略伙伴关系贡献科技创新内涵。莫达斯委员介绍了欧盟新一轮框架计划"地平线欧洲"的主要内容，同意双方深化互惠开放合作，拓展新的合作领域。

[9月17日　欧盟　金融]　中国人民银行副行长陈雨露在北京会见了欧洲议会经济与货币事务委员会主席盖立特里，双方就货币政策、金融稳定、全球经济形势等议题交换了意见。

[9月17日　欧盟　贸易]　财政部部长刘昆在北京会见了欧盟委员会副主席东布罗夫斯基，双方就中欧财金合作、多边贸易体制等问题交换了意见。

[9月19日　世界经济论坛　经贸]　国务院总理李克强在天津会见世界经济论坛主席施瓦布。李克强表示，各方应共同维护多边主义和自由贸易。施瓦布表示，世界经济论坛支持全球化和多边主义，愿推进以规则为基础的全球治理架构。

[9月20日　新开发银行　金融]　财政部副部长邹加怡在上海会见了新开发银行行长卡马特，双方就新开发银行运营、中方与新开发银行合作等问题交换了意见。

[9月21日 欧盟 科技] 工业和信息化部部长苗圩在北京会见欧盟委员会内部市场、工业、创新和中小企业委员别恩科夫斯卡,就继续开展中欧工业对话、加强双方在工业标准化和数字经济领域合作、支持中小企业发展、共同应对全球钢铁产能过剩等议题交换意见。

[9月21日 欧盟 财政] 财政部副部长刘伟在北京会见了欧盟内阁办公室主任胡萨克,双方就中国加入世贸组织《政府采购协定》交换了意见。

[9月22日 加勒比共同体 多边主义] 国务委员兼外长王毅在乔治敦会见加勒比共同体秘书长拉罗克。双方表示,愿进一步打造中加命运共同体,共同维护以联合国、世界贸易组织为代表的多边机构的权威,维护发展中国家的整体利益。

[9月25—26日 联合国 多边主义] 国务委员兼外长王毅在纽约出席联合国大会期间会见第73届联大主席埃斯皮诺萨。王毅表示,相信本届联大一定会在推动联合国在应对全球性挑战、维护多边主义进程方面发挥更大作用;中国目前正在为落实"2030年可持续发展议程"作出新的努力。

26日,王毅同埃斯皮诺萨、联合国常务副秘书长阿明娜在纽约联合国总部出席中国落实"2030年可持续发展议程"主题图片展。

[9月26日 海合会 "一带一路"] 国务委员兼外长王毅在纽约联合国总部集体会见海合会时任轮值主席国科威特副首相兼外交大臣萨巴赫、候任轮值主席国阿曼外长代表和秘书长扎耶尼。王毅表示,愿以中海共建"一带一路"为抓手,打造中海命运共同体。中方赞同双方尽快重启自贸区谈判。

[9月26日 国际货币基金组织 贸易] 国务委员兼外长王毅在纽约出席联合国大会期间应约会见国际货币基金组织总裁拉加德。王毅表示,中方坚定支持多边主义,坚定支持自由贸易,坚定支持国际法和国际

规则。双方还就世贸组织的改革交换了意见。

[9月27日　欧盟　"一带一路"]　国务委员兼外长王毅在纽约出席联合国大会期间会见欧盟外交与安全政策高级代表莫盖里尼。王毅表示，中方赞赏欧方公开表明刚刚通过的欧亚互联互通战略是要寻求同中国等国家的合作；中方愿积极考虑将"一带一路"建设与欧亚互联互通战略对接。

[9月27日　联合国　"一带一路"]　国务委员兼外长王毅在纽约出席联合国大会期间会见联合国秘书长古特雷斯。王毅表示，中国是多边主义的支持者和践行者，坚定维护以联合国宪章宗旨和原则为核心的国际秩序。古特雷斯表示，联合国认同并支持"一带一路"倡议。

[10月8日　全球环境基金　环境]　财政部副部长邹加怡会见了全球环境基金首席执行官兼主席石井菜穗子，双方就加强中国与全球环境基金合作全球环境基金第七增资期中国项目规划等议题深入交换了意见。

[10月10日　欧盟　世界贸易组织改革]　中欧世贸组织改革副部级联合工作组第一次正式会议在北京举行，双方就推进世贸组织改革交换了意见。联合工作组根据第20次中欧领导人会晤联合声明和第7次经贸高层对话成果建立，就世界贸易组织改革开展合作。

[10月15日　亚洲开发银行　综合]　财政部副部长邹加怡在菲律宾马尼拉会见亚洲开发银行行长中尾武彦，双方就深化中国与亚洲开发银行合作、《中国国别伙伴战略（2021—2025）》、"一带一路"建设等议题交换了看法。

[10月17日　泛美开发银行　金融]　中国人民银行行长易纲在北京会见了来访的泛美开发银行行长路易斯·阿尔贝托·莫雷诺，双方就加强双边合作和2019年泛美开发银行理事会年会筹备等议题交换了意见。

同日，财政部副部长邹加怡在北京会见了莫雷诺一行，双方就进一步加强合作深入交换了意见。

[10月17日　世界银行　金融]　财政部副部长邹加怡在北京会见世界银行业务政策与国别服务副行长曼纽拉·费罗,双方就进一步深化中国与世行的务实合作、中国国别伙伴框架等议题交换了意见。

[10月18日　泛美开发银行　"一带一路"]　国务院副总理刘鹤在京会见泛美开发银行行长莫雷诺。刘鹤表示,希望促进双方在"一带一路"建设、中小企业发展、金融、减贫等领域进一步深化务实合作。

[10月19日　欧盟　综合]　国务院总理李克强在布鲁塞尔会见欧盟委员会主席容克。双方表示,中欧需要共同坚定维护基于规则的多边主义和自由贸易体制,通过多边方式协商解决问题。

[10月25日　欧盟　贸易救济]　中欧贸易救济工作组第10次会议在欧盟总部布鲁塞尔举行,会议由商务部贸易救济调查局余本林局长和欧盟贸易救济司卢比纳奇司长共同主持。双方就各自贸易救济领域最新立法与实践、案件数据统计、产品型号划分、期终复审调查等议题进行了充分交流和沟通。

[10月30日—11月1日　联合国开发计划署　"一带一路"]　10月30日,国家发改委副主任宁吉喆在北京会见了来访的联合国开发计划署署长施泰纳一行。双方就进一步完善中国—开发计划署联合工作组机制,加快推进双方共建"一带一路"合作取得更多务实成果等议题交换了意见。

11月1日,国务院总理李克强在北京会见联合国开发计划署署长施泰纳。李克强表示,中国期待同联合国各发展机构一道,维护多边主义和以联合国宪章宗旨、原则为核心的国际秩序。施泰纳表示,愿同中方深化在创新、可持续发展等领域的合作,推动南南合作,共享发展经验。

[10月31日　国际农发基金　贷款]　财政部部长刘昆在北京会见了国际农发基金总裁洪博一行,双方就中国与国际农发基金总体合作交换了意见,并签署《中国与国际农发基金关于农业农村部优势特色产业发展

示范项目的贷款协定》。财政部副部长邹加怡陪同会见。

[10月31日　联合国　科技]　科学技术部部长王志刚在北京会见了来访的联合国开发计划署署长阿奇姆·施泰纳一行。双方达成一致，要系统总结中国科技创新发展的成功实践，凝练具有普遍意义的经验，以联合国开发计划署为媒介推动国际社会认可和借鉴，提高发展中国家的科技创新能力。

[11月1日　世界银行　综合]　财政部副部长邹加怡在北京出席由中宣部、财政部、世界银行和国务院扶贫办共同主办的"改革开放与中国扶贫"国际论坛。邹加怡在论坛开幕式上作大会发言，并在论坛圆桌会议"改革开放：中国扶贫与可持续发展的驱动力"议题下作引导发言。

同日，邹加怡在北京出席由财政部、北京市政府、世界银行共同主办的优化营商环境高级别国际研讨会，并在论坛开幕式上致辞。

[11月1日　新开发银行　综合]　财政部部长刘昆在北京会见新开发银行行长卡马特一行，双方就中国扶贫成就、新开发银行业务运营、中方与新开发银行合作等问题交换了意见。

[11月2日　世界银行　综合]　国务院副总理刘鹤在京会见来华出席活动的世界银行行长金墉。双方表示愿在相关领域深化合作。

[11月2日　联合国　科技]　科学技术部副部长、国家外国专家局局长张建国在北京会见了来访的联合国教科文组织助理总干事史凤雅女士一行。史凤雅建议可充分利用教科文组织在"一带一路"国家的二类中心和教席，联合举办科技创新政策和能力建设研讨会，提高"一带一路"国家特别是相关非洲国家科技创新能力，落实2030年可持续发展议程。

[11月5日　世界银行　"一带一路"]　财政部副部长邹加怡在北京会见了世界银行东亚太平洋地区副行长维多利亚·克瓦，双方就"一带一路"倡议、国别伙伴框架等议题交换了意见。

[11月5日　亚洲开发银行　综合]　财政部副部长邹加怡在北京出

席亚洲开发银行《中国与亚行合作30年支持改革开放》研究报告发布会。发布会后,邹加怡会见亚行副行长格罗夫,双方就《中国国别伙伴战略(2021—2025)》、贷款和技援项目合作、"一带一路"建设等议题交换了看法。

[11月8日　国际货币基金组织　综合]　财政部副部长邹加怡在北京会见了国际货币基金组织亚太部主任李昌镛,双方就加强财政合作等问题交换了意见。

[11月9日　欧盟　科技]　生态环境部部长李干杰在北京会见欧盟气候行动和能源委员米格尔·阿里亚斯·卡涅特。双方希望继续加强政策对话和经验交流,深化扩大应对气候变化合作,共同推进全球气候治理。

[11月12日　世界银行　综合]　财政部部长刘昆在北京会见了时任世界银行行长金墉,双方就进一步深化中国与世界银行的合作、近期经济形势等议题交换了意见。

[11月13日　新开发银行　经贸]　国务院副总理韩正在北京会见新开发银行行长卡马特一行。双方表示将深化合作,为彼此发展提供支持。

[11月15日　欧盟　金融]　财政部副部长邹加怡会见了欧盟欧洲委员会国际合作与发展委员内文·米米察,双方就中国与欧盟开展双边发展融资合作及在第三国开展三方融资合作等议题深入交换了意见。会后,邹加怡和米米察共同见证了"中国绿色城市发展基金"《谅解备忘录》的签署仪式。

[11月19日　国际清算银行　金融]　中国人民银行行长易纲在北京会见了来访的国际清算银行总经理奥古斯汀·卡斯滕斯,双方就全球经济金融形势、新兴市场经济体面临的挑战、央行数字货币、深化人民银行与国际清算银行合作等议题交换了意见。

[11月21日　清洁能源部长级会议　能源]　国家能源局副局长李

凡荣在北京会见清洁能源部长级会议秘书处秘书长克里斯蒂安·辛格勒森，双方就进一步加强交流合作深入交换了意见。

[11月22日　联合国　"一带一路"]　国务委员兼外长王毅在北京会见联合国常务副秘书长阿明娜。王毅表示，中国愿与联合国在应对气候变化等全球性问题上继续紧密合作，中方愿与联合国加强合作，共同推进"一带一路"合作。

[11月30日　联合国　气候变化]　国家主席习近平在布宜诺斯艾利斯会见联合国秘书长古特雷斯。习近平强调，中国坚持多边主义，会积极参与《联合国气候变化框架公约》缔约方大会，推动大会达成全面平衡的成果。古特雷斯表示，联合国期待中国在推动全球贸易、应对气候变化、实现2030年可持续发展目标等方面发挥更大作用。

[12月12日　国际展览局　综合]　国务院副总理胡春华在北京会见了国际展览局秘书长洛塞泰斯一行。双方就加强国际展览领域交流合作、筹办好2019年北京世园会等交换了意见。

[12月12日　欧盟　农业]　工业和信息化部副部长辛国斌在北京会见欧盟委员会科研创新总司总司长让—艾瑞克·巴盖特，就加强中欧航空科技合作等议题交换意见。

[12月14日　联合国拉美经委会　综合]　国家发改委副主任宁吉喆在北京会见了联合国拉美经委会执行秘书阿莉西亚·巴尔塞纳一行。双方就中拉共建"一带一路"合作、加强中拉基础设施、能源、环保、科技、互联互通等领域合作深入交换了意见。

[12月15—17日　"一带一路"咨委会　"一带一路"]　"一带一路"国际合作高峰论坛咨询委员会第一次会议在北京举行。中央外事工作委员会办公室主任杨洁篪出席开幕式致辞并集体会见全体委员。外交部副部长乐玉成出席有关活动，外交部部长助理张军作为中方牵头人主持会议。会议讨论了"一带一路"倡议与联合国"2030年可持续发展议程"

及世界经济增长、"一带一路"国际合作重点领域及机制和能力建设等议题。15日,外交部副部长乐玉成会见高峰论坛咨委会委员。

◇◇ 二 中国区域经济外交

[1月10日 澜湄国家领导人会议 综合] 澜沧江—湄公河合作第二次领导人会议在金边开幕,国务院总理李克强与柬埔寨首相洪森共同主持会议。老挝总理通伦、缅甸副总统吴敏瑞、泰国总理巴育和越南总理阮春福出席会议。会议回顾澜湄合作进展,规划未来发展方向,推动澜湄合作从培育期顺利迈向成长期,发表了《澜湄合作五年行动计划》《澜湄合作第二次领导人会议金边宣言》两份重要合作文件,并散发《澜湄合作第二批项目清单》和"澜湄合作六个优先领域联合工作组报告"。同期,李克强在金边分别会见老挝总理通伦、泰国总理巴育、越南总理阮春福。

[1月10日 中国—北欧和波罗的海国家 "一带一路"] 国家主席习近平在北京集体会见芬兰议长洛赫拉、挪威议长托马森、冰岛议长西格富松、爱沙尼亚议长内斯托尔、拉脱维亚议长穆尔涅采、立陶宛议长普兰茨凯蒂斯、瑞典第一副议长芬内等。习近平指出,中国同北欧和波罗的海国家要加强在"一带一路"倡议框架下的合作,共享亚欧大陆互联互通带来的发展红利。

[1月16—26日 中拉论坛 综合] 国家发展改革委副主任王晓涛在智利出席中拉论坛第二届部长级会议并访问巴拿马、阿根廷。在智访问期间,王晓涛分别与智利交通通信部副部长拉米雷斯、智利生产促进局常务副局长比特兰、智利外国投资促进局局长卡洛斯进行交流;在巴访问期间,王晓涛与巴拿马外交部副部长路易斯·因卡别举行会谈,就落实中巴政府间《关于推进丝绸之路经济带和21世纪海上丝绸之路建设的谅解备

忘录》等进行交流；在阿访问期间，王晓涛与阿根廷外交和宗教事务部国务秘书雷依瑟共同主持第四次中阿经济合作与协调战略对话。

[1月22日　中拉论坛　综合]　外交部部长王毅在圣地亚哥出席中拉论坛第二届部长级会议。王毅表示，中方愿以共建"一带一路"为契机与拉方深化中拉"1+3+6"合作框架。与会拉美和加勒比国家代表一致认为"一带一路"倡议为拉美发展提供了新的重大机遇。会议通过了《圣地亚哥宣言》《中国与拉美和加勒比国家合作（优先领域）共同行动计划（2019—2021）》，通过并发表了《"一带一路"特别声明》。同日，王毅在圣地亚哥集体会见联合国拉美经委会、美洲开发银行、拉美开发银行和加勒比开发银行负责人。王毅表示，中方赞赏各地区组织积极支持"一带一路"倡议，愿深化双方在金融、基础设施等领域的合作。

[2月6日　跨里海东西贸易运输走廊国际会议　"一带一路"]　由阿塞拜疆政府发起，阿塞拜疆、格鲁吉亚、哈萨克斯坦和土耳其四国驻华大使馆联合主办的"'一带一路'上的跨里海东西贸易运输走廊国际会议"在北京举行。商务部副部长王受文、阿塞拜疆经济部部长穆斯塔法耶夫等多国政府官员和企业负责人出席活动。

[3月3日　区域全面经济伙伴关系协定部长会　贸易]　《区域全面经济伙伴关系协定》部长会议在新加坡举行。东盟10国、中国、澳大利亚、印度、日本、韩国、新西兰16方经贸部长或代表出席会议。商务部部长助理李成钢代表商务部部长钟山率中国政府代表团与会。各方部长按照2017年11月区域全面经济伙伴关系协定首次领导人会议共识，对推动区域全面经济伙伴关系协定谈判及货物、服务、投资和规则等领域核心问题进行了指导。

[3月7—9日　亚太贸易协定相关国家常委会　贸易]　《亚太贸易协定》（以下简称《协定》）第52次常委会和服务贸易、投资、贸易便利化、原产地等相关工作组会议在泰国曼谷举行，相关成员派代表团出席会

议。各方重点讨论落实《协定》第四届部长级理事会发布的《部长宣言》等相关内容，并原则同意于2018年7月1日实施第四轮关税减让谈判成果文件——《亚太贸易协定第二修正案》。各方还就启动《协定》第五轮关税减让谈判，以及推进服务贸易、投资、贸易便利化和原产地等谈判进行了深入磋商。

[3月13—15日　中国—东盟自贸区联合委员会　自贸区]　第11届中国—东盟自贸区联合委员会在北京举行。本次会议就实施中存在的问题及未来工作计划进行了充分讨论，同时就贸易便利化和电子商务领域的相关经验和实践进行交流。会前和会中，还召开了原产地规则，经济技术合作，标准、技术法规与合格评定程序等工作组会议。

[3月22—25日　泛美开发银行理事会年会　金融]　中国人民银行副行长陈雨露率团至阿根廷门多萨出席泛美开发银行第59届理事会年会。理事会重点讨论了在全球贸易保护主义加剧和融资环境改变的背景下，拉美和加勒比地区的政策应对和泛美开发银行的战略重点。期间，陈雨露与泛美行行长莫雷诺、智利财长拉腊因等就双边合作举行会谈。

[3月23日　中日韩自贸区谈判会　自贸区]　中日韩自贸区第十三轮谈判首席谈判代表会议在韩国首尔举行。商务部副部长兼国际贸易谈判副代表王受文与日本外务省外务审议官山崎和之、韩国产业通商资源部部长助理金荣三分别率各方代表团与会。三方就如何推动货物贸易、服务贸易、投资等重要议题取得更大进展深入交换了意见。三方同期举行了服务贸易、电信、金融服务等工作组会议，并就服务贸易管理措施进行了全面细致的政策交流。

[3月29—31日　大湄公河次区域经济合作领导人会　综合]　大湄公河次区域经济合作第六次领导人会议在越南首都河内举行。相关成员国领导人和机构代表出席会议及活动。本次会议通过共同宣言、《2018—2022河内行动计划》和《2022区域投资框架》等文件。柬老越发展三角

区第十届峰会同期在河内举行。

[4月3—4日　东盟与中日韩财政和央行副手会　金融]　财政部副部长刘伟出席在新加坡举行的东盟与中日韩财政和央行副手会。会议讨论了全球和区域宏观经济形势及区域财金合作等议题。

[4月3—5日　亚太能源论坛　能源]　国家能源局副局长李凡荣赴泰国曼谷出席第二届亚太能源论坛，就能源转型和可持续发展问题与亚太地区各国能源部长进行深入交流。期间，李凡荣还分别会见了联合国副秘书长、联合国亚太经社会执秘沙姆沙德·阿赫塔尔，巴基斯坦联邦能源部长阿瓦斯·莱加里，蒙古国能源部长达瓦苏仁，就深化中国与各方在能源领域合作等深入交换意见。

[4月10—11日　博鳌亚洲论坛　综合]　国家主席习近平在海南出席博鳌亚洲论坛2018年年会并发表题为"开放共创繁荣 创新引领未来"的主旨演讲，财政部副部长程丽华出席论坛开幕式，参加税改分论坛并作主题发言。11日，习近平在海南博鳌集体会见博鳌亚洲论坛现任和候任理事，并同出席年会的中外企业家代表座谈。同日，中国人民银行行长易纲在博鳌亚洲论坛宣布进一步扩大金融业对外开放的具体措施和时间表。

[4月18日　中日韩合作国际论坛　综合]　2018年中日韩合作国际论坛在日本东京举行。前国务委员戴秉国出席开幕式并发表主旨演讲，日本自民党副总裁、前外相高村正彦，韩国共同民主党国会议员、前国会副议长文喜相及三国官产学界代表近300人出席。在日期间，戴秉国还同日本前首相福田康夫，众议院前议长、日本国际贸易促进协会会长河野洋平，自民党干事长二阶俊博进行双边交流。

[4月23日　上海合作组织　综合]　国家主席习近平在北京集体会见俄罗斯、印度、哈萨克斯坦、吉尔吉斯斯坦、巴基斯坦、塔吉克斯坦、乌兹别克斯坦7国外长及上合秘书长阿利莫夫、上合地区反恐怖机构执委会主任瑟索耶夫。习近平强调，中方愿同各成员国在经济上深化"一带一

路"合作，逐步建立区域经济合作制度性安排。

次日，国务委员兼外长王毅在北京主持召开上合成员国外长理事会会议，上述8国外长出席。王毅就新形势下如何深化上合合作提出六点建议。

[4月26日　亚欧财长会议　金融]　第十三届亚欧财长会议在保加利亚索非亚举行。会议主要讨论了全球及亚欧宏观经济形势、税收与经济数字化、金融网络安全等议题，并发表公报。财政部副部长程丽华率团出席会议并发言。

[4月28日—5月8日　区域全面经济伙伴关系协定谈判会　自贸区]　《区域全面经济伙伴关系协定》第22轮谈判在新加坡举行。同时，货物、服务、投资、原产地规则、海关程序与贸易便利化、卫生与植物卫生措施、技术法规与合格评定程序、贸易救济、金融、电信、知识产权、电子商务、法律机制、政府采购等领域都并行举行了工作组会议。各方继续就货物、服务、投资和规则领域议题展开深入磋商。

[5月4日　中日韩财长和央行行长会议　金融]　财政部副部长余蔚平出席在菲律宾马尼拉举行的第18届中日韩财长和央行行长会议。各方重点就中日韩宏观经济形势、区域财金合作等议题交换了意见。

[5月9日　中日韩领导人会议　贸易]　国务院总理李克强在东京同日本首相安倍晋三、韩国总统文在寅共同出席第七次中日韩领导人会议，就中日韩合作以及地区和国际问题交换看法。李克强表示，中日韩发展应在产能合作、减贫、灾害管理、节能环保等领域实施联合项目，共同开拓第四方甚至多方市场。要提升加快中日韩自贸区谈判进程，推动早日达成"区域全面经济伙伴关系协定"、共商共建共享"一带一路"。会议发表了《中日韩领导人关于2018朝韩领导人会晤的联合声明》。

[5月8—10日　欧洲复兴开发银行年会　金融]　欧洲复兴开发银行第27届理事会年会在约旦召开，中国人民银行副行长陈雨露率团出席

会议,在"'一带一路'倡议对欧洲复兴开发银行投资国的意义"研讨会上做主旨发言,参加了理事会对中长期发展战略、欧洲复兴开发银行2017年运营报告等议题的讨论和审议。年会期间,陈雨露还与欧洲复兴开发银行行长苏马·查克拉巴蒂等举行了会谈。

[5月22—25日　欧亚反洗钱和反恐怖融资组织会议　金融]　由中国人民银行承办的欧亚反洗钱和反恐怖融资组织第二十八届年会及工作组会议在南京召开,约200名来自欧亚反洗钱和反恐怖融资组织成员和观察员的代表参会。中国人民银行行长助理刘国强率中国代表团参加会议。此次会议主要讨论了相互评估、内部治理及类型研究等重要议题。

[5月23—24日　东亚及太平洋中央银行行长会议组织会议　金融]　中国人民银行副行长潘功胜率团赴新加坡出席东亚及太平洋中央银行行长会议组织第54届副手会及相关会议。会议主要讨论了全球及区域经济金融形势、宏观政策应对、金融科技等议题,并听取了东亚及太平洋中央银行行长会议组织货币与金融稳定委员会及各工作组的进展报告。

[5月21—25日　非洲开发银行年会　金融]　非洲开发银行集团年会在韩国釜山召开,中国人民银行副行长陈雨露率团出席会议。陈雨露出席了理事会全体会议,在"非洲通往工业化之路"研讨会上介绍了中国新型工业化经验。年会期间,陈雨露还会见了非行行长阿德希纳。

[5月25日　中东欧国家农业部长会　农业]　第三届中国—中东欧国家"16＋1"农业部长会议在立陶宛维尔纽斯召开。中国农业农村部部长韩长赋率团出席会议,立陶宛和爱沙尼亚等中东欧16国农业部均派出高级代表团参加会议。本届会议以"智慧农业—粮食安全和食品安全的创新性解决方案"为主题,通过了《中国—中东欧国家农业部长会议维尔纽斯共同宣言》,亮出了提升粮食安全和食品安全保障水平的"16＋1"方案。

[5月25—26日　亚太经合组织贸易部长会　贸易]　亚太经合组织

第二十四届贸易部长会议在巴布亚新几内亚举行,商务部副部长兼国际贸易谈判副代表王受文代表钟山部长参会。会议围绕"抓住包容机遇,拥抱数字未来"主题,就支持多边贸易体制、深化区域经济一体化和互联互通、数字经济、"后2020愿景"等议题进行了讨论。会议发表了《贸易部长声明》和《关于支持多边贸易体制的主席声明》。会议期间,王受文拜会了巴新总理奥尼尔,分别与部分代表团团长及世贸组织总干事、东盟秘书长举行会谈。

[5月28日 中日韩信息通信部长会 科技] 第六次中日韩信息通信部长会议在日本东京举行,工业和信息化部部长苗圩、日本总务大臣野田圣子、韩国科学技术和信息通信部部长俞英民分别率团出席会议。三国部长就共同应对新工业革命、老龄化社会等挑战,加强第五代移动通信、人工智能、大数据等新技术合作、开展人员培训、创客对接等达成共识。

[6月4日 中葡论坛 贸易] 中葡论坛成立十五周年回顾与展望研讨会在北京举行,商务部副部长高燕出席并作主旨演讲。澳门特区政府经济财政司司长梁维特、国务院港澳办副主任黄柳权、文化和旅游部党组成员李世宏、卫生健康委副主任崔丽、中国社会科学院副院长蔡昉以及几内亚比绍驻华大使马岚·桑布等出席并致辞。

[6月4日 中国—中东欧国家能源合作交流会 能源] 中国—中东欧国家能源合作第一次技术交流会在北京召开,国家能源局副局长李凡荣出席会议并致辞。中国—中东欧国家能源项目对话与合作中心为双方开展合作搭建了有效平台,本次技术交流会将有利于进一步增进双方的相互了解、扩大合作共识,拓宽在能源领域的合作。

[6月7日 中国—中东欧国家经贸促进部长级会议 贸易] 由商务部主办的第三次中国—中东欧国家经贸促进部长级会议在浙江宁波召开,本次会议的主题是"深化16+1经贸合作",中东欧16国的经贸部长或代表率团与会。各方就深化"一带一路"和"16+1合作"框架下中

国与中东欧国家贸易、投资、基础设施互联互通、产能、金融、电子商务、中小企业合作等重点议题深入交换意见,达成广泛共识。会议一致通过了《中国—中东欧国家电子商务合作倡议》《中国—中东欧国家服务贸易合作倡议》。

[6月7日 中国与拉美和加勒比国家合作论坛 基础设施建设] 第四届中国与拉美和加勒比国家基础设施合作论坛在澳门开幕。商务部副部长高燕出席并致辞。本届论坛的主题为"在'一带一路'框架下打造中拉基建合作提质升级的新动能",紧扣"一带一路"主旋律,研讨基建合作新动能。

[6月9日 中俄蒙元首会 基础设施建设] 国家主席习近平同俄罗斯总统普京、蒙古国总统巴特图勒嘎在青岛举行中俄蒙三国元首第四次会晤。习近平强调,下阶段,中俄蒙三方要积极探讨基础设施互联互通等领域合作。普京表示,俄方赞同加强三方交通运输、基础设施、海关和旅游等合作,便利贸易和人员往来。巴特图勒嘎表示,蒙方愿同中、俄尽快启动中蒙俄经济走廊建设,推进基础设施、能源运输等合作。

[6月10日 上海合作组织元首峰会 综合] 上海合作组织成员国元首理事会第十八次会议在青岛国际会议中心举行。中国国家主席习近平主持会议并发表重要讲话。上海合作组织成员国领导人、常设机构负责人、观察员国领导人及联合国等国际组织负责人出席会议。习近平发表题为"弘扬'上海精神' 构建命运共同体"的重要讲话。同日,上海合作组织成员国元首理事会第十八次会议小范围会谈在青岛国际会议中心举行。

[6月15日 中国—南亚经贸合作会 贸易] 首届中国—南亚经贸合作高层圆桌会在云南玉溪召开。商务部副部长高燕出席并致辞。首届中国—南亚合作论坛主题为"加强南亚区域合作 推动地区包容性发展"。此前,高燕出席了中国—南亚地方减贫事业经验交流展开展仪式。

[6月19日　澜湄合作跨境经济合作工作会议　贸易]　澜湄合作跨境经济合作联合工作组第二次会议在云南昆明举行。会议由工作组轮值主席柬埔寨发展理事会投资促进司负责人和中国商务部亚洲司负责人共同主持。与会各方提出了落实《澜湄国家关于加强跨境经济合作部长级联合声明》的有关方案和步骤，就编制《澜湄国家跨境经济合作五年发展规划》的框架安排以及《澜湄区域合作智能贸易网络倡议》交换了意见并原则达成共识。此外，各方还就澜湄国家参加首届进口博览会、在电子商务、经济技术、园区建设与运营等领域加强合作进行了讨论。会后各国工作组组长签署了会议纪要。

[6月22日　大图们倡议协商委员会会议　"一带一路"]　大图们倡议第18次政府间协商委员会部长级会议在蒙古国乌兰巴托举行，商务部部长助理任鸿斌率中国代表团与会。会议发表了《乌兰巴托宣言》，鼓励加强贸易投资、环境、旅游、交通等领域务实合作，各方欢迎中方"一带一路"倡议。

[6月25—26日　亚洲基础设施投资银行理事会年会　金融]　亚洲基础设施投资银行第三届理事会年会在印度孟买举行。亚投行各成员国理事和代表，以及有关国际组织、学术机构、民间团体代表出席。财政部副部长邹加怡率中国代表团出席会议。年会期间，邹加怡还出席了促进亚洲域内外互联互通理事研讨会，分别会见了挪威国际发展大臣阿斯特拉普、英国副财长鲍曼、新西兰副财长马赫卢夫、欧洲复兴开发银行行长查克拉巴蒂等。

[6月30日—7月1日　区域全面经济伙伴关系部长会　贸易]　《区域全面经济伙伴关系协定》第5次部长级会间会在日本东京举行。东盟10国、中国、澳大利亚、印度、日本、韩国、新西兰等16方经贸部长或代表出席会议。商务部副部长兼国际贸易谈判副代表王受文代表钟山部长参会。发展改革委、工业和信息化部、财政部、农业农村部和海关总署

派员参会。与会各方就货物贸易、服务贸易、投资和规则领域等相关问题进行了深入讨论。会议发表了《联合新闻声明》，表示在当前全球贸易面临单边主义挑战的背景下，尽快结束区域全面经济伙伴关系谈判至关重要。

[7月1日　亚太贸易协定相关国家　贸易]　《亚太贸易协定》第四轮关税减让成果文件——《亚太贸易协定第二修正案》正式生效实施。《协定》6个成员国中国、印度、韩国、斯里兰卡、孟加拉国和老挝将对共计10312个税目的产品削减关税，平均降税幅度为33%。

[7月7日　中国—中东欧国家领导人会议　综合]　国务院总理李克强在索非亚文化宫出席第七次中国—中东欧国家领导人会晤。中东欧16国领导人与会。欧盟、奥地利、瑞士、希腊、白俄罗斯及欧洲复兴开发银行作为观察员与会。会晤后，中国同中东欧16国共同发表《中国—中东欧国家合作索非亚纲要》。各国领导人共同见证"一带一路"、交通和能源基础设施建设、工业园区、金融、教育、文化、质检等领域20余项合作协议签署。李克强与鲍里索夫共同为中国—中东欧国家农业合作示范区揭牌。

同日，李克强在索非亚文化宫与中东欧16国领导人共同出席第八届中国—中东欧国家经贸论坛开幕式并致辞。本届论坛的主题是"深化开放务实合作，共促共享繁荣发展"。

[7月10日　中国—阿拉伯国家合作论坛　"一带一路"]　中国—阿拉伯国家合作论坛第八届部长级会议在北京举行，会议以"共建'一带一路'、共促和平发展、携手推进新时代中阿战略伙伴关系"为主题。中国和阿盟成员国代表、阿盟秘书长以及中方有关部门负责人等近300人出席。国家主席习近平出席开幕式并发表重要讲话。王毅表示，中阿要以共建"一带一路"为平台。其他与会部长表示，阿拉伯国家期待参与"一带一路"建设。会议通过并签署了《北京宣言》、《论坛2018年至

2020年行动执行计划》和《中阿合作共建"一带一路"行动宣言》等3份重要成果文件。

[7月22—27日　区域全面经济伙伴关系谈判会　自贸区]　《区域全面经济伙伴关系协定》第23轮谈判在泰国曼谷举行。各方完成了海关程序与贸易便利化、政府采购章节，在技术法规与合格评定程序、卫生与植物卫生措施等章节的谈判也取得重要进展。

[8月2日　中国—东盟外长会议　综合]　国务委员兼外交部部长王毅出席在新加坡举行的中国—东盟（"10+1"）外长会议。王毅表示，双方应推动中国—东盟自贸区升级协定全面生效，深化在智慧城市、数字经济、人工智能、"互联网+"等领域合作。东盟各国外长认为，期待双方深化在经贸、创新、互联互通、旅游等领域交流合作。中国和东盟应尽快达成"区域全面经济伙伴关系协定"。

[8月4日　中日韩—东盟外长会议　综合]　国务委员兼外交部部长王毅出席在新加坡举行的东盟与中日韩（"10+3"）外长会议。王毅就未来"10+3"合作提出几点建议：一是推进区域经济一体化；二是深化财金合作；三是拓展合作领域。日韩和东盟国家外长一致认为，"10+3"国家应支持贸易自由化，加快推进区域全面经济伙伴关系协定谈判，推动东亚经济共同体建设。

[8月4日　东盟地区论坛外长会　贸易]　国务委员兼外交部部长王毅出席在新加坡举行的第25届东盟地区论坛外长会。王毅表示，单边主义和保护主义无法解决问题。地区国家应团结合作，坚决支持自由贸易，反对保护主义，坚持多边主义进程。

[8月14—15日　亚太经合组织会议　科技]　亚太经合组织科技创新政策伙伴关系机制第12次会议在巴布亚新几内亚首都莫尔兹比港成功举办。科技部国际合作司陈霖豪副司长率中国代表团参会并作为该机制副主席主持了会议。中方牵头起草的PPSTI背景文件及邀请私营部门成为该

机制"知识伙伴"的概念文件也在会上讨论并拟于会后通过。

[8月29—30日　亚欧博览会　贸易]　第六届中国—亚欧博览会在乌鲁木齐开幕。国务院副总理胡春华致开幕词，并在会前会见了来华出席博览会的外国政要。他指出，中方愿加快铁路、公路、港口、能源、电信等基础设施互联互通。开幕式前，胡春华考察了中国—亚欧博览会部分参展企业展区。

29日，胡春华先后会见了来华出席博览会的格鲁吉亚副总理兼基础设施和地区发展部部长茨基季什维利、阿富汗长老院主席穆斯利姆亚尔。参加会见的外方政要表示，愿与中方在"一带一路"框架下加强贸易、投资和基础设施等领域务实合作。

[9月2—4日　中非合作论坛峰会　综合]　中非合作论坛北京峰会圆桌会议在北京举行。国家主席习近平和论坛共同主席国南非总统拉马福萨分别主持第一阶段和第二阶段会议。会议通过《关于构建更加紧密的中非命运共同体的北京宣言》和《中非合作论坛—北京行动计划（2019—2021年）》。与会各方重点就推进中非关系、深化各领域合作、构建更加紧密的中非命运共同体、共建"一带一路"以及共同关心的国际和地区问题发表了看法。

2日，中非合作论坛第七届部长级会议在北京举行。国务委员兼外交部部长王毅、商务部部长钟山同南非外长西苏鲁、贸易和工业部部长戴维斯共同主持会议。53个中非合作论坛非方成员国外交部部长和主管对外经贸事务的部长或代表以及非盟委员会高级代表出席。双方表示，希望把中非共建"一带一路"、非盟《2063年议程》、《联合国2030年可持续发展议程》以及非洲各国发展战略结合起来，加强双方在农业、教育、卫生、科技、经贸、基础设施建设等各领域合作。会议审议通过了《关于构建更加紧密的中非命运共同体的北京宣言》和《中非合作论坛——北京行动计划（2019—2021年）》两份成果文件草案，将提交中非领导人在北京峰会上通过。会议欢迎并祝贺冈比亚、圣多美和普林西比、布基纳法索成为论坛新成员。

3日，国家主席习近平在北京出席中非领导人与工商界代表高层对话会暨第六届中非企业家大会开幕式并发表题为"共同迈向富裕之路"的主旨演讲，强调中国支持非洲国家参与共建"一带一路"，愿同非洲加强全方位对接。35位非方领导人及中非知名工商企业和有代表性的中小企业负责人、相关国际组织和机构代表出席开幕式。

[9月6日　对非投资论坛　投资、金融]　国家开发银行在于长沙开幕的第四届对非投资论坛上，与湖南省政府签署《促进湖南企业对非投资合作备忘录》。国开行还与非洲进出口银行签署了5亿美元的贷款协议，加强金融合作。在论坛上，中非发展基金也与国际机构、非方签署了多个合作协议，包括与联合国南南合作中心、安哥拉政府、南非天达资产管理公司等分别签署加强在非投融资合作的备忘录。

[9月12日　中国—东盟博览会　综合]　国务院副总理韩正出席在广西召开的第十五届中国—东盟博览会开幕式并发表主旨演讲。韩正提出6点倡议，包括：加强战略对接，促进贸易和投资合作，加强国际产能合作，推进互联互通合作，深化创新合作，密切人文交流合作。

会前，韩正分别会见出席博览会和商务与投资峰会的柬埔寨首相洪森、缅甸副总统吴敏瑞、越南副总理王庭惠、老挝副总理宋迪。

[9月12日　世界经济论坛东盟会议　综合]　国务院副总理胡春华出席在河内举行的世界经济论坛东盟会议开幕式并致辞。胡春华表示，中方愿同东盟国家加强发展规划对接，扩大经贸往来，深化创新合作，推进区域经济一体化进程。

[9月12—14日　亚太贸易协定工作组会议　贸易]　《亚太贸易协定》第53次常委会和服务贸易、投资、原产地规则、贸易便利化等相关工作组会议在韩国首尔举行。中国、印度、韩国、斯里兰卡、孟加拉国和

老挝派代表团出席会议，蒙古国作为观察员参加会议。各方重点就实施情况和第五轮关税减让谈判模式进行了讨论，实质性开展服务贸易、投资、贸易便利化等议题磋商，并就《协定》第五届部长级理事会和蒙古国加入《协定》等问题进行了深入探讨。

[9月13日　中国—澜湄国家产能与投资合作论坛　投资]　国家发改委副主任兼国家统计局局长宁吉喆在广西南宁出席澜沧江—湄公河国家产能与投资合作论坛。论坛以"深化产能合作，促进共同发展"为主题，旨在为澜沧江—湄公河国家务实开展产能与投资合作搭建平台。老挝计划投资部副部长坎珍·冯桑本、柬埔寨外交与国际合作部副国务秘书宋速肯、泰国外交部副部长维拉撒·夫达坤、缅甸工业部工业监督检查局局长杜艾艾文、越南工贸部亚非市场司副司长阮福南等出席论坛并致辞。

[9月19日　上海合作组织经贸部长会议　综合]　上海合作组织成员国第十七次经贸部长会议在塔吉克斯坦杜尚别市召开。商务部部长助理李成钢率团出席，并就落实今年6月上海合作组织青岛峰会共识，加强区域经济合作发言。会议期间，各方就共同构建开放型世界经济，反对单边主义和贸易保护主义，继续推动贸易便利化、服务贸易和电子商务等领域合作达成共识，为将在杜尚别市召开的上海合作组织总理会议做好经贸方面的准备。会后，各方共同发表新闻公报。此外，青岛市市长孟凡利就青岛建设"中国—上海合作组织"地方经贸合作区发言。

[9月25日　中国—拉共体对话　"一带一路"]　国务委员兼外长王毅在纽约联合国总部出席中国—拉共体"四驾马车"外长第六次对话。拉共体现任轮值主席国萨尔瓦多外长卡斯塔内达、前任轮值主席国多米尼加外长巴尔加斯、候任轮值主席国玻利维亚外长帕里和加勒比共同体现任轮值主席国牙买加外长约翰逊—史密斯出席，拉共体其他成员国代表参加。王毅表示，中方愿同拉方引领"一带一路"倡议在拉美地区进入实质性落实阶段，推动"一带一路"合作在拉美更大范围地开花结果。

[10月11—12日　上海合作组织首脑理事会　综合]　国务院总理李克强在杜尚别出席上海合作组织成员国政府首脑（总理）理事会第十七次会议。塔吉克斯坦总理拉苏尔佐达、俄罗斯总理梅德韦杰夫、哈萨克斯坦总理萨金塔耶夫、吉尔吉斯斯坦总理阿布尔加济耶夫、乌兹别克斯坦总理阿里波夫和巴基斯坦、印度政府代表以及观察员国代表等与会。李克强指出，各国要加强多边经贸合作，推进国际产能合作，完善互联互通，强化创新引领，促进人文交流，促进贸易、投资、能源、农业、人文交流合作。李克强同与会成员国领导人签署并发表联合公报，批准上合组织经贸、科技、环保等领域多项决议与合作文件。

李克强还分别会见了与会各方领导人并表示中方愿将"一带一路"倡议同各方发展战略对接，希望加强互联互通，扩大贸易规模，拓展能源、科技、金融合作，共同维护多边贸易体制和开放型世界经济。

[10月13日　区域全面经济伙伴关系部长会议　自贸区]　《区域全面经济伙伴关系协定》第6次部长级会间会在新加坡举行。东盟10国、中国、澳大利亚、印度、日本、韩国、新西兰16方经贸部长或代表出席会议。商务部副部长兼国际贸易谈判副代表王受文代表钟山部长出席会议。会议就货物贸易、服务贸易、投资、卫生和植物卫生措施、标准技术法规和合格评定程序、电子商务、竞争政策等议题进行了深入讨论，推动各方完成年底一揽子成果，并实质性结束谈判。会议发表了《联合新闻声明》。会议期间，王受文还分别与日本、印度、新加坡代表团团长和区域全面经济伙伴关系贸易谈判委员会主席举行会谈。

[10月16日　中国—中东欧国家交通部长会　交通]　第三届中国—中东欧国家交通部长会议在塞尔维亚首都贝尔格莱德举行，交通运输部部长李小鹏、塞尔维亚总统武契奇、塞尔维亚交通和基础设施部部长米哈伊洛维奇出席会议并致辞，与会代表就进一步加强中国—中东欧国家交通和基础设施领域合作交换意见。

[10月16—17日　亚太经合组织财长会　综合]　财政部副部长余蔚平率团在巴布亚新几内亚莫尔兹比港出席第25届亚太经合组织财长会并发言。会议重点讨论了全球和区域经济金融形势、促进基础设施发展与融资、推进普惠金融、加强国际税收合作与透明度、灾害风险融资与保险等，并发表联合声明。会前举行了亚太经合组织财长闭门会，各方就数字时代的公共财政战略交换了意见。余蔚平表示，中国将继续实施积极财政政策，推进改革开放，打造国际一流营商环境；中方欢迎更多亚太经合组织成员核准《"一带一路"融资指导原则》；愿与各成员参与多边领域的国际税收规则制定与实施，包括就数字经济征税长期方案达成共识。

[10月18日　中国—南方共同市场对话　综合]　外交部副部长秦刚与南方共同市场轮值主席国乌拉圭副外长贝尔加米诺、巴西副外长科斯塔、巴拉圭副外长德尔加迪略、阿根廷外交副国秘阿拉纳在乌拉圭首都蒙得维的亚举行中国—南共市第六次对话。双方认为，中南应加强政策沟通、设施联通、思路创新和金融保障，促进中南贸易便利化，应支持地区一体化和以规则为基础、以世贸组织为核心的多边贸易体制。对话结束后，秦刚同贝尔加米诺共同签署了对话纪要。

出席对话期间，乌外交部部长尼恩会见了秦刚，秦刚还分别同贝尔加米诺及科斯塔举行会见。

[10月19日　亚欧首脑会议　综合]　国务院总理李克强在布鲁塞尔出席主题为"欧洲和亚洲：全球伙伴应对全球挑战"的第12届亚欧首脑会议，来自53个成员国的领导人和国际组织负责人与会。李克强率先发表题为"共担全球责任　共迎全球挑战"的引导性讲话。李克强表示，中方致力于构建开放型世界经济；愿以互联互通推动亚欧联动发展，通过人文交流为亚欧合作注入更大活力。

[10月23日　中国—东盟国家　综合]　国务委员兼外交部部长王毅在北京会见东盟十国驻华使节。王毅表示，愿继续加强"一带一路"

倡议与《东盟愿景2025》和东盟互联互通规划等对接；中国—东盟合作要继续在东亚合作中发挥引领作用，中日韩—东盟合作要致力于推进区域经济一体化和东亚经济共同体建设；中国赞同对世界贸易组织进行必要改革。

［10月26日　东盟与中日韩　综合］　财政部部长刘昆、副部长邹加怡在北京出席由财政部、中国人民银行和东盟与中日韩宏观经济研究办公室共同主办的"中国改革开放40周年：进程、展望及对东亚的影响"高层论坛，刘昆作主旨演讲。

［10月29—30日　东盟与中日韩能源部长会议　能源］　国家能源局副局长刘宝华赴新加坡出席第15届东盟与中日韩（"10+3"）能源部长会议和第12届东亚峰会能源部长会议，并分别会见菲律宾能源部部长库西、新加坡工贸部副部长许宝琨。

［11月2日　澜湄水资源合作论坛　环境］　首届澜湄水资源合作论坛在昆明闭幕，来自澜湄合作成员国中央和地方政府的代表、国际组织、科研机构、学术团体及企业的代表，在论坛上通过《昆明倡议》，致力于推进六国水资源合作。

［11月9—10日　中国—中东欧央行行长会议　综合］　中国人民银行行长易纲在匈牙利布达佩斯参加中国—中东欧国家央行行长会议，就中国—中东欧国家宏观经济形势、人民币在储备管理中的作用、中国—中东欧国家央行合作等议题与中东欧16国央行行长和高级代表进行了深入探讨。

［11月14日　中国—东盟领导人会议　综合］　国务院总理李克强在新加坡会展中心出席第21次中国—东盟（"10+1"）领导人会议暨庆祝中国—东盟建立战略伙伴关系15周年纪念峰会。东盟十国领导人与会。李克强与新加坡总理李显龙共同主持会议。李克强表示，中国和东盟应加强战略规划；深化经贸合作。与会东盟国家领导人表示，双方要加强互联

互通、创新、智慧城市、电子商务、数字经济等领域合作。会议通过《中国—东盟战略伙伴关系2030年愿景》，发表科技创新合作联合声明，宣布2019年为媒体交流年。

[11月12—14日　区域全面经济伙伴关系领导人会议　综合]　国务院总理李克强在新加坡会展中心出席第二次"区域全面经济伙伴关系协定"领导人会议。东盟十国领导人以及韩国、日本、澳大利亚、新西兰、印度领导人与会。与会领导人一致同意，区域全面经济伙伴关系谈判已经取得实质性进展，争取在2019年完成谈判。

12日，商务部副部长兼国际贸易谈判副代表王受文代表钟山部长出席了在新加坡举行的《区域全面经济伙伴关系协定》部长级筹备会议。

[11月14—15日　中亚投资论坛　"一带一路"]　中国人民银行副行长陈雨露在北京出席中亚投资论坛，欧洲复兴开发银行行长查克拉巴蒂及其他各方代表出席会议，会议旨在推动各方在"一带一路"框架下加强合作。陈雨露表示中方愿与各方加强在"一带一路"倡议下的资金融通、股权融资市场培育、发展绿色金融、基础设施互联互通、能力建设、风险管理等方面的合作。

15日，中国人民银行行长易纲在北京会见了来访的查克拉巴蒂，双方就联合举办的中亚投资论坛、加强第三方市场合作等议题交换了意见。

[11月15日　中亚区域经济合作会议　贸易]　财政部副部长余蔚平率由财政部、外交部、发展改革委、商务部、能源局及内蒙古自治区、新疆维吾尔自治区组成的中国代表团在土库曼斯坦阿什哈巴德出席中亚区域经济合作第十七次部长级会议并发言。会议的主题是"中亚区域经济合作2030：扩大贸易和促进经济多元化"。会议审议通过了部长联合声明和中亚区域经济合作综合贸易议程2030，探讨了中亚区域经济合作2030战略的实施进展以及如何通过出口多元化促进经济增长和宏观经济的稳定。期间，余蔚平会见亚洲开发银行行长中尾武彦。

[11月15日　东盟—中日韩领导人会议　综合]　国务院总理李克强在新加坡会展中心出席第21次东盟与中日韩（"10+3"）领导人会议。东盟十国领导人以及韩国总统文在寅、日本首相安倍晋三共同出席。新加坡总理李显龙主持会议。李克强就下阶段"10+3"合作提出建议：推进东亚经济一体化建设；强化金融安全。与会领导人表示，各方一致同意尽快完成区域全面经济伙伴关系最后阶段谈判，推进清迈倡议多边化，增加本币使用，拓展"中日韩+X"、智慧城市、创新、电子商务合作，加强互联互通，推进在金融、教育、文化、农业、减贫、环境、卫生等领域合作。

[11月15日　东亚峰会　综合]　国务院总理李克强在新加坡出席第13届东亚峰会。东盟十国领导人以及俄罗斯总统普京、韩国总统文在寅、日本首相安倍晋三、印度总理莫迪、澳大利亚总理莫里森、新西兰总理阿德恩、美国副总统彭斯等共同出席。新加坡总理李显龙主持会议。李克强提出要坚持多边主义，维护自由贸易，加快区域经济一体化进程；各方应继续推进能源与环保、教育、金融、公共卫生、灾害管理、东盟互联互通等六个重点领域合作。与会领导人表示，各方要在可持续发展、互联互通、蓝色经济方面加强合作。会议通过《东亚峰会领导人关于东盟智慧城市的声明》等多份成果文件。

[11月15日　亚太经合组织部长会　贸易]　亚太经合组织第30届部长级会议在巴布亚新几内亚举行，会议就区域经济一体化、经贸互联互通、多边贸易体制、包容性增长等议题进行了讨论。商务部部长助理任鸿斌代表钟山部长参会。任鸿斌表示，亚太经合组织应继续支持多边贸易体制；坚持以亚太自贸区为发展目标，并将其作为亚太经合组织2020年后合作愿景的重要组成部分；应继续建立全方位、多层次、复合型的亚太互联互通网络；应推进互联网和数字经济合作，提升中小微企业参与全球价值链的水平。

第四部分　中国经济外交重要事件 | **495**

[11月16日　中国—太平洋岛国会晤　综合]　国家主席习近平在莫尔斯比港同巴布亚新几内亚总理奥尼尔、密克罗尼西亚联邦总统克里斯琴、萨摩亚总理图伊拉埃帕、瓦努阿图总理萨尔瓦伊、库克群岛总理普纳、汤加首相波希瓦、纽埃总理塔拉吉等建交太平洋岛国领导人以及斐济政府代表、国防部部长昆布安博拉举行集体会晤和分别会见，就深化中国同太平洋岛国关系交换看法，各方一致同意将双方关系提升为相互尊重、共同发展的全面战略伙伴关系，加强各方同中国在贸易、投资、渔业、旅游、基础设施建设等领域合作，开创全方位合作新局面。

[11月17日　亚太经合组织工商领导人峰会　综合]　国家主席习近平应邀出席在巴布亚新几内亚莫尔兹比港举行的亚太经合组织工商领导人峰会并发表题为"同舟共济创造美好未来"的主旨演讲，习近平指出，中国将继续大幅放宽市场准入，加强知识产权保护，主动扩大进口，欢迎亚太工商界朋友积极参与第二届"一带一路"国际合作高峰论坛。同日，习近平还出席了亚太经合组织领导人同工商咨询理事会代表对话会，同代表们就构建开放型世界经济、共建"一带一路"等交换看法。

[11月19—21日　中日韩技术交流会　经济技术交流]　第17次泛黄海中日韩经济技术交流会议在韩国全罗北道群山市举行。会议围绕"推动地区间交流合作，创新开拓新产业、新市场，构筑泛黄海地区经济合作新模式"主题，就深化三国泛黄海地区合作、加强产业园区合作、共同开拓第四方市场及开展跨境电商、节能环保、医疗健康等领域合作进行深入探讨，形成了一系列合作共识，并举行了产业投资对接活动。会议由商务部亚洲司、韩国产业通商资源部通商协力局、日本经济产业省九州经济产业局共同主办。

[11月24日　中日韩央行行长会　金融]　中国人民银行行长易纲在天津主持了第十届中日韩央行行长会议，日本银行行长黑田东彦和韩国银行行长李柱烈出席会议，各方就三国近期经济金融形势等议题交换了

意见。

[11月26日 中国—东盟部长会 地区合作] 中国—东盟东部增长区合作首次部长级会议在文莱召开。商务部国际贸易谈判代表兼副部长傅自应与文莱外交部第二部长艾瑞万（哈桑纳尔苏丹兼任外长）共同主持会议。文莱、印度尼西亚、马来西亚、菲律宾等东盟东部增长区国家部长级官员和东盟秘书长林玉辉等出席。各方一致决定，将中国与增长区合作机制升级为部长级，并审议通过《中国—东盟东部增长区升级合作文件》。各方一致认为，应充分进行战略对接，在互联互通、农渔业加工和食品产业、旅游及社会文化交流、贸易和投资、数字经济、减贫和包容发展、人力资源发展、环境、电力和能源9个领域开展重点合作。

[11月28—30日 东亚及太平洋中央银行行长会议组织副手会 金融] 中国人民银行副行长陈雨露在昆明主持了东亚及太平洋中央银行行长会议组织（EMEAP）第55届副手会，并出席EMEAP第24届EMEAP货币与金融稳定委员会会议、第27届泛亚指数基金监管委员会会议及第31届EMEAP亚债基金监督委员会会议。会议主要讨论了全球及区域经济金融形势、金融科技与分布式记账技术、金融稳定与经济增长、本币主权债券市场等议题，并听取了EMEAP各工作组的进展报告。

[12月7日 中日韩自贸区谈判会 自贸区] 中日韩自贸区第十四轮谈判首席谈判代表会议在北京举行。商务部副部长兼国际贸易谈判副代表王受文与日本外务省外务审议官山崎和之、韩国产业通商资源部部长助理俞明希分率各方代表团出席。三方一致同意加快推进中日韩自贸区谈判，在《区域全面经济伙伴关系协定》已取得的成果基础上探讨通过中日韩自贸区进一步提高贸易投资自由化水平。三方商定，下一轮谈判将在日本举行，三方将从下一轮谈判起恢复工作组会议，就货物贸易、服务贸易、投资等议题展开实质性磋商。

[12月12日 中国—中亚合作论坛 "一带一路"] 第六届中国—

中亚合作论坛在扬州举行。全国人大常委会副委员长王晨出席开幕式并致辞。王晨表示，中方将加强同中亚国家发展战略对接，不断深化在经贸、投资、产能、互联互通、能源、金融等领域的合作，使双方高水平政治互信和经济互补优势转化为更多务实合作成果。本届论坛以"融汇丝路文明，深化合作共赢"为主题，由上海合作组织睦邻友好合作委员会和扬州市政府共同主办。中亚五国政要及中方有关部门和企业代表近200人出席。

[12月13—14日　东盟与中日韩外长会议财政和央行副手会　金融]财政部副部长邹加怡与国人民银行副行长朱鹤新率团出席在韩国釜山举行的东盟与中日韩（"10+3"）财政和央行副手会。会议主要就全球和区域宏观经济形势，东盟与中日韩宏观经济研究办公室、清迈倡议多边化、亚洲债券市场倡议以及2019年"10+3"财金合作重点等议题进行了讨论。会前，邹加怡还出席了中日韩财政和央行副手会。

[12月15日　中国—阿富汗—巴基斯坦三方外长对话　"一带一路"]　第二次中国—阿富汗—巴基斯坦三方外长对话在阿富汗喀布尔举行。国务委员兼外长王毅、阿富汗外长拉巴尼、巴基斯坦外长库雷希出席。王毅表示，希望三方在推进务实合作与互联互通等方面汇聚新的共识。拉巴尼和库雷希表示，双方愿同中方一道，拓展在共建"一带一路"框架下的三方合作。

[12月17日　澜湄国家外长会　综合]　澜沧江—湄公河合作第四次外长会在老挝琅勃拉邦举行。国务委员兼外长王毅、老挝外长沙伦赛、柬埔寨副首相贺南洪、泰国外长敦、缅甸国际合作部部长觉丁、越南副总理兼外长范平明出席。会议旨在落实第二次领导人会议成果，规划澜湄合作下一步发展，并为第三次领导人会议做准备。王毅表示，六方要深化伙伴关系，秉持"优势互补、互利互惠、循序渐进"原则，共建澜湄流域经济发展带，推动高质量产能合作，培育创新亮点和增长点。会议通过了

《联合新闻公报》，散发了《〈澜湄合作五年行动计划〉2018年度进展报告》、"2018年度澜湄合作专项基金支持项目清单"和六国智库共同撰写的《澜湄流域经济发展带研究报告》，发布了澜湄合作会歌。

[12月18日　中国—中东欧国家协调员会议　"16+1合作"]　外交部副部长、中国—中东欧国家合作（"16+1合作"）秘书处秘书长王超在北京主持召开第十二次"16+1合作"国家协调员会议，中东欧16国国家协调员或代表参会，奥地利、白俄罗斯、欧洲复兴开发银行、欧盟、希腊、瑞士代表作为观察员与会。会议全面回顾第七次中国—中东欧国家领导人会晤以来"16+1合作"取得的积极进展，以及《中国—中东欧国家合作布达佩斯纲要》执行情况。各方并就下阶段推进"16+1合作"有关设想深入交换意见。

◇◇ 三　中国全球经济外交

[1月7—8日　国际清算银行例会　金融]　国际清算银行在瑞士巴塞尔召开行长例会。时任中国人民银行行长周小川出席了董事会、经济顾问委员会、央行治理小组会议、全球经济形势会等会议。

[1月24日　世界经济论坛　综合]　时任中央财经领导小组办公室主任的刘鹤出席达沃斯世界经济论坛2018年年会并发表致辞。刘鹤表示，中国将继续推动全面对外开放，大幅放开市场准入，积极推进"一带一路"建设，秉持共商、共建、共享的全球治理观，坚定维护多边主义和多边贸易体制。

[2月9—10日　世界海关跨境电商大会　科技]　由中国海关与世界海关组织共同举办的首届世界海关跨境电商大会在北京召开。会议就进一步完善《世界海关组织跨境电商标准框架》原则达成基本共识，这是

首个世界海关跨境电商监管与服务的指导性文件；发布了《北京宣言》《全球跨境电子商务行业行动倡议》，明确建立世界海关跨境电商大会机制。

[3月17—18日　国际清算银行例会　金融]　国际清算银行在阿根廷布宜诺斯艾利斯召开行长例会。时任中国人民银行行长周小川出席了董事会、经济顾问委员会、全体行长会和全球经济形势会。与会央行行长们就全球经济金融形势以及宏观政策应对等问题进行了交流和研讨。

[3月19—20日　二十国集团财长与央行行长会议　金融]　二十国集团财长和央行行长会议在阿根廷布宜诺斯艾利斯举行，时任中国人民银行行长周小川率团出席了会议。会议主要讨论了当前全球经济形势、未来的工作、基础设施、金融部门发展、国际金融架构、反恐怖融资以及国际税收挑战等议题，并发表了联合公报。

[3月19—20日　世界贸易组织部长级会议　贸易]　世界贸易组织小型部长级会议在印度新德里召开，中国、美国、欧盟、印度等53个世贸成员部长或部长代表、世贸组织总干事阿泽维多等出席。商务部副部长兼国际贸易谈判副代表王受文率团出席会议并发言。王受文强调，各方应支持多边贸易体制，维护世贸组织规则的权威性和有效性，继续推动多哈回合剩余议题谈判，呼吁各方在多边框架下就投资便利化、电子商务等新议题进行讨论，中国将积极采取措施应对贸易保护主义挑战。

[4月9—13日　国际能源论坛部长级会议　能源]　国家能源局副局长李凡荣赴印度新德里出席第16届国际能源论坛部长级会议。会议期间，李凡荣先后会见了国际能源论坛秘书长孙贤胜、阿根廷能矿部联合秘书马科斯·普尔托、加拿大自然资源部助理副部长菲利普·詹宁斯，分别就第17届国际能源论坛部长级会议筹办工作，中阿、中加能源合作等事宜与各方进行了沟通。

[4月19日　金砖国家财长及央行行长会议　金融]　金砖国家财长

和央行行长会议在美国华盛顿举行。中国人民银行行长易纲出席会议,财政部副部长朱光耀出席会议并发言。会议围绕金砖国家务实财金合作议题,包括金砖国家应急储备安排、金砖本币债券基金、新开发银行和二十国集团框架下的合作等议题进行了讨论。

[4月19—21日 国际货币基金组织、世界银行春季系列会 金融] 中国人民银行行长易纲在美国华盛顿出席国际货币基金组织与世界银行春季系列会议。19日,易纲分别会见了新加坡副总理尚达曼、乌克兰央行行长亚契夫·斯莫利、英格兰银行行长卡尼、瑞士财长于利·毛雷父和瑞士央行行长托马斯·乔丹、阿根廷央行行长费德里科·施图尔辛格、苏里南央行行长格伦·杰西,就加强双边金融合作等交换意见。20日,易纲会见了美联储主席,就中美经济金融形势、货币政策等议题交换意见。21日,易纲分别会见了尼日利亚央行行长戈德温·埃菲菲尔、欧洲复兴开发银行行长萨玛·查克拉巴蒂、泛美开发银行行长路易斯·莫雷诺,就双边合作等交换意见。

[4月20—21日 国际货币与金融委员会会议 金融] 第37届国际货币与金融委员会会议在美国华盛顿召开,会议主要讨论了全球经济金融形势与风险、全球政策议程和基金组织改革等议题。中国人民银行行长易纲出席会议并发言。

[4月21日 国际货币基金组织、世界银行发展委员会部长级会议 金融] 国际货币基金组织与世界银行在美国华盛顿举行了第97届发展委员会部长级会议。会议原则通过了世界银行股权改革方案。通过此轮股权调整,中国在国际复兴开发银行和国际金融公司的股权将提高。会议原则通过了WB增资一揽子方案,同意世界银行通过普遍增资和选择性增资方式。财政部副部长朱光耀出席会议并发言。同日,朱光耀会见世界银行行长金墉,就中国与世界银行合作等问题交换了意见。

[5月6—7日 国际清算银行例会 金融] 国际清算银行在瑞士巴

塞尔召开行长例会。中国人民银行行长易纲出席了金融稳定高级别圆桌会、新兴市场经济体会议、经济顾问委员会、全球经济形势会、董事会等会议。与会央行行长就全球经济金融形势以及宏观政策应对等问题进行了交流和研讨。

[5月8日 世界贸易组织总理事会会议 综合] 中国常驻世界贸易组织代表张向晨在日内瓦呼吁启动世贸组织上诉机构成员遴选程序,以使该机构尽快恢复正常运作。张向晨在当天举行的世贸组织总理事会会议上谴责美国绑架上诉机构成员遴选程序,滥用世贸组织决策机制。

[5月29日 新开发银行理事会 金融] 新开发银行第三届理事会年会在上海举行。新开发银行各成员理事或代表,有关国际组织、工商企业界以及民间团体代表出席会议。财政部部长刘昆作为中国理事出席并主持了本届理事会年会。本届年会的主题是"创新发展融资路径"。年会期间,刘昆出席了"全球变局中的发展融资研讨会",会见了新开发银行行长卡马特,并共同签署新开发银行贷款重庆特色城镇综合规划建设项目《贷款协定》。

[6月4日 金砖国家外长会 综合] 国务委员兼外交部部长王毅在南非出席金砖国家外长正式会晤。会晤由南非外长西苏鲁主持,俄罗斯外长拉夫罗夫、印度外长斯瓦拉吉和巴西副外长加尔旺出席。王毅表示,金砖国家要携手构建开放型世界经济。会晤后还发表了《新闻公报》。

[6月7日 国际基础设施投资与建设高峰论坛 基础设施建设] 第九届国际基础设施投资与建设高峰论坛在澳门开幕。商务部副部长高燕出席开幕式并发表主旨演讲。澳门特别行政区行政长官崔世安、赤道几内亚总理奥巴马出席并致辞。

[6月13日 联合国多机构会议 "一带一路"] 由中国常驻联合国代表团、联合国经济和社会事务部、联合国开发计划署、世界卫生组织驻联合国办事处联合举办的"一带一路"倡议与2030年可持续发展议程

高级别研讨会在纽约联合国总部举行。中国常驻联合国代表马朝旭、第72届联合国大会主席莱恰克、南非常驻联合国代表杰瑞·马吉拉等100多名代表出席研讨会。

[6月14—15日　二十国集团能源部长会　能源]　2018年二十国集团能源部长会议在阿根廷巴里罗切举行，国家能源局副局长刘宝华参加会议，并在部分分论坛就能源可及性问题发表讲话。来自二十国集团成员国能源主管部门和国际能源组织的共约200名代表参加会议，会议最终通过了《二十国集团能源部长公报》。

在阿根廷期间，刘宝华会见了阿根廷能源和矿产部部长阿兰古仑、加拿大自然资源部部长詹姆斯·卡尔、新加坡外交部兼贸工部高级政务次长陈有明，调研了中核集团在阿核电项目。

[6月21日　全球首席执行官委员会特别圆桌峰会　贸易]　国家主席习近平在北京会见来华出席"全球首席执行官委员会"特别圆桌峰会的知名跨国企业负责人，并同他们座谈交流。习近平指出，要坚持多边主义和全球治理。

[6月23—24日　国际清算银行股东大会　金融]　国际清算银行在瑞士巴塞尔召开第88次股东大会，中国人民银行副行长陈雨露出席了股东大会、经济顾问委员会会议、全球经济形势会、非洲行长圆桌会、亚洲顾问委员会。与会央行行长们在年会的多场会议上就全球经济金融形势以及宏观政策应对等问题进行了交流和研讨。

[6月25日　世界竹藤大会　贸易]　首届世界竹藤大会在北京开幕，国务院总理李克强向大会致贺信。李克强指出，竹藤资源在消除贫困和改善民生、发展绿色经济、应对气候变化等方面发挥着独特作用。本次会议以"竹藤南南合作助推可持续绿色发展"为主题，助力各国可持续发展。

[6月25日　金砖国家能源部长会　能源]　第三届金砖国家能源部

长会议在南非约翰内斯堡举行，国家能源局副局长刘宝华出席会议并作主旨发言，并就能源发展与国际合作等问题与各方进行了深入交流。会议通过了《第三届金砖国家能源部长会议宣言》。

[7月3日　金砖国家科技创新部长级会议　科技]　第六届金砖国家科技创新部长级会议在南非德班成功举行。金砖五国科技部长级代表出席会议，科技部黄卫副部长率中国代表团出席会议，南非科技部部长马莫罗科·库巴伊—恩古巴内主持会议。本次会议主题为"利用科学技术创新促进包容性增长和发展"。会后发表了《德班宣言》和《金砖国家科技创新工作计划（2018—2019年）》。

[7月5日　金砖国家经贸部长会　经贸合作]　金砖国家第八次经贸部长会议在南非约翰内斯堡举行。会议由南非贸工部部长戴维斯主持，巴西、俄罗斯、印度、中国的经贸部长或代表出席。商务部部长助理李成钢率中国代表团与会。会议通过了经贸部长会议联合公报以及有关支持多边贸易体制、反对单边主义和保护主义的单独声明，并达成一系列经贸成果。

[7月18—22日　二十国集团财政和央行行长/副手会议　金融]　财政部副部长邹加怡在阿根廷布宜诺斯艾利斯出席二十国集团财政和央行副手会议期间，先后与阿根廷、日本、法国、俄罗斯等国副财长和世行首席执行官进行双边会谈，就共同关心的多双边财经问题深入交换意见。

21—22日，二十国集团财长和央行行长会议在阿根廷布宜诺斯艾利斯举行。会议主要就全球经济形势、未来的工作、基础设施、金融科技、国际税收、国际金融架构以及普惠金融等议题进行讨论并发表公报。财政部部长刘昆出席会议并发言。在会议期间，刘昆先后与阿根廷财长杜霍夫内、南非财长奈内、土耳其财长阿尔巴伊拉克、加拿大财长莫诺、意大利财长特里亚、韩国副总理兼财长金东兖、欧盟委员会经济和金融事务委员莫斯科维奇、时任世界银行行长金墉和国际货币基金组织总裁拉加德举行会谈。

[7月21日 金砖国家财长和央行行长会议 金融] 2018年第二次金砖国家财长和央行行长会议在阿根廷布宜诺斯艾利斯举行。财政部部长刘昆与人民银行副行长陈雨露出席会议并发言。本次会议主要就金砖国家新开发银行、政府和社会资本合作、加强金砖国家在二十国集团框架下合作、金砖国家应急储备安排首次演练情况、提高应急储备安排的研究能力、推进金砖国家本币债券基金筹建以及金砖国家金融科技和加密资产相关监管政策的总结等议题进行了讨论。

[7月26日 金砖国家领导人会议 综合] 金砖国家领导人第十次会晤在南非约翰内斯堡举行。南非总统拉马福萨主持。中国国家主席习近平、巴西总统特梅尔、俄罗斯总统普京、印度总理莫迪出席。此次会晤主题是"金砖国家在非洲：在第四次工业革命中共谋包容增长和共同繁荣"。习近平发表了题为"让美好愿景变为现实"的重要讲话。会晤发表《金砖国家领导人约翰内斯堡宣言》，就维护多边主义、反对保护主义发出明确信号，深化在经贸金融、政治安全、人文交流等领域合作。

[7月27日 二十国集团农业部长会议 农业] 二十国集团农业部长会议在阿根廷布宜诺斯艾利斯召开。二十国集团所有成员、部分嘉宾国和国际组织派代表出席会议。本次会议以"可持续的粮食未来"为主题，围绕土壤健康、农业信息技术、粮食损失和浪费、农业贸易投资、抗生素耐药性等议题展开讨论，并通过了《二十国集团农业部长宣言》。

[7月27日 "金砖+"领导人对话会 综合] "金砖+"领导人对话会在南非约翰内斯堡举行。国家主席习近平出席对话会并发表讲话。金砖国家领导人南非总统拉马福萨、巴西总统特梅尔、俄罗斯总统普京、印度总理莫迪和对话会受邀国安哥拉、阿根廷、博茨瓦纳、刚果民主共和国、埃及、加蓬、莱索托、马达加斯加、马拉维、莫桑比克、纳米比亚、卢旺达、塞内加尔、塞舌尔、坦桑尼亚、多哥、土耳其、乌干达、赞

比亚、津巴布韦、牙买加领导人或领导人代表以及有关非洲区域组织负责人出席对话会。

[9月12日 东方经济论坛 综合] 第四届东方经济论坛全会在符拉迪沃斯托克举行。中国国家主席习近平、俄罗斯总统普京、蒙古国总统巴特图勒嘎、日本首相安倍晋三、韩国总理李洛渊等出席。习近平发表了题为"共享远东发展新机遇 开创东北亚美好新未来"的致辞,强调要重点提升跨境基础设施互联互通、贸易和投资自由化、便利化水平,大力推动小多边合作、次区域合作,积极探讨建立东北亚地区协调发展新模式。

同日,习近平还会见了蒙古国总统巴特图勒嘎、日本首相安倍晋三。

[9月14日 二十国集团贸易部长会议 贸易] 二十国集团贸易部长会议在阿根廷马德普拉塔举行。商务部副部长兼国际贸易谈判副代表王受文代表钟山部长参会。本次会议围绕"为公平与可持续发展凝聚共识"这一主题,就粮农产品全球价值链、新工业革命以及国际贸易新发展等议题进行了讨论,会后发表贸易部长会议声明。会议还制定了G20有关案例和实践汇编,为各国参与粮农产品全球价值链和抢抓新工业革命发展机遇提供参考指南。

王受文指出,中方支持对世贸组织进行必要改革;G20成员应充分利用全球价值链和新工业革命为贸易投资发展带来的机遇,围绕共同关心的基础设施和技术创新等领域开展信息分享,营造良好的国际贸易投资环境,帮助发展中国家和中小企业提高参与国际贸易投资的能力。会议期间,王受文分别与部分代表团团长及世贸组织总干事举行会谈。

[9月17日 跨国公司座谈会 投资] 商务部部长钟山主持召开跨国公司座谈会,邀请了美国科恩集团、艾默生公司、德国思爱普公司、英国汇丰银行、韩国三星电子公司、日本丰田汽车公司负责人进行交流。商务部部长助理李成钢出席座谈会。与会企业表示将继续扩大在中国的投资

与合作,就中国营商环境和知识产权保护等提出一些建议。钟山说,今后中国开放力度会更大,中国将继续加大知识产权保护力度;合作是中美两国唯一正确的选择。

[9月19日　夏季达沃斯论坛　综合]　国务院总理李克强在天津出席2018年夏季达沃斯论坛开幕式并发表特别致辞。李克强表示,要坚定维护经济全球化。

[9月20日　钢铁产能过剩全球论坛　产能]　钢铁产能过剩全球论坛第二次部长级会议在法国巴黎召开。中国商务部部长助理任鸿斌率团与会。会议通过了一份相对平衡、客观的部长报告。中方强调,中国是论坛成员中唯一采取切实措施去产能的国家;中方愿意本着"平等自愿,协商一致"的精神,与各方共同采取实际措施削减过剩产能,促进全球钢铁产业稳步复苏和健康发展。

[9月27日　金砖国家外长会议　综合]　国务委员兼外长王毅在纽约出席金砖国家外长会晤。王毅表示,下阶段,金砖国家要在四个方面加强合作:继续坚定维护多边主义;继续推动以对话化解热点问题;继续致力于共同发展;继续拓展"金砖+"合作模式,打造具有全球影响的合作平台。

[10月10日　全球贸易促进共同发展会议　贸易]　世界贸易组织、国际货币基金组织、世界银行、经济合作与发展组织在印度尼西亚巴厘岛举办"全球贸易如何促进共同发展"会议。世贸组织总干事阿泽维多、国际货币基金组织总裁拉加德、时任世界银行行长金墉、经合组织秘书长古里亚出席会议。会议呼吁共同抵制保护主义,继续推进贸易自由化进程。商务部副部长钱克明代表钟山部长出席会议并应邀在第四环节作为嘉宾发言。

[10月11日　金砖国家财政和央行副手会　综合]　财政部副部长邹加怡在印度尼西亚巴厘岛出席金砖国家财政和央行副手会并发言。

[10月11—12日　二十国集团财长和央行行长会议　综合、金融] 财政部副部长邹加怡在印度尼西亚巴厘岛出席二十国集团财长和央行行长会议并发言。邹加怡表示，中国期待二十国集团主要成员共同寻求贸易争端合适解决方案；中国政府将继续实施积极财政政策；应以可行方式应对低收入国家债务问题。

会议期间，邹加怡与土耳其财长阿尔巴伊拉克、法国副财长巴索、俄罗斯副财长斯托恰克、加拿大副财长斯图尔特、英国副财长鲍曼和经合组织副秘书长舒克内希特进行双边会谈，就共同关心的多双边财经问题深入交换意见。

同期，中国人民银行行长易纲、中国人民银行副行长陈雨露在印度尼西亚巴厘岛出席二十国集团财长和央行行长会议。会议主要讨论了全球经济形势与风险、国际金融架构、基础设施融资、加强与非洲合作、全球普惠金融合作伙伴的机构改革、防范加密资产的洗钱和恐怖融资风险等议题。易纲表示中国将继续通过深化改革、扩大开放来解决当前面临的问题与挑战。

[10月11—14日　国际货币基金组织、世界银行年会　金融]　中国人民银行行长易纲在印度尼西亚巴厘岛出席国际货币基金组织、世界银行年会期间，会见了多位外国领导人及国际组织领导人。

11日，易纲会见了纽联储主席威廉姆斯、美联储主席鲍威尔及美国财长姆努钦、荷兰央行行长诺特、国际清算银行总经理卡斯滕斯、国际货币与金融委员会主席、南非央行行长康亚戈、欧洲复兴开发银行行长查克拉巴蒂，就全球经济形势、金融部门改革、中国和各方金融合作等议题交换了意见。

12日，易纲会见了印度尼西亚央行行长佩里·瓦吉由、英国财政大臣哈蒙德、哈萨克斯坦央行行长阿吉舍夫，讨论了双边金融合作等合作议题。

[10月11—12日　金砖集团财政与央行副手会议　金融]　中国人民银行副行长陈雨露在印度尼西亚巴厘岛出席金砖国家财政与央行副手会议。会议主要总结了2018年金砖国家合作机制财金渠道的主要成果，就金砖国家应急储备安排、金砖国家本币债券基金筹建、金砖国家新开发银行等议题交换了意见。陈雨露还参加了金砖国家本币债券基金合作委员会会议和金砖国家应急储备安排理事会会议，就设立金砖本币债券基金的总体方案、完善应急储备安排演练以及进一步增强应急储备安排的研究能力进行了讨论。

陈雨露还应约会见了萨尔瓦多央行行长奥斯卡·布雷拉·梅尔加、乌克兰央行行长亚契夫·斯莫利和非洲开发银行副行长斯瓦齐·塔巴巴拉等，就加强合作等事宜进行了交流。

[10月12—13日　国际货币与金融委员会会议　金融]　中国人民银行行长易纲、中国人民银行副行长陈雨露在印度尼西亚巴厘岛出席第38届国际货币与金融委员会会议。会议主要讨论了全球经济金融形势与风险、全球政策议程和基金组织改革等议题。易纲表示，中国将继续支持开放、以规则为基础的多边贸易体系，支持把《巴厘金融科技议程》作为金融科技的工作框架，并呼吁各方继续推进基金组织份额和治理改革，确保按既定时间表完成第15次份额总检查。

[10月13日　国际金融协会托管委员会年会　金融]　中国人民银行行长易纲在印度尼西亚巴厘岛出席国际金融协会《稳定资本流动和公平债务重组原则》托管委员会年会，讨论并批准了2018年《原则》执行情况报告。

[10月12—13日　世界银行与国际货币基金组织部长级会议　综合]　财政部副部长邹加怡在印度尼西亚巴厘岛出席世界银行与国际货币基金组织第98届委员会部长级会议并发言。邹加怡表示，各方应抓紧完成IFC增资决议的审批程序，希望世行继续推进股权改革进程，不断提高世行治

理结构的合法性和有效性；希望世行继续推进政策和业务模式改革。同日，邹加怡出席"'一带一路'经济学"高级别研讨会。

会议期间，邹加怡还分别会见了世界银行行长金墉、世界银行首席执行官格奥尔基耶娃、欧洲复兴开发银行行长查克拉巴蒂、法国开发署署长里尤、英国国际发展部常务秘书里克罗夫特、欧佩克基金总裁何毕士等多双边开发机构负责人，就共同关心的议题交换了意见。

[10月15—16日　国际清算银行高级研讨会　货币]　中国人民银行行长易纲在中国香港出席国际清算银行亚太代表处成立20周年高级别研讨会，会议主要讨论了全球化和金融科技以及中央银行面临的挑战等议题。

16日，易纲出席由香港金管局、国际清算银行联合召开的"汇率和货币政策框架"会议，会议主要讨论了汇率波动及其影响因素、货币政策框架、国际货币体系等议题。

[11月5—11日　首届中国国际进口博览会　贸易]　首届中国国际进口博览会在上海举行，多个国家和地区领导人、国际组织负责人、各国政府代表以及中外企业家代表等1500余人出席开幕式。习近平发表了题为"共建创新包容的开放型世界经济"的主旨演讲。5日，习近平主席在上海同出席首届中国国际进口博览会的外国领导人共同巡馆，还会见参加首届中国国际进口博览会的外国企业家代表。

[11月6日　"1+6"圆桌对话会　经贸]　国务院总理李克强在北京同时任世界银行行长金墉、国际货币基金组织总裁拉加德、世界贸易组织总干事阿泽维多、经济合作与发展组织秘书长古里亚、金融稳定理事会主席卡尼和国际劳工组织副总干事格林菲尔德举行第三次"1+6"圆桌对话会。会议主题为"促进中国与世界经济在开放合作中寻求共赢"。参会各方均表示，只有坚持多边主义才能解决问题。要加强包括世贸组织在内的现行多边体制。

同日，李克强在北京会见拉加德。李克强指出，将在银行、证券、基金、期货和人身保险等领域，推动尽早实现外资全控股、全牌照开放。

同日，财政部部长刘昆在北京会见了古里亚，就加强双方未来合作和宏观经济有关问题交换了意见。

[11月8—9日　世界贸易组织会议　知识产权]　世界贸易组织与贸易有关的知识产权理事会在瑞士日内瓦召开2018年度第三次会议，中国派代表团参加并主要就如下5项议题发言：知识产权与创新：在新经济中知识产权的社会价值——知识产权与新商业；知识产权与公共利益：通过竞争法律和政策促进公共健康；理事会协定与《生物多样性协定》的关系；国际组织观察员地位；"非违反之诉"与"情景之诉"。

[11月11—12日　国际清算银行行长例会　金融]　中国人民银行行长易纲在瑞士巴塞尔参加国际清算银行行长例会，出席了董事会、经济顾问委员会会议、全球经济形势会和全体行长会。与会央行行长就全球经济金融形势以及宏观政策应对等问题进行了交流和研讨。

12日，易纲在例会期间会见了巴西央行行长戈德费恩，双方就中巴金融合作、2019金砖财金渠道议题等进行了交流。同日，易纲还会见了罗马尼亚央行行长穆古尔·伊瑟雷斯库，双方就两国经济金融形势和双边金融合作等议题交换了意见。同日，易纲还会见了瑞士联邦副主席兼财长于利·毛雷尔，双方就两国经济金融形势、中国金融业对外开放、深化双边务实合作，以及二十国集团、国际货币基金组织等多边平台共同关切交换了意见。

[11月12—14日　世界贸易组织会议　非关税壁垒]　世贸组织技术性贸易壁垒委员会在瑞士日内瓦召开第77次会议。中国派代表团参加。中国首次对欧盟《产品合规与监管条例（草案）》提出关注，继续对美运输安全管理局民用航空安检设备资格认证、印度玩具进口新政、欧盟信息安全领域通用准则认证提出关注。其间，中国代表团还与部分成员就双方

关注的议题进行磋商。

[11月22日 世界贸易组织相关国家 贸易] 中国与欧盟、加拿大、印度、挪威、新西兰、瑞士、澳大利亚、韩国、冰岛、新加坡、墨西哥等世界贸易组织成员向世贸组织提交了关于争端解决上诉程序改革的联合提案。该提案是中方就推进世贸组织改革、优先处理危及世贸组织生存的关键问题所提出的一项具体方案,也是中欧世贸组织改革联合工作组的一项积极成果。

[11月29日 二十国集团财长工作晚餐会 财政、金融] 财政部部长刘昆、副部长邹加怡在阿根廷布宜诺斯艾利斯出席二十国集团财长工作晚餐会。会议主要就全球经济回顾与展望、二十国集团财金渠道后续工作及2019年二十国集团财金渠道重点议程等议题进行讨论。二十国集团峰会期间,刘昆与意大利经济和财政部部长特里亚举行双边会见,并签署《中意财长对话机制谅解备忘录》。刘昆还会见了英国财长哈蒙德,双方就中英经济财金对话等议题交换意见。

[11月30日 金砖国家领导人会议 综合] 金砖国家领导人非正式会晤在阿根廷布宜诺斯艾利斯举行。国家主席习近平、南非总统拉马福萨、巴西总统特梅尔、俄罗斯总统普京、印度总理莫迪出席会晤。五国领导人围绕世界经济形势、应对当前挑战和金砖国家合作等议题深入交换意见,达成广泛共识。会晤由金砖国家机制轮值主席国南非总统拉马福萨主持。会晤发表了《金砖国家领导人布宜诺斯艾利斯非正式会晤新闻公报》。

[11月30日 中俄印领导人会议 综合] 国家主席习近平在布宜诺斯艾利斯出席中俄印领导人非正式会晤。习近平同俄罗斯总统普京、印度总理莫迪就新形势下中俄印合作深入交换意见。习近平指出,三国要推动贸易投资自由化、便利化,促进开放型世界经济,反对保护主义、单边主义。普京表示,三国要加强在经济和金融领域、包括二十国集团议程上

的合作，推进欧亚经济联盟和"一带一路"建设对接。莫迪表示，印中俄要共同捍卫多边主义、维护多边体系。

[11月30日—12月1日　二十国集团领导人峰会　综合]　二十国集团领导人第十三次峰会在阿根廷布宜诺斯艾利斯举行。国家主席习近平出席会议并发表题为"登高望远 牢牢把握世界经济正确方向"的重要讲话。在讨论贸易问题时，习近平指出，二十国集团各成员应该坚持开放导向、包容导向、规则导向，二十国集团可以在营造一个有利的国际贸易环境方面发挥政治引领作用。关于气候变化，习近平指出，气候变化是事关人类前途命运的一个重大挑战，中方愿与各方共同努力，作出自己应有的贡献。峰会通过了《二十国集团领导人布宜诺斯艾利斯峰会宣言》。

[12月7日　丝路国际论坛　"一带一路"]　第四届丝路国际论坛在法国巴黎召开。中国国务院副总理胡春华，法国前总理、展望与创新基金会主席拉法兰，联合国工业发展组织执行干事海德拉，塞尔维亚前外长、第67届联大主席、国际关系与可持续发展中心主任耶雷米奇，中国国务院发展研究中心主任李伟出席开幕式并致辞。

[12月17日　世界贸易组织　贸易]　世贸组织在瑞士日内瓦开始对美国进行第14次贸易政策审议。这是特朗普政府执政以来美国首次接受世贸组织审议。中国常驻世界贸易组织代表团代表、特命全权大使张向晨在与会成员中首先发言，对美国过去两年奉行单边主义和保护主义贸易政策提出批评，敦促美国切实承担责任，忠实履行对多边贸易体制的义务。世贸组织成员高度关注此次对美国的贸易政策审议。首日会议上，已有40个成员向美国提出了1700多个书面问题；64个成员发言，对美国阻挠世贸组织上诉机构成员遴选、以"国家安全"为名提升钢、铝、汽车等产品的关税等一系列政策措施提出关注，要求美国以建设性态度参与多边贸易体制，发挥积极作用。

第五部分

中国经济外交相关事件

第五部分　中国经济外交相关事件

[1月1日　巴基斯坦　货币]　巴基斯坦央行宣布，以人民币结算中巴双边贸易投资的相关协议已准备就绪。隔日，巴央行发表声明称，允许贸易商/企业使用人民币开展进出口、融资交易和投资。截至彼时，中国工商银行已被批准在巴开展人民币清算业务，中国银行也在巴成立分行。

[1月1日　埃塞俄比亚、吉布提　基础设施建设]　埃塞俄比亚、中国和吉布提三方在亚吉铁路客运起始站亚的斯亚贝巴市拉布车站举行仪式，正式宣布亚吉铁路投入商业运营。

[1月2日　斯里兰卡　"一带一路"]　斯里兰卡总理维克勒马辛哈在视察斯中共同开发的科伦坡港口城项目时表示，科伦坡港口城将会成为好样板，感谢中国公司为科伦坡港口城建设发展所付出的努力。

[1月4日　尼日利亚　基础设施建设]　尼日利亚总统布哈里在卡杜纳出席阿布贾—卡杜纳铁路（阿卡铁路）中国机车和车厢剪彩仪式，对中国企业表示感谢。

[1月6日　乌兹别克斯坦　金融]　乌兹别克斯坦抵押贷款银行目前已通过"Uzcard"终端提供中国银联卡刷卡服务。目前乌部分地区，包括撒马尔罕、布哈拉、希瓦等城市已接入服务终端。

[1月8日　尼日利亚　基础设施]　尼日利亚埃多州与中国港湾工程有限责任公司签署谅解备忘录，开发 Gelegele 海港和该州其他交通基础设施。

[1月8日　美国　贸易]　美国通信运营商电话电报公司撤销在美销售华为手机的合作计划。此前，18名美国国会议员联名致信联邦通信委员会，以国家安全为由，呼吁调查华为与电话电报公司的合作。

[1月9日　菲律宾、亚投行　基础设施建设]　菲律宾财政部表示，首个由亚洲基础设施投资银行部分出资的马尼拉大都会防洪项目预计本月开始启动。项目实施将由菲律宾国家住房局、社会住房金融公司和地方政

府部门扶持。

［1月11日　俄罗斯　金融］　俄罗斯连锁超市"AzbukaVkusa"成为俄罗斯国内第一家启用支付宝系统的食品零售商。此外，2017年年底至2018年年初，俄罗斯排名第三、第四的大型连锁店"Lenta"和"Dixy"将接入支付宝系统。

［1月12日　孟加拉国　投资］　浙江金盾压力容器有限公司将投资50亿美元在吉大港Mirersarai经济区建设2640兆瓦发电厂。孟加拉国经济区管理局执行主席乔杜里表示，该项目是迄今孟最大的投资项目，建成后将成为孟最大的发电厂。

［1月12日　克罗地亚　基础设施］　中国路桥工程有限责任公司联合体被选为佩列沙茨大桥建设方，中资企业在克罗地亚承包工程项目实现零的突破，这也是克罗地亚首次将欧盟基金项目授予中国公司。佩列沙茨大桥及连接线项目被列入克罗地亚国家战略工程，是克迄今金额最高的工程项目。

［1月12日　美国　贸易］　美国贸易代表办公室公布2017年度知识产权保护报告，将淘宝网等3家中国电商平台以及北京秀水市场等6家中国线下市场列入"恶名市场"黑名单，这使得中国公司在这个榜单上占比达到20%。

［1月15日　巴基斯坦　金融］　巴基斯坦国家银行与中国银行巴基斯坦分行在巴签署推动银行服务的谅解备忘录，其将深化两个机构在众多金融领域的合作，是中国银行巴基斯坦分行与在巴基斯坦签署的首个谅解备忘录。

［1月15日　德国　货币］　德国联邦银行表示，将把人民币纳入其外汇储备。至此，欧洲央行已经把人民币列为该行储备货币，国际货币基金组织也已批准从2016年起把人民币纳入特别提款权货币篮子。

［1月17日　美国　反倾销］　美国商务部宣布，对从中国进口的塑

料装饰丝带发起反倾销和反补贴调查。根据美国贸易救济政策程序，美国国际贸易委员会将于2月12日前后作出初步裁决。

[1月22日　美国　贸易]　特朗普政府宣布新的贸易壁垒，对进口光伏产品和大型洗衣机分别采取为期4年和3年的全球保障措施，旨在保护国内太阳能板和洗衣机制造商免受大量低价进口产品的冲击。

[1月25日　美国　贸易]　美国法院判定，中国风力涡轮机制造商华锐风电窃取美国超导公司商业机密的罪名成立。外界认为，这起案件将为风雨欲来的美中知识产权之争提供一个判例。

[1月25日　马来西亚　投资]　中国广东省的中山达华智能科技股份有限公司在吉隆坡与马来西亚ASN卫星公司签约，宣布以980万美元正式完成对后者49%股权的收购。

[1月29日　美国　投资]　中国太阳能制造商晶科能源宣布计划在美国建立一家工厂，同时宣布与一家未具名美国客户达成大约三年内供应1.75吉瓦太阳能板的协议。

[1月29日　马来西亚　"一带一路"]　马来西亚总理纳吉布在吉隆坡举行的一场商团领袖晚宴上表示，马来西亚必须抓住"一带一路"倡议所带来的机遇以实现自身发展。

[1月30日　中国美国商会　贸易]　中国美国商会的年度调查显示，尽管中美贸易紧张局势不断升级及对政府监管的担忧加剧，但与一年前相比，美国企业对在中国的商业前景更为乐观，但是围绕外企商业环境的担忧依然存在。

[1月30日　塔吉克斯坦　能源]　塔吉克斯坦能源部副部长绍伊姆佐达表示，土库曼斯坦—中国天然气管道铺设在塔境内部分开始实施。该项目塔境内部分工程金额为32亿美元，将为塔提供超过3000个就业岗位。该项目实施使中国对塔经济直接投资超过30亿美元。

[1月31日　欧盟　反倾销]　欧盟委员会宣布，对中国铸铁产品作

出反倾销调查终裁，决定自当日起对涉及产品实施为期5年的反倾销措施，税率为15.5%—38.1%。目前欧盟仍在生效的进口钢铁产品反倾销措施的53项中27项涉及进口自中国的产品。

[2月1日　马来西亚　贸易]　阿里巴巴与其投资的东南亚最大电商平台Lazada的合作业务已在马来西亚落地生根，这是阿里全球化战略"天猫出海"的重要组成部分。

[2月2日　英国　"一带一路"]　国家开发银行和渣打银行签署"一带一路"合作协议。渣打银行将利用国开行在未来5年内向其提供的100亿元人民币为"一带一路"沿线企业融资项目和贸易融资交易提供资金。

[2月5日　马来西亚　综合]　2018年中马中小企业合作对接会在马来西亚首都吉隆坡举行，石油化工、机械设备、生态旅游、物流等多个行业的80多家中国企业和上百家马来西亚企业参与。

[2月6日　英国　贸易]　华为与英国签订了价值30亿英镑的采购协议，主要包括全球风险管理和外汇交易运营，以及专利授权费。

[2月6日　阿塞拜疆　农业]　阿塞拜疆AS投资集团公司与中工国际工程股份有限公司在北京签署合作协议，在阿塞拜疆共同开发建设阿布歇隆农业园项目，中工国际将为该项目融资1.4亿美元。

[2月6日　马来西亚　投资]　亚投行行长金立群在吉隆坡表示，马来西亚总理纳吉布和亚投行已经原则上同意共同参与马来西亚邻国和全球范围内的基础设施开发项目。双方皆可能参与的潜在项目包括运输、海港和发电厂。

[2月7日　美国　贸易]　美国共和党参议员汤姆·考顿和马可·卢比奥提出一项议案，希望禁止美国政府购买或租用来自华为或中兴的电信设备，这与2018年1月众议员迈克·科纳威提出的议案相似。

[2月8日　欧盟　反倾销]　欧盟委员会宣布，对中国耐腐蚀钢产

品作出反倾销调查终裁，决定在未来5年内对上述产品征收17.2%—27.9%的反倾销税。

[2月9日　柬埔寨　交通]　由中国优惠贷款援助、上海建工集团承建的斯登特朗—格罗奇马湄公河大桥在柬埔寨磅湛省斯登特朗县正式开工，这是中国在柬埔寨建设的第8座大型桥梁。柬埔寨首相洪森、中国驻柬埔寨大使熊波、柬埔寨公共工程与运输大臣孙占托等两国官员参加了开工仪式。

[2月9日　中国　能源]　中国证监会宣布，经过周密准备，原油期货将于2018年3月26日在上海期货交易所挂牌交易。这是在中国成为全球最大石油进口国的背景下，中国在能源金融领域迈出的重要一步，有助于形成"石油人民币"的完整闭环。

[2月9日　美国　能源]　美国液化天然气生产和供应商切尼尔公司已与中国石油天然气集团签署了液化天然气长期销售协议，这是基于2017年11月美国总统特朗普访华期间所签署的一项商业备忘录落实的成果。

[2月12日　马尔代夫　基础设施建设]　由中国企业承建的马尔代夫机场公司公寓楼工程在马第二大岛胡鲁马累岛举行开工仪式。马尔代夫经济发展部部长萨伊德出席仪式。

[2月15日　美国　金融]　美国证券交易委员会否决了将芝加哥交易所出售给一个由中国投资者领衔财团的交易，理由是交易缺乏透明度，包括无法确定交易的实际控制人，可能使美国证券交易委员会不能对该交易所进行正常监管。

[2月16日　美国　贸易]　美国商务部公布关于进口钢铁和铝产品的调查报告，建议美国总统特朗普采取：方案一是对来自所有国家的进口钢铁征收至少24%的全球性关税；方案二是只对来自12个国家（包括中国）的进口钢铁征收至少53%的关税；替代方案是把美国的钢铁进口配

额限制为2017年所有国家向美国出口钢铁量的63%。

[2月16日　白俄罗斯　贸易]　白俄罗斯政府计划2018年大幅提高对中商品出口。根据白俄罗斯政府对该国今年商品出口增长的一份预测报告，白俄罗斯今年对华商品出口额将比去年增长44%。

[2月22日　美国　投资]　纳斯达克上市企业、美国半导体测试设备公司Xcerra在美国证监会网站上披露，其与湖北鑫炎股权投资合伙企业因未得美国外资监管机构的审批，宣布撤回在美国外国投资委员会的申请，并终止其5.8亿美元的收购案。

[2月22日　美国　反倾销]　美国商务部部长罗斯宣布，对进口自中国、斯里兰卡和泰国的橡皮筋产品发起反补贴和反倾销调查。

[2月26日　德国　投资]　吉利汽车董事长李书福已购入德国汽车和卡车巨头戴姆勒的9.7%股份，按目前股价计算该笔持股价值约90亿美元。这是中国投资者最近投资西方汽车行业的最大规模动向之一。

[2月27日　马来西亚　环境]　马来西亚自然资源和环境部与负责承建东海岸铁路项目的中国交建集团有限公司在马来西亚签订协议备忘录，双方将致力于采取必要措施使铁路的修建过程符合环境要求。

[2月28日　全球　移动支付]　据微信支付和蚂蚁金服数据，截至该日，两大支付应用已在全球近40个国家和地区落地。其中，微信支付跨境业务已登陆20个国家和地区；支付宝为38个国家和地区。除直接在境外落地，支付宝还通过战略合作形式和外国当地企业合作开展普惠金融服务。

[3月2日　法国　科技]　中国移动国际有限公司法国子公司在巴黎举行开业典礼。法国前总理拉法兰在致辞中表示，非常高兴中国移动来法落地，中法电信运营商的合作将为双方在第三国拓展业务提供机遇。

[3月8日　马来西亚　金融]　腾讯在马来西亚已申请到第三方支付牌照，目前正在推动各个银行间的技术改造。

第五部分 中国经济外交相关事件

[3月9日 美国 贸易] 特朗普政府要求中国制定一项计划,将美中贸易逆差减少1000亿美元。上周刘鹤访问华盛顿期间,特朗普政府官员向刘鹤提出将美中贸易逆差减少1000亿美元的要求。刘鹤表示,缩小庞大的美中贸易逆差符合中国利益,因为中国正在尝试转离出口导向型增长模式。

[3月15日 美国 反倾销] 美国国际贸易委员会作出终裁,美国将对从中国进口的铝箔产品征收反倾销和反补贴关税。

[3月19日 美国 贸易] 代表美国多个经济领域的45个行业协会向特朗普政府请愿,要求暂停向中国加征关税的计划,并要求美国与其他国家合作施压中国,以结束中国对外国企业的限制。

[3月19日 朝鲜 贸易] 朝鲜2017年对中国电力的出口几乎增长一倍。在其他收入来源遭国际制裁措施切断之际,这一出口给朝鲜带来的收入进一步增加,然而同时意味着朝鲜国内供电不足的情形可能加剧。

[3月21日 美国、加拿大、澳大利亚 华为] 围绕中国电信巨头华为的国家安全担忧正从美国向其重要盟国蔓延。华为本周成为加拿大国会辩论的一个主题。韩国第一大电信运营商首席执行长称华为令人担忧。澳大利亚近日要求所罗门群岛不要让华为承建一条连接该国与澳大利亚的海底光缆。

[3月22日 美国 贸易] 美国总统特朗普签署总统备忘录,依据"301"调查结果,将对从中国进口的商品大规模征收关税,并限制中国企业对美投资并购。根据备忘录,美国贸易代表办公室将在15天内制定对中国商品征收关税的具体方案。同时,美国贸易代表办公室还将就相关问题向世界贸易组织起诉中国。此外,美国财政部将在60天内出台方案,限制中国企业投资并购美国企业。

[3月22日 美国 贸易] 美国贸易代表莱特希泽表示,美国正与阿根廷、澳大利亚以及欧盟洽谈钢铝关税豁免事宜,也将与巴西展开谈

判。他暗示，加拿大、墨西哥和韩国也可能获得豁免，具体将取决于美国与这些国家贸易谈判的进程。如果谈判取得成功且美国的主要盟友得到豁免，那么钢铝关税的惩罚性重压将会落到俄罗斯、中国以及亚洲和中东其他一些国家肩上。

[3月23日　美国　华为]　知情人士透露，包括亚马逊在内的几家出售华为手机的美国零售商之一百思买计划在未来数周停止在美国出售由华为生产的手机，这是该中国手机生产巨头在美国遭受的最新打击。

[3月23日　马来西亚　科技]　海航科技集团有限公司与马来西亚惠胜集团在上海海航大厦进行战略会谈并签署战略合作协议。双方未来将探讨智慧城市、智慧旅游、新零售、互联网金融等科技产业合作。

[3月26日　中国　能源]　中国第一个国际化的期货品种原油期货正式在上海期货交易所子公司上海国际能源交易中心上线交易，将直接引入境外投资者参与，探索期货市场全面国际化的市场运作和监管经验。上期能源已批准境内期货公司会员149家，境内非期货公司会员7家，备案确认境外中介机构近20家。

[3月29日　美国　投资]　据美国政府官员称，美国财政部计划利用旨在解决国家紧急问题的法律，包括1977年推出的国际紧急状态经济权力法，阻止中国企业获取美国先进技术，这是特朗普政府阻挡中国政府为赢得自身经济和军事优势的做法而采取的措施之一。

[4月2日　斯里兰卡　基础设施建设]　中国葛洲坝集团股份有限公司承建的斯里兰卡米尼佩水坝加高项目在项目所在地举行开工仪式。斯里兰卡官员与项目负责人等一百余人共同出席仪式。

[4月3日　美国　贸易]　美国公布针对500亿美元中国进口商品征收关税的清单，其中包括数年后才可能进入出口市场的大飞机、电动汽车和工业机器人等，这是对《中国制造2025》战略计划发展高科技行业的雄心发出警告。

[4月4日　美国　贸易]　波音公司表示，将与美国和中国政府展开对话，希望阻止中美贸易摩擦对全球航空业造成损害。

[4月4日　老挝　基础设施建设]　老中联合高速公路开发有限公司股东代表、云南建投集团董事长陈文山与老挝计划和投资部部长苏潘·乔米赛在万象签署老挝万象至万荣段高速公路特许经营权协议。该高速是老挝万象至老中边境磨丁口岸高速公路的重要组成部分，是"一带一路"建设的重要项目。

[4月5日　美国　贸易]　特朗普威胁要大举增加对中国的贸易施压，称考虑对另外1000亿美元进口自中国的商品征收关税，理由是中国采取了不公平的报复举措。

[4月5日　美国　贸易]　逾100个美国贸易组织联名反对特朗普对华关税计划。该联盟最新的游说举措写给美国众议院筹款委员会，希望特朗普政府放弃对中国商品加征关税的计划，敦促美国牵头组建一个反对中国贸易行为的国际联盟，制定明确的目标和最后期限，并立即与中国展开谈判。

[4月8日　哈萨克斯坦　货币]　中国国内首笔坚戈现钞跨境调运业务近日在中哈霍尔果斯国际边境合作中心完成。这是2015年在新疆实现人民币对坚戈银行间区域挂牌以来，中哈双边本币结算的新突破。

[4月8日　美国　贸易]　美国财政部长姆努钦和国家经济委员会主任库德洛在电视访谈节目中淡化了贸易战在即的说法，这或许有助于平复市场。

[4月9日　奥地利　综合]　奥地利代表团在华共签署15亿欧元、30个项目。其中，安德里茨集团与中国国家电网公司签署鲁斯瓦斯水电站合作协议，著名缆车企业多贝玛亚集团与延庆国家滑雪中心签署建设缆车设备合同，奥美德集团将与中方合作建设医院，维也纳机场与海航集团拟于2018年秋季开通深圳至维也纳的直航航线，联邦商会将与中方在

2022北京冬奥会项下开展技术合作。

［4月10日　美国　投资］　美中关系全国委员会和咨询机构荣鼎集团公布的数据显示，2017年中国对美投资额下降了36%至294亿美元，2017年新宣布的中国在美收购交易规模较上一年减少了90%。报告将投资下降归因于中国政府资本管控和美国政府加强投资审查两个因素。

［4月12日　巴基斯坦　货币］　巴基斯坦央行已许可中国银行巴基斯坦分行在巴设立人民币结算、清算系统，以加强在中巴贸易和外汇流动中使用人民币结算的便利性。中国银行已可在巴基斯坦分支机构开设人民币账户。巴基斯坦央行还与中国人民银行签署了货币互换协议。

［4月13日　美国　货币］　美国财政部放弃指定中国为汇率操纵国的正式机会，但指责中国在开放经济方面做得太少，并继续将中国保留在未来可能指定汇率操纵国的正式监测名单上。这是特朗普政府第三次在其半年一度的汇率报告中没有指定中国为汇率操纵国。另外，美国首次将印度列入监测名单。

［4月13日　巴基斯坦　能源］　巴基斯坦尼鲁姆—杰卢姆水电站首台机组实现并网发电，标志着这一由中企承建的水电项目正式进入商业运营阶段。巴基斯坦总理阿巴西在项目投产仪式上致辞说，这是巴中友好合作的又一重要成果。

［4月16日　美国　货币］　特朗普政府打破了白宫和美国财政部约25年来的传统，即避免就美元、美联储或股市每日的波动发表评论。总统特朗普发推文评论近期的汇率波动，他写道，"在美国加息之际，俄罗斯和中国却在玩货币贬值游戏，这事不可接受！"

［4月16日　美国　投资］　中国推延了能为高通公司和贝恩资本等美国企业以数十亿美元收购半导体公司扫清道路的交易审核。上述延迟可能破坏高通以440亿美元收购荷兰半导体公司恩智浦半导体的计划。中国是唯一一个尚未批准这笔交易的国家。东芝公司的一笔交易也尚未获得中

国批准。

【4月16日　美国、英国　贸易】　美国和英国政府分别决定对中兴通讯股份有限公司采取打击措施。美国决定禁止中兴购买美企敏感产品；英国政府称使用中兴设备带来的国家安全风险"无法被缓解"。

【4月17日　美国　贸易】　美国联邦通信委员会通过一项规定，将禁止电信公司利用联邦补助购买中国制造商生产的电信设备。美国联邦通信委员会对此提议的投票结果是5—0。新规可能会冲击美国农村地区规模较小的电话公司和互联网供应商，这类公司有时依赖产自中国的设备。

【4月18日　美国　贸易】　华为技术有限公司表示，计划将重心转向现有市场。之前，科技行业卷入中美不断加剧的贸易争端之中，华为在美国接连受挫。美国政府称华为对美国国家安全构成威胁，称其可能主导下一代5G技术，不过华为一直以来都否认其产品构成安全威胁。

【4月18日　澳大利亚　反倾销】　澳大利亚反倾销委员会发布公告，正式对原产于中国的铁道轮毂发起反倾销反补贴调查，同时对原产于法国的该产品发起反倾销调查。

【4月19日　俄罗斯　高铁】　第三届中国投资者日期间，俄副总理兼总统驻远东联邦区全权代表特鲁特涅夫与中铁东方集团代表举行会见。双方签署关于实施牡丹江—符拉迪沃斯托克高铁项目意向书。根据协议，项目金额预计120亿美元，由中方企业负责投融资。

【4月19日　泰国　投资】　阿里巴巴集团与泰国政府在曼谷签署战略合作协议，未来双方将在电子商务、旅游和人才培训等诸多领域开展合作。泰国副总理颂吉表示，阿里巴巴来泰国投资正当其时，与其合作是泰国正确的选择。

【4月20日　澳大利亚　贸易】　澳大利亚表示，将承建一条连接至所罗门群岛的海底高速光缆，此举意味着中国的华为技术有限公司正式从相关项目中出局。澳大利亚此前曾就华为问题向所罗门群岛施压。澳大利

亚将承担光缆项目的大部分费用，所罗门群岛和巴布亚新几内亚作出部分贡献。

[4月20日 肯尼亚 铁路] 由中国路桥工程有限责任公司资助的第三批肯尼亚赴华接受铁路相关专业教育的留学生（40名）送行仪式在内罗毕举行。肯尼亚交通与基础设施部部长詹姆斯·马查里亚对中方长期以来帮助肯尼亚培养铁路专业人才表示感谢。

[4月23日 阿联酋 "一带一路"] 中国上海证券交易所与阿联酋阿布扎比全球市场就建立"一带一路"交流合作签署谅解备忘录。根据备忘录，双方将联合成立"一带一路"交易所，为包括中国企业、外国公司和全球组织在内的参与"一带一路"倡议各方提供一个投资和融资于一体的国际资本筹集平台。

[4月27日 纳米比亚 交通] 纳米比亚奥卡马塔帕蒂至赫鲁特方丹110公里道路升级项目在赫鲁特方丹举行通车典礼。该公路由纳米比亚政府出资，中国河南国际合作集团纳米比亚公司承建。纳总统根哥布出席仪式并为通车剪彩。

[4月27日 美国 华为] 华为公司在定价前几分钟撤销发行一笔5亿欧元的债券，据悉可能是因为该公司受到美国司法部调查的影响。

[4月27日 智利 投资] 中国天齐锂业拟收购智利锂业巨擘SQM 32%股权，价值50亿美元，但该收购受到智利反垄断监管机构干预。中国驻智利大使徐步批评智利监管机构试图阻止这笔交易，称其可能会对两国经济和商业关系的发展产生负面影响。天齐锂业是全球最大的锂供应商之一，智利SQM是全球第二大锂生产商。

[4月28日 俄罗斯 能源] 俄天然气工业股份公司管理委员会副主席维塔利·马尔克洛夫表示，公司计划在2018年年底前将"西伯利亚力量"天然气管道铺设到俄中边界。俄气和中石油2014年5月签署了《俄中东线供气购销合同》，约定俄方每年向中方供应380亿立方米天然

气,供气于2019年12月20日启动。

[5月1日　亚洲基础设施投资银行　金融]　亚洲基础设施投资银行理事会批准了巴布亚新几内亚、肯尼亚为第五批新成员。至此,亚洲基础设施投资银行共分五批吸收了29个新成员,加上57个创始成员,其成员总数增至86个,遍及六大洲,全球代表性与影响力进一步增强。

[5月2日　美国　贸易]　美国国防部以国家安全为由,要求分布在世界各地的美国军事基地及其附近的商店停止销售华为和中兴设备。

[5月4日　哈萨克斯坦　金融]　中国工商银行(阿拉木图)股份公司阿斯塔纳代表处在哈萨克斯坦首都阿斯塔纳正式开业。阿斯塔纳代表处的成立有助于促进"一带一路"倡议的落实。这是工商银行在中亚地区的唯一营业机构。

[5月8日　孟加拉国　科技]　阿里巴巴集团收购电商企业Daraz业务,成为孟加拉国电子商务领域的游戏规则改变者。Daraz在孟加拉国、缅甸、斯里兰卡和尼泊尔均有电商业务,收购交易的有关细节暂未披露。

[5月10日　马来西亚　"一带一路"]　马来西亚新总理马哈蒂尔宣誓就职,他在一天前意外胜选。马哈蒂尔不满中国投资大量涌入马来西亚,他的这一立场尤其令人不安。

[5月14日　厄瓜多尔　能源]　厄瓜多尔与中国和泰国签署了石油预售合同,每月销售140万桶原油。原油将分4批次,每批36万桶,为现货销售。此协议是厄瓜多尔与中国石油、中国国际联合石化公司和泰国石油公司重新谈判达成的成果之一。

[5月14日　美国　制裁]　美国总统特朗普在推文中称,将帮助中兴通讯恢复运营,并称已指示美国商务部"尽快完成"相关工作。这让此前因美国销售禁令备受打击的中兴通讯重获一线生机。

[5月15日　阿联酋　金融]　迪拜旅游局与腾讯签订协议组建战略联盟,以巩固迪拜作为中国游客的首选旅游目的地,并进一步提升中国游

客在迪拜的旅游体验。

［5月16日　美国　制裁］　美国参议院三名民主党人敦促总统特朗普重新考虑对中国中兴通讯股份有限公司放宽制裁的举措，称任何潜在协议都有可能损害美国国家安全，且对该公司的处理应与贸易谈判分开解决。

［5月16日　阿联酋　产能］　中国阿联酋"一带一路"产能合作园区正式开工建设。园区位于阿联酋阿布扎比哈利法工业区内，截至目前，已有15家企业与园区签署了投资框架协议，涉及建材、化工、新能源等多个行业，投资总金额逾60亿元，将为当地创造2500个以上的工作岗位。

［5月17日　美国　制裁］　特朗普发布的一系列推文中反驳了外界的批评。这些批评人士指责他本周在中兴通讯事件上向中国服软。特朗普在推文中写道，并未像媒体希望人们相信的那样服软，与中国官员的会谈甚至都还没开始。

［5月20日　美国　贸易］　在特朗普政府是否打算推进对中国进口商品加征关税的问题上，美国财政部长姆努钦与贸易代表莱特希泽发表了相互矛盾的声明。姆努钦称，在双方敲定减少美中巨额商品贸易逆差的协议细节之际，特朗普政府将暂时搁置贸易战，推迟对中国输美商品加征关税。莱特希泽称，美国政府可能仍会诉诸关税以及投资限制和出口限制等其他工具，除非中国对经济进行真正的结构性改革。

［5月22日　美国　贸易］　特朗普在白宫表示，美国政府尚未与中国政府就中兴事宜达成任何协议。他表示，对中兴执行禁令也将损害美国企业利益。他预想可能会要求中兴支付高达13亿美元的罚款并且更换管理层，成立新董事会，并采取"非常、非常严格的安全规定"。

［5月22日　美国　制裁］　美国国会参议院银行业委员会在举行的一场听证会上以压倒性多数通过了一份修正案，限制美国总统特朗普放松

对中国大型电信设备制造商中兴通讯的制裁。

[5月22日　中国　贸易]　国务院关税税则委员会印发公告,自2018年7月1日起,将税率分别为25%、20%的汽车整车关税降至15%,降税幅度分别为40%、25%;将税率分别为8%、10%、15%、20%、25%的汽车零部件关税降至6%,平均降税幅度46%。

[5月23日　全球　金融]　金融信息巨头标准普尔全球称,已向中国政府递交了在华成立一个独立信用评级公司的计划。2017年签订的一项贸易协议使中国市场向美国评级公司打开了大门,标准普尔正在就上述计划与监管部门进行磋商。

[5月23日　加拿大　投资]　加拿大自由党政府称,以国家安全为由阻止中资企业中交国际(香港)控股有限公司以近10亿美元收购多伦多建筑公司Aecon Group的交易。加拿大政府在2月份下令对上述交易计划展开国家安全评估。

[5月25日　哈萨克斯坦　基础设施建设]　新疆首批TIR运输货物经霍尔果斯公路口岸出境,标志着中哈TIR运输正式启动。

[5月28日　巴基斯坦　基础设施建设]　由中铁二十局参与承建的巴基斯坦拉合尔至阿卜杜勒·哈基姆段高速公路通车仪式在巴基斯坦旁遮普省勒贾纳地区举行,项目比原计划提前80天实现通车。巴基斯坦总理阿巴西出席通车仪式并致辞。

[5月28日　澳大利亚　贸易]　围绕中国被指干预澳大利亚政治的口水战日益加剧,已致使成箱的澳大利亚葡萄酒堆积在中国港口,中国民族主义者还呼吁加强贸易报复措施。

[5月28日　美国　贸易]　按照美国众议院通过的规模7170亿美元的国防政策法案,美国政府将被禁止购买中国制造的监视摄像头,这是美国基于国家安全担忧对中国技术采取的最新举动。

[5月29日　美国　贸易]　白宫表示,美国计划在未来几周宣布将

被征收25%关税的中国进口商品清单，以及针对中国的新投资限制与管控措施。上述计划中的贸易与投资壁垒是针对中国侵犯美国知识产权的广泛调查的一部分。

[5月31日　孟加拉国　基础设施建设]　由中国铁路设计集团有限公司参与的中孟企业联合体与孟加拉国铁路局在孟首都达卡签署合同，前者将负责达卡至吉大港高速铁路项目可行性研究及详细设计。孟加拉国铁道部部长穆吉布·哈克以及中孟双方代表出席签约仪式。

[6月1日　欧盟　贸易]　欧盟在世贸组织争端解决机制项下要求与中方进行磋商，启动世贸组织争端解决程序。欧方称中国政府有关技术转让措施不符合《与贸易有关的知识产权协定》等世贸组织规则的相关规定。

[6月6日　欧洲复兴开发银行　能源]　中国东方日升新能源股份公司与哈萨克斯坦能源部、欧洲复兴开发银行正式签署哈40MW光伏电站融资协议。根据协议，欧洲复兴开发银行将提供总额约3200万美元融资贷款，用于在卡拉甘达州建设40MW光伏电站。

[6月8日　哈萨克斯坦　综合]　在中哈企业家委员会第五次会议上，京东物流CEO王振辉与哈萨克斯坦国家铁路公司CEO卡纳特·阿尔皮斯巴耶夫签署战略合作协议。双方将在跨境物流、供应链网络构建等领域展开全方位深度合作，同时也将在电商、互联网金融等维度探索合作机会。

[6月11日　柬埔寨　"一带一路"]　由中国政府提供优惠贷款、上海建工承建的柬埔寨6号国家公路扩建项目启用仪式在磅同省磅同市举行。柬埔寨首相洪森、中国驻柬埔寨大使熊波、柬公共工程与运输大臣孙占托、中资企业代表等出席启用仪式。

[6月11日　津巴布韦　投资]　津巴布韦总统姆南加古瓦在津首都哈拉雷举行的中国（浙江）—津巴布韦商务论坛开幕式上呼吁更多中国

投资者来津投资,并表示津政府将努力为投资者创造更好的投资环境。

[6月12日 中国外汇管理局 金融] 中国调整了规则,使合格境外投资者在中国股市和债市中更容易地将资金转移到境外,这是中国政府开放资本市场的最新举措。

[6月15日 美国 贸易] 白宫宣布将对500亿美元"含有重要工业技术"的中国商品加征25%的关税。华盛顿的计划将分两步走:自7月6日起,美国将对价值340亿美元、涵盖818个产品类别的中国进口商品征收关税;美国贸易代表办公室还将对价值160亿美元、284个产品类别的中国进口商品加征关税。

[6月18日 美国 贸易] 美国总统特朗普发布声明称,他希望美国贸易代表罗伯特·莱特希泽制定第二波加征10%关税的价值2000亿美元中国进口商品清单。特朗普承诺,如果中国对第二轮关税措施实施报复,美国将对另外2000亿美元中国进口商品加征关税,促使行动升级。如果追加第三轮关税举措,那么被征税的进口中国商品总额将达4500亿美元。

[6月19日 美国 贸易] 美国参议院已通过法案,将恢复禁止向中兴通讯销售美国配件的禁令,此举罕见地推翻了美国总统特朗普的决定。

[6月19日 美国 贸易] 美国总统特朗普的高级顾问纳瓦罗表示,特朗普政府正在制定措施,避免农业和其他关键行业受到中国所威胁的报复性关税的伤害。特朗普政府正在制定会受到农场主支持的措施。特朗普愿意继续同中国谈判,同时寻求最终能解决两国间贸易失衡局面的解决方案。

[6月25日 美国 贸易] 了解美国政府计划的人士称,美国总统特朗普计划禁止众多中国公司投资美国科技公司,并对中国技术出口设置新的限制;在美中贸易摩擦之际,此举将令贸易紧张局势进一步升温。

[6月27日　美国　投资]　美国总统特朗普一面收回对中国投资施加新限制的威胁,一面转而寄望国会推进立法,以加强对外资交易的国家安全评估。上述法案名为《外国投资风险评估现代化法案》,将收紧对海内外投资计划的评估程序。

[7月2日　中国招商局集团　投资]　中国招商局集团与一家总部位于伦敦的公司合作,新推出一支1000亿元人民币(合150亿美元)的科技投资基金,旨在成为中国版的愿景基金,后者由日本软银创建,规模近1000亿美元。

[7月2日　美国　电信]　美国商务部下属国家电信和信息管理局发布文件称,美国联邦通信委员会将拒绝中国移动于2011年提交的进入美国申请,原因是中国移动的申请"将构成不可接受的国家安全和执法风险"。

[7月5日　斯里兰卡　投资]　中国驻斯里兰卡大使馆举行吹风会,回应近期个别西方媒体炒作所谓"债务陷阱",并邀请中国港湾公司和汉班托塔国际港口集团负责人分别介绍汉班托塔港筹建、建设及共同运营情况。

[7月9日　白俄罗斯　工业园]　白俄罗斯副总理加里宁在首都明斯克视察中白工业园时表示,白政府对"巨石"中白工业园的建设工作感到满意,对其发展前景充满期待。

[7月10日　美国　贸易]　美国特朗普政府公布进一步对华加征关税清单,拟对约2000亿美元中国产品加征10%的关税,涉及海产品、农产品、水果、日用品,关税清单长达195页。

[7月13日　美国　贸易]　美国商务部称,中兴通讯可以恢复与美国供应商的业务往来,正式取消中兴销售禁令。

[7月16日　美国　贸易]　美国针对中国、欧盟、加拿大、墨西哥和土耳其等贸易伙伴向WTO提出申诉,此举意味着美国与一些最亲密盟

友的贸易争端升级。

[7月19日　美国　投资]　参议院多数党党鞭约翰·康宁表示，参众两院议员已就一项立法条款的最终内容达成一致，该条款旨在加强美国海外投资委员会和美国出口管制系统，以阻止可能危及国家安全的中国及其他外国投资交易。

[7月19日　德国　"一带一路"　金融]　德国商业银行发布新闻公报说，德商行已与中国工商银行签署合作谅解备忘录，计划在双方现有合作基础上，重点拓展"一带一路"建设领域的合作。

[7月23日　津巴布韦　投资]　由中企承建的津巴布韦最大机场罗伯特·穆加贝国际机场改扩建工程开工仪式在首都哈拉雷举行。项目完工后，机场年旅客吞吐量将从250万人次增至600万人次，成为区域内重要航空枢纽。津巴布韦总统姆南加古瓦为项目揭牌。

[7月23日　斯里兰卡　投资]　中国电建承建的斯里兰卡中部KMTC隧洞项目举行开工仪式，莫勒格哈坎达水库项目发电并网仪式以及卡卢河大坝项目下闸仪式也于同日举行。斯里兰卡总统西里塞纳、议长贾亚苏里亚等出席了当天的仪式。

[7月27日　巴拿马　基础设施建设]　巴拿马公共工程部宣布，中国交通建设股份有限公司和中国港湾工程有限责任公司联营体成功中标巴拿马运河第四桥项目，中标合同价14.2亿美元。

[7月27日　德国　投资]　德国政府将首次利用2017年通过的外来投资法，阻止中国的烟台台海集团收购德国的莱菲尔德金属旋压机制造公司，这标志着德国政府首次利用上年通过的严厉的外来投资法律否决一项并购交易。

[7月27日　白俄罗斯　农业]　中企承建的白俄罗斯大型农工综合体项目在白俄罗斯明斯克州举行奠基仪式，标志着该项目开工建设。该项目名为"2016—2032年全循环高科技农工综合体"的项目由中国中信建

设有限责任公司使用中国进出口银行优惠贷款承建。白俄罗斯副总理鲁瑟出席项目奠基仪式。

[7月27日　德国　投资]　德国阻止了中国企业对德国两项具有战略重要性的工业资产的收购，旨在防止中国获取被视为对西方经济成功至关重要的科技专有技术。

[7月31日　中美　投资]　美国商务部最新报告显示，2017年中国在美国的投资总额有所下降，这进一步证明，美中紧张关系正削弱中国投资者对美国资产的热情。

[8月6日　美国　基础设施建设]　16位对华强硬的美国参议员致信姆努钦和蓬佩奥，要求详细了解政府采取何种措施来应对中国资助全球基建项目一事。

[8月8日　卡塔尔　能源]　中国石油正在与卡塔尔就液化天然气长期和短期采购合同问题进行深入谈判。从今年起到2022年，卡塔尔将每年向中国公司供应数百万吨液化天然气。合同价格和供应总量仍在讨论之中。同时，中国石油也在探讨签署更长期的合同。

[8月9日　泰国　科技]　泰国数字经济与社会部部长比切·杜龙卡韦罗出席由中国科学院曼谷创新合作中心、泰中记者协会、中国报道社等机构共同举办的"东盟数字经济论坛"时表示，泰国正推进泰国和中国香港间新的海底光缆建设。

[8月9日　孟加拉国　投资]　孟加拉国计划部部长穆斯塔法·卡迈勒在会见中国驻孟加拉国大使张佐时表示，欢迎中方加大对孟投资，实现互利共赢。卡迈勒说，孟方欢迎中方加大对孟新能源发电、海洋经济、渔业捕捞、农产品加工、服装等领域投资，孟加拉国计划部愿全力提供帮助。

[8月13日　美国　投资]　美国总统特朗普将7160亿美元年度国防支出法案签署为法律，法案中一些最引人注目的条款涉及中国的经济活

动，该法案旨在加强美国外国投资委员会对中国对美投资交易的国家安全审查，同时对美国技术出口限制规定进行改革。

[8月22日　马来西亚　"一带一路"]　马来西亚总理马哈蒂尔结束五天的访华行程。他表示，在向中国领导人解释了他的反对意见后，他计划推迟或取消约220亿美元由中国支持的基建项目。他说，马来西亚需要削减债务，无力负担这些项目，至少目前如此。

[8月23日　澳大利亚　通信]　澳大利亚政府称，出于对国家安全的考虑，禁止中国华为技术、中兴通讯两家公司参与该国5G移动网络建设。

[8月28日　菲律宾　投资]　菲律宾财政部称菲律宾已经建立了一个政府间特别工作组，以协调由中国资助的杜特尔特政府旗舰基础设施项目。菲财长多明计斯在一份声明中表示，该特别工作组旨在迅速解决中国资助基础设施项目实施中的挑战和关切。

[8月28日　越南　货币]　越南央行8月28日颁布通知，自2018年10月12日起，可在越中边境地区使用人民币结算，相关货物或服务结算可采用越盾或人民币进行支付，支付方式可为现金或者银行转账。

[8月31日　日本　通信]　日本正在研究限制中国电信设备供应商华为和中兴通讯，美国对中国网络间谍的担忧促使其盟友效仿。日本力争于2020年东京夏季奥运会之前推出5G网络。

[9月3日　美国　投资]　美国国会正试图将几个鲜为人知的政府机构将合并为一个新机构，每年有权提供600亿美元的国际开发融资，是当前履行这一职责的机构所能提供资金上限的两倍多，以使美国在为一些国家提供大型基建及发展项目的融资选择方面可与中国展开正面交锋。

[9月7日　美国　贸易]　美国总统特朗普表示，美国政府准备再对2670亿美元的中国商品征收关税，除此之外，针对中国2000亿美元商品加征的关税即将生效。迄今为止，中国已对美国商品实施对等的反制

措施。

[9月7日　缅甸　援助]　由中缅油气管道项目援助修建的一座三层教学楼在缅甸首都内比都一所中学举行移交仪式。缅甸教育部长妙登季出席教学楼移交仪式并代表缅甸教育部对中缅油气管道项目表示感谢。

[9月7日　印度　投资]　海尔工业园签约仪式在印度北方邦首府勒克瑙举行。根据协议，海尔集团将在未来4年内分两个阶段在印度投建第二个工业园。工业园一期预计2020年年底投产，二期预计2022年年底投产。

[9月9日　马来西亚　"一带一路"]　马来西亚取消了3个由中国支持的管道项目：两个造价10亿美元以上的油气管道和一个炼油与石化厂的7.95亿美元管道，此前它已暂停了总额230亿美元的与中国相关项目。这是马哈蒂尔·穆罕默德于2018年5月重新出任总理以来对中国进行反击的最明显举措。

[9月12日　澳大利亚　投资]　澳大利亚竞争与消费者委员会表示，已接受长江基建为首财团提出的剥离部分资产的计划，将不会阻止对管道运营商APA Group价值逾90亿美元的收购交易。该交易仍需获得外商投资审核委员会推荐。

[9月19日　欧盟　欧亚合作]　新华社报道，欧盟委员会与欧盟对外行动署联合发布《连接欧洲和亚洲——对欧盟战略的设想》政策文件，全面阐述欧盟实现"更好连接欧亚"愿景的计划，表示将同亚洲国家加强合作。

[9月28日　奥地利　贸易]　中国国际经济贸易仲裁委员会欧洲仲裁中心在奥地利首都维也纳举行揭牌仪式。中国驻奥地利大使李晓驷，中国贸促会副会长、贸仲委副主任卢鹏起和维也纳国际仲裁中心主席霍尔瓦特出席了揭牌仪式并致辞。

[10月11日　巴基斯坦　中巴经济走廊]　巴基斯坦正式向国际货

币基金组织寻求紧急援助,以缓解该国的经济困境。预计在11月7日,国际货币基金组织将派遣工作小组访巴,同巴方就具体的救助方案展开谈判。此外,伊姆兰·汗政府也已着手对包括中巴经济走廊项目在内的重大贷款项目进行重新评估,并寻求在财政安排上作出适当调整。

[10月15日　联合国贸发会议　投资]　联合国贸发会议发布报告称,由于美国税改促使美国企业将海外利润汇回国内,今年前六个月全球商业投资额大幅下降。根据记录,今年上半年美国的外商投资下降73%至460亿美元,中国则吸引了702亿美元外商投资,规模居首。

[10月15日　美国　贸易]　美国财长姆努钦表示,他正在努力争取,希望促成美国总统特朗普与中国国家主席习近平的峰会以化解美中贸易紧张。同时他表示,贸易谈判一定会谈到人民币相关问题,中国必须承诺进行重大的结构性改革;该周他与中国央行行长易纲举行了会晤,中方向他强调人民币继续贬值不符合中国的利益。

[10月30日　菲律宾　金融]　由中国银行马尼拉分行发起、菲律宾13家当地主要银行为初始会员组成的菲律宾人民币交易商协会在马尼拉签约成立。协会将在菲律宾中央银行的指导监督下,推动建设两国货币的直接交易市场,实现人民币与菲律宾比索的直接交易兑换。

[11月8日　缅甸　投资]　中缅双方在缅甸内比都签署皎漂深水港项目的框架协议。缅甸商务部部长丹敏代表缅方与该项目的主要开发商中国中信集团有限公司签约,中国驻缅大使馆人员亦出席仪式。

[11月9日　美国　金融、投资]　中国央行宣布,审查通过了美国运通公司在中国境内设立的合资公司提交的银行卡清算机构筹备申请,合资公司名为连通(杭州)技术服务有限公司。这是首家获准在中国境内开展银行卡清算业务的美国银行卡网络。获准后,美国运通将与中国金融科技公司连连集团组建一家各持股50%的合资公司,以建立该支付网络。

[11月27日　美国　贸易]　美国近150家行业协会致信美国总统

特朗普，敦促其利用本周阿根廷二十国集团领导人峰会期间中美元首会晤的机会解决对华贸易争端。代表近150家行业协会的游说团体"支持自由贸易美国人联盟"在信中敦促特朗普利用中美元首会晤的机会与中方达成协议，撤销今年对华加征的关税，并放弃实施进一步升级关税措施的计划。

[11月27日　马来西亚　投资]　马来西亚总理马哈蒂尔在太子城会见中国企业家俱乐部马来西亚商务考察团时表示，马来西亚政府欢迎中国企业赴马投资，愿意聆听中企的需求，使马中两国经济合作实现双赢。

[11月28日　印度　贸易]　印度商工部副部长阿努普·瓦德万与来访的中国海关总署副署长胡伟签署了《关于印度鱼粉及鱼油输华卫生和检疫要求议定书》，这意味着中印双方就印度输华鱼粉和鱼油的卫生和检验要求达成共识，印度将开始向中国出口鱼粉和鱼油。声明说，双方还就奶制品、水果、烟草等产品的准入问题进行了深入讨论。

[11月30日　津巴布韦　援助]　中国在南部非洲的最大援建项目——津巴布韦新议会大厦开工仪式在汉普登山新城举行，津巴布韦总统埃默森·姆南加古瓦出席开工仪式并致辞。

[12月1日　加拿大　华为]　华为公司首席财务官孟晚舟在加拿大转机时，被加拿大当局代表美国政府暂时扣留。中国外交部6日就此事件答问时表示，中国已经向加拿大和美国方面提出严正交涉，要求对方立即对拘押理由作出澄清，立即释放被拘押人员。当地时间11日下午，加拿大不列颠哥伦比亚省高等法院作出裁决，批准孟晚舟的保释申请。

[12月1日　赤道几内亚　能源]　由中企承建的赤道几内亚吉布洛水电站上游调节水库举行竣工仪式。赤道几内亚总统奥比昂出席仪式，并称赞该项目极大促进了赤道几内亚经济社会发展。

[12月5日　比利时　电子商务]　比利时副首相佩特斯和阿里巴巴集团资深总监宋君涛在比利时列日签订了《世界电子贸易平台谅解备忘

录》，标志着阿里集团近年推广的世界电子贸易平台项目第一次在欧洲国家正式落地。

[12月7日　日本　贸易]　为防止情报泄露和网络攻击，包括自卫队在内的日本政府部门，将禁止向华为与中兴通讯两家公司采购电信产品。

[12月11日　俄罗斯　能源]　位于北极圈内的亚马尔液化天然气项目第三条生产线正式投产，比计划提前一年。俄罗斯总理梅德韦杰夫当天在投产仪式上表示，第三条生产线能够提前一年投产得益于俄罗斯、中国、法国等合作伙伴的共同努力。根据协议，在亚马尔项目第二条、第三条生产线投产后，中石油将从2019年起每年进口来自亚马尔项目的300万吨液化天然气。

[12月17日　"五眼联盟"　华为]　来自西方最强大情报联盟——五眼联盟的情报机构负责人在加拿大的一个会议上一致认为，他们需要对华为技术有限公司加以遏制。不久之后，在一场空前的行动中，一些情报机构负责人开始公开谈论与中国产设备有关的风险，尤其是对眼下已经开始在全球范围内推出的下一代5G移动网络构成的风险。

[12月17日　柬埔寨　能源]　柬埔寨最大的水电工程——桑河二级水电站在柬埔寨上丁省举行竣工投产仪式。柬埔寨首相洪森、中国驻柬埔寨大使王文天以及柬各级政府官员、在柬中资企业代表和当地民众等4500余人参加了仪式。

[12月19日　德国　投资]　德国批准了新的监管规定，对非欧洲公司收购德国公司10%或以上股份的交易，德国政府将能够进行调查并有权否决。这反映出，对于中国收购德国公司技术的努力，德国方面的担忧正日益加重。

[12月19日　美国　贸易]　为落实中美两国元首达成的共识，中储粮集团公司从美国采购部分大豆。

[12月20日　亚投行、金砖新开发银行、联合国　投资]　第73届联合国大会协商一致通过决议，邀请亚洲基础设施投资银行和金砖国家新开发银行以观察员身份参加联合国大会的会议和工作。

第六部分

中国经济外交相关文献

◇◇ 一 重要讲话

习近平:《在第十三届全国人民代表大会第一次会议上的讲话》,《人民日报》2018年3月21日第2版。

习近平:《开放共创繁荣 创新引领未来——在博鳌亚洲论坛2018年年会开幕式上的主旨演讲》,《人民日报》2018年4月11日第3版。

习近平:《在庆祝海南建省办经济特区30周年大会上的讲话》,《人民日报》2018年4月14日第2版。

习近平:《同上海合作组织成员国领导人共同会见记者时的讲话》,2018年6月10日,载于外交部网站。

习近平:《弘扬"上海精神"构建命运共同体——习近平在上海合作组织成员国元首理事会第十八次会议上的讲话》,《人民日报》2018年6月11日第3版。

习近平:《携手推进新时代中阿战略伙伴关系——在中阿合作论坛第八届部长级会议开幕式上的讲话》,《人民日报》2018年7月11日第2版。

习近平:《顺应时代潮流实现共同发展——在金砖国家工商论坛上的讲话》,《人民日报》2018年7月26日第2版。

习近平:《让美好愿景变为现实——在金砖国家领导人约翰内斯堡会晤大范围会议上的讲话》,《人民日报》2018年7月27日第3版。

习近平:《携手共命运 同心促发展——在2018年中非合作论坛北京峰会开幕式上的主旨讲话》2018年9月3日,载于新华网。

习近平:《同中非合作论坛前任和新任非方共同主席国元首共见记者时的讲话》,《人民日报》2018年9月5日第2版。

习近平：《共享远东发展新机遇 开创东北亚美好新未来——在第四届东方经济论坛全会上的致辞》，2018年9月12日，载于新华网。

习近平：《共建创新包容的开放型世界经济——在首届中国国际进口博览会开幕式上的主旨演讲》，2018年11月5日，载于新华网。

习近平：《会见香港澳门各界庆祝国家改革开放40周年访问团时的讲话》，《人民日报》2018年11月13日第2版。

习近平：《同舟共济创造美好未来——在亚太经合组织工商领导人峰会上的主旨演讲》，2018年11月17日，载于新华网。

习近平：《把握时代机遇 共谋亚太繁荣——在亚太经合组织第二十六次领导人非正式会议上的发言》，2018年11月18日，载于新华网。

习近平：《登高望远，牢牢把握世界经济正确方向——在二十国集团领导人峰会第一阶段会议上的发言》，2018年11月30日，载于新华网。

习近平：《在庆祝改革开放40周年大会上的讲话》，《人民日报》2018年12月19日第2版。

王岐山：《顺应潮流，改革创新，共同发展————在2018年创新经济论坛开幕式上的致辞》，2018年11月6日，载于外交部网站。

李克强：《政府工作报告——2018年3月5日在第十三届全国人民代表大会第一次会议上》，2018年3月5日，载于新华网。

李克强：《在中国—印尼工商峰会上的主旨演讲》，2018年5月9日，载于人民网。

李克强：《在东盟秘书处的主旨讲话》，2018年5月9日，载于人民网。

李克强：《在第六届中日韩工商峰会上的致辞》，2018年5月9日，载于人民网。

李克强：《在第八届中国—中东欧国家经贸论坛上的致辞》，2018年7月7日，载于外交部网站。

李克强：《在第七次中国—中东欧国家领导人会晤上的讲话》，2018年7月7日，载于人民网。

李克强：《在第九届中德经济技术合作论坛上的致辞》，2018年7月9日，载于新华网。

李克强：《在第十二届夏季达沃斯论坛开幕式上的致辞》，2018年9月19日，载于新华网。

李克强：《在上海合作组织成员国政府首脑（总理）理事会第十七次会议上的讲话》，2018年10月12日，载于新华网。

李克强：《在中国—荷兰经贸论坛上的主旨演讲》，2018年10月16日，载于新华网。

李克强：《共担全球责任 共迎全球挑战——在第十二届亚欧首脑会议上的发言》，2018年10月19日，载于中国政府网。

李克强：《在开放融通中共创共享繁荣——在"新加坡讲座"和"通商中国"的演讲》，2018年11月13日，载于新华网。

李克强：《在新加坡工商联合总会、中华总商会欢迎宴会上的致辞》，2018年11月13日，载于新华网。

李克强：《在第21次中国—东盟领导人会议上的讲话》，2018年11月14日，载于新华网。

李克强：《在第21次东盟与中日韩领导人会议上的讲话》，2018年11月15日，载于新华网。

李克强：《在第13届东亚峰会上的讲话》，2018年11月15日，载于新华网。

杨洁篪：《在瓦尔代国际辩论俱乐部年会外交议题讨论会上的讲话》，2018年10月18日，载于新华网。

杨洁篪：《开创国际法工作新局面，服务改革开放新征程》，2018年12月28日，载于外交部网站。

王毅：《新时代跨越大洋的牵手——王毅外长在中拉论坛第二届部长级会议开幕式上的致辞》，2018年1月22日，载于外交部网站。

王毅：《在中拉经贸合作论坛暨中拉企业家理事会开幕式上的即席致辞》，2018年1月24日，载于外交部网站。

王毅：《新时代的中国：美好新海南 共享新机遇——王毅部长在外交部海南全球推介活动上的致辞》，2018年2月2日，载于外交部网站。

王毅：《携手书写次区域发展合作新篇章——在大湄公河次区域经济合作第六次领导人会议上的讲话》，2018年3月31日，载于外交部网站。

王毅：《在博鳌亚洲论坛"致敬与传承"主题活动上的即席致辞》，2018年4月11日，载于外交部网站。

王毅：《新时代的中国：与世界携手 让河南出彩——王毅国务委员兼外长在外交部河南全球推介活动上的讲话》，2018年4月13日，载于外交部网站。

王毅：《新时代的中国：雄安 探索人类发展的未来之城——王毅国务委员兼外长在外交部雄安新区全球推介活动上的讲话》，2018年5月28日，载于外交部网站。

王毅：《携手迈进金砖合作第二个"金色十年"——王毅国务委员兼外长在金砖国家外长会晤上的发言》，2018年6月6日，载于外交部网站。

王毅：《新时代的中国：新动能 新山东 与世界共赢——在外交部山东全球推介活动上的讲话》，2018年9月20日，载于外交部网站。

王毅：《机遇还是挑战，伙伴还是对手？——在美国对外关系委员会的演讲》，2018年9月29日，载于外交部网站。

王毅：《坚持多边主义 共谋和平发展——在第73届联合国大会一般性辩论上的讲话》，2018年9月29日，载于外交部网站。

王毅：《新时代的中国：走振兴新路 约世界同行——在外交部黑龙江

全球推介活动上的致辞》,2018年11月12日,载于外交部网站。

王毅:《在2018年国际形势与中国外交研讨会开幕式上的演讲》,2018年12月11日,载于外交部网站。

易纲:《在2018年金融街论坛年会上的讲话》,2018年5月29日,载于中国人民银行网站。

◇ 二 重要署名文章

《携手前行,共创未来》,国家主席习近平在对阿拉伯联合酋长国进行国事访问前夕,在阿联酋《联邦报》《国民报》发表署名文章,2018年7月18日,载于外交部网站。

《中国和塞内加尔团结一致》,国家主席习近平在对塞内加尔共和国进行国事访问前夕,在塞内加尔《太阳报》发表署名文章,2018年7月20日,载于外交部网站。

《中卢友谊情比山高》,国家主席习近平在对卢旺达共和国进行国事访问前夕,在卢旺达《新时代报》发表署名文章,2018年7月21日,载于外交部网站。

《携手开创中南友好新时代》,国家主席习近平在对南非共和国进行国事访问前夕,在南非《星期日独立报》《星期日论坛报》《周末守卫者报》发表署名文章,2018年7月22日,载于外交部网站。

《让中国同太平洋岛国关系扬帆再启航》,国家主席习近平在对巴布亚新几内亚独立国进行国事访问前夕,在巴布亚新几内亚《信使邮报》《国民报》发表署名文章,2018年11月14日,载于新华网。

《携手谱写中国同文莱关系新华章》,国家主席习近平在对文莱达鲁萨兰国进行国事访问前夕,在文莱《婆罗洲公报》《诗华日报》《联合日报》《星洲日报》发表署名文章，2018年11月17日，载于新华网。

《共同开辟中菲关系新未来》，国家主席习近平在对菲律宾共和国进行国事访问前夕，在菲律宾《菲律宾星报》《马尼拉公报》《每日论坛报》发表署名文章，2018年11月19日，载于新华网。

《阔步迈进新时代，携手共创新辉煌》，国家主席习近平在对西班牙王国进行国事访问之际，在西班牙《阿贝赛报》发表署名文章，11月27日，载于新华网。

《开创中阿关系新时代》，国家主席习近平在出席二十国集团领导人布宜诺斯艾利斯峰会并对阿根廷共和国进行国事访问前夕，在阿根廷《号角报》发表署名文章，2018年11月28日，载于新华网。

《携手前进，共创未来》，国家主席习近平在对巴拿马共和国进行国事访问前夕，在巴拿马《星报》发表署名文章，2018年11月30日，《人民日报》2018年12月1日第1版。

《跨越时空的友谊 面向未来的伙伴》，国家主席习近平在对葡萄牙共和国进行国事访问前夕，在葡萄牙《新闻日报》发表署名文章，2018年12月3日，《人民日报》2018年12月4日第1版。

《为澜湄合作与中柬友好架桥铺路》，国务院总理李克强在出席澜沧江—湄公河合作第二次领导人会议并访问柬埔寨前夕，在柬埔寨柬、英、华文主流媒体《柬埔寨之光》《高棉时报》和《柬华日报》发表署名文章，2018年1月9日，载于中华人民共和国驻柬埔寨王国大使馆网站。

《开启中印尼友好合作的新航程》，国务院总理李克强在对印度尼西亚进行正式访问、出席第七次中日韩领导人会议并正式访问日本前夕，在印度尼西亚印文版报纸《罗盘报》和英文报纸《雅加达邮报》发表署名文章，2018年5月5日，载于中国政府网。

《让中日和平友好合作事业再起航》，国务院总理李克强在对日本进行正式访问前夕，在日本《朝日新闻》发表署名文章，2018年5月8日，载于中国政府网。

《新起点 新愿景 新征程》，国务院总理李克强在对保加利亚进行正式访问并出席第七次中国—中东欧国家领导人会晤前夕，在保加利亚《24小时报》《标准报》同时发表署名文章，2018年7月4日，载于外交部网站。

《做引领开放与创新合作的好伙伴》，国务院总理李克强在访问德国并主持第五轮中德政府磋商前夕在《法汇报》发表署名文章，2018年7月7日，载于中国政府网。

《携手开辟中塔合作新局面》，国务院总理李克强在即将出访塔吉克斯坦之际在塔吉克斯坦政府机关报《人民报》发表署名文章，2018年10月10日，载于中华人民共和国驻塔吉克斯坦共和国大使馆网站。

《故友新知 共创未来》，国务院总理李克强在访问荷兰之际，在《欧洲时报》发表署名文章，2018年10月14日，载于新华网。

《开放合作 创新发展 明天会更好》，国务院总理李克强在即将出访新加坡之际，在新加坡《联合早报》、《海峡时报》发表署名文章，2018年11月12日，载于中国政府网。

《十年同舟路，今朝再扬帆》，外交部部长王毅在《人民日报》发表署名文章，《人民日报》2018年11月27日第6版。

《开放的中国与世界共赢——写在〈中国与世界贸易组织〉白皮书发表之际》，商务部部长钟山在《人民日报》发表署名文章，《人民日报》2018年7月2日第10版。

《携手开启新时代中非经贸合作新征程》，商务部部长钟山在中非合作论坛北京峰会举行前夕在《人民日报》发表署名文章，2018年8月31日，《人民日报》2018年8月31日第10版。

《当中非合作论坛北京峰会临近》，中国驻尼日利亚大使周平剑在尼《每日信报》《权威报》《人民报》等主流媒体发表署名文章，高度评价中非合作取得丰硕成果，展望中非合作论坛北京峰会，驳斥所谓"中国融资增加非洲国家债务论"，2018年3月8日，载于人民网。

《共绘亚太未来合作新愿景》，外交部国际经济司司长王小龙在亚太经合组织（APEC）第二十六次领导人非正式会议举行前夕，在《光明日报》、新加坡《联合早报》等媒体发表署名文章，2018年11月14日，载于外交部网站。

《高举多边主义旗帜》，中国驻英国大使刘晓明在二十国集团布宜诺斯艾利斯峰会召开前夕，在英国《名流》杂志发表署名文章，2018年11月29日，载于新华网。

《改革开放天地宽》，人民日报刊发署名"宣言"的评论文章，《人民日报》2018年8月13日第2版。

《风雨无阻创造美好生活》，人民日报刊发署名"宣言"的评论文章，《人民日报》2018年8月8日第1版。

三　部委文件及公告

（一）贸易

《商务部 海关总署公告2018年第4号 关于执行联合国安理会2397号决议的公告》，为执行联合国安理会第2397号决议，对涉及朝鲜进出口贸易的部分产品采取管理措施，2018年1月5日。

《商务部、工业和信息化部、国防科工局、国家原子能机构、海关总署公告2018年第17号》，为执行联合国安理会第2371号决议，根据《中华人民共和国对外贸易法》第十六条和第十八条规定，禁止向朝鲜出口本公告所公布的与大规模杀伤性武器及其运载工具相关的两用物项和技术、常规武器两用品，2018年2月5日。

《商务部公告2018年第34号 关于对原产于美国的部分进口商品加征关税的公告》，美国时间2018年4月3日，美国政府宣布将对原产于中国的进口商品加征25%的关税，为捍卫中方自身合法权益，中国政府将对原产于美国的部分进口商品对等采取加征关税措施，税率为25%，2018年4月4日。

《国务院关税税则委员会关于对原产于美国的部分进口商品加征关税的公告》，2018年4月4日。

《商务部、工业和信息化部、国家原子能机构、海关总署、国防科工局公告2018年第36号》，为执行联合国安理会第2375号决议，根据《中华人民共和国对外贸易法》第十六条和第十八条规定，禁止向朝鲜出口本公告所公布的与大规模杀伤性武器及其运载工具相关的两用物项和技术、常规武器两用品。本公告自公布之日起执行，2018年4月8日。

《中国对外贸易形势报告（2018年春季）》，商务部发布，2018年5月7日。

《国务院关于印发进一步深化中国（广东）自由贸易试验区改革开放方案的通知》，国务院发布，2018年5月24日。

《国务院关于印发进一步深化中国（福建）自由贸易试验区改革开放方案的通知》，国务院发布，2018年5月24日。

《国务院关于印发进一步深化中国（天津）自由贸易试验区改革开放方案的通知》，国务院发布，2018年5月24日。

《国务院关于同意深化服务贸易创新发展试点的批复》，国务院发布，2018年6月8日。

《国务院关税税则委员会关于对原产于美国500亿美元进口商品加征关税的公告》，2018年6月16日。

《国务院办公厅转发商务部等部门关于扩大进口促进对外贸易平衡发

展意见的通知》，国务院发布，2018年7月9日。

《国务院关税税则委员会关于对原产于美国的部分进口商品（第二批）加征关税的公告》，2018年8月3日。

《国务院关于同意在北京等22个城市设立跨境电子商务综合试验区的批复》，国务院发布，2018年8月7日。

《国家发展改革委 商务部2018年第9号 2018年农产品进口关税配额再分配公告》，商务部发布，2018年8月8日。

《国务院关税税则委员会关于对原产于美国约160亿美元进口商品加征关税的公告》，2018年8月8日。

《国务院关税税则委员会关于对原产于美国约600亿美元进口商品实施加征关税的公告》，2018年9月18日。

《关于中美经贸摩擦的事实与中方立场》白皮书，国务院新闻办公室发布，2018年9月24日。

《国务院办公厅关于印发完善促进消费体制机制实施方案（2018—2020年）的通知》，国务院发布，2018年10月11日。

《国务院关于印发中国（海南）自由贸易试验区总体方案的通知》，国务院发布，2018年10月16日。

《国务院关于印发优化口岸营商环境促进跨境贸易便利化工作方案的通知》，国务院发布，2018年10月19日。

《国务院关于支持自由贸易试验区深化改革创新若干措施的通知》，国务院发布，2018年11月23日。

《国务院关税税则委员会关于对原产于美国的汽车及零部件暂停加征关税的公告》，2018年12月14日。

（二）投资

《商务部 财政部 税务总局 质检总局 统计局 外汇局关于开展2018年

外商投资企业投资经营信息联合报告的通知》，2018年3月12日。

《关于引导对外投融资基金健康发展的意见》，国家发展与改革委员会、财政部、商务部、人民银行、中国银行保险监督管理委员会和证监会联合发布，2018年4月10日。

《国务院关于积极有效利用外资推动经济高质量发展若干措施的通知》，国务院发布，2018年6月15日。

发展改革委 商务部令2018年第18号《外商投资准入特别管理措施（负面清单）（2018年版）》，2018年6月28日。

商务部令2018年第6号，公布关于修改《外商投资企业设立及变更备案管理暂行办法》的决定，2018年6月29日。

发展改革委 商务部令2018年第19号《自由贸易试验区外商投资准入特别管理措施（负面清单）（2018年版）》，2018年6月30日。

《关于扩大境外投资者以分配利润直接投资暂不征收预提所得税政策适用范围的通知》，财政部、税务总局、国家发展改革委、商务部发布，2018年9月29日。

《2017年度中国对外直接投资统计公报》，商务部、国家统计局、国家外汇管理局发布，2018年9月28日。

《中国外商投资报告2018》，商务部发布，2018年10月30日。

《中国对外劳务合作发展报告2017—2018》，商务部发布，2018年11月6日。

《中国对外承包工程发展报告2017—2018》，商务部发布，2018年11月6日。

（三）货币

《关于进一步完善人民币跨境业务政策促进贸易投资便利化的通知》，

中国人民银行发布，2018年1月5日。

《中马（来西亚）两国央行续签双边本币互换协议》，2018年8月20日。

《中日双边本币互换协议》，2018年10月26日。

《中英双边本币互换协议》，2018年11月12日。

《中印（度尼西亚）双边本币互换协议》，2018年11月19日。

《中乌（克兰）双边本币互换协议》，2018年12月10日。

（四）"一带一路"

中共中央办公厅、国务院办公厅印发《关于建立"一带一路"国际商事争端解决机制和机构的意见》，2018年6月27日。

◇ 四　国际重要协议、文件、声明、公报

（一）双边

《中华人民共和国和法兰西共和国联合声明》，2018年1月9日。

《中华人民共和国和奥地利共和国关于建立友好战略伙伴关系的联合声明》，2018年4月8日。

《中华人民共和国和多米尼加共和国关于建立外交关系的联合公报》，2018年5月1日。

《中华人民共和国政府和印度尼西亚共和国政府联合声明》，2018年5月8日。

《中华人民共和国与布基纳法索关于恢复外交关系的联合公报》，

2018 年 5 月 26 日。

《中华人民共和国和吉尔吉斯共和国关于建立全面战略伙伴关系联合声明》，2018 年 6 月 7 日。

《中华人民共和国和哈萨克斯坦共和国联合声明》，2018 年 6 月 8 日。

《中华人民共和国和俄罗斯联邦联合声明（全文）》，2018 年 6 月 8 日。

《中华人民共和国和多民族玻利维亚国关于建立战略伙伴关系的联合声明》，2018 年 6 月 20 日。

《中华人民共和国和尼泊尔联合声明》，2018 年 6 月 22 日。

《中华人民共和国政府和保加利亚共和国政府联合公报（全文）》，2018 年 7 月 7 日。

《中华人民共和国和科威特国关于建立战略伙伴关系的联合声明》，2018 年 7 月 9 日。

《中德共同发表第五轮政府磋商联合声明》（中国—德国），2018 年 7 月 12 日。

《中华人民共和国和阿拉伯联合酋长国关于建立全面战略伙伴关系的联合声明》，2018 年 7 月 21 日。

《中华人民共和国政府和马来西亚政府联合声明》，2018 年 8 月 21 日。

《中华人民共和国和萨尔瓦多共和国关于建立外交关系的联合公报》，2018 年 8 月 21 日。

《中国与哥斯达黎加签署共建"一带一路"谅解备忘录》，2018 年 9 月 3 日。

《中国贸促会与非洲对口机构签署合作谅解备忘录》，2018 年 9 月 4 日。

《中国与格林纳达签署共建"一带一路"谅解备忘录》，2018 年 9 月

19日。

《中国证券投资基金业协会（AMAC）与日本投资信托协会（JITA）签署关于促进两国证券市场合作的合作谅解备忘录》，2018年10月23日。

澳大利亚维多利亚州与中方签署"一带一路"合作谅解备忘录，2018年10月25日。

《中华人民共和国政府与萨尔瓦多共和国政府关于共同推进丝绸之路经济带和21世纪海上丝绸之路建设的谅解备忘录》，2018年11月1日。

《中华人民共和国政府与智利共和国政府关于共同推进丝绸之路经济带和21世纪海上丝绸之路建设的谅解备忘录》，2018年11月2日。

《中华人民共和国政府与多米尼加共和国政府关于共同推进丝绸之路经济带和21世纪海上丝绸之路建设的谅解备忘录》，2018年11月2日。

《中华人民共和国和巴基斯坦伊斯兰共和国关于加强中巴全天候战略合作伙伴关系、打造新时代更紧密中巴命运共同体的联合声明》，2018年11月4日。

《中华人民共和国与马耳他共和国关于共同推进丝绸之路经济带和21世纪海上丝绸之路建设的谅解备忘录》，2018年11月5日。

《首届澜湄水资源合作论坛昆明倡议》，2018年11月2日。

《中俄总理第二十三次定期会晤联合公报》，2018年11月7日。

《中华人民共和国商务部和俄罗斯联邦经济发展部关于服务贸易领域合作的谅解备忘录》，2018年11月7日。

《中华人民共和国政府与斐济共和国政府关于共同推进丝绸之路经济带和21世纪海上丝绸之路建设的谅解备忘录》，2018年11月12日。

《中华人民共和国政府和新加坡共和国政府联合声明》，2018年11月14日。

《关于成立"丝绸城和五岛"建设合作机制的谅解备忘录》，2018年

11月18日。

《中华人民共和国和文莱达鲁萨兰国联合声明》，2018年11月19日。

《中华人民共和国与菲律宾共和国联合声明》，2018年11月21日。

《中华人民共和国国家发展和改革委员会与哈萨克斯坦共和国投资和发展部关于中哈产能与投资合作第十五轮重点项目清单的谅解备忘录》，2018年11月22日。

《中华人民共和国国家发展和改革委员会与哈萨克斯坦信息和通信部关于加强数字经济合作的谅解备忘录》，2018年11月22日。

《中华人民共和国和西班牙王国关于加强新时期全面战略伙伴关系的联合声明》，2018年11月28日。

《中华人民共和国和阿根廷共和国联合声明》，2018年12月2日。

《中华人民共和国和巴拿马共和国联合新闻公报》，2018年12月3日。

《中华人民共和国和葡萄牙共和国关于进一步加强全面战略伙伴关系的联合声明》，2018年12月5日。

《中华人民共和国和厄瓜多尔共和国联合新闻公报》，2018年12月12日。

中科院与肯尼亚签署《关于发展运营中非联合研究中心的谅解备忘录》，2018年12月13日。

中国证监会与开曼群岛金融管理局签署《证券期货监管合作谅解备忘录》，2018年12月24日。

（二）多边

《金砖五局关于加强金砖国家知识产权领域合作的联合声明》，2018年3月26日。

《中日韩领导人关于2018朝韩领导人会晤的联合声明》，2018年5月9日。

《第七次中日韩领导人会议联合宣言》，2018年5月10日。

《金砖国家外长会晤新闻公报》，2018年6月8日。

《上海合作组织成员国元首理事会会议新闻公报（全文）》，2018年6月10日。

《上海合作组织成员国元首理事会青岛宣言》，2018年6月11日。

《伊朗核问题外长会联合声明》，2018年7月7日。

《第七次中国—中东欧国家领导人会晤成果清单》，2018年7月9日。

《中国—中东欧国家合作索非亚纲要》，2018年7月9日。

《第二十次中国欧盟领导人会晤联合声明》，2018年7月16日。

《金砖国家领导人第十次会晤约翰内斯堡宣言（全文）》，2018年7月27日。

《第73届联合国大会中方立场文件》，2018年8月28日。

《关于构建更加紧密的中非命运共同体的北京宣言》和《中非合作论坛—北京行动计划（2019—2021年）》，2018年9月4日。

《上海合作组织成员国政府首脑（总理）理事会第十七次会议联合公报》，2018年10月12日。

《第三次"1+6"圆桌对话会联合新闻稿（全文）》，2018年11月6日。

《中国—东盟东部增长区升级合作文件》，2018年11月26日。

《金砖国家领导人布宜诺斯艾利斯非正式会晤新闻公报（全文）》，2018年11月30日。

《法国外长、中国国务委员兼外长、联合国秘书长气候变化会议新闻公报》，2018年11月30日。

《澜湄合作第四次外长会联合新闻公报》，2018年12月17日。

第七部分

中国经济外交相关学术文献

❖《中国社会科学》

庞珣、王帅：《中美对外援助的国际政治意义——以联合国大会投票为例》，2017年第3期，第181—203页。

吴福象、段巍：《国际产能合作与重塑中国经济地理》，2017年第2期，第44—64页。

李巍：《伙伴、制度与国际货币——人民币崛起的国际政治基础》，2016年第5期，第79—100页。

石静霞：《国际贸易投资规则的再构建及中国的因应》，2015年第9期，第128—145页。

欧阳峣、张亚斌、易先忠：《中国与金砖国家外贸的"共享式"增长》，2012年第10期，第67—86页。

徐崇利：《新兴国家崛起与构建国际经济新秩序——以中国的路径选择为视角》，2012年第10期，第186—204页。

❖《世界经济与政治》

吴志成、李冰：《全球治理话语权的中国视角》，2018年第9期，第4—21页。

吴泽林：《"一带一路"倡议的功能性逻辑——基于地缘经济学视角的阐释》，2018年第9期，第128—153页。

张清敏：《理解中国特色大国外交》，2018年第9期，第67—87页。

王存刚：《更加不确定的世界，更加确定的中国外交》，2018年第9

期，第 43—63 页。

娜塔莎·马里奇、魏玲：《务实制度主义：中国与中东欧国家的合作》，2018 年第 7 期，第 41—69 页。

门洪华：《"一带一路"规则制定权的战略思考》，2018 年第 7 期，第 19—40 页。

孙德刚：《中国港口外交的理论与实践》，2018 年第 5 期，第 4—32 页。

刘建飞：《中国外交战略的基本框架论析》，2018 年第 2 期，第 4—20 页。

吴泽林：《理解中国的全球互联互通能力》，2017 年第 11 期，第 35—64 页。

李巍、朱红宇：《外交关系与人民币离岸市场的发展》，2017 年第 9 期，第 107—138 页。

孙丹：《货币依赖与人民币离岸市场的战略支点选择》，2017 年第 3 期，第 124—155 页。

李杨、黄艳希：《中美国际贸易制度之争——基于国际公共产品提供的视角》，2016 年第 10 期，第 114—137 页。

韩冬临、黄臻尔：《非洲公众如何评价中国的对非援助》，2016 年第 6 期，第 134—154 页。

李巍：《中美金融外交中的国际制度竞争》，2016 年第 4 期，第 112—138 页。

张明：《中国资本账户开放：行为逻辑与情景分析》，2016 年第 4 期，第 139—156 页。

迟永：《中国对外贸易提高了他国外交政策相似度吗？》，2015 年第 12 期，第 131—153 页。

张骥、陈志敏：《"一带一路"倡议的中欧对接：双层欧盟的视角》，

2015年11期，第36—52页。

白云真：《"一带一路"倡议与中国对外援助转型》，2015年第11期，第53—71页。

林乐芬、王少楠：《"一带一路"建设与人民币国际化》，2015年第11期，第72—90页。

袁胜育、汪伟民：《丝绸之路经济带与中国的中亚政策》，2015年第5期，第21—41页。

陈兆源、田野、韩冬临：《双边投资协定中争端解决机制的形式选择》，2015年第3期，第122—148页。

盛斌：《亚太区域经济一体化博弈与中国的战略选择》，2014年第10期，第4—21页。

李巍：《货币盟友与人民币的国际化》，2014年第2期，第128—154页。

李计广：《世界贸易组织多哈回合谈判与中国的选择》，2013年第5期，第136—154页。

王存刚：《论中国外交调整——基于经济发展方式的视角》，2012年第11期，第120—135页。

王玉主：《"邀约—回应"机制与中国—东盟经济合作》，2011年第10期，第53—172页。

王海滨：《中美核能关系的国际政治经济学分析》，2011年第6期，第143—155页。

高海红：《人民币成为国际货币的前景》，2010年第9期，第149—154页。

《当代亚太》

施张兵、吴玉兴：《中国高铁外交的特征与实践研究——基于雅万高铁的案例分析》，2017年第5期，第133—155页。

潘玥：《中国海外高铁"政治化"问题研究——以印尼雅万高铁为例》，2017年第5期，第107—132页。

宋汝欣：《推进高铁"走出去"面临的政治风险及其作用机制分析》，2017年第5期，第77—106页。

李巍：《人民币崛起的国际制度基础》，2014年第6期，第4—29页。

付争、许佳：《"人民币"初现与中国培育区域性货币依赖的可能性分析》，2014年第4期，第101—125页。

潘亚玲：《中国特色对外援助理论建构初探》，2013年第5期，第92—110页。

钟阳：《亚洲市场中人民币国际化的影响因素——基于边贸结算和货币互换的实证分析》，2011年第4期，第47—58页。

孙学峰、王海滨：《中国获取全球石油资源的战略选择》，2010年第1期，第58—78页。

司乐如：《中印油气外交："新大角逐"、"互利互赢"或"独立平行"》，2009年第2期，第39—53页。

《外交评论》

钟飞腾：《超越霸权之争：中美贸易战的政治经济学逻辑》，2018年第 6 期，第 1—30 页。

王鸿刚：《中国参与全球治理：新时代的机遇与方向》，2017 年第 6 期，第 1—21 页。

钟飞腾：《"一带一路"、新型全球化与大国关系》，2017 年第 3 期，第 1—26 页。

孙灿、洪邮生：《国际体系事业下"一带一路"倡议——国际经济外交运行的"平衡术"视角》，2016 年第 6 期，第 1—21 页。

任洪生：《国家战略、经济周期和中朝关系的政治经济学》，2016 年第 6 期，第 22—44 页。

唐晓阳、熊星翰：《中国海外投资与投资监管：以中国对非投资为例》，2015 年第 3 期，第 26—45 页。

李巍、朱红宇：《货币伙伴外交与人民币崛起的战略支点国》，2015 年第 1 期，第 55—68 页。

李巍、孙忆：《理解中国经济外交》，2014 年第 4 期，第 1—24 页。

王宏禹、罗洋：《国家营销视角下的中国外交战略》，2014 年第 4 期，第 25—40 页。

董洁：《中苏分裂后中国对朝鲜的经济援助（1961—1965）》，2014 年第 4 期，第 41—58 页。

常璐璐、陈志敏：《吸引性经济权力在中国外交的运用》，2014 年第 3 期，第 1—16 页。

张晓通：《中国经济外交理论构建：一项初步的尝试》，2013 年第 6 期，第 49—60 页。

蒋华杰：《农技援非（1971—1983）：中国援非模式与成效的个案研究》，2013 年第 1 期，第 30—49 页。

阎梁：《中国对外经济制裁：目标与政策议题》，2012 年第 6 期，第 16—29 页。

江瑞平：《中日韩经济合作：动因、态势与影响》，2012年第5期，第30—41页。

闫世刚：《低碳经济视角下的中国新能源国际合作》，2012年第5期，第80—94页。

崔绍光、刘曙光：《中央政府和地方政府的经济外交职能及其关系》，2012年第3期，第43—55页。

郭宏宇：《从经济协调的重点领域看中国对非经济外交》，2011年第2期，第98—108页。

张浚：《不附加条件的援助：中国对非援助政策的形成》，2010年第5期，第20—34页。

张勉励：《中国对越南经济技术援助的历史起步》，2010年第5期，第49—63页。

熊厚：《中国对外多边援助的理念与实践》，2010年第5期，第49—63页。

孙洪波：《中国对拉美援助：目标选择与政策转型》，2010年第5期，第64—75页。

◇《现代国际关系》

柯静：《"一带一路"倡议推进与中国中外双边投资协定重构》，2018年第6期，第49—56页。

厉伟、赵儒南：《中国与新加坡的政府间合作及经贸关系》，2017年第9期，第51—57页。

刘明礼：《人民币国际化在欧现状与发展趋势》，2016年第8期，第58—63页。

李俊久、姜默竹：《人民币"入篮"与国际货币体系未来走向》，2016年第6期，第2—8页。

崔守军、张子阳：《探析中国与委内瑞拉能源合作》，2016年第2期，第48—53页。

石岩、孙哲：《中美双边投资协定谈判的动因、难点和前景展望》，2015年第6期，第9—16页。

宋国友：《全球自由贸易协定竞争与中国的战略选择》，2013年第5期，第30—35页。

王海滨：《中加能源关系：机遇、挑战和发展思路》，2011年第7期，第24—30页。

方华：《中蒙经贸关系的现状及前景》，2010年第6期，第47—57页。

马建英：《浅析中美清洁能源合作》，2009年第12期，第48—52页。

◇◇《国际政治科学》

孙忆：《国际金融规则摇摆与中国政策选择》，2018年第3期，第97—129页。

张聪、孙学峰：《中国在缅投资项目成败的原因（2011—2016）》，2016年第4期，第23—58页。

孙忆：《国际制度压力与中国自贸区战略》，2016年第3期，第126—160页。

山本美智子、张玮：《冷战后中日政经关系的量化关系》，2014年第4期，第74—110页。

沃德·沃姆丹姆：《中国外援的自由国际主义性质》，2013年第2期，第 121—155 页。

罗建波:《西方对非援助效果及中非经济合作》,2013 年第 1 期,第 1—32 页。

杨霄、张清敏:《中国对外经贸关系与外交布局》,2010 年第 1 期,第 25—48 页。

王一鸣、田野:《中美战略经济对话的制度选择》,2009 年第 3 期,第 60—82 页。

◇◇《国际问题研究》

黄玉沛:《中非经贸合作区建设:挑战与深化路径》,2018 年第 4 期,第 112—126 页。

陈东晓、叶玉:《全球经济治理:新挑战与中国路径》,2017 年第 1 期,第 11—22 页。

孙海冰:《中外产能合作:指导理念与支持路径》,2016 年第 3 期,第 86—94 页。

张小峰、吴珊:《人民币在非洲的国际化:挑战与出路》,2016 年第 3 期,第 95—105 页。

刘宗义:《中巴经济走廊建设:进展与挑战》,2016 年第 3 期,第 122—136 页。

甄炳禧:《中美经贸合作竞争新态势及前景》,2016 年第 1 期,第 77—94 页。

张梅:《对外产能合作:进展与挑战》,2016 年第 1 期,第 108—119 页。

石泽:《构建牢固的中俄能源战略伙伴关系》,2015 年第 5 期,第

26—37 页。

张小峰：《非洲银行业发展趋势与中非金融合作》，2014 年第 3 期，第 118—130 页。

闫世刚、刘曙光：《新能源安全观下的中国能源外交》，2014 年第 2 期，第 109—117 页。

王金波：《国际贸易规则发展趋势与中国的应对》，2014 年第 2 期，第 119—129 页。

许海燕：《中国与中亚能源"双轨"合作》，2013 年第 5 期，第 90—99 页。

张小峰：《中非金融合作：进展、挑战与应对》，2013 年第 6 期，第 100—112 页。

叶皓：《对深化经济外交的若干思考》，2013 年第 4 期，第 37—43 页。

贺平、沈陈：《RCEP 与中国的亚太 FTA 战略》，2013 年第 3 期，第 44—57 页。

刘卿、刘蓉蓉：《论中美清洁能源合作》，2011 年第 2 期，第 30—52 页。

金玲：《对非援助：中国与欧盟能否经验共享》，2010 年第 1 期，第 54—61 页。

李自国：《金融危机背景下的中俄经贸形势》，2010 年第 1 期，第 46—52 页。

◇《国际经济评论》

田旭：《聚焦西巴尔干："一带一路"倡议如何对接欧盟扩大战略》，

2018 年第 5 期,第 78—90 页。

关志雄:《中美经济摩擦进入新阶段:矛盾焦点从贸易失衡转向技术转移》,2018 年第 4 期,第 35—45 页。

徐奇渊、杨盼盼、肖立晟:《"一带一路"投融资机制建设:中国如何更有效地参与》,2017 年第 5 期,第 134—148 页。

展妍男:《丝绸之路经济带与欧亚经济联盟的差异与对接》,2017 年第 4 期,第 149—159 页。

余淼杰、崔晓敏:《经济全球化下中国贸易和投资促进的措施》,2017 年第 3 期,第 28—44 页。

刘作奎、陈思杨:《"一带一路"欧亚经济走廊建设面临的风险与应对》,2017 年第 2 期,第 28—35 页。

盛斌、段然:《TPP 投资新规则与中美双边投资协定谈判》,2016 年第 5 期,第 9—30 页。

李双双、卢锋:《中美当代"丝绸之路"战略比较分析》,2016 年第 4 期,第 77—90 页。

黄梅波、唐正明:《中非产能合作的金融需求及中非金融合作的推进》,2016 年第 4 期,第 91—107 页。

金中夏:《中国面临全球贸易投资规则重建的重大挑战》,2016 年第 4 期,第 44—52 页。

陆磊、李宏瑾:《纳入 SDR 后的人民币国际化与国际货币体系改革:基于货币功能和储备货币供求的视角》,2016 年第 3 期,第 41—53 页。

张建平:《国际经贸规则变化的新趋势与中国开放型经济的发展》,2016 年第 1 期,第 172—174 页。

熊爱宗、刘爱兰:《中美战略与经济对话:评估、影响及政策建议》,2015 年第 3 期,第 62—78 页。

储殷、高远:《中国"一带一路"战略定位的三个问题》,2015 年第

2 期，第 90—99 页。

薛力：《中国"一带一路"战略面对的外交风险》，2015 年第 2 期，第 68—79 页。

张明：《人民币国际化与亚洲货币合作：殊途同归?》，2015 年第 2 期，第 55—67 页。

黄益平：《中国经济外交新战略下的"一带一路"》，2015 年第 1 期，第 8—53 页。

王碧珺：《中国参与全球投资治理的机遇与挑战》，2014 年第 1 期，第 94—109 页。

东艳：《全球贸易规则的发展趋势与中国的机遇》，2014 年第 1 期，第 45—64 页。

田慧芳：《中美能源与气候合作博弈：深化与突破》，2013 年第 6 期，第 68—78 页。

姚枝仲：《如何应对中美双边投资协定的实质性谈判》，2013 年第 6 期，第 60—67 页。

王碧珺：《中美直接投资：挑战与破局》，2013 年第 5 期，第 109—118 页。

杨盼盼：《从中美战略与经济对话看中美在新型贸易体系下的合作》，2013 年第 5 期，第 142—148 页。

黄海洲、周诚君：《中国对外开放在新形势下的战略布局》，2013 年第 4 期，第 23—49 页。

金中夏：《中国的"马歇尔计划"——探讨中国对外基础设施投资战略》，2012 年第 6 期，第 57—64 页。

李计广：《中国开放新阶段的政策选择》，2012 年第 5 期，第 45—54 页。

霍建国：《世界经济格局变化及中国的新机遇》，2012 年第 5 期，第

38—44页。

谢琪、田丰、黄梅波:《澄清对中国对外援助的几种误解》,2012年第4期,第147—157页。

张宇燕等:《国际经济新变化与中国对外经济政策》,2011年第6期,第28—37页。

邹加怡:《发展更加平衡的中国对外经济关系》,2011年第4期,第44—52页。

王永中、姚枝仲:《金砖国家峰会的经济议题、各方立场与中国对策》,2011年第3期,第74—83页。

乔依德、徐明棋:《加强SDR在国际货币体系中的地位和作用》,2011年第3期,第52—65页。

王信:《金砖四国国际金融实力提升对国际金融及其治理的影响》,2011年第1期,第94—108页。

赵瑾:《G20:新机制、新议题与中国的主张和行动》,2010年第5期,第7—22页。

张明:《国际货币体系改革:背景、原因、措施及中国的参与》,2010年第1期,第114—137页。

黄益平:《国际货币体系变迁与人民币国际化》,2009年第3期,第20—25页。

高海红:《中国在亚洲区域金融合作中的作用》,2009年第3期,第25—33页。

◇◇《国际政治研究》

刘宇、查道炯:《粮食外交的中国认知(1979—2009)》,2010年第2

期，第 51—61 页。

马奇：《中国农业对外交往与合作（1949—1974）》，2010 年第 2 期，第 39—49 页。

张丽娟、吴鹰：《中美商务外交的经济性制约研究》，2010 年第 2 期，第 83—98 页。

◇◇ 《国际展望》

张天桂：《亚洲经济一体化的现实路径与推进策略——共建"一带一路"的视角》，2018 年第 6 期，第 120—138 页。

杨力、虞玎：《中国与中东主权财富基金合作探析》，2018 年第 4 期，第 138—151 页。

胡贝贝、吴笛、李新：《上海合作组织自贸区建设及其经济效应分析》，2018 年第 3 期，第 50—69 页。

王茜、高锦涵：《RCEP 争端解决机制构建研究》，2018 年第 2 期，第 134—152 页。

王小明：《21 世纪海上丝绸之路建设对接当地发展研究——印度尼西亚视角》，2017 年第 4 期，第 122—143 页。

李昕蕾：《"一带一路"框架下中国的清洁能源外交——契机、挑战与战略性能力建设》，2017 年第 3 期，第 36—57 页。

黄河、许雪莹、陈慈钰：《中国企业在巴基斯坦投资的政治风险及管控——以中巴经济走廊为例》，2017 年第 2 期，第 132—148 页。

王涛、赵跃晨：《非洲太阳能开发利用与中非合作》，2016 年第 6 期，第 110—131 页。

卡斯、李一平：《中国企业对东非共同体投资的现状及其影响》，

2016 年第 6 期，第 132—147 页。

柴瑜、王效云、丁宁：《拉美国家与亚太区域经济一体化——合作进展与观念趋向》，2016 年第 5 期，第 78—94 页。

张励、卢光盛：《从应急补水看澜湄合作机制下的跨境水资源合作》，2016 年第 5 期，第 95—112 页。

辛田：《中国海外利益保护私营化初探》，2016 年第 4 期，第 57—75 页。

郭朝先、刘芳、皮思明：《"一带一路"倡议与中国国际产能合作》，2016 年第 3 期，第 17—36 页。

曹嘉涵：《"一带一路"倡议与 2030 年可持续发展议程的对接》，2016 年第 3 期，第 37—53 页。

曹俊金：《"一带一路"倡议与对外援助制度之完善》，2016 年第 3 期，第 54—69 页。

刘方平：《"一带一路"倡议与中国对东南亚援助》，2016 年第 3 期，第 70—89 页。

章雅荻：《"一带一路"倡议与中国海外劳工保护》，2016 年第 3 期，第 90—106 页。

金玲：《"一带一路"与欧洲"容克计划"的战略对接研究》，2015 年第 6 期，第 1—14 页。

陈菲：《"一带一路"与印度"季风计划"的战略对接研究》，2015 年第 6 期，第 15—32 页。

马博：《"一带一路"与印尼"全球海上支点"的战略对接研究》，2015 年第 6 期，第 33—50 页。

华倩：《"一带一路"与蒙古国"草原之路"的战略对接研究》，2015 年第 6 期，第 51—65 页。

叶斌：《中欧双边投资协定谈判展望》，2015 年第 6 期，第 117—

135 页。

张海冰：《新开发银行的发展创新》，2015 年第 5 期，第 20—31 页。

卢光盛、金珍：《"一带一路"框架下大湄公河次区域合作升级版》，2015 年第 5 期，第 67—81 页。

舒先林：《"21 世纪海上丝绸之路"与中国能源外交》，2015 年第 5 期，第 82—95 页。

潘晓明：《TPP 高标准国际贸易规则对中国的挑战及应对策略》，2015 年第 5 期，第 96—111 页。

钮维敢、王学凯：《TTIP 谈判进程、趋势及中国因素》，2015 年第 4 期，第 121—135 页。

孙明霞：《美国对外援助机制及其对中国的启示》，2015 年第 4 期，第 136—156 页。

金应忠：《"一带一路"是欧亚非的共同发展战略》，2015 年第 2 期，第 85—96 页。

张艳璐：《欧亚联盟与新丝绸之路经济带的复合型共生关系分析》，2015 年第 2 期，第 97—110 页。

于宏源：《周边战略矿产资源治理合作探析》，2015 年第 1 期，第 19—33 页。

冯存万：《南南合作框架下的中国气候援助》，2015 年第 1 期，第 34—51 页。

郭建伟、钱韵：《人民币国际化的战略反思与超越》，2014 年第 6 期，第 52—70 页。

权衡：《开放的中国与世界经济——迈向一体化互动发展》，2014 年第 5 期，第 1—15 页。

舒梦：《中国外交资源的差序式管理探析》，2014 年第 5 期，第 30—44 页。

谢晓光、吴志焜：《上海自贸区的国际政治经济学分析》，2014年第5期，第45—60页。

王发龙：《中国海外利益维护路径研究：基于国际制度的视角》，2014年第3期，第51—67页。

黄河：《中国企业跨国经营的政治风险：基于案例与对策的分析》，2014年第3期，第68—87页。

陈友骏：《论中国对外经济合作的发展——理论建构与内核深化》，2013年第2期，第67—83页。

刘宏松：《中国在全球治理中的改革倡议：基于WTO多哈回合谈判和G20进程的分析》，2012年第5期，第14—28页。

李欣：《国有企业"走出去"与当代中国外交海外困局》，2012年第2期，第15—26页。

孙永祥：《中俄能源合作的现状、问题及前景》，2012年第2期，第48—66页。

克里斯·阿尔登、张春、贝尔纳多·马里亚尼、丹尼尔·拉吉：《非洲冲突后重建：中国日益增长的作用》，2011年第6期，第100—115页。

孙永祥：《上海合作组织框架内的能源合作》，2011年第5期，第105—124页。

于宏源：《以绿色共赢为核心的中国能源环境外交》，2011年第4期，第73—88页。

马孆：《中国和东盟互联互通的意义、成就及前景——纪念中国—东盟建立对话关系20周年》，2011年第2期，第16—28页。

王涛：《论中非科技合作关系的发展历程及特点》，2011年第2期，第113—126页。

杨洁勉：《中国世博外交：经验和创新》，2010年第6期，第1—8页。

王双:《中日韩三国经济合作与东亚区域性公共产品的供应——以全球金融危机为背景》,2010 年第 6 期,第 63—80 页。

陈波:《构建我国 FTA 的贸易调整援助》,2010 年第 4 期,第 92—102 页。

卢光盛、张励:《后金融危机时代的中国与大湄公河次区域国家关系:一种区域性公共产品的视角》,2010 年第 3 期,第 36—48 页。

杨鸿玺、陈开明:《中国对外援助:成就、教训和良性发展》,2010 年第 1 期,第 46—56 页。

张忠祥:《中非合作论坛框架下的农业合作——兼论"中国海外屯田"说》,2009 年第 2 期,第 95—104 页。

薛磊:《入世后中国经济外交的战略转型与政策调整》,2009 年第 1 期,第 55—66 页。

◇◇《国际观察》

韩笑:《全球发展治理视域下的"一带一路"建设》,2018 年第 3 期,第 114—127 页。

刘中民:《在中东推进"一带一路"建设的政治和安全风险及应对》,2018 年第 2 期,第 36—50 页。

高程:《美国主导的全球化进程受挫与中国的战略机遇》,2018 年第 2 期,第 51—65 页。

韦宗友:《美国媒体对"一带一路"倡议的认知——基于美国三大主流媒体的文本分析》,2018 年第 1 期,第 112—126 页。

岳鹏:《论战略对接》,2017 年第 5 期,第 44—59 页。

陈健、龚晓莺:《"一带一路"沿线网络空间命运共同体研究》,2017

年第 5 期，第 60—73 页。

潜旭明：《"一带一路"倡议背景下中国的国际能源合作》，2017 年第 3 期，第 129—146 页。

陈翔、韦红：《"一带一路"建设视野下的中国地方外交》，2016 年第 6 期，第 31—43 页。

张义明：《中国自由贸易区战略视角下的周边安全》，2016 年第 4 期，第 128—143 页。

张小波、李成：《论全球治理中的国际投资机制构成、发展及对中国的影响》，2016 年第 4 期，第 144—157 页。

龙静：《"一带一路"倡议在中东欧地区的机遇和挑战》，2016 年第 3 期，第 118—130 页。

赵庆寺：《试论中美在亚太地区的能源安全博弈》，2015 年第 6 期，第 130—142 页。

张绍铎：《中日对缅经济外交的争夺战（1960—1963）》，2015 年第 5 期，第 30—42 页。

王达、项卫星：《亚投行的全球金融治理意义、挑战与中国的应对》，2015 年第 5 期，第 71—81 页。

左品：《关于"一带一路"建设与中拉合作深化的若干思考》，2015 年第 5 期，第 145—157 页。

宋国友：《"一带一路"战略构想与中国经济外交新发展》，2015 年第 4 期，第 22—34 页。

高程：《从中国经济外交转型的视角看"一带一路"的战略性》，2015 年第 4 期，第 35—48 页。

翟崑：《"一带一路"建设的战略思考》，2015 年第 4 期，第 49—60 页。

周方银：《"一带一路"面临的风险挑战及其应对》，2015 年第 4 期，第 61—72 页。

马丽蓉：《中国"一带一路"战略安全环境中"疆独"问题影响评估》，2015 年第 3 期，第 109—120 页。

熊李力、刘丹阳：《TPP 机制与中美"新型大国关系"的兼容性分析》，2015 年第 3 期，第 132—145 页。

张小峰、沈虹：《南非金融发展新动态与中南金融合作》，2015 年第 3 期，第 146—157 页。

章玉贵：《全球金融公共产品供给与中国金融资本力锻造》，2015 年第 2 期，第 30—42 页。

赵继臣：《金砖银行与人民币国际化的机遇》，2015 年第 2 期，第 43—53 页。

于宏源：《奥巴马政府能源型国家塑造和中美能源关系》，2014 年第 5 期，第 63—77 页。

蔡鹏鸿：《中美合作构建跨太平洋伙伴关系前景分析》，2014 年第 4 期，第 29—42 页。

张弛：《权力博弈、制度设计与规范建构——日本加入 TPP 后中国应对的策略思考》，2014 年第 2 期，第 147—157 页。

王学玉、李阳：《东亚地区主义的停滞——以地区性国际社会缺失为视角的分析》，2013 年第 5 期，第 65—72 页。

楼项飞：《中国企业在西班牙经营环境的比较研究》，2013 年第 4 期，第 52—58 页。

李戈：《中国企业在墨西哥经营环境的比较研究》，2013 年第 4 期，第 59—65 页。

王联合：《TPP 对中国的影响及中国的应对》，2013 年第 4 期，第 66—72 页。

樊勇明、沈陈：《全球经济治理结构重组是中国的新战略机遇》，

2013 年第 3 期，第 1—5 页。

王广大：《中国企业在沙特阿拉伯王国经营环境的比较研究》，2013 年第 2 期，第 59—65 页。

苏祖梅：《中国企业在中亚五国经营环境的比较研究》，2013 年第 2 期，第 66—72 页。

沈陈：《区域性公共产品与中国亚洲外交的新思路》，2013 年第 1 期，第 66—72 页。

左品：《中国与南方共同市场经贸合作格局与前景分析》，2012 年第 5 期，第 73—79 页。

刘宏松：《中国在 WTO 多哈回合谈判中的倡议行为探析》，2012 年第 3 期，第 36—41 页。

刘志雄、董运来：《开放条件下中印谷物安全比较研究——基于国家层面的考察》，2012 年第 1 期，第 50—57 页。

张宇炎：《中国对"安哥拉模式"管理政策变化分析》，2012 年第 1 期，第 58—64 页。

孙壮志、张宁：《上海合作组织的经济合作：成就与前景》，2011 年第 3 期，第 10—16 页。

潘光：《走进第二个十年：上海合作组织面临的挑战和机遇》，2011 年第 3 期，第 17—21 页。

赵华胜：《上海合作组织发展的可能性和限度》，2011 年第 3 期，第 28—34 页。

樊勇明：《贸易摩擦与新兴大国的成长——基于日美经贸摩擦和中美经贸摩擦比较研究的思考》，2011 年第 2 期，第 65—72 页。

陈传兴、李静逸：《中国大豆与玉米进出口贸易的"大国效应"分析》，2011 年第 2 期，第 73—79 页。

凌激：《中国与中亚国家经贸合作现状、问题及建议》，2010 年第 5

期，第 17—22 页。

宋国友：《美元陷阱、债务武器与中美金融困境》，2010 年第 4 期，第 72—79 页。

潘锐、娄亚萍：《中美双边投资保护协定谈判的演进与发展》，2010 年第 1 期，第 60—65 页。

张小峰：《外交如何更好地为"走出去"战略服务》，2010 年第 1 期，第 74—79 页。

◇◇《国际关系研究》

郑国富：《"澜湄合作"背景下中柬经贸合作的成效、问题与前景》，2018 年第 5 期，第 132—143 页。

包善良：《中美贸易争端的演进过程、动因及发展趋势》，2018 年第 4 期，第 56—76 页。

杨准、杨曼玲：《中国"铁路外交"：历史演变与当前类型》，2018 年第 3 期，第 139—152 页。

柯静：《中国双边投资协定实践分析与新一代双边投资协定战略定位》，2018 年第 2 期，第 58—78 页。

朱陆民、崔婷：《中国对柬埔寨直接投资的政治风险及化解路径》，2018 年第 1 期，第 130—144 页。

刘海泉：《浅析中国亚太自贸区战略与地区经济一体化进程》，2017 年第 4 期，第 99—116 页。

陈友骏：《中国引领亚太经贸合作机制转型分析》，2017 年第 4 期，第 117—135 页。

金芳：《"一带一路"倡议与中国对外直接投资的新格局》，2016 年第 2 期，第 69—80 页。

李巍、白娇：《特别提款权：人民币国际化的一场博弈》，2015 年第 5 期，第 5—21 页。

蔡鹏鸿：《APEC 主场外交如何提升中国话语权与影响力》，2014 年第 5 期，第 60—69 页。

张丽娟、吴鹰：《中美商务外交的经济性制约研究》，2013 年第 4 期，第 84—98 页。

◇ 《美国研究》

赵刚：《中美科技关系发展历程及其展望》，2018 年第 5 期，第 9—25 页。

王孜弘：《体制认定与经贸纠纷——美国对华贸易战的原因分析》，2018 年第 5 期，第 49—65 页。

刘建飞：《中美新型大国关系中的国际秩序博弈》，2016 年第 5 期，第 9—18 页。

王孜弘：《新常态下中美综合经济实力对比——基于国内生产总值的分析》，2016 年第 5 期，第 31—49 页。

屠新泉、苏骁：《中美关系与中国"市场经济地位"问题》，2016 年第 3 期，第 85—100 页。

张宇燕：《中美关系中的经济因素》，2015 年第 6 期，第 13—15 页。

潘锐、娄亚萍：《中美自由贸易协定的动因与可行性》，2014 年第 6 期，第 69—79 页。

赵可金：《后金融危机时期的中美关系：话语权的视角》，2013 年第 1 期，第 46—64 页。

刘元玲：《中国美国经济学年会暨"当前美国经济走势与中美经贸关系"研讨会综述》，2012年第4期，第145—148页。

陈宝森：《前景广阔的中美经贸关系》，2009年第1期，第17—19页。

◇◇ 《欧洲研究》

杨成玉：《中欧高端制造业国际竞争力比较研究——基于上市公司层面的实证分析》，2018年第3期，第61—86页。

塞巴斯蒂安·哈尼施、黄萌萌：《德国与中国"一带一路"倡议：初期评估》，2018年第3期，第117—134页。

潘忠岐：《国内规范、国际规范与中欧规范互动》，2017年第1期，第18—36页。

胡建国：《欧盟是否给予中国"市场经济地位"的影响因素及对策》，2016年第5期，第1—22页。

罗伯特·盖耶尔、沈伟、李靖堃：《英国退欧的原因、过程及其对英国—欧盟—中国关系的影响》，2016年第4期，第56—64页。

田德文：《"中国梦"与"欧洲梦"：新时期中欧关系研究》，2016年第4期，第131—144页。

龚秀国：《中国"一带一路"倡议有效对接欧盟投资计划探析》，2016年第3期，第122—135页。

陈新：《欧盟2015年贸易政策及对中国的影响》，2016年第1期，第63—76页。

赵柯：《中欧金融合作：动因、路径与前景——从贸易伙伴迈向全球合伙人》，2016年第1期，第77—90页。

理查德·图尔克萨尼、邝雪：《"16+1合作"平台下的中国和中东欧国家合作及其在"一带一路"倡议中的作用》，2015年第6期，第3—6页。

戴维·富凯、严嘉琦、邝雪：《通往欧洲的新丝绸之路》，2015年第6期，第6—10页。

玛丽亚·切亚拉·赞尼尼、吉姆·托马斯·威廉姆·斯图曼、计奕：《"一带一路"倡议：致力于打造文化认同的一项宏伟社会工程》，2015年第6期，第10—14页。

塔马斯·马杜拉、马骏驰：《德国对中国—中东欧国家关系的影响——以斯洛文尼亚和黑山两国为例》，2015年第6期，第25—28页。

布拉尼斯拉夫·乔尔杰维奇、严嘉琦：《中国和欧盟在"一带一路"战略框架下的政策协调：现状及前景——塞尔维亚的视角》，2015年第6期，第28—32页。

马尔克·尼科利奇、计奕：《中东欧国家和塞尔维亚对中国"一带一路"倡议的观点和立场——地缘政治视角》，2015年第6期，第33—37页。

德拉甘·帕夫里塞维奇、邝雪：《促进"一带一路"倡议和欧洲投资计划对接的政策建议——两大平台，两大区域，一种运作模式》，2015年第6期，第37—41页。

郑春荣：《德国在中欧关系中的角色》，2015年第3期，第1—14页。

陈淑梅、卞海丽：《中国—欧盟自由贸易区经济效应的国别比较——基于GTAP的模拟评估》，2015年第2期，第113—129页。

龚秀国、姚山：《中国公司对欧盟直接投资动因分析——基于"真实选择权"的视角》，2015年第1期，第130—143页。

张永安、徐利成：《欧债危机对中国对欧出口的影响与路径分析》，2014年第1期，第100—116页。

张晓通、刘振宁、卢迅、张平：《欧日自由贸易区谈判及其对中国的影响》，2013年第4期，第19—37页。

陈志敏、彭重周：《比较欧盟成员国与中国的关系发展：一项初步的尝试》，2013年第2期，第16—35页。

漆海霞：《中国与大国关系影响因素探析——基于对1960—2009年数据的统计分析》，2012年第5期，第61—78页。

张莉：《中欧环境合作的民意基础——欧盟环境形象在中国的传播与公众认知分析》，2012年第5期，第100—116页。

王平：《中国民营企业在欧盟直接投资中的多维政治因素分析——以瑞典中国商贸城和龙门项目为例》，2012年第4期，第47—58页。

蒋蓓、伍慧萍：《德国对华公共外交：以"德中同行"活动为例》，2011年第4期，第32—49页。

赵柯：《货币的政治逻辑与国际货币体系的演变》，2011年第4期，第50—68页。

刘丰：《单极体系的影响与中国的战略选择》，2011年第2期，第15—29页。

陈志敏：《新多极伙伴世界中的中欧关系》，2010年第1期，第1—16页。

冯仲平：《中欧需要"建设性接触"——对当前中欧关系的几点看法》，2009年第5期，第59—67页。

张永安、杨逢珉：《中国对欧贸易顺差探析》，2009年第3期，第22—35页。

张春：《"发展—安全关联"：中美欧对非政策比较》，2009年第3期，第68—90页。

第八部分

中美经贸摩擦大事记

中美贸易摩擦从广义上而言包括了关税壁垒、技术出口管制及外商投资审查等多个方面，其中关税战是中美贸易战的主要方面。2018年7月6日，美国打响关税战第一枪，中国随即采取反制措施。其后，双方进行多轮交锋，先后实施了多轮互征关税措施（见表1）。至今，美方已经对总额2500亿美元中国商品采取关税措施，中方则已对总额1100亿美元美国商品采取关税反制措施。2018年12月1日，中美两国元首在阿根廷G20峰会期间举行会晤，双方同意2019年1月1日后不再加征新的关税。

表1　　　　　　　　中美互征关税清单简况

公布时间（2018年）	公布方	总额（美元）	税率（%）	主要涉及商品类别	生效日期（2018年）
4月3日	美方	500亿	25	航空航天、信息和通信技术、机器人和机械、医药等先进制造业商品	建议清单
4月4日	中方	500亿	25	大豆等农商品，汽车、飞机，化工品等	建议清单
6月15日	美方	500亿	25	航空航天、信息和通信技术、机器人和机械、医药等先进制造业商品	第一批340亿美元中国商品关税措施于7月6日起开始生效，第二批160亿美元中国商品关税措施于8月23日起开始生效
6月16日	中方	500亿	25	农商品，水商品，化工品，汽车，医疗设备，能源商品	中方同等规模对美加征关税反制措施分别于7月6日和8月23日的12时01分起开始生效
7月11日	美方	2000亿	10	机电机械类商品，农副商品，工业中间商品，日用消费品	9月24日起开始生效
8月3日	中方	600亿	分25、20、10和5四档	农商品，化工品，机电、音像设备类商品，光学医学设备类商品，塑料橡胶制品（注：液化天然气被首次纳入清单）	9月24日12时01分起开始生效

从 2017 年 8 月美国正式对中国发起"301"调查到 2018 年 12 月中美元首会晤实现暂时性贸易"休战",中美贸易摩擦经历了一个不断升级和蔓延的过程。期间,中美之间共经历 3 轮"以眼还眼、以牙还牙"的关税交锋,两国围绕双边经贸冲突共举行过 4 轮磋商,但都无果而终。此外,美国还不断在知识产权和出口管制领域向中国施压,并实现了旨在强化外资安全审查的立法改革,而中国在采取适当反制措施的同时,还在知识产权保护、放宽外资准入限制和扩大进口等方面采取了继续深化改革开放的措施。

◇ 一 剑拔弩张

2017 年 8 月 14 日,美国总统特朗普签署行政备忘录,指示美国贸易代表莱特希泽根据《1974 年贸易法》针对所谓"中国不公平贸易行为"发起调查,以确保美国的知识产权和技术得到保护。

2017 年 8 月 18 日,美国贸易代表莱特希泽宣布,美国正式对中国发起"301 调查"。

2017 年 8 月 21 日,中国商务部新闻发言人就美国对华启动 301 调查发表谈话:美国贸易代表依据《1974 年贸易法》宣布对华启动"301 调查"。美方无视世贸组织规则,依据国内法对华发起贸易调查,是不负责任的,对中方的指责是不客观的。中方对美方这种单边主义、保护主义的做法表示强烈不满。

2017 年 11 月 30 日,美国于 11 月中旬向世界贸易组织(WTO)提交了一份长达 40 页的法律申请,并于 30 日公布,表明特朗普政府正式拒绝中国根据《中国加入世界贸易组织议定书》第 15 条获得市场经济地位的要求。

二　局部开打

2018年3月8日，特朗普签署公告，决定于3月23日起，采取"232"措施对进口钢铁和铝商品分别加征25%、10%的关税。

2018年3月22日，美国贸易代表办公室（USTR）发布《基于1974年贸易法301条款对中国关于技术转移，知识产权和创新的相关法律、政策和实践的调查结果》。同日，特朗普在白宫签署总统备忘录，依据"301"调查结果，将对从中国进口的商品大规模征收关税，并限制中国企业对美投资并购。

2018年3月23日，中国商务部发布反制美"232"措施清单并公开征求意见，拟对7类128项、约30亿美元自美进口商品中止关税减让义务，在现行适用关税税率基础上加征关税，其中对鲜水果、干果等120项拟加征15%关税，对猪肉、回收铝等8项拟加征25%关税，反制规模与美国钢铝关税给中方造成的损失对等。经国务院批准，国务院关税税则委员会决定上述清单自4月2日起生效。

三　第一轮交锋

2018年4月3日，美国贸易代表办公室公布对中国输美的1333项500亿美元商品加征25%关税的建议清单，主要涉及航空航天、信息和通信技术、机器人和机械、医药等行业，剑指《中国制造2025》中的高新技术行业。

2018年4月4日，国务院关税税则委员会公布对美加征关税反制清单，拟对原产于美国的大豆、汽车、化工品等14类106项商品加征25%的关税。

2018年4月5日，特朗普声称已指示美国贸易代表办公室考虑对1000亿美元中国商品征收额外关税。

2018年4月6日，就美方考虑对1000亿美元中国商品追加征税，中国商务部、外交部相继发声："中方将奉陪到底，不惜付出任何代价，必定予以坚决回击，坚决捍卫国家和人民的利益。"

2018年4月10日，中国国家主席习近平在博鳌论坛提出进一步对外开放的四项重要举措：大幅放宽市场准入；创造更有吸引力的投资环境；加强知识产权保护；主动扩大进口，降低汽车关税。

2018年4月16日，美国商务部工业与安全局（BIS）宣布在未来7年内禁止美国企业向中国中兴通讯销售零部件、商品、软件和技术。

2018年4月17日，美国联邦通信委员会（FCC）以5比0的投票结果通过一项措施，禁止美国移动运营商使用联邦补贴购买中国企业生产的任何电信设备，包括华为科技有限公司和中兴通讯公司在内。同日，中国商务部公布对原产于美国的进口高粱反倾销调查的初步裁定，决定实施临时反倾销措施，即自4月18日起，进口经营者在进口原产于美国的进口高粱时，应依据裁定所确定的各公司保证金比率（178.6%）向中华人民共和国海关提供相应的保证金。

2018年4月27日，美国贸易代表办公室公布关于贸易对象国知识产权保护状况的《2018年度特别301报告》，连续14年将中国列入"优先观察名单"。

2018年5月3日至4日，美国财政部长姆努钦到访中国，与中国国务院副总理刘鹤就经贸问题进行磋商。

2018年5月15日至19日，刘鹤副总理应邀赴美，同姆努钦财长率领的美方经济团队继续就两国经贸问题进行磋商。19日中美同时发布中美经贸磋商"联合声明":双方同意,将采取有效措施实质性减少美对华货物贸易逆差;中方将大量增加自美购买商品和服务;双方同意有意义地增加美国农商品和能源出口;双方就扩大制造业商品和服务贸易进行了讨论,就创造有利条件增加上述领域的贸易达成共识;双方高度重视知识产权保护,同意加强合作,中方将推进包括《专利法》在内的相关法律法规修订工作;双方同意鼓励双向投资,将努力创造公平竞争营商环境;双方同意继续就此保持高层沟通,积极寻求解决各自关注的经贸问题。

2018年5月25日,特朗普发推特称,他将让中兴在"高水平的安全保障,改组管理层和董事会,须购买美国零部件以及缴纳13亿美元罚款"之后恢复业务。

2018年6月2日至3日,刘鹤副总理与美国商务部部长罗斯在北京就两国的贸易问题完成新一轮谈判,双方未发表联合声明。

2018年6月15日,美国政府发布加征关税商品清单,将对从中国进口的1102种、总额约500亿美元商品加征25%关税,其中对约340亿美元商品自7月6日起实施加征关税,同时就约160亿美元商品加征关税措施开始征求公众意见。此次清单与4月3日清单大部分重合,但总体更加针对先进装备制造行业,对这类行业征税的商品范围更广,如铁路运输设备及零件、航空航天器及零件、光学和激光灯精密仪器、机器和机械器材及零件等。

2018年6月16日,国务院关税税则委员会宣布,将对原产于美国的659项、约500亿美元进口商品加征25%的关税,其中对农商品、汽车、水商品等545项、约340亿美元自7月6日起实施加征关税,对化工品、医疗设备、能源商品等114项、约160亿美元其余商品加征关税的实施时间另行公布。

◇◇ 四　第二轮交锋

2018年6月18日，特朗普通过白宫发表声明，称他已指示美国贸易代表办公室对价值2000亿美元的中国商品加征10%的关税，并为此开列清单，并威胁称，如果中国报复美国上周征税清单的500亿征税措施付诸实施，那么这2000亿额外征税计划就将生效。如果中国针对这2000亿采取新的报复措施，美方将再对另外2000亿美元中国商品加征关税。

2018年6月19日，中国商务部发声：美方在推出500亿美元征税清单之后，又变本加厉，威胁将制定2000亿美元征税清单。这种极限施压和讹诈的做法，背离双方多次磋商共识，也令国际社会十分失望。如果美方失去理性出台清单，中方将不得不采取数量型和质量型相结合的综合措施，作出强有力反制。

2018年6月28日，中国发布《外商投资准入特别管理措施（负面清单）（2018年版）》，在22个领域推出新一轮开放措施，大幅扩大服务业开放、基本放开制造业、放宽农业和能源资源领域准入。

2018年7月2日，美国国家电信和信息管理局（NTIA）发布声明，建议美国联邦通讯委员会拒绝中国移动2011年提交的在美国与其他国家之间提供电信服务的申请。

2018年7月3日，中国福州中级法院裁定对美国芯片巨头美光（Micron）发出"诉中禁令"，其部分闪存SSD和内存条DRAM将暂时禁止在中国销售。

2018年7月6日，美国开始对6月15日第一批清单上价值340亿美元中国商品加征25%的关税。中国立即予以了同等回击。中国从7月6日12时01分起开始对6月16日第一批清单上价值340亿美元美国商品加征关税。

◇ 五 第三轮交锋

2018年7月10日，美国贸易代表办公室公布对6031项、总额2000亿美元中国进口商品征收10%关税的建议商品清单，并就其征求公众意见。此次2000亿美元商品与6月15日500亿美元商品没有重合，但打击面较广，范围扩大至农副商品、工业中间商品及日用消费品。在上轮机电机械类商品基础上，这次显著增加的是化工类商品、纺织类商品、贱金属及其制品、矿物材料及玻璃制品，另外动物制品、植物制品、食品类、木制品和纸浆等的增税范围也有明显扩大。

2018年8月1日，美国贸易代表办公室宣布，拟将对7月10日2000亿美元中国商品加征关税税率由10%提高到25%。同日，美国商务部工业与安全局以国家安全和外交利益为由，正式将44家中国企业（8个实体和36个附属机构）列入出口管制实体清单，内容涉及芯片、雷达、通信等领域的对华出口，清单还涉及很多研究机构。

2018年8月3日，国务院关税税则委员会宣布，拟对原产于美国的5207个税目、约600亿美元商品分25%、20%、10%和5%四档加收关税。如果美方一意孤行，将其加征关税措施付诸实施，中方将即行实施上述加征关税措施。此次600亿美元商品清单涉及商品类别主要与美方2000亿美元商品清单相对应，与6月16日500亿美元商品清单相比，反制波及面扩大。主要增加的行业包括化工类、机电及音像设备类、光学医学设备类、塑料橡胶制品类，部分农商品类别加收关税涉及商品数目有所减少。其中，对美加征25%关税的商品涵盖牛羊肉、咖啡、果汁等食品类，以及生石灰、铜矿砂、化妆品、印刷品、纺织品、玩具、家具、体育用品等类品，共2493个税目；对美加征20%关税的商品涵盖部分机械、纺织、钢铁等品类，共1078个税目；对美加征10%和5%关税的商品分别涉及974个和662个税目，其中对汽车零部件、医疗器械等部分商品加征5%关税。值得注意的是，中国首次将美国液化天然气也列入拟议征收25%关税的商品清单中。

2018年8月8日，美国贸易代表办公室正式公布对279项、约160亿美元中国商品加征25%关税的清单，新的关税措施将于8月23日生效。此次公布的清单主要涉及半导体、电子、塑料、化学品和铁路设备等商品，与6月15日公布的284项相比，减少了航运集装箱、浮动船坞以及锯木用的机械商品等5项。中国立即予以了同等回击。8月8日国务院关税税则委员会宣布，自8月23日12时01分起，对333项、约160亿美元美国商品加征25%关税。相较于6月16日的旧清单，反击的新清单更为分散，涉及商品由原来的114项增加至333项。在剔除原油基础上，保留了汽油、柴油、气态天然气等多项能源商品，同时增加了小轿车、摩托车等多项汽车商品以及废棉、铸铁废碎料、铜废碎料等贱金属商品。

2018年8月13日，特朗普正式签署了作为《2019财年国防授权法案》（NDAA）一部分的《2018年外国投资风险审查现代法案》（FIRRMA），该法案意味着美国政府将扩大美国外国投资委员会（CFIUS）的权力以加强外资安全审查，这将对中国企业赴美投资施加负面影响。

2018年8月22—23日，应美方邀请，中国商务部副部长兼国际贸易谈判副代表王受文率中方代表团在华盛顿与美国财政部副部长马尔帕斯率领的美方代表团就双方关注的经贸问题进行了交流。

2018年9月18日，美国政府宣布实施对从中国进口的约2000亿美元商品加征关税的措施，自2018年9月24日起加征关税税率为10%，2019年1月1日起加征关税税率提高到25%。中国立即给予了相应回击。国务院关税税则委员会宣布，将对8月3日发布的清单中涉及600亿美元进口商品自2018年9月24日12时01分起实施加征关税。

2018年9月24日，中国国务院新闻办公室发布《关于中美经贸摩擦的事实与中方立场》白皮书。

2018年10月4日，美国副总统彭斯在华盛顿智库哈德逊研究所就美国政府的中国政策问题发表长篇演说，讲话涉及美中贸易争端、中国在南海问题上的表现、台湾问题、中国影响并干预美国的国内政策和政治、美国对中国的历史贡献等话题，对中国进行了多方位抨击。

2018年10月29日，美国商务部以对美国国家安全利益构成显著威胁为由对福建晋华集成电路有限公司实施禁售令，并将其纳入出口管制实体清单。

2018年11月1日，中国国务院总理李克强在北京会见了美国联邦参议员亚历山大率领的美国参、众两院访华代表团。同日，中国国家主席习近平应约同美国总统特朗普通电话，约定将在阿根廷二十国集团领导人峰会期间再次会晤，并就两国关系及当前朝鲜半岛局势交换了意见。

2018年11月19日，美国商务部工业安全署出台被称为史上最严厉技术出口管制先期通知，涵盖人工智能、芯片、量子计算、机器人、面印和声纹技术等14个前沿科技类别，并就这一框架方案向公众征询意见。该通知虽未提及任何国家，但一般认为中国是首要出口管制方向。

2018年11月20日，美国贸易代表办公室更新"301"调查报告，指责中国风险投资帮助中国政府获得美国的尖端技术和相关知识产权。

◇◇ 六 暂时"休战"

2018年12月1日，G20峰会期间，中美两国元首在阿根廷首都布宜诺斯艾利斯，举行了一次历史性的晚餐会晤，就中美经贸问题达成了重要共识。美方承诺此前对2000亿美元中国商品加征的关税在2019年1月1

日后仍将维持在10%，双方同意不再停止加征新的关税，并在未来90天内就技术转让、知识产权等"结构性"议题展开谈判。

2018年12月4日，由中国国际经济交流中心和美国全国商会联合主办的第十一轮中美工商领袖和前高官对话在华盛顿举行。中国国际经济交流中心理事长曾培炎和美国全国商会会长托马斯·多诺霍以及中美两国工商领袖、政府前高官及专家学者30余名代表参加了对话。双方围绕中美关系特别是经贸关系进行了交流。同日，中国国家发展改革委员会同国家知识产权局、最高人民法院、市场监管总局等38个部门单位联合签署了《关于对知识产权（专利）领域严重失信主体开展联合惩戒的合作备忘录》。

2018年12月14日，国务院关税税则委员会宣布，决定从2019年1月1日起，对原产于美国的汽车及零部件暂停加征关税3个月，涉及211个税目。

第九部分

中国经济外交相关数据

（一）概览

表1　2013—2017年全球主要经济体/地区国内生产总值统计

（单位：亿美元）

经济体（地区）	2017	2016	2015	2014	2013
美国	193906.04	186244.75	181207.14	174276.09	166915.17
中国	122377.00	111909.93	110646.66	104823.72	96072.24
日本	48721.37	49492.73	43949.78	48504.14	51557.17
德国	36774.39	34777.96	33756.11	38906.07	37525.14
英国	26224.34	26508.50	28855.70	30228.28	27398.19
印度	25974.91	22742.30	21023.91	20391.27	18567.22
法国	25825.01	24651.34	24382.08	28521.66	28110.78
巴西	20555.06	17939.89	18022.14	24559.94	24728.07
意大利	19347.98	18593.84	18328.68	21517.33	21304.91
加拿大	16530.43	15357.68	15596.23	17992.69	18426.28
俄罗斯	15775.24	12847.28	13684.01	20636.63	22971.28
韩国	15307.51	14148.04	13827.64	14113.34	13056.05
澳大利亚	13234.21	12080.39	13490.34	14649.55	15736.97
东亚与太平洋地区	239992.51	225121.70	217950.27	219141.74	212751.83
南亚	32917.38	29031.24	26952.73	25819.94	23568.54
北美	210499.75	201663.05	196862.56	192326.60	185397.19
欧洲与中亚地区	214385.19	202807.12	203733.61	236582.28	233522.02
欧洲联盟	172776.98	164918.56	164166.70	186355.36	180296.80
拉丁美洲与加勒比海地区	59546.71	53606.59	55047.76	64046.63	62839.51
中东与北非地区	32657.47	31424.84	31413.97	35667.63	35524.28
撒哈拉以南非洲地区	16487.14	15124.73	16100.61	17838.49	17027.69
世界	806837.87	759368.11	748427.34	791314.44	770505.89

资料来源：世界银行。

表2　2009—2018年各主要国家入围《财富》世界500强企业数量统计

（单位：家）

年份\国别	美国	中国	日本	德国	法国	英国
2018	126	120	52	32	28	21
2017	132	115	51	29	29	24
2016	134	110	52	28	29	26
2015	128	106	54	28	31	29
2014	128	100	57	28	31	28
2013	132	95	62	29	31	27
2012	132	79	68	32	32	27
2011	133	69	68	34	35	31
2010	140	54	71	37	39	30
2009	140	43	68	39	40	27

注：中国一栏统计的数量包含香港、台湾上榜企业。

资料来源：《财富》杂志中文网。

表3　2014—2018年世界主要货币储备情况（截至2018年第三季度）

（单位：亿美元）

币种	2018Q3 外汇储备量	全球占比（%）	2017Q4 外汇储备量	全球占比（%）	2016Q4 外汇储备量	全球占比（%）	2015Q4 外汇储备量	全球占比（%）	2014Q4 外汇储备量	全球占比（%）
美元	66310.9	61.9	62806.1	62.7	55028.6	65.34	48769.3	65.73	44312.1	65.2
欧元	21912.1	20.5	20192.3	20.2	16111.1	19.13	14193.1	19.13	14423.3	21.2
日元	5328.0	5.0	4772.8	4.8	3328.6	3.95	2784.8	3.75	2410.5	3.5
英镑	4808.3	4.5	4861.3	4.9	3658.3	4.34	3497.0	4.71	2517.8	3.7
加元	2087.1	1.9	1932.9	1.9	1631.4	1.94	1316.3	1.77	1190.2	1.8
人民币	1925.4	1.8	1234.7	1.2	907.8	1.08	—	—	—	—
澳元	1808.2	1.7	1769.6	1.8	1423.0	1.69	1310.6	1.77	1185.0	1.7
瑞士法郎	165.9	0.2	180.9	0.2	137.0	0.16	198.2	0.27	163.2	0.2
其他	2670.0	2.5	2446.9	2.4	1992.2	2.37	2124.5	2.68	1896.0	2.8
总额	107015.9	100	100140.4	100	84218.0	100	74193.5	100	67997.8	100

资料来源：国际货币基金组织。

（二）贸易

表4　　2014—2018年中国货物进出口贸易额

（单位：万亿元人民币）

年份	进出口 金额	进出口 同比（%）	出口 金额	出口 同比（%）	进口 金额	进口 同比（%）
2018	31.26	12.5	16.82	9.7	14.44	15.9
2017	27.79	14.2	15.33	10.8	12.46	18.7
2016	24.3	-0.9	13.84	-2	10.49	0.6
2015	24.59	-7	14.14	-1.8	10.45	-13.2
2014	26.43	2.3	14.39	4.9	12.04	-0.6

资料来源：综合中国商务部商务数据中心及商务部相关新闻报道。

表5　　2018年进出口商品总值表（人民币值）月度表

（单位：亿元人民币）

月份	进出口	出口	进口	贸易差额	1至当月累计 进出口	1至当月累计 出口	1至当月累计 进口	1至当月累计 贸易差额
1	25125	13178	11947	1231	25125	13178	11947	1231
	16.3	5.5	30.9		16.3	5.5	30.9	
	-7.2	-14.0	1.6					
2	19978	11067	8912	2155	45104	24245	20859	3386
	16.9	35.3	0.1		16.6	17.3	15.7	
	-20.5	-16.0	-25.4					
3	22474	11064	11410	-346	67578	35309	32269	3040
	-2.5	-10.0	6.2		9.5	7.1	12.2	
	12.5	0.0	28.0					
4	23552	12611	10941	1669	91130	47919	43210	4709
	7.0	2.9	12.3		8.8	6.0	12.2	
	4.8	14.0	-4.1					

续表

月份	进出口	出口	进口	贸易差额	1 至当月累计			
					进出口	出口	进口	贸易差额
5	25195	13333	11862	1471	116325	61252	55072	6180
	8.3	2.5	15.7		8.7	5.2	12.9	
	7.0	5.7	8.4					
6	24837	13706	11131	2575	141162	74958	66203	8755
	3.9	2.5	5.7		7.9	4.7	11.7	
	-1.4	2.8	-6.2					
7	25919	13825	12095	1730	167081	88783	78298	10485
	12.0	5.4	20.6		8.5	4.8	12.9	
	4.4	0.9	8.7					
8	27145	14416	12730	1686	194226	103199	91028	12171
	12.9	7.7	19.5		9.1	5.2	13.8	
	4.7	4.3	5.3					
9	28766	15406	13360	2046	222993	118605	104388	14217
	16.8	16.4	17.4		10.0	6.5	14.3	
	6.0	6.9	5.0					
10	27198	14737	12461	2276	250191	133342	116849	16492
	21.6	18.7	25.2		11.2	7.8	15.3	
	-5.5	-4.3	-6.7					
11	28111	15486	12625	2861	278302	148827	129474	19353
	8.3	8.7	7.7		10.9	7.9	14.5	
	3.4	5.1	1.3					
12	26749	15349	11399	3950	305050	164177	140874	23303
	-1.2	0.2	-3.1		9.7	7.1	12.9	
	-4.8	-0.9	-9.7					

注：本年度各月第一行数字为绝对指标；第二和第三行数字为相对指标。其中，第二行数字为与去年同期比（数字前的加减号）；第三行数字为上月环比。

资料来源：中华人民共和国海关总署。

表6　　　　　　　2017年中国进出口商品类总值表及比重

（单位：亿元人民币）

类别（按 HS 编码）	出口 总值	出口 比重	进口 总值	进口 比重	累计比去年同期±% 出口	累计比去年同期±% 进口
总值	164177	100.00%	140874	100.00%	7.1	12.9
第一类　活动物；动物产品	1174	0.72%	1938	1.38%	-1.7	21.2
第二类　植物产品	1691	1.03%	4103	2.91%	-0.6	-1.6
第三类　动、植物油、脂及其分解产品；精制的食用油脂；动、植物蜡	72	0.04%	569	0.40%	26.9	1.4
第四类　食品；饮料、酒及醋；烟草、烟草及烟草代用品的制品	2184	1.33%	1712	1.22%	7.6	15.5
第五类　矿产品	3397	2.07%	32564	23.12%	27.4	25.6
第六类　化学工业及其相关工业的产品	8999	5.48%	10272	7.29%	16	14.5
第七类　塑料及其制品；橡胶及其制品	6719	4.09%	6052	4.30%	9.4	1.9
第八类　生皮、皮革、毛皮及其制品；鞍具及挽具；旅行用品、手提包及类似品；动物肠线（蚕胶丝除外）制品	2268	1.38%	601	0.43%	1	-6.8
第九类　木及木制品；木炭；软木及软木制品；稻草、秸秆、针茅或其他编结材料制品；篮筐及柳条编结品	1086	0.66%	1644	1.17%	5.7	3.4
第十类　木浆及其他纤维状纤维素浆；纸及纸板的废碎品；纸、纸板及其制品	1523	0.93%	2130	1.51%	3.3	12.7
第十一类　纺织原料及纺织制品	17556	10.69%	2252	1.60%	0.6	6.9
第十二类　鞋、帽、伞、杖、鞭及其零件；已加工的羽毛及其制品；人造花；人发制品	4035	2.46%	333	0.24%	-2.7	24.1
第十三类　石料、石膏、水泥、石棉、云母及类似材料的制品；陶瓷产品；玻璃及其制品	3314	2.02%	715	0.51%	6.6	6.7

续表

类别（按HS编码）	出口 总值	出口 比重	进口 总值	进口 比重	累计比去年同期±% 进口	累计比去年同期±% 出口
第十四类 天然或养殖珍珠、宝石或半宝石、贵金属、包贵金属及其制品；仿首饰；硬币	1307	0.80%	5114	3.63%	7.5	15.5
第十五类 贱金属及其制品	12222	7.44%	7025	4.99%	9.2	8.7
第十六类 机器、机械器具、电气设备及其零件；录音机及放声机、电视图像、声音的录制和重放设备及其零件、附件	72239	44.00%	47747	33.89%	8.7	12.5
第十七类 车辆、航空器、船舶及有关运输设备	7774	4.74%	7602	5.40%	9.4	4.8
第十八类 光学、照相、电影、计量、检验、医疗或外科用仪器及设备、精密仪器及设备；钟表；乐器；上述物品的零件、附件	5128	3.12%	7055	5.01%	−1.5	3
第十九类 武器、弹药及其零件、附件	11	0.01%	1	0.00%	20.7	13.9
第二十类 杂项制品	11106	6.76%	572	0.41%	3	1.2
第二十一类 艺术品、收藏品及古物	13	0.01%	12	0.01%	44.2	126.6
第二十二类 特殊交易品及未分类商品	336	0.20%	862	0.61%	−5.9	−13.1

资料来源：中国海关总署。

表7　2014—2018年中国对主要贸易出口额占出口总额的比重

（单位：%）

国家（地区） \ 年份	2018	2017	2016	2015	2014
美国	19.2	19	18.3	18	17
欧盟	16.4	16.4	16.1	15.6	15.9

续表

国家（地区） \ 年份	2018	2017	2016	2015	2014
中国香港	12.2	12.3	13.8	14.6	15.5
日本	5.9	6.1	6.1	6	6.4
韩国	4.4	4.5	4.5	—	4.3

资料来源：世界贸易组织（WTO）Trade Profile 2015、2015、2017；《中华人民共和国2017年国民经济和社会发展统计公报》。

表8　2014—2018年中国对主要贸易进口额占进口总额的比重

（单位：%）

国家（地区） \ 年份	2018	2017	2016	2015	2014
欧盟	12.8	13.3	13.1	12.4	12.4
韩国	9.6	9.6	10	10.4	9.7
日本	8.5	9	9.2	—	8.3
美国	7.2	8.4	8.5	9	8.2
中国台湾	8.3	8.4	8.8	8.6	7.8

资料来源：世界贸易组织（WTO）Trade Profile 2015、2015、2017；《中华人民共和国2017年国民经济和社会发展统计公报》。

表9　中国自由贸易区建设现状

已签协议的自贸区（16个）		正在谈判的自贸区（14个）		正在研究的自贸区（8个）	
协定名称	签署时间	协定名称	谈判启动	协议名称	启动时间
中国—新加坡升级	2018年11月	中国—秘鲁自贸协定升级谈判	2018年11月	中国—蒙古国	2017年5月
中国—马尔代夫	2017年12月	中国—巴勒斯坦	2018年10月	中国—瑞士自贸协定升级	2017年1月
中国—智利升级	2017年11月	中国—巴拿马	2018年6月	中国—孟加拉国	2016年10月
中国—格鲁吉亚	2017年5月	中国—摩尔多瓦	2017年12月	中国—加拿大	2016年9月
中国—东盟（"10+1"）升级	2015年11月	中国—毛里求斯	2017年12月	中国—巴布亚新几内亚	2016年7月

续表

已签协议的自贸区（16个）		正在谈判的自贸区（14个）		正在研究的自贸区（8个）	
协定名称	签署时间	协定名称	谈判启动	协议名称	启动时间
中国—澳大利亚	2015年6月	中国—韩国自贸协定第二阶段谈判	2017年12月	中国—尼泊尔	2016年3月
中国—韩国	2015年6月	中国—新西兰自贸协定升级谈判	2016年11月	中国—斐济	2015年11月
中国—瑞士	2013年5月	中国—以色列	2016年3月	中国—哥伦比亚	2012年5月
中国—冰岛	2013年4月	中国—斯里兰卡	2014年9月		
中国—哥斯达黎加	2010年4月	《区域全面经济伙伴关系协定》（RCEP）	2012年11月		
中国—秘鲁	2009年4月	中日韩	2012年11月		
中国—新加坡	2008年10月	中国—巴基斯坦自贸协定第二阶段谈判	2011年3月		
中国—新西兰	2008年4月	中国—挪威	2008年9月		
中国—智利	2008年4月	中国—海合会	2004年7月		
中国—巴基斯坦	2006年11月				
中国—东盟	2002年11月				

资料来源：根据中国自由贸易区服务网公布的信息整理而成。

注：本报告涉及的自贸协议是经济外交意义上的，主要指国家行为体层面的经济往来。港澳台地区同属于一个中国，不适用经济外交的概念，故不将《内地与港澳更紧密经贸关系安排》列入考察范围。

（三）货币

表10　　　　2012—2018年中国外汇储备规模统计　　（单位：亿美元）

年份	金额
2018	30727.12
2017	31399.49

续表

年份	金额
2016	30105.17
2015	33303.62
2014	38430.18
2013	38213.15
2012	33115.89

资料来源：中国人民银行。

表11　　　　　　　　　人民币外汇市场交易量　　　　（单位：亿美元）

年份	人民币外汇交易量	全球占比（%）
2016	2021	4.0
2013	1196	2.2
2010	343	0.9

资料来源：国际清算银行。

表12　　　　　　　2010—2018年跨境贸易人民币结算量

（单位：万亿元人民币）

年份	跨境贸易人民币结算量
2018	5.11
2017	7.25
2016	5.23
2015	7.23
2014	6.55
2013	4.63
2012	2.94
2011	2.08
2010	0.5

资料来源：中国人民银行。

表13　　2008年后中国人民银行签订的货币互换协议统计

（单位：亿元人民币）

互换对象国/地区	签订时间	互换规模	现在是否有效
韩国	2014年10月11日	3600	否
韩国	2011年10月26日	3600	否（后续新约）
韩国	2008年12月12日	1800	否（后续新约）
马来西亚	2018年8月20日	1800	是
马来西亚	2015年4月17日	1800	否（后续新约）
马来西亚	2012年2月8日	1800	否（后续新约）
马来西亚	2009年2月8日	800	否（后续新约）
白俄罗斯	2015年5月10日	70	是
白俄罗斯	2009年3月11日	200	否（后续新约）
印度尼西亚	2018年11月19日	2000	是
印度尼西亚	2013年10月1日	1000	否
印度尼西亚	2009年3月23日	1000	否（后续新约）
阿根廷	2017年7月18日	700	是
阿根廷	2014年7月18日	700	否（后续新约）
阿根廷	2009年4月2日	700	否（后续新约）
冰岛	2013年9月30日	35	否
冰岛	2010年6月9日	35	否（后续新约）
新加坡	2016年3月7日	3000	是
新加坡	2013年3月7日	3000	否（后续新约）
新加坡	2010年7月23日	1500	否（后续新约）
新西兰	2017年5月19日	250	是
新西兰	2014年4月25日	250	否（后续新约）
新西兰	2011年4月18日	250	否（后续新约）
乌兹别克斯坦	2011年4月19日	7	否
蒙古国	2017年7月6日	150	是
蒙古国	2014年8月21日	150	否（后续新约）
蒙古国	2012年3月20日	100	否（后扩资）
蒙古国	2011年5月6日	50	否（后续新约）

续表

互换对象国/地区	签订时间	互换规模	现在是否有效
哈萨克斯坦	2014年12月14日	70	否
哈萨克斯坦	2011年6月13日	70	否（后续新约）
泰国	2018年1月8日	700	是
泰国	2014年12月22日	700	否
泰国	2011年12月22日	700	否（后续新约）
巴基斯坦	2018年5月24日	200	是
巴基斯坦	2014年12月23日	100	否
巴基斯坦	2011年12月24日	100	否
阿联酋	2015年12月14日	350	是
阿联酋	2012年1月17日	350	否（后续新约）
土耳其	2015年9月26日	120	是
土耳其	2012年2月21日	100	否（后扩资）
澳大利亚	2018年3月30日	2000	是
澳大利亚	2015年3月30日	2000	否（后续新约）
澳大利亚	2012年3月22日	2000	否（后续新约）
乌克兰	2015年5月15日	150	是
乌克兰	2012年6月26日	150	否（后续新约）
巴西	2013年3月26日	1900	否
英国	2018年11月12日	3500	是
英国	2015年10月20日	3500	否（后续新约）
英国	2013年6月22日	2000	否（后扩资）
匈牙利	2016年9月12日	100	是
匈牙利	2013年9月9日	100	否（后续新约）
阿尔巴尼亚	2018年4月3日	20	是
阿尔巴尼亚	2013年9月12日	20	否
欧洲央行	2013年10月10日	3500	否
新西兰	2017年5月19日	250	是
新西兰	2014年4月25日	250	否（后续新约）
瑞士	2017年7月21日	1500	是
瑞士	2014年7月21日	1500	否（后续新约）

续表

互换对象国/地区	签订时间	互换规模	现在是否有效
斯里兰卡	2014年9月16日	100	否
俄罗斯	2014年10月13日	1500	否
卡塔尔	2014年11月3日	350	否
加拿大	2014年11月8日	2000	否
苏里南	2015年3月18日	10	是
亚美尼亚	2015年3月25日	10	是
南非	2015年4月10日	300	是
智利	2015年5月25日	220	是
塔吉克斯坦	2015年9月3日	30	是
摩洛哥	2016年5月11日	100	是
塞尔维亚	2016年6月17日	15	是
埃及	2016年12月6日	180	是
尼日利亚	2018年4月27日	150	是
日本	2018年10月26日	2000	是

资料来源：中国人民银行。

表14　　联合声明中涉及本币结算的国家情况统计

对象国	时间	政治事件	公报/协议	相关内容
俄罗斯	2018年11月8日	俄罗斯联邦政府总理德·阿·梅德韦杰夫访华	《中俄总理第二十三次定期会晤联合公报》	促进本币结算、扩展代理网络、畅通银行间业务运行，为中俄经贸合作保驾护航
俄罗斯	2018年6月8日	普京访华	《中华人民共和国和俄罗斯联邦联合声明（全文）》	继续加强中俄金融领域合作，推动增加本币在贸易和投融资领域的比重
俄罗斯	2017年7月5日	习近平主席访问俄罗斯	《中华人民共和国和俄罗斯联邦关于进一步深化全面战略协作伙伴关系的联合声明》	推动扩大贸易、投资及金融领域本币使用规模

续表

对象国	时间	政治事件	公报/协议	相关内容
俄罗斯	2014年5月20日	俄罗斯总统普京访问中国	《中俄关于全面战略协作伙伴关系新阶段的联合声明》	推进财金领域紧密协作，包括在中俄贸易、投资和借贷中扩大中俄本币直接结算规模
俄罗斯	2013年10月22日	俄罗斯总理梅德韦杰夫访问中国	《中俄总理第十八次定期会晤联合公报》	在双边贸易、直接投资和信贷领域扩大使用本币
俄罗斯	2011年10月12日	俄罗斯联邦政府总理普京访问中国	《中俄总理第十五次定期会晤联合公报》	扩大两国本币结算，促进贸易和投资增长
俄罗斯	2010年11月24日	温家宝总理访问俄罗斯	《中俄总理第十六次定期会晤联合公报》	推动扩大双边本币结算范围的重要步骤
俄罗斯	2010年9月28日	俄罗斯联邦总统梅德韦杰夫访问中国	《中俄关于全面深化战略协作伙伴关系的联合声明》	为开展双边本币结算创造有利条件
俄罗斯	2009年10月13日	俄罗斯联邦政府总理普京访问中国	《中俄总理第十四次定期会晤联合公报》	边贸本币结算业务稳步发展；研究进一步拓展双边本币结算业务
俄罗斯	2009年6月18日	胡锦涛主席访问俄罗斯	《中俄元首莫斯科会晤联合声明》	做好边贸和边境地区旅游服务本币结算工作，为扩大人民币和卢布结算创造良好条件
塔吉克斯坦	2017年9月1日	塔吉克斯坦共和国总统埃莫马利·拉赫蒙访问中国	《中华人民共和国和塔吉克斯坦共和国关于建立全面战略伙伴关系的联合声明》	双方将深化金融合作，推动在双边贸易中使用本币结算
塔吉克斯坦	2014年9月13日	9月11日至12日，上海合作组织成员国元首理事会第十四次会议在杜尚别举行	《中塔关于进一步发展和深化战略伙伴关系的联合宣言》	推动双边贸易本币结算
塔吉克斯坦	2012年6月7日	塔吉克斯坦共和国总统埃莫马利·拉赫蒙访问中国	《中华人民共和国和塔吉克斯坦共和国联合宣言》	鼓励并支持在双边贸易中使用本币结算，支持两国银行建立代理行关系并开展多种形式的合作

续表

对象国	时间	政治事件	公报/协议	相关内容
哈萨克斯坦	2018年6月8日	哈萨克斯坦总统访华	《中华人民共和国和哈萨克斯坦共和国联合声明》	拓展两国金融领域合作，扩大本币结算在贸易和投融资领域的使用规模，继续落实包括两国央行本币互换协议等已签署的双边协议
哈萨克斯坦	2017年6月8日	习近平主席访问哈萨克斯坦	《中华人民共和国和哈萨克斯坦共和国联合声明》	扩大本币结算在贸易和投融资领域的使用规模
哈萨克斯坦	2015年12月14日	哈萨克斯坦共和国总理卡里姆·马西莫夫访问中国	《中华人民共和国政府和哈萨克斯坦共和国政府联合公报》	推动双边本币结算
哈萨克斯坦	2015年8月31日	哈萨克斯坦共和国总统努尔苏丹·纳扎尔巴耶夫访问中国	《中华人民共和国和哈萨克斯坦共和国关于全面战略伙伴关系新阶段的联合宣言》	扩大两国贸易、投融资领域本币结算
哈萨克斯坦	2013年9月7日	习近平主席访问哈萨克斯坦	《中哈关于进一步深化全面战略伙伴关系的联合宣言》	努力为扩大两国贸易、投融资领域本币结算和落实已签署的双边协议创造条件
哈萨克斯坦	2012年6月7日	哈萨克斯坦共和国总统努尔苏丹·纳扎尔巴耶夫访问中国	《中华人民共和国和哈萨克斯坦共和国联合宣言》	落实好双边货币互换协议，探讨在双边贸易中使用本币结算
哈萨克斯坦	2012年4月2日	哈萨克斯坦共和国总理卡里姆·马西莫夫访问中国	《中哈总理第一次定期会晤联合公报》	推动双边本币结算发展
哈萨克斯坦	2011年6月14日	胡锦涛主席访问哈萨克斯坦	《中哈关于发展全面战略伙伴关系的联合声明》	双方将推动双边贸易本币结算，欢迎两国银行建立合作伙伴关系并开展代理业务
吉尔吉斯斯坦	2018年6月7日	吉尔吉斯斯坦总统访华	《中华人民共和国和吉尔吉斯共和国关于建立全面战略伙伴关系联合声明》	双方支持深化金融领域合作，扩大本币结算在贸易和投融资领域的使用规模

续表

对象国	时间	政治事件	公报/协议	相关内容
吉尔吉斯斯坦	2015年12月17日	吉尔吉斯共和国总理捷米尔·萨里耶夫访华	《中华人民共和国政府和吉尔吉斯共和国政府联合公报》	推动双边本币结算
乌兹别克斯坦	2013年9月9日	习近平主席访问乌兹别克斯坦	《中乌关于进一步发展和深化战略伙伴关系的联合宣言》	加快落实2011年4月19日签订的双边本币互换协议,推动双边贸易本币结算
蒙古国	2014年8月22日	习近平主席访问蒙古国	《中蒙关于建立和发展全面战略伙伴关系的联合声明》	支持以本币进行贸易结算
俄罗斯蒙古国	2015年7月10日	中俄蒙元首第二次会晤	《中华人民共和国、俄罗斯联邦、蒙古国发展三方合作中期路线图》	在相互贸易中扩大使用本币结算
上海合作组织成员国	2018年6月11日	上合组织成员国领导人举行元首理事会会议	《上海合作组织成员国元首理事会青岛宣言》	成员国支持进一步深化金融领域务实合作,研究扩大本币在贸易和投资中使用的前景。
上海合作组织成员国	2015年12月16日	上海合作组织成员国政府首脑(总理)理事会第十四次会议	《上海合作组织成员国政府首脑(总理)关于区域经济合作的声明》	开展本币互换
上海合作组织成员国	2018年10月13日	上海合作组织成员国政府首脑(总理)理事会第十七次会议在塔吉克斯坦共和国杜尚别举行	《上海合作组织成员国政府首脑(总理)理事会第十七次会议联合公报(全文)》	各代表团团长支持在相互贸易中进一步扩大使用本币结算
加拿大	2014年11月9日	加拿大总理哈珀访问中国	《中加联合成果清单》	提高本币在中加贸易和投资中的使用
中东欧国家	2018年7月9日	第七次中国—中东欧国家领导人会晤	《中国—中东欧国家合作索非亚纲要》	各方鼓励中国与中东欧国家金融机构在自愿基础上加强现有投融资合作,并根据市场需求开辟投融资新渠道,推出新的融资工具,增强银企联动,探讨开展人民币融资及发行绿色金融债券合作。中方欢迎中东欧国家央行将人民币纳入外汇储备。

续表

对象国	时间	政治事件	公报/协议	相关内容
中东欧国家	2014年12月16日	第三次中国—中东欧国家领导人会晤在塞尔维亚贝尔格莱德举行	《中国—中东欧国家合作贝尔格莱德纲要》	推动本币结算成为促进贸易与投资的有效方式之一,鼓励中国和中东欧国家企业在跨境贸易和投资中采用人民币结算
白俄罗斯	2016年9月30日	白俄罗斯共和国总统亚历山大·卢卡申科访问中国	《中华人民共和国和白俄罗斯共和国关于建立相互信任、合作共赢的全面战略伙伴关系的联合声明》	积极推动双边贸易和投资使用本币结算
白俄罗斯	2015年5月11日	习近平主席访问白俄罗斯	《中华人民共和国和白俄罗斯共和国关于进一步发展和深化全面战略伙伴关系的联合声明》	推动双边贸易本币结算
捷克	2016年3月29日	习近平主席访问捷克	《中华人民共和国和捷克共和国关于建立战略伙伴关系的联合声明》	视情推动在双边贸易和投资中使用本币结算
匈牙利	2017年5月13日	匈牙利总理欧尔班·维克多应邀来华出席"一带一路"国际合作高峰论坛,并对华进行正式访问	《中华人民共和国和匈牙利关于建立全面战略伙伴关系的联合声明》	推动在双边贸易和投资中使用本币结算
塞尔维亚	2016年6月29日	习近平主席访问塞尔维亚	《中华人民共和国和塞尔维亚共和国关于建立全面战略伙伴关系的联合声明》	推动在双边贸易和投资中使用本币结算
韩国	2014年7月4日	习近平主席访问韩国	《中韩联合声明》	认识到推动本币结算有利于两国经贸往来发展
韩国	2013年6月28日	朴槿惠总统访问中国	《充实中韩战略合作伙伴关系行动计划》	双方将在贸易结算领域推动本币结算
马来西亚	2015年11月24日	李克强总理出席东亚合作领导人系列会议并访马	《中华人民共和国和马来西亚联合声明》	跨境贸易、投资和资金流动中扩大两国本币使用

续表

对象国	时间	政治事件	公报/协议	相关内容
印度尼西亚	2018年5月8日	李克强访问印尼	《中华人民共和国政府和印度尼西亚共和国政府联合声明》	双方将推动双边贸易和投资更多使用本币结算，促进经贸合作便利化。
澜湄六国	2016年3月23日	澜沧江—湄公河合作首次领导人会议	《澜沧江—湄公河合作首次领导人会议三亚宣言》	推进双边本币互换和本币结算
澜湄六国	2018年1月1日		《澜沧江—湄公河合作五年行动计划（2018—2022）》	继续开展研究与经验交流，以促进双边货币互换、本币结算和金融机构合作。
越南	2013年10月15日	李克强总理访问越南	《新时期深化中越全面战略合作的联合声明》	在2003年两国央行签署边境贸易双边本币结算协定基础上，继续探讨扩大本币结算范围，促进双边贸易和投资
越南	2013年6月21日	越南国家主席张晋创访问中国	《中越联合声明》	鼓励在边境贸易中使用本币支付结算
菲律宾	2018年11月21日	习近平主席访问菲律宾	《中华人民共和国与菲律宾共和国联合声明》	推动双边贸易和投资更多使用本币结算，加强两国海关交流合作，促进经贸活动便利化。
菲律宾	2016年10月21日	菲律宾共和国总统罗德里戈·罗亚·杜特尔特访问中国	《中华人民共和国与菲律宾共和国联合声明》	扩大双边贸易和投资本币结算
泰国	2013年10月11日	李克强总理访问泰国	《中泰关系发展远景规划》	推动更多使用两国本币作为两国贸易和投资结算货币
"一带一路"沿线30个国家	2017年5月15日	"一带一路"国际合作高峰论坛圆桌峰会举行	《"一带一路"国际合作高峰论坛圆桌峰会联合公报》	推动签署双边本币结算和合作协议
斯里兰卡	2013年5月30日	斯里兰卡总拉贾帕克萨访问中国	《中斯联合公报》	双方领导人同意鼓励扩大本币在双边贸易和投资中的使用

续表

对象国	时间	政治事件	公报/协议	相关内容
金砖五国	2018年7月26日	金砖国家领导人第十次会晤	《金砖国家领导人第十次会晤约翰内斯堡宣言（全文）》	我们将继续在遵循各国央行法定职能的前提下加强货币合作，并探索更多合作方式。
金砖五国	2017年9月4日	金砖国家领导人第九次会晤	《金砖国家领导人厦门宣言》	通过货币互换、本币结算、本币直接投资等适当方式，就加强货币合作保持密切沟通，并探索更多货币合作方式
科威特	2018年7月9日	科威特国家元首访华	《中华人民共和国和科威特国关于建立战略伙伴关系的联合声明》	两国愿加强金融领域合作，就开展货币合作的可能性进行探讨，更多发挥本币在双边贸易和投资中的作用。
尼日利亚	2014年5月8日	李克强总理访问尼日利亚	《中尼联合声明》	双方同意两国中央银行推进本币结算
莫桑比克	2016年5月18日	莫桑比克共和国总统菲利佩·雅辛托·纽西阁访问中国	《中华人民共和国和莫桑比克共和国关于建立全面战略合作伙伴关系的联合声明》	支持双方企业在投资和贸易中使用本币结算
拉共体成员国	2018年2月2日	中华人民共和国—拉美和加勒比国家共同体论坛（中拉论坛）第二届部长级会议	《中国与拉共体成员国优先领域合作共同行动计划（2019—2021）》	支持扩大拉美和加勒比国家间以及拉美和加勒比国家同中国的本币结算

资料来源：中华人民共和国外交部。

表15　　人民币可直接交易货币一览表

启动时间	可交易币种
2018年11月20日	菲律宾比索
2018年9月6日	哈萨克斯坦坚戈
2018年2月5日	泰国泰铢
2017年9月13日	柬埔寨瑞尔（银行间市场区域交易）

续表

启动时间	可交易币种
2017年8月11日	蒙古图格里克（银行间市场区域交易）
2016年12月12日	瑞典克朗
2016年12月12日	挪威克朗
2016年12月12日	匈牙利福林
2016年12月12日	丹麦克朗
2016年12月12日	波兰兹罗
2016年12月12日	土耳其里拉
2016年12月12日	墨西哥比索
2016年11月14日	加拿大元
2016年9月26日	阿联酋迪拉姆
2016年9月26日	沙特里亚尔
2016年6月27日	韩元
2016年6月20日	南非兰特
2015年11月10日	瑞士法郎
2014年10月27日	新加坡元
2014年9月29日	欧元
2014年6月18日	英镑
2014年3月18日	新西兰元
2013年4月9日	澳大利亚元
2012年5月29日	日元
2010年11月22日	俄罗斯卢布
2010年8月19日	马来西亚林吉特

资料来源：中国外汇交易中心。

表16　中国签署的建立货币清算机制的备忘录

时间	对方央行	清算银行
2018年10月26日	日本银行	中国银行东京分行
2016年12月7日	阿联酋中央银行	中国农业银行迪拜分行

续表

时间	对方央行	清算银行
2016年9月23日	俄罗斯中央银行	中国工商银行莫斯科股份有限公司
2016年9月21日	美联储	中国银行纽约分行
2015年9月17日	赞比亚中央银行	赞比亚中国银行
2015年9月17日	阿根廷中央银行	中国工商银行（阿根廷）股份有限公司
2015年7月1日	南非储备银行	中国银行约翰内斯堡分行
2015年6月25日	匈牙利中央银行	匈牙利中国银行
2015年5月25日	智利中央银行	中国建设银行智利分行
2014年12月22日	泰国银行	中国工商银行（泰国）有限公司
2014年11月17日	澳大利亚储备银行	中国银行悉尼分行
2014年11月10日	马来西亚国家银行	中国银行（马来西亚）有限公司
2014年11月8日	加拿大中央银行	中国工商银行（加拿大）有限公司
2014年11月3日	卡塔尔中央银行	中国工商银行多哈分行
2014年7月3日	韩国银行	交通银行首尔分行
2014年6月28日	法兰西银行	中国银行巴黎分行
2014年6月28日	卢森堡中央银行	中国工商银行卢森堡分行
2014年3月31日	英格兰银行	中国建设银行（伦敦）有限公司
2014年3月28日	德国联邦银行	中国银行法兰克福分行
2013年4月2日	新加坡金融管理局	中国工商银行新加坡分行

资料来源：中国人民银行。

表17　人民币合格境外机构投资者（RQFII）额度一览表

（单位：亿元人民币）

国家或地区	总额度	宣布时间
中国香港	2300	2017年7月
	2000	2012年11月
	500	2012年4月
	200	2011年8月
日本	2000	2018年5月
爱尔兰	500	2016年12月

续表

国家或地区	总额度	宣布时间
美国	2500	2016年6月
泰国	500	2015年11月
阿联酋	500	2015年11月
马来西亚	500	2015年11月
匈牙利	500	2015年6月
智利	500	2015年5月
卢森堡	500	2015年4月
瑞士	500	2015年1月
澳大利亚	500	2014年11月
加拿大	500	2014年11月
卡塔尔	300	2014年11月
德国	800	2014年7月
韩国	1200	2014年7月
法国	800	2014年3月
新加坡	1000	2013年10月
英国	800	2013年10月
合计	19400	—

资料来源：中国人民银行。

（四）投资

表18　　2007—2017年中国对外直接投资统计（单位：亿美元,%）

年份	流量 金额	流量 同比增长	存量 金额
2017	1582.9	-19.3	18090.4
2016	1961.5	34.7	13573.9
2015	1456.7	18.3	10978.6
2014	1231.2	14.2	8826.4

续表

年份	流量 金额	流量 同比增长	存量 金额
2013	1078.4	22.8	6604.8
2012	878.0	17.6	5319.4
2011	746.5	8.5	4247.8
2010	688.1	21.7	3172.1
2009	565.3	1.1	2457.5
2008	559.1	110.9	1839.7
2007	265.1	25.3	1179.1

资料来源：中华人民共和国商务部。

表19　2017年中国对外直接投资存量前10位的国家/地区

（单位：亿美元）

位次	国家（地区）	存量	占总额比重
1	中国香港	9812.66	54.2%
2	开曼群岛	2496.82	13.8%
3	英属维尔京群岛	1220.61	6.7%
4	美国	673.81	3.7%
5	新加坡	445.68	2.5%
6	澳大利亚	361.75	2.0%
7	英国	203.18	1.1%
8	荷兰	185.29	1.0%
9	卢森堡	139.36	0.8%
10	俄罗斯	138.72	0.8%
	合计	15677.88	86.6%

资料来源：中华人民共和国商务部、国家统计局、国家外汇管理局，《2017年度中国对外直接投资统计公报》。

表 20　2017 年中国对外直接投资流量前 10 位的国家/地区

（单位：亿美元）

位次	国家（地区）	流量	占总额比重
1	中国香港	911.5	57.6%
2	英属维尔京群岛	193.0	12.2%
3	瑞士	75.1	4.7%
4	美国	64.2	4.0%
5	新加坡	63.1	4.0%
6	澳大利亚	42.4	2.7%
7	德国	27.2	1.7%
8	哈萨克斯坦	20.7	1.3%
9	英国	20.7	1.3%
10	马来西亚	17.2	1.1%
	合计	1435.1	90.6%

资料来源：中华人民共和国商务部、国家统计局、国家外汇管理局，《2017 年度中国对外直接投资统计公报》。

表 21　2014—2018 年中国吸收外商直接投资统计

（单位：亿元人民币）

	2018 年	2017 年	2016 年	2015 年	2014 年
全国设立外商投资企业数量	60533	35652	27900	26575	23778
实际使用外资金额	8856.1	8775.6	8132.2	7813.5	7363.7

资料来源：中华人民共和国商务部。

表 22　2014—2018 年中国吸收外商直接投资主要来源经济体排名

（单位：亿美元）

排名	2018 年		2017 年		2016 年		2015 年		2014 年	
1	中国香港	960.1	中国香港	989.2	中国香港	871.8	中国香港	926.7	中国香港	857.4
2	新加坡	53.4	新加坡	48.3	新加坡	61.8	新加坡	69.7	新加坡	59.3

续表

排名	2018年		2017年		2016年		2015年		2014年	
3	中国台湾	50.3	中国台湾	47.3	韩国	47.5	中国台湾	44.1	中国台湾	51.8
4	韩国	46.7	韩国	36.9	美国	38.3	韩国	40.4	日本	43.3
5	英国	38.9	日本	32.7	中国台湾	36.2	日本	32.1	韩国	39.7
6	日本	38.1	美国	31.3	澳门	34.8	美国	25.9	美国	26.7
7	德国	36.8	荷兰	21.7	日本	31.1	德国	15.6	德国	20.7
8	美国	34.5	德国	15.4	德国	27.1	法国	12.2	英国	13.5
9	荷兰	12.9	英国	15.0	英国	22.1	英国	10.8	法国	7.1
10	澳门	12.9	丹麦	8.2	卢森堡	13.9	澳门	8.9	荷兰	6.4
总和		1284.6		1246.1		1184.6		1186.3		1125.9

资料来源：中华人民共和国商务部。

（五）能源

表23　　　　2014—2018年中国原油和天然气净进口量

	2018年	2017年	2016年	2015年	2014年
原油（万吨）	45927	41471	37807	33263	30778
天然气（亿立方米）	1214	911	711	571	565

资料来源：中华人民共和国海关总署。

表24　　　　2015—2017年中国原油进口主要来源国　　　（单位：万吨）

排名	2017年	进口规模	2016年	进口规模	2015年	进口规模
1	俄罗斯	5953.76	俄罗斯	5247.91	沙特阿拉伯	5054.20
2	沙特阿拉伯	5218.10	沙特阿拉伯	5100.34	俄罗斯	4243.17
3	安哥拉	5041.77	安哥拉	4375.16	安哥拉	3870.75
4	伊拉克	3681.61	伊拉克	3621.64	伊拉克	3211.41
5	伊朗	3115.38	阿曼	3506.92	阿曼	3206.42
6	阿曼	3100.71	伊朗	3129.75	伊朗	2661.59

续表

排名	2017年	进口规模	2016年	进口规模	2015年	进口规模
7	巴西	2309.27	委内瑞拉	2015.67	委内瑞拉	1600.89
8	委内瑞拉	2176.26	巴西	1914.04	科威特	1442.81
9	科威特	1824.35	科威特	1633.96	巴西	1391.75
10	阿联酋	1015.95	阿联酋	1218.36	阿联酋	1256.97
—	欧佩克	23171.44	欧佩克	21763.44	欧佩克	19732.11

资料来源：海关总署。

表25　　2015—2017年中国天然气进口主要来源国

（单位：亿立方米）

排名	2017年	进口规模	2016年	进口规模	2015年	进口规模
1	土库曼斯坦	341	土库曼斯坦	294	土库曼斯坦	277
2	澳大利亚	240	澳大利亚	157	澳大利亚	72
3	卡塔尔	104	卡塔尔	65	卡塔尔	65
4	马来西亚	59	乌兹别克斯坦	43	马来西亚	44
5	印度尼西亚	43	缅甸	39	印度尼西亚	39

资料来源：海关总署、英国石油公司。

（六）一带一路

表26　　2015—2018年中国企业在"一带一路"沿线国家对外承包工程统计

	2018年	2017年	2016年	2015年
签约国家（个）	—	61	61	60
新签对外承包工程项目合同（份）	7721	7217	8158	3987
新签合同额（亿美元）	1257.8	1443.2	1260.3	926.4
占同期中国对外承包工程新签合同额比重（%）	52	54.4	51.6	44.1
新签合同额同比增长率（%）	-12.8	14.5	36	7.4

续表

	2018 年	2017 年	2016 年	2015 年
完成营业额（亿美元）	893.3	855.3	759.7	692.6
占同期完成营业总额比重（%）	52.8	50.7	47.7	45
完成营业额同比增长率（%）	4.4	12.6	9.7	7.6

资料来源：中华人民共和国商务部。

表 27　2015—2018 年中国企业对"一带一路"沿线国家直接投资统计

	2018 年	2017 年	2016 年	2015 年
投资国家（个）	56	59	53	49
非金融类直接投资额（亿美元）	156.4	143.6	145.3	148.2
非金融类直接投资额同比增长率（%）	8.9	-1.2	-2	18.2
占同期中国对外非金融类直接投资总额比重（%）	13	12	8.5	—
投资主要流向	新加坡、老挝、越南、印度尼西亚、巴基斯坦、马来西亚等	新加坡、马来西亚、老挝、印度尼西亚、巴基斯坦、越南等	新加坡、印度尼西亚、印度、泰国、马来西亚等	新加坡、哈萨克斯坦、老挝、印度尼西亚、俄罗斯和泰国等

资料来源：中华人民共和国商务部。

表 28　2018 年"一带一路"国际合作重大工程项目盘点

项目名称	承接工程的中方企业	所在国家	建设地点	项目状态
铁比苏—布瓦凯高速公路项目	中国路桥工程有限责任公司	科特迪瓦	布瓦凯	在建
阿根廷圣马丁货运铁路改造项目	中国铁建股份有限公司	阿根廷	途经布宜诺斯艾利斯、圣达菲等五省	在建
越南永新燃煤电厂一期 BOT 项目	南方电网公司、中国电力国际有限公司和越煤电力总公司	越南	平顺省绥丰县永新乡	已投产

续表

项目名称	承接工程的中方企业	所在国家	建设地点	项目状态
萨拉曼国王国际综合港务设施项目	中国电建集团	沙特阿拉伯	—	在建
斯里兰卡液化石油气罐区项目	—	斯里兰卡	汉班托塔港	已竣工
莫尔兹比港"独立大道"项目	中国港湾工程有限责任公司	巴布亚新几内亚	莫尔兹比港	已投入使用
波兰科杰尼采输变电工程	中国平高集团有限公司	波兰	科杰尼	已竣工
卡扬一级900MW水电站项目	中国电建	印度尼西亚	北加里曼丹省	在建
哈萨克斯坦特种水泥厂项目	中国葛洲坝集团	哈萨克斯坦	克孜勒奥尔达州	即将竣工投产
莱基深水港项目	中国港湾工程有限责任公司	尼日利亚	尼日利亚拉各斯市区以东约60km处	在建

注：本表格并未包含"一带一路"国际合作的所有工程项目，而是汇总了"中国一带一路网"项目案例中列举的重点工程项目，其中"项目状态"是指该项目截至2018年的进展情况。

资料来源：中国一带一路网。

（七）其他

表29　　　　2009—2017年中国出境游主要数据统计

年份	2017	2016	2015	2014	2013	2012	2011	2010	2009
出境人次（万人次）	13051	12197	11700	10700	9818	8318.27	7025	5739	4765.63
境外旅行花费（亿美元）	1152.9	1098	1045	896	1287	1020	690	480	420

资料来源：中国旅游研究院。

主编后记

这是我们二度编写《中国经济外交蓝皮书》。这一次，我们在上一年度的基础上积累了大量的经验，并且听取了学界同人的诸多批评和建议，因此无论是在形式还是内容上，应该都有了较大的改善。这些改善主要体现在：第一，我们大幅压缩了事件的篇幅，而月度评估的深度则大大加强；第二，我们的数据更加完善，并增加了经济外交相关的学术文献索引；第三，我们增加了两篇深度的专题报告，这些专题报告都是我们的团队在2018年度完成的政策类成果。

与2017年相比，2018年中国经济外交遭遇的挑战明显增大，主要体现在中美贸易摩擦不断升级，而"一带一路"建设也在多个国家频频遭遇各种风险。这预示着中国经济外交在成为全球引领者的同时，必然要承担更大的压力。

在过去一年，我们的主体团队成员依旧保持了大致稳定，团队的每个成员通过参与这个项目，长期追踪某一领域的经济外交相关动态，进而致力于成为专家。我们依然坚持了月度例会制度，而主持这个项目也成为我指导学生从事研究工作的一种重要方式。中国人民大学2016—2019年明德研究品牌计划"中国经济外交的理论与实践"为这个项目提供了少量启动经费，但明德研究品牌计划并不是专门支持我们的品牌报告。过去一年，我撰写了多份政策研究报告和媒体评论，我的学生也发表了多篇学术论文和撰写了多篇学位论文，这些成果大都来自这个集体项目。不仅如此，我们从2018年10月起，开始和新华社《参考消息》报社合作，推出了"经济外交广角镜"的评论专栏,目前已经上线了10多期,这些深度评论,都是我们项目成果的提前公布,并且获得了社会的关注,转载量和转发量都很高。而本书主报告的两个不同篇幅的版本,则先后在《世界知识》和《战略决策研究》上发表。

所谓"铁打的营盘流水的兵",随着时间的推移,项目组成员将会不断发生更替,老人会不断退出,新人会不断加入,但《中国经济外交蓝皮书》作为一个学术品牌则会持续下去,而项目组的学术精神和学术友谊也将会不断传承。我们致力于长期坚持不懈地追踪中国的经济外交活动,秉持客观记录的原则。我们相信,经过长期的积累,它必将成为学界、政界和业界理解中国与国际政治经济体系互动的一部不可或缺的工具书。

第二缉蓝皮书的编写与出版,仍然一如既往地得到了中国人民大学国家发展与战略研究院和国际关系学院的大力支持,前者仍然为本书的出版提供了出版经费,而后者则为我们的月度例会提供了会议室。

是以为记。